PROCUREMENT AND SUPPLY CHAIN MANAGEMENT

9th Edition

采购与供应链管理

（原书第9版）

[英] 肯尼斯·莱桑斯（Kenneth Lysons）
　　 布莱恩·法林顿（Brian Farrington） ◎著

胡海清 ◎译

机械工业出版社
China Machine Press

图书在版编目（CIP）数据

采购与供应链管理（原书第9版）/（英）肯尼斯·莱桑斯（Kenneth Lysons），（英）布莱恩·法林顿（Brian Farrington）著；胡海清译．—北京：机械工业出版社，2018.6（2020.11 重印）

书名原文：Procurement and Supply Chain Management

ISBN 978-7-111-59951-7

I. 采… II. ① 肯… ② 布… ③ 胡… III. ① 采购管理 ② 供应链管理 IV. F25

中国版本图书馆 CIP 数据核字（2018）第 087144 号

本书版权登记号：图字 01-2018-1078

Kenneth Lysons and Brian Farrington. Procurement and Supply Chain Management, 9th Edition.

ISBN 978-1-292-08611-8

Copyright © Macdonald & Evans Limited 1981（print），Longman Group Limited 1989，1993（print），Pearson Professional Limited 1996（print），Pearson Education Limited 2000，2003（print），Pearson Education Limited 2006, 2012, 2016（print and electronic）.

Simplified Chinese Edition Copyright © 2018 by China Machine Press.

This translation of Procurement and Supply Chain Management is published by arrangement with Pearson Education Limited. This edition is authorized for sale and distribution in the People's Republic of China exclusively (except Hong Kong, Macao SAR, and Taiwan).

All rights reserved.

本书中文简体字版由 Pearson Education（培生教育出版集团）授权机械工业出版社在中华人民共和国境内（不包括香港、澳门特别行政区及台湾地区）独家出版发行。未经出版者书面许可，不得以任何方式抄袭、复制或节录本书中的任何部分。

本书封底贴有 Pearson Education（培生教育出版集团）激光防伪标签，无标签者不得销售。

本书在英文版第 8 版的基础上进行了修订。本书作者作为采购领域的权威，撰写的本书成为采购与供应链管理领域中内容详尽的教科书。本书涵盖了大量采购和供应链管理中的资料、模型和定义，对该领域中任何一种教程而言，它都是理想和丰富的素材来源。它的内容明确地涵盖了 CIPS 基础教学阶段和职业教学阶段大纲要求的内容。新版修订或增加的内容有：合同风险、采购规则、品类管理、采购战略，以及采购领域的最新变化等。

本书既是相关专业教师、学生的参考用书，又是参加 CIPS 资格认证考试人士的指定教材，也是从事采购和供应链管理的从业人员的指导手册。

出版发行：机械工业出版社（北京市西城区百万庄大街 22 号　邮政编码：100037）
责任编辑：孟宪勐　　　　　　　　　　　　责任校对：李秋荣
印　　刷：中国电影出版社印刷厂　　　　　版　　次：2020 年 11 月第 1 版第 2 次印刷
开　　本：185mm×260mm　1/16　　　　　印　　张：32.25
书　　号：ISBN 978-7-111-59951-7　　　　定　　价：89.00 元

凡购本书，如有缺页、倒页、脱页，由本社发行部调换
客服热线：（010）88379210　88361066　　　投稿热线：（010）88379007
购书热线：（010）68326294　88379649　68995259　　读者信箱：hzjg@hzbook.com

版权所有·侵权必究
封底无防伪标均为盗版
本书法律顾问：北京大成律师事务所　韩光／邹晓东

Preface | 前言

采购行业仍然面临着国内和国际挑战,尽管人们也在思考其在企业事务中的作用。全球经济依然不稳定,私营部门需要有竞争优势才能生存,公共部门需要有成本效益的服务。采购和供应链行业正处于帮助实现这些理想的独特地位。

新版变化

本书已重新设计,以使实践者和学生都能直接从中受益。在这里,简要做出以下说明。

(1)本书内容涵盖了英国皇家采购与供应学会(Chartered Institute of Procurement and Supply,CIPS)的教育教学大纲和现代世界级实践的要点,并做了一些创新,包括合同问题、热点话题、合同管理和品类管理等内容。

(2)本书的内容是基于法林顿博士的国际研究及其在私营及公共部门的真实咨询经验形成的。他的经验涵盖了许多领域,包括汽车、航空、航天、国防、造船、采矿、金融服务和政府部门。

(3)本书所做的一些修改,是与读者、实践者及其他职能专家积极讨论的结果,尤其是在法律、财务、审计和操作管理等方面。

(4)本书作者是积极的变革推动者,在专业上推动了采购和供应链绩效的重新调整。这个新版本的目标是丰富信息、增强挑战性、发人深省并激励读者进一步学习。文献的不断增加是备受学习者欢迎的。

(5)每一章的末尾都有讨论的问题,这将帮助教师和学生以结构化的方式测试学习成果。

最后,对采购和供应链从业者来说,本书提供了丰富的参考资料,可以在专业领域进行特定的研究。

致谢

本书的出版,得益于许多组织和个人花费了宝贵的时间给予支持。他们知道自己是谁,也知道作者对他们是多么的感激。

桑德拉·斯莫尔(Sandra Small)是第一个要感谢的人。她与我重新设计了本书,紧凑的时间表管理和广泛的研究,是她的出色表现。她在工作的各个方面都非常勤奋并注重细节,这是无可非议的。

我的妻子乔伊斯(Joyce)继续提供无私的支持,并且满足了我日夜工作的自私愿望。如果没有这种支持,就不会有这本书!

培生集团的凯特林·莱尔(Caitlin Lisle)给我提供了所需的专家指导和建议。如果没有凯特林的帮助,这本书就不可能有这么上乘的质量。

最后,我要感谢英国皇家采购与供应学会允许我在本书中使用他们的研究案例和测试问题。

Publisher's Acknowledgements | 出版者致谢

我们对允许复制以下版权材料的人深表感谢：

图

图 1-3、图 1-4 来自 *Improving Purchase Performance*, Pitman (Syson, R. 1992) pp.254–5。图 2-5 改编自 *Competitive Strategy: Techniques for Analysing, Industries and Competitors*, Macmillan (Porter, M. 1980), 在自由出版社的许可下，Simon & Schuster, Inc. 有版权。所有权利保留。图 2-10 改编自 Purchasing must become supply management, *Harvard Business Review*, Sept/Oct, pp. 109–17 (Kraljic, P. 1983), 经哈佛商业评论的许可重印（由哈佛商业评论许可转载）。1983 版权归哈佛商学院出版公司。所有权利保留。图 2-14 来自 Rob Atkins and Bracknell Forest (UK) Borough Council。图 2-16、图 2-17、图 2-18 改编自 http://www.cips.org/Documents/Resources/PSM_model_Feb03.pdf。图 3-11 改编自 Supply chain management:implementation, issues and research opportunities, *The International Journal of Logistics Management*, Vol 9(2), p. 2 (Lambert, D.M., Cooper, M.C. and Pagh, J.D. 1992)。图 3-15 改编 Integrated materials management: the value chain redefined, *International Journal of Logistics Management*, Vol 4(1), pp.13–22 (Hines, P. 1993)。图 3-16、图 3-17 来自 Bourton Group, *Half delivered: a survey of strategies and tactics in managing the supply chain in manufacturing businesses*, 1997, pp.26–7。图 4-7 来自 *Industrial Technological Development: A Network Approach*, Croom Helm (Hakansson,H. 1987)。图 4-8 改编自 Managing 21st century network organisations, *Organizational Dynamics*, Vol 20(3), pp.5,20 (Snow, C.C., Miles, R.E. and Coleman, H.J. 1992)。图 4-9 来自 New organizational forms for competing in highly dynamic environments, *British Journal of Management*, Vol 7, pp.203–18 (Craven, D.W., Piercy,N.F. and Shipp, S.H. 1996), 在 Blackwell Scientific via Copyright Clearance Center 的许可下复制。图 5-7 来自 *The e-Business Study*, ACTIVE Secretariat (2000) p.20。图 5-10 来自 *The CIPS E-procurement guidelines: measuring the benefits*, CIPS。图 6-1 改编自 Regional competence and strategic procurement management *European Journal of Purchasing and Supply Management*, Vol 2(1), pp.386–405 (Cox. A. 1996)。图 14-4 改编自 *Marketing by Agreement: A Cross-cultural Approach to Business Negotiations*, Wiley (McCall, J. M., and Norrington, M. B. 1986), 在 Blackwell Scientific via Copyright Clearance Center 的许可下复制。图 14-5 改编自 Effect of delivery systems on collaborative negotiations for large-scale infrastructure projects, *Journal of Management in*

Engineering, April 2001, pp.105–21 (Pena-Mora, F., and Tamaki, T.)。图 14-8 改编自 *Breaking the Impasse*, Basic Books (Susskind, L. and Cruikshank, J. 1987)。

表

表 1-2 改编自 Procurement: a competitive weapon, *Journal of Purchasing and Materials Management*, Vol 24 (3), pp.2–8(Reck, R. F. and Long, B. 1998)。表 1-3 来自 Procurement: a competitive weapon, *Journal of Purchasing and Materials Management*, Vol 24(3), pp.2–8 (Reck, R. F. and Long, B. 1998)。表 4-2 来自 An initial classification of supply networks, *International Journal of Operations and Production Management*, Vol 20(6) (Lamming, R., Johnsen, T., Zheng, J. and Harland, C. 2000)。表 4-3 来自 A taxonomy of supply networks, *Journal of Supply Chain Management*, Vol 37(4), pp. 21–7 (Harland, C., Lamming, R.C., Zheng, J. and Johnsen, T.E. 2001), 在 Blackwell Scientific via Copyright Clearance Center 许可下复制。表 4-4 来自 New organizational forms for competing in highly dynamic environments, *British Journal of Management*, Vol 7, pp. 203–18 (Craven, D.W.,Piercy,N.F. and Shipp, S.H. 1996), 在 Blackwell Scientific via Copyright Clearance Center 许可下复制。

Suggestion | 教学建议

教学目的

本课程教学的目的在于让学习者掌握采购与供应管理的知识技能、管理流程与特定应用。本书内容涵盖了英国皇家采购与供应学会（CIPS）的教育教学大纲和现代物流的全球实践，以及合同管理与品类管理。要求学习者重点掌握采购与供应管理的学习要点，并将其运用到实践中，以解决现实问题。

前期需要掌握的知识

管理学、微观经济学、物流管理概论等课程相关知识。

课时分布建议

教学内容	学习要点	课时安排
第1章 采购的范围与影响	（1）了解采购的范围与影响、采购发展阶段与未来趋势，以及采购的未来挑战 （2）理解采购内外部地位的影响因素、全球采购的特征 （3）掌握采购的战略维度以及采购作为战略商业角色应对变化的要求	2
第2章 战略性采购	（1）了解战略理论的起源和发展，以及明茨伯格提出的10种学派理论分析战略的发展、战略层次 （2）理解战略采购及其对企业战略的贡献、业务增长战略、战略制定过程 （3）掌握战略分析、战略评估、战略实施以及战略的后实施、评估、控制和审查	4
第3章 物流与供应链	（1）了解物流的起源、范围及其对企业的影响 （2）理解物料流和配送管理、逆向物流、供应链和供应链管理（SCM）、供应链脆弱性、价值链 （3）掌握价值链分析、价值链优化，以及供应链及其与现代采购的关系	2

(续)

教学内容	学习要点	课时安排
第4章 组织及供应链的结构	（1）了解组织结构的专业化、协调和控制 （2）理解组织结构的一些决定因素，组织结构对采购和供应链的影响，网络配置的影响因素，动态网络的优点和缺点，诸如网络、精益和敏捷组织等新方法为什么能够取代传统官僚组织以及如何取代 （3）掌握精益结构及其发展、供应链映射，以及组织结构需要调整的原因	2
第5章 采购政策、程序和支持工具	（1）了解有效的采购政策，电子商务、电子业务、电子供应链管理和电子采购，以及购物卡的使用 （2）理解改变采购步骤鼓励激进想法和高效工作的需求，电子采购工具以及提高系统和程序的机遇，采购和供应商手册对效率的促进作用 （3）掌握采购步骤及其低效率的原因	4
第6章 供应商关系和合作伙伴	（1）了解建立长期关系的益处 （2）理解交易型采购和关系采购、买卖双方关系的战略本质 （3）掌握采购关系的规划、供应商关系的模式、供应商关系的终止，以及关系破裂的分析	4
第7章 法律与合同管理	（1）了解关键"热门话题"，不断向采购专家提出挑战，合同条款措辞的重要性 （2）理解合同结构的重要性 （3）掌握法律合同的形成过程、准合同形式可用的范围、关于违约的关键考虑，以及终止合同的考虑	2
第8章 质量管理、服务与产品创新	（1）了解规范书写原则、标准化、ISO 10000质量管理标准组合、质量管理的业务附加值 （2）理解质量和可靠性的概念以及采购的作用、质量保证和控制，价值管理与工程分析 （3）掌握全面质量管理（TQM），如何减少品种，用于质量控制和可靠性的工具	2
第9章 供给与需求关系的协调	（1）了解供应商参与库存决策、供应链的思考 （2）理解库存和库存管理，库存对周转资金的影响，相关需求与独立需求，推动式、拉动式和推拉相结合的需求系统 （3）掌握库存管理的工具	2
第10章 组织货源和供应商管理	（1）了解采购政策问题、外包、合作伙伴与可持续性 （2）理解战术和战略采购，以及影响购买地点选定的因素 （3）掌握采购流程，采购决策制定，供应商的位置、评估和评价，供应商绩效与评估	4
第11章 采购价格管理和长期使用成本	（1）了解采购价格管理的要点、竞争立法、串通招标 （2）理解供应商的定价决策、价格和成本分析、价格变动公式 （3）掌握定价策略决策过程	4
第12章 项目采购和风险管理	（1）了解采购对项目成功的价值、项目特点 （2）理解项目的关键阶段、生命周期、项目启动过程，以及项目的风险管理 （3）掌握项目合同及其适用性	2
第13章 全球采购	（1）了解全球采购的术语、全球采购的动机、全球采购的挑战以及2010版国际贸易术语解释通则 （2）理解外汇风险、船运条款、国际贸易支付方法、货运代理、反向贸易以及全球采购的成功因素	4

(续)

教学内容	学习要点	课时安排
第13章 全球采购	（3）掌握文化因素、环境与社会因素对全球采购的影响，运输系统、成本与影响因素	4
第14章 谈判技巧、实践与商业利益	（1）了解谈判的业务影响、谈判方式、谈判道德 （2）掌握专业谈判所需的技能，谈判和关系管理 （3）理解谈判问题的范围、谈判结构、谈判过程	2
第15章 合同管理	（1）了解合同管理范围、合同管理规范、合同条款与合同条款的解释 （2）理解合同管理的组成要素，合同经理的角色、技能和知识要求，合同启动的考虑因素 （3）掌握合同管理计划、管理合同执行、合同监督审核	4
第16章 品类与商品采购	（1）了解能源采购、商品采购、资本设备采购与施工相关的采购 （2）理解品类管理的概念和实践、品类管理的组织、品类管理的战略意义以及品类管理提出的问题和挑战 （3）掌握采购风险分析	2
第17章 世界级采购以提高业务绩效	（1）了解产品和流程创新、采购研究、新产品开发 （2）理解采购管理审核、并行工程、采购的创新性 （3）掌握供应商开发、绿色采购、掌握采购绩效评估	2
课时总计		52

说明：本课程按照3学分52学时设计教学内容，不同的学校可根据学生的基础水平或者学时限制，在具体的教学安排中选择其中的部分或者全部内容。

目录 | Contents

前言
出版者致谢
教学建议

第一部分　导论、战略、物流、供应链、政策和程序

第1章　采购的范围与影响 / 2

核心要点 / 2
引言 / 2
1.1 如何定义采购 / 3
1.2 采购的战略角色 / 3
1.3 采购是组织的购买活动 / 5
1.4 从购买到采购的演化 / 7
1.5 采购与变化 / 10
1.6 世界级采购 / 12
1.7 采购与供应链管理的地位 / 13
1.8 对企业采购定位的反思 / 18
问题讨论 / 19
参考文献 / 19

第2章　战略性采购 / 21

核心要点 / 21
引言 / 22
2.1 战略思考 / 23
2.2 什么是战略 / 24
2.3 战略的发展 / 24
2.4 组织结构中战略的层次 / 27
2.5 公司战略 / 27
2.6 增长战略 / 27
2.7 业务战略 / 29
2.8 战略管理 / 32
2.9 战略分析 / 32
2.10 重要的环境影响因素 / 33
2.11 内部监督 / 35
2.12 战略制定 / 37
2.13 可选战略的评估 / 39
2.14 战略实施 / 48
2.15 战略实施后的评估、控制与回顾 / 51
2.16 战略采购与供应链流程模型 / 53

问题讨论 / 55

参考文献 / 56

第 3 章　物流与供应链 / 58

核心要点 / 58

引言 / 59

3.1　物流的定义 / 59

3.2　物料、物流和配送管理 / 60

3.3　逆向物流 / 63

3.4　供应链 / 64

3.5　供应链管理 / 66

3.6　供应链的脆弱性 / 70

3.7　供应链管理和物流 / 71

3.8　价值链 / 71

3.9　价值链分析 / 75

3.10　供应链优化 / 77

3.11　供应链和采购 / 80

问题讨论 / 82

参考文献 / 83

第 4 章　组织及供应链的结构 / 85

核心要点 / 85

引言 / 86

4.1　组织结构 / 86

4.2　新型组织结构 / 91

4.3　网络 / 92

4.4　配置要素 / 97

4.5　精益组织和精益生产 / 99

4.6　灵活的组织和灵活的生产 / 101

4.7　供应链与价值链的映射 / 104

4.8　类型的变化 / 106

4.9　集中采购 / 109

4.10　分散采购 / 110

4.11　跨职能式采购 / 110

问题讨论 / 112

参考文献 / 112

第 5 章　采购政策、程序和支持工具 / 116

核心要点 / 116

引言 / 116

5.1　采购政策范例：交叉铁轨项目 / 117

5.2　采购步骤 / 119

5.3　采购流程分析 / 121

5.4　电子商务、电子业务、电子供应链管理和电子采购 / 121

5.5　电子采购模式的演变 / 124

5.6　电子数据交换 / 124

5.7　电子数据中心、电子交换中心、门户网站及电子市场 / 128

5.8　电子目录 / 130

5.9　电子拍卖 / 132

5.10　反向拍卖 / 133

5.11　电子支付 / 137

5.12　低值购买 / 138

5.13　采购手册 / 139

5.14　供应商手册 / 141

问题讨论 / 141

参考文献 / 142

第二部分 供应商关系、法律和合同管理、质量管理、采购、供应商选择、价格管理和长期使用成本

第6章 供应商关系和合作伙伴 / 146

核心要点 / 146

引言 / 147

6.1 关系采购和采购关系 / 147

6.2 考虑合同要求的情况下，交易型采购与关系采购的区别 / 147

6.3 协作型业务关系 / 148

6.4 关系的形成 / 149

6.5 供应商关系的模式 / 151

6.6 供应商关系管理的实际考虑因素 / 156

6.7 供应商关系的终止 / 158

6.8 IT 项目关系的破裂 / 160

6.9 供应商关系的更深层问题 / 162

问题讨论 / 162

参考文献 / 163

第7章 法律与合同管理 / 165

核心要点 / 165

7.1 采购专家与合同法 / 165

7.2 要约与承诺 / 166

7.3 承诺 / 168

7.4 商品销售合同 / 169

7.5 劳务供应合同 / 170

7.6 对价 / 170

7.7 合同能力 / 171

7.8 起草合同条款的细节 / 172

7.9 虚假陈述 / 173

7.10 合同解除权 / 174

7.11 热点话题 / 176

7.12 合同的标准形式 / 181

问题讨论 / 182

参考文献 / 182

第8章 质量管理、服务与产品创新 / 184

核心要点 / 184

8.1 什么是质量 / 185

8.2 质量体系 / 186

8.3 全面质量管理的重要性 / 187

8.4 规格 / 190

8.5 个别规格的可替代途径 / 194

8.6 标准化 / 196

8.7 品种缩减 / 200

8.8 质量保证与控制 / 200

8.9 质量控制与可靠性检验 / 201

8.10 质量成本 / 209

8.11 价值管理、价值工程与价值分析 / 210

问题讨论 / 218

参考文献 / 219

第9章 供给与需求关系的协调 / 221

核心要点 / 221

9.1 库存、物流和供应链管理 / 222

9.2 保持库存量的原因 / 222

9.3 库存的分类 / 222

9.4 库存管理的范围和
目标 / 223
9.5 库存管理的工具 / 224
9.6 库存管理经济 / 228
9.7 库存的衡量指标 / 229
9.8 安全库存和服务水平 / 230
9.9 合适的库存数量 / 232
9.10 需求的实质 / 233
9.11 需求预测 / 233
9.12 推动式库存和拉动式
库存 / 238
9.13 独立需求 / 238
9.14 非独立需求 / 242
9.15 准时制 / 242
9.16 物料需求计划 / 247
9.17 制造资源规划 / 250
9.18 企业资源规划 / 252
9.19 供应链管理系统 / 253
9.20 配送需求计划 / 254
9.21 供应商管理库存 / 255
9.22 采购与库存 / 257
问题讨论 / 257
参考文献 / 258

第10章 组织货源和供应商管理 / 260

核心要点 / 260
10.1 组织货源的定义 / 261
10.2 组织货源的过程 / 262
10.3 组织货源的信息 / 263
10.4 市场环境分析 / 263
10.5 指令性法规 / 264
10.6 电子采购 / 266
10.7 定位供应商 / 266
10.8 供应商评估 / 267
10.9 供应商的核准 / 274
10.10 评估供应商绩效 / 274
10.11 组织货源的政策
问题 / 277
10.12 供应商基础 / 277
10.13 业务外包 / 278
10.14 制造业务的外包 / 279
10.15 服务业务的外包 / 283
10.16 外包的驱动因子 / 285
10.17 外包类型 / 286
10.18 外包的好处 / 286
10.19 外包带来的问题 / 286
10.20 外包项目的实施 / 287
10.21 合同分包 / 288
10.22 合作 / 290
10.23 知识产权和保密性 / 298
10.24 内部营销的采购
支持 / 299
10.25 公司内部交易 / 299
10.26 本地供应商 / 300
10.27 采购联盟 / 300
10.28 可持续性发展 / 301
10.29 组织货源的决定 / 301
10.30 决定购买地点的
因素 / 303
问题讨论 / 305
参考文献 / 306

第11章 采购价格管理和长期使用成本 / 308

核心要点 / 308
11.1 什么是价格 / 309
11.2 战略定价：导论 / 309
11.3 买方在管理采购价格中的
作用 / 309

11.4 供应商的定价决策 / 318
11.5 供应商对定价策略的选择 / 318
11.6 价格和成本分析 / 320
11.7 竞争的立法 / 323
11.8 串通投标 / 325
11.9 价格调整公式 / 325
问题讨论 / 327
参考文献 / 328

第三部分 项目管理和风险管理、全球采购、谈判技巧、合同管理、品类采购、世界级采购以提高业务绩效

第12章 项目采购和风险管理 / 330
核心要点 / 330
12.1 介绍 / 331
12.2 项目的生命周期 / 331
12.3 PID 和项目采购策略 / 334
12.4 设计和构建 / 336
12.5 采购的作用 / 337
12.6 PRINCE2® / 337
12.7 项目管理问题 / 339
12.8 项目风险管理 / 340
12.9 项目采购风险管理 / 340
12.10 项目采购管理 / 345
问题讨论 / 351
参考文献 / 352

第13章 全球采购 / 353
核心要点 / 353
13.1 术语 / 354
13.2 海外采购的动机 / 354
13.3 海外供应商信息来源 / 355
13.4 海外组织货源的困难 / 355
13.5 国际贸易术语解释通则® / 361
13.6 船运术语 / 363
13.7 海关与关税 / 364
13.8 运输系统及其成本等注意事项 / 364
13.9 货运代理 / 366
13.10 付款方式 / 368
13.11 反向贸易 / 370
13.12 海外采购的真实成本 / 372
13.13 从海外采购资本设备 / 373
13.14 海外采购的成功因素 / 374
问题讨论 / 374
参考文献 / 375

第14章 谈判技巧、实践与商业利益 / 377
核心要点 / 377
引言 / 378
14.1 谈判的方法和策略 / 380
14.2 谈判的内容 / 381
14.3 谈判的影响因素 / 382
14.4 谈判的过程 / 386
14.5 谈判前 / 387
14.6 实际谈判 / 391

14.7 谈判后 / 395
14.8 什么是有效的谈判 / 395
14.9 谈判与人际关系 / 396
14.10 谈判的职业道德 / 397
问题讨论 / 400
参考文献 / 401

第15章 合同管理 / 402

核心要点 / 402
引言 / 403
15.1 合同签订前的授权活动对合同管理的影响 / 404
15.2 合同经理的角色、技能和知识 / 404
15.3 合同管理计划 / 406
15.4 规范/标准的合同管理 / 409
15.5 合同管理绩效 / 411
15.6 社会服务合同监督审计 / 412
15.7 合同管理清单 / 415
15.8 合同条款 / 416
15.9 合同条款及其含义 / 416
问题讨论 / 417
参考文献 / 418

第16章 品类与商品采购 / 419

核心要点 / 419
引言 / 420
16.1 定义品类 / 420
16.2 品类管理问题示例 / 421
16.3 人才挑战 / 422
16.4 品类管理风险分析 / 422
16.5 品类管理：企业旅游计划 / 423

16.6 品类管理：信息和通信技术（ICT） / 426
16.7 资本投资采购 / 427
16.8 生产物资 / 436
16.9 原材料 / 437
16.10 期货交易 / 438
16.11 商品交易方法 / 442
16.12 非本地的天然气和电力采购 / 444
16.13 能源规定 / 444
16.14 英国的能源供应链 / 444
16.15 能源的市场 / 444
16.16 能源的定价 / 445
16.17 能源的采购合同 / 446
16.18 能源咨询与管理 / 448
16.19 零部件和组装件 / 448
16.20 消耗品 / 449
16.21 建筑用品与数量清单 / 449
16.22 采购服务 / 452
问题讨论 / 455
参考文献 / 456

第17章 世界级采购以提高业务绩效 / 458

核心要点 / 458
17.1 创新与供应商持续改进 / 459
17.2 创新 / 460
17.3 环境敏感性设计 / 460
17.4 采购参与产品开发 / 462
17.5 供应商开发 / 463
17.6 采购研究 / 465
17.7 采购绩效评价 / 467
17.8 财会方法 / 470

17.9　采购管理的审计方法　/ 471
17.10　基准与比率法　/ 475
17.11　综合基准法　/ 476
17.12　采购伦理　/ 478
17.13　与供应商相关的道德问题　/ 479
17.14　道德守则　/ 481
17.15　采购与欺诈　/ 484
17.16　采购工作的环境保护问题　/ 488

问题讨论　/ 494
参考文献　/ 496

附录A　英国皇家采购与供应学会(CIPS)职业道德法规　/ 498

附录B　供应道德管理行为（ISM）的原则和标准　/ 499

译者后记　/ 500

PART 1

第一部分

导论、战略、物流、供应链、政策和程序

第 1 章

采购的范围与影响

| 学习目标 |

学习完本章后可以理解以下内容:
- 采购的范围与影响
- 采购的发展阶段与未来趋势
- 采购内外部地位的影响因素
- 采购的战略维度
- 采购作为战略商业角色应对变化的要求
- 全球采购的特征
- 采购的未来挑战

| 核心要点 |

- 采购是一种职能、一个过程、一个供应链或者价值链的链接、一种关系、一门学科、一个专业
- 采购行为与采购的定义
- 采购和供应管理从重复交易到积极战略活动的演化
- 全球化、信息技术、生产变更与管理哲学等因素对采购演化的影响
- 全球采购的特征
- 杠杆、专注和专业性对于采购在组织内地位的影响
- 采购是商业变化的代理
- 采购是影响商业决策的关键因素

| 引言 |

1981年本书英文版首次出版,2016年本书英文版第9版出版。35年的时间足以保证

本书能够反映采购的范围与影响。乐观主义者认为：
- 采购具有专业性
- 采购在公司层面具有可见性
- 采购提供了卓越的就业选择
- 采购直接影响公司绩效
- 学术标准有了很大程度的提高
- 采购与供应机构的特许状态发挥世界级的作用

而悲观主义者认为：
- 采购对知识背景要求较低
- 采购无须持续性学习
- 采购太强调价格
- 在很多组织中，采购不是一种受尊重的活动
- 在风险管理和缓解措施战略方面关注度不够
- 采购并未对公司战略计划有多大贡献

尽管其他术语在世界范围也有广泛的应用，但本书更强调采购。

作者认为，采购已经达到较高的标准，但要达到企业层面的高度还有很长的距离。本书的关键目的就是告知读者采购的最高标准，并激励读者掌握这些标准。

1.1 如何定义采购

澳大利亚采购与供应学会（CIPS Australia）[1]引发了一场关于已达成的采购词库的争论，包括以下陈述：

采购是商业管理职能，要保证识别、采购、获得并管理组织需要的或者实现战略目标所需的资源。

采购的存在是为了开发供应市场的机会并实现资源战略，为组织、股东和客户交付最好的供给。

采购是利用科学与艺术管理外部资源，同时依据由卓越的行业专家和学者总结的采购知识体系进行供应管理。

当CIPSA计划识别澳大利亚采购专业的关键问题时，他们了解到这些活动的专业性调查，总体包括：

调查反馈显示，我们使用的术语的内涵有了很大变化。许多人对于术语可以互换或相对宽松的使用，但它们对某些人却具有特定的含义。"采购"（purchasing）就是一个很好的例子，它集成了同义词"供应管理"和"采购"（procurement）或者它能代表众多流程中的一步。概念的变化可能导致沟通障碍，阻碍知识体系的发展与共享。概念是最基础的，它要能够描述我们做了什么，向股东展示我们的成果，否则我们无法赢得他们的认同与支持。

作者提供了采购的两个定义：采购是一个积极主动的战略性企业活动，通过确保商品和服务的持续供应，实现世界一流的组织绩效，采购是通过对合同、成本和价格模型、质量等基本供应特征的有效协商来管理供应链风险。

1.2 采购的战略角色

采购在运作层面与战术层面的作用是不容置疑的，例如价格协商、采购订单确定、参加

会议、追赶逾期交付、处理利益相关者咨询和处理订单确认。这些都是必需的职能，但它们并没有凸显出任何战略层面的含义。采购的战略作用在一些研究文献中也有所缺失。

1.2.1 尽职调查

尽职调查是一种结构化的方法，用于帮助确定供应商具有成为采购组织合作伙伴的必要素质。在通常情况下，"尽职调查"一词与财务评估相关。在采购领域内，它包括对供应商进行以下方面的考察：

（1）财务稳健性，包括流动资金；
（2）关键资源的使用能力和可用性；
（3）对分包的依赖和分包程度；
（4）法律纠纷与诉讼史；
（5）合作关系经验；
（6）具有稳健的五年期商业计划；
（7）保险索赔史；
（8）IT 系统的鲁棒性。

尽职调查是一项比阅读资格预审问卷的反馈更重要的任务。它要求不能停留在书面答复的表面，而要探索书面答复更深层次的含义，掌握供应商的真实信息。

1.2.2 供应链风险管理

确定供应链风险并制定可接受的风险缓解策略是采购业务的战略重点。所有供应链风险分为三类：

（1）只有供应商可以管理的风险；
（2）只有采购组织能够管理的风险；
（3）必须由供应商和采购组织联合管理的风险。

属于第（1）类风险的例子有：

- 拥有强大的业务连续性计划；
- 能够将资源规划与计划可交付的成果相匹配；
- 与分包商的契约关系；
- 设计、检验和测试；
- 拥有足够的流动资金；
- 产品全生命周期的支持。

1.2.3 关系管理

对抗法在商业关系中是一个过时的概念，这个事实需要一些采购专家有所认识。在战略供应商关系管理中需要注意的事项有：

（1）对合同履行情况进行定期审查；
（2）共同致力于持续改进；
（3）分享长期业务目标；
（4）两个组织的高级管理者的积极参与；
（5）依据真实的业务目标进行谈判；

（6）提供准确、及时的业务和合同管理数据。

1.2.4　供应商绩效的持续改进

所有经济部门都有竞争性挑战，有时候来自离岸组织。采购组织在激励供应商不断提高业绩方面具有战略性作用，可以通过奖励供应商的投资和创新提高签订长期合同供应商的绩效。合同可以将持续改进作为供应商应履行的义务。在某些情况下，采购组织可能与供应商合作投资新技术，与供应商协商为其提供适当的知识产权所有权，也可以支付基于销售额的授权许可费用。

1.2.5　供应商投资于"适当的首次"（right first time）

组织的质量声誉是其主要的业务资产。法院审理不符合规范的情况。供应商拥有或应该拥有他们关于所提供的商品或服务的专业知识。供应商可以通过确保满足或超出规定的质量来增加采购的价值。供应商还可以在全生命周期成本、维护支持、检验和测试以及持续改进方面提供建议。采购专员从事资格预审工作时，应对投标人的质量管理属性进行深入分析。

1.2.6　供应商投资于库存

准时制的快速业务法将关注点聚焦于由谁来支付供应链中的库存费用。购买组织天真地相信这是一个供应商自愿提供的"免费"服务。涉及的费用包括战略仓储设施、配送网络成本、产品变更危险及周转资金成本等。寄售库存的概念是制造业中经过验证的理念，一些供应商非常擅长完全满足买方对生产线库存方面的需求。

1.2.7　供应商投资于采购专业知识与技能

这是一个奇怪的现象，当买家访问潜在供应商时，他们常常无法探测到供应商对采购专长的投资。当作者与从事招标活动的客户进行交涉时，发现供应商的团队中最不可能有采购专业专家。为什么？只能得出以下结论：他们的采购业务不被视作有助于其竞争优势。

1.3　采购是组织的购买活动

马里安（Marrian）[2]将组织买家定义为：

买家购买的商品或服务用于特定工业或农业生产抑或用于工厂、企业、机构、专业或服务的运营或经营。

因此，组织买家是代表组织的买家而不是为个人或家庭使用或消费而购买的买家。如表1-1所示，组织买家可以被认为属于四个购买组之一，每个购买组可以进一步细分。

表1-1中的一些品类可能有所重叠。例如，在国家卫生服务部门，有些用品可能由政府机构集中购买，卫生部门在地方的采购，也可以由医院在本地购买。

表1-1　组织买家的分类

组织分类	特征	实例
工业/生产组织	为一些有形生产和重要商业用途购买商品和服务	制造商：初级（精加工） 生产商：农业、林业、渔业、园艺、采矿业

(续)

组织分类	特征	实例
中介组织	购买商品和服务以转售或促进其他商品在工业或最终消费市场上的转售	分销商、经销商、批发商、零售商、银行、宾馆和服务贸易商
政府和公共部门组织	购买货物和服务,以供提供服务的组织进行转售或使用,这通常是有形的,而且在国家、区域和地方层面并不总突出商业的重要性	中央或地方政府、公共事业单位
机构	为自己单独使用而购买货物和服务的机构	学校、学院、医院、志愿组织

1.3.1 采购作为供应商管理

供应商管理可定义为:采购的一方面,它涉及对供应商基础数量的合理化、供应商选择、供应商协调、供应商绩效和发展潜力的评估,并酌情建立长期的合作关系。

供应商管理是一种比"购买"更具战略性和跨功能的活动,相比之下,单独的采购工作则偏重于交易和商务往来。采购、购买和供应商管理之间的关系如图 1-1 所示。

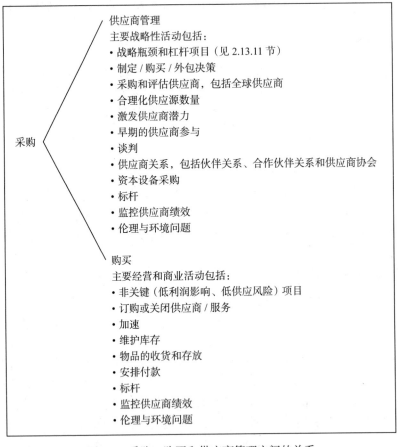

图 1-1 采购、购买和供应商管理之间的关系

1.3.2 购买作为外部资源管理

以下是赖明(Lamming)[3] 的观点:新的战略功能可能不会被称为购买,因为这个词的局限性太大了。传统意义上仅把采购看成掌管开支与花销,这与建立并管理企业内部战略毫无

关联。这项任务要确保正确的外部资源能够到位，来弥补内部资源的不足。也许"外部资源经理"是未来采购经理可以考虑采用的头衔。

赖明的观点发表于 1985 年，该观点已成为过去，现在突出的是采购而非购买。

1.4　从购买到采购的演化

采购是文明人际关系发展的一个阶段，因为它能够通过交易而不是征服、掠夺或者没收获得所需的物品。这是一个非常古老的活动。考古发现，约公元前 2800 年在叙利亚北部的拉斯·沙姆拉（Ras Shamra）楔形黏土片上记载的文字大致可以翻译成：

HST 在约定的时间之后每隔 15 天向 AS 统治区交付 50 罐芳香光滑油。作为回报，他将获得 600 小计量单位的粮食。这个命令将无限期地延续下去，直到买方或他的儿子取消约定。

购买和采购的演化可以划分为 7 个阶段。

1. 第一阶段：早期阶段（1850～1900 年）

有些学者将采购的历史追溯到 1850 年，尽管有证据表明采购职能在此之前就受到关注。英国发明家查尔斯·巴贝奇（Charles Babbage）于 1832 年出版的机械和制造商经济学书籍就提到采购职能的重要性。巴贝奇还提到负责几个不同职能的"物资专员"。巴贝奇写道：一个负责营运矿山的总部管理员的责任是"选择、购买、接收和交付所有需要的物品"。

在早期阶段，采购受到最大关注与发展的时期是在 19 世纪 50 年代之后，这一时期美国铁路的发展可以见证这一事实。到 1866 年，宾夕法尼亚铁路公司已经将采购职能提升到了部门级别，将之命名为供应部门。几年后，宾夕法尼亚铁路公司的采购代理人直接向铁路公司总裁报告。采购职能是组织绩效的主要贡献者，首席采购经理具有最高的管理地位。

芝加哥和西北铁路公司的审计官在 1887 年写了第一本关于采购功能的书，书名为《铁路物资管理——采购与处置》，他讨论了直至今天仍然至关重要的采购问题，包括采购代理人拥有技术专长的必要性，以及将采购部门集中到专人负责的必要性。笔者还评论了当时对选择采购代理人适当人选缺乏足够重视的现象。

2. 第二阶段：基础成长期（1901～1939 年）

采购第二阶段的演变始于 20 世纪初，一直持续到第二次世界大战开始。除铁路贸易杂志外，专门介绍工业采购职能的文章日益增多，并成为定期出版的刊物。工程杂志特别注重采购人员的合格资质以及物料规格的规范性。

采购在第一次世界大战期间因其在获得重要战争物资方面的作用而变得重要。这个时期采购的核心任务是原材料的采购（而不是购买成品或者半成品）。具有讽刺意味的是，第一次世界大战期间，没有任何主要的采购书籍出版。20 世纪 30～50 年代，受人尊敬的采购专家哈罗德·刘易斯（Harold T. Lewis）指出，那个时候是否存在采购对公司重要性的认识是一件值得怀疑的事情。刘易斯还指出，从第一次世界大战到 1945 年，稳妥的采购对公司的重要性至少逐渐开始得到认可，即便这种认可很少。

3. 第三阶段：第二次世界大战时期（1940～1946 年）

第二次世界大战将采购推到了一个新的历史时期。在战争期间获得所需（或稀缺）材料的重要性影响了采购利益的增长。在 1933 年，只有 9 所学院设置与采购有关的课程。到 1945 年，这一数字已经增加到 49。全国采购代理协会的成员从 1934 年的 3 400 人增加到 1940 年的 5 500 人，到 1945 年的秋季则达到 9 400 人。在此期间的一项研究显示，所有采购申请中有

76%没有规格或规定品牌,这表明公司内的其他部门认可由采购代理人确定供应来源。

4. 第四阶段:沉静的时代(1947年至20世纪60年代中期)

第二次世界大战期间提升的采购意识并没有转移到战后的几年。采购专家约翰 A. 希尔(John A. Hill)评论了在此期间的采购状况:

> 对许多企业而言,采购只是在经营过程中一个无法避免的成本,没有人可以突破它。就美国工业的深度和广度而言,采购职能尚未得到充分和应有的重视。

在此期间,描述各种公司使用员工收集、分析和呈现采购决策数据的实践开始出现。福特汽车公司是首批建立商品研究部门、提供短期商品信息的私营机构之一。福特还创建了采购分析部门,为买方提供产品和价格分析方面的帮助。

5. 第五阶段:物料管理时代的来临(20世纪60年代至70年代末)

物料管理的概念在20世纪60年代中期呈现爆发性的增长。尽管在这一时期对物料管理的兴趣日益增长,但这个概念的历史标志可以追溯到19世纪。在19世纪后半叶,基于物料管理概念的组织在美国铁路中很普遍。采购、库存控制、接收和存储等相关职能由一个人负责。

在此期间采购行为非常显著。采购经理强调通过竞标价格多次采购,很少将供应商视为增值合作伙伴。买家与供应商保持一定的距离。价格竞争是确定供应合同的主要因素。20世纪80年代初严重的经济衰退和国外全球性竞争对手的出现,使采购战略和行为在过去半个世纪以来未得到充分的发展。

6. 第六阶段:全球化时代(20世纪70年代末至1999年)

全球化时代及其对采购重要性、结构和行为的影响已经与其他历史时期有所不同。这些差异包括:

(1)在我们的行业历史上竞争从来没有变得如此激烈和迅速。

(2)越来越多的全球化企业与美国国内的公司抢占市场份额,与美国同行相比,它们注重的是不同的战略、组织结构和管理技巧。

(3)这一时期技术变革的广度和深度是前所未有的,产品生命周期越来越短。

(4)出现了使用国际数据网络和万维网(通过互联网)协调全球采购活动的能力。

这个竞争激烈的时期见证了供应链管理的发展。企业比起以往任何时候,都更要以协作的视角认识到从供应商到客户之间的物流、服务流、资金流和信息流管理。

管理者开始将供应链管理视为成本控制和满足其他方面改进的一种方式。

7. 第七阶段:整合供应链管理(2000年后)

当今采购和供应链管理反映出人们越来越重视供应商对企业的战略意义。与供应商的关系正逐渐从对抗模式转变为与选定供应商的合作模式。现代采购组织必须完成的任务需要采用与传统思维不同的方式。现在供应商的开发与合作、供应商参与设计、启用提供全方位服务的供应商、生命周期成本核算、长期供应商合同与关系、战略成本管理以及互联网集成和信息共享被认为是供应链中创造价值的途径。采购职位正在吸引高素质人才,这些人能够应对具有挑战性的采购方案,追求高级业务职位。

在新时代可以对采购下三个结论。第一,为了应对全球竞争带来的挑战以及技术和客户期望的迅速变化,有必要重塑采购在现代经济中的作用。第二,采购职能的整体影响力正在增强,特别是对于处在全球竞争和快速变化中的企业来说影响更大。第三,采购必须变得更加敏感,并整合客户需求,以及运营、物流、人力资源、财务、会计、营销和信息系统。这种演化需要时间来充分实施，但是是无法回避的。

以上内容改编自《太阳能市场快讯》的一篇文章[4]。如果对于专业发展和研究文献需要进一步了解，可以参考弗尔伦（Fearon）[5]关于采购功能历史演变的详细论述。

雷克（Reck）和朗（Long）[6]提出了采购发展的4个战略发展阶段，通过这4个战略发展阶段，采购才能成为争夺市场的竞争武器（见表1-2）。

表1-2　采购功能发展的战略阶段

阶段		定义和特征
第1阶段 被动阶段	定义	采购职能没有战略指引，主要是按照其他部门的要求开展工作
	特征	• 大量时间用于快速解决日常运作事务 • 由于采购职能的透明度低，其信息交流以职能和个人为主 • 基于价格与可得性的供应商选择
第2阶段 独立阶段	定义	采购职能能够采用最新的采购技术与流程，但其战略方向独立于企业的竞争战略
	特征	• 绩效主要基于成本的降低与效率提高 • 在采购与技术培训方面建立了协调联系 • 高层管理认识到采购专业发展的重要性 • 高层管理认识到采购有机会为利润率做出贡献
第3阶段 支撑阶段	定义	采购职能可以通过采购技术与产品支持公司的竞争战略来强化公司的竞争地位
	特征	• 采购人员被纳入到销售建议团队中 • 供应商被认为是一种资源，强调供应商的经验、动机和态度 • 市场、产品和供应商被持续监控与分析
第4阶段 综合阶段	定义	采购战略完整地嵌入到公司的竞争战略中，并在企业其他职能部门中形成了一股整合的力量来制订和实施战略计划
	特征	• 跨职能的采购专业训练与实施变得可行 • 与其他职能领域形成了永久的沟通渠道 • 采购发展聚焦于竞争有利的战略要素 • 采购绩效采用对企业成功的贡献进行衡量

资料来源：Adapted from Reck, R. F. and Long, B., 'Purchasing: a competitive weapon', *Journal of Purchasing and Materials Management*, Vol. 24, No. 3, 1998, pp. 2–8.

雷克和朗[7]还确定了12个非业务发展变量在4个阶段中的影响，如表1-3所示。

表1-3　阶段特征——雷克和朗开发的模型

特征（变量）	被动阶段	独立阶段	支持阶段	综合阶段
长期计划的本质	无长期计划	商品或采购步骤	支持战略	整合到战略中
变化的动力	管理命令	同等竞争	竞争战略	整合管理
职业发展前景	有限的	可能的	很有可能的	无限的
工作绩效评价基础	投诉	成本降低与供应商绩效	竞争性目标	战略贡献
组织可视性	低	有限	变化的	高
计算机系统的着重点	重复性的	技术性的	需要一定的关注	根据需要关注
新观点来源	尝试和错误	当前采购的实践	竞争战略	内部职能的信息交互
资源可得性基础	有限	任意的/可负担的	客观的	战略要求
供应商评价基础	价格与可得性的便利性	最低总成本	竞争性目标	战略贡献
对待供应商的态度	敌对的	可变的	企业资源	互相依赖
专业发展重视	没必要的	现有新的实践	战略组成部分	交叉职能的理解

(续)

特征（变量）	被动阶段	独立阶段	支持阶段	综合阶段
整体特征	文员职能	职能部门的效率	战略性推进	战略性贡献者

跟踪采购演进的其他学者有赛森（Syson）[8]，莫理斯（Morris）和科兰（Calantone）[9]，他们每个人都识别了3个阶段。赛森指出"从纯粹的文职日常活动演变到商业阶段，该阶段的重点在于节约成本，最终演变为关注物料管理或物流管理的战略职能"，这是变化的重点。莫理斯和科兰区分①文书；②"资产管理"和盈利能力；③"核心战略"功能阶段。

然而，琼斯（Jones）[10]基于以下两种理由评论了上述方法。首先，它们是不可操作的，仅仅表示了采购活动的发展阶段，其标准可能因采购组织而异。第二，这些模型开发测量变量的数量有限。为了弥补这些缺陷，琼斯建议使用18个测量标准的5个阶段开发模型。采购发展的5个阶段以1～5的分值进行评价，如表1-4所示。

表1-4 采购发展阶段和绩效能力

发展阶段	能力	预计对组织的贡献
第1阶段 婴儿	分散性采购	没有或者很少
第2阶段 醒悟	意识到节约的潜力	文书工作效率，通过组合可以节约2%～5%的成本
第3阶段 发展	采购价格/谈判能力的控制与发展	成本节约5%～10%
第4阶段 成熟	80/20有所认识 专业的采购人员 成本节约 启动供应商基础数量管理	成本节约10%～20% 收购成本节约1%～10%
第5阶段 高级	采购权力下放 强化集中控制 供应链管理	成本节约25% 所有权成本 收购成本和供应链管理成本节约30%以上 采购的杠杆作用 全球采购 理解和实践收购成本与所有权成本

图1-2所示的采购情况表明，特定组织采购的发展阶段可以按1～5分进行确定和评估。该文件还指出了组织需要进一步发展的领域，如图1-2所示的18个标准，然后可以设计出适合的策略来弥补发现的不足。

1.5 采购与变化

有一些驱动因素影响采购的变化，也要求采购变更，具体见以下各节的详细介绍。

1.5.1 应对采购产品和服务成本不断攀升的挑战

在21世纪，一系列成本压力浮出水面。其中最重要的是石油成本的波动，这种波动反映到了供应链成本中。恐怖主义行为不断升级、政治局势紧张、非洲和中东人民流离失所、欧盟局势紧张都对成本和经济前景造成影响。对生活费用的相关影响以及对工资上涨的要求是潜在困扰时期的因素。这也影响到了生活成本以及随之而来的增加工资的需求，而这些都为后续危机埋下了伏笔。例如，零售业这样传统的经济领域都无法逃避成本压力，除此之外，还有金融服务领域面临的困难，使资本成本和资金的可用性成为投资决策和流动资金可得性决策需要考虑的要素。

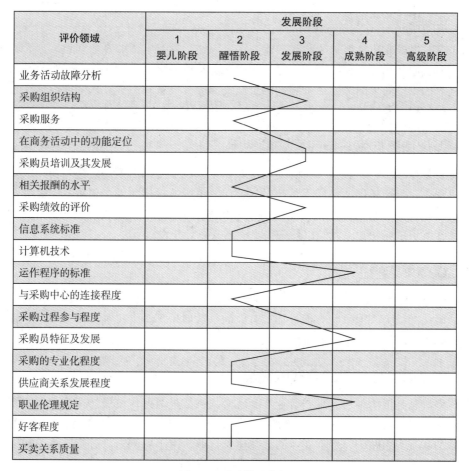

图 1-2 采购情况分析

1.5.2 公共机构重视公共支出的效率

20 世纪 90 年代初到 21 世纪初期采购在公共开支领域发生了巨大的变化。中央和地方政府的大量支出往往通过整合得以削减。虽然采购方面取得了重大进展，但仍然存在进一步提高货币价值的挑战。可以认为，采购必须打破部门之间的界限进行调整，传统的采购模式将不得不被废除。

1.5.3 生产与服务外包趋势的增强

大范围的制造和服务都在外包，这一趋势迅速增长，并给采购部门带来新的挑战，要求采购部门改进投标流程管理、尽职调查、与不同文化背景谈判、管理外包合同和应用"账目公开法则"。采购也不能幸免于外包的冲击。

1.5.4 认可采购是企业效率重要贡献者

开明的组织已经认识到采购可以有助于公司提升效率。一个例子是长期业务规划需要匹配长期成本、战略物资的可得性和供应及供应链发展和服务交付的流行趋势，例如利用语音识别技术作为反欺诈措施。

1.5.5 全球采购的积极影响

可以说，零售业在全球采购和应对长期供应问题上具有丰富的专业知识。它们面临的挑战包括应对时尚变化和一年四季的产品选择周期。其他买家面临的挑战是他们能够在世界各地找到优秀的供应商。国际航空公司利用全球资源提供设备和服务。采购面临的挑战包括如何设计组织结构。零售商在远东设立采购组织并不罕见。

1.5.6 强化信息技术与电子采购的使用

IT革命影响了采购。发生了什么事情呢？驱动采购变更的要素一定包括消除纸张。在一个采购过程中，每个招标文件的重量超过6公斤。中标的投标文件会更重！能够实现整个电子采购、支持在线支付的安全网络是经济全球化的远大目标。电子采购处于相对初级阶段，反向拍卖、电子招标和知识存储以及采集策略还未充分开发。

1.5.7 重申采购的主导权

许多供应商已经通过并购不断壮大，并且已经拥有了一种影响买方定价、产量分配和其他限制性做法的权力。但采购方通过形成有效的采购俱乐部与之抗衡并不成功，尽管公共部门在设立联盟方面采取了重要的举措。

1.5.8 对过时的传统采购方式的挑战

自我检讨总是很困难的。采购行业本身就必须挑战过时的传统做法。许多组织期待能够将采购从交易操作转向战略决策。传统的那些以防范姿态使利益相关者无法获取信息（例如招标程序的状况）的做法，是不专业的。在建筑行业，由工料测量师处理整个采购周期，把采购专家完全排除在外的做法就是对传统采购的有效挑战。

1.6 世界级采购

"世界级"一词是从舍恩伯格（Schonberger）[11]在1986年发表《世界级制造业》之后开始普及的。舍恩伯格将世界级制造业定义为"Citius，Altius，Fortius"（更快、更高、更强），与奥林匹克运动的格言相似。世界级制造相当于持续且快速的改善。

美国高级采购研究中心确定了世界级供应商管理的12个特点，[12]它们分别为：

（1）承诺执行全面质量管理（total quality management，TQM）。

（2）承诺实施准时制（just-in-time，JIT）。

（3）承诺减少总周期时间。

（4）整合组织供应战略、客户需求以及企业整体计划的多维度、全面整合的**长期战略计划**。

（5）**供应商关系**，包括网络、伙伴关系和联盟。关系包括供应源合理化及将供应商细分为"战略""优先"和"交易"类型等事项。与战略供应商的关系包括高水平的信任、风险共担和收益共享、数据共享和供应商参与产品开发。

（6）**战略成本管理**涉及评估投标的全程生命获取法和支持整个供应链无纸化与无缝衔接采购流程的信息技术。

（7）**绩效衡量**，包括行业和跨行业的常规基准。要与客户、其他组织单位和供应商协商制定绩效指标。

（8）**培训和专业发展**，包括高级采购职位所需技能的识别和储备技术性员工。

（9）**卓越的服务**。采购具有主动性，要预测客户的需求，并能表现出灵活性。

（10）**企业的社会责任**，特别是关于伦理道德、环境与安全问题以及当地供应商的支持。

（11）**学习**。世界级采购认识到学习和教育是持续改进的关键因素。

（12）**管理和领导**。尽管最后列出，但这可能是关键因素。采购主管获得并享受高层管理人员的支持，并认识到转型变革的重要性。这样的领导者有远见，鼓励开放交流，尊重他人，培育员工和供应商的发展潜力。

最后，世界级采购取决于与世界级供应商的贸易。世界级供应商所应有的特征正是以上所列世界级采购的特征镜像。米纳汉（Minahan）[13]的研究表明，要被认为是"世界级"级别的供应商，供应商就必须在有竞争力的价格、质量和交货期等方面表现卓越。这些属性就是"进入游戏的入场券"。研究确定了世界级供应商的以下三个特点：

（1）**持续改进**。世界一流的供应商都有正式和经过验证的承诺，以实现年复一年的产品和工艺改进。

（2）**技术创新**。世界一流的供应商都是各自行业的技术领导者，为客户提供下一代技术，并在竞争中助它们一臂之力。

（3）**适应能力**。世界级供应商愿意投资新设备，开发新技术和重新设计业务，以更好地支持客户的战略。

因此，世界级的供应商管理涉及：

（1）寻找具有上述特征的供应商或具有实现这些特征潜力的供应商。

（2）向供应商提供与产品和服务相关的期望规格，并同意根据期望规格衡量供应商的业绩。

（3）通过授予长期合同等方式认可优秀供应商的业绩，分享旨在加强供应商竞争力的合作、创新和完成任务的利润。

战略采购伙伴关系是平等的伙伴关系，供应商被认为是竞争优势的来源，负责产品的主要成本。正如桑德斯（Saunders）[14]的观点：对在服务自己客户的过程中达到世界一流水平的企业来说，在控制供应商网络方面能达到世界一流水平至关重要。

1.7 采购与供应链管理的地位

在某个特定的组织内，采购与供应链管理（purchasing and supply management，PSM）的地位受到采购的杠杆作用、采购重点和职业化的影响。

1.7.1 采购的杠杆作用

传统意义上，采购的杠杆作用着眼于提高企业的盈利能力。当采购是为了制造或转售时，采购能够提升企业的盈利能力，但中央和地方政府的采购与盈利无关，这种类型的采购直接影响提供公共服务的质量和时间。为国家卫生服务部门采购货物和服务也是如此。

最大范围的节约依赖于最大领域的支出。对于许多组织来说，最大的支出在劳动力成本和材料方面。劳动力通常不在采购范围之内，除非正在考虑外包活动和代理人员。在这种情况下，欧洲组织将远程呼叫中心外包给远东地区能够将劳动力成本下降20%以上。同样，基于《劳动保护义务转移法令》（Transfer of Undertakings Protection of Employment），在欧洲境内外包劳务，劳动力成本也可以降低 20% 以上。这是通过寻找更聪明的工作方式和重新部署分工来实现的。通过使用先进的 IT 系统，劳动力的效率也越来越高。这种成本改进需要新服务提供商的短期投资。从第三方购买的材料和服务的支出需要专业的买家必须证明能够获得物有所值的效果。

利润动机驱动的组织，特别强调利益的重要性。尤其是符合下面情况的企业：

（1）假设其他变量保持不变，采购节省的每一磅都是一笔利润；

（2）由于许多原因，如缺陷增加或交付较差，采购价格中每省下的一磅不一定代表一磅利润；

（3）当采购成本占总成本的比例较高时，购买项目的适度节省对利润的贡献，与销售额大幅增加对利润的贡献相似。因此，如下表所示，采购成本减少 4% 对利润的贡献与营业额扩张 20% 对利润的贡献是一样的。

销售			
过去（英镑）	现在（英镑）	增幅（%）	利润（英镑）
100 000	120 000	20	2 000（假设 10% 的利润率）
采购			
50 000	48 000	−4（例如节约）	2 000

然而，这些论据在使用时应特别注意：

（1）如果产品低质量或生产支出较高，采购成本的降低可能会冲销盈利。

（2）总拥有成本（total cost of ownership，TCO）方法强调，不仅要关注采购价格，还要考虑与采购、使用和维护物品相关的所有成本。

（3）当供应支出的比例和收购项目的复杂程度在组织间存在很大变化时，采购对盈利能力的贡献也会有相应的差异。

利润贡献可能很少，例如在制药行业，专利药物的成分与营销产品的成本相比可能微不足道。相反，在汽车工业中，材料成本占工厂总成本的比例很高。

在以下情形中，采购作为盈利能力的一个因素可能是至关重要的：

（1）采购项目占总支出的比例较高；

（2）短期价格波动；

（3）存在有关创新与时尚的判断；

（4）成品市场竞争激烈。

尽管采购也重要，但在这些情况下却并不那么关键：

（1）采购项目占总支出的比例较低；

（2）价格相对稳定；

（3）在运作层缺乏创新。

在非制造业组织内，在物有所值的高效率采购方面的节约可能会增加其他领域的支出。

1.7.2 采购的重点

赛森[15]指出，特定组织内的采购地位取决于采购职能的侧重点是在交易、商业还是战略方面。每个侧重点都适用于为不同类型的企业维持其商业优势："就效果而言，关键问题是是否正确聚焦。就效率而言，关键是'任务完成得好坏'。"随着时间的推移，如图 1-3 和图 1-4 所示，采购的重点可能从交易视角转向过程视角。采购越是更多地涉及商业和战略领域，其成效就会越大，随之而来的是其在组织内的地位的提高。

从图 1-3 和图 1-4 中可以看到，采购和供应管理从交易转向积极主动聚焦，绩效衡量也从效率向效果转变。

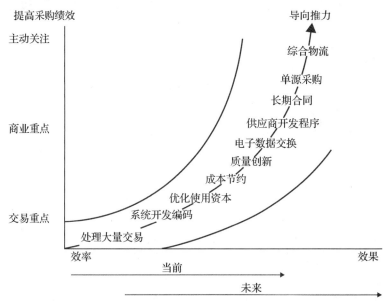

图 1-3　定位曲线：战略 / 政策

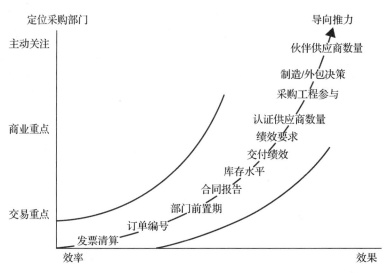

图 1-4　定位曲线：衡量采购工作绩效的尺度

效率是衡量如何利用有效资源实现目标的措施。

效果是衡量组织追求目标的适当性以及组织达到这些目标的程度。

赛森[16]指出采购部门的级别意味着采购部门在其公司组织结构中的地位。从不同的视角来看，供应链成员对采购的认可程度大致也说明了同样的问题。

法默（Farmer）[17] 提出了不同的方法，他用三项规则确定采购在企业内部的地位：

（1）采购感知重要性的提升与产品生命周期的缩短有直接联系。

（2）当企业面对不稳定的市场时，采购被认为是重要的。

（3）当组织需要把大量的营业收入投入到商品和服务的采购上，以使其能够开展业务时，采购是重要的。

从经验上说，采购对组织和供应链的重要性是由结构和影响因素来体现的。

1. 结构因素

结构因素包括：

（1）采购和供应管理负责人的职称。

（2）负责采购和供应管理的主管向谁和什么级别的上级报告。

（3）采购和供应管理负责的总支出。

（4）对采购和供应管理员工的财务限制，无须更高授权可支配的金额。

（5）采购和供应管理员工是哪个委员会的成员。

2. 影响因素

伊瓦拉（Ibarra）[18] 已经确定了网络中心性、权力和创新参与是确定采购地位的重要影响因素。

网络中心性，如正式授权，意味着在组织结构中位置的高度，以及对价值资源的获得和控制程度不同。如 3.2.1 节所述，采购往往是物料管理的关键活动。如 3.11 节所述，采购也是供应链的核心。

权力可以从两个方面考虑：权力的来源和权力的使用。4.1.4 节简要介绍权力的来源。权力的使用可能被定义为影响结果的能力。

弗朗斯（French）和雷文（Raven）认为负责采购和供应管理的高管可能会有 5 种权利，这部分内容在 4.1.4 节进行解释。高管还可以通过获取信息获得权力，以及通过跨越组织的位置，将组织的内部网络与外部供应商和信息来源联系起来而获得权力。

如伊瓦拉所示，创新参与可能是行政或是技术性的，它本身就是权力的象征，因为任何现状的改变都需要个人使用权力、调动资助、信息和物质资源来克服变革阻力。在组织中处于高职位的人比职位较低或权力较少的人更有可能成为成功的创新者。

技术创新者与机构的主要工作活动直接相关，包括引进新产品、服务和生产技术。

行政创新涉及组织结构和行政过程的变化，不同于其他类型的创新，其与内部管理更直接相关。坎特（Kanter）[19] 的研究结果表明，"企业家经常从其他部门或领域调进他们创新所需要的人，这些人需要选择是否以他们的知识、支持去投资来帮助创新者"。这些现象与供应链管理和采购的中心地位相关。

任何组织中的采购与供应管理地位都取决于两个关键因素。首先是对企业战略规划的底线产生积极影响的能力；其次是对采购与供应管理在企业盈利能力和竞争优势贡献的认可，并能够把这些贡献向高层管理人员和其他供应链成员推销。

1.7.3 职业精神和职业化

早在 1928 年，卡尔–桑德斯（Carr-Saunders）[20] 就对职业精神和职业化进行了区分。传统意义上的职业精神是与某些属性联系的，包括：

（1）基于理论知识的技能。
（2）延续很长时间的培训和教育。
（3）通过考试和考试证明胜任能力。
（4）遵守职业道德规范。

职业化是与职业化发展协会相关联，建立入职专业实践或活动的最低资格要求，并在职业成员之中加强规则和行为准则的执行，同时提高职业团体在全社会的地位。因此，试图提高外部对采购的看法应包括以下内容：

（1）建立推广"职业化"采购理念的机构，如英国皇家采购与供应学会（CIPS）和美国采购供应管理专业协会（ISM）。（2004年，超过42个国家采购协会隶属于国际采购和物资管理联盟。）
（2）开发本科和研究生的采购课程。
（3）在一些大学建立采购或物流"席位"。
（4）研究采购与供应管理及相关领域。
（5）出版与采购相关的教科书和专业期刊，如《供应管理》（英国）、《欧洲采购管理》和《国际采购与供应链管理》期刊，以及物流领域《物流聚焦》和《国际物流》期刊。
（6）颁布职业道德守则（见附录A和附录B）。

尽管1992年英国授予采购与供应学院"皇家宪章"使采购地位有所提高，但这一职业仍然需要克服在追求职业化地位方面的困难。

这些困难包括：
（1）无条件进入——进入该行业无须具备必要的专业资格。
（2）采购从业人员以不同程度的专业态度履行职责，所以只有采购业务或交易知识的人才可能难以进入战略采购的领域。
（3）执行职业道德规范的权力有限。

然而，普遍的问题是学术内容的构成。采购是一个混合学科，大量依赖于其他学科来建立其知识库。这些学科包括会计、经济学、伦理学、信息技术、营销、管理学和心理学。

甚至可以通过学习谈判，了解例如政治和劳资关系等方面的知识，加强谈判方法的掌握。

考克斯（Cox）[21]认为当代许多与采购有关的学术研究是"非科学"的，其特点是对采购从业人员所从事的工作描述不够严谨，是一种非理性的研究，是一种时尚的和"短期的"的开发。这种类型的研究通常被采购从业者认为与采购无关。因此，考克斯呼吁采用积极主动的、科学的方法开展采购学术研究。他认为，这样一种方法将涉及使用系统理论提供一般规律，并运用演绎和归纳推理，分别根据业务和市场流程"匹配目的"的意识构建可选的采购策略，并指出在业务中采购的可选角色。

将采购从反应性行政活动转变为主动和战略性的活动，要求采购人员应该拥有多项技能和特性，以便为最大限度地实现组织目标做出贡献。这方面的两项典型调查是美国的科尔钦（Kolchin）[22]以及吉尼皮尔（Giunipero）和皮尔西（Pearcy）[23]所做的。

第一项研究基于来自美国采购主管的大样本数据，发现2000年采购者面临的最重要的10个主题是：
（1）总成本分析
（2）谈判策略和技术

（3）供应商/合作伙伴管理
（4）道德行为
（5）供应商评估
（6）质量技术
（7）采购策略和规划
（8）价格/成本分析
（9）电子数据交换
（10）人际沟通

第二项研究是根据对相关文献的回顾和 136 个采购/供应管理专业人员的评估，确定了世界级采购者所需具备的 32 种技能。这些技能分为 7 个标题：
（1）战略的
（2）过程管理
（3）团队
（4）决策制定
（5）行为的
（6）谈判
（7）定量的

战略的、行为的和定量的技能的例子如表 1-5 所示。

表 1-5　战略的、行为的和定量的技能

战略的技能	行为的技术	定量的技能
战略思维	人际/沟通	计算机技能
供应源研究	风险承担/企业家素质	技术性的
构建供应商关系	创造性	蓝图的阅读
技术计划	追根溯源地询问	技术规范的制定
供应商成本目标		

另外一位作者，惠廷顿（Whittington）[24] 表示："我们所知道的采购任务将会消失……从组织上来说，采购往往会发现自己位于客户所在地的"分销功能"或"战略供应"的位置。"她还认为，未来的采购专业人员将关注 3 种任务：

- **促进**，即团队领导，并提供"适当融合和使用所有必要技能"。
- **合同谈判和开发**，即采购人员（这仍然是必需的）为组织编写和谈判有利于组织的合同。
- **技术专长（计算机技能）**，即网上采购和支持网络空间产品以及其他 EDI 任务。

这个观点受到赖明（见 1.3.2 节）和其他人的支持。在上述科尔钦的研究中，近 2/3 的受访者认为采购的名称将会改变。三个被引用最多的新名称是"供应管理""采购管理"和"物流"。

1.8　对企业采购定位的反思

采购专家应经常质疑采购的进度和业务定位。有大量独立于权威审计机构和咨询组织的学术研究，将其研究结果与潜意识信息联系起来，它们能够使事情变得更好。

有时候有可信的、直截了当的评论，例如科尔尼（Kearney）提出的评价[25]。它们用"影响"这个词，在采购的背景下解释：

（1）采购流程协助或发源的采购。

（2）采购参与到契约过程中。

（3）采购通过一个完整的采购设计和支持系统进行。

研究报告强调采购策略必须与整体业务目标匹配。领导者更多地参与其他业务职能，并充分利用供应市场的机会，并对94%以上的外部支出产生影响。

研究报告包括一个观察结果，在报告的前一年供应链中断接连发生。它表示，采购领导者擅长管理风险，大多数使用风险影响分析、财务风险管理（如套期保值）和灾害计划作为防范意外威胁的方法。相比之下，只有1/5的追随者在采购中使用这种风险管理活动，这意味着大约80%的公司将遭受重大破坏看作自然灾害，而未进行风险管理与控制。

问题讨论

1. 采购往往缺乏战略重点，因此被视为行政职能。你同意吗？为什么？
2. 以你的组织中的"一次重要采购"为例，编制一个流程图，显示采购涉及的流程。你能识别决策点吗？
3. 采购行业对技能开发不够重视，例如谈判技巧。你同意吗？为什么？
4. 您认为下一个10年采购业务面临的挑战是什么？
5. 考虑由雷克和朗确定的采购职能发展的4个阶段，说出你所在组织采购的阶段，并说明理由。
6. 将技术专家转移到采购中有很大的优势，这可以将他们的专业知识加入到商业决策中。你会同意这个观点吗？为什么？
7. 如果采购专家相信变革和创新，可以采取什么步骤来适应长期合同中的变革和创新？
8. 许多采购行动是以电子方式进行的。请你判断这方面的下一个重大发展是什么？当你回答这个问题时，请考虑反向拍卖及其对价格和成本谈判的影响。
9. 如果采购得到有效的组织和运作，那么权力的平衡永远不能与供应商保持一致，你认为这种说法是否正确？
10. 采购是商业还是技术职能？
11. 经常有人声称采购人员配备不足。为什么是这样的？在适当的人力资源管理采购方面，你如何决策？

参考文献

[1] CIPS Australia Pty Ltd

[2] Marrian, J., 'Market characteristics of industrial goals and buyers', in Wilson, A. (ed.), *The Marketing of Industrial Products*, Hutchinson, 1965, p. 11

[3] Lamming, R., 'The future of purchasing: developing lean supply', in Lamming, R., and Cox, A., *Strategic Procurement Management in the 1990s*, Earlsgate Press, 1985, p. 40

[4] *Solar Energy Market Express*

[5] Fearon, Harold, Center for Advanced Purchasing Studies, Emeritus

[6] Reck, R. F. and Long, B., 'Purchasing a competitive weapon', *Journal of Purchasing and Materials Management*, Vol. 24, No. 3, 1998, p. 4

7. Reck, R. F. and Long, B., as 6 above
8. Syson, R., *Improving Purchasing Performance*, Pitman, 1992, pp. 254–255
9. Morris, N. and Calantone, R. J., 'Redefining the purchasing function', *International Journal of Purchasing and Materials Management*, Fall, 1992
10. Jones, D. M., 'Development models', *Supply Management*, 18 March, 1999. The author is particularly grateful to Dr Jones for the use of Figures 1.6 and 1.7
11. Schonberger, R. J., *World Class Manufacturing: The Next Decade: Building Power, Strength and Value*, Free Press, 1986
12. Carter, P. L. and Ogden, J. A., *The World Class Purchasing and Supply Organisation: Identifying the Characteristics*, Center for Advanced Purchasing Studies, University of Arizona
13. Minahan, T., 'What Makes a Supplier World Class?', *Purchasing On Line*, 13 August, 1988
14. Saunders, M., *Strategic Purchasing and Supply Chain Management*, Pitman, 1994, p. 11
15. Syson, R., as 8 above
16. Syson, R., as 8 above
17. Farmer, D., 'Organisation for purchasing', *Purchasing and Supply Management*, February, 1900, pp. 23–27
18. Ibarra, H., 'Network centrality, power and innovation involvement, determinants of technical and administrative power', *Academy of Management Journal*, Vol. 36 (3), June, 1993, pp. 471–502
19. Kanter, R. M., 'When a thousand flowers bloom' in Staw, B. M., and Cummings, L. L. (eds), *Research in Organisational Behaviour*, Vol. 10, 1988, p. 189
20. Carr-Saunders, A. M. and Wilson, P. A., *The Professions*, Oxford University Press, 1928
21. Cox, A., 'Relational competence and strategic procurement management', *European Journal of Purchasing and Supply Management*, 1996, Vol. 2 (1), pp. 57–70
22. Kolchin, C., 'Study reveals future educational and training trends', *NAPM Insights*, July, 1993
23. Giunipero, L. C. and Pearcy, D. H., 'World class purchasing skills: an empirical investigation', *Journal of Supply Chain Management*, 2000, Vol. 36 (4), pp. 4–13
24. Whittington, E., 'Will the Last Buyer Please Stand Up!', Proceedings NAPM 84 Annual Conference, May 1999
25. Kearney, A.T. 'Follow the procurement leaders: seven ways to lasting results'. 2011 Assessment of Excellence in Procurement Study

第 2 章 战略性采购

学习目标

在适用的情况下，参考商业和采购，本章旨在提供以下理解：
- 战略采购及其对企业战略的贡献
- 战略理论的起源和发展
- 企业、业务和功能/运营策略
- 明茨伯格（Mintzberg）提出的 10 种学派理论分析战略的发展
- 战略管理
- 业务增长战略
- 战略分析
- 采购、投资组合管理
- 战略制定——合理规划或增量
- 替代战略评估
- 战略实施
- 战略的后实施、评估、控制和审查

核心要点

- 明茨伯格、约翰逊（Johnson）与斯科尔斯（Scholes）以及战略的定义
- 明茨伯格 10 种战略发展学派
- 合理规划、渐进的和突发的战略观点
- 增长、稳定、组合和紧缩战略
- 战略采购和采购战略
- 环境和内部扫描，加强战略制定和挑战
- 将采购战略与企业战略目标相结合

- 关键成功因素
- 愿景、使命与业务、采购和供应目标
- 生命周期、情景规划、成本效益、盈利能力和风险分析作为战略评估的方法
- 投资组合计划，特别参考卡拉杰克（Kraljic）和卡曼（Kamann）
- 政策和战略实施计划
- CIPS 采购和供应链模式

引言

采购发生在企业环境中，其中将有一个长期的业务战略。理解和促进战略的实施是采购的重要推动力。Wheelan & Hunger[1] 已经制定了对公司进行战略审计的清单。"内部环境：优势与劣势"是"运营与物流"的审计清单。这是采购专员的一个很好的提示（当他们使用采购术语时会非常认真），包括以下内容：

（1）公司目前的制造/服务目标、战略、政策和计划是什么？
1）它们是否表达明确或仅仅从绩效或预算方面有所反映？
2）它们是否符合公司的使命、目标、战略和政策以及内部和外部环境？

（2）公司业务能力的类型和程度如何？在国内和国际上做了多少？外包量是否适合竞争？采购是否妥善处理？供应商和经销商是否以环境可持续的方式运作？哪些产品具有最高和最低的利润率？
1）如果公司以产品为导向，考虑工厂设施、制造系统类型（连续批量生产、间歇性工作车间或灵活制造）、设备的年龄和类型、自动化和/或机器人的程度和作用、工厂能力和利用率、生产率评估、可用性和运输类型。
2）如果公司以服务为导向，考虑服务设施（医院、剧院或学校的建筑物）、操作系统的类型（随着时间的推移对同一客户的连续性服务或随着时间的推移对不同客户的间歇性服务）、年龄和支持设备的类型、自动化程度和作用、大众通信设备（诊断机器、视频机）的使用、设备能力和使用率、专业和服务人员的效率等级，以及将服务人员和客户携带在一起的可用性和运输类型。

（3）制造或服务设施是否容易遭受自然灾害、地方或国家罢工、供应商资源的减少或限制、材料成本大量增加或政府国家化的影响？

（4）人员和机器比例是否适当（在制造公司）或支持人员到专业人员比例是否适当（在服务公司）？

（5）公司在竞争中表现如何？是否平衡库存成本（仓储）与物流成本（即时）？考虑单位劳动成本、材料和费用、停机时间、库存管理和维修人员调度、生产等级、设施利用率，以及按品类（服务公司）成功处理的客户数量或按时交货的订单百分比（如果产品公司）。
1）这个分析有哪些趋势？
2）这些趋势对过去的表现有什么影响？这些趋势如何影响未来的表现？
3）这项分析是否支持公司过去和未来的战略决策？
4）运营是否为公司提供了竞争优势？

（6）运营经理是否使用适当的概念和技术来评估和改进当前的绩效？考虑成本系统、质量控制和可靠性系统、库存控制管理、人员调度、TQM、学习曲线、安全程序和可以提高制造或服务效率的工程项目。

（7）运营是否要适应每个有设施国家的条件？

（8）在做出决策时是否考虑环境的可持续性？

（9）运营经理在战略管理过程中的作用是什么？

"Wheelan & Hunger"的评论家指出采购在"运营和物流"中的应用得很少。作者已经开发了战略采购审计（strategic procurement audit，SPA），以测试采购能否承受强大的审计。前12个方面是：

（1）是否存在综合采购策略？
（2）企业和采购战略之间是否存在联系？
（3）采购有全球性的层面吗？
（4）短缺时如何保证供应？
（5）长期合约价格如何受到控制？
（6）采购战略是否建立在专家供应链知识的基础上？
（7）外包在战略中的功能？
（8）如何将真诚的合作行为整合到战略中？
（9）如何评估单元供应情况的风险？
（10）合同中库存的战略规定是什么？
（11）是否所有知识产权要素都被考虑到了？
（12）战略审查的频率如何，谁参与审查？

2.1 战略思考

构成战略思维的5个要素（由利特卡（Liedtka）[2]确定）如图2-1所示。

劳伦斯（Lawrence）在他的论文[3]中讨论了如下5个要素的特点。

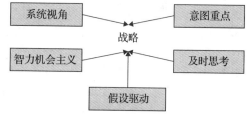

图2-1 战略思考的要素

（1）**系统视角**。"系统"是一套依赖于其环境生存的独立和相互关联的部分。从系统角度来看，战略思维需要理解：

1）组织运营的外部、内部和商业生态系统（商业环境中的生态系统是可能跨越各种行业的相互关联的企业网络）以及在这样的生态系统内进行的管理，需要有能力对战略定位、企业内部与企业的关系和联盟进行思考；

2）公司、业务和职能战略如何垂直地与外部环境关联，并横跨部门、职能、供应商和买方；

3）系统各部分之间的相互关系；

4）在较大系统中个体的角色，以及个体行为对系统的其他部分和最终结果的影响。

（2）**意图重点**。战略思考涉及目标的确定，能够成功地制定战略。

（3）**智力机会主义**。战略思维是"开放新经验，让人们能够利用可能的与更快变化的商业环境相关的替代策略"。

（4）**及时思考**。战略思想关注"弥补当前现实与未来意图之间的差距"。因此，在当前资源和能力不足的情况下，组织必须充分利用可用性来弥补差距。"通过将过去与现在连接起来，并将之与未来连接起来，需要战略思维始终能够及时思考"。

（5）**假设驱动**。战略思考包括创造性思考和分析思考。假设提出了创造性的问题"如果……"，假设检验跟随关键问题"如果……那么……"，并评估与分析相关的数据。总而言之，这一过程允许组织提出各种各样的假设，而不会牺牲探索新想法和方法的能力。

2.2 什么是战略

战略来自希腊语 strategia，是指"将才"，主要是军事概念，自第二次世界大战结束以来，已被用于商业环境。

大前研一（Ohmae）[4]认为："所有的商业战略简言之就是竞争优势。战略规划的唯一目的是企业尽可能有效地获得超过竞争对手的可持续收益。因此，企业战略意味着企图以最有效的方式改变企业的竞争力。"

2.2.1 定义：明茨伯格

明茨伯格[5]指出，战略一词长期以来以不同的方式被隐含使用，即使它在传统上只用于一个意思。他提供了五种不同的战略定义——计划、策略、模式、定位和观点。

（1）作为计划，战略是有意识的行为，这种行为（或一套准则）来处理特定的情况。从这个角度来看，战略与领导者如何提供组织方向和预定的行动方针有关。它也涉及认知（知道）或者人类大脑中最初设想的计划或意图。

（2）作为策略，战略是一种特定的操作，旨在欺骗对手或竞争者。

（3）作为模式，战略是一系列展示一致性的行为，无论是有所图的还是无所图的。

（4）作为定位，战略是为组织在特定环境中确定立场的方式，定位方法将战略看作"组织找到和保护自己的立场或'利基'的中介力量，以便组织在外部环境中满足、避免或者颠覆竞争"。

（5）作为观点，战略是一种感知世界的概念或根深蒂固的方式。明茨伯格指出，"这方面的战略就是让组织的个性成为组织中成员的个性"。这就是说，价值观和意识形态导致的工作方式的差异，能够变成共享标准、价值观以及组织中集体行为的决定因素。

明茨伯格的五个定义有助于我们避免对战略附加简单的含义。他发现：[6]

战略不仅仅是一个在市场上如何处理敌人或竞争对手的概念……

很多混淆……源于战略术语的矛盾和错误的定义。通过阐述和使用各种定义，可以加深我们理解和提升管理战略形成过程的能力。

2.2.2 定义：约翰逊与斯科尔斯

约翰逊和斯科尔斯[7]提供以下定义：战略是组织长期的方向和范围，通过在不断变化的环境中调整资源配置，实现组织的优势，实现利益相关者的期望。

2.3 战略的发展

2.3.1 明茨伯格的 10 种学术学派

明茨伯格等[8]确定了在战略发展的不同阶段出现的 10 个"学派"，它们被分为 3 类：说明性学派、描述性学派和结构性学派。

说明性学派关注如何规划而不是如何实际制定战略。明茨伯格的 3 个说明性学派如表 2-1 所示。

描述性学派关注的是，在现实中，如何制定战略，而不是战略应该如何被制定。明茨伯格的 6 个描述性学派如表 2-2 所示。

表 2-1　明茨伯格说明性战略形成的学派

名称	战略的形成过程
设计学派	战略的制定是一个概念性过程，是抽象思考或者反思活动 战略的制定是一种可获得的技术，需要正式学习，而非自然或直觉
计划学派	战略的形成是一个正式过程，是一系列的行动
定位学派	战略的形成是一个分析过程，是基于分析计算来选择市场上通用的、特别常见的、可识别的定位

表 2-2　明茨伯格描述性战略形成的学派

名称	战略形成的过程
企业家学派	战略的形成是一个有远见的过程，战略存在于领导者头脑中，作为组织长期未来的愿景
认知学派	战略的形成是一种心理过程，战略的形成发生在战略家的头脑中，是以客观方式感知、认识和构想环境的过程，不同于情感或意愿
学习学派	战略的形成是随着时间推移的一个紧迫的学习过程，其中至少战略的制定与战略的实施变得不可区分
权力学派	战略的形成是一个谈判过程，战略是通过政治博弈形成的，涉及短期利益和持有内部或外部力量的联盟，这些政治博弈旨在通过说服、谈判和有时直接的对抗达成一致的战略
文化学派	战略的形成作为一个集体过程，战略的形成是基于组织成员所共有的信念和认识的社会互动过程
环境学派	战略的形成作为一个反映过程，通过适应环境，而不是尝试改变环境实现

结构性学派强调战略的两个方面。第一个描述"组织状态"及其作为结构的周围环境。组织的"状态"意味着根深蒂固的行为。因此，结构是特定学派相对稳定的特征的集合。因此，"规划"在相对稳定的机制条件中占主导地位，并且"创业精神"在初创企业与转型企业中表现出更加动态的结构。因此，结构性学派可以整合前九个学派，因为它认识到每个学派都是根据时间和背景而确定的特定结构。

第二个方面是转变。结构性学派将战略的形成视为转变过程或"松动"根深蒂固的行为，它使组织能够转型或发展为新的状态或结构。因此，战略管理的关键在于维持稳定，但要定期认识到需要转变成新的结构。

2.3.2　合理的规划、渐进和突发的战略观点

理性规划包括明茨伯格所有的说明性学派，并且是基于经济学家理性经济人概念的战略形成的传统观点。理性经济人被假定为：

- 做出决定以最大限度地提高收益
- 考虑所有的选择
- 了解所有替代方案的成本和后果
- 允许单个人做出决策
- 根据固定偏好选定结果

这样的规划通常包括两个阶段：

（1）总结外部和内部优势和劣势、机会和威胁（SWOT 分析），并辨识可以转化为可衡量目标的目标；

（2）确定这个目标实现的方式，制订适当的计划。

劳伦斯[9]指出，战略规划的传统观念遭到攻击，理由是这种规划通常采取已经达成的战略方向，并帮助战略家决定为了实现这个方向，组织如何设置以及资源如何分配。费伊（Fahey）和普鲁萨克（Prusak）[10]认为这种倾向将重点放在过去和现在而不是将来，这是知识

管理的 11 个致命错误之一。其他批评是：
(1) 规划过于集中于分析和外推，而不是创造力和发明；
(2) 规划师很少知道所有可用的替代方案，因此处理信息的能力有限；
(3) 理性规划假设环境稳定，但当环境变化时，战略重点也会发生变化。

渐进的和突发的观点包括明茨伯格的描述性学派和结构性学派，并强调可以随着时间的推移制定战略，并逐步实施。

逻辑渐进主义主要与查尔斯·林德布洛姆（Charles Lindblom）[11]有关，他也将这种方法称为"渐进决策"。

在这种观点下，管理者在从经验中学习时进行逐渐改变。智能或战略机会主义或管理能力保持专注于长期目标，同时保留应对短期问题和机会的灵活性已经在 2.1 节中被确定为战略思考的基本要素。沃特曼（Waterman）[12]指出，在领导组织中，管理者能感觉到机会，而其他人则不能；管理者采取行动，而其他人则犹豫不决；管理者提出异议，而其他人却陷入困境。

这种考虑导致明茨伯格制定出突发战略的概念。突发战略包括一系列行动，形成一个初步规划，在最初阶段并未预料到的非预期的模式。采用突发战略可能有助于公司更灵活地适应不断变化的市场环境。

正如明茨伯格[13]所说：制定战略的经理人不会花时间阅读报告或行业分析。他们参与、响应他们的材料，通过个人感觉了解他们的组织和行业。他们也对经验敏感，认识到虽然个人愿景可能很重要，但其他因素也可能决定战略。

当大型组织不阻止研究报告和学术论文的发表时，突发战略就会变得明显。一个相关的例子是英特尔及其前首席执行官安迪·格鲁夫（Andrew Grove）解释的突发战略。[14] 1986 年，由于日本记忆芯片制造商的激烈竞争，英特尔损失了 1.73 亿美元，接着是裁员、关闭工厂、减薪和无薪退休。内存芯片是英特尔的原创业务。简而言之，英特尔将其资源从内存芯片业务转移到微处理器业务。格鲁夫说："如果现有的管理层想要在业务基础发生深刻变化的时候保住工作，就必须站在局外人的客观角度看待问题。"

2014 年年底，突发战略列入了乐购、Sainsbury 和 Morrison（英国零售商）的议程。来自折扣商 Aldi 和 Lidl 的激烈竞争正在影响英国杂货市场。据报道，由于销售额下滑，2014 年三家零售商的股价下跌了 50%。包括 ASDA 在内的"四大零售商"已经计划在英国开设新店。即将发生的结果将会出现，成功或失败将由突发战略的质量决定。

2.3.3 战略的偏移

市场类型对采购有影响，这种现象并不总被认可。

(1) 缓慢循环的市场使那些产品具有强大的防御地位，竞争压力不容易渗透到公司战略竞争力的源头。这可描述为垄断地位，例如 IBM 多年处于垄断地位。

对采购的影响可能是：
- 没有价格谈判以降低成本压力
- 能够容忍不能创新的供应商
- 坚持供应商无争议地遵守规格要求
- 买家被困在传统的采购实践中

(2) 在标准循环市场中，业务战略和组织设计旨在为大规模市场服务。可能的重点是市场控制，如汽车和家电行业。市场优势通过资本投入和优良学习实现。最终，竞争被高额利润吸引，例如可口可乐、福特和波音。

对采购的影响可能是：
- 静态定期交付的长期合同
- 依赖大型供应商
- 采购品类集中度较低
- 基于权力定位的自满采购行为

（3）快速循环市场的特点是永久创新和更短的产品周期。当一个行业的主导企业担心竞争时，它们会在竞争优势被削弱之前寻求抵制方法。快速循环市场的一个例子是小松公司挑战卡特彼勒的主导地位。

对采购的影响可能是：
- 不断寻求供应商创新的挑战
- 应用价值工程
- 积极协商降低成本
- 不断变化的供应源

世界级采购认识到，无论市场类型如何，采购必须使供应商保持警觉，并要持续改进。

2.4 组织结构中战略的层次

如图 2-2 所示，在典型的大型多元化业务中，在三个层次进行战略制定、评估和实施。

对于非多元化经营并只有单一业务的企业来说，公司战略和业务战略通常是同义词。

2.5 公司战略

一般来说，公司战略涉及：

（1）确定企业应该在哪些业务中实现盈利能力最大化；

（2）决定"大"策略（见下文）；

（3）确定企业的"价值"及其管理方式；

（4）协调和管理企业、市场、竞争对手、盟友和其他环境因素之间的主要资源和关系；

（5）决定营业地点和结构。

图 2-2 组织战略层次

由于公司战略提供长期的发展方向，所以很少有变化。公司战略通常不如低级别的战略具体，因此更难评估。

上述"大"或"主要"战略分为四大类：增长战略、稳定战略、组合战略和收缩战略。

2.6 增长战略

当组织寻求通过提高其运营水平来扩大相对市场份额时，增长战略会被采纳。增长策略可以按图 2-3 所示分类。

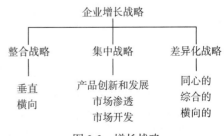

图 2-3 增长战略

2.6.1 战略整合

纵向一体化战略反映了一个组织向上游提供输入的行业整合（后向整合），例如汽车制造商收购钢铁轧机厂；或向分销组织产品的行业整合（前向整合），例如汽车制造商收购汽车分销链。

1. 后向整合

后向整合旨在通过拥有或控制供应商来确保供应的连续性。戴维（David）[16]确定了可能导致组织采用后向整合战略的条件，所有这些都具有采购和供应应用：

（1）当组织的现有供应商提供的产品或服务特别昂贵、不可靠，或不能满足公司对零部件、组件或原材料的需求时；

（2）当供应商数量少，竞争对手数量众多时；

（3）当一个组织在快速增长的行业中竞争时（在下降的行业中，纵向和横向的策略会降低组织的多元化能力）；

（4）当组织拥有管理提供自己原材料的新业务所需的资本和人力资源时；

（5）当价格稳定的优势特别重要时（这是因为组织可以通过后向整合来稳定其原材料成本和相关产品价格）；

（6）当供应商的利润率高时（这表明提供产品或服务的供应商所在的行业业务投资是值得的）。

组织需要快速获取所需资源时，另一个重要因素可能是：降低对关键部件供应商的依赖。

2. 前向整合

前向整合能够：

（1）避免对特定没有忠诚度的品牌或产品及倾向于"推高"产生最高利润的商品经销商的依赖；

（2）提供生产满足稳定、连续和可预测需求的要求；

（3）通过消除中间商或分销商来节省成本。

垂直整合的缺点包括：

（1）由于供应链各环节的有效运作规模不同，需要在供应链各阶段平衡产能困难，所以当内部能力不足以供应下一阶段时，就不要以外部采购去弥补这种不足。反之，过度的产力就会产生处理剩余的需要。

（2）由于重新设计、修改和重新培训的需要，对技术和开发的高投入可能会抑制创新和变革。

后向或前向整合通常需要高度多样化的技能和能力，如制造、运输和分销，这需要不同的业务能力。

由于上述原因，许多制造商，特别是汽车和食品制造商，已经放弃了垂直整合，支持：

（1）外包；

（2）tiring；

（3）与供应商的长期合作或合资协议；

（4）Keiretsu策略（Keiretsu是表示"附属链"的日语词汇，这种链条包括跨越供应商、制造商、装配商、运输商和分销商的整个供应链的相互联盟）；

（5）基于"需要"，使用供应商创建虚拟公司。

3. 横向整合

横向整合重点是通过收购在同行业中经营的其他企业或与竞争对手合并来扩大经营。横向整合的例子是兼并、并购和收购，旨在：

（1）减少竞争。

（2）扩大经济规模。

（3）转移和整合资源和能力。

2.6.2 集中战略

集中战略之所以被称为"密集型"，是因为它们是以"蓬勃"的努力来提高组织在竞争对手中的竞争地位。

（1）产品创新和发展旨在通过改进现有产品、服务或开发新产品来增加销售。采购可以通过对规范、价值管理和建议替代材料、组件和生产方法提建议等方式来为这一战略做出贡献。

（2）市场渗透力通过更大的营销努力来提高现有产品或服务的市场份额。

（3）市场开发旨在通过发现新用途或将其引入新的地理区域来增加对产品的需求。

2.6.3 差异化战略

差异化战略旨在降低对单一行业或产品的依赖。差异化战略可能是：

（1）**同心的**，即将新的但相关的产品添加到现有的产品范围内。

（2）**综合的**，即增加新的、无关的产品或服务。

（3）**横向的**，即添加与原始购买不直接相关的其他产品或服务，例如汽车经销商提供保险服务。

目前的趋势是远离多元化，支持不离本行，或集中精力于核心业务。

2.6.4 稳定战略、组合战略与缩减战略

稳定战略侧重于维持目前的行动方针，并尽可能避免重大变化。这不一定是"不做任何事情"的方法，而被认为是一种在现有的工作方式给定情况下最合适的决定。

组合战略是根据业务特定方面的需要同时采取几种策略。因此，在分工组织中，战略决定可能是在某些部门实行增长战略，也可能是在其他部门实施稳定战略。

缩减或防御战略显然与专注于增长的战略相反。典型的缩减战略包括：

（1）**收获**——最大化短期利润和现金流，同时保持对产品流的投资。

（2）**周转**——尝试重组操作以恢复早期的性能水平。

（3）**剥离**——出售企业的一个或多个单位以筹集现金或集中精力于核心活动。

（4）**清算**——决定停止经营和处置所有资产。

2.7 业务战略

战略业务单元（strategic business unit，SBU）被定义[17]为：运营单位或计划重点将不同的产品或服务组合，面向定义好的一组竞争对手，销售给统一的客户群体。

一般业务战略涉及：

（1）协调和整合单位战略，使其符合公司战略。
（2）发展各单位的独特能力和竞争优势。
（3）确定产品的市场地位并制定各自的竞争策略。
（4）监测产品和市场，使战略符合目前发展状况下产品市场的需求。

选择业务战略涉及回答"我们如何在这个特定的业务领域进行竞争"的战略问题。

业务层面战略的两种方法是迈克尔·波特（Michael Porter）[18]的竞争策略和迈尔斯（Miles）和斯诺（Snow）的适应性策略[19]。

2.7.1 波特的竞争战略

竞争策略基于质量、服务、成本和时间的组合。波特的类型学确定了可以用来给战略业务单元提供竞争优势的三种策略。

（1）**成本领先战略**——运营效率高，使得组织成为其行业内的低成本生产者。符合以下条件时这是有效的：
1）市场由许多价格敏感的买家组成；
2）几乎没有办法实现产品差异化；
3）买家对品牌漠不关心（可口可乐、百事可乐）。

这一战略的一些潜在威胁是：
1）竞争对手可能会模仿这一战略，从而带动利润下降；
2）竞争对手可能会发现突破性技术；
3）买方偏好可能受到价格以外的区别因素的影响（另见 3.9.1 节）。

（2）**差异化战略**——尝试开发被视为行业范围内独特的产品（见 3.9.2 节）。

（3）**聚焦战略**——集中在一个特定的细分市场，并且在这个细分市场中试图实现成本优势或差异化。由于市场焦点狭窄，采用聚焦战略公司的供应商数量较少，因此讨价还价能力较低。

2.7.2 迈尔斯与斯诺的适应性战略

适应性战略的前提是组织应制定战略，使其每个战略业务单元能够适应其独特的环境挑战。确定了四个主要策略：

（1）**防御者**。这强调为稳定的客户输出可靠的产品，适用于非常稳定的环境。
（2）**探索者**。这强调不断寻找新的市场机会和创新，适合未开发客户的动态环境。
（3）**分析者**。这强调了稳定性，同时有选择地回应创新机会，适用于适度稳定的环境。
（4）**反应者**。对于反应者来说没有现实的战略，而是通过危机管理应对竞争压力。

2.7.3 职能层战略

职能层战略涉及与战略形成密切相关的主要业务领域与活动，包括采购、财务、研究和开发、营销、生产/制造、人力资源和后勤/分销业务。

职能层战略预期源自并符合企业和战略业务战略，主要涉及：
（1）确保职能层专家的技能和能力得到有效利用。
（2）整合职能/运作领域的活动，如采购和营销。
（3）提供可用于制定公司战略和业务战略的信息和专业知识。

职能层战略的选择涉及如何最好地应用职能性专业知识来满足关键业务单元或组织业务需求的战略问题。

1. 战略采购和采购战略

战略采购是将采购与企业或企业战略联系起来。[20] 表 2-3 中列出了采购在企业和职能层面之间的一些比较。

表 2-3 在企业层面与职能层面的采购战略

企业/业务层面	职能/运作层面
企业高层制定	企业较低层制定
基于广泛的环境扫描，强调采购效果，一些信息从企业高层向职能层传递	基于有限的环境扫描信息，聚焦采购效率。一些来自供应商的信息可以被传递到企业高层
企业战略必须向下沟通	整合企业战略，并能沟通与理解企业战略
聚焦于影响未来长期采购需求与问题的事情	聚焦于影响当前战术采购需求与问题的事情

一些采购决策，例如与购置资本设备、外包和建立长期合作伙伴关系有关的采购决策，通常是根据采购信息、建议功能或操作级别，在企业/业务层面上进行的。如第 1 章所述，采购涉及组织战略形成在很大程度上取决于高层管理层认为采购在多大程度上有助于实现企业的竞争优势。比起层层汇报给物料或物流经理，直接向首席执行官报告的采购专员显然是影响组织战略的一个更重要的位置。无论其报告水平如何，采购人员应通过提供供应市场的情报，为企业战略做出贡献；通过提高其职能有效性，为竞争优势做出贡献。

卡拉杰克[21]指出，公司对供应战略的需求取决于：

- 采购在产品线附加价值和材料占总成本百分比方面的战略重要性；
- 由供应稀缺程度、技术和/或材料替代速度、进入壁垒、物流成本或复杂性以及垄断或寡头垄断条件来衡量供应市场的复杂性。

卡拉杰克声称：通过评估公司在这两个变量方面的情况，高层管理人员和高级采购主管可以确定公司需要的供应战略类型，以便利用其对重要供应商的购买力，并将其风险降至可接受的最低水平。

2.7.4 采购战略

采购战略涉及为实现业务目标，采购可能采取的具体行动。一些例子如表 2-4 所示。

表 2-4 采购战略的例子

情况	解决方案
一家制造企业在远东地区无法开展工作，因为它不能通过在当地的远东市场购买商品来保证"本地化程度"	修订采购策略，包括远东采购研究、有目的地在远东市场购买至少 30% 的货物
一个拥有"英国购买"战略的国际航空公司并没有提供具有国际竞争力的供应来源，从而降低了经营利润率	修订采购策略，积极研究国际供应市场，找出具有竞争力的价格和世界级供应的新来源
企业采购未能满足战略业务部门的具体需求，每个关键业务单元管理经理负责各自的资本投资回报率	修订采购战略和组织创建 SBU 采购，其唯一的重点是 SBU 的盈利能力
没有足够的资金来更新 IT 平台，缺乏 IT 战略和操作技能	采取外包策略，通过该策略，可靠的第三方将更新 IT 平台和提供 IT 支持服务，并承担长期合同严格规定的合同义务

(续)

情况	解决方案
国际金融机构拥有企业采购,但使用公司协议并不是强制性的。每个经营公司都自行安排关键"商品"的采购,包括旅行	企业采购向所有地点介绍企业协议的利益,并强制使用它们
原子能发电组织每年都会提供脚手架和专业工程支持服务	同意通过招标和授予5~7年合同的长期战略,作为静态定价和合同履行的回报

2.7.5 全球采购战略

这部分内容在第14章介绍。

2.8 战略管理

战略管理,如图2-4所示,是指战略分析、制定、评估、实施、控制和回顾的过程。

2.9 战略分析

对战略分析很实用的定义是:[22]战略分析是发展对组织运作环境以及组织与环境互动的理论认知,建立这种认知的目的是通过提高组织能力部署和重新部署组织资源,提高组织的效率和有效性。

战略分析的工具包括环境扫描、波特分析、情景分析、组织评估、成功关键分析、差别分析和SWOT分析。

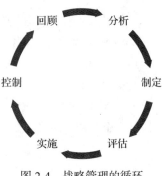

图2-4 战略管理的循环

2.9.1 环境扫描

一些学者将"环境"视为与特定组织之外的战略管理相关的所有因素。其他人认为环境包括外部环境和内部环境。

环境扫描被描述为"一种系统地扫描世界的雷达,并发出新的或意想不到的主要和次要的信号。"[23] Choo[24]指出,组织监视其环境:了解外部变革力量,以便他们可以制定有效的应对措施,确保或改善他们今后的地位。他们扫描以避免意外,识别威胁和机会,获得竞争优势,改善短期和长期规划。

2.9.2 扫描方法

扫描可以是:
(1) **被动的**,例如阅读优质报纸或专业杂志;
(2) **积极的**,如桌面或现场研究,其中关注的重点是信息。
涉及具体行业或任务:
(3) **电子的**,这是一个由数据库、知识库、推理引擎和数据挖掘单元组成的现场情报代理(field intelligence agent,FIA)。FIA提供多个来源的环境信息,评论环境趋势和变化,并使用户能够确定当前的假设是否有效或新的模式是否已经出现。

2.10 重要的环境影响因素

与组织战略相关的重要外部环境因素是部门、行业和宏观环境。

2.10.1 部门

部门涉及企业是否属于私营、公共或志愿的经济部门。

私营部门包括私人投资者所拥有的单一贸易商、合伙企业和公司,而不是政府。这样的企业可以分布在一个很宽的多样性范围中,根据其主要功能大致分为:

(1)第1位是采掘业组织,如农业、矿业、渔业。

(2)第2位是制造和装配组织,如食品或汽车制造商。

(3)第3位是分销组织,涉及从生产者到分销者的实物配送,包括运输、批发商、零售商或服务提供者,如学校、医院。

英国的**公共部门**包括国家政府、地方政府、政府所有和控制的机构、武装部队及国家卫生部门的公司和货币机构。

志愿部门是指独立于政府和企业的非营利组织,如慈善机构和教会。

由于企业种类繁多,有些学者更倾向于使用"组织的"这个术语,而不是"企业的"战略。部门因素影响组织和职能层面的战略管理。

在这两个层次上,战略都受到行业基本理念的影响。因此,所谓的"公共与私有悖论"强调,虽然商业和政府有很多共同点,但最终却是不同的。例如,公共部门和私营部门的采购人员做了许多相同的事情,并且越来越注重竞争力。然而,如表2-5所示,它们之间仍存在巨大差异,这种差异有助于确定各自的采购战略。

表2-5 公共部门与私营部门采购战略影响因素比较

因素	公共部门	私营部门
目标	向终端用户、普通大众,提供他们所需要的最有价值的资源	为企业提供能够通过定位、成本和差异化获得竞争优势的用品
利润	有所值,无论利润如何	物有所值,并作为对盈利能力的贡献
责任性	中央和地方政府采购人员负责,并经过公共财政支出审计	私人采购,私有资金支出对股东或所有者负责
透明度	在公共采购情境下,透明度是指所有利益相关方了解和理解公共采购如何管理的能力	在私人采购情境下,透明度的要求仅限于直接关注的客户,如客户、供应商和类似的利益相关者
程序	为了透明度,公共程序的特点是: • 明确规定的程序和公开的监督程序,如常规、欧盟指令 • 明确标准的招标文件和信息 • 招标过程中所有人的平等机会	在单方面战略决策方面,相比公共部门,采购人员的标准化程序较少,灵活性更高

2.10.2 行业

行业可以被定义为一个行业内的一组提供相互替代品的产品或服务的公司。

竞争对手之间的竞争对于促进行业竞争力至关重要。因此,重要的是要了解有助于企业在行业内的吸引力和竞争力的环境因素。

迈克尔·波特设计的五大力量模型,是迄今为止应用最广泛的评估行业吸引力的模式。

1. 波特五力模型

参考波特的竞争战略（2.7.1 节）。波特五力模型如图 2-5 所示。

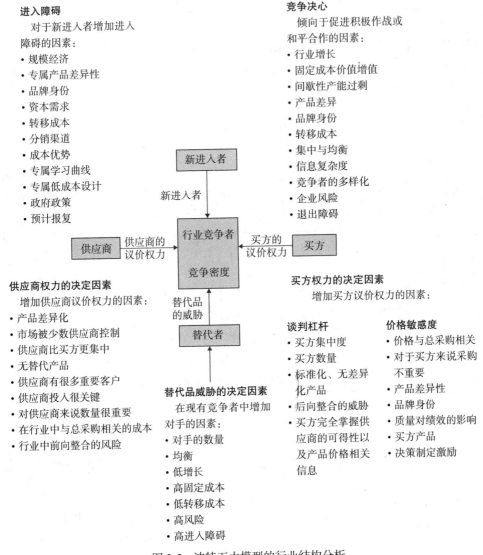

图 2-5　波特五力模型的行业结构分析

图 2-5 说明了波特的主要原则。

（1）在任何行业中，五种竞争力量决定了竞争对手与通用的行业结构之间的竞争。这些力量是竞争对手、买家、供应商、替代品和新进入者，它们的相互关系（五个力量）以及这些力量背后的因素，有助于解释行业吸引力。

（2）总的来说，这五大力量决定了行业的盈利能力，因为它们直接影响企业可以收取的价格、其成本结构和投资要求。

（3）无论企业如何努力将所有事情做好，都不能以高于平均水平的成绩完成任务。因此，管理层必须选择一种能给企业带来竞争优势的战略。如前所述，波特认为，只有三种可以单独或组合使用的通用战略来创造一个防御地位或优于竞争对手：成本领先、差异化和专注于特定的市场利基。

2. 对波特五大力量模式的批判

波特的模式受到多方面的批评，其中包括以下几点。

（1）**改变了的经济条件**。波特的理论与20世纪80年代的经济形势相关，其竞争激烈，企业间竞争和结构相对稳定。它们与当今互联网和电子商务应用程序有能力转变整个行业的动态环境不那么相关。

（2）**新力量的识别**。唐斯（Downes）[25]将数字化、全球化和放松管制视为影响战略的三大新力量。

1）数字化，将数据以数字形式用于数字计算机，为任何特定市场的所有参与者提供了更多信息，从而使外部参与者能够改变竞争的基础。

2）全球化，使企业能够在全球范围内购买、销售和比较价格。竞争优势可以来自合作，发展战略联盟的能力以及管理广泛的全球网络，以获得买卖双方的优势。

3）放松管制，中央政府减少参与控制航空公司、银行和公用事业等行业。

（3）唐斯指出，他所说的"波特世界"与"新势力世界"之间的最大差异在于信息技术（information technology，IT）。旧的经济使用IT作为实施变革的工具。今天，技术已成为变革中最重要的驱动力。

（4）数字化、全球化和放松管制这三大力量有效地消除了进入工业的障碍，使新的竞争对手和新的竞争方式加速发展。

（5）**关系**。波特的措辞"供应商和买方的议价能力"提出了对抗关系。当前的思维将供应商视为合作伙伴，与他们的关系需要被发展和加强，以使他们成为基于绩效和诚信的保持持久友好关系的资源。外包关系可以提高采购的效率和有效性。

然而，波特的工作仍然应该通过采购专业人员进行密切的研究，因为它提供了供应商如何看待客户的观点，以及客户如何考虑他们的供应商。

2.10.3　宏观环境因素

宏观环境因素是政治、经济、社会、技术、环境和法律环境中直接或间接影响组织、行业和部门以及国家和全球的变化。这些可以运用PESTEL模型辅助记忆：

（1）**政治**——政府的作用，即监管者或参与者、政治意识形态；

（2）**经济**——国内生产总值（GDP）、劳动力及货币和财政政策；

（3）**社会**——社会趋势、社会经济分组、价值体系及伦理；

（4）**技术变革**——技术变革率、成本和节约及专利；

（5）**环境**——"绿色"考虑、产品处置及大气因素；

（6）**法律**——与竞争、就业、环境及消费者保护有关的法律。

2.11　内部监督

这实际上是对资源、文化、价值链、结构和成功关键因素的内部扫描。

2.11.1　资源

通常识别的资源有：

（1）**资金**使组织能够在替代方案之间做出最好的选择。资金的一个重要方面是流动性或即时可用性。在工厂或股票方面投入太多资金可能会限制企业利用机会的能力。

（2）**物理设施**包括工厂和机械。重要的战略因素是位置、生活、灵活性或替代用途以及陈旧过时的危险。这些因素影响购买或租用设施或外包某些操作的决策。

（3）**人力资源**包括员工的专业能力，以及如何获取或更换简单的特定属性。另一个因素是人力资源被技术取代的程度。不可获得的资源可能会限制公司目标的实现，并导致寻求获取替代方法，例如通过合作协议或外包。其他资源，包括专利和声誉，可能会给组织带来同行业超越竞争对手的竞争优势。

（4）**信息技术资源**有助于组织与其外部联系人之间的快速沟通，包括供应商和客户，并将之作为智力来源。

2.11.2　文化

文化是"在这里完成的事情"。采购是组织文化的重要组成部分。采购业务发挥专业作用的方式将对组织的声誉产生影响。增强组织声誉的世界级采购行动的例子包括：

（1）以透明的方式进行招标；
（2）为小公司赢得合同提供机会；
（3）以专业的方式进行谈判；
（4）不从事犯罪或可疑的个人/商业行为；
（5）采用最高的道德标准；
（6）及时支付供应商的发票；
（7）不操纵合约以获得不公平的价格优势。

2.11.3　价值链与结构

这些分别在第 3 章和第 4 章中讨论。

2.11.4　关键成功因素

关键成功因素（critical success factors，CSF）被定义为：[26]组织活动元素，以其未来取得成功为中心。关键成功因素可能会随时间而变化，可能包括产品质量、员工态度、制造灵活性和品牌知名度等项目。

在设计新产品时，供应商的早期参与可能是成功的关键因素。

CSF 与关键任务和优先级相关。关键任务是必须做的，以确保实现每个关键的成功因素。优先级表示执行关键任务的顺序。

与采购策略相关的一些关键成功因素包括：

（1）全面质量管理；
（2）针对特定品类定制供应链；
（3）及时交付具有战略性应急库存的可用性；
（4）总循环时间缩短；
（5）世界一流的供应商关系；
（6）完全了解战略采购成本驱动因素；
（7）电子采购平台；
（8）为采购部门制定 KPI；

（9）培训和发展采购人员和利益相关者；
（10）环境、产品安全和道德标准。

采购的目标必须是能为组织带来竞争优势的最高级别的绩效。

2.12 战略制定

正如我们所看到的那样，战略可以通过合理规划的过程来制定，也可能逐渐出现。基于战略规划对创造性思维不利的概念，人们认为这两种方法有时是冲突的。然而，相反，这两种方法应该被看作互补的。1944 年第二次世界大战诺曼底登陆的伟大计划如果没有基于不断变化情报来考虑的创造性思考和创新性与递进式学习，就不可能成功。然而，这种想法必须通过战略思考与运营建立相关性。如劳伦斯[27]所述：要点……是在有效的战略制定机制中，战略思想和战略规划是必要的，二者缺一不可。真正的挑战是如何以融合而不是战略思维的方式改变当今的规划过程。

公司、业务和职能层面的战略制定涉及：
（1）制定愿景声明；
（2）编写任务说明；
（3）目标推导；
（4）SWOT 分析方法应用。

2.12.1 愿景陈述

从战略角度来看，愿景被定义为：[28]一种战略的意念，从领导层中创造或至少在领导人层面表达出来。愿景既可以作为一种灵感，也是对所要做的事情的感悟。

愿景往往是制定战略的起点。然而，愿景必须在使命宣言中传达给他人。

一个愿景的陈述清晰地表达了该组织职能或运作层面真实的、可信的、积极的未来状态。

采购活动的典型愿景陈述可以是：作为整合供应链的一部分，发展世界一流的采购战略、政策、程序和人员，以确保通过有效的采购来实现竞争优势，例如降低供应成本、保证质量、缩短供应周、营造良好的供应商关系。

公认的管理大师查尔斯·汉迪（Charles Handy）博士将有效的领导行为与发展愿景能力联系起来。他提出了确保远见卓识的领导力有效，需要五个条件，它们是：
（1）愿景必须不同。它必须是一个新的故事，几乎是一个梦想。
（2）这个愿景是有道理的，具有挑战性的，但能够实现的。
（3）一定是可以理解的，扎根于人的思想的。
（4）领导人必须通过自己的行为对愿景做出表率，同时要展示承诺。
（5）要成功，愿景必须是大家认同的。

雅芳愿景表述如下：
成为一家最了解女性需求，为全球女性提供一流的产品及服务，并帮助女性成就自我的公司。

2.12.2 目标

目标是对组织希望实现的结果的明确陈述。公司和业务目标是中长期的、战略性的、笼统的，通常涵盖增长、盈利能力、技术、产品和市场。职能和运作目标是短期的、战术的、具体的。因此，"更高管理层面的战略要素成为较低层次战略的目标"。[29]

如前所述，总体采购任务的经典定义是：以合适的价格，从合适的来源将合适数量、合适质量的材料在合适的时间交付到合适的地方。

这个定义有点简单，原因如下：

（1）"合适"一词是情境，每个公司都将以不同的方式界定"合适"。

（2）随着总体采购背景和环境的变化，"合适"将如何变化？

（3）上述"合适"必须符合企业的目标，该目标又衍生出了职能目标与运作目标。

（4）在实践中，一些"合适"是无法协调的，例如可能获得合适的质量，但不是合适的价格，因为"最好的供应商通常是最繁忙的，但也是最昂贵的"。

因此，采购目标必须根据企业的整体战略和要求在一定时间进行平衡。

由阿尔斯特大学为英国采购和供应国家职业资格认证机构提供的采购和供应链的主要目的的另一个定义是：为了提供客户和供应商之间的接口，以便根据需要规划、获取、存储和配送所需物资、货物和服务（m, g, s），使组织满足其外部和内部客户的要求。

如表 2-6 所示，采购的目标源自企业的目标。

表 2-6　采购和公司目标

商业目标	采购与供应目标
组织的立场声明目标在于其市场，包括市场份额	提供市场份额和市场定位目标所需的用品数量和质量的目标
关键目标是，从专业市场进入量产市场	开发新的、大的供应商的关键目标，物料流系统与大批量的少数部件的需求更加吻合，同时能够保证低库存量
关键目标是建立新的商业模式，能够产生正向现金流，同时产生合理的利润	通过较低的平均库存、协商小批量配送和/或延期支付条款为现金流做贡献
计划开发一些特殊的新产品或服务	计划开发适合的供应商
计划整体的生产/能力，包含建设或采购所有的策略	计划开发能够整合能力计划的采购计划系统，包含建设或采购以及合作伙伴关系策略
计划引入降低成本的程序	计划引入供应商标准化、供应商缩减程序以及电子采购
财务计划，概括地说明拟议的资本支出如何融资，以及时间表和需要实现目标的顺序	财务计划，概述了采购和供应预期对利润的贡献以及实现的时间和目标的优先顺序

短期目标是一组用较短时间实现的目标——一年，即实际成果可以根据原始目标进行衡量，区分达到目标或达不到目标的影响因素，以此来确定采购活动及其工作人员是否应该承担责任。目标管理的技巧将在17.7节具体讨论。

2.12.3　SWOT 分析

本章前面描述的环境扫描和内部审查为 SWOT（优势、劣势、机会和威胁）分析提供了智慧基础。图 2-6 表明，SWOT 分析或矩阵是制定战略，将愿景和使命宣言中表达的精神转化为现实，并确保实现目标的战略的重要起始步骤。

在图 2-6 中：

（1）S→O 是寻求利用组织优势来利用外部机会的战略；

（2）W→O 是寻求纠正组织弱点以便利用外部机会的战略；

（3）S→T 是利用组织优势来减少外部威胁脆弱性的战略；

（4）W→T 是制订防范计划防止组织弱点易受外界高度威胁的战略。

		内部监督	
		我们的优势有哪些	我们的劣势有哪些
扫描内部环境	我们可以发现什么样的机会	S→O战略	W→O战略
	我们的业务面临什么样的危险	S→T战略	W→T战略

图 2-6　SWOT 分析矩阵

SWOT 分析可以在企业、业务和职能三个组织层面进行。导致一些可能采取 W→T 战略的 SWOT 分析的一个例子是：组织处于某种威胁之下，因为主要产品的制造需要采购高灵敏度的原材料，需求量很大，供应商很少。在这种情况下，可以使用 SWOT / TOWS 矩阵，如图 2-7 所示。

优势	劣势
■ 采购权力 ■ 常规需求 ■ 采购的诚实与善意	■ 进口原材料的敏感性较高
威胁	机会
■ 与竞争对手在原材料方面的竞争 ■ 供应商数量少 ■ 汇率	■ 可替换的原材料 ■ 与供应商垂直整合的可能性外包 ■ 外包 ■ 合作伙伴 ■ 虚拟公司形式

图 2-7　SWOT 分析在供应情境中的应用

SWOT 分析被批判的原因，实际上是这种分析操作的结构往往不合理，匆忙地进行，导致提出者的兴趣与主观因素偏见的模糊和不一致的列表，这种批评可以通过以下方式来克服：

（1）使分析成为鼓励思想自由流动的群体过程。

（2）使用限定词要求陈述的移动者能够给出适当理由的分析，所以提议人不仅说"过分依赖一个供应商"，而是要求提议人再补充"因为供应商把我们的业务当作理所当然的，我们可能要比必要的付出更多"。

2.13　可选战略的评估

在特定情况下，通常有几种可供选择的战略。评估几个战略选择的目的是，进行"不做任何事情"或"尽可能最小化"的选择，即使运营方面不接受，在适用的情况下这些可以包含在内。

鲁梅尔特（Rumelt）[30] 确定了可以应用于战略评估的四项原则：

（1）**一致性**——战略不得存在相互矛盾的政策。
（2）**协调**——该战略必须代表对外部环境及其内部发生的关键变化的适应性反应。
（3）**优势**——该战略必须在选定的权限范围内提供创造和/或维护竞争优势。
（4）**可行性**——战略既不能超载现有资源也不会产生不可解决的问题。

另一组标准是，第一，给定的战略应满足特定情况的要求；第二，提供可持续的竞争优势；第三，提高公司绩效。

2.13.1 战略评估方法

选择符合上述标准的战略有几种可能的方法。波特针对战略形成的定位方法只是根据对组织在环境中的地位的分析，选择三种通用定位中的一种。

其他重要方法包括生命周期分析、情景规划、回报分析、盈利能力分析、风险分析、资源部署分析、非财务因素评估和投资组合规划与分析。

2.13.2 生命周期分析

这是基于所有产品以其原始的、未经修改的形式具有有限寿命的概念，如图 2-8 所示。

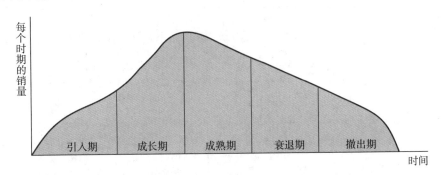

图 2-8　产品生命周期

产品生命周期或戈珀兹曲线（Gopertz curve）绘制了随着时间的推移，新产品实际或潜在的销售额，并展示了发展阶段——成长期、成熟期、衰退期、撤出期。产品生命周期的重要方面是：

（1）它们的长度——从发展到退出，这可能很短，产品服从于技术进步的快速发展。
（2）它们的形状——并不是所有的产品都具有与曲线相同的形状；所谓的高学习、低学习、时尚产品有不同的曲线反映不同的营销策略。
（3）产品——这可能会根据产品生命周期是否适用于一个品类（整个产品品类或行业）、一种形式（品类中的变体）或品牌而有所不同。

从战略角度来说，生命周期方法变得越来越重要，原因如下：
（1）环境因素，产品的相对环境性能，如购买包装、纸张和随后的废物管理。
（2）耐用性因素，替代商品之间的竞争，如汽车行业的铝和钢。
（3）过时，关于资本设备，这可能是决定采用外包战略的一个因素。
（4）不断变化的需求，产品生命周期的这个概念有助于营销经理认识到产品可能需要不断改变，以防止销售量下滑，并且需要制定营销策略来刺激需求；这种策略可能会影响采购战略，例如对可能发生变化的材料或组件下订单的提前期是多长。

2.13.3 情景规划

情景规划包括根据给定的假设制定对未来的概念预测。因此，从不同的假设开始，可以呈现不同的未来情景。这些假设可以基于对可能影响公司目标和供需预测的经济、政治和社会因素的趋势进行审查。因此，规划涉及决定哪种情况最有可能发生，并制定相应的战略。一个例子是检查敏感商品的价格，如黄金在过剩和短缺的情况下是如何变化的。

2.13.4 回报分析法

回报分析，采用特定策略可能产生的回报，可以通过成本效益分析或盈利能力分析等手段完成。

成本效益分析可以定义为：所使用资源的成本与活动（如污染、环境损害）之间的任何其他成本与衍生的经济和非经济利益价值之间的比较。

成本效益分析通常涉及权衡的考虑。因此，当考虑使用哪一种替代材料或组件时，需要考虑成本效益的权衡。一般来说，质量提高意味着价格上涨，最终增加成本。因此，要做出的具体决策必须力图平衡成本、质量和预计销售价格之间的相互关系，以及与销售数量和盈利能力相关的公司目标。

2.13.5 盈利目标设定

澳大利亚的昆士兰州政府明确指出在设定盈利目标时需要考虑的事项，它们是：

（1）固定总成本。这些成本不随着产出的变化而变化，例如租金、水电费、保险费和许可证费。

（2）可变成本。这些包括劳动力和原材料成本。

（3）所有者年度收入和股东待遇。

（4）借款资本回报。

（5）风险回报。

（6）未来的增长回报。

利润驱动因素是对底线产生重大影响的因素。财务利润驱动因素的例子有：

（1）价格。

（2）固定成本。

（3）可变成本。

（4）销量。

（5）债务成本。

（6）库存。

非经济利益驱动因素的例子有：

（1）生产率。

（2）客户满意度。

（3）产品或服务的质量。

（4）培训。

（5）员工满意度。

（6）商业文化和价值观。

（7）产品和流程创新。
（8）市场份额。
（9）员工安全。

2.13.6 风险分析

一定程度的企业风险将永远存在。通常，"灾难性"和"物质性"一词被用来强调这个问题。然而，风险是很复杂的商业问题，从以下三个评论中可见一斑。

虽然风险承担是企业和企业家精神的根本驱动力，但内部和外部的风险管理失败的成本往往被低估，包括纠正错误所需的管理时间。因此，公司治理应确保风险得到理解、管理，并能够在适当情况下进行沟通。[31]

有可能使风险治理标准更容易操作，而不会降低其应用于不同公司和情况的灵活性。[32]

也许金融危机最大的冲击之一是风险管理的普遍失败。在许多情况下，风险不是基于企业进行管理的，也不适应企业的战略。[33]

这些评论来自OECD第六次基于OECD公司治理原则进行的同业评议。同业评议过程旨在促进OECD原则的有效实施，并协助市场参与者、监管机构和决策者。

在一个简单的层面上，从战略视角来看，风险可能对实现目标具有影响。通过访问根据1934年《证券交易法》第13或15（d）条规定的美国证券交易委员会10-K表格，可以获得对企业风险的全面了解。

关于截至2013年12月31日的财年，可口可乐公司报道了以下风险因素：

（1）对肥胖问题的关注可能会降低部分产品的需求；
（2）缺水和质量差可能会对可口可乐系统的生产成本和产能造成负面影响；
（3）如果我们预期不到，并解决不了不断变化的消费者偏好，我们的业务将承受损失；
（4）市场中竞争能力的增强可能会损害我们的业务；
（5）对产品安全和质量的关注，包括对人工成分的感知，可能对我们的业务产生负面影响；
（6）食品需求的增加和农业生产力的下降可能对我们的业务有不利影响；
（7）零售行业的变化，主要零售或餐饮服务客户的损失可能对我们的财务业绩产生不利影响；
（8）如果我们无法在新兴市场和发展中市场扩张业务，增长率可能受到负面影响；
（9）外币汇率波动可能会影响我们的财务业绩；
（10）如果利率上升，我们的净收入可能受到负面影响；
（11）我们业务的很大一部分我们依赖于装瓶合作伙伴。如果我们不能与装瓶伙伴保持良好的关系，我们的业务可能会受到影响；
（12）如果我们装瓶伙伴的财务状况恶化，我们的业务和财务状况可能会受到影响；
（13）所得税率上升，所得税法律变更或不利决议的税务事宜可能对我们的财务业绩产生重大的不利影响；
（14）在美国或其他一个或多个主要市场中增加或新设的间接税可能对我们的业务产生不利影响；
（15）能源或燃料的成本增加，供应中断或短缺可能会影响我们的盈利能力；
（16）主要成分、其他原材料或包装材料的成本增加，供应中断或短缺可能会损害我们的业务。

在 10-K 表格中还有 20 多个风险。为了全面了解企业风险，作者强烈建议读者研究这些风险。

2.13.7 资源部署分析

资源部署分析是采用特定策略对关键资源可能影响的评估。因此，在采用外包战略的决定之前，还要分析对有形和无形资源（包括财务、人力资源、竞争优势和增长）的影响。

2.13.8 非财务因素评估

在做出战略决策时，重要的是考虑以下非财务方面：
（1）增强（或其他）组织形象。
（2）对供应商、客户、竞争对手和公众的影响。
（3）环境和伦理因素。
（4）改变、发展、淘汰的可能性。
（5）员工和工会对战略的反应。
（6）拟议战略的伦理含义。

2.13.9 投资组合计划与分析

投资组合规划和分析旨在协助战略决策，以便在一些竞争的商业机会中决定将稀缺的组织资源投资于哪里。这种方法类似于投资经理决定购买哪些股票，目的是创建一个旨在满足特定投资策略的投资组合，例如实现增长或提供收入。

2.13.10 波士顿象限图

波士顿象限图（Boston Consulting Group，BCG）是矩阵中最受欢迎的投资组合方法之一。这种方法用来制定战略，根据市场增长率和市场份额分析商机。如图 2-9 所示，根据这些标准，企业可以分为：
（1）**明星**——市场份额高、增长高的业务；
（2）**现金牛**——市场份额高、增长低的业务；
（3）**问题**——市场份额低、增长较快的业务；
（4）**瘦狗**——市场份额低、增长低的业务。

BCG 矩阵可用于决定在企

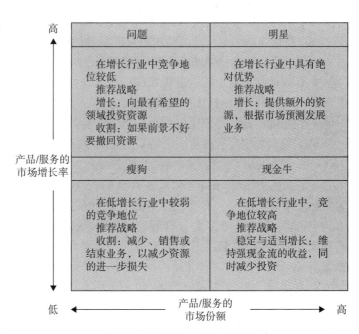

图 2-9 BCG 矩阵的企业战略

业、业务和运营三个战略组织层面采取什么策略。

2.13.11 组合采购管理

在1983年，卡拉杰克[34]推出了第一个用于采购和供应管理的投资组合方法，尽管费舍尔（Fisher）[35]在1970年描述了类似的"矩阵"。

卡拉杰克起始的前提是：资源枯竭和原材料短缺，政治动荡和政府对供应市场的干预，加剧竞争和加速技术变革的威胁已经结束了没有惊喜的时代。几十家公司已经了解到，供需形态可能会一夜之间几乎被全部搅乱。

卡拉杰克组合的目标是引导管理者认识到组织的脆弱性，并制定防止供应中断的战略。

卡拉杰克认为特定采购项目对利润的影响可以定义为：

（1）批量采购
（2）占总成本比例
（3）对产品质量和业务增长的影响

特定采购项目的供应风险评估依据为：

（1）可得性
（2）供应商数量
（3）竞争性需求
（4）制造或采购的机会
（5）短缺的风险
（6）可替代的机会

这些利润和风险因素使所有的采购项目被分在图2-10中的四个象限中。

Nellore和Söderquist[36]认为采购中的组合方法包括三步：

（1）产品与品类分析
（2）交付产品供应商关系分析
（3）将供应商关系与产品需求进行匹配的行动计划

因此，使用图2-10中矩阵的步骤包括：

- 以价值降序列出所有采购项目
- 分析每项采购的风险和市场复杂度
- 在矩阵中定位每个项目
- 定期，决定是否要将一个特定的采购项目移到另一个象限中

与每个象限相关的目标和可能的任务如表2-7所示。

戈尔德曼（Gelderman）和范·韦勒（van Weele）[37]指出，"一般来说，对购买组合模型的实际使用知之甚少，或者采购专业人员如何将商品和供应商置于投资组合中，并从其使用中制定策略。为了深入了解这些问题，我们采访了一些就职于一家荷兰化工公司的高管和采购专家，被访者在实际工作中具有应用采购组合模型的经验。他们与DSM公司有关的发现如下所示。

1. 基本

（1）一般来说，矩阵运动遵循一个顺时针方向，即从瓶颈型到非重要型，从非重要型到杠杆型，从杠杆型到战略型。

（2）DSM致力于非重要型和瓶颈型所处象限应尽可能地保留空白。

```
高 ┌─────────────────────────┬─────────────────────────┐ 在采
  │ 杠杆产品（例如钢板和断面） │ 战略产品（例如组件、齿轮 │ 购关
  │                         │ 箱、发动机、光学元件）   │ 系中
  │ ■ 占相对较大的产品价格份额 │ ■ 与杠杆产品一起可以占营业│ 均衡
  │ ■ 价格变动小，对利润影响较大│   额的80%               │ 权力
  │   风险较小               │ ■ 价格的小幅变化将对成本产 │
  │ ■ 许多替代供应商         │   生直接和重大的影响      │
  │ ■ 替换可能               │   由于对供应商的高度依赖， │
  │   以买方为主的细分市场    │   风险很大              │
  │   有竞争的投标           │   购买者和供应商之间的权力 │
  │                         │   平衡可能会有所不同      │
  ├─────────────────────────┼─────────────────────────┤
  │ 非重要（常规）产品（例    │ 瓶颈产品（例如自然气味、 │
  │ 如标准化办公用品、MRO    │ 维他命、色素）          │
  │ 物品、紧固件、耗材）      │                         │
  │                         │                         │
  │ ■ 20%的采购周转率可能需要 │ ■ 价值相对有限但价格突然上│
  │   高达80%的采购活动支持   │   涨的危险较大          │
  │ ■ 产品成本低，管理成本高  │                         │
  │   无风险因为：           │   高风险因为：           │
  │ ■ 许多替代供应商         │ ■ 少量（如有）替代供应商  │
  │ ■ 产品种类繁多           │ ■ 供应商可能是技术领导者  │
  │   减少供应商数量         │   以供应商为主的细分市场  │
  │   使用系统订约和电子采购解决│ 确保长期和短期的供应     │
  │   方案                  │   寻求替代供应商         │
  └─────────────────────────┴─────────────────────────┘
低（许多        根据短/长期可得性、潜    高（一个或少
供应商）        在供应商数量和供应市    量供应商）
               场结构评价供应市场
```

图 2-10　卡拉杰克组合矩阵（调整）

表 2-7　每个采购重点的目标、任务和信息

采购重点	目标	主要任务	信息需求
杠杆目标（高利润影响、低供应风险）	·获得最优短期交易 ·最大化成本节约	·确保供应商意识到他们的竞争性处境 ·将相似的产品分在一组增加数量折扣的价值和质量 ·使用一揽子订单，但保持较短的合同期（1～2年） ·寻找可替代的产品与供应商 ·谈判增值条款——VMI、JIT和仓储 ·考虑移动到战略象限	·良好的市场数据 ·短期到中期的需求计划 ·准确的供应商数据 ·价格/运输费预测
战略物品（高利润影响、高供应风险）	·最大化成本节约 ·最小化风险 ·创造竞争优势 ·对长期关系创造相互承诺	·准备对未来需求的精准预测 ·认证分析供应风险 ·寻找长期的供应商合作伙伴协议（3～5年），建立持续改进与绩效评价的协定 ·考虑与选定的供应商和客户的合资企业，以获得竞争优势 ·及时采取行动，纠正下滑表现 ·信心恢复后可能会将采购移到杠杆象限	·高度详细的市场数据 ·长期供需趋势信息 ·良好的竞争情报 ·行业成本曲线

(续)

采购重点	目标	主要任务	信息需求
非重要（常规）物品（低利润影响、低供应风险）	• 减少行政程序和成本 • 消除复杂性 • 提高运营效率	• 简化申请、购买和付款 • 尽可能标准化 • 从联盟整合并购买 • 鼓励用户/内部客户直接订购不需要退出的合同 • 使用电子采购 • 考虑集中到杠杆象限	• 良好的市场概况 • 短期需求预测 • 经济订货数量 • 库存水平
瓶颈物品（低利润物品、高供应风险）	• 降低成本 • 确保短期和长期的供应	• 尽可能准确地预测未来需求 • 整合采购以确保杠杆 • 确定供应商采购的重要性 • 是否规范措施——缓冲库存寄售库存、运输情况 • 搜索替代产品/用品 • 减少风险的合同	• 中期需求/供给预测 • 市场数据非常好 • 库存成本 • 维护计划

2. 瓶颈类目

对于加工材料，一个关键问题是标准化是否可能允许移动到杠杆象限。

在不可能进行标准化的情况下，报告的方法是：

（1）能力交易，在一个供应商处集中采购。

（2）一方面通过降低供应风险获得更好的瓶颈地位，另一方面获得更好的谈判地位。

（3）通过持有库存、对冲、扩大规格、寻找替代供应商等方式保持现有位置并充分发挥优势。

许多非关键（many non-critical，MRO）原料和设备项目由于过度规范限制而"瓶颈"化。不太复杂和更通用的规格能够允许在单元/组之间进行"集中"采购，从而从瓶颈象限移动到非关键象限，或者从非关键象限移动到杠杆象限。

3. 非关键类目

在 DSM 中，主要产品有办公用品和服务。如上所述，影响杠杆象限移动的主要考虑因素是标准化和集中采购。如果集中采购不是一个选择，购买卡对个别的非战略商品是有用的。

4. 杠杆类目

DSM 区分"战略伙伴关系"和"便利伙伴关系"。只有有限数量的用品才有资格从杠杆象限向战略象限转移，这在以下情况下是可行的：

- 供应商具有合适的设计能力；
- 购买者（DSM）准备花时间在供应商开发上；
- 买方在所有组织层面对供应商有足够的信任。

当供应商不符合战略供应商资格时，重点是提高效率和降低成本，而不是设计优化。

伙伴关系可以是技术（合资、共同开发、并行工程）或物流驱动（JIT）。后者被认为是"方便的伙伴关系"或战术问题的解决方案，并且存在于杠杆象限中。

5. 战略类目

成功的战略伙伴关系是罕见的，DSM 的政策是降低或限制对所涉供应商的依赖。随着时间的推移，伙伴关系可能会变得不能令人满意，或者供应商不希望参与联合开发。

由于合作伙伴的不足，DSM 可能会采用供应商开发方式，降低产品的复杂度，开发新的供应商。

6. 结论

戈尔德曼和范·韦勒认识到调查的局限性，认为：

- 投资组合方法有助于将商品/供应商定位在不同的矩阵象限中
- 该方法的重要价值在于帮助采购从业人员围绕特定的象限移动商品/供应商，以降低对具体供应商的依赖
- 卡尔杰克投资组合"是讨论可视化和说明差异化采购策略可能性的有效工具……它是在各种相当自主的业务部门之间协调采购战略的有力工具

此外，卡尔杰克分类提供了一种有用的方式，通过每个标题下的总支出对采购进行分类。

对卡尔杰克矩阵有各种修改或变化，其中最著名的就是 Bensaou 矩阵。[38] 对采购组合模型的一个反对意见是它们不考虑供应商的观点。使用供应市场的复杂性（问自己，"实际上是否有很多供应商？"）和买方市场的复杂性（"许多或少数买家"），卡曼[39] 开发了如图 2-11 所示的替代矩阵。

图 2-11 确定了四个产品分类：

（1）**通用物品**——标准化商品；
（2）**定制物品**——使用灵活技术生产的物品（大规模定制）；
（3）**专有产品**——品牌名称，如微软；
（4）**定制设计**——真正的一对一关系。

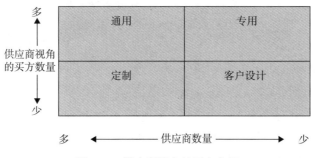

图 2-11 供应商视角的买方市场

通过组合卡曼和卡拉杰克矩阵，我们得到一个立方体，如图 2-12 所示。这个立方体反映了供应商市场（从采购的角度）和买方市场（从供应商的角度来看）的复杂性。卡曼除其他外，还注意到以下几点。

（1）战略和瓶颈项目的一部分属于专有专栏（一个垄断或寡头垄断的供应商和许多买家），因此，获得适用于此类产品的产品规范的机会很小。对于可能与代理商交易而不是直接与生产者交易的小型买家来说，这一点尤其如此。

（2）许多公司在其供应商战略中区分各种类型的杠杆项目。例如，食品跨国公司区分简单产品（如土豆）和更复杂的产品（如完整餐）。对于复杂的产品，涉

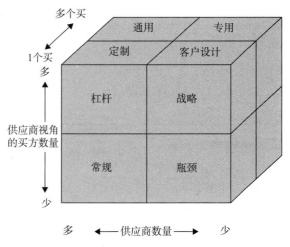

图 2-12 卡曼立方体

及客户和供应商的联合价值分析被用于标准化市场和生产者的产品。

（3）采购步骤。通用，量身定制和专有项目可以很好地整合。定制设计需要许多面对面的联系。供应商可分为：

1）经纪人——潜在的虚拟组织，只是重新分配订单，组织和收集杠杆购买力，还有在互联网上的现货购买。

2）能力供应商——实际生产商品和服务。

3）共同开发商——涉及产品开发和设计，需要大量的面对面接触和长期的关系。

物流是"经纪人、能力供应商和共同开发商业务流程的黏合剂"。这些关系如图2-13所示。

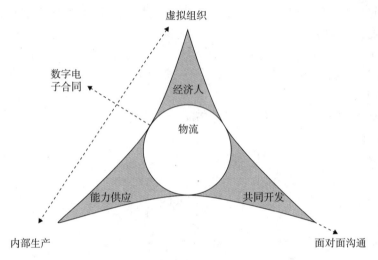

图 2-13　共同开发关系

2.14　战略实施

战略实施涉及将战略计划转化为行动，并采取必要行动来实现有针对性的战略目标。战略制定与战略实施的主要区别如表2-8所示。

表 2-8　战略形成与实施间的对比

战略形成	战略实施
行动前对力量的定位	在行动期间管理力量
聚焦于效果	聚焦于效率
主要是智力过程	主要是运作过程
需要良好的创新性与分析技巧	要求特定的动机与领导技能
要求少数人协调	要求许多人协调

战略实施应被视为一个学习过程，所有组织层面都可以从中受益。

2.14.1　战略实施的主要阶段

（1）向所有未参与制订的人员传达战略计划。良好的沟通有助于避免负面反应，特别是战略涉及重大变化时。

（2）从有关方面获得承诺。这涉及咨询过程中的披露和讨论，例如会议和团队简报。

（3）框架政策和程序。
（4）制定运营目标，确保这些目标与公司目标相关。
（5）为个人和团队分配责任和权力，实现目标。
（6）必要时改变组织结构。
（7）分配资源和达成预算。
（8）为员工提供必要的培训。
（9）不断监测战略的成败或其他方面的修订要求。

资源配置和政策是上述活动的重要内容。组织结构和程序分别在第4章有和第6章讨论。

2.14.2 资源分配

在大多数组织中，分配给职能/活动的财务、物料、人力和技术资源将减少数量，并在预算或财务报表中表达实现具体目标或实施制定战略所需的资源。

2.14.3 政策

政策是实施战略的工具。政策是：明确或暗示的一系列原则，旨在指导企业走向目标，并指导高层决策。

政策是强制性的，必须由整个组织的所有人员和活动来遵守。

考虑政策的优点和具体的采购政策是有用的。

1. 政策的优势

在企业层、职能层和运作层，政策具有以下优势：
（1）制定职能和运营策略时，公司政策为高管提供指导；
（2）政策根据某一行动方针的原则和/或先例提供权力；
（3）它们为管理控制提供基础，允许跨组织单位进行协调，并减少管理人员花费的决策时间；
（4）它们通过例外提供管理，为日常行动提供指导，因此只有在特殊情况下才需要新的决定；
（5）它们导致程序以及思想和行动的一致性。

2. 采购政策

典型的采购政策如下所示。

（1）沃达丰公司的道德采购政策。

沃达丰集团有限公司董事会的政策。本地运营公司应仅与符合沃达丰伦理标准的商品或服务供应商进行交易。这些道德标准将形成"道德采购守则"（code of ethical purchasing，CEP）。每个供应商有责任制定符合本规范的程序。违反CEP将导致立即终止关系，或者要有供应商认同的详细的纠正计划。

（2）采购政策（卡内基–梅隆大学）。

购买政策和程序的目标是为最终用户提供价格合理的高品质商品和服务，同时保持组织、财务和公民责任。

（3）环境采购政策（约克郡沃尔兹和海岸基层医疗信托基金）。

为了追求组织与可持续发展有关的目标，我们认识到榜样的关键行为是以环境负责的方式开展采购活动。因此我们会：

（1）遵守所有相关环境立法。
（2）鼓励和劝说供应商调查和引进环保工艺和产品。
（3）向组织的可持续发展战略教育供应商。
（4）确保在合同中使用环境标准。
（5）在资金有限的公共服务方面，在资金约束下，尽可能明确地规定使用环保材料和产品。
（6）确保在供应商评估过程中考虑供应商的环境认证。
（7）确保考虑在所有规格范围内，为潜在供应商提供环境替代品报价的便利。
（8）确保适当考虑环保替代品的成本和收益。

政策声明几乎可以与采购活动的每个方面都相关。制定政策声明的其他重要领域包括：

（1）采购权限——谁可以购买与权限限制。
（2）使用采购卡。
（3）资金设备采购。
（4）环境政策。
（5）处置废物和剩余。
（6）从中小企业购买和本地采购。
（7）电子采购。
（8）道德政策。

一般来说，个别组织的采购政策应符合三个基本原则：

（1）采购政策应旨在以经济合理的方式选择和采购可用的最佳商品和服务；
（2）全球供应商应有资格以公开、公平和透明的原则参与采购交易，并且易于理解，程序简单；
（3）采购交易对全球社会做出重要贡献。例如，企业采购实践应考虑有效保护自然资源和环境。

采购政策通常在定期修订的采购手册中规定。这些政策可能会发生变化，以应付特殊情况，例如供应中断，但只有最终负责采购责任的行政人员才有权力进行修改。

2.14.4 战略实施计划案例

公共部门组织计划的一个例子如图 2-14 所示。[40] 计划中的 11 个标题可以很容易地适应私营企业的要求。

目　标
支持实现理事会的主要目标，并在财务和人事实践方面集中更多的资源，支持核心任务。这将通过为所有购买的外部商品和服务采用最佳实践采购技术来确保最佳性价比，降低或管理风险以及相关业务流程现代化。
目　的
（1）对企业采购进行战略性概述。 • 进行投资组合分析，确定关键支出领域和用品 • 确定将需求聚合到大型 / 公司合同的范围

图 2-14　战略实施计划示例

- 确定合作协议范围
- 确定 BFBC 内的采购社区
- 根据商定的基准创建采购绩效指标
- 向执行委员会编写年度报告

(2) 将采购作为企业和部门规划过程的具体要素。
- 将理事会的采购策略和本实施计划纳入理事会的年度政策和绩效计划
- 为每个部门制定采购策略/计划,作为年度服务计划的一部分
- 在正常规划过程中每年审查计划

(3) 采用符合最佳价值原则的商业方法,适用于所有采购决策。
- 在适当的时候评估所有质量竞价和全生命周期成本
- 审查采购流程和合同规定(并保持审查)
- 以采购手册和最佳实践工具包的形式准备流程指南、标准文件和程序来帮助部门的工作人员
- 另外,确保各部门能够获得他们所需要的专业咨询/参与

(4) 电子采购的发展范围。
- 与邻近部门建立联系,以确定合作采购的范围
- 建立本地电子市场
- 确保新合同尽可能包含电子交易的要求
- 确定电子招标和电子拍卖的范围

(5) 在最佳价值原则的条件下,致力于实现可持续性和道德采购的原则。
- 与员工制定适当的最佳实践指导

(6) 简化业务流程。
- 制定大批量/低价值商品和服务的框架协议
- 以采购手册和最佳实践工具包的形式准备流程指南、标准文件和程序帮助部门人员
- 确保与其他委员会系统和流程的有效接口

(7) 改善与市场的沟通。
- 发布即将到期合同的年度采购计划
- 确定不能提供最佳性能并寻求开发/管理使它们的效果更好
- 确定与供应商/市场进行更多合作伙伴关系/协作的机会
- 与主要供应商和合作伙伴共同制订发展计划

(8) 确保为参与采购的所有工作人员提供适当的培训和指导(含学校)。
- 进行采购技能差距分析
- 制订培训计划,根据需要购买专业知识
- 准备采购指导参考手册,涵盖原则和流程,总结迷你指南
- 准备具有标准化文件的详细最佳实践工具包

(9) 采购组织将保持不变,但是应进行以下调整。
- 改善与员工和学校的沟通
- 制定反馈系统,以确定从个别采购演习中吸取教训并分享最佳实践
- 确保发布的所有指导清晰(使用简体文本)

(10) 确保所有供应商在授予理事会合同时公平公开对待。
- 准备道德守则作为采购手册的一部分,并与理事会行为准则相结合

(11) 承诺持续改进所有采购做法和程序。
- 定期审查合同条例,采购手册和工具包
- 启动对采购的基准评估审查,每半年刷新一次
- 建立和监督采购的关键绩效指标

图 2-14 (续)

2.15 战略实施后的评估、控制与回顾

这关于验证实施战略达到组织使命和目标的程度。评估与控制不同。实施后评估可以应

用 2.12 节所列原则。斯克贝曼（Spekman）[41] 指出，评估的目标是使采购经理能够了解战略规划的过程和结果，并提供以下评估标准：

（1）内部一致性：
1）采购战略是否可以相互实现？
2）它们是否解释公司/部门目标？
3）它们相互加强吗？是否有协同作用？
4）战略是否重点关注采购问题？

（2）环境适应：
1）采购策略是否利用环境机会？
2）它们处理外部威胁吗？

（3）资源适应：
1）可以根据资源限制来执行战略吗？
2）时间是否符合部门和/或企业适应变化的能力？

（4）沟通与实施：
1）关键实施者理解战略吗？
2）是否有组织承诺？
3）有足够的管理能力来支持有效的采购计划吗？

控制过程包括四个阶段，如图 2-15 所示。由于众多的可能性，设定标准并不容易。

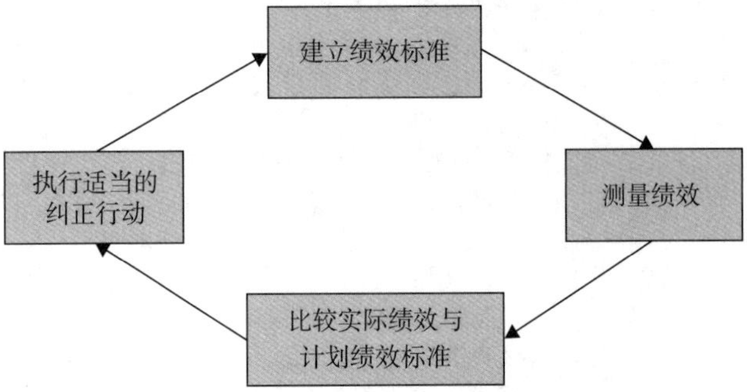

通常，具体的性能标准可以分为四个标题：

（1）为内部和外部客户提供服务；
（2）为供应链中其他要素贡献竞争优势；
（3）员工的效果和效率；
（4）财务措施，即降低成本、符合预算。

图 2-15　控制过程的步骤

第 17 章考虑了适用于采购职能的绩效考核。

约翰逊和斯科尔斯[42] 指出，在审查战略选择时，区分任何战略的三个相互关联的方面都是重要的。表 2-9 中列出了战略发展三个方面的典型采购策略/战术或贡献。

表 2-9　采购战略、企业发展战略的战术或贡献的典型方面

战略发展方向	典型采购战略/战术贡献
一般性战略（组织竞争与保持卓越的基础）	
成本领先	通过整合采购、单一采购、全球采购实现采购的成本降低。降低采购制度和管理的成本，使之物有所值。物流对竞争优势的贡献。购买子组件代替组件等
差异化	供应商参与产品设计与开发、价值分析、全面质量管理、替代材料。刺激一个供应商市场的技术发展等
聚焦	专业供应商的位置、专业部件的制造或购买决定、分包、外包等
组织可能选择发展的替代性战略方向	
什么也不做	
撤出	运转/处置库存；谈判合同取消等

(续)

战略发展方面	典型采购战略/战术贡献
合并	移动到标准/通用材料/组件以增加潜在用途 有限期合同谈判等
市场渗透	提供有关竞争对手的信息,价格波动,供应商市场未使用的能力。与供应商就增量供应或存货等选项进行合同谈判
产品开发	联系设计和生产。伙伴采购、供应商评估。关于买卖物品的工具的所有权的谈判。供货时间、MRP Ⅱ、价值工程等
市场开发	与营销联络。合作伙伴采购,指定包装和运输说明。确定供应/价值链中的重要点
多样化	供应考虑因素,如设置成本和生产运行的影响。采购数量考虑。促进材料和部件的互换等
可以推进任何发展方向的替代方法	
内部开发	采购的组织方面。招聘或者开发采购人员。将采购整合到物料管理或物流中
收购	企业级相关问题: • 后向一体化——通过购买物资来获取有关投入的活动,如原材料 • 前向整合——有关确保产品的活动,如收购分销渠道、运输业务等 • 横向一体化——与目前进行的活动相辅相成,如财团、特许经营、许可或代理和外包协议

2.16 战略采购与供应链流程模型

2.16.1 模型是什么

模型是真实对象或情境的表示。例如,一个飞机模型是真实事物的代表。物理副本被称为标志性模型。或者,我们可以有在形式上具有物理意义但不具有与其声称代表的东西相同的外观的模型,这些被称为模拟模型。代表温度的温度计是模拟模型。今天,电脑被用来模拟情况,并用来回答"如果——……会……"的问题。一般来说,模型可以分为:

(1)数学。这些代表了符号系统和数学关系或表达式的一个问题(第9章中使用的公式是这种类型的)。

(2)非数学。这些可以采用图表和类似的视觉表示形式来沟通信息。

2.16.2 CIPS 与供应管理模型

本章中讨论的大部分内容在 CIPS 采购和供应管理模型中得到了很好的总结。[43] 这是一个组织的通用模型,并显示了采购和供应管理在战略和运营层面上与之融合的地方。该模型显示了组织的采购和供应管理战略在哪里适用,它涵盖了什么以及如何实施。该模式展示了采购和供应管理活动的高层次阶段以及各阶段的关键步骤。该模式还可以被采购和供应管理从业者用于向同事解释他们在组织中的角色及其涵盖范围。

整体 CIPS 模型如图 2-16 所示。

该模型显示了政府、客户、竞争对手、利益相关者和其他外部因素等环境因素对组织愿景、使命、价值观和企业战略的影响以及对组织能力的评估。

该模型还显示了采购策略如何与其他组织功能/活动(如研发、财务、营销和 ICT 技术战略)相关。

战略采购分析、主动需求管理和收购前期合同及后期合同的采购问题在本书的适当章节中进行了论述。

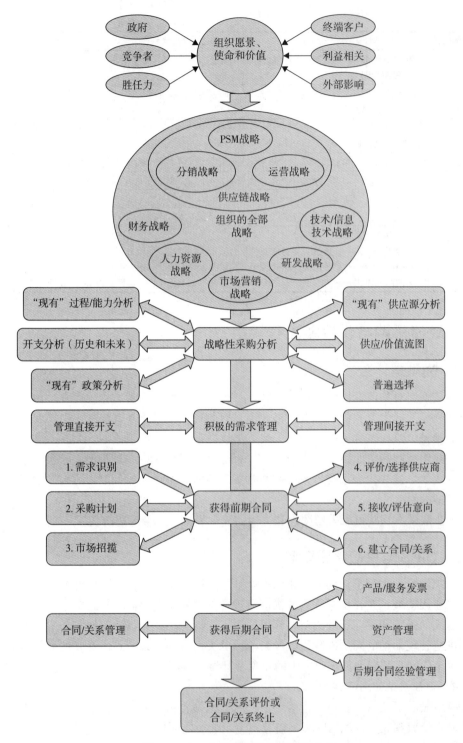

图 2-16 CIPS 采购与供应管理模型

2.16.3 其他采购模型

其他采购模式包括国防部采购管理系统（acquisition management system，AMS）、供应链运营参考（supply chain operations reference，SCOR）和欧洲质量管理联合会（European Federation of Quality Management，EFQM）模型。所有这些都可以在互联网上查看。

2.16.4　供应链战略领导

战略领导的这一方面是 CIPS 的重点。[44] 它探讨了采购和供应领导者的关键职能之一是引导（以及管理）供应链。

（1）激励和激励供应链合作伙伴提供合规级别的服务、创新、支持和增值。

（2）利用激励和关系维持影响的方法（例如合同激励、收益共享、角色建模、供应商发展），在需要时改变观念、态度和行为，纠正绩效或行为中的问题或不足。

（3）在供应链中动员和发展资源和能力（例如通过供应商论坛、最佳实践分享、动力和质量圈子、基准、供应商开发和知识管理）来支持开发和改进，持续增值、减少浪费和成本、流程或绩效改进和/或供应创新。

（4）在建设性、支持性的关系维护中（对合同、关系、流程和系统）引入变更，在可能的协作方式中引入变更，最大限度地提高变更计划的可接受性和质量。

（5）促进供应网络利益相关者之间的协作与联盟建设，支持改善发展：强调共同目标和互利双赢；解决潜在的分歧或利益的冲突；鼓励最佳实践和想法分享等。

（6）以理想行为和绩效标准为例（如道德交易或企业社会责任政策）。

（7）利用影响力（包括市场力量、激励和奖励）来鼓励提高供应链中的标准（特别是在全球化供应链中的最低可接受性和环境标准方面）。

问题讨论

1. 定义"战略"，并将定义与组织内的采购策略联系起来。
2. 你认为采购策略可以与组织的战略和长期业务计划直接相关？
3. 如果你面对采购策略无关紧要的说法，因为市场力量总是会随时决定权力平衡的位置，那么在市场力量为主的时候，你如何解释一下采购策略是至关重要的？
4. 你认为长期采购策略如何适应短期供应市场机遇？
5. 政府立法对采购策略有何影响？
6. 考虑你受雇或有知识的组织，列出以下每个标题下的三个例子：
   （1）关键优势；
   （2）关键弱点；
   （3）关键机会；
   （4）关键威胁。
7. 列出小公司和跨国公司的战略管理中的一些问题。
8. Choo 指出，组织利用环境扫描，以了解变革的力量。采购部门应采取什么措施来确保它们对供应市场的监测，以了解变革的力量？
9. 宏观环境因素对采购策略的影响。采用 PESTEL 方法，采购行动采用哪些步骤来确保对其策略的法律影响进行监控？
10. 采购策略要注意供应链风险。你是否可以列出只有供应商可以管理的六种风险，以及供应商和买方共同管理的六种风险？
11. 在卡拉杰克的采购组合中，请你将下列物品分别归属到"杠杆""常规"和"瓶颈"类目下。
    （1）玻璃制造用化学品；
    （2）钢；
    （3）清洁材料；
    （4）安全服务；

（5）啤酒厂的装瓶设备。

12. 你的销售总监表示，你的产品现在在世界市场上没有竞争力，而且在购买的商品和服务上需要降低 20% 的成本。现有的采购策略就是仅使用欧洲供应商。你将如何处理现有策略并制定替代方案？

参考文献

[1] Wheelan, T. L. and Hunger, J. D., 'Strategic Audit of a Corporation', 1982 and 2005, Wheelan & Hunger Associates

[2] Liedtka, J. M., 'Strategic thinking; can it be taught?', *Long Range Planning*, Vol. 31 (1), 1998, pp. 120–129

[3] Lawrence, E., 'Strategic thinking', paper prepared for the Research Directorate Public Service Commission of Canada, 27 April, 1999

[4] Ohmae, K., *The Mind of the Strategist*. McGraw-Hill, 1982

[5] Mintzberg, H., 'Five Ps for strategy' in Mintzberg, H., Lampel, J., Quinn, J. G. and Ghoshal, S. *The Strategy Process*, Prentice Hall, 2003, pp. 3–10

[6] As 5 above, p. 9

[7] Johnson, G. and Scholes, K., *Exploring Corporate Strategy*, 6th edn, Prentice Hall, 2002, pp. 4–10

[8] Mintzberg, H., Ahlstrand, B. and Lampel, J., *Strategy Safari*, Prentice Hall, 1998, pp. 1–21

[9] As 3 above

[10] Fahey, L. and Prusak, L., 'The eleven deadliest sins of knowledge management', *California Management Review*, Vol. 40, spring, 1998

[11] Lindblom, C., *The Intelligence of Democracy: Decision Making Through Mutual Adjustment*, Free Press, 1965

[12] Waterman, R. H., *The Renewal Factor*, Bantam Books, 1987

[13] Mintzberg, H., 'Crafting Strategy' in Mintzberg *et al.*, as 5 above, p. 147

[14] Grove, A. S., *Only the Paranoid Service: How to Exploit the Crisis Points That Challenge Every Company and Career*, Doubleday, 1996

[15] *The Daily Telegraph* Tuesday, November 18, 2014

[16] David, F. R., *Concepts of Strategic Management*, Macmillan, 1991, p. 4

[17] Hax, A. C. and Majluf, N. S., *The Strategy Concept and Process*, Prentice Hall, 1999, p. 416

[18] Porter, M., *Competitive Strategy: Techniques for Analysing, Industries and Competitors*, Macmillan, 1980

[19] Miles, R. E. and Snow, C. C., *Organisational Strategy, Structure and Process*, McGraw-Hill, 1978

[20] Carr, A. S. and Smeltzer, L. R., 'An empirically based definition of strategic purchasing', *European Journal of Purchasing and Supply Management*, Vol. 3, 1997, pp. 199–207

[21] Kraljic, P., 'Purchasing must become supply management', *Harvard Business Review*, Sept/Oct, 1983, p. 110

[22] Worral, L., 'Strategic analysis: a scientific art', Occasional paper No. OP001/98, University of Wolverhampton, 27 May, 1998

[23] Brown, A. and Weiner, E., *Supermanaging: How to Harness Change for Personal and Organisational Success*, Mentor Books, 1985, p. ix

[24] Choo, C. W., 'Environmental scanning as information seeking and organisational learning', *Information Research*, Vol. 7, No. 1, October, 2001

[25] Downes, L., 'Beyond Porter' in *Context Magazine*, available at: www.contextmag.com/archives/1997/technosynthesis.asp

[26] ICMA, *Management Accounting 2000: Official Terminology*: www.icmacentre.ac.uk

[27] As 3 above

[28] As 5 above, p. 124

[29] As 20 above

[30] Rumelt, R. P., 'Evaluating business strategy', Ucla.Edu. November 28th 1993

[31] Risk Management and Corporate Governance OECD 2014

[32] Op. cit

[33] Op. cit

[34] As 21 above, pp. 109–117

[35] Fisher, L., *Industrial Marketing: An Analytical Approach to Planning and Execution*, Brandon Systems Press, 1970

[36] Nellore, R. and Söderquist, K., 'Portfolio approaches to procurement', *Long Range Planning*, Vol. 33, 2000, pp. 245–267

[37] Gelderman, C. J. and van Weele, A. J., 'Strategic direction through purchasing portfolio management: a case study', *International Journal of Supply Chain Management*, Vol. 38, spring, 2002, pp. 30–38

[38] Bensaou, M., 'Portfolio of buyer–supplier relationships', *Sloan Management Review*, summer, 1999, pp. 35–44

[39] Kamann, D. and Jan, F., 'Extra dimensions to portfolio analysis', paper presented at the IPSERA meeting London, Ontario, Canada, 1999

[40] This figure is reproduced by kind permission of Rob Atkins and the Bracknell Forest (UK) Borough Council

[41] Spekman, R. E., 'A strategic approach to procurement planning', *Journal of Purchasing and Supply Management*, spring, 1989, pp. 3–9

[42] Johnson, G. and Scholes, K., *Exploring Corporate Strategy Text and Cases*, 3rd edn, Prentice Hall, 1993, pp. 203–243

[43] CIPS, procurement and supply management model. Full details of this model are shown on the CIPS website: www.cips.org

[44] Corporate and Business Strategy. The Official CIPS Course Book, Chartered Institute of Purchasing & Supply

第 3 章 物流与供应链

学习目标

本章旨在理解以下几个方面内容：
- 物流的起源、范围及其对企业的影响
- 物料流和配送管理
- 逆向物流
- 供应链和供应链管理（SCM）
- 供应链脆弱性
- 价值链
- 价值链分析
- 价值链优化
- 供应链及其与现代采购的关系

核心要点

- 军事物流和非军事物流以其最优成本支持运作
- 物料及实体配送管理的范围
- 全系统管理、抵消、合作规划和制造技术被视为重要的物流概念
- 供应链的关键特征是交叉性、链接性、价值和市场需求驱动
- 基础设施、技术手段、战略联盟、软件和人力资源管理是影响供应链的运作的关键因素
- 外部和内部供应链风险
- 波特的价值链模型
- 海因斯（Hines）的价值链模型
- 成本和业务差异化是获取竞争优势的一种手段
- 供应链优化的目标和影响因素

- 供应链的概念对传统采购惯例及合作行为需求的影响

引言

当前各界对采购方面的考虑日益基于供应链的视角,然而与供应链相比,物流却是一个更加久远的术语,因此,本章节首先从物流的视角展开讨论是恰当的。

接下来我们首先对"供应链"和"供应链管理"(supply chain management,SCM)两个专业术语进行概念界定,确定供应链的某些类型、供应链管理的流程组成以及实现供应链管理的驱动器;近日,供应链的脆弱性作为供应链管理的一方面受到特别关注,企业风险管理作为发展中的一个战略考虑,需要采购进行信息的输入才能实现;最后,我们对供应链优化进行讨论,就供应链管理对传统采购的影响以及采购对供应链管理的一些贡献来进行论述。

3.1 物流的定义

3.1.1 军事物流

供应链的理念由物流发展而来,物流作为一个军事术语,最早可以追溯到拿破仑战争时期,特指军队移动和驻扎时所运用的技术,也就是军需官的工作。军事意义上物流的范围在北大西洋公约组织(简称北约)中的定义如下所示。[1]

物流是规划和实现部队的转移与驻扎的科学,军事运作是以统筹的方式解决以下几方面的问题:

(1)军事物资(包括车辆、武器、弹药、燃料及其他设备等)的设计和开发、采购、储存、运输、分配、维修、撤离及处置;

(2)士兵的运输;

(3)设施建设、维护、操作和处置过程的物料采集;

(4)服务的获取和提供;

(5)医疗和保健服务支持。

北约还对物流的两个重要方面进行了区分:采购物流和运营物流(见图3-1)。

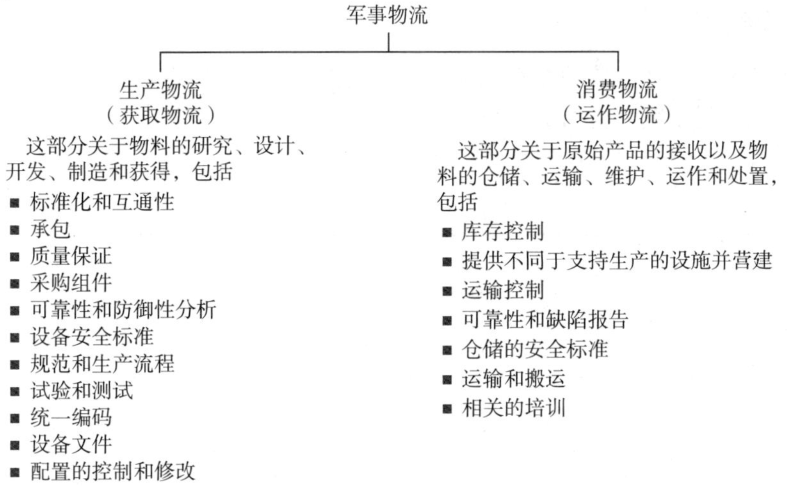

```
                        军事物流
                   /              \
          生产物流                消费物流
        (获取物流)              (运作物流)
   这部分关于物料的研究、设计、    这部分关于原始产品的接收以及物
   开发、制造和获得,包括           料的仓储、运输、维护、运作和处置,
   ■ 标准化和互通性              包括
   ■ 承包                      ■ 库存控制
   ■ 质量保证                   ■ 提供不同于支持生产的设施并营建
   ■ 采购组件                   ■ 运输控制
   ■ 可靠性和防御性分析           ■ 可靠性和缺陷报告
   ■ 设备安全标准                ■ 仓储的安全标准
   ■ 规范和生产流程              ■ 运输和搬运
   ■ 试验和测试                  ■ 相关的培训
   ■ 统一编码
   ■ 设备文件
   ■ 配置的控制和修改
```

资料来源:NATO, Logistics Handbook, 1997, Paragraph104.

图3-1 军事物流的范围

3.1.2 非军事物流

军事物流与非军事物流所涵盖的领域相同,但一般而言军事物流较非军事物流的应用更加复杂,正如下文所定义的:物流是对供应链中包括采购、生产和分销在内的关键运作职能的管理。采购的功能包括原材料的采购和产品的开发;生产的功能包括制造和组装;分销的功能是仓储、库存、运输和交付。[2]

物流是指对物资从产地向终端客户的移动、仓储以及与此相关的信息流的管理。[3]

物流是指供应链为满足客户需求,从产地到终端客户间对货物、服务和相关信息的有效流动和存储进行计划、实施和控制的一部分。[4]

3.2 物料、物流和配送管理

如图 3-2 所示,物流由物料管理(materials management,MM)和实体配送管理(physical distribution management,PDM)两部分组成。

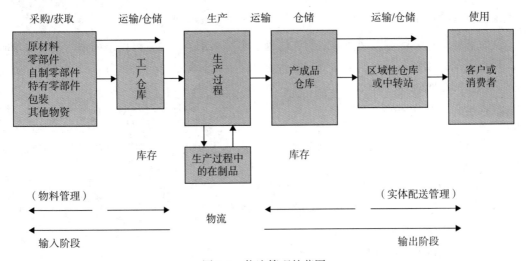

图 3-2　物流管理的范围

3.2.1 物料管理

物料管理涉及生产或制造的物料流动,具体定义如下:对库存各方面进行计划、组织和控制,涉及在制品的采购、仓储、生产进展和产成品的配送四个方面。

隶属于标题"物料流"的物料管理在表 3-1 中被列出。

表 3-1　物流活动

物流流程	典型活动
计划阶段	准备物料预算、产品研发、价值工程和分析以及规格标准化
采购阶段	确定订单数量、处理工厂和仓库需求、询价、评估报价、供应商评估、谈判、订立合同、安排交货进度、认证付款、供应商评级、供应商和合同管理
仓储阶段	仓库位置、布局和设备,机械处理,库存分类、编码和编目,购买物品的接收、检查、储存或退货,库存和仓库安全和保安,库存完整性和轮换,仓库环境管理,发放用于生产的物资,提供和核对成本数据、库存记录,回收或处置过时物料、过剩物料和废料
生产控制阶段	制定物料订购的前期安排,准备生产计划表和顺序,发送生产命令,应急行动解决物料短缺,决定自制还是外购,质量和可靠性反馈,根据生产线或销售趋势调整供应流

隶属于物料管理活动的影响因素包括以下几点：
（1）采购是频繁的关键活动。
（2）生产计划和控制可以被单独分配给物料管理或者制造功能，前者倾向应用于生产是物料导向的场合，例如在组装工厂；后者倾向应用于机械加工为导向的生产。

3.2.2 实体配送管理

实体配送管理通常被认为是从接收订单到货物交付期间所形成的实物流程，本章采用了另一种观点，即物料管理涉及转移外购物料的输入阶段，例如供应商提供的用于生产的原材料和零部件，实体配送管理涉及产成品转移的输出阶段，把产品从生产部门向产成品仓库转移，然后通过合适的配送渠道到达终端客户手中。

实体配送管理相关的主要活动是库存控制、仓储、物料转移、防护包装、集装箱和运输。发展诸如准时制生产理念，制造商和分销商在依靠供应商来满足自身对生产和分销需求的前提下，可以只持有几小时的库存，这大大提高了实物配送管理的重要性。

物流人员关注的是"如何提高流程速度"，从这一角度看，物流人员研究的是企业产生的成本，主要包括从初始投入要素开始再到生产过程最后截至客户对接收的产品或服务完成支付所花费的时间，供应链的每个阶段所花费的时间越长，所产生的成本就越高。在任意阶段减少所需时间都有可能降低成本，相应地会使价格降低；另外，时间敏感型客户要求更短的交货期以及定制化生产，这为供应商进行适当的产品加价提供了可能。

3.2.3 几个重要的物流概念

1. 全面系统管理

全面系统管理强调整体的观点，而非局限于某个部门。信息技术的可用性促进了全面系统管理的发展，与全系统相关的活动或者某一过程的功能和群体被称为子系统。

2. 抵消

抵消是指一个区域的成本减少额超过另一个区域的成本增加额，所以整个系统还是收益的；由于各自不同的目标可能会引起不同部门间的利益冲突，所以也被称为子系统优化。可以通过部门牺牲或者减少一些自身利益来实现组织效益的最大化，例如为了确保获得最大的供应商折扣，对于物料的采购可以通过选取最大收益的抵消政策来解决冲突；同样，采购可能不得不考虑伴随供应产生的供应商数量安全性是否能被唯一购买渠道所产生的经济效益所抵消。因此，抵消的效果可以根据其对系统总成本和销售收益的影响进行评估。例如，库存增加可能会导致更高的库存成本，但快速交付可能会增加销售收入，为了获取计算机交换所需消息需要打破保护部门权益和阻碍信息共享的壁垒。

3. 合作规划

这一思想可以转发给客户并反馈给供应商。供应链从产品导向型向客户导向型转变，由此导致的更多的供应资源可以为客户提供诸如按库存制作、按订单生产和按订单完工等方面的更多选择。从内部供应方面看，有效的合作规划可能涉及零缺陷、准时交货、产品共享和信息交流等等相关事项，比如规格共享、设计支持、长期承诺和技术交流等方面。总体而言，供应商和客户都可以从库存、产量、订单处理和管理的成本降低中受益。如果合适的话，合作规划可以利用下列生产和调度技术。

（1）制造技术：
1）计算机辅助设计（computer-aided design，CAD）；
2）计算机集成制造（computer integrated manufacture，CIM）；
3）柔性制造系统（flexible manufacturing systems，FMS）；
4）物料需求计划（materials requirement planning，MRP）；
5）制造资源计划（manufacturing resources planning，MRP Ⅱ）；
6）优化生产技术（optimised production technology，OPT）；
7）战略领先管理（strategic lead time management，STM）。

（2）调度技术：
1）准时制生产（just-in-time，JIT）；
2）物料需求计划（materials requirement planning，MRP）；
3）制造资源计划（manufacturing resources planning，MRP Ⅱ）；
4）企业资源规划（enterprise resource planning，ERP）。

通过图3-3中所示的成本–价值曲线可以做进一步解释。

（1）成本价值的最低点出现在购买物资的采购阶段。

（2）在供应品运输期间，在原材料和零部件进入生产之前投入的资本很少，导致价值仍然很低；所产生的唯一成本涉及购买和持有成本。

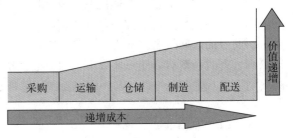

图3-3 物流的增值现象

（3）随着原材料和零部件逐渐结合转换为产成品，成本–价值曲线变得更陡。这是因为累积的制造成本和增加的利息成本反映了投资的价值。

（4）在生产过程结束时，由于不再投入更多的制造成本，所以成本–价值曲线表现得更加平缓（但不是水平）。配送过程中产生的增值必须高于宏观层面的成本，否则制造商将按出厂价供货。然而在项目基础上，它们可以选择添加一个小于单位成本的数字作为配送价格。增值可以在最大的总销售额中得以体现，在这个阶段，投资资本处于最高价值，对于产成品采取储存而非销售的策略，与持有初始供应品相比可以获得更高的机会成本。这解释了为什么物流人员更关心实体配送管理而不是物料管理，因为就整个供应链而言，在该点存在成本降低幅度最大的可能性更高。加快物料流动、提高工作流程、缩短产品提前期带来的成本降低并不是物流人员唯一关心的问题。物流管理涉及两个流程：第一，如上所述，是指物料流和工作流在组织和终端客户间的流动；第二，是一种逆向的信息流，如图3-4所示，未来的需求预测可以基于订单或者其他指标形式的逆向信息流进行。正如Gattorna所说，这种预测可反过来作用在配送中心的生产库存上，使其进行订单补充，这些订单影响生产计划的同时，反过来也有助于确定原材料采购的时间和数量。

物流管理可能被视为大型企业的子系统，或者由采购、制造、储存和运输等子系统所构成的系统。从本质上讲，物流是一种对规划和同步相关活动进行思考的方式，图3-4还展示了物流管理如何贯穿于传统职能。

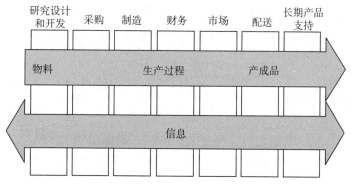

图 3-4 贯穿整个组织的物料流、产品流、信息流

3.3 逆向物流

逆向物流定义如下：[6] 逆向物流是指为价值恢复或处置合理而对在制品、产成品及相关信息从消费地到初始点的高效率、低成本的物料运动所进行的计划、实施和控制的过程。

此前，逆向物流的利益驱动力主要表现在两方面，一方面是对废弃物管理与处置的环境方面问题的日益重视；另一方面是对产品、零部件的再利用或物料回收方面潜在回报率的认识。然而，诸如浪费电气和电子设备指令（Waste Electrial and Electronic Equipments，WEEE）、欧盟理事会通过的垃圾填埋场指令（欧盟理事会指令 99/31 / EC）[7] 以及包装指令的修正案等强制性法规的出台，带来成本的上升。因此，逆向物流自身正逐渐成为一个单独的产业。

如图 3-5 所示，逆向物流活动主要包括对退货的收集、检查和分类，以及包括维修、翻新、更新、再制造、化整为零及循环利用的一系列处置选项。流程中处置的方式还包括寻找其他渠道或转售，也就是说返回的产品或零部件可以按照渠道重新发送给客户，或者按线路发送到仓库、工厂或者二级市场出售。

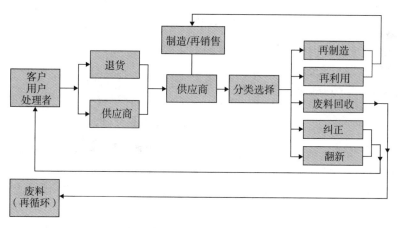

图 3-5 逆向物流网络

在先进的逆向物流基础设施开发的同时，企业越来越多的关注通过运用精益生产过程和六西格玛方法进行废弃处理的设计从而减少浪费，这有助于促进产品返厂拆卸智能材料的出现，将对再循环的成本管理产生积极的影响。

按照污染排放者付费原则，汽车界正致力于实现全面的再生性。例如，"城市构想"（The

Think City）是一辆 95% 的零部件可回收的全电动汽车。奔驰已经生产出一辆零部件可 100% 回收的概念车；软件提供商的解决方案中也包括逆向物流的管理模块。

3.4 供应链

3.4.1 定义

对于"供应链"这一术语的定义有很多，其中最典型的定义如下：[8] 供应链是指由上下游企业所形成的，在不同的流程或者活动中以终端客户或消费者所持有产品和服务的形式展现生产价值的整体功能网络结构。

上述定义强调了供应链的以下几个关键特征：

（1）供应链是"网络"。传统意义上的供应链是离散型企业的联合，网络意味着"原材料到客户"的过程和关系的某种协调，供应链的另一个定义是：由相互链接、相互依存的组织共同对从供应商到终端客户间的物料流和信息流进行共同管理、控制和改善所形成的网络结构。[9]

我们将在 4.3 节对网络的相关问题做进一步的论述。

（2）供应链是指上下游企业间的联系。上游意味着在该节点之前，涉及企业与一级供应商和二级供应商的关系；下游意味着在该节点之后，主要涉及企业与客户间的关系；还可以有上下游，如有可回收容器、组织托盘、运输液体用桶等容器的企业，或者像有以旧换新的企业。

（3）关联性。供应链流程和关系的协调，供应链的最薄弱环节决定了其整体水平。

（4）流程。在企业环境中，库珀（Cooper）等人[10]对流程的定义如下：对于特定的工作活动，开始和结束需要有明确的时间和地点、明确可识别的输入和输出以及行动框架。

从采购的视角来看，供应链的流程结构如图 3-6 所示。

图 3-6 从采购视角看供应链流程

从供应商的角度来看供应链的结构流程如图 3-7 所示。

图 3-7 从供应商的视角看供应链流程

（5）波特[11]将**价值**定义为买家愿意支付的东西，优越的价值来源于以更低的价格获取同等的效益，或者提供独特的优势来抵消高出的价格。

（6）终端客户。客户是供应链的流程或活动中所产出的产品或服务的接收者，一个功能或子系统可以成为供应链上下游的客户。

客户可以是内部的也可以是外部的，其被定义为最终的顾客或者消费者，供应链可以通过商品或服务订单延伸到顾客。

3.4.2 供应链的类型

供应链可以按照多种方式进行分类，像以食品零售商为中心所形成的组织将有多种类型的供应链，用来反映产品、服务、生产和配送方法、客户和供应商关系以及信息流间的差异。供应链根据客户－供应商的特点被粗略地分为4类，也可以根据虚拟性、范围、服务、复杂性、产品、目的和价值间的关系对供应链进行大致的分类。

1. 基于客户－供应商特点的分类

这些特点可能产生以下分类。

（1）集中供应链通常存在于汽车行业中，特征如下：

1）客户少但供应商多；

2）客户要求苛刻；

3）EDI系统或JIT交付的要求。

（2）批量制造链的特点：

1）众多的客户和供应商；

2）复杂的关系网络——企业在不同时间点接触时，其关系可能是客户、供应商、竞争对手或盟友。

（3）零售或配送链的特征：

1）众多的客户和相对少的供应商；

2）定制方法，比如为了促进交易采用供应商管理库存（vendor-managed inventory，VMI）。

（4）服务链，是用来实现组织的任务宣言，比如像医院、图书馆或者银行涉及的服务、图书、信息和金融服务的交付，或者像饭店、电影院对食品和娱乐的提供。从本质上来讲服务链和制造链是没有区别的，因为每个服务都涉及人、实体（一种资产或部分事情的执行）、动作和时间这几个元素。

2. 基于其他特征的分类

（1）虚拟性。虚拟是真实的对立面，因此，一个虚拟的企业是真实、有形的企业的对立面。正如克里斯托弗（Christopher）[12]所说"虚拟供应链实际上是基于增值信息交换的合作伙伴之间的一系列关系"，在虚拟供应链中信息取代了存货的需求。邮购企业可能没有库存，当收到客户订单时向制造商寻求产品供应。

（2）地域性。供应链的范围可能涉及地方、区域或国际物流，诸如英国石油公司的一些气体供应商，用其供应能力将从特立尼达岛到西班牙、从西伯利亚到中国和从北非到南欧的天然气交付链串联在一起。

（3）复杂性。门策（Mentzer）等人[13]将供应链的复杂性分为三个层次："直接的""延伸的"和"最终的"。一个直接的供应链，如图3-8所示，由公司或供应商以及参与供应链上下游的客户所构成，涉及产品、服务、财务和信息的流动。

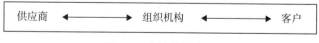

图3-8　直接的供应链

如图3-9所示，延伸供应链由直接供应商的供应商和直接客户的客户所构成。

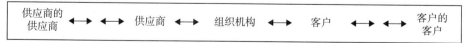

图3-9　延伸的供应链

最终供应链如图3-10所示，包括供应商的上下游，从直接供应商到直接客户间的产品流、服务流、财务流和信息流所涉及的全部组织。

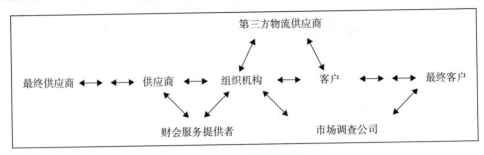

图 3-10 最终的供应链

（4）目的。可以按照效率和响应性对供应链进行区分，比如像以精益供应链为代表的效率类供应链主要关注降低运营成本，当预测准确度高且产品种类少时效率类供应链的工作效果最好；响应类供应链主要关注最小化交货周期，敏捷供应链就是一个典型的例子，当预测精准度低且产品种类多时响应类供应链的工作效果最好。

（5）产品。供应链将根据最终产品在较宽泛的范围内不断调整，比如建造－预测和建造－订单供应链或服务于创新或功能性产品的供应链（见 4.3.2 节）。

（6）价值链。该内容将在本章最后进行讨论。

3.5 供应链管理

目前对于供应链管理还没有公认的定义，我们将在本书 3.7 节中给出供应链管理的定义。门策等人[14]将公开出版的有关供应链管理的定义分为三类：管理理念、管理理念的实施和一系列的管理过程。

1. 供应链管理作为一种管理理念

门策等人指出供应链管理作为一种管理理念主要具有以下三方面的特征：

（1）一套系统地将供应链视为一个整体进行查看并对供应商到终端消费者之间库存商品整体流动管理的方法；

（2）一种用来同步和衔接企业内外部业务和战略能力使之成为一个整体的合作战略导向；

（3）以客户为焦点，通过创造独特和个性化的价值来源实现客户满意度。

2. 供应链管理作为一系列实现管理理论理念的活动

下列七项活动是实施管理理念必要的条件：

（1）一体化的运作；

（2）信息共享；

（3）风险共担、收益共享；

（4）合作；

（5）同样的目标专注于服务客户；

（6）过程整合；

（7）合作伙伴间建立或保持长期的关系。

这些活动隐藏在供应链管理的下列目标中：

（1）企业内部和外部竞争力的整合；

（2）通过供应系统构建联盟、关系和信任机制；
（3）降低成本、提高利润率；
（4）资产收益率最大化（扣除费用和利息后的净收入）；
（5）促进创新、供应链流程同步化；
（6）优化供应链上行、下游或者跨越企业内外部边界的产品、服务、信息和资金的交付。

3. 供应链管理作为一系列的管理过程

如图 3-11 所示，兰伯特等人[15]列出了最初由"国际卓越竞争中心"设想的八条供应链管理流程。

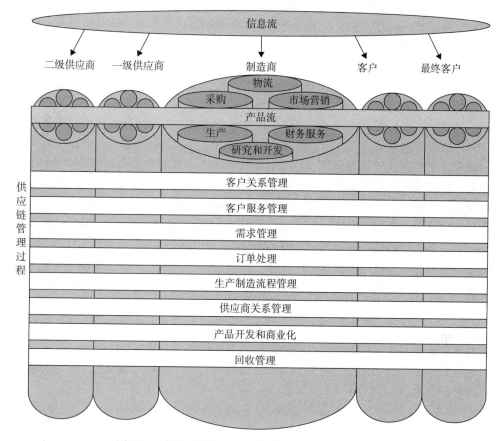

图 3-11 供应链管理：整合和管理供应链的业务流程

下面对每一条管理流程进行简要描述。

（1）**客户关系管理**（customer relationship management，CRM），不仅关注于了解客户的需求和行为，更致力于将其整合到销售、市场和服务战略中。正如 Kalakota et al.[16]所说，"客户关系管理软件通过追踪所有客户间的反应帮助组织对客户关系进行更好的管理"。

（2）**客户服务管理**（customer service management，CSM），涉及以最低的成本在最短的时间以最快的响应速度和满足客户需求的灵活性为内部和外部客户提供高质量的产品和服务。很显然这与有效的客户响应（efficient customer response，ECR）是一致的。

（3）**需求管理**（demand management，DM），涉及运用供应链的调节能力平衡内外部客户需求。比如，它包括对需求进行预测、协调供需平衡、增加灵活性以及通过标准化减少需求的多样性，这与物料需求计划（materials requirements planning，MRP）和 JIT 紧密相关。

（4）**订单履行**（order fulfilment），涉及以最低的总成本高效、快速地满足客户订单要求。

（5）**制造流程管理**（manufacturing flow management，MFM），涉及输入各种资源，并将其转化为产成品和服务所需的所有过程和活动。因此，订单履行是与运营管理（operations management，OM）密切相关的，制造资源计划、制造执行系统（manufacturing execution systems，MES）和快速响应制造（quick response manufacturing，QRM）等方法通常是放在 OM 标题下进行描述。

（6）**供应商关系管理**(supplier relationship management，SRM)，涉及企业与供应商的互动，因此，是客户关系管理的镜像。这种关系可以是短期的也可以是长期的，关系的深度可以从非亲近到亲近。因为组织专注于核心竞争力并依靠供应商来保持关键优势或超过竞争对手的优势地位，所以供应商关系管理正在变得越来越关键。

（7）**产品开发和商业化**（product development and commercialisation，PDAC），涉及新产品或现有产品开发和销售的所有流程和活动。通常，产品开发设计有四个主要阶段：第一，产品创意的产生；第二，概念性产品的开发；第三，产品和工艺的设计；第四，产品的生产和交付。可以在有限市场或客户小组中进行试验测试，以确定客户对特定产品或产品性能的反应，从而促进产品开发。由于产品开发延伸跨越内部和外部边界，所以其包括供应链管理。在内部，产品开发涉及营销、设计、采购、生产、质量工程和运输之间的团队合作。从外部看，供给和需求的不确定性、生命周期的缩短、技术变革的速度加快以及制造业、分销和物流合作伙伴日益增加的使用需求，共同导致供应链的网络日益复杂。一些先进的公司已经开始将设计责任转移到供应商基地。例如，由波克希德·马丁，雷神和波音创立的 Exostar，旨在提高跨越航空航天的工业间的合作。Exostar 在全球拥有超过 37 000 家供应商，它提供的服务允许贸易伙伴和供应商在设计、产品和程序上进行合作，旨在在更短的时间内为顾客提供更好的产品。

（8）**退货管理**（returns management，RM）涉及 3.3 节中所提到的关于逆向物流的活动，诸如"绿色物流""供应链末端管理"和"消费后物流"等替代术语强调了环境在产品设计和供应链管理中的重要性，退货管理已将供应链延伸到终端消费者之外。因此，它涉及的关系也超过了客户和供应商的关系，还包括与地方当局和私人废物收集以及循环利用和废物处置等机构的合作。

3.5.1 供应链管理的措施

玛丽恩（Marien）[17]的研究确定了供应链管理的四个关键措施，供应链管理要取得成功，所有这些都必须充分实施，玛丽恩观察到，如果这四个措施实施不到位，它们就会成为有效使用供应链管理的障碍。这四个关键措施也具有自己单独的属性，玛丽恩的受访者对这四项关键措施的排名是：

- 组织基础设施　　　　　3.44（4= 最重要）
- 技术　　　　　　　　　2.14
- 战略联盟　　　　　　　2.07
- 人力资源管理　　　　　2.05

1. 组织基础设施

如何组织业务部门和职能领域，如何引导变革管理计划并与现有组织结构协调，这些构成组织基础设施。组织基础设施的重要属性包括：

（1）具有保障各业务部门向同一目标努力的统一的业务战略；

（2）具有正式流程——流程方法实现供应链管理的改进；

（3）具有正确的过程指标，以指导经营单位的绩效朝向战略性组织的供应链管理目标发展。

有趣的是，受访者将组织基础设施排在技术之前。

2. 技术

这里的"技术"不仅仅是 IT，而且是物料设计操作和材料处理过程中的"物理"材料管理技术，这也是选择企业联盟时的一个重要因素，其决定如何建立公司间关系并对其进行管理。技术的重要属性包括：

（1）在公司内部对运营、营销和物流的数据进行协调；

（2）为管理人员提供有助于协调供应链成员之间关系的运营、营销和物流数据。

3. 战略联盟

这一因素涵盖外部公司（客户、供应商和物流服务提供商）如何被选为商业联盟成员以及如何建立和管理企业间的关系。战略联盟的重要属性包括：

（1）联盟前期有明确说明的预期、共同的理解和认知；

（2）在供应链设计、产品和服务战略方面协作；

（3）定期与合作公司的高级管理层进行交谈；

（4）拥有相互兼容的 IT 系统。

4. 人力资源管理

这一领域包括对工作描述设计、职位填补、人才识别以及职业生涯指导方面的管理。人力资源管理的重要方面包括：

（1）对各个管理层的技术人员进行寻找、雇用和选择；

（2）发现并更换代理人实现供应链管理；

（3）为供应链管理的绩效制定补偿和激励计划；

（4）寻找有供应链管理能力的人对内部流程进行管理。

3.5.2 软件作为供应链管理的一种措施

供应链的四个基本要求是衔接性、集成性、可视性和响应性。

衔接性是指以及时、负责和可用的格式与外部供应链的合作伙伴交换信息的能力，其有利于组织间的协作。

集成性是指组合或协调单独的功能、处理环节或生产者并使其能够以无缝方式进行交互的过程。

可视性是指访问或查看与物流和供应链相关的应用数据或信息的能力。

响应性是指在正确的时间、正确的地点以最低的成本交付正确的产品实现快速响应客户需求和规格的能力，系统可用性是每周 7 天每天 24 小时。

最初，软件提供商专门开发管理规划类或执行类应用软件，如图 3-12 所示。

当前的重点是对如图 3-12 所示每种软件进行集成，将供应链视为一个连续的过程而不是单独阶段来进行软件的创建，因此企业资源规划可以定义为：应对企业需求的软件解决方案，通过集成企业的所有功能来实现组织流程满足组织目标。

ERP 的核心子系统包括对营销和销售进行调控、物料需求计划、能力需求计划（capacity requirements planning，CRP）、物料清单、采购、车间控制、应付应收账户和物流。

图 3-12　供应链应用软件

领先的企业资源规划软件供应商已经与供应高级计划或调度（advanced planning and scheduling，APS）软件的供应商展开合作，共同开发以互联网为界面的供应链产品，这种互联网供应链打破了内外部供应链之间的壁垒。企业应用程序集成（enterprise application integration，EAI）使提供商能够将其整套企业应用程序转换为电子商务应用程序，并提供一个建立企业与其客户、供应商、电子贸易社区和业务合作伙伴联系的平台，这种套装软件有以下几方面的优点：

（1）一套集成的套件为用户提供一个不同视图的统一界面，信息储存在统一数据库，促使信息从一个系统到另一个系统的密钥被消除；

（2）统一数据库使业务流程的集成更加紧密；

（3）当只有一套系统需要升级和一个供应商需要处理时，维护费用更低、升级更容易；

（4）由于上述原因，连接性、集成性、可视性和响应性成为供应链相关软件系统的基本属性。

3.6　供应链的脆弱性

供应链内外部存在的风险导致其脆弱性。

外部风险是指环境、经济、政治和社会原因，如风暴、地震、恐怖主义、罢工、战争、禁运和计算机病毒等。

内部风险是指供应链上组织间的相互作用，克兰菲尔德大学的报告[18]把供应链的风险分为五种：

（1）缺少主人翁意识。这是外包和创建复杂的业务关系网络而且责任划分不明确，致使采购和供应组织间的边界模糊而出现的情况。

（2）混乱风险。这是因供应链的成员间缺乏信任、信息扭曲而产生的情况，比如所谓的"牛鞭效应"，其中订单的波动性随着其从零售商、制造商、供应商向供应链上游移动而逐级增加。

（3）决策风险。混乱致使不能对供应链的每一个成员做出正确决定。

（4）JIT 关系风险。企业没有足够的储运能力和库存来应对诸如交通故障导致交付延误而引起的供应链中断的情况。

（5）惯性风险。由于客户或供应商缺乏应对环境条件和市场信号变化的责任心，以及对竞争行动或市场机会无法做出反应而产生的风险。

除了上述风险，还可以补充：

（1）**供应商基数减少**，特别是企业依赖于对一个供应商的单一采购；

（2）**全球化**采购带来的优势可能被延长的交货时间、运输困难和政治事件抵消；

（3）诸如**收购、合并和类似联盟**等商业活动可能会降低供应链的有效性。

克兰菲尔德大学的报告指出"供应链风险管理从识别和评估可能的风险及其对运营可能产生的影响开始"。为了评估对风险的承受能力，公司不仅要识别诸如关键原材料或工艺能力带来的损失对其运营的直接风险，还要识别供应链的每个重要环节造成这些风险的潜在原因。

该报告还列出了管控供应链风险的10种方法，前三种措施与当前供应链的发展趋势背道而驰。

（1）多元化——多重采购；

（2）库存——应用库存作为应对各种可能发生事件的缓冲器；

（3）冗余——保持过剩的生产、储存、处理和运输能力；

（4）保险——应对供应链受损所产生的损失；

（5）供应商选择——更仔细地评估供应商的能力以及与特定供应商交易产生的风险；

（6）供应商开发——与供应商紧密合作，实现信息和合作计划的共享；

（7）合同义务——运用法律手段强制惩罚不交货行为；

（8）合作的主动权——通过临时组合的公司或行业协会的一部分分散公司的风险；

（9）产品范围的合理化——有些公司尤其是分销商，可能希望将供应有问题的产品排除在产品范围之外；

（10）当地采购——通过缩短运输距离降低拥挤的交通网络或多式联运转移所带来的风险。

3.7 供应链管理和物流

一些作者将供应链管理和物流视为实际上的同义词，然而有些人可以把它们区别开来。库珀[19]认为物流与物料和物料流相关，而供应链管理是对整个供应链中所有业务流程的整合。

英国物流与运输研究所总结了供应链管理与物流之间的相对关系：[20] 物流管理使企业的产品、物料和信息及其他所有资源的流动与定位的最优化成了可能；供应链是指采购、制造、分销、销售和处置等流程，以及与之相适应的运输和存储的全过程中的物料流。

物流的应用对供应链的高效管理是至关重要的。

3.8 价值链

供应链和价值链是同义词，价值链是指：从原材料到成品交付（包括交货后服务）的过程中价值不断增加的线性映射。

波特和海因斯都已经开发了重要的价值链模型。

3.8.1 波特的价值链模型

波特指出，企业的活动可以分为五项基本的和四项支持性的活动，每一种都可能会创造竞争优势。这些活动如图 3-13 所示，构成了价值链。

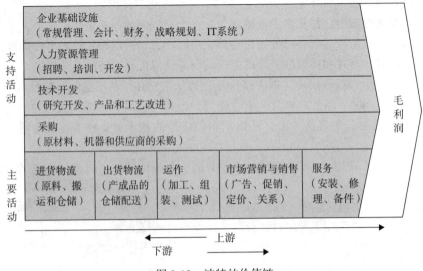

图 3-13　波特的价值链

五项基本的活动具体如下：

（1）原料物流——所有从接收、处理和存储输入到生产系统的活动，包括仓储、运输和库存管理。

（2）生产运作——产成品从输入到输出转化过程中涉及的所有活动，在生产企业中，这些活动包括生产、装配、质量控制和包装；在服务业中，包括提供服务的所有活动，如律师事务所的咨询、信函和文件准备等。

（3）成品物流——涉及将产出从生产运作环节转移到最终用户的活动，包括产成品仓储、订单处理、订单拣选和包装、运输、维护经销商或分销网络。

（4）营销和销售——涉及向潜在顾客推销产品，吸引他们购买并促进购买活动，主要活动包括广告、促销、市场调研和经销商/分销商支持。

（5）服务——作为采购协议的一部分向买方提供服务的业务活动，主要包括安装、备件交付、维护和维修、技术援助、买家的查询和投诉。

上述基本活动的四项支持性活动如下：

（1）公司基础设施或基础管理，包括与一般管理安全和安保、管理信息系统和战略联盟相关的活动、成本和资产；

（2）人力资源管理，涉及招聘、雇用、培训、发展和、组织人员补充的所有活动；

（3）技术开发，与生产过程和资源利用的产品设计及改进相关的活动，包括研究、开发、流程设计改进、计算机软件、计算机辅助设计、工程及计算机化支持系统的开发；

（4）采购，所有涉及获取主要活动输入资源的活动，包括从外部供应商购买燃料、能源、原材料、组件、子组件、商品和消耗品的活动。

图 3-13 的毛利率高于构成价值链的每个单独活动或子系统所支出的成本，换句话说，终端客户更愿意为一件产品或一套完整的服务支付比所有价值链的单独活动或子系统总成本更多的支出。

链接是指价值链部分间的相互依存，内部和外部连接在一起，这种衔接发生在价值链中的一个元素影响另一个元素的成本和有效性时。因此内联网和物联网是有用的联系，因为通过这种方式可以降低供应链管理的成本。链接是需要协调的，比如确保产品按时交付需要运营（生产）、成品物流和服务活动的协调。在4.3节将对网络的链接进行考虑。

3.8.2 海因斯的价值链模型

海因斯[21]在1933年的文章中承认波特为我们对价值链系统的理解做出了两个主要的贡献。

第一，波特重点强调物料管理的增值机制，将主题提升到高级管理人员思想的战略层面；第二，他将客户置于供应链的重要位置。

3.8.3 对波特的点评

海因斯也发现了波特模型存在的三个主要问题：

（1）无论是波特还是所谈及的业务都没有承认消费者满意度，认为公司利润是企业的首要目标，波特的模型关注的焦点是每个企业的利润率，不是消费者的满意度；

（2）虽然波特承认整合的重要性，但是他的模型显示了在公司内部和供应链中的不同组织之间的分割网络；

（3）海因斯认为在波特的主要活动和支持活动中，有些活动的重要性被错误地强调。

海因斯认为之所以对波特提出上述三条点评，主要是因为波特模型完全基于美国的案例，而"没有参考更加创新的日本企业"建立，因此波特的结论可能证明"在21世纪面对更加发展的竞争对手，企业将会无法成功应对"。事实上，在某些情况下，严格遵守波特的方法可能会阻止企业进一步的持续发展。

3.8.4 替代模型

为了弥补上述不足，海因斯提出了两个模型：

（1）微集成材料价值管道；

（2）宏观10个作用力的合作模式。

微集成材料价值管道如图3-14所示。

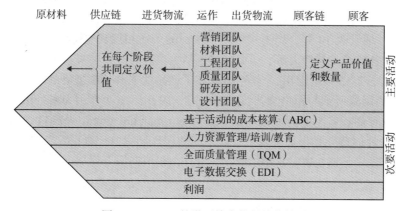

图3-14 Hines的微型综合物料价值管道

波特模型和海因斯模型的主要对比在表 3-2 中进行总结。

表 3-2 波特和海因斯模型的对比

	波特模型	海因斯模型
主要目标	盈利能力	消费者满意度
流程	推式系统	拉式系统
结构和方向	连锁企业从原料来源到客户的连锁系列	从消费者指向原材料来源的一个大流量
主要活动	进向物流、运营、外向物流、营销和销售服务	团队涉及市场营销、材料、工程、质量、研发设计
次要（支持）活动	坚实的基础设施、人力资源管理、技术开发、采购	基于活动的成本计算、人力资源管理/培训/教育、全面质量管理、电子数据交换、利润

以下是海因斯模型的重要特性：

（1）价值链指向与波特模型相反的方向，强调目标和过程的差异；

（2）需求由集体客户定义的价格水平决定；

（3）价值链中每个独立公司的主要职能必须整合，"传统公平的外部障碍和内部分化必须打破"，重点是协作而不是竞争；

（4）如表 3-2 所示，关键的主要功能和次要活动都和是波特不同的，海因斯确定的各项次要活动的重要性简述如下：

1) 基于活动的成本核算 (activity-based costing, ABC) 能够帮助我们确定产品的具体成本以及持续改善和价值分析等活动的收益。我们可以通过将成本分配给活动而不是功能确定交付产品所涉及的真实成本，价值链分析的一种简单方法是将供应链末端给客户的价格称为100%，并通过逆向工作确定每个供应活动的成本。这种成本核算方法有助于首先辨别最严重的非增值问题并进行及时处理。

2) 人力资源管理 (human resources management, HRM)，特别是员工培训和教育，促进有效性、效率和主动思考。

3) 全面质量管理 (total quality management, TQM) 为所有网络成员提供统一的文化。

4) 电子数据交换 (electronic data interchange, EDI) 与内联网、外联网等一起，都有助于快速响应客户的要求，并拉近网络成员。

5) 将总生产和消费成本降低到消费者愿意为满足其规格的产品所支付的最低价格，由此产生的利润在网络成员间分配时应做到大致相等。

图 3-15 所示的宏观 10 力合作模式从单一来源的公司拓展到整个供应管道范围的分析，并确定了鼓励快速持续发展的力量，整个网络包括供应公司的一层或多层。

海因斯指出图 3-15 中确定 10 个作用力描述了鼓励快速和持续发展的各种力量。应当注意，图 3-15 中海因斯所示的模型涉及装配型生产，因此，10 个作用力中的第一个是在竞争的最终装配商或原始设备制造商 (original equipment manufacturers, OEM) 之间发展的创造性紧张局势，这种创造性紧张局势源于它们之间的合作和竞争，合作源于 OEM 开发共同供应商，竞争是试图满足消费者需求中的对抗，合作由供应商协会促进，参见 8.8 节。

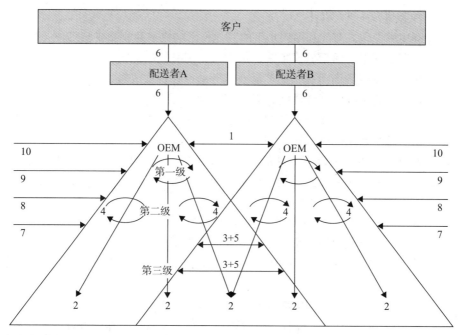

(1) 在不同的工业部门之间的合作与竞争之间的创造力紧张局势
(2) 供应链开发和 OEM 开发通过公平的利润反馈收益
(3) 跨网络效益传播
(4) 开辟内部分包商开发
(5) 供应商间的竞争可以找到一个有利的网络位置
(6) 消费者不断变化的需求和品位
(7) 新进入者
(8) 替代品
(9) 稳定的长期廉价融资
(10) 政府机构创造发展环境

图 3-15　海因斯宏观 10 力合作模型

3.9　价值链分析

价值链分析涉及对供应链中的每个子系统和这些子系统内的每项活动的详细考察，以便以可能的最低总成本提供最大的价值，从而并提高整个供应链的价值和协同作用。

波特[22]指出企业有两种方式可以获得持续的竞争优势：第一，成本；第二，差异化。

3.9.1　成本

价值链的成本分析是通过为价值链的活动分配成本来进行的。如上所述，基于活动的成本计算方法与这些内容具有紧密的关联。

波特确定了决定活动价值或成本的 10 个主要成本驱动因素：

（1）规模经济或规模不经济。大批量生产某一产品所产生的固定成本比小批量生产所产生的成本效益更高；如果用大量需求用来满足非弹性供应，迫使原材料物价格上涨，则可能出现采购规模的不经济现象。

（2）学习和传播效应。学习可以降低成本，并通过一个供应商、前雇员和业务代表的报告从一个行业传播到另一个行业中。

（3）产能利用率变化。产能利用率水平的变化将影响成本的收缩或膨胀。

（4）活动之间的联系。活动的成本或价值常常受到其他活动执行方式的影响，与供应商的联系集中体现在诸如供应商所提供的产品或服务的设计特性或质量上。因此，供应商在价值链中进行活动的方式可以提高或降低购买者的成本。

（5）相互关系。与另一个业务部门共享价值活动可以降低成本，通过对部门间的需求进行整合可以更便宜地采购某些原材料。

（6）垂直整合度。每一个价值活动都可以采用租赁或者购买的方式进行输入，从而提出了集成的选择。出站物流活动的成本可能很大程度上取决于企业是否拥有自己的运输车辆。

（7）市场进入时机。第一个对市场采取特定行动的企业可以获得一定的优势。

（8）公司成本或差异化政策。价值活动的成本总是受到企业独立于其他成本驱动因素的政策选择的影响。政策的选择反映了企业的战略，并经常在成本和差异化之间进行慎重的权衡。

（9）地理位置。其与供应商的相对位置是影响原料物流成本的重要因素。

（10）制度因素。政府法规、税收、工会组织、海关关税和附加税等方面是主要的成本驱动因素。

与竞争对手相比，可以更好地控制上述驱动因素的企业将获得比竞争对手更多的竞争优势。

通过价值链的重新配置可以获得成本优势，这样就可以大大不同于竞争对手。不同的生产过程、运用自动化、直接而不是间接销售、新的原材料或配送渠道、相对供应商和客户设施位置的改变都能导致价值链的重新配置。

3.9.2 差异化

波特[23]指出当企业提供一些除了新价格之外让买家感觉物有所值的独特产品时，就会与竞争对手产生业务上的差异化。因此，可以通过增强唯一性来源或重新配置价值链获取差异化。

唯一性的驱动力通常类似于上面列出的成本驱动力，包括：

（1）政策选择——要执行什么样的业务活动以及如何去执行，例如产品应该包括怎样的功能、提供什么样的服务、使用什么样的技术以及产出产品的质量；

（2）活动间的联系，例如交货时间，这通常不仅受到成品物流的影响而且受到订单处理速度的影响；

（3）时间——优先将某一产品的设计落实，可以有效地阻止其他公司效仿；

（4）位置——方便用户使用或其他类似因素；

（5）相互关系，比如技术或者销售工作及其结果的共享；

（6）学习和传播效应，学习如何更好地进行活动，波特观察到只有通过针对性的学习才能实现可持续的差异化；

（7）集成——在内部提供服务而不是将其留给供应商可能意味着本组织是唯一提供服务或以独特方式提供服务的人；

（8）规模——当进行大规模作业时，可以采用独特的方式开展活动，但在小批量生产的情况下是不可能的；

（9）机构性因素——良好的联盟关系可以避免罢工等因素给生产时间方面带来的损失。

对价值链进行重新配置所创造的唯一性可能涉及设计新的分销链或销售方法，向前集成以消除分销渠道，向后集成以提高质量并采用新的生产技术。

3.9.3 价值链分析的主要步骤

波特[24]提供战略成本分析和差异化分析的主要步骤列表。

战略成本分析的主要步骤如下：

（1）确定最佳的价值链并分配成本、估算资产值；
（2）诊断每个增值业务活动的成本动因以及彼此间的相互作用；
（3）识别竞争对手的价值链，确定竞争对手的相对成本和成本差异的来源；
（4）制定策略，通过控制成本驱动因素或重新配置价值链、下游的价值来降低相对成本；
（5）确保为减少成本所做出的努力不会削弱差异化或做出有意识的选择；
（6）测试成本降低策略是否长期有效。

波特[25]通过调查美国制造业组织中大量的样本后，报告了每一美元销售额中各种成本开支所占的百分比：

- 采购　　　　　55%～65%
- 运输　　　　　3.5%～7%
- 劳动力　　　　2.5%～6%
- 库存　　　　　3%～9%
- 公用事业　　　1.5%～3%
- 设施　　　　　0.7%～2%

因此，波特认为即使成本开支可以通过每个项目降低，但与采购这一项目相比却是微不足道的。由此便戏剧性地做出下述结论：组织机构应该将它们的聪明才智聚集到采购这一最值钱的环节中。

3.10 供应链优化

供应链优化与供应链管理不同，后者集中于控制供应链中的各种元素，而供应链优化是删除已经渗透或设计到构成特定供应链的过程链接中的非增值步骤。优化关注的焦点是如何消除供应链的低效率部分。其已被定义为：复杂的供应链管理的整体目标是同步协调所有增值生产和分销活动的同时消除非增值活动。

3.10.1 供应链优化的目标

上述定义重点强调两个优化目标，即

（1）同步协调供应链上所有增值生产和配送活动；
（2）消除非增值活动；

其他方面的目标如下所述：

（1）提供最高水平的客户服务。研究显示客户满意度和客户忠诚度之间存在密切的联系，客户服务水平应通过超出客户的期望来提高客户满意度，这样的期望应包括物有所值的产品或服务以及对客户需求的快速响应。

（2）成本有效性。成本效益也被称为货币价值，可以通过比率的方式进行表示：

$$成本有效性 = 收益价值 / 收益成本$$

（3）通过资源消耗和资产运作实现最大生产力。生产力是一个比率，与一个或多个投入及产出相关，每单位投入产出的增加是生产率的提高。因此，供应链的总生产率是：

$$总的生产率 = 总产出 / 总投入$$

所面临的挑战是提高相对于投入成本的产出价值，以较小的投入实现相同的产出也是生产率的提高。

（4）优化企业利润。卡达希（Cudahy）[26]指出：企业利润优化（enterprise profit optimisation，EPO）的逻辑和目标是同时优化企业内部和整个交易网络中企业的供需双方。因此，通过同时提高运营效率和实现盈利增长，EPO可以作为提高盈利能力的一种方式，通过增加收入来降低成本和提高资本生产率。

卡达希表示，对定价和利润优化（pricing and revenue optimisation，PRO）系统的介绍应基于以下四个步骤。

第一步：细分市场根据历史数据确定最容易接收产品的目标人群，常用的分组方法不仅包括年龄、性别、种族、收入和职业等人口统计变量，还可以以生活方式、活动、兴趣和意见等心理变量来进行分组。

第二步：计算客户需求量。使用定价软件预测，当前市场和其他条件预测客户或微型细分市场对产品以及现有市场或其他条件的价格会有怎样的影响。

第三步：优化价格。通过为特定客户确定相对应的价格进而实现利润、市场份额或其他战略目标的最大化。基于对成本、需求、市场定位、价格弹性和竞争压力的分析，进行优化建议，虽然不一定是最低价格但有利于实现上述目标。

第四步：重新调整价格，这是基于用户购买行为的价格微调。

卡达希注意到，对定价和利润进行优化不是为了价格竞争，而是为了从公司的产品和能力中挖掘最大的价值。

（5）实现最大时间压缩。时间压缩在实现客户满意度、成本效益和生产力方面占有重要地位。怀尔丁（Wilding）[27]注意到尽管对成本和转让价格的比较有多种不同的解释，但时间是所有供应链的合作伙伴通用的尺度。通过快速响应客户需求和消除非增值流程耗费的时间来加快下游物料流和上游信息流的流动，进而提高生产力、提供竞争优势。比斯利（Beesley）[28]抱怨95%的处理时间是非增值的活动导致的。对供应链上所有活动的时间进行压缩，但需要特别注意的是，由于浪费的时间不能被替换，一般来说，与时间有关的非增值的活动可以分为：

1）排队时间——等待处理的材料；
2）返工时间——纠正错误；
3）由于管理决策（或缺乏果断）浪费的时间；
4）供应链中的库存成本。

关于库存，比斯利声称"作为一般规则，供应链中存储的库存量与供应链的长度成正比，供应链的长度也可以通过原材料到客户全程时间的长度来表示，因此，库存量和时间呈正比。如果供应链处于压缩工作中，则循环和缓冲库存会减少，从而降低开销、资本和运营成本。

3.10.2 供应链优化的因素

供应链优化过程中的影响因素描述如下。

1. 不确定性减少

戴维斯（Davis）[29]指出"困扰供应链不确定性的三个不同来源"是：

（1）供应商——不能按时交货；

（2）制造——机器故障以及计算机乱码等导致物料发送到错误地方等；

（3）客户——订单数量的不确定性、"牛鞭效应"或需求变化性的增加进一步加剧了供应链的不稳定性，分销商的电子订单波动超过零售率，零售量往往不是始终如一的。

上述三点均会导致库存量的增加，库存作为应对供应链不确定性的一种方法应运而生。我们可以通过采用可靠、准确、有效的预测，对需求趋势的研究以及使用相关的统计方法来减少供应链的不确定性。

2. 协作

优化通常最有可能通过组织内部具有交叉功能的团队之间以及外部的客户和供应商间的合作来实现。这种协作可以优化产品和工艺流程设计、提高客户和供应商的满意度。

3. 标杆管理

在我们进行优化之前必须了解哪些性能是可以优化的，内勒（Naylor）[30]将标杆管理定义为：认识和审查工业或世界范围内最佳工商业惯例并利用这一结果对各方面的业务进行改进。

标杆管理不仅仅是模仿，内勒说它"也要通过对成功的分析以及组织间学习的传播"。

4. 关键绩效指标

关键绩效指标（key performance indicators，KPI）表达了在金融或实体单位间的、用于比较的抽象供应链目标，与各种功能、过程或活动相关的数据汇编、量化并转化为可以用于比较的物理或财务信息，通过对照绩效标杆，然后测量相对绩效，因此，供应商和客户关于按时交付订单的绩效可以表示为按时完成的订单相对于所下订单的百分比。关键绩效指标不仅可以提供实现的目标，而且还可以提供实现或更好地实现所需绩效的动机，我们将在10.10.2节进行详细的论述。

5. 领导力

供应链优化和向世界级供应链管理水平的努力，必须得到高级管理层的支持，这就要求高层管理人员与负责集成供应链或其中的功能和流程的中级管理人员之间进行双向沟通。领导力最重要的特征是具备能够向其他团队成员阐明优化供应链的愿景、设置和激励团队实现目标、创新和引入变革、培养团队成员的能力、培养持续学习和改进文化、显示高水平的个人诚信的能力。

6. 提高供应链绩效的措施

戴维斯[31]提出一些应对产品或流程中需求不确定性并可以改善供应链绩效的措施。

对于产品，这些措施包括使用标准组件和子组件、降低偏差、降低冗余度、提供和生产通用产品。

对于过程，典型的措施可以是对供应商的绩效进行奖励、合同分包、入境货运处理、消除瓶颈、引入自我管理的工作团队和设计改进的预测技术。

战略、战术和运作水平的决策制定过程都受到供应链优化研究的影响，战略也会反作用于供应链结构，该内容将在第4章进行讨论。

3.11 供应链和采购

本书在大多数场合将采购作为供应链重要的子系统进行探讨，采购已经被巧妙地描述为将扩展的供应链连接在一起的黏合剂。

在下述几个方面，供应链管理的概念将对传统的采购理念、实践和程序产生深远的影响：

（1）采购不再是一个独立的功能，它逐渐成为集成供应链中的一组活动。

（2）2002年美国《采购》杂志的调查研究表明[32]：

1）受访者中有1/4的采购专业人员认为供应链管理是他们的主要工作职责；

2）其他所有受访者几乎都认为供应链管理是他们工作的重要组成部分；

3）供应链管理通常被认为是对采购概念的扩展。

（3）采购主管可以向物料部、物流部或供应链管理部的经理直接汇报，而不是向更高一级的人汇报，图3-16和图3-17是基于布尔顿（Bourton）集团[33]1997年所做的调查绘制的。图3-16显示，供应链问题的责任是由占响应公司15%的专门董事和另外45%企业的特定经理承担的。另外20%的公司责任在于运营和生产总监。图3-17表明，在不到一半的响应公司中供应链的运作者向总经理和首席执行官汇报；对于另外20%的公司，最终的责任主要由董事、总经理或运营和生产经理来承担。在约16%的案例中，供应链的报告责任似乎低于主任职责。

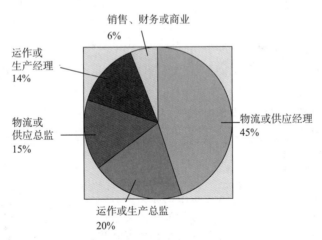

图3-16　344家样本公司中主管供应链的负责人

（4）采购人员的数量可能会减少，因为某些以前的采购活动由IT取代或由其他团队接管，如供应商选择或库存控制。

（5）相反，人们越来越认识到采购不仅仅是供应链中的交易活动。由于顶级的运营需要顶级的供应商，采购的重点将从价格转移到供应商关系和联盟上，致力于实现整个供应链的企业目标。

（6）采购人员必须具备在其他供应链的活动上的能力以及一般的管理技能，围绕这些能力进行战略思考而非功能和操作，这进一步强化了赖明的观察，即战略采购需要广泛的知识而不是狭隘的知识。

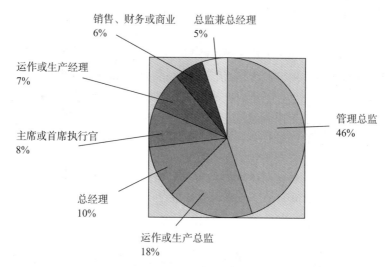

图 3-17　344 家样本公司中供应链责任人的汇报级别

供应链本质上是一系列供应商和客户。每个客户成为下一个下游活动或功能单位的供应商，直到产成品到达客户。作为上游供应商成员，采购可以承担多个战略角色，加德－拉斯（Gadde-Lars）和哈克森（Hakansson）[34]对合理化和发展的角色进行了区分。

3.11.1　合理化定位

这些角色是"为了连续降低成本而进行的众多日常活动"，有 3 种类型。
（1）发现需要购买什么和在哪里购买：
1）确定购买商品和服务在设计、生产、运输等供应链功能上的规格；
2）向战略管理人员提供关于材料、价格、可用性和供应商问题的关键信息；
3）选择和合理化一级供应商的数量；
4）就购买决定、外包、租赁和类似策略提供咨询；
5）确保供应商在价格、质量和交付方面达到预期性能；
6）评估全球采购的利益和危险；
7）努力与关键供应商建立长期合作伙伴关系；
8）通过实施价值管理、分析和工程，努力从所有的供应商那里获得最大可能的价值。
（2）物流合理化：
1）定位供应商以便在 JIT 和类似的交货安排期间发生中断的可能性更小；
2）为运输和分销进行最佳的合同和安排的协商；
3）承担逆向物流以及通过环境可接受方式处置废料和剩余物的责任；
4）为供应商提供准确的需求预测，促进 JIT 和 MRP 等方法。
（3）采购惯例、程序和政策的合理化：
1）涉及选择适当的供应链包装以及通过电子采购降低采购成本；
2）涉及所有采购和供应链的结构设计；
3）确保员工在一般管理、供应链管理和采购的特殊方面受到适当的培训；

4）监督采购的伦理方面；

5）评估供应链和采购绩效的各个方面。

3.11.2 发展角色

涉及协调买方与供应商内部研发活动，McGinnis 和 Vallopra[35] 的研究表明早期供应商参与新产品开发有助于在新产品、上市时间、实现高品质、成本优势、销售和利润等领域产生竞争优势。尽管它可以应用于两者但是与非制造产品相比，供应商的参与更可能在制造设计中。一般来说，如果企业能够最好地利用它们的资源，它们将会专注于上游产品规范和设计活动，希望将下游活动外包，因为它们不具有成本效益而且能力不如专门的供应商，比如组件制造商，因此供应商在这些领域将会发挥更大的作用。供应商参与产品开发中的重要采购角色包括参与跨越职能的产品开发团队、确定能够做出贡献的供应商、供应商开发和监测。

问题讨论

1. 为什么物流会对街头零售商如此重要？
2. 定义非军事物流环境并评价物流对下述三方面的影响。
   （1）销售服装的零售业单位；
   （2）飞国际航线的航空公司；
   （3）在欧洲和中东有项目的建筑公司。
3. 抵消是在一个区域增加的成本被另一个区域减少的成本所抵消，使得整个系统受益。在物流的概念中，当采购部门想要批量采购以获得合计折扣和回扣时，冲突可能发生在哪些部门或场合？在你的答案中考虑采购、金融、仓储和转运的作用。
4. 在许多国家，废物管理和处置对环境的影响引起了广泛的关注。考虑接下来的10年中采购可以采取哪些举措来刺激更多逆向物流活动的产生？
5. 为建设项目绘制一个供应链，假设该项目将在一个污染场地进行。
6. 假设一家制造公司拥有世界上唯一的原料产地提供的战略原材料，该原料产地位于每年都有四个月将遭受最恶劣环境的国家，冰雪阻碍了在此期间的内部运输，你将如何识别这种现象造成的风险以及其他相关风险？
7. 供应链与管道之间是否存在区别？如果存在差异，是否会发生与管道而不是供应链相关的问题，反之亦然？
8. 从你的经验出发提供实例来支持彼得·德鲁克的下述声明："经济结构正在变革，从围绕物流和货币流动的组织转变为围绕信息流动的组织"。
9. 以你所在组织中的重要购买为例，绘制供应链流程图，预估每个流程在成本和时间上增加了多少。
10. 主要零售商从世界各地购买蔬菜，这给消费者提供了一年中最大的选择。如果你被要求写一个关于这个战略对环境和成本影响的关键报告，你的主要观点是什么？
11. 如果你被要求采取采购举措来激励供应商减少库存、缩短供应周期并降低采购成本，你将包括以下方面的哪些因素：
    （1）你组织内可以改进的事情？
    （2）供应商可以改进的事情？
12. 管理供应链的最大问题是买方无法准确预测需求，这造成整个系统效率低下。讨论上述观点。

参考文献

[1] NATO, *Logistics Handbook*, 1997, paras 103–104
[2] EU Council Directive 99/31/EC
[3] Knight Wendling, 'Logistics Report', 1988 (published for private consultation)
[4] Crompton, H. K. and Jessop, D. A., *Dictionary of Purchasing and Supply*, Liverpool Business Publishing, 2001, p. 88
[5] Council of Logistics Management Professionals USA, 12 February, 1998
[6] Institute of Logistics and Transport, *Glossary of Inventory and Materials Management Definitions*, 1998, p. 10
[7] Rogers, D. S. and Tibben-Lembke, R., *Going Backwards: Reverse Logistics Trends and Practices*, Reverse Logistics Executive Council, Pittsburgh, USA
[8] As 7 above
[9] Aitken, J., quoted in Christopher, M., *Logistics and Supply Chain Management*, 2nd edn, 1998, Pearson Education, p. 19
[10] Cooper, M. C., Lambert, D. M. and Pugh, J. D., 'Supply Chain Management – more than a new name for logistics', *International Journal of Logistics Management*, Vol. 8, No. 1, 1997, pp. 1–4
[11] Porter, M. E., *Competitive Advantage*, Free Press, 1985, p. 3
[12] Christopher, M., as 9 above, p. 266
[13] Mentzer, J. T., De-Witt, W., Keebler, J. S., Soonhong, M., Nix, N. W., Smith, C. D. and Zacharia, Z. G., 'Defining supply chain management', *Journal of Business Logistics*, Vol. 22, No. 2, 2001
[14] As 13 above
[15] Adapted from Lambert, D. M., Cooper, M. C. and Pagh, J. D., 'Supply chain management: implementation, issues and research opportunities', *The International Journal of Logistics Management*, Vol. 9, No. 2, 1998, p. 2
[16] Kalakota, R. and Robinson, M., *E-business 2.0 Roadmap for Success*, 2nd edn, Addison-Wesley, 2001, p. 172
[17] Marien, E. J., 'The four supply chain enablers', *Supply Chain Management Review*, Vol. 4, No. 1, March/April 2000
[18] Cranfield University School of Management, 'Supply chain vulnerability', Final Report, 2002, pp. 35–37
[19] As 10 above
[20] Institute of Logistics and Transport Publicity Leaflet, *What Is Logistics and What Does a Career in Logistics Involve?* Undated
[21] Hines, P., 'Integrated materials management: the value chain redefined', *International Journal of Logistics Management*, Vol. 4, No. 1, 1993, pp. 13–22
[22] As 11 above, pp. 62–118
[23] As 11 above, pp. 119–163
[24] As 11 above, pp. 118 and 162–163
[25] Poirier, C. C., *Advanced Supply Chain Management*, Berrett-Koehler Publishers, 1999, p. 15
[26] Cudahy, G., 'The impact of pricing on supply chains' in Gattorna, J. L. (ed.) *Gower Handbook of Supply Chain Management*, 5th edn, 2003, Gower, pp. 62–75
[27] Wilding, R., 'Supply chain optimisation: using the three "Ts" to enhance value and reduce costs', *IFAMM Global Briefing*, 2004, pp. 18–19

[28] Beesley, A. T., 'Time compression: new source of competitiveness in the supply chain', *Logistics Focus*, June, 1995, pp. 24–25

[29] Davis, T., 'Effective supply chain management', *Sloan Management Review*, summer, 1993, pp. 35–45

[30] Naylor, J., *Introduction to Operations Management*, 2nd edn, Prentice Hall, 2002, p. 535

[31] As 29 above

[32] 'Supply chain management – what is it?', *Purchasing*, 4 September, 2003, pp. 45–49

[33] Bourton Group, 'Half delivered: a survey of strategies and tactics in managing the supply chain in manufacturing businesses', 1997, pp. 26–27

[34] Gadde-Lars, Erik, and Hakansson, H., *Supply Network Strategies*, John Wiley, 2001, pp. 8–10

[35] McGinnis, M. A. and Vallopra, R. H., 'Purchasing and supplier involvement' in *New Product Development and Production/Operations Process Development and Improvement Center for Advanced Purchasing Studies*, University of Alabama, 1998

第 4 章

组织及供应链的结构

学习目标

在适用的情况下,参考供应链和价值链,本章旨在了解以下几个方面:
- 组织结构的专业化、协调和控制
- 组织结构的一些决定因素
- 组织结构对采购和供应链的影响
- 网络配置的影响因素
- 动态网络的优点和缺点
- 诸如网络、精益和敏捷组织等新方法为什么能够取代传统官僚组织以及是如何取代的
- 精益结构及其发展
- 供应链映射
- 为什么组织结构需要调整

核心要点

- 专业化、外包、协调作为整合和控制的基本要素
- 历史、技术系统、权力和环境作为组织结构的决定性因素
- 新型结构的成因和特点
- 网络结构:基本概念、分类、配置和优化
- 分层:等级、分层的原因、一级供应商的责任及分层所带来的后果
- 精益组织、精益思想、生产、结构以及精益生产的利弊
- 敏捷组织:敏捷制造的驱动力、特点及推动者以及延迟和敏捷的概念
- 供应链映射:供应链映射及价值转移工具的形式、目的和方法

引言

本章共分为两个部分。第一部分对组织结构进行整体的介绍；第二部分不仅关注"新型"结构，如网络、精益和敏捷组织及其对供应链的影响，同时也牵扯到采购组织结构的相关问题。

4.1 组织结构

明茨伯格[1]将组织结构定义为：将劳动力分配给不同的工作任务，并在各种任务中实现协调方式的总和。

组织结构不会像永久性的业务实体那样存在，采购存在于不断变化的业务环境中，这应该是采购策略的驱动力。

科特（Kotter）[2]评论道结构性变化的情况是"组织拥有更多的代表，这意味着一种扁平化的层次结构，对策略来说，与中间大的、抵抗变化的团体相比处于一个更加优越的位置"。

一个简单的结构是一种其中所有经理可以对主要的重大决策进行决断并监督所有活动，工作人员作为经理监督权的延伸进行服务的组织形式。

功能结构由首席执行官和有限的企业人员以及生产、营销、采购和研发等主导组织领域的功能部门经理所组成。

由每个部门的运营部门所组成得多部门结构，代表一个单独的业务或利润中心，顶级公司领导将日常运营和业务单位战略的职责分配给部门经理。

4.1.1 专业化

传统观念上，专业化是指将组织活动划分为职能、职业、工作和任务。通过纵向一体化，企业在物料供应和产品的内部制造方面都致力于自给自足。

然而，从普拉哈拉德（Prahalad）和哈默尔（Hamel）[3]的工作出发，目前专业化设计的重点涉及满足下述三个标准的核心竞争力或竞争优势：

（1）进入多元化市场的潜在途径；
（2）对产成品的感知效益有重大贡献；
（3）在理想情况下，竞争对手难以模仿核心竞争力。

核心竞争力产生于专业技术的整合以及不同生产技术之间的协调，导致核心产品的出现，典型企业及其核心竞争产品的实例：

（1）劳斯莱斯公司及其飞机引擎；
（2）三星公司及其造船；
（3）戴比尔斯公司及其钻石。

这些核心产品可以独立使用或者作为各种产成品的零部件。

专注核心竞争力导致非核心活动的外包，外包产生的六种结果包括：

（1）将非核心业务转让给专业合同制造商，通过利用其多个客户产生的规模效益可以降低更多的成本；
（2）向专业供应商转移自己非核心的业务活动，如餐饮或者培训；
（3）从公司的资产负债表中去除制造资产，如工具和设备；
（4）通过对非核心员工进行裁员减少工资支出；
（5）将几个高度专业化的力量合并为一个灵活的、增值的实体的过程；

（6）利用采购机会创造零部件、产品和服务间的杠杆效应。

4.1.2 协调

传统观念上，协调是组织理论的一个方面，涉及确保功能不同的人力和资源协同作业，以实现组织目标的一种活动，权力等级本身就是一种强大的协调影响力。

今天，协调是集成的同义词，从本质上讲，协调就是解决冲突。假设单独的组织要素和利益不可避免地与稀缺的资源、目标、地位和类似因素相冲突，必须有整合机制来保证目标的统一，如果没有实现这种整合将会产生浪费、冲突和低生产率以及子系统最优等情况；既可以在组织内部之间开展整合也可以在不同组织结构之间开展整合。

1. 组织内部整合

图 4-1 显示了组织内部连续的网络机制，以加强组织和部门之间的通信和整合，或者是本书当前背景下供应链各要素的整合。矩阵型组织结构如图 4-2 所示。

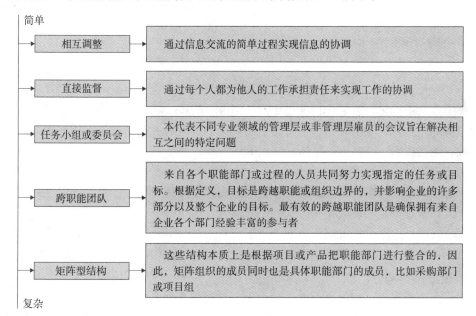

图 4-1　组织内部连续的网络机制

Grinnell 和 Apple [4] 表示只有在以下情况下才考虑应用矩阵结构：
（1）当复杂、小批量的产品运行是一个组织的主要输出时，比如像航空航天建筑产品；
（2）当一个复杂的产品设计既要求创新性，又要求及时性时。

具备以下要素，可以使用矩阵结构：
（1）高度不确定性；
（2）复杂的技术；
（3）中 / 长期项目；
（4）中 / 长期内部依赖；
（5）高水平的差异化。

矩阵结构的大部分缺点源于可能导致资源与业务经理间冲突以及权限划分不明确或多重关系。更积极的是矩阵组织的横向沟通联系鼓励整合和团队合作。

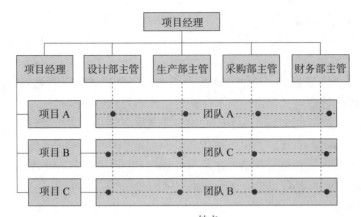

图 4-2 矩阵型组织结构

整合还涉及正规化，或工作行为受规章、制度、政策、程序限制的范围，当员工的自由裁量权很低时正规化的效果最好。一个组织正规化的程度通过最高决策者如何看待他们的下属来表现。道格拉斯·麦格雷戈（Douglas McGregor）[5]就下属的工作态度和行为提出两种截然不同的管理假设，即 X 理论和 Y 理论。

X 理论假设，工人本性是懒惰的，不喜欢工作，做得越少越好，缺少进取心并试图逃避责任。因此，管理者需要最大化的控制员工的行为。

Y 理论假设，工作设置决定职工考虑将工作视为一种满足还是一种惩罚，若将工作视为满足的来源，员工会训练自我控制并致力于组织目标，对其行为的控制是没必要的。

2. 组织内部结构

任何一个企业都不可能孤立存在，每个组织都会与客户、供应商发生关系，或者作为其他组织创新活动的合作者。因此，必须建立机制去解决失控、影响力丧失、不确定性增加、共识性问题和标准性问题等因素导致的组织间冲突。

到目前为止，影响组织内和组织间整合最重要的因素是信息技术，其次在整合和协调的问题上组织结构扮演着重要的角色。有了信息技术，进行任务、功能或人员分组时无须集合到同一位置，通过电子邮件、视频会议、微型传真机等途径使所有组织边界内和跨组织边界间建立联系、进行整合成为了可能。诸如 MRP，MRP Ⅱ、ERP、ECR 和 VMI 等软件应用程序都是资源和关系整合的方法。

4.1.3 控制

控制是组织结构的第三个方面，一个控制系统需要两个基本要素：

（1）权利基础。

（2）控制机制，可以是以下通用类型之一：

1）集权化，决策制定是由中央集权机构执行的，或者在实施前需要中央权力机关的批准；

2）正式化，如在 4.1.2 节"组织内部整合"一词所述，这涉及提供指导方针、目的或目标的条例、政策、规则和程序；

3）产出控制，确定提供决策标准的目的或目标；

4）文化控制，指导决策制定的共同价值观和规范准则。经常有人认为在文化强大的场合强大的组织结构不是必需的，文化控制往往是通过非正式组织结构进行的，非正式组织结构不仅涵盖同事间的友谊和仇恨，还涵盖指导它们去实现或阻碍组织目标的共同传统和价值观；实践中，非正规的关系发展到正式的组织结构决定了正式的组织如何有效地发挥作用，管理者如果不能理解特定工作环境中非正式结构的运行过程是不能取得成功的。

4.1.4 结构的决定因素

所谓的应变方法强调绝对理想的组织结构是不存在的，明茨伯格[6]确定了四个应急或情景因素：历史和规模、技术系统、力量、环境。

1. 历史和规模

明茨伯格指出一个历史悠久的大型企业，它的行为、政策和程序更加标准化，基于这些因素，历史悠久的大型企业实施变革更加困难。

2. 技术系统

明茨伯格指出技术系统对员工队伍的控制越多，操作系统就越标准化，组织机构的结构就越容易官僚主义化。相反，信息和计算机技术可能将官僚主义结构转变为灵活的结构，并引导管理工作、工作设计和工作实践发生本质上的改变。

3. 力量因素

力量可以定义为个人或者团体影响决策和实现组织结果的能力，弗朗斯和雷文[7]根据如图 4-3 所示的分类标识了五种力量的来源。

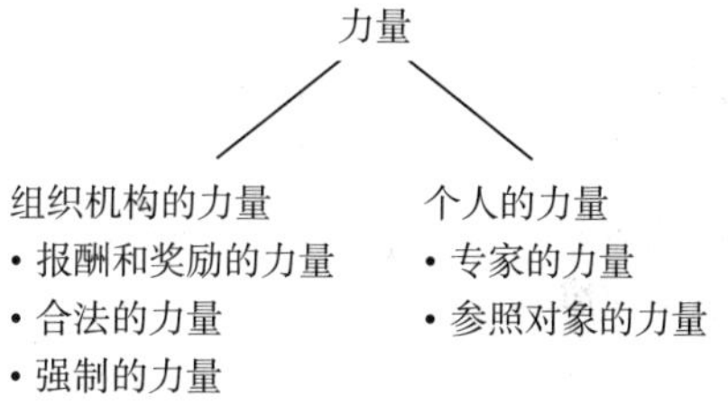

（1）奖励的力量。这是基于个人或团体的看法，另一个人或团体有能力提供不同数量和类型的奖励。

（2）合法的力量。这是以个人所持有的价值观或以社会化所形成特定价值观的形式为基础的。当个人或团体接受另一个人或团体对他们行为的影响是合法的时候该力量就存在。

力量
├─ 组织机构的力量
│ · 报酬和奖励的力量
│ · 合法的力量
│ · 强制的力量
└─ 个人的力量
   · 专家的力量
   · 参照对象的力量

图 4-3　力量的来源

（3）强制的力量。这是基于个人或团体的看法，即另一个人或团体有能力管理处罚。

（4）专家的力量。这是基于个人或团体感知到另一个人或团体拥有比他们更多的知识和技能，因此值得追随。

（5）指标的力量。这是基于个人或团体模仿其他个人或团体的愿望。

组织力量和个人力量之间存在显著差异，组织力量的授予依赖于个人或组织在组织结构中的位置；个人力量是固有的，依赖于每个持有人的个性特征。因此对于持有人而言，个人力量与组织力量相比更不容易从所有者方转移。

通常，采购在组织中的重要性源于采购负责人或团队负责人能力的声誉以及他的个性对他人的吸引力，例如政治力量已被描述为一种尊重和喜好的组合。

其他研究[8]表明，在部门或业务方面控制组织重要资源的人拥有最大的力量，必须有效地应对不确定性并拥有稀缺的专业知识，这项研究意味着最强大是那些关注不确定性行业的部门或业务，如竞争激烈的行业的营销和材料在总产品或服务成本中占高比例的采购，特别是在材料价格和供应极端不稳定的情况下。正如波特在第 2 章的图 2-6 中所表述的，这些因素决定了买方和卖方在市场中的力量。

4. 环境因素

第 2 章讨论了环境调查对策略制定的重要性，环境是一般而又具体的，在组织结构和决策方面都要考虑到环境因素。

一般环境包括所有组织在特定时间内运作的政治、经济、社会、技术、环境和法律条件（PESTEL）。具体环境由特定企业内互动的人员、团体和组织组成，这些包括客户、顾客、监管机构、资源供应商和工会等。

一般和具体环境对于在国际上运作的组织具有特定的意义。

明茨伯格[9]指出环境的范围包括以下几个方面：

（1）稳定到动态。在稳定的环境中更多地应用机械结构的设计；环境越动荡组织结构就越有机。

（2）简单到复杂。环境越复杂，组织结构越分散，反之亦然。

（3）综合到多元化。组织结构所面临的市场越多元化，将其分解为市场化单位的倾向越大，并取得合理的规模经济。

（4）慷慨到（自由和友好）敌对。极端恶劣的环境将驱使组织集中其结构，至少暂时是这样的。

5. 战略和结构

明茨伯格的分析强调，不同的环境导致不同的战略。不同的战略需要不同的结构。因此，正如钱德勒（Chandler）[10]在对近 100 家大型美国公司进行研究后总结的那样，公司战略的变化先于组织结构的变化，即结构遵循战略。该环境 – 战略 – 结构的关系如图 4-4 所示。

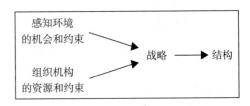

图 4-4　环境 – 战略 – 结构关系

但是，后来的作者[11]表示，钱德勒的环境 – 战略 – 结构关系太简单，这种结构可能会限制战略，一旦组织被锁定在特定的环境 – 战略 – 结构关系中，可能难以在其正常运作范围之外进行活动。通常，组织在实施结构变更之前不能改变战略。

4.1.5　麦肯锡的 7S 模型

沃特曼[12]所引用的，麦肯锡（McKinsey）也认为钱德勒的战略结构模型不够充分，并确定了七个相互关联的因素，组织希望从客户为导向的需要去解决。这些因素如图 4-5 所示。

图 4-5 显示了共同的价值观是组织结构的核心。正式的组织结构是重要的，然而问题的关键不是如何将活动分开，而是是否能集中到对组织结构发展至关重要的能力方面上。从采购的角度来看，这七个因素如下：

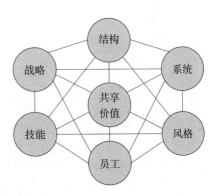

图 4-5　麦肯锡的 7S 模型

（1）共同的价值观。采购共享企业文化以及"在这里做事情的方式"的重要性。组织的认可和采购是实现组织目标的贡献者，将所有采购活动与组织的道德和环境政策相关联是至关重要的。

（2）结构。以专业化为基础的职能壁垒被打破，将采购整合到物流和供应链流程中。

（3）技能。员工在采购方面的知识和能力的发展以及内外部供应商就这些知识和能力的共享。

（4）战略。采取什么样的采购战略有助于实现营销、联盟、成长、多元化、外包以及类似战略。

（5）风格。基于信任、礼貌、信息共享和道德遵守的原则，通过构建良好的供应商关系建立供应商相互间的友谊与合作。

（6）员工。通过保证采购和支持人员的正确组合来确保采购有助于竞争优势、培训员工报酬和奖励。

（7）系统。工作步骤和信息流的开发以及电子采购的便利化。

4.2　新型组织结构

基于垂直的官僚结构，在满足企业和客户快速变化的需求时缺乏灵活性、反应迟钝、缺乏创新。因此，以垂直"孤岛"、功能部门化、层次僵化和"繁文缛节"为特征的传统官僚结构正在变得功能失调。

奎因（Quinn）[13]列出了影响传统层级组织改革的 5 个因素：

（1）对最佳规模和水平组织的追求导致管理层和水平结构的减少；

（2）并行行动，包括重新设计业务流程、组织重新设计以及使用多功能团队；

（3）在执行程序和战略时需要精准、速度和灵活性；

（4）开发强大的信息系统和自动化知识来增强员工的业务流程管理能力；

（5）通过提高组织响应能力，实现对客户满意度和忠诚度的关注。

在采购中，另一个因素是从一个纯粹的交易活动过渡到以外包而不是采购为重点的组织竞争力和性能的主要贡献者上，这一过程强调的是寻找货源而不仅仅是购买。虽然许多组织仍然按照传统的层次结构组织采购，但上述因素逐渐引导采购和供应链网络以及精益敏捷理念的运用。

黑斯廷斯（Hastings）[14]已经确定了新型组织结构的 7 大特点，这些都已经应用于采购和供应链管理。

（1）彻底地分权。结合"小即是美"的信念，将组织分为许多小型的自治单位，最小的单位是个体，但被授权时随之而来的是自主权和责任。

（2）强烈的相互依赖。这强调了相互依赖和多条规间的关系，需要通过组队和联盟来实现共同目标，个人和组织本身都意识到合作是提高竞争力的前提。

（3）努力实现期望。组织及其个人对其预期达成的目标有明确的认识，他们也要求别人这样做并期望与他们进行合作助其实现目标。

（4）透明的绩效标准。要求绩效标准和绩效指标以透明的方式进行设置和传达，以便所有人都知道如何配合合作者。重点在于改进绩效，而不是输赢。

（5）分布式领导。领导层并不局限于高级管理层，而是分布在公司众多员工中，要求他们表现成熟并承担责任。

（6）消除边界。识别并系统性地消除合作与沟通中物质、个人、层次、功能、文化、心理和实际的沟通障碍，实现适应性和灵活性。

（7）网络互惠。人与人之间的直接关系和沟通，无论其角色、地位、职能、文化或位置如何，都被新型组织结构所鼓励和推动，以便普遍存在的互惠和交流文化调解所有关系。

从传统官僚机制到现代适应/有机的结构间的转换如表 4-1 所示。新型有机结构的例子（强调授权、功能冗余和员工团队之间沟通的便利化以及外部"派对"）是精益敏捷的网络。

表 4-1 精益发展的三个阶段

阶段	焦点	方法
精益作为转换	组织的努力变得精益	延迟——整顿组织 裁员——减少劳动力 外包——侧重于核心活动和外包非核心活动给外部提供者
精益作为结果	假设经过一段时间的延迟、精简和外包，结构更具灵活性	业务流程重组（business process re-engineering，BPR） 业务流程的根本反思和彻底的再设计，以实现当代关键性能绩效评估的显著改进，如成本、质量、服务、速度精益生产，特点是： • 在物料和人力资源方面消除浪费 • 低库存 • 零缺陷——预防而不是修正故障 • 综合生产链 • 团队合作 • 所有员工和供应商参与连续过程改善产品和工作设计
精益作为流程	关注的重点集中在能对环境的变化做出反应的组织属性	全面质量管理。管理理念和公司实践旨在以最有效的方式利用组织的人力和物力资源实现组织的即时目标。库存控制哲学的目标是在正确的时间、正确的地点持有足够的物料，以便拥有恰当的产品数量

4.3 网络

4.3.1 网络结构

网络结构是组织与供应商、制造商和分销商为生产和营销产品而形成的一系列战略联盟。这种结构使企业既不需要投入包括研究、设计、专用技术等专门资源，也不需要聘用一批管理人员和操作人员，便能够长期积累资源、降低成本、提高质量。它遵循：

（1）福特（Ford）等人[15]指出，一个网络不是个体间的世界或孤立的交易业务，这是企业内部或企业间长期相互作用的结果。所以，正如福特等人[16]在其他方面所说的那样，关系的时间维度要求管理者将重点从每个离散的购买或销售转移到跟踪随着时间的推移关系中的事情如何展开，并在适当时更改这些关系。

（2）网络结构使得组织能够长期地获取资源（特别是专业知识这样的资源）来降低成本，欧洲和美国的企业为了获取低成本的海外投资正在越来越多地转向全球网络。

（3）网络涉及供应链的所有方面，包括营销和分销，但本书主要涉及供应商间的网络。

4.3.2 网络基础

典型供应链的网络如图 4-6 所示。

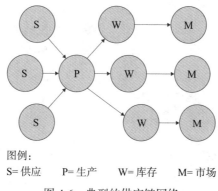

图例：
S= 供应　　P= 生产　　W= 库存　　M= 市场

图 4-6　典型的供应链网络

图中每个节点代表供应商、生产商、客户和服务提供商的业务，节点之间的链接表示关系，当一个行为者通过关系获得另一个人的资源和能力时关系就是桥梁。哈莱德（Harland）[17]指出一些研究人员使用"网络"这个术语来描述一个行为者的网络，当另一些研究人员使用它来讨论过程或活动的网络时。因此，对网络的研究可能与行为者的网络（组织或个人）、活动（或过程）和资源有关。在讨论网络时，必须具体说明是否正在考虑行动者的网络或活动网络。网络模型如图 4-7[18]所示，展示了行动者、资源和活动之间的关系，通过相互间的关系行动者可以调动资源。

4.4 节将对网络结构的其他方面做进一步的讨论。

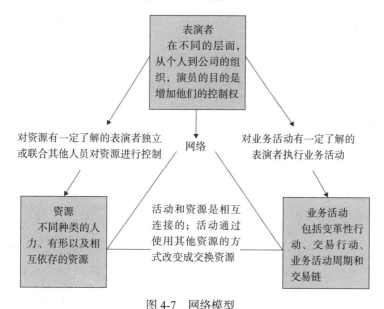

图 4-7　网络模型

资料来源：Hakansson, H., *Industrial Technological Development*, Croom Helm, 1987.

4.3.3　网络分类

网络的典型分类是斯诺[19]、赖明[20]、哈莱德[21]、克拉文[22]等人提出的。

斯诺等人[23]对内部的动态和稳定结构进行了区分，如图 4-8 所示。

内部网络。内部网络公司拥有与业务相关的大部分或全部资产，不需要过多地参与外包只需努力进行创业机会和市场利益的捕捉。

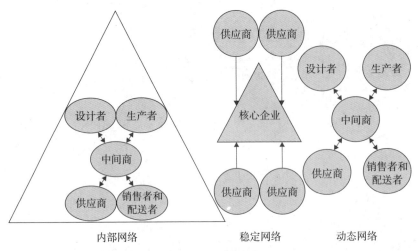

图 4-8 典型的网络类型

稳定网络。在稳定的网络中,资产虽然由几家公司持有但是专门用于特定的商业,如图 4-8 所示,众多供应商围绕一个大型核心企业为其提供用品或分销其产品。

动态网络。在动态网络下有广泛的外包,牵头公司对拥有核心技术的企业完全或主要持有的资金进行识别和组装。运用斯诺等人提出的核心技能的企业正在进行生产,比如摩托罗拉的制造、锐步的研究和开发、戴尔计算机的设计和组装等。在动态组织结构中,关键管理人员创建和组合由外部资源所控制的资源,因此可以被认为是中间商。一些企业完全依赖中间商,所以可以说是虚拟的组织,在虚拟组织企业设计和销售产品,但将制造业外包给专业提供商和可能的分销商。动态网络的一些优缺点如表 4-2 所示。

表 4-2 动态网络的优缺点

优点	缺点
网络允许组织专注于擅长的,从而发展独特的竞争力	网络结构对操作的控制较少,即使轻微的误会也可能导致产品错误说明
网络可以显示功能结构的技术专长,对按部门划分的结构可以展现市场反应能力以及混合矩阵结构能反映平衡取向	网络组织容易受到来自制造承包商的竞争压力
协同效应也就是整体大于部分之和,来自合作网络合作伙伴	如果某个网络合作伙伴失败或失去业务,整个网络将会瘫痪。很难保护由网络合作伙伴开发、设计和制造的创新。动态组织在墨守成规以及受到伙伴的约束力时会失去它们的优势

赖明等人[24]在费舍尔[25]早期的工作基础上,对"创新独特"(如药物、通信技术和电子产品)和"功能型"(如罐装软饮料、刹车油缸和汽车窗户擦拭器)的产品,在每种情况下,对复杂度较高或较低的产品、竞争优先级、资源和信息共享做了一定的区分,如表 4-3 所示。

表 4-3 产品供应网络的特点(赖明等人,2000)

	产品	
特点	创新性和独特性	功能
更高的复杂性	竞争优势:速度、灵活性、质量、垄断 分享资源和信息:IT 引起的大量非战略信息、涉及敏感信息和知识的问题	竞争优势:成本降低、质量、可持续性、服务 分享资源和信息:大量信息技术所带来的非战略性信息。通常无问题,但可能包括成本明细和战略知识

（续）

产品		
特点	创新性和独特性	功能
低复杂性	竞争优势：速度和灵活性、创新、品质、垄断 分享资源和信息：有问题，交流敏感信息和知识，IT 不太关键	竞争优势：成本（大批量生产）、服务 分享资源和信息：一般无问题，可能包括成本和战略知识，IT 不太关键

哈莱德等人[26]提出了基于二维的供应商网络分类法。首先，供应商网络是否在动态或稳定（惯例）条件下运行；其次，焦点企业对其他供应链的行为者（如客户和供应商）的影响是大还是小。

上述维度的贡献提供了四种供应网络，如表 4-4 所示。表中列出的分类法旨在深入了解管理人员在处理不同类型网络时采用的网络方式。

表 4-4　供应商网络的分类法（哈莱德等人，2001）

网络名称	动态 / 稳定因素	核心企业影响因素	适用的网络活动
类型 1 动态 / 低度核心企业影响力	内部流程特点： • 过程的多样性程度偏高，包括大量的网络配置和低容量，或者两者兼而有之 • 有时进行高水平的促销活动 外部市场情况： • 需求不确定 • 许多竞争对手，新产品推出频率高	低影响因素： • 相对于其他网络播放器，核心企业的直接网络增值量相对较低 • 核心公司在网络上的姿态较低与其缺乏创新的驱动力有关	• 网络内部的人力资源整合和知识的获取 • 通过激励（奖励）、风险共担及利益共享的手段鼓励其他网络玩家投资进行创新 • 需求管理问题——缓冲库存 • 网络应对性
类型 2 动态 / 高度核心企业影响力	同类型 1	高影响因素： • 相对于其他网络播放器，核心企业的直接网络增值量相对较高 • 创新力的声誉 • 核心公司提供访问网络企业部分的途径，而不是作为影响网络的瓶颈或渠道	• 网络内部人力资源整合和知识获取来推动创新 • 激励、风险共担和利益分享对核心企业不太重要，但对于成功的合作伙伴关系仍然很重要 • 核心公司能够选择合作伙伴 • 核心公司的决定对其他行为者有影响 • 需求管理问题——缓冲库存管理网络
类型 3 常规 / 低度核心企业影响力	内部流程特点： • 低品种 • 高容量 • 加强网络动态的促销 / 活动不够频繁 对外市场情况： • 需求稳定 • 竞争对手很少 • 转换困难 • 新产品推出频率低	类型 1 的因素导致的低影响力	• 改进运营流程的过程而不是产品创新是至关重要的。提高品质，降低成本 • 关键活动有： 1）设备资源整合与信息处理 2）动机、风险共担与利益共享 • 库存最小化 • 网络应对性
类型 4 常规 / 高度核心企业影响力		类型 2 中的因素导致高影响力，核心企业一般能获得网络的控制权	• 核心公司可以代表供应网络选择工作对象并做出决定 • 设备资源整合与信息处理 • 库存最小化 • 管理网络

克拉文等人[27]提出了网络组织分类的两个维度：环境变化的波动性和网络成员之间的关系类型（协作还是交易型）。

高度波动的情况要求企业应具备：

（1）能够快速适应新环境的灵活的内部结构；

（2）允许在相对较短的时间内进行更改或终止的灵活的外部关系。

网络关系的范围涉及从高度协作到大量的交易链接，交易链接意味着价格是主要问题时价值的离散性交换，在买卖双方关系的经济学模型中非常典型，交易链很可能发生在不需要合作的各个主体之间。

协作链接关系可以是：

（1）涉及各种形式的组织间的协作和建立合作关系的多种形式，包括发展正式联盟和合资企业；

（2）组织为了实现共同的目标进行密切合作；

（3）双方之间长期保持持续的关系，可能将战略联盟作为联网方式。

基于波动性和关系的两个维度，克拉文将网络分为空心、灵活、增值和虚拟四个方面，如图4-9所示。

如图4-9所示，虚拟和增值网络适用于环境波动小的条件；当环境波动较大时，适合运用灵活和空心网络；相反，增值和空心网络适用于交易关系。当关系是协作性的时，适合采用虚拟和灵活的网络。核心组织对于各种网络使用选择的条件如表4-5所示。

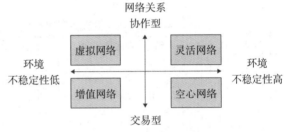

图4-9 网络组织结构分类

表4-5 替代网络形式的特征（克拉文等人，1996）

特点	灵活网络	空心网络	虚拟网络	增值网络
环境波动	短期	短期	长期	长期
网络协调员关系	成员关系	协作灵活	交易合作（垂直、水平）	交易
最终用户关系	交易	合作	协作/交易	交易
市场结构	不同终端用户的需求/要求	高度分段的最终用户核心	复杂、细分和动态	扩散偏好难以分段
技术复杂性	生产/分销流程复杂	技术以网络成员为中心	高水平的技术涉及一系列功能	产品创新
协调组织的核心竞争力	利用专家进行市场知识和流程的设计	营销功能/重点	产品创新和生产技能	产品设计、生产和营销协调
网络成员核心竞争力	专家	网络成员的能力与最终用户的需求相匹配	市场准入和专业技术的能力	狭义定义功能下专家具有主要的成本优势

4.3.4 配置和优化

1. 配置

网络配置的决定因素——供应商、制造工厂、仓库和分销渠道的数量、位置、容量和技术，因为下述原因，所以是非常重要的：

（1）供应链的战略配置影响产品采购、加工和分销的总量及物料流的战略决策；

（2）供应链配置涉及大量资本资源的承诺，如工厂和机械；

（3）消费者需求和技术变化以及全球采购等因素导致网络配置发生变化。然而，有证据表明，网络配置一旦确定就很难改变。

Arbulu 和 Tommelein[28] 对发电厂建设过程中用于管道支撑的供应链的实际情况进行了研究。管道支撑件是包括弹簧、轴承和管托（通过管道转移负载的重力，支撑在管子下面的结构）等组件的组合。虽然相对便宜，但与管道支撑件的设计和供应相关的问题可能会损害整个发电厂项目的成功。

Arbulu 和 Tommelein 为了应对供应管支撑件的供应确定了以下 5 种供应链的配置。
- 配置1：工程公司设计管道支撑件；供应商负责提供信息、制造和供的支持；承包商负责安装（这是常见的做法）。
- 配置2：工程公司确定管道线路并进行管道应力分析；供应商负责提供设计、细节、制造和供应的支持；承包商负责安装。
- 配置3：供应商完全设计管道支撑件；承包商负责安装。
- 配置4：承包商负责管道支撑件的设计和制造，通常外包工作然后进行安装。
- 配置5：制造商负责管道支撑件的设计和制造；承包商负责安装。

---

2. 优化

供应链网络的优化，考虑的有关在网络中如何决定操作设施的理想数量以及他们的地理位置，还有采购物资的数量、制造产出的数量，以及这些产出的流程，其目的是总成本最小化。

网络优化模型（network optimisation models，NOM）旨在促进整个供应链中物资材料的采购、加工、活动和物料以及产品流程达到最佳，同时考虑到对未来需求的预测。它们是对所有关键供应链的操作性能进行绩效评估的测度，并为各种运作环境下的操作风险和回报提供指标。大量的商业货物（commercial off-the-shelf，COTS）供应链优化软件包可用于战略和战术问题。

在快速消费品（fast-moving consumer goods，FMCG）行业中，像沃尔玛、乐购、宝洁等公司所采用的协同规划、预测和补充货源模式（collaborative planning, forecasting and replenishment，CPFR）[29] 是供应链中的实体可以使用的一套业务流程，用来协调一些零售商/制造商的功能以实现供应链的整体效率。

4.4 配置要素

网络配置的不确定性导致不同组织间的配置具有很大的差异，兰伯特（Lambert）等人[30]指出掌握明确的知识并对网络结构如何配置具备一定的理解是供应链管理的关键要素，并确定了三个主要要素：供应链成员的识别、网络的结构维度和核心企业的水平定位。

（1）**供应链成员识别**，即所有组织与核心公司从原点到消费点的整个过程中的与供应商或客户进行直接或间接的互动。这些可以分为主要和支持性的网络成员。前者是在导致产成品生产的过程中实际进行操作或管理活动的人员，后者是向网络的主要成员提供资源、知识、工具或资产的组织，例如承包商租赁机器的机构或借钱给零售商的银行。

（2）**网络的结构维度**。这些维度是供应链参数内核心公司的水平和垂直结构以及水平位置。水平结构是指供应链层次数,供应链有可能只有很短的几层,也可能包括很长的多层;垂直结构是在每个层次中代表的供应商或客户的数量。因此,一个企业可以分别拥有一个很少供应商或客户的狭窄或者很多供应商或客户的很宽的垂直结构。

(3)水平定位。这是指供应链中核心组织的定位,有的企业可能位于或靠近供应的初始来源,而有的企业可能位于最终客户或靠近最终客户的位置,甚至有些企业位于供应链的中间位置。

分层

1. 分层的水平

赖明等人[31]指出术语"一级"和"二级"是用来表示供应商在供应链中发挥的影响程度,而不是层次结构中的某些固定位置,并提供以下定义:一级供应商是指为组装进行材料的直接供应或者间接提供影响重大的组装技术的供应商;二级供应商是为一线企业提供组件以便集成到系统中或提供一些支持服务(如金属加工等)的供应商。

分层可能进一步扩大,特别地,企业可能有六层或更多层。

2. 分层的原因

赖明指出分层的原因主要基于以下三个方面:

(1)由于组装人员可能要求一级供应商从多家企业整合各种技术;

(2)系统对所需组件制造的专业性要求高,因此由少数大型公司(如电子部件)制造,所以一级供应商从专业制造商那里购买这些组件是明智的;

(3)分包工作的第三个层次包括简单、低附加值的产品,如印刷品、紧固件等。

3. 各层次供应商的责任

一级供应商是直接供应商,通常制造高成本、复杂的组装产品。它们有权将组装人员的标准转交给二级或间接供应商,并为大量的二级供应商负责。

赖明明确一级供应商的责任包括:

(1)研究与开发,特别是对首次应用到产品组装过程中的技术;

(2)对直接和间接供应商的管理,在集成之前进行组装;

(3)真正实现JIT供应;

(4)组装人员中与生产和设计部门联合工作的客户专业人员;

(5)保修和客户索赔;

4. 分层的后果

所有供应商在各个水平上的关键词都是协作,正如精益生产过程中作为合作者或合作伙伴处理分包商的能力所产生的竞争优势。

在上述原因(1)、(2)的背景下进行分层,供应商与供应商间的关系更像是战略合资企业而非采购关系。产品生产技术属于两家公司,所以一级供应商会发现替代专业二级供应商是困难的,反之亦然。在这种情况下,供应商甚至可以设立专门的公司,作为合资企业开展业务。

5. 分层和链接

分层与链接密切相关。

兰伯特等人[32]确定了可以在供应链的成员间进行识别的完全不同的四个过程链接,这些链接提供了核心企业高管继承和管理远离一级供应商的链接的指标。

（1）**管理流程链接**。核心公司与一级客户和供应商集成和管理流程链接，尽管它可能是一级供应商的其他流程链接管理的积极参与。这些是供应链中关键的过程，如图 4-10 所示（管理过程链接由最粗实线显示）。

（2）**监督流程链接**。核心公司频繁地监视或审计过程链接如何在其他成员公司之间进行整合和管理。这些虽然不是很关键但仍然是重要的过程（在图 4-10 中，受监视的进程链接由粗虚线表示）。

（3）**未管理的流程链接**。核心公司完全信任其他供应链的成员来适当地管理流程链接，由于留给它们的资源有限，这些将是核心公司没有积极参与或监控资源使用不够关键的链接。因此，制造商可以拥有一个或多个木托盘供应商，在通常情况下，焦点公司不会选择整合和管理托盘制造商之外的追溯到树木种植的链接（见图 4-10，未管理的过程任务由细实线表示）。

（4）**非成员流程链接**。非成员流程的任务是核心公司的供应链和非供应链的成员间的链接。这样的非成员链接不被认为是公司供应链的链接结构，但它们可以而且经常会影响核心公司及其供应链的绩效水平。核心公司的供应商也可能是竞争对手的供应商。在信息短缺或保密的情况下，这样的供应链结构可能会影响供应商对核心公司开发过程及可用性的人力配置（见图 4-10，非成员流程链接由细虚线表示）。

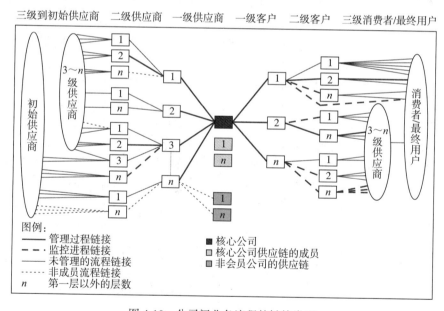

图 4-10　公司间业务流程的链接类型

4.5　精益组织和精益生产

4.5.1　精益思想

精益思想的核心理念是日本术语"muda"（浪费），正如沃马克（Womack）等人[33]在 *Machines That Changed the World* 一书中所描述的日本汽车制造商改变世界的做法。"muda"

意味着浪费或者吸收资源但却并未创造价值的人类活动。"muda"的例子有很多，比如像生产浪费、不必要的处理步骤、漫无目标的雇员和商品的转移以及等候物料浪费的时间、不经济的存储或者持有不必要的库存，以及商品和服务不能满足客户的要求。精益思想意味着以尽可能少的投入创造尽可能多的价值。

巴斯大学和华威大学[34]研究小组的一份关于"精益组织人员影响"的报告指出精益发展的三个阶段及其相关的生产和人力资源方法，如表4-1所示。

4.5.2 精益生产

精益生产的某些方面，如试图消除浪费、购买整个程序集和分层等上文已经提到，沃马克等人确定的精益生产的其他方面包括以下内容。

（1）目标成本核算。例如，汽车装配商为车辆确定目标价格，然后装配商和供应商向后倒推，以确定如何以此价格制造汽车同时为装配商和供应商提供合理的利润。这与传统的方法不同，其中

$$销售价格 = 成本 + 利润$$

精益生产方法是：

$$利润 = 销售价格 - 成本$$

（2）使用价值工程、价值分析和学习曲线来降低供应商的初始成本和后续成本。
（3）使用高技能工人的跨职能团队和高度灵活的自动化机器。
（4）一个即时拉动系统，在上一个过程完成之前没有任何工作或生产可以推进。
（5）零缺陷零件。当供应商不符合质量或可靠性要求时，合作努力确定原因。在过渡期间，部分业务转移给另一个供应商。
（6）由供应商协会影响的装配商和一级供应商之间的合作。它们会面针对制作零件的好方式，就最新发现进行共享。一些公司也与二级供应商有联系。
（7）经过谈判，装配商和供应商就产品4年生命周期内降低成本曲线达成共识。任何供应商导致的成本节省超过这个共识的部分，直接给供应商。
（8）装配商与供应商之间基于"基本合约"的关系表达了长期致力于互利共赢的承诺。合同还规定了有关价格、质量保证、订购、交货、所有权和材料供应等细节。

4.5.3 精益生产的组织结构

托尼（Toni）和通基亚（Tonchia）[35]指出，精益生产引导对流程组织的管理，旨在将所有活动联系起来，以实现客户满意度这一统一的目标。

单位的单一职能经常会具有不同的以及矛盾的性能目标（如制造与递送准时性），采用流程管理的主要理由是克服职能僵化（功能孤岛）。

在制造业组织结构中，三个过程可以被认为是根本的：
（1）产品开发；
（2）制造或组装（材料加工）；
（3）物流（物料搬运）。

流程导向型组织结构的特点是：
（1）它们以产品为导向，以能力和活动的整合为决定因素；
（2）责任与角色有关与层次无关；

（3）与材料管理和供应链均处于同一水平；
（4）它们的目标是通过过程逻辑协调功能性职责来整合子任务。

4.5.4 精益生产的优缺点

精益生产的优点包括产生更高的灵活性、减少浪费、快速响应客户的需求、缩短生产时间、降低监管成本和库存水平，快速反馈的同时提高产品的质量。

行业工会对精益生产的反对包括：
（1）在传统制度中工人职责的增加可能导致压力和焦虑而不是愉悦；
（2）薪酬没有随着工作需求的增加而提高；
（3）公司是员工生产改进的主要受益者。

然而，精益生产的两个主要局限性是无力处理动荡和变化以及对消除空间灵活性的完美追求。精益生产取决于稳定的商业环境和规模效率最大化。

4.6 灵活的组织和灵活的生产

敏捷生产是远离批量生产的最新发展阶段，通过20世纪80年代的分散化生产和供应以及20世纪90年代的供应链管理和精益生产不断完善。

4.6.1 敏捷生产的驱动力

快速变化和不可预测的市场、技术更新换代快、客户定制化的需求和选择、反应能力的竞争优先事项、缩短生命周期、对环境和国际竞争力的关注等众多因素推动敏捷性的出现和发展。

戈德曼等人[36]指出敏捷性的4个基本组成部分是：
（1）为客户提供价值；
（2）做好应对变化的充分准备；
（3）重视人类知识；
（4）形成虚拟合作伙伴关系。

4.6.2 敏捷性的特征

在戈德曼的基础上，艾特肯（Aitken）等人[37]确定了敏捷制造的核心特征，如表4-6所示。

表4-6　精益生产系统和敏捷生产系统的比较

因素	精益生产	敏捷生产
主要用途	以尽可能低的成本满足可预测的需求，消除供应链中的浪费	快速响应不可预测的需求，尽量避免缺货、减少降价和降低过时库存量
生产制造中的重点	维护单位高利用率	部署多余缓冲能力
库存策略	高库存周转率和低库存量	部署重要部件的缓冲库存来满足需求
交货时间集中	不增加成本的前提下缩短交货时间	对缩短交货时间的资源进行大量投资
供应商选择指标	成本和质量	速度、灵活性和质量
供应链接	强调随着时间的推移不断巩固的供应链长期合作伙伴关系	根据新的市场机会，强调重新配置伙伴关系的虚拟供应链

因素	精益生产	敏捷生产
绩效评估	强调以质量和生产力为标准的世界级的措施	强调面向客户的指标，如订单满足时间
工作组织	强调工作标准化——每次做同样的事情	强调自我管理和立即应对所有参与工作流程新机会的能力
工作安排和控制	强调在规划周期内定期保护经营核心进而帮助平衡资源、同步物料运动和减少浪费	强调立即解读客户需求和即时响应

4.6.3 延期

延迟和解耦是敏捷性的两个重要概念。通过定制产品更改，尽可能接近终端客户的购买时间，使企业在低库存、低加工和低运输成本的环境下为客户提供各种各样的定制产品成为可能。假设产品的制造和组装需要 40 个步骤，前 30 个步骤将原材料加工为半成品入库储存，最后 10 个步骤被推迟进行。

以上是制造延期的一个例子，其目的在于通过将产品保持在半成品或原始状态来尽可能地保证灵活性。当颜色和非标准组件或添加物被推迟到客户接收具体指令之后，车辆制造商就会发现制造延迟的示例。在房屋建筑中，可以事先构建基本的外形，但是在确定单个客户的要求之前厨房和浴室的装配和装饰将不会进行。

也存在地理和物流的延期，这和制造延期是完全相反的。根据鲍尔索克斯（Bowersox）等人[38]的理论，地理延期的基本概念是指"在一个或两个战略地点建立和存储完整系列的库存"。库存的转发部署被推迟，直到收到客户的订单。比如，在服务中心保持关键备件，以确保它们能够快速地响应客户的需求。一旦接收到备件的订单，它将以电子方式传输到中央服务中心，从那里将所需物品快速运送到客户和更换生产。结果是保持低库存和获得高度可靠的客户服务。

范·赫克（Van Hoek）[39]已经确定了以下延期优势：

（1）库存可以通用水平执行提高同质化来降低库存量；

（2）因为库存是通用的，它的灵活性更大，也就是说，相同的组件或模块可以组装在各种不同的最终产品上；

（3）对通用水平的半成品预测比对不确定性较高的产成品进行预测更容易；

（4）在本地定制产品的能力意味着可以以更低的成本提供更高水平的品种。

4.6.4 分离点

分离点由克里斯托弗[40]定义为"实际需求的要点渗透到供应链的上游"。分离与延期和客户需求类型密切相关。图 4-11[41]显示了分离点的位置如何随不同供应链的结构而变化。

分离点下游的组织更具敏捷性，具备应对需求量和产品高水平变化的能力。上游组织为品种相对较低的稳定需求进行服务，因此可以专注于精益、低成本的制造。

克里斯托弗和托威尔（Towill）[42]指出，在现实环境中，供应链实际上有两个分离点。第一个涉及物料，是以通用的形式保存的战略性库存，因此库存位于供应链的下游并且尽可能地接近最终市场；第二个是"信息"分离点，在理想情况下，这应该在尽可能位于供应链上游的地方，实际上，这是真正最终需求信息渗透的最远点。在 4.6.6 节中提到了"灵活性"的概念。

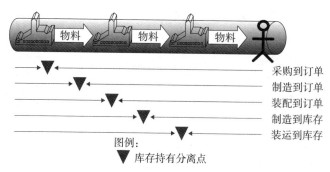

图 4-11　供应链结构图谱

资料来源：Hoekstra, S. and Romme, J., *Integral Logistics Structures: Developing Customer-orientated Goods Flow*, McGraw-Hill, 1992.

4.6.5　敏捷制造的推动者

Gunasekaran[43]确定了敏捷制造得以实现的 7 个推动因素：

（1）**虚拟企业**。许多不同的组织可能通过互联网辅助制造系统来使用产品的制造、设计、生产和营销等功能。

（2）**物理上分布的团队和制造业**。"物理分布式企业是位于世界各地的合作企业的临时联盟，每个企业都可以运用自己的核心竞争力来利用特定的商业机会或抵御市场威胁。

（3）**快速形成伙伴关系的工具及衡量指标**。可以通过互联网、EDI、质量功能开发（quality function development，QFD）技术等 IT 工具和财务及非财务指标来实现。

（4）**并行工程**。对于更短产品开发周期的需求实现快速响应，并提供诸如功能分析、计算机辅助制造（computer-aided manufacturing，CAM）、实体建模、价值工程、故障模式和效应分析（failure mode and effect analysis，FMEA）以及强大的工程设计等适当的工具。

（5）**综合产品／生产／商业信息系统**。参与组织的不同系统必须进行整合或重新设计甚至采用旨在通过先进技术分享信息的战略，如互联网和 EDI。

（6）**快速成型工具**。原型是指设计和生成早期版本的产品。先进的计算机技术，如计算机辅助设计、计算机辅助估计（computer-aided estimates，CAE）和计算机工程（computer engineering，CE）通过在设计阶段减少产品开发时间和非增值活动，来帮助提高对客户需求的响应能力。

（7）**电子商务**。这可以通过在线通信系统（如互联网）收集它们的要求并减少周期和订单履行时，直接提高对客户需求的响应。

4.6.6　精益生产和敏捷生产

精益生产和敏捷生产有时被视为同义词，但存在显著差异。艾特肯等人[44]指出《韦氏词典》对二者做了清晰的区分，精益定义为"含有少量脂肪"时将清晰度区分开来，而敏捷定义为"灵活"。精益生产和敏捷生产系统之间的一些比较如表 4-6 所示。

内勒等人[45]将这两个术语区分如下：精益意味着开发一个价值流，以消除所有的浪费，包括时间，并启用一个级别的时间表；敏捷意味着使用市场知识和虚拟公司在不稳定的市场中探索有利可图的机会。

精益和敏捷供应的替代比较如表 4-7 [46] 所示。

一般来说，在大批量、小品种以及需求可预测的环境下精益生产是最佳的方式。相反，敏捷生产适用于需求波动大、定制化的需求高的情况。因此，正如梅森－琼斯（Mason-Jones）等人[47]所观察到的，时尚产品，如时髦的服装，具有生命周期短、需求不确定性高的特点，因而存在供应链被淘汰以及过时的风险。例如，商品罐头汤通常是成熟的产品而且具有可预测的消费模式，因此它们的生命周期相对较长、需求不确定性较低。

表 4-7 精益和敏捷供应的比较：可区别的属性

可区别得属性	精益供应	敏捷供应
典型产品	日用品	时尚产品
市场需求	可预测性	不稳定性
产品种类	少	多
产品生命周期	长	短
客户驱动	成本	可用性
利润率	低	高
主导成本	物料成本	市场成本
库存滞纳金	长期，合约	短期，不稳定性
采购政策	购买商品	分配能力
信息丰富度	理想	义务
市场预测机制	算法	咨询

精益和敏捷二者间的关系应该是互补性的而不是竞争性的，精益经常被认为是敏捷的推动者。如 4.6.4 节所述，分离点的战略使用可能会结合精益与敏捷，从而开发这两种方法的好处。内勒等人[48]将这种组合方法称为精敏，定义为：通过定位分离点，结合整个供应链战略中的精益和敏捷范例，以最适合的方式响应不稳定性需求，同时提供市场上游的水平调度。

4.7 供应链与价值链的映射

地图是一些现实的视觉表示。地图可以帮助我们理解信息并进行沟通。地图描绘了千言万语可以辅助理解。地图还传达具体的一般信息。建筑师的计划和路线图分别介绍具体和一般的信息，供应网络图是供应链映射的一种形式。

4.7.1 映射形式

由于供应和价值链映射是为特定目的进行的（通常是为重新设计或修改供应链以及消除或减少浪费），所以为满足用户需求而进行映射的选项数量很多。加德纳（Gardner）和库珀[49]区分战略供应链映射和流程映射的三个特征：方向、细节水平和目的。这些区别如表 4-8 所示。

表 4-8 区分战略供应链映射和流程映射图

特点	战略供应链映射	流程映射
方向	外部：重点关注流经企业上下游的商流、信息流和资金流	内部（通常）：专注于企业的单一运营或系统
细节水平	低至中等：强调高水平的措施，如体积、成本或交货时间。全面了解企业间流程如何协调。可以排除非关键实体	高：将流程分解为活动和步骤。每一步都包括描述正在映射的系统的信息
目的	战略：映射旨在创建符合策略的供应链，或确保当前链条充分满足该策略	战术：流程图起源于对问题领域的认知和提高运营效率的需要。目标是在当前操作中进行更改的。一次努力通常限于一个过程或功能

4.7.2 供应链映射的目的

加德纳和库珀[50]表示一个执行良好的供应链图可以：加强战略规划过程、关键信息案例分配，促进供应链的重新设计或修改，明确渠道动态，提供共同观点，加强沟通，实现供应链的战略监控，为供应链分析提供依据，因此，一张供应链图对了解公司的供应链，对评估当前的供应链和考虑重新调整供应链应该是非常有帮助的。

4.7.3 供应链映射的示例

供应链映射是基于时间的随着物料和产品通过供应链而流入的流程或活动的代表。

4.7.4 绘图方法

供应链映射[51]（参见图 4-12 作为示例）可以链接到数据库或直接由数据库创建，也可以手动创建。加德纳和库珀指出，映射的复杂性受供应链映射三个属性的影响：几何、透视和执行问题。

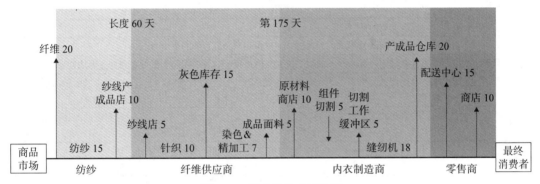

图 4-12　供应链的映射举例

资料来源：Scott, C. and Westbrook, R., 'New strategic tools for supply chain management', *International Journal of Physical Distribution & Logistics Management*, Vol. 21, No 1, 1991.

几何与以下方面有关：
（1）执行交易的最终消费者的连续业务部门的数量；
（2）方向——无论是以供应商为导向还是以客户为导向，或者是两者兼顾；
（3）长度——上下层次数；
（4）聚合（宽度）——一个层内的特定程度，可以是高度（每层一个框）、中度（识别每个级别的公司类型）或低度（某些公司在每个级别的命名）；
（5）空间——地图是否是地理性的代表？

观点涉及与以下问题有关的问题：
（1）协调中心——地图是以企业为中心还是以行业为中心的观点；
（2）范围——映射中包含的产品覆盖的范围是 SBU 范围还是产品品类、产品或组件；
（3）地图是否包括物流以外的关键流程？
（4）地图是否包含一整套关键业务流程？
（5）地图是否包括逆向物流和其他反馈回路？

执行问题：
（1）集成到视觉图中的信息密度是高还是低？
（2）地图是否链接到现有的公司或供应链数据库？

（3）完成的地图应如何提供，纸张、电子版还是网络版？

4.7.5 价值流映射工具

海因斯和里奇（Rich）[52]区分传统供应链或价值链和价值流。前者包括供应链中所涉及企业的全部活动，后者仅指企业中实际为所考虑的产品或服务增值的特定部分。

海因斯和里奇确定了7种映射工具，旨在减少或消除制造组织中浪费的7种形式——过度生产、等待、运输、不当处理、不必要的库存、不必要的转移和缺陷。采用的3种形式是产品（未通过检验就传递给客户）、服务（不直接与产品相关，但服务不合格，例如延迟交货或错误的文件）和内部废料（在检验期间发现的缺陷）。表4-9中描述了7种映射工具。

表4-9　海因斯和里奇的7个价值流映射工具

映射工具	目的和应用
流程活动映射	通过消除不必要的活动、简化其他活动或改变流程顺序来减少浪费
供应链响应矩阵	减少交货时间和库存量
生产多样化的集中	针对不同活动模式的公司的库存减少和产品流程的变更
质量过滤的映射	通过确定产品和服务缺陷的位置、内部报废和其他问题、低效率和徒劳无功来改进目的
需求放大映射	在不同的时间段内确定供应链上的需求变化，以管理或减少正常、异常及促销需求的不稳定性
决策点分析	特别适用于多种相同的项目定期、不间断生产，如化工厂。涉及确定哪些产品根据实际需求停产或开始对抗预测。识别这一点来说明流程是否与推动或拉动的哲学相一致
物理结构	从行业角度概述特定的供应链。这些信息可能会导致沿着流程活动映射的制定路线进行重新设计

本书对上述工具[53]的实施进行详细的解释是不切实际的，所以我们将会对以下观点做一些界定。

过程活动映射工具提供了一个针对消除或减少浪费的典型映射练习的示例。

第一步是准备一个流程图——一个详细的流程图，其中显示了每个进行的或做某事的活动，包括所有活动至关重要——不仅仅是显而易见的活动。

一旦开发了流程图，就可以构建一个为每个活动附加成本或价值的价值图表；考虑用于活动的机器或区域、距离移动、时间和所雇用的人数等因素以获得这笔费用。

活动分为4类：

（1）生产或服务时间（增值活动）；

（2）检验时间——执行质量控制（非增值活动）；

（3）转移时间——产品或组件的移动（非增值活动）；

（4）空闲时间——在生产过程中浪费的存储时间或时间（非增值活动）。

因此，此过程所需的交付时间是：

$$生产时间 + 非增值的时间 - 增值的时间$$

尽管理论检验和转移时间被认为是非增值活动，但它们实际上是不能完全被消除的。

最后阶段包括使用流程图和价值图来确定哪些环节可以带来成本的节省或价值的增加。

4.8　类型的变化

Daft[54]确定了影响组织并适用于采购和其他功能变更的五种基本类型：

（1）**技术**，如 IT 和电子采购；

（2）**产品或服务**，例如采购传统上主要是一个涉及获取生产或其他内部使用的物品的交易过程，但越来越多地涉及战略问题；

（3）**行政**，从离散采购部门到跨职能程序的运动，例如跨职能团队对供应商的扫描、筛选和选择；

（4）**人员**，如培训采购专业人员的需要；

（5）**业务关系**，来自收购、兼并、合资和合伙联盟。

4.8.1 变更力

改变的力量可能来自外部也可能来自内部。外部力量是指外部组织通过创造压力推动和实施新战略以应对竞争或技术挑战；内部力量可能是组织内环境变化的结果，如竞争优势下降、生产成本上涨或设备过时，对于新的企业战略，这些因素可能创造内部压力。

4.8.2 组织变革的观点

上述原因引起的变更可以从三个角度考虑——结构、文化和个人。

1. 结构变革

如果结构遵循战略，那么上述五个驱动因素中的任何一个策略的变化都会随之而来，这可以通过 IT 等技术驱动因素和导致决定外包的行政或业务驱动因素来体现。

具有沟通和共享信息能力的 IT 使得传统的层次结构被替换为水平结构。随着更多的关注项目和过程而不是标准程序和任务，将人员和单位统一在一起以确保协调和监督或在集中式和分散结构之间进行选择的需求也越来越多地被信息技术所取代。IT 可以取代管理层来完成一些管理任务。对于 IT 如何创建以非物理形式存在的虚拟组织，Lucas 和 Baroudi[55] 给出了例子。例如，邮购公司可以通过使雇员使用连接到 0800 号码的特殊电话，在家接收有目录的客户的订单。制造商可以将它们的库存转移给部分供应商，供应商与制造商之间可以通过电子系统实现隔夜送货，以确保零件交付及时进行生产。因此，截至生产环节，制造商拥有属于供应商的虚拟零件库存。

2. 文化变革

组织文化是"组织成员共有的信念和期望模式"[56] 或"在这里做事情的方式"[57]。

文化是变革的一个重要方面，因为文化可能会阻止或促进变革，而且由于组织策略的变化通常需要组织结构的变化。因此，从交易到伙伴关系采购的转变将需要对所涉及的工作人员进行文化调整，所以供应商不再被视为对手而是作为盟友。全面质量管理等发展要求所有员工接受持续改进的文化，所有组织层面的人们都要早日承担识别质量问题的责任。全面质量管理还需要"共同学习"的文化，通过管理层为其学习过程提供指导和支持。通过采用全面质量管理，发展一种鼓励每位员工并授权使其获得产出、客户问题和改进行动所有权的文化也是一种管理的责任。文化前景的这种变化通常需要大量的教育和培训投资，以及使用内部或外部的变更代理人来负责确保计划的变更得到适当的实施。

3. 个人变革

不安全感、缺乏关于拟议变更的信息、工作组的分解、专业知识的匮乏、地位、收入、新工作条件的不便、管理和监督人员的变化等众多因素导致人们通常会用敌意和忧虑来应对变化。

4. 应对变革

管理层对结构、文化和个人问题的评估是组织机构实施变革的关键第一步。

4.8.3 实施变革

行为科学家库尔特·勒温（Kurt Lewin）[58]认为实施变革的过程包括三个基本的步骤：

（1）**解冻**，使人或组织愿意改变；

（2）**改变**，选择实施变革的技术；

（3）**重新冻结**，加强和支持变革，使其成为组织过程中相对永久的一部分。

勒温对变革过程的看法如图4-13所示。

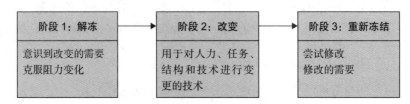

图4-13 勒温对变革过程的观点

许多作者已经对执行变革制定分步指南，其中科特和施莱辛格（Schlesinger）[59]对勒温方法的拓展是典型的。这个模式提出了成功实施变革的8个步骤，前4个步骤针对硬化现状（或文化）解体，第5步和第7步介绍新的做法，最后一步对应勒温的"重新冻结"，这有助于使他们坚持下去。8个步骤是：

（1）**建立紧迫感**——企业或企业内部的职能认识到对实现和保持竞争优势或应对危机和机遇的变革的需求。

（2）**创建指导联盟**——创造和赋予团队领导变革并鼓励小组作为一个团队工作。

（3）**制定愿景和战略**——在这种情况下的"愿景"意味着明确未来需要什么以及将愿景变为现实所需的策略。

（4）**传达变革愿景**——利用每一个可用的传播媒介，促使员工和其他相关人员对愿景和策略产生意识，并确保他们的合作与参与。

（5）**赋予广泛的行动**——消除障碍、改变结构或制度，并鼓励采用新的做法。

（6）**产生短期胜利**——战略通常涉及一些短期目标，因为实现这些目标可以鼓励维持人们努力实现长期目标。

（7）**巩固收益并产生更多变化**——通过新项目、主题和变革代理机构重振这一进程。

（8）**在文化中建立新的方法**——稳定新阶段的变革，通过政策、结构或规范等支持机制进一步加强。

柯林斯（Collins）[60]从三个方面批评勒温所说的"一步一步"的变革模式：

（1）他们假设组织以理性可预测的方式行事，而现实情况则是人们对于正确的行动方式会有多种想法和观点；

（2）n步模型假设变革管理可以减少一些离散的、顺序的步骤，并且变化具有可识别的开始和结束，然而现实情况下它是不确定的、不可预测的和偶然的，并且"我们不能期望过程和变革的最终结果在我们实施变革之前被清楚地绘制出来；

（3）n步模式未能认识到管理人员成功实现变革所需的创造力和关键技能在"一些规则或简单的成功配方"中无法被捕获。

因此，柯林斯得出结论，而不是提供简单的n步，作者应该认识到他们的模型需要融入一些现实生活的复杂性。n步模式是不诚实的，是被画出的一个不准确并且过于简单的变化过程的图片。

最好的办法是认识到在所有变化中沟通作为变革需求的重要性，与所有受变化影响的人进行磋商，承诺所有参与者成功实施变革。在任何情况下，学习型组织不会突然进行战略变革，而是永远追求。

4.9 集中采购

术语"集中采购"通常意味着所有关键战略、政策和决策都是在公司总部层面进行的，尽管有时在区域或部门层面上也是如此。许多"离岸"运营公司厌倦了对它们的决定，这是一个令人感兴趣的问题。

2001年7月，英国卫生部发布了OXERA的"通用药物市场基本审查"的报告。报告[8]指出，在初级保健行业，国民保健系统不是集中采购，而是通过使用大量药剂师作为承包商来分散购买力。这些药剂师单独与供应商进行谈判，如果要全面协商，那么他们在一起并不具备与NHS一样的买方权力。在[8.2]报告中认为，NHS不应该为集中采购（集中采购短缺药物）创造变革，而应该把关注点放在当前系统的主要弱点——价格波动和供应短缺所面临的不协调。

报告继续通过仿制药的投标考虑集中采购的优势，如下所述：

（1）D类供应商的低价对于谈判还是有激励作用的，因为部门本身就是做采购的。在目前的制度下，这种激励就失去了。D类（药物关税）是偿付制度的一个要素，旨在通过保护药剂在短期内不受价格上涨的影响来确保即使在药物短缺的情况下也能满足患者的需求。

（2）对于具有D类产品的供应商，集中处理机构与个体药剂师相比具有较大的买方权力和不同的激励机制，因此价格低于当前。尽管如此，如果只有一个供应商提供基本药物，那么仍然可以收取高价格。

（3）对于严重短缺的配给产品，采购机构将会更好地被取代，例如通过仅向每个地区供应限量的药物（并向公众提供有关获取产品的信息），目前，D类药物在各地区的分布可能是随机的，因为这取决于哪些药剂师最快找到药物。

4.9.1 规模经济

集中采购使组织能够利用其购买力获得最佳效果：

（1）可以对整个组织在指定期间内可能需要的总量进行预测；

（2）这种数量的整合可以构成谈判数量折扣、回扣或学习曲线递减的基础；

（3）与集中采购部门打交道的供应商有动机去竞争"首选供应商地位"以及整个或相当大的比例的企业要求；

（4）供应商可能通过在更长的生产运行中扩展开销来降低价格；

（5）供应商的基础可以通过授予"优先供应商状态"减少到一个或两个提供者；

（6）集中式采购允许使用在分散式采购中不能用的方式来雇用采购专业人员，他们在这种方式下能成为采购某些种类的材料和产品采购的专家，为此他们不断紧跟市场的趋势，开发可靠和经济的供应来源，或者熟悉全球性组织货源要求的进出口程序。

4.9.2 协调活动

（1）由于集中采购靠近主要组织决策者，所以往往比分散采购更具有战略重点；

（2）采取统一的政策措施，如单一采购；

（3）消除功能之间的竞争或"特权"购买。

4.10 分散采购

SIGMA[61] 报告列出了支持分散采购的主要依据：

（1）通过大规模的保护主义或偏袒，减少对腐败的激励；

（2）终端用户的详细要求与商品和服务更紧密的匹配；

（3）缩小影响大批量采购、导致不必要超支的错误规模；

（4）较少的官僚作风，因为购买者和供应商的时间框架更短、形式更少；

（5）中小企业成功竞争合约的更大可能性；

（6）当地采购商为当地制造的产品获得较低的价格机会；

（7）员工承担更多的个人责任，发展"服务"心理。

分散采购的一些优缺点如表 4-10 所示。

表 4-10 分散采购的优缺点

优点	缺点
更贴近用户，更好地了解当地的需求	降低采购整合所存在的杠杆作用
对部门或工厂需求的响应时间可能很短，质量更高	把重点放在当地而不是企业和运营更不是战略的考虑上
与供应商可能有更密切的关系	采购往往会向较低的组织层面报告
采用本地供应商降低运输成本	有限的专业知识和很少的跨职能协作的机会
工厂是利润中心的观点认为如果采购成本占总成本的百分比高，那么每个利润中心都应该对采购和供应商做出自己的决定	可能缺乏标准化 限制当地采购人员的职业机会 采购成本比较高
地理、文化、政治、环境、社会、语言和货币的适宜性	

4.11 跨职能式采购

4.11.1 定义

供应管理研究所（美国）[62] 指出，跨职能团队是：来自各种组织职能的个人团体聚集在一起，以实现个人无法达成的明确、有价值和引人注目的目标。团队利用组织资源的同时利用团队成员的专长。采购商通常选择加入处理采购、商品、质量和新产品/服务开发的团队。

4.11.2 跨职能团队的形成原因

多职能的多技能团队形成的共同采购至少涉及 6 个因素：

（1）采购参与战略采购决策；

（2）"供应链"的概念强调需要通过材料管理和物流方法以一种综合的方式处理工作流程；

（3）团队可以更好地利用 IT 和 ICT 提供的大量信息及沟通能力；

（4）开发 ERP，MRP 和 JIT 等方法，以及单一和合伙采购、外包；

（5）应该认识到，随着全球采购的发展，对于价格和成本的分析变得更加复杂，为了满足采购流程和制造的一体化管理以及日益提高的质量与采购的重要性，在决策制定方面往往需要专家的建议和支持；

（6）根据研究结果，"团队个人行动或大型组织分组时行动表现出色，特别是在执行需要多技能判断和经验的时候"[63]。

4.11.3　跨职能团队的宗旨和结构

在整个供应链系统面临各种目的的背景下，跨职能团队形成。具有特殊意义的跨职能团队的采购包括采购、全球采购、外包、新产品开发、价值管理与分析、质量管理、资本设备采购和员工培养和培训。

跨职能团队的存在时间可能是短期也可能是长期的。短期跨职能团队本质上是为特定目的而组建的工作组并在此目的完成后解散。长期团队是永久性或半永久性的。以核潜艇设计、开发、建设和委托等项目为例，跨职能团队的存在总周期可能超过 20 年。

作为独立的单位成员，在以项目经理为首的长期跨职能团队的项目团队中，以全职人员的身份进行工作。

4.11.4　跨职能团队的优势

帕克（Parker）[64]已列出了组织成功实施跨职能团队产生的 6 大重要竞争优势：

（1）**速度**——缩短完成工作所需的时间，特别是产品开发过程；

（2）**复杂性**——提高组织解决复杂问题的能力；

（3）**客户关注**——将组织的资源重点放在满足客户需求上；

（4）**创造力**——跨职能团队通过汇聚具有各种经验和背景的人提高组织的创意能力；

（5）**组织学习**——跨职能团队的成员更容易开发新的技术/工作技能，更多地了解其他学科以及如何与具有不同团队风格和文化背景的人在一起工作；

（6）**单独接触点**——通过确定一个地方去了解项目或客户的信息和决策，促进更有效的跨职能团队合作。

另一个优点是增加对彼此间问题功能的理解，产品和质量保证可能会加强对解决供应商问题的认识，采购可能会提高对生产和设计所面临的问题的认识。

采购人员可以通过有效处理供应链风险、准备谈判事宜的定制合同、揭露产品和服务成本驱动因素、应用高层次谈判技巧、进行财务尽职调查等手段为跨职能团队做出高质量的贡献。

4.11.5　跨职能团队的一些问题

与跨职能团队有关的一些问题已被报道。索贝克（Sobek）等人[65]指出：因为人们在自己的职能上花更少的时间，所以跨职能协调以职能范围内的知识深度为代价的情况有所改善。随着人们职位的快速转变，产品的组织学习也随之下降。产品团队的自主性影响产品的标准化。在结合功能和项目结构的组织中，工程师往往在功能老板的命令和项目负责人的需求之间疲于奔命。

跨职能团队的其他问题包括：

（1）对团队领导在人际关系技巧以及团队成员采用跨职能而不是单一方向方面的培训和再培训需要进行大量投资；

（2）跨职能团队要求成员出席无数次会议；

（3）由于他们的专业知识，一些成员必须同时参与多个团队，从而进行优先考虑的竞争。

最后，不要忘记跨职能团队出现的基本原因是打破功能性孤岛 这并不意味着对功能责任的放弃。负责产品设计的人员即使在产品团队工作时也必须保留该责任。虽然跨职能式采购可能会分担决策责任，但是采购并不能确保团队对潜在的供应商、产品和服务拥有完整信息的任务中，为所花费的资金提供最大的价值。

问题讨论

1. 你认为地方当局和中央政府为什么会对传统意义上被视为战略的服务进行外包（比如，收入和收益）？你是否相信，采购将成为一个日益外包且不可避免的职能？
2. 控制是组织结构的一个方面，有一些包括文化控制的通用类型、非正式结构在所有组织中运作。你能确定组织内的非正式结构以及关键参与者吗？
3. 对比采用"集中采购"和"分散采购"的大型跨国公司组织的优缺点。假设在后一种情况下，即使在多个地点购买相同的商品和服务，每个经营部门也都有完全的自主权来确定其采购策略。
4. 采购与包括利益相关者在内的组织各部门之间的有效沟通有哪些特点？
5. 为什么知道采购或供应链专业人员是否被创新独特或功能型产品的组织雇用是重要的？
6. 网络的三个关键特征已被确定为：

    （1）交易——网络成员之间交换的内容；

    （2）链接的性质——网络关系的优势和质量性质，比如成员履行网络义务的程度或者在关系中达成适当的行为；

    （3）文化特征——成员如何联系以及网络中个人所扮演的角色。

    参考你所使用的供应商，确定示例以说明上述每个特征。

参考文献

[1] Mintzberg, H., *The Structure of Organisations*, Prentice Hall, 1979, p. 2

[2] Kotter, J. P., 'Leading Change', Harvard Business School Press, Boston, MA, USA, p. 169

[3] The main ideas about core competences were developed by Prahalad, C. K. and Hamel, G. in a series of articles in the *Harvard Business Review*, Vol. 88, 1990, and in their book *The Core Competence of the Corporation*, Harvard Business Press, 1990

[4] Grinnell, S. and Apple, H. P., 'When two bosses are better than one', *Machine Design*, 9 January, 1975, p. 86

[5] McGregor, D. M., *The Human Side of Enterprise*, McGraw-Hill, 1960

[6] As 1 above, Ch. 15

[7] French, P., Jr. and Raven, B., 'The basis of social power' in Cartwright, D. (ed.), *Studies in Social Power*, Michigan Institute for Social Research, 1959

[8] Hickson, D. J., Hinings, C. R., Lee, C. A., Schneck, R. E., and Pennings, J. M., 'A strategic

9 As 1 above

10 Jr. Chandler, A. D., *Strategy and Structure: Chapters in the History of the Industrial Enterprise*, MIT Press, 1962

11 For a discussion of this point, see Banter, D. K. and Gogne, T. E., *Designing Effective Organisations*, Sage, 1995, Ch. 16

12 Waterman, R., 'The seven elements of strategic fit', *Journal of Business Strategy*, No. 3, 1982, pp. 68–72

13 Quinn, J. B., *Intelligent Enterprise*, Free Press, 1992

14 Hastings, C., *The New Organisation*, McGraw-Hill, 1993, pp. 7–8

15 Ford, D., Gadde, L-E., Hakansson, H. and Snehota, I., *Managing Business Relationships*, 2nd edn, John Wiley, 2003, p. 18

16 As 15 above, p. 38

17 Harland, C. M., 'Supply chain management: relationships, chains and networks', *British Journal of Management*, Vol. 7, March, 1996, Special Issue, pp. 63–80

18 This diagram is attributed to Hakansson, H., *Industrial Technological Development: A Network Approach*, 1987, Croom Helm

19 Snow, C. C., Miles, R. E. and Coleman, H. J., 'Managing 21st century network organisations', *Organisational Dynamics*, 20:3, winter, 1992, pp. 5, 20

20 Lamming, R., Johnsen, T., Zheng, J. and Harland, C., 'An initial classification of supply networks', *International Journal of Operations and Production Management*, Vol. 20, No. 6, 2000

21 Harland, C., Lamming, R. C., Zheng, J. and Johnsen, T. E., 'A taxonomy of supply networks', *Journal of Supply Management*, Vol. 37, No. 4, Fall, 2001, pp. 21–27

22 Craven, D. W., Piercy, N. F. and Shipp, S. H., 'New organisational forms for competing in highly dynamic environments', *British Journal of Management*, Vol. 7, 1996, pp. 203–218

23 As 19 above

24 As 20 above

25 Fisher, M. L., 'What is the right supply chain for your product?', *Harvard Business Review*, March/April, 1997, pp. 105–116

26 As 21 above

27 As 22 above

28 Arbulu, R. J. and Tommelein, I. D., 'Alternative supply chain configurations for engineered or catalogued made-to-order components: case study on pipe supports used in power plants', *Proceedings IGLC*, 10 August, 2002, Granada, Brazil

29 CPFR is a registered trademark of the Voluntary Interindustry Commerce Solutions Association

30 Lambert, D. H., Cooper, M. C. and Pagh, J. D., 'Supply chain management implementation issues and research opportunities', *International Journal of Logistics Management*, Vol. 9, No. 2, 1998, pp. 1–9

31 Lamming, R., *Beyond Partnerships: Strategies for Innovation and Supply*, Prentice Hall, 1998, p. 17, and 1993 edn, pp. 186–190

32 As 30 above

33 Womack, J. P., Jones, D. T. and Roos, D., *The Machine That Changed the World*, Maxwell Macmillan, 1990

34 See 'People management: applications of leaner ways of working', Chartered Institute of Personnel and Development, Working Party Paper No. 13. The author is indebted to the CIPD for permission to use this table

35 Toni, A. D. and Tonchia, S., 'Lean organisation, management by process and performance measurement', *International Journal of Operations and Production Management*, Vol. 16, No. 2, 1996, pp. 221–236

36 Goldman, S. L., Nagel, R. N. and Preiss, K., *Agile Competitors and Virtual Organisations: Strategies for Enriching the Customer*, Van Nostrand Reinhold, 1995

37 Aitken, J., Christopher, M. and Towill, D., 'Understanding, implementing and exploiting applications', *Supply Chain Management*, Vol. 5, No. 1, 2002, pp. 206–213

38 Bowersox, D. J., Closs, D. J. and Cooper, M. B., *Supply Chain Logistics Management*, International edition, 2002, McGraw-Hill, pp. 16–19

39 Van Hoek, R., 'Reconfiguring the supply chain to implement postponed manufacturing', *International Journal of Logistics Management*, Vol. 9, No. 1, 1998, pp. 1223–1247

40 Christopher, M., 'Managing the global supply chain in an uncertain world', India Infoline Business School at: www.indiainfoline.com, pp. 1–5

41 Hoekstra, S. and Romme, J., *Integral Logistics Structures: Developing Customer-orientated Goods Flow*, McGraw-Hill, 1992, quoted in Naim, M., Naylor, J. and Barlow, J., 'Developing lean and agile supply chains in the UK housebuilding industry', Proceedings IGLC-7, 26–28 July 1999, University of California, pp. 159–168

42 Christopher, M. and Towill, D. R., 'Supply chain migration from lean and functional to agile and customised', *Supply Chain Management*, Vol. 5, No. 4, 2000, pp. 206–213

43 Gunasekaran, A., 'Agile manufacturing: enablers and implementation framework', *International Journal of Production Research*, Vol. 36, No. 5, 2000, pp. 1223–1247

44 As 37 above

45 Naylor, J. B., Naim, M. M. and Berry, D., 'Leagility: interfacing the lean and agile manufacturing paradigm in the total supply chain', *International Journal of Production Economics*, Vol. 62, 1999, pp. 107–118

46 Taken from Mason-Jones, R., Naylor, J. B. and Towill, D. R., 'Engineering the leagile supply chain', *International Journal of Agile Management Systems*, 2000

47 Mason-Jones, R., Naylor, J. B. and Towill, D. R., 'Lean, agile or leagile? Matching your supply chain to the marketplace', *International Journal of Production Research*, Vol. 38, No. 17, 2000, pp. 4061–4070

48 Naylor, J. B., Naim, M. M. and Berry, D., 'Leagility: integrating the lean and agile manufacturing paradigm in the total supply chain', *International Journal of Production Economics*, Vol. 62, 1999, pp. 107–118

49 Gardner, J. T. and Cooper, M. C., 'Strategic supply chain mapping approaches', *Journal of Business Logistics*, Vol. 24, No. 2, 2003, pp. 37–64

50 As 49 above

51 Scott, C. and Westbrook, R., 'New strategic tools for supply chain management', *International Journal of Physical Distribution & Logistics Management*, Vol. 21, No 1, 1991

52 Hines, P. and Rich, N., 'The seven value stream mapping tools', *International Journal of Operations and Production Management*, Vol. 17, No. 1, 1997, pp. 37–64

53 Interested readers are referred to Hines, P., Lamming, R., Jones, D., Cousins, P. and Rich, N., *Value Stream Mapping*, Part One, Pearson, 2000, pp. 13–92

54 Daft, R. L., *Organisation Theory and Design*, West Publishing, 1983, quoted in Thomason, J. L., *Strategic Management*, Chapman & Hall, 1990, p. 590

55 Lucas, H. C. and Baroudi, J., 'The role of information technology in organisation design', *Journal of Management Information Systems*, Vol. 10, No. 4, Spring, 1994, pp. 9–23

56 Hellriegel, D., Slocum, J. W. and Woodman, R. W., *Organisational Behaviour*, West Publishing, 1986, p. 340

57 Handy, C., *Understanding Organisations*, 4th edn, Penguin, 1993

[58] Lewin, K., *Field Theory in Social Science*, Harper & Row, 1951
[59] Kotter, J. P. and Schlesinger, L. A., 'Choosing strategies for change', *Harvard Business Review*, March–April, 1979, pp. 107–109
[60] Collins, D., *Organisational Change*, Routledge, 1998. The authors are indebted to Harty, C., 'Do n-step guides for change work?' CIPS Knowledge in Action series, for the information contained in this section
[61] CCNM/SIGMA/PUMA, *'Centralised and Decentralised Public Procurement'*, 2000, 108, p. 5
[62] Institute of Supply Management (USA), *Glossary of Key Supply Management Terms*, see ISM website: www.ism.ws
[63] Torrington, D. and Hall, L., *Personnel Management*, Prentice Hall, 1991, p. 208
[64] Parker, G. M., 'How to succeed as a cross-functional team', Proceedings of 79th Annual International Purchasing Conference of the National Association of Purchasing Managers, 1 May, 1994
[65] Sobek, I. I., Durward, K., Liker, J. K. and Ward, A. C., 'Another look at how Toyota integrates product development', *Harvard Business Review*, Vol. 76.4, July/August, 1998, p. 36

第 5 章

采购政策、程序和支持工具

学习目标

关于采购和供应管理，本章旨在了解以下内容：
- 有效的采购政策
- 采购步骤及其低效率
- 改变采购步骤鼓励激进想法和高效工作的需要
- 电子商务、电子业务、电子供应链管理和电子采购
- 电子采购工具以及提高系统和程序的机遇
- 采购和供应商手册对效率的促进作用
- 购物卡的使用

核心要点

- 采购政策和程序相关业务的需要
- 电子商务、电子业务、电子供应链管理和电子采购
- 电子数据交换（electronic data interchange, EDI）
- 电子枢纽、交流和市场
- 电子目录和反向拍卖
- 电子支付
- 采购和供应商手册——业务收益

引言

采购政策

"政策"这一术语包括对组织目的和目标以及所使用手段的明确或大致的指示，政策是指导组织的宗旨、原则和行动规则的指南[1]。

组织政策有四个主要层面，即

执行政策	• 制定执行管理的指令 • 为组织的战略方向提供指导 • 定义组织的战略意图
功能政策	• 为功能提供指导，例如采购 • 将功能策略与执行策略相结合 • 定义功能政策的特定方面
运作政策	• 描述职能范围 • 描述完成特定任务的强制性步骤，例如中标公示 • 为每个程序提供支持的细节
规章制度	• 设定个人行为的约束，例如待客 • 为审计目的设定最低限度的行为 • 描述管理职业行为的组织规则

5.1 采购政策范例：交叉铁轨项目

伦敦交叉铁轨项目于 2009 年 5 月在金丝雀码头的北码头开始。它是欧洲 2014 年最大的铁路建设项目，包括在伦敦市中心长达 21 公里的新隧道以及在欧盟最大的城市建造 10 个新的世界级车站。据称，有 148 亿欧元的资金被用于应对突发事件和预期的通货膨胀。

5.1.1 交叉铁轨的采购政策[2]

交叉铁轨的采购政策是一份全面阐述了强有力政策的重要细节的 18 页文件。

5.1.2 政策的目的

这项政策的目的是确保所有的采购活动被执行，或代表 CRL（铁路公司）：
（1）为交叉铁轨项目的目标交付提供最实惠的价值；
（2）以公平、客观、透明的方式进行；
（3）符合所有相关法规的监管框架、CRL 治理和审计框架以及授权级别；
（4）在道德标准的运用中采用最佳的方法；
（5）符合 CRL 愿景和价值观；
（6）遵守适合政府采购的任何政策和 TFL/GLA 负责任的采购政策。

5.1.3 总体目标

根据 TFL 的政策，CRL 的采购活动将以以下总体目标为指导：
（1）**提供最实惠的价值**——在交付 CRL 高层次目标方面实现最优惠的价值。通过与 TFL 和行业合作伙伴合作，寻求整个计划的效率和规模经济的机会。实现最优惠价值同时要求采购步骤和合同安排支持相关政府政策和 TFL 政策的实施。
（2）**建立有效的管控机制**——以满足问责制和内部控制要求的方式进行采购活动，履行 CRL 的法律义务，符合财务限制，有效管理商业风险。
（3）**应用标准化方法**——为采购工作、产品和服务提供高效执行的商业安排。
（4）**建立和维护有效的供应商关系**——意识到想要实现最优惠价值，必须开发和维护与供应商及其供应链的适当关系。

5.1.4　CRL 关键政策原则

根据上述关键政策性文件和支持性出版物，CRL 制定了用于交叉铁轨采购要求交付的主要政策原则（key policy principles，KPP）。主要内容如下：

（1）一般采购；
（2）供应链管理；
（3）供应商选择程序；
（4）合同制定；
（5）风险分配；
（6）公平支付程序；
（7）绩效管理。

为了说明目的，下面列出了采购政策的文档、用于一般采购的 KPP 以及供应链管理和参与的摘录。作者强烈建议读者访问完整文档以便于学习。

一般采购的关键政策原则

KPP1：CRL 将采用基于风险的方法来制定和评估采购策略、详细的采购计划和流程。

根据 HMT 和 OGC 发布的最佳做法和指导制定基于风险的程序来评估采购最佳方法。这些将旨在确保交付风险得到确定、评估和分配，以便在风险管理中实现最佳的实惠价值。这些程序的设计旨在满足 OGC Gateway 指导说明中规定的要求，使项目尽可能高效地通过 OGC 和重大项目审查组的项目审查，实现对程序的最小影响。

KPP2：CRL 采购活动的执行将基于最实惠价值。

实现最实惠的价值意味着可承受标准范围内交叉铁轨的项目高水平目标的交付。

KPP3：CRL 将确保其能够获得成功交付项目所需的经验和能力的资源。

CRL 的采购和项目交付方法将旨在确保对横梁方案交付所需技术资源的可用性。必要时专家的合作伙伴和专业顾问将被用来支持 CRL。强大客户的能力将有助于建立最佳客户实践的 CRL 声誉，这将有助于吸引最好的供应商，确保其合同的强烈竞争。CRL 将承担供应链中资源压力的评价并制订解决潜在短缺的计划。

KPP4：CRL 将确保其采购计划和程序支持 CRL 健康、安全和环境政策的执行。

CRL 的采购计划和程序将符合 CRL 出版物《健康、安全与环境的标准——承包商和行业合作伙伴》。

KPP5：CRL 将实施基于 TFL 和 GLA 方法的最佳实践采购政策和流程来进行采购。

CRL 的采购计划和程序将符合 CRL 出版物《交叉铁轨的交付责任采购方法》中规定的政策和要求。在制订采购计划时，CRL 将力求优先考虑支持政府学员、技工和青年就业、小企业和低碳资源效率的优先政策领域的机会。

KPP6：CRL 将与行业合作伙伴和其他客户合作，通过协作采购计划实现提高效率和节约的目的。

特别是 CRL 将地铁网、伦敦地铁、TFL 和公用事业公司密切相连确保通过协同工作、协同采购计划和采取任何机会以提供更好的价值。

供应链管理和参与关键政策原则

KPP7：CRL 将与市场建立早期和定期的磋商安排，以开发知情和准备充分的供应商，帮助实现其全面合同的强劲竞争。

CRL 将尽早与市场和供应商进行接触和磋商，以审查采购计划和项目的选择并帮助供应商确保准备好迎接市场的机会。

KPP8：CRL 将把优化的承包商参与原则纳入合同安排中，以便在建造或制造阶段之前尽早涉及承包商和供应商。

CRL 将旨在以灵活的方式实现供应链的早日参与，这被称为最优承包商参与（optimised contractor involvement, OCI）。这将确保供应链的参与以最适合工程包的范围方式完成设计和交付计划。

这种方法的目的是将供应链的技能和专业知识带入最终的工程解决方案的开发中，从而产生更好的解决方案并提高经济价值。供应链早期参与详细设计的定稿旨在提供以下好处：

- 提高作品的可塑性；
- 通过价值工程确定更好的解决方案和成本节约；
- 消除不必要的范围或不必要的详细说明；
- 加强对健康和安全问题的理解和管理；
- 加强对施工风险的认识和管理；
- 更多的时间来规划资源需求；
- 更多的时间让承包商熟悉环境需求和当地社区的要求；
- 创建协同作业能尽可能快速、高效解决问题的综合交付团队。

KPP9：CRL 将开发并维持与供应链的有效合作关系。

CRL 将与其供应商制定和实施适当的安排来支持项目目标和个人合同的成功交付，在适当情况下建立合作安排和综合协调一致的团队。

5.1.5 承包安排

有关"承包安排"的相关 KPP 可以交叉引用本书第 7 章。例如 KPP 19 的细节：

KPP19：CRL 将向所有主要承包商的最终母公司寻求母公司担保，如果合同是合资企业，CRL 通常将要求每个合资企业成员的最终母公司的担保。

母公司通过子公司妥善履行担保合同为雇主提供保护，如果承包商违反合同，则担保人必须在其所在地履行合同或承担由此产生的任何损失。担保的价值不亚于母公司的实力，CRL 将寻求最终母公司的担保以降低企业自愿重组导致担保人公司净资产价值降低的风险。

5.2 采购步骤

程序是一个用于获得工作或完成任务的连续步骤或技术系统；程序也是通过政策连接策略的正式安排。每个程序由若干操作组成，这些操作一起提供信息保证员工能够执行操作、管理者能够控制操作的一组可靠程序称为系统。

5.2.1 采购步骤的顺序和影响

采购步骤对于规定采购部门如何在采购周期的关键阶段做出贡献，并解释利益相关者和其他人如何与程序和决策相关联是必要的。当采购步骤不符合时，可能会有严重的影响。

5.2.2 采购步骤的主要内容

下列采购步骤将被采取：

（1）在程序的各个方面采购如何开展，包括确定业务需求和随后的规范开发；
（2）有效处理知识产权的需要；
（3）参与供应市场的过程，包括软市场测试；
（4）如何避免创建垄断供应情景；
（5）使用预测的需求尽可能准确；
（6）潜在的供应商如何通过初审？通过使用资格预审问卷、访谈等能力证据。

5.2.3 授权采购的通知

采购步骤设置如下：
（1）谁以及如何启动适当的采购申请以及授权采购的其他方式；
（2）预算审批和适当财务代码的设定；
（3）当适用这些材料时，发出物料清单；
（4）对采购紧急需求的管理，允许根据定义的规则绕过标准程序。

5.2.4 询价单和投标邀请

采购步骤如下：
（1）采购价值不同影响方法的选择，例如高价值合同必须具有最低数量的报价/投标；
（2）报价请求（requests for quotations，RFQ）或招标邀请 (invitations to tender，ITT) 应包含的内容；
（3）为了保证决策的公平性而运用评估定价单或投标邀请的方法；
（4）在何种情况下进行谈判以及如何进行谈判；
（5）决策时间表；
（6）如何签字批准采购的授权；
（7）如何评估采购相关的风险。

5.2.5 制定具有法律约束力的合同

采购步骤设置如下：
（1）如何提交和签署采购订单；
（2）如何谈判和签署一次性合同；
（3）处理订单确认的方法，以及接受供应商销售确认所产生的影响；
（4）供应商未成功签订合同时采取什么行动？
（5）如何创建和维护主合同文件。

5.2.6 合同管理阶段

采购步骤设置如下：
（1）谁负责合同管理工作；
（2）供应商及时提供管理信息的要求；
（3）当产品和服务的接受程序出现纠纷时，采购的参与；
（4）付款流程；

（5）合约终止程序；

（6）供应商绩效反馈到供应商评级系统。

总之，采购步骤是必不可少的，但危险在于它们可以成为机械化和抑制商业的举措，被动采购不是前进的道路。

5.3 采购流程分析

关于采购步骤的报告[3]突出了采购过程中的缺陷，注意到这对一个公共部门的采购是非常重要的，因此需要遵守公共供应合同条例。以下摘录显示了在广泛情况下的值得考虑的过程方面：

（1）采购初期阶段似乎没有什么文件资料是关于拟议战略进程的；

（2）在决定进行 Minna 型货船采购时，技术性规格尚未解决；

（3）在收到的 12 个完整的资格预审调查问卷中，只有 8 个接受选择标准的全面评估；

（4）SFPA（苏格兰渔业保护局）似乎没有理由指定优先选择的制造商或类型，而且肯定不符合它要求的程度；

（5）当时没有正式的招标评估；

（6）解释的理由是 Minna 型采购过程的最终投标阶段并没有导致三名投标者之间的竞争扭曲，不幸的是，这种理由似乎不成立；

（7）网站的访问时间没有任何记录。

5.4 电子商务、电子业务、电子供应链管理和电子采购

5.4.1 电子商务

2002 年 3 月，美国审计总局（GAO）[4]发表了一份报告，试图澄清电子商务（在国际背景下）和电子业务。报告指出存在下述情况：

对基于贸易定义的普遍接受，其中许多要求在线承诺为电子业务销售商品或服务。基于交易的定义，电子商务仅限于购买和销售，与进行在线业务活动所有方面的电子业务不同（采购、销售、跟踪库存、管理生产、处理物流、供应通信和支持服务）。

5.4.2 电子业务

格林斯坦（Greenstein）和 Feinmann[5] 提出以下观点。

然而，电子商务一词是局限的，并不完全包含通过电信设备发生的许多类型的信息交换的真实性质。电子业务一词还包括与实际买卖商品无关的信息交换。越来越多的企业正在使用电子机制来分发信息并提供客户支持。这些活动不是"贸易活动"而是"商业"活动。因此，**电子业务**一词更广泛，可能最终取代**电子商务**一词。

Zwass[6]将电子业务定义为：通过电信通信网络实现业务信息共享、维护业务关系、开展业务交易……电子业务包括公司之间的销售关系和交易以及支持个别公司商业的公司流程。

Hackbarth 和 Kettinger[7] 在表 5-1 中列出了电子业务的发展阶段。

在加拿大交通法案审查中，对电子业务采用的障碍进行了非常有用的分析。该分析可概括如下：

表 5-1　电子业务的发展阶段

阶段 指标	实验	整合	转型
电子业务战略	无电子业务战略	电子业务战略支持组织的现行战略	电子业务战略是组织的现行战略
组织战略	电子业务战略与组织战略之间无联系	电子业务战略取决于组织的战略	电子业务战略协调组织的战略
目标	面向群体	职能部门参与	组织内部参与
结果	不清晰	• 降低成本 • 配套业务 • 识别方法 • 增加收入	• 新收入来源 • 新的商机 • 明确改善客户服务 • 消费者满意
方法	技术基础设施和软件应用	业务流程	人事、智力资本、关系、合作
信息的作用	排名位于技术之后	支持流程的效率和有效性	运用信息不对称创造商机

（1）成本可以阻碍任何企业更广泛地使用互联网技术；

（2）许多海运和铁路行业参与者已经拥有电子数据传输和遗留信息系统，从而降低采用更便于访问的因特网系统的商业利益；

（3）潜在利益的许多不确定性源于客户没有充足的准备；

（4）供应链中所有参与者缺乏行动；

（5）物流供应商之间的协作性；

（6）不充分的协同性来源于托运人对特定格式的需求和沟通方法；

（7）不充分的技术技能和培训；

（8）安全和商业机密的保护也是一个问题；

（9）运营商和合作伙伴公司的组织文化及传统做法要克服的关键因素。

5.4.3　电子供应链管理

电子供应链管理（e-supply chain management，e-SCM）涉及通过内部应用对整个供应链进行精简和优化，旨在确保以最低的成本实现最大的销售增长。这包括建立一个内部在线采购系统，加入全行业的电子市场，并在整个价值链中实施电子供应链管理。

供应链管理和供应链优化的概念在 3.5 节和 3.10 节讨论过。毫无疑问，互联网为现在和未来对供应链的管理和优化提供了便利，采购商和供应商可以从电子供应链管理中获得以下好处：

1. 采购商的收益

（1）鉴于价格透明度和竞争性的环境，采购方可以获得以较低成本直接和间接购买材料的能力，因此，大规模采购商可以发挥强大的杠杆作用，获得更大幅度的降价和折扣，使用这种系统的小型采购商可以获得更优惠的价格，因为许多供应商正在通过电子市场和交易所交易来竞争购买者的业务。

（2）在购买商品和服务的过程中取得更大的效率并最终降低交易的总成本，因为企业的市场通常会为小型购买者提供机会去发现价格更低的东西，而这些东西仅靠人力发现成本高得惊人。

（3）采购员能够在预测、安排和计划生产数据及共享产品数据设计中开发与供应商间的协作，与之建立牢固的联系。

2. 供应商的收益

供应商利益往往分为两类，这取决于电子供应链管理计划是强调协作还是商业机会。后者包括提高预测能力，从而满足和超越客户需求的能力，在正确的时间实现产品和服务的正确组合，使其生产计划、制造能力和库存符合客户的购买模式。

当强调的重点是协作时，供应商可以从参与大型的、活跃的在线市场获益。如果有大量买家经常光顾，那么市场可以提供一种成本效益高的方式来吸引新客户和增加销售量。

Hui-Chun Lee（KSI-Chicago）的"供应链管理电子业务调查与实施"产生了图 5-1，这是电子供应链管理集成模式的一个例子。

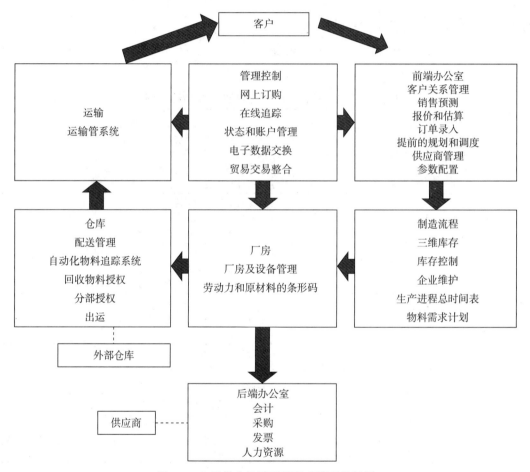

图 5-1　电子供应链端到端集成模型的案例

5.4.4　电子采购

电子采购的 CIPS 定义是：电子采购正在使用互联网来操作所需服务或产品的采购、授权预定、接收和付款流程的交易。

CIPS 声明还指出，电子采购通常是当地业务管理员的重点（电子采购的关键目标之一是将购买交付给本地用户），并涵盖以下购买流程：

（1）违反约定的合同；
（2）授权；
（3）订货；
（4）收据；
（5）付款。

以上所有的关键推动因素是系统跨组织界限进行沟通的能力。虽然电子业务技术提供了基本手段，但主要收益是改变业务程序、流程和观点所带来的结果。电子业务是通过可扩展标记语言（extensible mark-up language，XML）（一种容易识别多种格式的数据类型，并且可以在所有标准互联网技术中得到理解的结构化计算机编程语言）的开放标准实现的，采用XML可帮助组织无缝集成应用程序，并与贸易伙伴交换信息。

5.5 电子采购模式的演变

卡拉科塔（Kalakota）和鲁宾逊（Robinson）[8]已经确定了7种基本类型的电子采购交易模式以及它们的关键差异，如表5-2所示。

表5-2　7种电子采购模式（卡拉科塔和鲁宾逊）[9]的比较

电子采购的交易模式	特点
电子数据交换网络	• 少数贸易伙伴和客户 • 简单的事务功能 • 批量处理 • 反应性和昂贵的增值网络（VAN）费用
企业对员工（B2E）请求的应用程序	• 为公司的员工购买快速、无忧的产品 • 自动批准路由和请求程序的标准化 • 为专业买家提供供应商的管理工具
联合采购门户	• 提供采购流程改进的控制，让公司的业务规则更加一致 • 惯例，在多供应商目录公布谈判价格 • 支出分析和多供应商目录管理
第一代贸易交换中心：电子社区、电子目录和电子店面	• 产业内容、招聘信息和新闻 • 店面：为经销商和制造商建立的新销售渠道 • 产品内容和目录集成服务
第二代贸易交换中心：以交易为导向的贸易交换	• 自动申请流程和采购订单交易 • 供应商，价格和产品/服务可用性发现 • 目录和信贷管理
第三代贸易交换中心：合作供应链	• 使合作伙伴能够紧密同步操作并实现实时执行 • 过程透明度，导致需求和供应链的重组 • 用信息代替库存
行业联盟：买家和卖方领导	• 企联合采购门户的进一步演变

5.6 电子数据交换

5.6.1 定义

电子数据交换（EDI）可以定义如下：基于商定标准的技术，通过自动化的方式直接从一个组织中的计算机应用到另一个组织中的应用，促进商业交易的电子标准化。

EDI-speak是用于描述单一文件电子传输的术语。每个交易集通常由一个名称和数量引用，其由下面提到的 ASC X12 标准中或 EDIFACT 标准定义。因此，X12 标准中的采购订单数字是 850。交易的每一行都被称为一个元素中的一个段和一条信息，例如，在采购订单中，段是买方或供应商的名称和地址。该段被分解为组织名称、地址 1、地址 2、地址 3、邮政编码和国家的数据元素。

5.6.2 标准

在与所使用的消息标准相关的目录中描述日期元素和代码。通过使用贸易、国家和国际标准，组织机构才可以进行电子交易。早期的消息标准是由与汽车、建筑和电子企业有关的行业组织的社区制定的，这些行业有兴趣在一起交易。因此，汽车制造商，包括福特、通用汽车、萨博、雷诺、菲亚特、奥斯汀·罗孚和雪铁龙以及供应商卢卡斯、珀金斯、博世、GKN、SKF 和 BCS 等都建立了 ODETTE（欧洲远程传输数据交换组织）。ODETTE 制定了电子业务，工程数据交换和物流管理的标准，将欧洲汽车工业的 4 000 多家企业与其全球合作伙伴联系起来。

虽然存在很多 EDI 标准，但只有 ASC X12 标准和 EDIFACT 两个被广泛使用和认可。ASC X12 标准由美国国家标准协会的认可标准委员会于 1979 年创立。这些标准定义了业务交易的数据格式和编码规则，包括订单放置和运输。EDIFACT（行政、商务和运输 EDI）由联合国在 1985 年制定，目的是提供支持世界贸易的 EDI 标准。该国际标准已经被批准为 ISO 9735。UNIFACT 目录每年由联合国公开出版两次。

5.6.3 EDI 如何运行

EDI 如何实现，如图 5-2 所示，顺序如下：
（1）公司 A 使用其内部业务软件创建采购订单；
（2）EDI 软件翻译订单；
（3）公司 A 通过第三方增值网络或通过互联网以 EDIFACT 格式加密向公司 B 发送 850 采购订单；
（4）公司 B 收到 850 采购订单文件，并将其从 EDI 转为其专有格式，通常 B 公司将向 A 公司发送确认函。

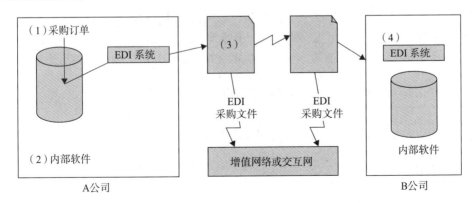

图 5-2　EDI 实施

5.6.4　EDI 的优点

（1）更换纸质文件（采购订单、确认书、发票等）由买方和卖方在商业交易中使用的在计算机之间传送的标准电子信息，通常不需要人为干预。

EDI 在超市的应用

　　EDI 的最佳实例之一是超市的电子销售点（electronic point-of-sale，EPOS）。当购买产品时，收银员会扫描其标签上的条形码，自动将现金价格记录到现金收银柜上。

　　同样的信号也会触发向制造商重新订购的计算机进程，开始设定生产周期并安排新订单的货品计价、付款和运输。EDI 采用无纸化办公方式有效地将产品重新上架，同时使人力参与度降到最低。

（2）在实时的环境中，买家和供应商在一起工作缩短了交货时间。阿姆斯特朗（Armstrong）和杰克逊（Jackson）[10] 提供了采用 EDI 之前和 EDI 之后交货时间差别的具体案例。后者显示交货时间减少 8 天实现 5 天交付。因此，总时间缩短了 11～19 天。

　　1）第 1 天：订货准备和电子授权，然后发布到 EDI 服务网络。

　　2）第 2 天：收件人从 EDI 服务网络中获取订单，并直接进入订单处理系统，自动创建确认并发送到 EDI 服务网络。

　　3）第 3 天：制造过程开始（7 天）。发起者接收并自动确认。

　　4）第 9 天：制造完成。

　　5）第 11 天：交付完成。

（3）降低库存成本释放流动资金。

（4）上述两点促进 JIT 等战略发展。

（5）更好的客户服务。

（6）全球采购通过利用诸如 EDIFACT 的国际标准获得便利，这与大多数国家的大多数设备兼容。1970 年，SITPRO（简化国际贸易程序委员会）在英国成立，其主要目标是（特别是）降低商业交易的成本，并帮助英国应对全球化挑战。SITPRO 与英国标准协会（BSI）就 EDI 标准合作。

（7）通过电脑到电脑的汇款方式，为发票付款提供便利，这不需要准备和发布支票。

（8）功能整合，特别是营销、采购、生产和金融。

（9）EDI 倾向于促进长期的买方与供应商之间的关系，并增强相互之间的关系相信。

5.6.5　实施电子数据交换的一些潜在问题

　　基伦（Killen）和 Kamauff [11] 指出，在采用 EDI 之前，组织应该：

（1）确保以电子方式交换信息支持组织整体战略；

（2）考虑 EDI 标准工具和技术的成本及后果，包括实施、软件维护、人力和参与者培训以及如何促进系统和应用程序集成；

（3）考虑组织和流程变化。

　　关于第二点，诺曼（Norman）[12] 指出，数据处理和再加工次数越多，节省时间和金钱的空间越大。因此，潜在的 EDI 用户应计算每笔交易的成本。如果传真或手动执行任务较便宜，买方可能缺乏投资 EDI 的资金。蒙克萨（Monczka）和卡特（Carter）[13] 提出了在采购环境中，应用 EDI 的合理机会的以下指标：

（1）大量纸质交易文件；
（2）众多供应商；
（3）与采购周期相关的长期内部管理提前期；
（4）减少人员、避免新雇员或两者同时实现；
（5）增强对采购人员专业水平的要求。

5.6.6　EDI 的局限性

以往，EDI 的两个主要限制与成本和灵活性有关。

1. 成本

EDI 仍然是一个昂贵的选择，因为直到最近，组织机构通过 VAN（增值网络）发送所有安装和运行成本，通常以传输 1 000 个字符为基础的 EDI 交易收费成本仍然很高。EDI 的范围也受到限制，**以确保在门户关闭环境中的受控的业务活动**。与 EDI 基础设施相关的高水平开销对许多中小型企业来说是禁止的。

然而，互联网和外联网方法可以使小企业能够以最低的成本连接安全的 EDI 网络。互联网定价模式平均每月费率迫使大部分 VAN 网络改变其定价结构。组织正在从专有技术转向外联网解决方案，新的市场转型也在进行之中。EDI 和 Extranet 技术的比较如表 5-3 所示。

表 5-3　EDI 和外联网的比较

对比点	EDI	外联网
基础设施	定制软件	利用和扩展现有互联网技术和内部网投资的封装解决方案
传输成本	昂贵的增值网络或租用专线，缓慢的拨号连接	廉价和快速的互联网连接
访问	专有软件	Web 浏览器支持 EDI 协议以及许多其他开放标准
规模	仅限于能够支持 EDI 基础设施的大型供应商	支持实时购买和销售，从而实现更紧密和更积极的规划

使用互联网的小企业可以在竞争激烈的竞争环境下与竞争对手竞争，在全球范围内拓展业务伙伴关系。

2. 缺乏灵活性

采用 EDI 进行数据传输是一种笨重、静态和不灵活的方法，最适合直接进行业务交易，如为已知要求安排采购订单。它不适合需要紧密联合和协调的交易，例如考虑几种可能的购买选择方案或供应链优化。与人类不同的是，计算机在解释非结构化数据方面很差，无法从未预定义和永久性的网页文档中导出有用的信息。用于创建网页的标准文档语言是超文本标记语言（HTML），虽然 HTML 能够显示数据并重点关注数据的外观，但它无法描述数据。虽然 HTML 可以说明供应商可以提供哪些项目，但不能描述它们，因此，传统的 EDI 方法不能提供动态互联网环境中所需的灵活性。

5.6.7　EDI 和 XML

XML（5.3.4 节中提到）是对解决成本和不灵活性问题的一种尝试，并提供一种互联网及其以外全新的通信方式。

EDI 和 XML 之间的主要区别在于前者是为了满足业务需求而设计的一个过程。XML 是一种语言，其在任何业务中的成功将始终取决于给定程序如何使用它。

作为一种语言，XML 为各种计算机、不同应用和不同组织之间的信息共享提供了基本语法。

XML 也可以描述——与显示数据不同。例如，它可以保证买方了解供应商提供的详细内容。它也确保采购订单准确描述买家需要什么。因此，它提供了购买者和供应商之间的直接路线，不论 EDI 的大小，都不可用。

XML / EDI 是为了交换不同类型（例如采购订单、发票或医疗费用索赔）的数据而提供的标准框架，以便无论是否是在商务中的信息，都可以通过应用程序界面（application program interface，API）的数据库门户目录或工作流程文档或消息进行交换，可以通过首先实施 EDI 问询实现正确地搜索、解码、处理和显示；并通过在线存储库扩展包括我们的业务语言、规则和目标的词汇。因此，通过组合 XML 和 EDI，我们创建了一个不同于 XML 和 EDI 的新的、强大的方法。

除了电子数据交换和互联网之外，还有其他方式可以在两个或多个组织之间以电子方式传输数据。对于小型企业来说，加密的电子邮件非常划算。订单可以安全地在线收集并放入现有的内部系统，当库存值达到下限时内部系统可自动向供应商发送电子邮件。技术也在变化，虽然截至最近 PC 仍是首选的互联网接入设备，但有很多优选替代产品，如移动电话和个人数字助理（PDA），这样可取上网设备的销售量已比个人计算机高几倍。

美国国家计算中心[14]指出，最新的商业热点词汇是业务流程集成 (business process integration，BPI)，这都是关于跨采购和销售组织的过程，也就是说，自动化交易比通过订单和发票进行交易有更多的好处。

业务流程集成是很重要的，因为：

（1）增长业务需求提高流程效率；
（2）专注于使核心过程更加灵活高效；
（3）增加流程的可追溯性；
（4）越来越需要了解数据传递的方式以及运用什么应用程序；
（5）提高可恢复性；
（6）减少流程交付时间。

5.7 电子数据中心、电子交换中心、门户网站及电子市场

有些学者认为，有必要对上述术语加以区分。

5.7.1 电子数据中心

在内部技术的背景下，电子数据中心是将多个网络连接在一起的设备。比如，在电子业务中使用的电子数据中心通常意味着中央存储库或私有交换机，如图 5-3 的星形网络所示。

在图 5-3 所示的网络中，服务器作为一个控制计算机用于为许多 PC 工作站或终端（称为客户端）保存数据库和程序。信息中心的客户可能是内部客户也可能是外部组织，如供应商。

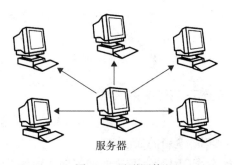

图 5-3 星形网络

5.7.2 电子交换中心

电子交换中心是一个企业对企业（B2B）网站，采购商和供应商会面交易业务。私人和公共交流可能会有所区别。

私人交流可以是一对一（one-to-one）或一对多连接（one-to-many）。前者是直接连接，而后者通过中央互联网枢纽连接所有参与者。私人交易通常由单一操作指定，只向该组织的供应商和贸易伙伴提供邀请。这种私人交易经常用于协作业务程序，如实时供应链管理和物流。

公共交换中心通常是指一个门户，超越公司的边界，涉及多对多(many-to-many)交互。公共交流可以由一个特定行业的大参与者(财团门户)或者由一个独立实体作为中介(独立门户)启动。

像ChemConnect和Verticainet的独立门户，相对于财团和私人电子市场具有一些优势。作为联盟门户网站，因为它们没有在多个业主之间进行调解的需要，所以可以更快地行动。不像财团和私人电子市场，它们拥有的利益相对较少，所以它们也被认为是中性的。在所有公共交流中，组织都要支付费用才能成为会员，也可能需要额外的交易费用。

无论是私人的还是公开的交易所都可以是买方或卖方，尽管如此私人交易所的区别更为常见。买方交易所是为了与供应商进行互动，相反，卖方交易所是用来与客户互动的，如图5-4所示。[15]

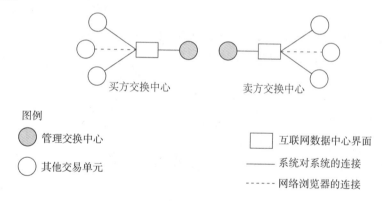

图 5-4 买方和卖方交换中心

5.7.3 电子市场

像电子交换中心一样，电子市场是一个网站，可以让买家从许多供应商中进行选择。在电子市场中，买方受到控制，因为开放市场使买家能够评估特定产品或服务的所有潜在供应商，并就什么和在哪里购买做出明智的决定。

电子市场特别适用于以下场合：
（1）市场规模庞大且潜在的供应商数量众多导致对其搜索的成本很高；
（2）产品规格和信息可能会快速变化；
（3）买家难以比较不同厂商的同类产品，因为过剩的特征和属性可能没有被明确指出；
（4）定位、评估和评估供应商绩效等过程的内部成本很高。

总而言之，可以说电子市场相比电子数据中心及电子交换中心可以提供更多的功能。图5-5显示了电子数据中心、电子交换中心和电子市场如何与现有的诸如EDI、电子邮件和传真电子通信联系在一起。

图 5-5　电子数据中心、电子交换中心和电子市场的关系

5.8　电子目录

比利时联邦公共服务部设立电子目录平台,实施大型电子采购项目的一个模块。比利时电子目录平台是一个自主、开放、安全、内操作和重新配置的平台,公职人员和公司可以执行与电子购买流程相关的多项任务,电子目录的格式基于 VBL 2.0 标准。

5.8.1　定义

对 B2B 市场最简单的理解是在线目录。电子目录可以定义为:提供由供应商提供和销售的产品及服务的并支持在线订购和支付功能信息网页。

5.8.2　电子目录的优点

电子目录为购买者和供应商带来的好处主要表现在:
（1）促进买卖双方的实时双向沟通。
（2）供应商的服务改善可以允许开发更紧密的采购商（供应商关系）,并通知购买者他们可能会忽视的产品信息。
（3）通过调整价格和重新包装使供应商能够快速响应市场状况和要求。
（4）实际上消除了目录使用者生成订单需求和发送采购订单之间的时间间隔:
1）如有需要,可以通过邮件在线授权完成确认并通知;
2）用户被授权自动生成采购订单（有价值和项目约束）,不需要采购部门的干预。
（5）因为从合同供应商处购买比外出去官方系统更简单快捷,所以独立或"非合同"的采购减少了。

5.8.3　电子目录的类型

1. 卖方目录

卖方目录为潜在购买者提供访问在线采购设备的特定供应商的在线目录。

卖方目录为供应商提供许多好处,包括易于保持内容更新、节省广告费用和处理销售成本。对潜在购买者的好处包括全天候访问信息和易于订购。然而,卖方目录也有若干缺点,包括:

（1）购买者没有足够的时间浏览供应商的所有可用网站；

（2）对采购新软件进行培训时，如果供应商发生变化，购买者可能会过度依赖某些供应商；

（3）如果产品的价格因不同购买者而异，则个性化、受限制、预先协商的目录或加密目录的使用是必需的。

2. 买方目录

买方目录是采购组织创建的目录。通常，这些目录仅限于由谈判中的价格、规格和条款所涵盖的货物，并由整合到采购组织的内联网的程序运行。买方目录的操作示例如图 5-6 所示。

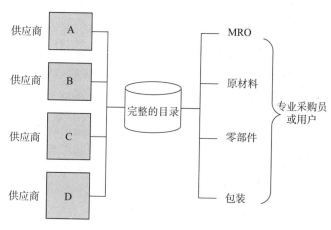

图 5-6 买方目录的运作

购买者的好处包括：

（1）降低通信成本；

（2）增加安全性；

（3）可以通过相同的互联网应用程序访问许多目录。

然而，买方目录的编制和更新确实需要大量的文书资源的投资对于除最大组织以外的所有人来说都是不经济的。希望包含在目录中的供应商也需要以标准格式提供其内容。对于处理大量购买者的供应商来说，以每个在线目录所要求的形式提供信息的工作量将是不可持续的。

3. 第三方目录

通过将流程外包给电子市场或购买联盟可以最大限度地减少卖方和买方目录的缺点。这可以通过将内部电子采购目录链接到市场管理的主目录来完成，如图 5-7 所示。[16]

（1）包含在"市场"或"主目录"中的标准信息由供应商提供，然后将这些信息提供给个别采购组织的内部目录。

（2）来自供应商的产品信息可以驻留在内部目录中，也可以驻留在主目录中。

（3）管理和更新产品和其他信息的责任在于供应商。

该系统的优点包括：

（1）供应商有良好的动机，以指定的标准提供信息格式的主目录可用于大量采购组织；

（2）内部采购目录从信息主目录中抓取产品和其他信息，购买者或用户可以通过市场网站向供应商发送电子订单；

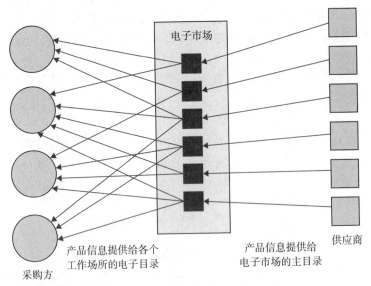

图 5-7　第三方目录

（3）产品信息可分为公共和加密两部分，公共信息包括基本的产品说明和规格，通常附有插图或图表，而加密信息将提供未经授权的用户无法访问的详细信息，适用于特定买家的价格、折扣和类似事宜。

5.9　电子拍卖

电子目录的一个步骤就是电子拍卖。电子拍卖可以定义为：[17] 电子市场可以存在于企业对企业和企业对消费者之间，卖家通过具有结构化的价格设定和履行流程的网站提供商品或服务给购买者。

网络拍卖可以遵循英国、荷兰、封闭竞价和反向竞价的程序。

- 英国式的拍卖程序。在这个过程中，为获得给定项目的最高价格，投标连续被更高的出价取代。
- 荷兰式的拍卖程序。英国流程不适合向多个不同的买家出售数千件物品。然而，这在 17 世纪在阿姆斯特丹开发的"荷兰式拍卖"中可以轻松快速地进行销售。在荷兰式拍卖中，拍卖人以高价开始，然后逐步下降，直到收到投标。然后，中标者决定是否以该价格购买所有或部分项目。拍卖人增加当前批次中剩余的任何物品的报价，然后再次按步骤下降，并以此方式继续进行，直到所有该批次包含的物品出售或达成预留价格为止。
- 封闭竞价过程。这与招标大致相似。潜在购买者根据密封格式在规定的日期和时间内提出投标请求。在指定的日期和时间，买方代表将根据评级网格对投标进行评估和比较。获得最高分数的投标者中标。如果几个竞标者获得相同的分数，那么提供最优价格的竞标者就是赢家。
- 反向拍卖程序。参见 5.10 节。

Intergraf[18] 观察到，在几种电子业务的业务形式中，电子拍卖是非常特别的。反向拍卖（其中供应商在竞标中提供越来越低的价格）特别有趣，但如果透明度、清晰度和诚实度不能确保时，这对竞争公司来讲可能是危险的。

Intergraf 在 2005 年出版的"行为准则"包括：促销者和买方参与者有义务保证电子拍卖完成条件的诚信、透明度和公平性，称为供应商参与者的关系以及以下主题。

（1）根据同样的共享标准，向所有参与供应商提供相同的信息。

（2）向每位参与供应商提供投标所需的所有信息，即

1）指定与买方提案的每个产品或服务相关的所有技术、包装和服务以及有助于定义价格的所有细节。因此，促销者/买方至少在拍卖前的 10 天向每个参与供应商提供拍卖产品或产品的样本。如果此样品是无效的，则必须提供等效或相似的产品。

2）指定是否接受具有不同产品和/或服务的混合提案。

3）指定电子拍卖的持续时间。

4）指定合同的条件，即有关付款条件、业务使用的货币、交货地点、每个交货地点的最小量和最大量、发出订单后给予的最后期限等。

（3）至少在电子拍卖开始前 24 小时向所有参与供应商提供所有参与供应商的完整列表。

（4）明确参与供应商的预先选择和选择标准以及这些标准的相对重要性；必须与未中标的人沟通落标的原因。

5.10 反向拍卖

5.10.1 什么是反向拍卖

在反向拍卖中，购买组织发布它们想要购买的商品以及它们愿意支付的价格，而供应商则在规定的时间内为商品 (s) 提供最好的价格进行竞争。

例如，购买组织有兴趣以发布规范的最低价格购买 1 000 个铸件。因此，它创建了反向拍卖，规定尺寸、质量、性能和交付要求，并且通常会降低出价。供应商进入市场并参与拍卖。中标者是根据事先商定的拍卖规则宣布的。因此，可以使用最低价格或经济有利的招标（MEAT）选项来构建电子拍卖。

在拍卖结束时，买方和卖方均受此次拍卖的限制。如果设定了反向拍卖的价格，但没有实现，收购机构就会决定中标的价格。供应商可以在规定的时间内多出一次投标机会。除了供应商的名字和逆向密封的投标拍卖，所有的投标都可供每个人都看到。大多数在线拍卖网站使用针对代理商的自动出价或代理商自动投标的"代理投标人"。

例 5-1　　　反向拍卖（一）

为征集 100 个 Xs 产品进行招标。每个产品的开标价格为 25 英镑，每次出价 5 英镑递减。

（1）供应商 A 的标书是提供 100 件产品每件出价 25 英镑；

（2）供应商 B 的标书是提供 50 件产品每件出价 20 英镑；

（3）供应商 C 的标书是提供 50 件产品每件出价 15 英镑。

拍卖的结果是：

（1）供应商 A 不成功；

（2）供应商 B 以每件 20 英镑出售 50 件产品；

（3）供应商 C 以每件 15 英镑出售 50 件产品。

投标过程中有几个变化，在所谓的英国式反向拍卖的人工系统中，采购组织指定了开标和供应商出价更高。在拍卖结束时，买家会手动选择中标者，每一位中标者都以投标价格进行出售，决定中标的标准往往是不会公开的。

例 5-2　　　　　　　　　反向拍卖（二）

为征集 100 件产品 X 进行招标。公开的起价是每件产品 25 英镑。
（1）供应商 A 的标书是提供 100 件产品每件出价 18 英镑；
（2）供应商 B 的标书是提供 100 件产品每件出价 20 英镑；
（3）供应商 C 的标书是提供 100 件产品每件出价 20 英镑。
拍卖的结果是：
（1）供应商 A 不成功；
（2）供应商 C 以 20 英镑的价格卖出 100 件产品，因为与供应商 B 相比，地理位置更接近买方。

5.10.2　何时使用反向拍卖

大多数反向拍卖都用于现货购买，并消除选择供应商耗时的离线流程，要求进行报价并对收到的报价进行比较。供应商多的市场可以为采购者提供一个汇编的供应商清单。采购组织在自己的网站上进行反向拍卖时如果希望这些供应商参与，就必须提前向其发送邀请。在以下情况下，反向拍卖特别有用：
（1）当市场规模以及卖方提供产品的意愿存在不确定性时；
（2）购买大量规格明确的物品时；
（3）出售剩余资产时；
（4）对于汽车租赁、货运服务、旅游等服务时。

一致认为，最低价格的反向拍卖过程只有在对产品规格或所选供应商几乎不关心的情况下才能使用。反向拍卖不适合复杂的产品或需要合作的项目以及需要进行大量谈判的项目。然而，Buy IT [19] 指出，为了确保在线拍卖工具成为更广泛采购战略流程的一个组成部分，软件提供商正在扩大其产品，包括对最佳长期价值合作伙伴关系的创建和管理。商品或服务逐渐变得更加难以明确，买家和供应商之间的关系变得更加一体化，在线拍卖对于驱动供应链外的成本以及更多的合作工具而言变得更少。

5.10.3　反向拍卖的过程

图 5-8 显示了所涉及的主要步骤。

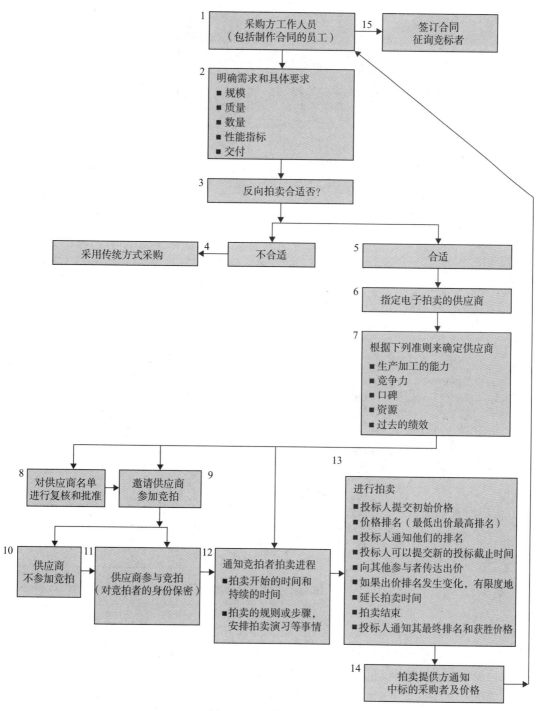

图 5-8 反向拍卖流程

5.10.4 反向拍卖的指南

如果遵循在线拍卖"行为准则"的有用摘要,这一切都有助于确保拍卖成功,如图 5-9[20] 所示。

	策略	准备工作	竞拍过程	后续工作
买方	• 在线拍卖是我们业务的核心竞争力吗？ • 如何使其适用于其他电子采购活动？ • 如何与其他电子采购活动相适应？ • 采取什么方法：全方位服务、支持或自助服务？ • 电子拍卖占费用开支的百分比？ • 通过运行电子拍卖，我们想实现什么目标？ • 电子拍卖对关键的供应商关系有什么影响？ 决不： • 计划将反向拍卖应用于所有采购	• 决定邀请供应商的数量 • 提供清晰的说明书 • 确保拥有高效的市场竞争力和回顾方法 • 获得内部承诺从而实现结果 • 制定大批量策略 • 认可评价标准 • 设定竞标时价格的浮动范围 • 培训供应商 • 认可竞标的形式并安排竞标的时间 • 对竞拍设置明确的规则 • 设定开价 决不： • 私下向参与的供应商泄露消息 • 把竞拍安排在不适当的时间，比如参与竞拍的供应商所在国的节假日	• 确认代理的竞拍流程是否安排妥当 • 监控供应商投标 • 监控技术可靠性 • 监控出价策略 决不： • 不道德地行事 • 受宣传的影响，最低的出价并不总是最好的答案	• 确定采购决定 • 如果需要，获得内部批准决定 • 向所有供应商提供反馈意见，成功与否 • 获取知识 决不： • 低估后续行动的重要性
供应商	• 在线反向拍卖对我们的销售渠道会产生多大的冲击？ • 如何更好地应对？ • 它将会对我们的客户关系产生怎样的影响？ • 如何根据客户、产品和时间表安排我们的方法？ • 我们想要实现的目标是什么？ 决不： • 拒绝参与价格的制定	• 对所有购买者的询问及时做出反馈 • 参加提供的所有培训 • 准备原始竞拍文件 • 考虑特定的竞拍策略 • 考虑竞拍团队的人选 • 研究你们的竞争力 决不： • 忽视客户或供应商提供的帮助和训练	• 在活动开始之前先准备好首次投标的相关事宜 • 提交投标，有竞标获胜的信心 决不： • 竞拍价格低于可持续成本 • 不道德地行事	• 如果需要，提供费用细目 • 如果不成功，使用基准来分析市场价格差距 决不： • 忽略经验教训，几乎肯定会有下一次

图 5-9　在线反向拍卖

5.10.5　反向拍卖的优势

反向拍卖为买家和卖家带来了好处。买家获得的好处主要有：

（1）作为竞争的结果，正常的谈判可以获得更高的资金节约。平均而言，拍卖过程将供应商出价降低 11%，节省 4%～40% 不等的成本。

（2）减少采购交货时间。

（3）访问更广泛的供应商。

（4）可以相对较快地建立全球供应基地。

（5）市场信息来源得到增强。

（6）对报价请求（RFQ）和提案进行更有效的管理。

（7）在互联网上进行的拍卖通常提供全面的匿名性，所以在看到供应商代表时不会浪费时间。

供应商获得的好处主要有：
（1）进入之前封闭市场的机会，这对小公司来讲尤为重要；
（2）缩短谈判时间表；
（3）提供市场定价信息的良好来源；
（4）明确指出为了赢得业务必须做些什么。

5.10.6　反向拍卖的缺点

对反向拍卖的反对意见包括：

（1）基于一个失败的方法。卖方试图获得更多的钱，买家试图获得最好的交易，目标是让你的对手赢得一笔好交易，或者以另一方的利益为代价赢得一笔有利可图的交易，因此，逻辑上的进展总是倾向于欺骗，所以这样的系统在没有繁重的监督和监管的情况下是无法维持的。

（2）当供应商可能会感觉到被剥削变得不太信任买家时，买卖双方之间的关系会向不利的方向转变。

（3）可能对买卖双方的绩效带来长期的不利影响：

1）一些供应商可能无法长期维持大幅度的降价；

2）不能以低价竞争的供应商可能会被从买方批准的供应商名单中删除或要求自动退出，以便这些买方最终减少卖方的基数；

3）为了确保所需商品和服务的可获得性，可能需要相当长的时间来完成详细的规格表。

5.11　电子支付

电子支付可以是一种独立使用的方式，也可能是和采购卡一起使用的一种方法，在同英国国防部（MoD）购买付款（purchase to payment，P2P）系统一起使用时。电子支付软件支持：

（1）向贸易伙伴发送产品或服务的电子订单；
（2）生产电子收据并与产品和服务的订单保持联系；
（3）发送给 MoD 的电子发票；
（4）在线匹配订单、收据和发票，生成发送给贸易伙伴的付款授权电子邮件。

图 5-10 提供了一个有用的电子支付和发票申请地图以及提供这些应用程序的供应商，根据付款所涉及的购买价值是高还是低以及支付的频率提供不同的选择。安全和审计对于电子支付来讲非常重要。安全风险包括黑客未经授权的访问、非法获取 PIN 和数据窃取。解决安全问题的方法包括：

（1）**加密技术**——以这种方式进行编码信息的艺术，只有密码持有者才能解码和读取信息；

（2）**认证授权**——澄清并提供有效证明的组织。在任何电子支付系统中，发票和付款在整个系统中是可追溯的显得至关重要。审计跟踪应该追踪每一行数据，然后返回到它所产生的文件。

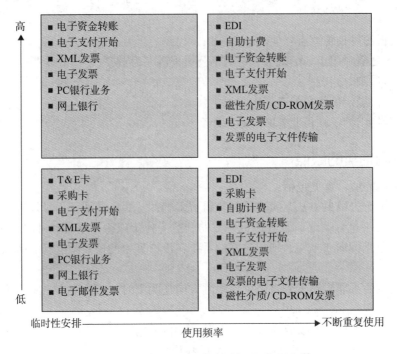

图 5-10 电子发票和电子支付的解决方案[22]

5.12 低值购买

当行政支出不能被任何储蓄抵消时,采购部门处理低值采购的时间与采购总值可能不相称。这些低值采购的潜在规模,可以通过参考公共工程和加拿大政府服务部门在 2002 年发布的 33 000 万份合同以及 11 000 万份价值超过 100 亿美元的商品、服务和建设的修正案来说明。在这些合同中,62% 的价值低于 25 000 美元。

低值购买的有效低成本程序包括以下内容。

5.12.1 下单

下单是指在规定范围内的用户和通过互联网批准的供应商安排自己的订单。

5.12.2 采购卡

采购卡类似于信用卡,并涉及国际银行等提供商,通常是开证行。当进行低值采购时,它们可以使任何用户,如建筑工地的工头采购并向供应商提供付款。理查森(Richardson)[23]已列出使用采购卡的以下好处:

(1)通过优先供应商进行更多订单,可以提高合规水平,从而可以获得更大的批量折扣;

(2)平均交易和订单处理成本可能大幅下降;

(3)实施成本比 ERP 或电子采购系统低 10～100 倍;

(4)供应商可以更快地获得付款,使他们能够投资于业务并提高对客户的服务水平;

(5)对账户、供应商和税收的数据进行更大的改进;

(6)减少采购员工在订购文书和追踪上耗费的时间,允许更多的时间用于战略和战术工作。

显然，采购卡的发放和使用必须仔细控制。持卡人应履行对采购卡以及使用特定采购卡号进行采购保护的责任。

物理采购卡及其账户编号均不得共享或转让给其他任何人使用。采购卡应定期进行内部审查，以确保遵守控制和采购的适当性，该卡实际上由授权持有人拥有，并且普遍遵守特定的采购步骤。

5.12.3 处理低值购买的其他方法

处理低值购买的其他方法如下：

（1）电话订单。需求被提供给提供订单号的供应商。约定的价格记录在订单上但不会发送给供应商。供应商参照订单表格开具货物发票。

（2）小额现金采购。项目以一种授权申请表格的形式从当地供应商直接获得，并通过小额现金一次性支付。主要的问题是控制采购的规模和型号。这可以通过向潜在用户提供小额现金预付来完成，这样款项就可以支付。

（3）常规订单。一系列物品（例如电气配件、紧固件）的所有订单都是与供应商在一定时间内进行的，例如 12 个月。特殊的折扣通常是经过协商确定的，数量可能会被指定也可能不会被指定。用户通过传真、电话或计算机界面直接向供应商发送项目的需求被取消。应付账款由供应商汇总，通过电子方式或表格方式呈现，并由用户成本中心进行隔离，以便通过账户功能进行编码。

（4）自动计费。这使用 EDI。当以电子方式交易的前 Rover 集团从供应商那里收到货物时，它检查了货物是否符合要求，然后直接付款。供应商不需要开具发票，自动计费使客户和供应商都能够节省成本。

（5）空白支票单。这是美国设计的一个系统，具有指定责任的支票表格附在订单上。在转运货物时，供应商填写他存放在自己银行的支票。获得买方授权后支票才能存入，但不能兑现。因此避免了对付款的开票和转发的需要。

（6）无存货的购买。这种方式实际上与一定时间的总订单相类似，但供应商同意保留指定物品的库存。

5.13 采购手册

5.13.1 什么是采购手册

本质上，采购手册是传播关于采购政策、程序、指示和规定信息的媒介。

- 政策。这可能是一般的或重要的，在广义上，一般政策强调采购职能的目标和责任；重要的政策以扩展的形式说明在特定的活动或情况（如供应商的选择）下如何应用一般政策。
- 程序。通过执行政策规定活动顺序，如接收退货。
- 指导方针。对负责执行政策或程序的人员进行详细的了解或指导，例如与已经取消合同的供应商进行谈判。
- 规定。对采购和辅助人员在履行职责的各种情况下所做出行为的详细规定，例如从供应商那里收到礼物的情况。

在起草采购手册时，明确区分以上术语是非常有用的。

5.13.2 采购手册的优点

采购手册所声称的优点包括：

（1）写下来有助于提高精确度和清晰度；

（2）采购手册的准备为采购和其他部门严格审视现行政策和程序提供了一个咨询的机会，并在必要时更改；

（3）程序是根据采购对活动的开展和控制进行规定，从而促进一致性，减少常规任务进行详细监督的需要；

（4）手册对于培训和指导员工是很有帮助的；

（5）手册可以帮助年度审计；

（6）手册可以协调政策和程序，并有助于确保采购原则和实践的统一性和连续性，以及提供一个参考点确定那些原则和实践可以进行评估；

（7）手册对高层管理人员重视采购功能的现实有助于提高采购状态；

（8）详细记录的计算机系统进一步推动了采购手册的编制。

5.13.3 采购手册的缺点

采购手册的缺点主要体现在以下几个方面：

（1）制作过程成本高；

（2）倾向于培育繁文缛节和官僚主义，扼杀员工主观能动性；

（3）必须不断更新，以显示程序和策略的变化。

5.13.4 采购手册的格式

虽然硬拷贝手册仍然生产，但最合适的格式是用于处理执行操作任务所需信息的操作数据库。这可以通过内联网或通过互联网进行内部访问，随着手册的免费性开放，它鼓励了透明度的提高并且可以轻松更新。

5.13.5 采购手册的内容

采购手册由三个主要部分组成，分别是组织、政策和程序。

（1）组织：

1）在承诺内显示采购地点的图表，以及它在中央和本地是如何被组织的；

2）对采购职能中涉及的所有可能职位进行职务说明，包括适用范围以及职位限制；

3）与采购和供应链的活动有关的团队；

4）员工的管理信息，如缺勤、工作时间、旅行费用和类似事项等。

（2）策略：

1）陈述政策，制定采购功能的目标、责任和权威；

2）可以扩展的关于价格、质量和交货的一般原则陈述；

3）合同条款和环境以及标准合同形式的使用；

4）与供应商的道德关系，特别是礼品和娱乐；

5）环境政策；
6）供应商评估和选择；
7）员工购买；
8）向管理层报告。
（3）程序：
1）描述并附有关于采购、订购、加急、接收、检查、存储和交付货物程序的流程图；
2）与拒收和退货有关的程序；
3）处理废料和过时或过剩物品的程序。

5.14 供应商手册

供应商手册为产品和服务的供应商提供信息。这样的手册可能与供应商关系的某个特定方面有关，例如质量、交货要求、道德或环境问题，或涵盖所有方面的综合性出版物。

5.14.1 供应商手册的目的

供应商手册力图实现以下目的：

（1）设定购买者准备与供应商交易的参数。大多数供应商手册包含以下声明："本手册规定的要求/标准的变更只有在供应经理具体书面同意的情况下才允许。"

（2）为交易提供法律依据，例如符合本手册的要求是作为 XYZ 贸易术语和条款的一部分购买条件的要求；供应商在同意向 XYZ 供应产品和服务时可以接受，不履行合同是违约的。

（3）提供供应商要求的与买方有关的基本信息，如包装、运输、交付、交付地点、环境和道德政策以及电子采购等问题的要求。

5.14.2 供应商手册的内容

德国博世公司（Robert Bosch GmbH）[24] 有一个"供应商物流手册"，规定了其对物流的要求。在序言中，它指出近年来国内外市场竞争加剧。我们客户个性化需求的增加对业务提出了更高的要求，同时也对物流功能的质量和灵活性产生了影响。物流质量对企业竞争力的影响越来越有决定性，日益增长的重要性也是我们战略成功的重要因素。内容包括：

（1）信息物流；
（2）包装物流；
（3）争议物流；
（4）物流质量；
（5）展望；
（6）缩写；
（7）附件。

问题讨论

1. 描述组织政策的四个主要层面。
2. 使用铁轨采购政策作为参考，找到另一个已发布的采购政策并确定后一种政策的目的。

3. 确定一般采购的四个关键政策原则。
4. 什么是采购步骤？它如何帮助采购功能履行企业义务？
5. （1）从需求清单开始截至供应商交付，绘制一份传统的、纸质的采购系统流程图；
   （2）估计在上述过程中每个阶段所占用的时间和花费的成本；
   （3）准备一张流程图，展示如何在电子采购环境下进行相同活动；
   （4）估算使用电子采购节省的时间和成本。
6. 为什么在许多组织中，电子采购限于维护、修理和操作（MRO）项目？
7. 电子采购很少能取得圆满成功，因为它使整个过程变得个性化。缺乏个人联系会导致误解和削弱关系。你同意这个观点吗？你为什么坚持自己的观点？
8. 引入 EDI 的经典问题是什么？
9. 为什么业务流程整合对组织具有战略重要性？
10. 你是否使用电子目录进行采购？如果你使用了，你的观点是什么？
    （1）如何进行更新？
    （2）产品与市场上可获得的产品相比较范围如何？
    （3）其优势是否远超买家自己进行市场搜索？
11. 反向拍卖是采购日益增加的一个方面。在过程结束时的价格是在没有任何面对面的谈判下达成共识的。对以下方面进行评论：
    （1）不可能理解成本驱动因素；
    （2）采购仅凭价格；
    （3）价格最低的供应商必须降低品质才能获利。
12. XML 为用户提供了许多优势，包括：
    （1）简单；
    （2）可扩展性；
    （3）互操作性；
    （4）开放。
    列举一个实例来说明 XML 如何提供上述每个好处。
13. 你将以何种方式预测电子采购的发展？当你回应时请考虑：
    （1）采购的国际层面；
    （2）供应链通过多层次扩展的事实；
    （3）需要有效的合同管理；
    （4）电子系统欺诈的潜在性。

参考文献

[1] Klein, W. H. and Murphy, D. C., Policies: Concept in Organisational Guidance. Boston: Little-Brown, 1973, p. 2

[2] Crossrail Procurement Policy Document Number CR/QMS/PROC/POL/1101

[3] Report on the Minna Type Vessel Procurement Process, dated 22 May, 2006, from the Scottish Fisheries Protection Agency (SFPA)

[4] International Electronic Commerce. Definitions and Policy Implications, GAO-02-404

[5] Greenstein, M. and Feinmann, T., *Electronic Commerce Security, Risk Management & Control*, Irwin/McGraw-Hill, Boston, 2000

[6] Zwass V. 'Electronic Commerce: Structures and Issues', *International Journal of Electronic Commerce* (1.11)

[7] Hackbarth, G. and Kettinger, W. J., 'Building an E-business strategy', *Information Systems Management*, Vol 17, p. 78

[8] Kalakota, R. and Robinson, M., *E-business 2.0*, 2nd edn, Addison Wesley, 2001, p. 310

[9] As 8 above

10. Armstrong, V. and Jackson, D., 'Electronic data interchange: a guide to purchasing and supply', CIPS, 1991, pp. 15–16
11. Killen, K. H. and Kamauff, J. W., *Managing Purchasing*, Irwin, 1995, p. 60
12. Norman, G., 'Is it time for EDI?', Logistics Supplement, *Journal of Purchasing and Supply Management*, June, 1994, p. 20
13. Monczka, R. M. and Carter, J. R., 'Implementation of electronic data interchange', *Journal of Purchasing and Supply Management*, Summer, 1998, pp. 2–9
14. National Computing Centre, 'The impact of e-purchasing on supply chain management', *My IT Adviser*, 17 September, 2002
15. Adapted from Ronchi, Stefano, *The Internet and the Customer Supplier Relationship*, Ashgate, 2003, p. 48
16. We are indebted to the ACTIVE Secretariat, 20 Eastbourne Terrace, London W2 6LE, for permission to use this figure, taken from 'The e-Business Study', 2000, p. 20
17. Epicor 2000, *The Strategy*, p. 91
18. International confederation for printing and allied industries, 'E-Auctions – Code of Conduct', March 2005
19. *Buy IT*, 'Online auctioning: e-procurement guidelines', issued by Buy IT Best Practice Network, October, 2001, pp. 13–14
20. The authors are grateful to David Eaton and the *Buy IT* e-procurement Best Practice Network for permission to use this figure, taken from 'Buy IT Online Auctions', 2001, p. 5
21. Lascelles, D., *Managing the Supply Chain*, Business Intelligence, 2001, p. 44
22. We are grateful to CIPS for permission to reproduce this figure, taken from 'The CIPS e-procurement guidelines: e-invoicing and e-payment'
23. Richardson, T., 'Guide to purchasing cards', Supplement, *Purchasing and Supply Management*, 2003, p. 7
24. http://purchasing.bosch.com

PART 2

第二部分

供应商关系、法律和合同管理、质量管理、采购、供应商选择、价格管理和长期使用成本

第6章 供应商关系和合作伙伴

学习目标

本章的目标是理解以下内容和概念:
- 规划关系采购
- 交易型采购和关系采购的比较
- 买卖双方关系的战略本质
- 供应商关系的模式
- 法治思考
- 对技能和知识的要求
- 建立长期关系的益处
- 供应商关系的终止
- 关系破裂的分析

核心要点

- 建立良好关系的有效规划
- 交易型采购和关系采购的关键点
- 关系的形成
- 供应商关系的分类和分析
- 合同管理的原则与应用
- 供应商关系模式的商业用途
- 对关系是否互利的评估
- 与供应商关系终止时应考虑的因素

| 引言 |

本章从理论和实践两个方面提供对采购活动中供应商关系的认识和理解。当买卖双方可能建立起真诚的长期合作关系的时候，对此种关系的历史进行谨慎的审查将会对买卖双方展现出无限的机遇。为达到这样的结果，要投入必要的资源，要改变认识和态度，并且要放弃对抗性的业务运作方式。

6.1 关系采购和采购关系

关系，除了有其他所指，可以定义为"联系或合作"。[1] 关系是指个人、组织机构和组织机构内外的群体之间的互动。除了工业社会学所关心的工作场所环境下的群体互动外，对商务关系的研究应用始于关系市场开拓这一概念。

所谓的供应商关系管理（supplier relationship management，SRM）[2]，是双方之间为了各自组织机构的整合而努力的一种手段。而这种整合将为客户的资金带来更大的价值，为供应商带来更大的利润空间，并且有助于双方满足各自战略性目标。它不仅是一个供货协议，也不仅是提供给供应商的一个外包合同，更确切地说是把两个组织机构的很多方面进行整合，从而达到互利的目的。这些利益必须是真实的、有形的，而不仅仅是一个关系指标。

最成功的采购关系应是这样的，客户和供应商互相增进信任并理解各自的需要和利益，同时伴随着就所关心的问题互相学习、互相协助。当存在这种条件时，一种稳定的、可相互信赖的采购和供应商关系就会水到渠成。这种关系是构成商业网络的基础，并且为双方提供竞争优势。

6.2 考虑合同要求的情况下，交易型采购与关系采购的区别

表 6-1[3] 中考虑到合同的要求，强调了无论该关系存在与否，供应商都要满足确定的合同义务。

表 6-1 交易型采购和关系采购的主要区别及合同要求

交易型采购	关系型采购	合同要求
注重个别的采购及一次性购买合同	如果主要业绩指标令人满意，就注重保持供应商	即使是非长期性的一次性交易的合同，也应该有一定的义务
定位于短期	定位于长期	供应商承诺不断改进并投入资金进行科研
非亲近关系	亲近关系	建立联合董事会，公开账务并分享长期业务计划
简单的买–卖关系	各利益方一同参与的整合关系	致力于团队合作，开展有效的合同回顾复查会议，并且有效评估存在的问题
注重价格、质量和交货。但没有创新	对创新、持续改进、利益分享的机会及研究的透明度做出详细要求	为经过论证的创新提出具体要求，并说明双方的利益所在
一般层面上与供应商联系	与供应商高层次的接触，包括双方组织机构高层人员接触。对业绩做不断回顾复查	业务与合作董事会的建立，并在合适的时间间隔召开回顾复查会议
几乎没有信息共享，不透明	充分的共享信息	管理信息的提供，成本和利润账务的公开，业务规划的透明
知识产权不是关键的考虑因素	知识产权作为一个关键因素来考虑，通过对市场整体的开发来取得额外的收益	当买方承担了知识产权的成本并成为其测试场所时，这个知识产权就是联合拥有的。执照要按照协商好的财务基础来获得

6.3 协作型业务关系

英国标准化协会（British Standards Institution，BSI）[4]发布了BSI11000—1:2010 "协作业务关系（Collaborative Business Relationships）第一部分：框架规范"。[5]需要注意的是BS11000-1在交付印刷的时候，另一文本BS11000-2已经在准备阶段了。原来的PAS 11000：2006随之就被取代并撤销了。BSI宣布另一个新的国际标准ISO11000将于2016年年末发布。

英国颁布这样的标准的目的就是要提供一个战略性框架，使任何规模的组织结构都可以建立并改善它们的协作业务关系。"协作"是一个令人敬仰的业务目标，但实际上要达到却非常困难。这方面有许多知名度很高的合同纠纷可以佐证。BSI指出协作的做法已经显示出，它可以获得很大范围的收益，这样就提高了竞争力和工作业绩（比如说，更好的成本控制、改善的时间利用率、改善的资源管理及风险管理，还有提供阶段性的业务价值和创新等）。

BSI然后解释说，在BS11000里的协作关系可以是多个层面的。可能是单独的一对一关系，但更多的是网络性的关系，也就是说，会涉及多方，包括外部协作者/合作伙伴或者联盟伙伴、供应商、内部多个部门，通常还有客户一起合作。所有这些通常被称为业务网络、产业供应链、产业集群、产业体系或者扩展的企业。协作业务关系也适用于联营企业或者合资企业，即使其中有个别的组织机构并没有实施这样的标准。

英国标准规定了一个反映协作关系总体生命周期的8阶段框架。这8个关键的阶段如表6-2所示。

表6-2 协作关系框架中8个关键阶段

阶段		特征
阶段1	意识	企业总的战略政策和程序，这就需要在可以做的地方融合协作的方法，以增加价值。在BSI中的第三条，阶段1下面有许多小项目如指定负责的高级执行长
阶段2	了解	注重了解一个特别确定的机会，来创造业务案例和利益分析。BSI解释说，这应该包括可能影响有关竞争力、培训与开发、知识管理、风险管理、价值分析，以及初始战略推出的条件等总体策略
阶段3	内部评估	这是为了保证组织机构会对它自己的能力和成熟度进行有组织的评估，从而能够成功地参与到协作的倡议里。认识内部的优点和缺点，能确保该协作并不是建立在对外部各方业绩具有偏向性的基础上的
阶段4	选择伙伴	这说的是需要采用有组织结构的方法来确认、评估及选择恰当的合伙人。它不仅评估协作伙伴的业绩，还要考虑到两个机构如何采用更加整合的方式来合作以取得共同利益
阶段5	一起工作	这就注重确保伙伴们能建立恰当的业务结构、管理、角色和责任来有效达到业务目标。在这里，组织机构之间为了共同工作要建立并遵循一个正式的合作基础，包括合同框架或各自角色分配和责任
阶段6	价值创造	这就特别注重建立能从合作关系中创造价值的方法
阶段7	保持合作	这就强调了需要确保有效衡量与监控这种关系来保持最佳业绩
阶段8	退出策略	这是强调规划和维持一个有效的策略，为的是在必要的时候和合适的场合从协作关系中撤出

该协作业务关系的标准中还包括能力和行为，如表6-3所示。

表6-3 标准中包括的能力和行为

内容	核心竞争能力	组织机构的强化手段
在协作项目的管理中要求的业务技能	开发与管理协作项目需要的关键竞争能力	能强化协作工作并注重业务操作的关键企业文化因素

(续)

内容	核心竞争能力	组织机构的强化手段
• 领导能力 • 业务规划 • 沟通技巧 • 团队管理 • 谈判技巧 • 冲突解决 • 商务与财务管理 • 变革的管理 • 项目和程序管理 • 合同管理 • 风险管理 • 知识管理 • 业务程序开发	• 通过影响力展现领导力 • 辅导与培养 • 利益方的管理 • 文化背景意识 • 建立战略性阵线 • 发展价值定向 • 协作谈判 • 合作伙伴选择 • 开发管理政策 • 标准与衡量的设定 • 协作工作 • 共同业务规划 • 组织机构阵线 • 关系管理 • 过渡管理 • 解决问题与做出决定	• 领导力投入 • 联合管理政策的结构 • 共同目标/方向 • 文化阵线 • 联合业务规划 • 明确的恰当的衡量办法 • 战略性阵线 • 协作精神 • 明确岗位和职责 • 支持程序与基础建设 • 明确地解决问题的机制 • 风险与回报分享 • 明确自治制与责任承担制 • 合乎需要的资源 • 各利益方的有效沟通 • 竞争能力的开发和发展 • 权限下放 • 统一激励机制

关键行为准则和规范

- 分享信息,建设性疑问,公开和诚恳地回馈意见
- 有效倾听,尊重各方意见
- 沟通要有效、一致、公开、诚实,并且对问题要善于回应
- 认识到所有各方的目标,并寻找途径帮助他们最大限度地达到这些目标
- 谈判而不是钻空子
- 承认并尊重文化差异,主动解决潜在的困难并超越障碍
- 从共同的经验和教训中学习
- 理解并支持他人达到他们的目标
- 确立共同需求和结果,并按目标提供服务,任何行为都要以共同利益为准
- 在考虑创新意识与未来可能性的时候,要平衡风险与回报
- 对目前问题的处理要考虑到对将来可能带来的影响
- 在解决当前问题的时候不要失去长远考虑,从经验中学习并准备好接受变革
- 对变革的态度既有建设性又有灵活性,鼓励挑战与新观念,来激发他人的创造力
- 满足所有利益方的需求,来达到共同的目标
- 对所有生意伙伴要尊重并关心,并考虑任何行动对他人的影响
- 致力于相互理解,但对于不当行为要向当事人问责

关于 BS 11000 的总结

该英国标准 BS11000 力图囊括各种不同的关于如何建立并保持协作业务关系的观点。根据作者的观点,它并没有完全抓住如何战胜传统上买方与卖方之间互相对立的关系的核心问题。采购的很多程序,其核心问题就是要找到能成为合作伙伴的供应商。总体来说,这并不是一种机械的方法。它需要专家们展示他们各方面的技能,尤其是谈判的技巧。它需要最高层人员有充分的思想准备,来共享长期的敏感性商务计划。

6.4 关系的形成

霍尔姆隆德(Holmlund)和斯特兰德维克(Strandvik)[6]对两个或更多企业之间相互影响

的情况进行了分类，它们有5种不同的递增层次——行动、事件、结果、关系和合作伙伴基础。这些是分等级的层次，其范围从一个简单的交换到某一个特定企业的关系群组合。

（1）行动层。"焦点企业的个体开端"，如电话或上门拜访，这些行动可能与产品、信息、资金或社交接触等有关。

（2）事件层。一组相关的行动，如包含一系列谈判磋商的行动。

（3）结果层。更大和更广泛的相互影响的事务。这个层次可以按照合同、产品、行动计划或项目进行定义。

霍尔姆隆德和斯特兰德维克也指出：在企业中一种"结果"的产生是与买卖双方中任意一方的某个重要人物相关的。该人员的更替可能导致这个结果的变化。即使关系仍然继续，其质量可能会受一个人的变化而变化……结果在完成后会形成一个脆弱的时期，在此期间，参与方会对关系进行认真的评估。评估可能引起潜在的关系终止，因为一个结果是代表一个时间框架上的承诺，而它又为一个特定结果所定义。

（4）关系层。它由全部的结果所组成，反过来，结果是由两家公司之间特定的关系中全部的相关事件和行动组成的。

（5）合作伙伴基础层。一个特定企业的关系群就是在特定的时间点，一个企业所拥有的全部关系。

长期个人关系的形成通常也会经过相类似的阶段而发展起来。因此，从一次会面（行动层）可能发展为友谊（事件层）、追求（结果层）直至结婚（关系层）。每一层通常比前一层有更长和更持久的持续时间。如表6-4所示，供应商整合的模式就是沿袭这个过程。

表6-4 与供应商整合的各阶段

初次接触	定期约会	渐趋稳定	共同生活	婚姻联盟
竞争的杠杆作用　招标、投标和战术的磋商，所有这些都基于不断进行的基础上	成为优先的供应商　得到对质量、交货、成本跟踪记录的证明，由此缩减供应商基础，很少再需要招标	形成合作伙伴关系　标杆管理仍适用于对价值的评估，但现在需要的是：改进计划和优先权的共同定义，供应商和采购方联手为团队设定特定的目标	实现战略性联盟　单一渠道组织货源和联合投资战略；互相依赖变成驱动力	业务整合　核心能力全面对接和结合，由此合理化将会带来增值

低 ←――――――――― 战略联盟和核心能力的整合程度 ―――――――――→ 高

资料来源：Johnson, S., Tinsley Bridge Ltd, 'Managing change through teamwork', ISCAN, Sheffield, 1997, pp. 7–17.

然而，贾沃林（Jarvelin）[8]提出异议，对于实用的目的，关系的质量问题可以只从两个层次进行研究：事件和关系。

6.5 供应商关系的模式

供应商关系有许多分类方式,其中以考克斯和本绍(Bensaou)的模式最为典型。

6.5.1 考克斯模式

考克斯[9]提出了外部关系和内部关系的阶梯图,如图6-1所示。

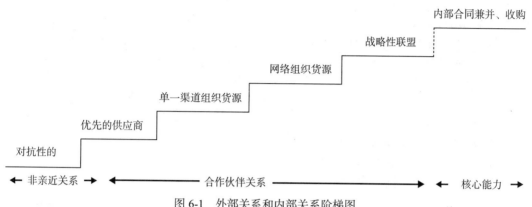

图6-1 外部关系和内部关系阶梯图

资料来源:Adapted from Cox,1996.

要注意的是,考克斯在阶梯图中略去了本书后面章节将会提到的"合作伙伴关系组织货源",为此考克斯给出了两点理由:

(1)合作伙伴关系组织货源是一个较通用的概念,它是指合作关系的一个相当复杂的范畴,如从优先的供应商到战略联盟;

(2)合作伙伴关系组织货源(或合作关系组织货源)这个术语是用来指所有形式的非对抗性协作关系的。

考克斯模式重点勾画出了一些同公司的交易成本和以资源为基础的理论有联系的概念。

1. 交易成本理论

交易成本理论(transaction cost theory,TCT)是由科斯(Coase)[10]和威廉森(Williamson)[11]共同提出的。这个理论提到这样的思想,如果货物和服务是在市场中采购的而不是由公司内部提供的话,为此要付出成本。这中间3个关键概念是交易成本、资产专用性和信息的不对称分布。

交易成本由以下3种成本组成:

(1)寻找和议价的成本;

(2)议价和决定的成本;

(3)制定政策和执行的成本。

资产专用性是资产可转移性相对缺少的程度,这个资产是在给定的供他用的交易中仍倾向于要用的。(资产专用性高意味着可转让性小,资产专用性低意味着可转让性大)。威廉森确定了划分资产专用性的6种主要形式:

(1)场地;

(2)有形资产;

(3)人力资产;

（4）商标名称；

（5）捐赠资产；

（6）暂存物品。

信息的不对称分布是指交易各方接触相关信息的途径和机会是不均等的。这个不均等的后果是，在合同关系中，如果出现偏移到更有优势的合作方的机会，双方中任何一方都可能参与交易后的投机取巧。

2. 资源基础理论

资源基础理论（resource-based theory，RBT）强调，由于每家公司都有属于自己的唯一核心竞争力的资源集合而以此为特色区别于其他公司。因此凯（Kay）[12]指出，竞争优势的来源是创造的能力和开发独特性的能力，它很难营造和维持、整理和编辑成册、复制和效仿，并且也是不能简单地照搬的。凯确定了3种独特的生产能力的基本形式。

（1）**企业的架构**。这种组织的能力是：

1）创造和储存组织积累的知识和常规程序的能力；

2）推进控制网络成员之间更加有效的合作；

3）达到公开、透明和信息的畅通；

4）迅速灵活的调整和适应。

（2）**创新**。这是降低成本、改善产品或先于竞争对手介绍新产品的能力。成功地将新的思路结合新技术、新设计和最佳实践的道路是艰难而曲折的。通常，创新只能通过与合作伙伴合作和协作的方式来实现。

（3）**声誉**。这是指企业就其自身的信誉、可信任度、可依赖性及负责程度等方面，可以给外界树立信心的能力。良好的声誉必须经过长期的考验，然而，一旦取得信誉，它们提供质量保证的能力能够使它们的产品增值。

根据TCT和RBT所提供的实质，考克斯推理出以下命题。

（1）非亲近关系。这是与较低的资产专用性和较低的供应商竞争力联系在一起的，在有很多潜在供应商的场合，这些很容易被现货所取代。

（2）内部合约。这就是内部的条款，这是与高资产专用性和核心能力联系在一起的：越多的外部竞争力接近高资产专用性的核心能力，由外部关系导致重组兼并的可能性就越大，即使不成功，其结果也会导致非常亲密的、由单一渠道组织资源磋商成的合同，其中双方都对所提供的货物或服务有清晰的所有权。[13]

（3）合作伙伴关系（见图6-1）。适应于中等资产专用性，并且根据外部供应商从特定公司的核心能力中提供的互补能力的差距来决定攀升的台阶：它们（互补的能力）越接近公司的核心能力，公司越需要考虑重组兼并实现垂直一体化。离公司的核心能力越远，对中等资产专用性的技能进行垂直一体化的要求就越弱。[14]

3. 考克斯的合同关系的分类

如图6-1所示的合同关系的阶梯图中的5个台阶，每个台阶代表了对特定商品和服务公司的一个更高的资产规格和战略重要性级别。每个台阶也代表关系的参与者之间和对于关系中发出的货物和服务的相关所有权的影响力的程度。当企业认为互补的供应商至关重要而需要通过实施重组、兼并来形成垂直一体化时，这就达到了合同关系的最高级别——战略性供应商联盟。

（1）对抗的优势。直到 20 世纪 80 年代中期，在对抗的基础上接近市场是很平常的。因此，波特在 20 世纪 80 年代中期的著作中提倡采购者应该多方寻找货源，协商短期的合同，保守有关成本、销售和产品设计的秘密，并且不向供应商提供改进的建议，也不从供应商那里接受改进的建议。

（2）优先的供应商。它们是中等资产规格或战略重要性的补充货物或服务的提供者，它们在经过供应商评级和评估后，没有被采购方放在潜在供应商的数额有限的名单中。

（3）单一渠道组织货源。它们是从单一的中等资产规格或战略重要性的互补货物或服务的供应商那里采购。如同考克斯发现的单一渠道组织货源的目的是减少交易成本和节省开支，但是其没有计入与垂直一体化有关的成本。

（4）网络组织货源和合作伙伴关系。根据考克斯理论，网络组织货源"是一种设想，这种想法是，通过在供应链所有层次上建立虚拟公司是有可能实现的，当然还需要在每个阶段精心设计一个多层结构的合作伙伴关系，但此时不需要推进垂直一体化"。

网络组织货源可以：

1）主要缔约公司在整个供应链和价值链中担当减少交易成本的驱动器。

2）成本降低通过主要缔约公司和第一层供应商之间的合作伙伴关系实现，它为主要缔约方控制重要的中等资产，并且同第二层的供应商形成类似的合作伙伴关系（见 4.4.1 节）。

3）供应链上的每一个层次都是有效的合资企业，在这些合资企业中，每个台阶上的公司将通过分享最好的业务实践和"量身定做"的技术，来告知并训练它们各自的合作伙伴。

4）这类网络组织货源关系只可能存在于成熟工业中，"此种场合下，资产规格持续降低，因此多种的和一系列的分包合同实现起来更为容易。在这样的供应链的关系中，所有权、管理控制和实力等问题变得越来越难以处理"。

（5）战略性供应商联盟。这就是传统上提到的合资企业，考克斯将它定义为"同具有互补的产品或服务的供应商进行协商，而形成的单一渠道组织货源的关系"。这种关系组成一个全新的独立法人，它区别于组成联盟的公司。双方在相互关系的结果中都具有一定程度的优先权（并非一定是 50/50），因此这种关系的基础是实力的均等和高度的互补性。

6.5.2 本绍模式

本绍模式是基于对 11 家日本的和 3 家美国的汽车制造厂商进行研究的基础上设计的。本绍提出一个管理投资组合的框架，其目的是使高级经理能够回答下面两个问题。

问题一：在遇到不同的外部突发事件时，一家公司应该选择哪种管理结构或者哪种相关格局来应对？

这是战略决策，因为它影响一家公司怎样定义它的管理界限和主要业务活动。

问题二：对于管理每个不同形式的关系，适当的方法是什么？

这是一个组织机构的问题。

本绍提出 4 种购买者关系群：

（1）市场交换；

（2）受约束的购买方；

（3）受约束的供应商；

（4）战略合作伙伴。

对于每种关系群，本绍确定了不同的产品特点、市场特点和供应商特点。

然后，他建议将这 4 种关系群安排在一张矩阵型的象限图中，用这样的图来指出购买方和供应商在关系中的有形资产和无形资产的投资是高还是低。在此，有形资产的投资是针对建筑物、工具和设备的。无形资产的投资是对人员、时间以及在学习供应商和购买者商务实践与步骤以及信息共享方面的努力结果。经过改编的本绍象限图如图 6-2 所示。

受约束的购买方	战略合作伙伴
产品特点： • 技术上复杂 • 以成熟的和熟知的技术为基础 • 几乎没有对产品创新和改进 **市场特点：** • 稳定的需求，有限的市场增长 • 集中的市场，只有个别的既定的参与者 • 购买方仍保持内部的生产制造能力 **供应商特点：** • 供应物资的大型商号 • 供应商拥有专有技术 • 几乎没有坚固的既定供应商 • 强大的谈判和讨价还价的实力 • 汽车制造商很大程度上依靠这些供应商，依靠它们的技术和技能	**产品特点：** • 需要高等级的个性化 • 接近买方的核心能力 • 在关键过程中需要紧密的多重调整 • 技术上复杂的零配件或集成的子系统 • 以新技术为基础 • 技术、产品和服务的创新迅速 • 频繁更改设计 • 工程专家的大量需求 • 需要大量的资本投资 **市场特点：** • 强烈需求和高成长市场 • 竞争非常激烈和集中的市场 • 由于不稳定性或缺少权威的设计，竞争对手经常变换 • 购买方仍保留其内部的设计和测试的能力 **作为合作伙伴的供应商的特点：** • 大型的供应多种产品的商号 • 强大的供应商专有技术 • 积极从事开发研究和创新（投资较大） • 强大的公认的技能以及设计、工程和制造能力
市场交换	**受约束的供应商**
产品特点： • 高度标准化的产品 • 成熟的技术 • 几乎没有创新，设计很少创新 • 技术上简单或结构良好的产品、复杂的制造工艺 • 最终产品个性化程度很低，或根本没有 • 工程要求低、专业性要求低 • 需要较少的资本投资 **市场特点：** • 稳定的需求或下滑的需求 • 高度竞争的市场 • 很多可选的有能力供货的供应商 • 很长时间内是同样的参与者 **供应商特点：** • 小型的"夫妻店" • 没有专有的技术 • 更换供应商的成本较低 • 谈判实力较差 • 对汽车行业中经济上依赖性强	**产品特点：** • 技术上复杂的产品 • 依靠新技术（一般由供应商开发） • 重要及经常的创新和在产品品类上的新性能 • 工程要求高、专业要求高 • 需要巨大的资本投资 **市场特点：** • 高成长的市场部分 • 激烈的竞争 • 几乎没有合格的参与者 • 供应商的频繁变换，伴随有不稳定的市场 **供应商特点：** • 强大的供应商专有技术 • 供应商有强大资金能力和良好的研发技能 • 几乎没有坚固的既定供应商 • 供应商讨价还价实力较差 • 总体上，在汽车行业供应商依赖购买方和经济联盟的程度较高

纵轴：高 / 低　横轴：低 / 高

图 6-2　本绍的供应关系矩阵型象限图

本绍又为每种关系群确定了 3 种不同的管理变量，它们是：

（1）信息共享机制和实践；

（2）跨界限工作任务的特点；

（3）关系中的社会气氛和环境。

图 6-2 和图 6-3 展示了在外部环境中高手们在配合协调、信息和知识交换上所采用的管理实践。

受约束的购买方	战略合作伙伴
信息共享机制： • 连续"宽频"的和重要的详细的信息交换 • 经常和定期的互访 **跨界限工作任务的特点：** • 结构性的工作任务，可预测度高 • 购买方的采购代理和工程师为采购花费了大量的时间 **环境和过程的特点：** • 紧张的环境，缺少互相信任 • 没有供应商对产品设计的早期参与 • 购买方为合作付出巨大的努力 • 供应商不一定要有良好的声誉	**信息共享机制：** • 经常的"宽频"的和多种媒体的信息交换 • 定期的互访和客座工程师模式的实践 **跨界限工作任务的特点：** • 定义和结构性极差 • 非常规的、经常的、意想不到的事件 **环境和过程的特点：** • 相互高度信任和对彼此关系承担义务 • 购买方对公平对待问题的强烈意识 • 供应商早期参与产品设计 • 广泛的联合行动和协作 • 供应商有极好的声誉
市场交换	**受约束的供应商**
信息共享机制： • "窄频"的和有限的信息交换，注重合同谈判的时效性 • 操作性的协调和监督安排的日常工作 **跨界限工作任务的特点：** • 为供应商的职员直接耗费的时间有限 • 高度常规的和结构性的工作任务，与供应商的职员几乎没有相互依赖 **环境和过程的特点：** • 积极的社交环境 • 没有系统化的共同努力和协作 • 没有供应商对产品设计的早期参与 • 供应商受到购买方的公平对待 • 供应商有良好的声誉和交易记录	**信息共享机制：** • 几乎没有信息交换 • 几乎没有互访，主要是供应商拜访购买方 **跨界限工作任务的特点：** • 购买方职员分配有限的时间给供应商 • 主要是复杂的和协作的任务 **环境和过程的特点：** • 相互高度信任，但是直接的联合行动和协作是有限的 • 对供应商有较大的限制

图 6-3　各类背景轮廓下的管理实践略图

最后，本绍得出下面结论。

（1）许多制造业中的大型公司正在远离传统的垂直一体化，而向着关键业务活动的外部承包靠近。

（2）由于公司与公司关系的增强，公司不能只用一种格局管理全部关系，并因此需要管理关系群的组合。

（3）有两种成功的关系：高需求低能力和低需求高能力。也有两种失败的途径：格局设计不足和格局设计过度。格局设计过度发生在为了建立合作信任，公司过度耗费在关系互访和跨公司团队的运作上，而市场和产品内涵需要的只是简单的、客观的控制和信息交换时。这种过度既昂贵又危险，尤其是指在人员、信息和知识上的无形投资。

（4）依据本绍模式，对关系的建立和重新设计，应包括下面3个分析步骤：
1）战略选择关系形式，以便匹配，如图6-2所示的关于产品、技术和市场的外部环境；
2）为每种关系格局确定适当的管理模式；
3）调整格局，协调过度或不足的关系格局，以达到理想的管理模式。

6.6 供应商关系管理的实际考虑因素

戴（Day）[17]指出，供应商关系管理正成为组织机构之间战略性竞争的战场，而采购并不是唯一的重要功能。因此，他还说，还有很多方面都是可以通过谨慎的供应商关系管理来加以改善的。它们包括：

（1）更准确地规划成本的能力；
（2）跨组织机构团队的启用；
（3）降低价格浮动对成本结构造成的影响；
（4）新产品和新服务的开发中供应商的早期参与；
（5）通过供应链传递知识；
（6）协同规划与设计的增效作用；
（7）使用各种手段促使双方组织机构的变革；
（8）加强风险的管理及供应的持续化；
（9）敢于创新和加速创新。

伯明翰（Birmingham）[18]提出了一个观点，在一个具有连续性和正规性的项目中管理供应商关系的能力对任何规模任何行业的企业来说都是一项日益增长的业务实践要求。图6-4显示了如何帮助企业评估它们与供应商关系的管理情况。

拜耳集团引入了SUPREME[19]的方法来处理供应商关系管理，它的目标是通过全球性标准化的办法把大量采购集中在最好的供应商身上。利润与业绩是拜耳集团的主要目标。材料成本代表了拜耳产品总成本中很大的一个部分。管理好这些成本对于拜耳集团的成功意义重大。拜耳集团宣称"同我们的供应商合作，我们将通过结构性的量化和质化的评估确认其优化潜能，进而我们一起实施改善措施"。

SUPREME方法包括：①供应商选择；②供应商评估；③供应商优化。

	开支透明度	供应商分类	协作	业绩	风险管理
供应商关系管理推动阶段	开支透明度驱动了供应商分类策略及点对点的工作；洞悉业主的总成本；同企业总策略保持一致性	推动组织货源的组织机构行动起来	不断改善以获得传统货源组织范围外的利益；强化的关系	需要有认可机制，全方位评估，不断改善	监督供应链风险现状与应急计划
供应商关系管理实施阶段	开支透明度持续对供应商关系管理策略给予支持，并与策略性组织货源的目标一致	支持合理化建议，并且努力去寻求建议和意见	生命周期管理法遍及合同关系、技术和创新等范畴	发布计分卡和计分尺度；及时和供应商进行业绩回顾复查	准备好应急方案、风险管理计划的细节，包括预期的各种情况

图6-4 评估供应商关系管理情况的模式

供应商关系管理已经实施	了解相对于开支的供应储备，并在分类的过程中运用这个知识。对货源组织计划做出努力	对供应商进行分类，将对他们的期望传达给了供应商。内部各利益方对分类有了一致性认识	商业文化对接，利益方之间进行双向对话。满意度调查和全方位收集数据	发布调查评估结果，部署并实施补救计划	各种风险的加权因子，部署应急计划
需要认证	数据收集和开支分析正在完成中。如有需要，与可能的主要卖家结清财务	在对每个层次都有明确的标准前提下，明确各供应商的"状态"（例如理想的、关键的、战略性的），可能用到分层工具	确认外部利益各方，满意度调查，全方位部署收集数据	关键业绩指标，确定评估的频度和周期；争取利益方的投入	确认财务、技术、安全、唯一性及合同方面的风险
非常有限，甚至没有	供应商方面的数据没有透明度；主要卖家没有结清，开支分析没有完成	没有正规的分类，内部和外部供应商的状况是未知数	没有明确辨认利益方、执行方、投资方；反应被动参与，仅仅与内部利益方进行的战略性沟通也非常有限	对业绩采用被动反应的做法，衡量业绩的尺度，其透明度低或几乎没有，只是在临时设定的基准上跟踪业绩	对风险管理没有行动计划，没有意识到所有的潜在风险

图 6-4 （续）

供应商选择——每个供应商将通过下列 6 个步骤的考验：①需求分析；②市场分析；③供应商预选；④供应商资格；⑤要求报价；⑥谈判。

供应商评估如图 6-5 所示。

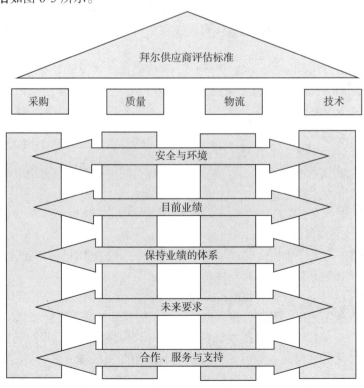

图 6-5　供应商评估——确认需要改善的领域

供应商优化，包括 5 个步骤，它们是：

（1）评估结果的分析。对供应商的评分进行分析，并提出改善的建议。

（2）材料。集团/供应商策略市场、要求、供应商信息和未来开发的定义都给每个供应商解释清楚。

（3）改善措施的部署。如何战胜业绩不足的详细步骤要解释清楚。

（4）沟通与实施。供应商收到评估结果后，如果有必要，需要实施改善措施。

（5）改善措施的管理。所有改善措施都输入中央数据库，并跟踪改善措施的进展情况，将结果定期报告给管理人员。

6.7 供应商关系的终止

由于组织机构运行在一个动态的环境中，因此没有一种关系能够或者被期望永远持续。关系的终止并非一定意味着失败，也许对于关系的一方或双方有可能是积极的结果，当然，也可能是消极的结果。

6.7.1 终止的原因

米切尔（Mitchell）[20] 描述了如何能够觉察到关系正在发生变化。

一个最基本的窍门就是：实际上，可以从你或者你的供应商提出的要求中看到关系的性质正在改变。在开始行动前就提出多种要求是否必要？对于以前没有要求的货物或者服务的订单，现在是否有必要进行要求？也许要求可以满足，但是要求者感到他正在趁机利用每一项要求获得他最后的利益……当你开始研究这些问题和考虑妥协时，你又得到你的合作伙伴正在采用各种方式与你斤斤计较的印象，这时你知道你们的联盟正在完结。

米切尔也指出，尽管合作原则和客体可以在组织机构层次被很好地概括，而成功却经常取决于个人：

双方组织机构的所有个人必须忠于自己的组织机构，那么对抗就可能来自任何一方。如果问题根源在于采购的一方，至少是采购经理可以积极参加确定问题的根源，并予以改正……如果问题看起来是起源于供应商的组织机构，那么会有更多的不可预见的结果。

实际操作中，多数合作伙伴关系的解体是由于：

（1）对合作伙伴关系其真正的含义缺乏理解；

（2）合作环境的迅速变化引起一方或双方调整各自的侧重点，双方把重心放在达到自己的目标而牺牲合作伙伴关系上。

这类环境变化的情况，在英国的索西（Southey）[21] 公司和美国的坎贝尔 & 波拉德（Campbell and Pollard）[22] 公司得到了验证，下面列举一二。

（1）商业方向的改变。如果采购方或供应商中的任一方组织机构已经改变了战略方向，那么现有的合作伙伴关系可能就不再有价值了。

（2）产品逐渐过时。供应商提供的产品或服务正在变得过时，也没有替代品可供选择。

（3）供应商服务不达标。对于合作伙伴关系确定的目标基础不再能够满足了。

（4）短视的态度。合作双方可能考虑合作关系的长期利益不足以很快地被体现出来，或者不足以对某个特定的供应商/购买者保证有一个连续的承诺。

（5）经济的因素。一个供应商在财务上已经"处于风险"之中，带有潜在的清盘危险。

（6）外部经济情况。经济衰退可能迫使供应商削减产品开发、培训和其他资源，如产品工程师，最终导致无法满足合作关系中"不断改进"的目标。

（7）兼并收购。这些商务运作可能为购买者和供应商双方都创造新的商业模式。

（8）公司资产剥离。这可以引起这样的窘境，由于部分业务已经被出售，公司不能再提供相关的产品或服务了。

（9）不稳定性和不一致性。公司出现解体或收购等情况，或者关键人员或组织观念发生变化，这些常常会反过来影响以往在信任和稳定基础上建立的关系。

不管怎样，从最终的分析来看，成功的伙伴关系只能建立在相互信任、相互合作的采购方和供应商之间。

6.7.2 终止的过程

这是一个公认的真理——良好的合同管理不是起反作用的，而是旨在预测并应对未来突发事件。起草的每一份考虑周全的合同应该预料到终止关系的可能性。

有些起草者批评缺少法定的合同来管理合作关系，尤其面对不确定的事项和未决事项时尤为重要。举例来说，希特金（Sitkin）和罗特（Roth）[23]把尊重法律的补救办法描述为对于信任是软弱的、无人情味的替代品。合同的规定可能也缺少灵活性，这也许使终止事项能够比死搬"法律文字"来得更加友善和容易。然而，奥奇（Ouchi）[24]指出，正规的控制机制，在于取得对细节要求（合同）的制定，这要比获得笼统的价值取向的承诺更加有效。

时间安排、关系方面、法律方面的考虑因素和后续问题是关系终止的重要方面。

6.7.3 时间安排

米切尔[25]指出，只要有可能，终止的时间安排应该与当前产生效力的协议的终止同步。给供应商留出过长的事先通知时间可能导致服务的恶化。相反，对于那些不断收到负面反馈意见的供应商，合同关系的终止就不令它意外了。终止决定也必须明确终止是应该立刻实行还是逐步实行。这类决定可以通过终止当前协议的有关条款和条件来约束。

6.7.4 关系方面

终止可以是温和的方式或对抗的方式。坎贝尔 & 波拉德[26]提到3个P，它们有助于将在终止过程中可能遇到的敌对情绪减到最小。

（1）正面的和积极的态度（positive attitude）；

（2）令人愉快的口气（pleasant tone）；

（3）专业化的处理（professional treatment）。

一个正面的和积极的态度认可，关系终止将使双方组织从痛苦中解脱出来，而反唇相讥对双方都无帮助。进一步讲，双方组织在将来可能还会彼此需要。一个令人愉快的口气能够比尖锐的语言更有效果。对于终止，专业的裁决是基本的。关系的终止不是一个个人问题，采购执行者的任务是获得最佳的价值，使得他的组织在竞争中立于不败之地。

6.7.5 法律方面

这些因素包括：

（1）协议终止后的财务后果。在某些案例中，有可能商讨出一个解决问题的和解协议；在其他案例中，将对合同做一些具体规定。

（2）保密协议。这类协议是合同条款的一部分，这些协议必须在规定的时间内予以遵守。

（3）知识产权问题。在协议中准备的图纸、设计、电脑软件等。

（4）资本资产问题。尤其是位于供应商场地的有关原材料或资本设备等资产。

（5）安全问题。有必要更换与协议对方共享的密码或安全代码。

（6）取得清楚的、经过签字的结算记录。

（7）职员权利。如果职员按照《企事业调动（职业保护）条例》（the Transfer of Undertakings（Protection of Employment），TUPE）被调动的话，职员应有相应的权利。

6.7.6 后续问题

在决定关系终止之前，有必要确定已经采取措施，确保不间断物资供应。这需要：

（1）与内部的客户讨论关于因改变供应商而受影响的集团、系统和项目；

（2）总结从终止的关系中吸取的教训；

（3）进行市场分析来决定可供选择的其他供应商；

（4）准备规格说明（可能更新的）；

（5）选择新的供应商，一个重要的因素是潜在供应商的信誉。

（6）关系协议的谈判。

最后，坎贝尔 & 波拉德公司[27]对合作关系终止的评价是，通过考虑分手后的多个可选方案，创建了一套分手的专业计划。作为对此思考的结果，供应经理们可以驳斥古老的格言："婚姻在天堂中产生，但离婚是十足的恶魔。"

6.8 IT 项目关系的破裂

当项目出错时，关系行为有时会暴露出来。这些项目为学生和从事采购的人员提供了极好的研究。昆士兰卫生工资系统（Queensland Health Payroll System）[28]的项目就是一个例子。报告的摘要如下所示，并给出了问题的含义。这份报告令人信服。

令人尊敬的里查德·切斯特曼（Richard Chesterman），英国王室法律顾问，被任命对"以开放和独立的形式来实施昆士兰卫生工资系统的项目"进行充分和仔细的调查。调查范围包括：

（1）采购、合同管理、项目管理、治理和实施过程的充分性和完整性；

（2）昆士兰州与 IBM 澳大利亚有限公司之间的合同安排，以及随着时间的推移，为什么以及在多大程度上为昆士兰卫生工资系统制定合同价格。

以下是报告中的一些要点（参考文献在报告中）：

2.12　IBM 作为成功的投标者，在 2007 年 12 月 5 日和昆士兰州签署了一份向指定部门提供共享服务的合同。

2.13　到 2008 年 10 月，IBM 还没有达到任何合同履约的标准；但是它已经为 9 800 万美元的合同支付了大约 3 200 万美元，并预测，如果按照承诺的履约完成，将花费昆士兰州 1.81 亿美元。

2.15　更换的昆士兰卫生工资系统必须在该国失败的公共行政部门的前列，这可能是最糟糕的。

3.11　许多亲历者声称对于他们所观察或参与的重要事件没有印象。许多答案是闪烁其词的，有些是不诚实的……更值得注意的是，一些参与工资系统交付的亲历者宣布该项目是成功的。

6.8.1　IT 项目的采购问题

1.1　IBM 抱怨到，采购过程的三个阶段是一个"工作假设……被适应的，不加批判的……以及错误的"。IBM 声称采购过程是在 2007 年 8 月 16 日开始的。2007 年 8 月 16 日之前的事情被描述为"非正式的""随意的"以及"松散的"。

1.2　提交的理由显而易见。调查发现了 IBM 的员工在制作标书过程中的几个严重的不当行为。调查发现在招标过程中确实存在严重的缺陷，对承担有合理分配国家资金的一方存在严重的失职。

2.9　对招标过程的调查表明，招标人对国家财政支出负有重大责任，严重失职。

2.24　……乌尔曼（Uhlmann）先生表示，公司目前的方案开支为每人每月 15 400 美元，当时有 481 人参与该项目。乌尔曼先生认为，如果该计划在 12 个月内运行，额外费用将达到 9 000 万美元，如果运行时间超过 18 个月，额外费用将达到 1.35 亿美元。

4.9　更奇怪的是，对于什么是最好的供应商参与和解决方案的模型，似乎没有任何严肃的分析。唯一在招标过程中考虑的模型就是总承包商一方。

4.11　有证据表明，由于匆忙而缺乏对新模式改变的预想。一个有序的过程应该是在对此类合同进行投标之前由政府任命总承包商。

4.12　该招标采用的是由伯恩斯（Burns）先生在 2007 年 7 月 25 日向供应商发送的一封简短的电子邮件的形式。

4.15　Logica 针对 SS 提出的财务要求提交了详细的回复。对其所承担的工作预估的成本范围为 8.87 亿～11.68 亿美元。IBM 的回复更简单。它估计提供全部所需工作以实现该计划的成本为 1.55 亿～1.9 亿美元。SAP 也做出了回应，但没有给出固定的价格。它对工作的不同组成部分提出了相应的定价模型。总之，估计的成本是 9 300 万～1.23 亿美元。埃森哲（Accenture）进行了详细的回应，为整个 SS 计划的估计价格为 1.76 亿美元。

4.28　阿采尼（Atzeni）先生通过与卡梅伦（Cameron）先生的这些互动，为 IBM 在 SS 计划中的作用提供了大量的帮助。至少有一次，他给了卡梅伦先生对政府保密的信息。卡梅伦先生说，所有由阿采尼先生提供的文件是免费提供给任何从事整个政府计划工作的人员的，不需要被视为机密。如果是这样，人们就想知道为什么卡梅伦先生向他们要这些文件，以及为什么阿采尼先生费心向他们发送这些文件。阿采尼先生在招标后不久与 IBM 工作人员会面，并将有关的投标信息告诉给他们，如果没有这些信息，IBM 将会极为不利。

4.33　伯恩斯先生与 IBM 的代表在招标过程中有意地进行讨论和会晤是不合适的。采购的最佳实践要求全部竞争对手收到相同的信息。这种做法有助于提高透明度，同时促进有效竞争。有效竞争反过来可以确保获得金钱价值的最好机会。

5.61　领导治理小组的刘易斯（Lewis）先生是一个更不满意的见证人。他也拒绝回忆任何有关那次修改分数会议的细节，尽管他接受了他的小组做出对 IBM 更有利的成绩更改。他回避了最简单的命题，比如他的小组在打分之前是否也读过国际贸易组织的回应。他对 IBM 分数的增加没有任何解释。在他的小组降低了埃森哲分数的事实面前，他同样没有任何解释。刘易斯先生，我很遗憾地发现，他的小组对于修改分数的原因没有坦白。

5.62　我认为，伯恩斯先生给小组领导人施加的压力是一个事实，虽然有效，但这是不正当的，影响了采购过程的完整性。这正是胡德（Hood）先生和刘易斯先生回避这个问题的原因。我的结论是，他们十分为难地允许自己被操纵，并且默许采购活动的失真。毫无疑问，随着他们选择了IBM承担该项目，导致项目失败，尴尬的气氛也随之加剧了。

5.123 （插入评论）从证据这方面来看，最明显的一点是，在评估国际贸易组织回应期间，国家对价格的审查和价格评估存在严重缺陷。

6.8.2 IT项目的合同和项目管理问题

1.8 项目的构想到实施是一个糟糕的决定，是应该适当和勤勉地履行职责的国家雇员的失败。IBM作为有商业动机的供应商几乎没有纠正或弥补国家的失误；国家在花费纳税人大量资金的时候缺少相应的准则；在一般情况下，双方几乎完全不愿意在项目相对较早的阶段面对明显的问题，国家所使用的系统和IBM将提供的系统都会存在严重的缺陷，不能像其他工资系统那样按时、准确地发放工资。

2.29 从开始使用的六个月内，项目的范围界定问题开始出现。关于系统如何对昆士兰卫生系统内的现有（遗留）财务系统进行整合出现争议。IBM声称已经推迟了工作。国家决定进一步召开研讨会（由IBM协助）确定应当做什么以及为IBM支付188万美元作为IBM声称的工作延迟的结果。

这是一份内容广泛的报告，探索了关系和IT项目的交付、定价、合同更改、用户验收测试以及其他事项的许多方面。它为一个充满了问题的项目提供了更深层次的认识。

6.9 供应商关系的更深层问题

这些包括在创新和设计上的协作、供应商基础、供应商评估、外包、制造或购买决定、合作伙伴关系、供应商表现以及本书中相应章节涉及的内容。

问题讨论

1. 与供应商建立伙伴关系的重要方式与有时盛行的对抗关系有什么不同？
2. 最成功的关系是在客户与供应商发展了信任并理解各自的要求与利益，愿意向对方学习并能互相提供帮助的情况下发展来的。
   （1）解释一下这个"信任"和"理解"的含义。
   （2）在没有理解的情况下会有信任吗？
   （3）一个"善于学习的机构"有哪些特征？
3. 自信的谈判对长期的关系有什么影响？
4. 你认为抵抗作用在多大程度上依然存在？你能否以自己的经历举一个例子说明抵抗作用的存在？
5. 英国标准中共建型业务关系的8个阶段框架是什么？你如何评估自己的组织机构是否准备好与供应商共建业务关系？
6. 供应商可以在招标文件中包含哪些细节来说服买方未来的关系是积极的？
7. 你认为投标竞争对买卖双方关系的建立有帮助还是有破坏？为什么？
8. 传统类型的合同对于合作伙伴关系的建立是否适宜？你如何考虑下列情况：
   （1）把业绩不佳作为索赔前提放在合同里；
   （2）以对买方有利的条件设立终止合同的条款；
   （3）在合同里加入要求产品和服务不断改善的条款。

9. 对一个你公司需要的极其重要的产品只使用唯一供应渠道，并设立长期合同，你会如何说服别人这种做法是必要的？
10. 拥有知识产权的供应商往往比其他的供应商更具有侵略性吗？
11. 谁应该对供应商关系的管理负责？是由采购部门负责，还是由那些直接需要产品和服务的部门来负责？
12. 考虑和参考拜尔公司的模式，你认为你对供应商业绩的评估，或者有时也称作"卖家等级评定"的做法是否有效？

参考文献

[1] *The Concise Oxford Dictionary*, Oxford University Press

[2] Office of Government Commerce. Category Management Toolkit

[3] The authors gratefully acknowledges permission to quote from the CIPS booklet 'How to manage supplier relationships', written by Dr Kenneth Lysons

[4] BSI Group Headquarters, 389 Chiswick High Road, London W4 4AL

[5] BS 11000-1:2010, BSi, 2010, ISBN 978 0 580 69562 9

[6] Holmlund, M. and Strandvik, T., 'Perception configuration in business relationships', *Management Decision*, Vol. 37 (9), 1999, pp. 686–696

[7] As 6 above

[8] Jarvelin, A. M., 'Evaluation of relationship quality in business relationships', academic dissertation, University of Tampare, Finland, 2001, p. 38

[9] Cox, A., 'Regional competence and strategic procurement management', *European Journal of Purchasing and Supply Management*, Vol. 2, No. 1, 1996, pp. 57–70

[10] Coase, R. H., 'The nature of the firm', *Economica*, No. 4, 1937, pp. 386–405

[11] Williamson, O. E., 'Transaction cost economics: the governing of contractual relations', *Journal of Law and Economics*, Vol. 22, 1979, pp. 232–261

[12] Kay, J., *Foundations of Corporate Success: How Business Strategies Add Value*, Oxford University Press, 1995

[13] As 9 above, p. 64

[14] As 9 above, p. 63

[15] Porter, M., *Competitive Strategy*, Free Press, 1980, pp. 106–107

[16] Bensaou, M., 'Portfolio of buyer–supplier relationships', *Sloan Management Review*, Summer, 1999, pp. 35–44

[17] Day, A., 'A winning position: supplier relationship management is becoming a strategic battleground'. CPO Agenda, 10 April 2007. Available from www.stateofflux.co.uk

[18] Birmingham, P. A., 'Supplier Relationship Management Maturity Model' – 93rd Annual International Supply Management Conference, May, 2008

[19] Bayer Group, Contact SUPREME office. BBS – Procurement and Logistics Global Community Support, e-mail: supreme@bayer-ag.de

[20] Mitchell, L. K., 'Breaking up is hard to do – how to end a supplier relationship', ISM resource article at: http://www.instituteforsupplymanagement.org

[21] Southey, P., 'Pitfalls to partnering in the UK', PSERG Second International Annual Conference 1993, in Burnett, K. (ed.) *Readings in Partnership Sourcing*, CIPS, 1995

22. Campbell, P. and Pollard, W. M., 'Ending a supplier relationship', *Inside Supply Management*, September, 2002, pp. 33–38
23. Sitkin, S. B. and Roth, N. L., 'Explaining the limited effectiveness of legalistic "remedies" for trust/distrust', *Organisation Science*, Vol. 4 (3), 1993, pp. 367–392
24. Ouchi, W. G., 'A conceptual framework for the design of organisational control mechanisms', *Management Science*, Vol. 25 (9), 1979, pp. 833–848
25. As 20 above
26. As 22 above
27. As 22 above
28. Queensland Health Payroll System. Commission of Inquiry Report July 2013

第 7 章 法律与合同管理

学习目标

本章的目的是刺激专业采购人员，尤其是采购专业中的高级职位去理解以下内容：
- 合同结构的重要性
- 关键"热门话题"，不断向采购专家提出挑战
- 合同条款的措辞非常重要
- 法律合同如何形成
- 准合同形式可用的范围
- 关于违约的关键考虑
- 终止合同的考虑

核心要点

- 采购专家需要了解合同细节
- 获取案例法是有益的和必要的，以便及时了解事态发展
- 谈判契约细节对组织有益
- 措辞不当的合同会对双方带来不可承担的风险
- 提供和接受的行为必须被理解和管理
- 管辖权问题与风险管理相关
- 合同法总是在演变

7.1 采购专家与合同法

在现代工业世界，采购专家在签订和执行合同方面发挥了关键作用。定义合同细节、合同谈判、及时确定、确保供应商以可接受的方式履行合同都是要求很高的任务。尽管在获得特许采购和供应商资格的情况下拥有合同法的理论知识

是必要的，但认为拥有合同法的理论知识就足够了，这种认识是非常危险的。通过判例法有新的法律原则不断流入与发展。当海外购物时，问题更加严重。此时需要拥有管辖权的相关知识。

许多买家在订立合同之初采用他们自己企业提供的合同条款和条件。这些都是通过法律服务在企业内部编写的。通常买家并不简要介绍合同条款和条件的细节或其法律含义。一些买家承认，合约的细节太过烦琐，他们缺乏学习法律或积极钻研合同细节的动机。当这种态度盛行时，有很多风险。一个关键的风险是企业内部法律服务团队和供应商缺乏专业的信誉，供应商可以迅速识别那些不适合进行合同细节谈判的人。

大多数买家想参与谈判，这是令人钦佩的，虽然合同谈判需要高水平的知识和技能。在高风险采购中，投标可能包括买方提出的合同条款和条件的不合规声明。对这些问题的解决将需要法律专家与买方双方参与，从而形成复杂的关系和沟通顾虑。买方不应该是这些谈判的被动参与者。

作者撰写本章旨在激励读者在合同法领域获得适当的知识和技能。是否具备这一领域的能力是采购专家之间的重要区别。应该认识到本章的内容仅是"品味"，更多的相关知识应参考合同法各方面的专门书籍。这些书的范围很广，从介绍性文本到高度专业化的法律书籍的单一方面，例如知识产权。

7.2 要约与承诺

买方一直关注的是，是否存在具有法律约束力的合同，特别是当有指控不符合绩效规定发生时。要约是一方（在此解释为供应商）愿意按照其提出的条款签订合同的声明。法律教科书，由于可以理解的原因，详细介绍了要约的复杂性。对于买方而言需要关注的问题有：

（1）提出要约的个人/组织是否具有合法的能力？
（2）要约的条款是否相当清楚？例如，条款和合同条件是否能够明确规定和沟通？

合同可以有多种方式：书面的或口头订立的，通过信件、传真或电子邮件，也可以是经过简单或复杂的谈判后的结果，或者通过双方的行为，抑或通过交换承诺。典型的采购步骤将要求买方发布采购订单或制定详细的合同，并附上合同的时间表，该要求将伴随很多潜在的难题。

采购订单及其细节必须鲁棒。它必须列出交易的条款和条件，通常按照采购订单相反的方式打印。如果没有，供应商应该指出条款和条件可应要求提供。"标准"条款和条件的缺陷在于它们可能无法处理所有采购细节。一些采购组织试图通过一套条款和条件处理所有类型的采购。笔者认为这是一个存在严重缺陷的做法。采购订单发送给供应商的事实并不意味着产生了一项具有法律约束力的合同。这将在稍后的"承诺"中进行说明。

威尔伯福斯勋爵（Lord Wilberforce）[1]说："这只是将这种复杂的关系精确地分析成典型的要约与承诺，具有可识别的认识，看起来似乎存在困难，但是在许多日常生活的情况下也存在同样的困难。例如，以拍卖方式的销售……制造商的保证……"

邀请投标是公共和私营部门的常见做法。邀请投标在许多公共部门采购情况下用于各种品类的采购，包括建筑、IT 系统、服务、咨询、外包和安全。邀请招标是要购买还是要邀请谈判将取决于个案的事实和情况。

布莱克浦 & 法尔德航空俱乐部有限公司（Blackpool and Fylde Aero club Ltd）[2]案例提供了与邀请投标相关的法律问题的见解。邀请投标理事会声明："理事会不要约束自己接受任何招标方的全部或部分。在最后一个日期和时间之后收到的投标，不得接受审议。案件的复杂程度开始于理事会以迟到为由拒绝考虑航空俱乐部的投标，而事实上航空俱乐部并没有迟到。航空俱乐部向理事会提出了赔偿诉讼，由主审法官和上诉法院提出，理事会有义务考虑航空俱乐部的招标。航空俱乐部的律师表示，邀请投标不过是宣布愿意接受报价。以具体形式招标的邀请是协商的邀请，除非或直到理事会选择接受任何招标或其他要约，否则任何形式的任何合同都不会生效。

苏格兰法律委员会有许多关于要约与承诺的学术和知情评论。[3] 2009 年出版了"共同参照框架"（DCFR）草案，对法律改革进程提出了积极的想法。DCFR 旨在成为现代或当代对欧盟使用的最佳合同法规则的陈述，并且基于国际合同法专家组进行的广泛的比较研究和密集合作，提出了两个具体的改革领域："邮政承诺规则"和"形式斗争"的合同形成报告（RFC）。

买方必须清楚要约是否可以接受。一般来说，要约人可以在邀约承诺之前随时撤回。在"合理时间"过后，报价也可能失效，注意时间将取决于交易或商品的性质。当然，要约也可以被买方拒绝。

有一些采购方案，买方不希望提供者撤回其要约。在某些公开招标的情况下，可能只有少数投标人，撤销要约可能会通过消除重要的竞争力而危及采购。英国运输部对泰晤士河连接南方和北方的大特许经营权进行邀请招标，包括 4.6 条"有效的投标"，声明：

所有出价，包括条款、投标价格和任何随后的变更约定应自提交投标之日起 275 个日历日内生效。投标人必须以投标表格确认。

这样做的结果是，这个报价将在第 275 日历日的午夜失效，除非这之前被接受。275 个日历日是由采购和决策过程的复杂性所决定的。在招标文件的邀请中，通常使用 60 ～ 120 个日历日的时间。

买方要求投标（或投标）保证金是为了在投标结束之前投标人不要退出招标。丹麦银行解释，发行投标保证金，以确保出口商在招标过程中提交实际投标，并在出口商不签订合同的情况下保护招标人。投标保证金还可以保证进口商在接受投标时，出口商将遵守合同条款。投标保证金通常为投标金额的 2% ～ 5%。

出口商一词可以看作"投标人"，进口商可以被看成"买方"，丹麦银行发行的按需投标保证金要求如下所示。

投标保证金要求

受益人姓名和地址

保证号

数量

到期日期

根据（申请人的姓名和地址的）要求，我们特此保证你不可撤回上述最高金额，以确保他们按照投标义务（商品/项目描述）履约。

你的索赔（如果有的话）根据保证正式提交给我们，将会根据你的第一个要求予以兑现，并声明（申请人姓名）尚未履行对你的上述投标义务。

根据本担保的任何支付要求或延期要求必须以经过认证的 SWIFT 消息通过你的银行确认，确保你签署的书面要求对你的公司具有法律约束力。

如果在到期日我们没有收到这种索赔（到期日），我们将不再承担本保证中的责任。

我们将按照我们不得不支付的任何此类金额来减少担保额度，以满足你根据保证正式提出并提交的索赔。

保证期满后，请将本文寄给我们。

7.3 承诺

承诺是对要约人提出的条款的非正式表达。没有规定必须用言语表示承诺。可以通过行为注意到买家的培训将包括卡利尔（Carlill）[4]案的条款中。

采购专业人员应注意保证承诺是采购订单中规定的条款。一个目的要约不接受要约人（买方）提出的所有条款和条件，实际上引入新条款不是承诺而是讨价还价。然后将其视为新的要约，可以接受、拒绝或随后进一步更新提议。

"条款之战"仍然是处理要约与承诺的问题一方的刺。巴特勒机床（Butler Machine Tool）[5]案例通常是考虑其启示的起点。当时的劳斯莱斯大师，丹宁（Dening）爵士解释说，巴特勒对机床出价 75 535 英镑，报价是基于其他条款和条件的，其中一项就是价格变动条款。当机床交付时，巴特勒根据价格变动条款要求支付额外的 2 892 英镑。买方（Ex-Cell-O）根据自己的条款和条件拒绝了超额收费。巴特勒的报价包括一般条件："所有订单仅在符合我们的报价条款以及满足以下条件时才会被接受。"这些条款和条件优先于买方订单中的任何条款和条件。然而，这不是事情的结局。买家的回应是，在采购订单中写明"请按照下列条款和条件提供产品"。从买方订单视角来看，有一个撕掉单据的"确认字样：请签名并返回到买方。我们接受你的订单基于上述订购条款和条件，并承诺按签署日期交付"。巴特勒回答说："我们以此如期反馈订单形式确认。"他们将确认表格填入了 1970 年 3 月 / 4 月的交货日期，并由巴特勒机床公司签署。

丹宁爵士表示：在许多情况下，我们传统的要约、反要约、拒绝、承诺等都已经过时了。更好的方法是查看双方之间通过的所有文件（从他们那里收集或从各方的行为）无论他们是否就所有重点都达成一致，尽管印刷在合同中的条款和条件之间可能存在差异。

The Transformers & Rectifiers Led [6]案例进一步揭示了法庭在形式争夺中的地位。在这个案例中，爱德华兹－斯图尔特（Edwards-Stuart）法官发现，双方的条款和条件都未并被列入两个相关的采购订单中。这个问题集中在购买腈垫圈的两个合同中。据称，Needs Ltd 提供的垫圈不适合其目的，也不符合合同。法官分析了当事人之间的交易过程。这里有采购专家的经验教训。双方已经说了很长一段时间，订单几乎每周一次。发现买方的下订单方式并不总是遵循相同的模式：有时通过传真将订单放在一起，有时作为 PDF 附件的电子邮件，偶尔也通过邮寄方式进行。在判决第七段中，强调了一个基本问题：

索赔人采购订单的最高版本印在白皮书上。相反，索赔人的条款和条件印刷为小型和高彩色字体。我查阅了一个最高版本空白的采购订单，阅读起来并不明显，其他印刷效果却很明显。因此，接收该文件的人可能不会知道背面有任何书面内容，除非他碰巧将其翻转或被明确提醒其存在。

在判决第九段中写着：

但是，当索赔人通过传真或电子邮件下达订单时，并没有在采购订单的背面传递条款副本。所有发送的都是采购订单的首页，因此被告没有收到背面的条款和条件的副本。

合同条款

埃利奥特和奎因（Elliott and Quinn）[7]说明了合同条款，如图 7-1 所示。

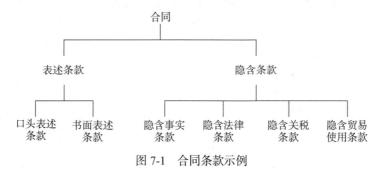

图 7-1 合同条款示例

采购专家应始终牢记：

（1）谈判中的声明如何成为合同的一部分；

（2）声明可能被认为是鼓励一方签订合同，但不代表成为合同的一部分；

（3）越强调声明，越有可能被法院视为一个术语；

（4）书面条款可以通过三种方式并入合同中，通过签名、按照合理的通知和通过之前的交易过程；

（5）事实上隐含的术语是合同中没有规定的术语，但是如果双方都考虑过，就假定双方都打算将其包括在内；

（6）法律规定的术语是法律规定必须存在于某些类型的合同中的术语（见 Smith v Wilson（1832），在其中在当地定购 1 000 只兔子意味着 1 200 只兔子）；

（7）贸易使用所暗示的术语可以参考 British Crane Hire Corp Ltd v Ipswich Plant Hire Ltd（1975 年）

7.4 商品销售合同

采购专业人员应了解可能影响其职责的法令。这些是 1968 年《商业描述法》、1977 年《不平等合同条款法》、1979 年《货物销售法案》、1982 年《货物供应和服务法》和 1994 年《货物销售和供应法案》。本章不把任何关注消费者的法律作为讨论的重点。

1979 年《货物销售法案》第 2（1）条规定，将货物销售合同定义为卖方转让或同意将货物转移给买方的货物代价，称为价格。1979 年的法案并不涵盖服务。商品是在包装内的商品。

1979 年法令涵盖所有合同中都有一套隐含的术语，它们是：

（1）**权利**。这意味着卖方有权出售货物，也可以向买方交付良好的所有权（第 12 节（1））。

（2）**按描述出售**。该法案规定，"如果有按照描述出售货物的合同，则有一个隐含的条件，货物将与描述相符"（第 13（1）条）。

（3）**质量满意**。该法规定，如果符合一个理智的人认为满意的标准，则考虑货物的描述、价格（如果有关）和所有其他相关情况，判定货物质量满意（第 14（2）条）。"可靠的品质"是延续使用的一个词语，专业买家应该谨慎对待，因为该词的描述太不精确。

（4）**目的适合度**。这是一项重要规定，总而言之，如果买方告诉卖方货物是为特定目的而要求的，而卖方出售货物，则货物必须符合该目的，无论该目的是否是这些货物通常能够满足的目的（第 14（3）条）。

（5）**与样品对应**。一个暗示的条件是，大部分货物将与样品对应，买方将有合理的机会将批量与样品进行比较，并且货物应该没有任何缺陷使其不能令人满意，对样品的合理检验不明显（第 15 节）。

7.5 劳务供应合同

1982 年《商品和服务供应法》有隐含条款，其中包括：

（1）**护理和技能**。立场是"供应商将以合理的护理和技能进行服务"（第 13 节）。

（2）**时间**。条款是"当事人没有指定工作完成的时间，供应商将在合理的时间内进行服务"（第 14（1）条）。

（3）**价格**。当事人没有固定价格的，则隐含的条款是"与供应商约定的一方将支付合理的价格"（第 15（1）条）。

（4）**财产**。服务合同涉及向客户转让财产，1982 年法令第 2-5 条规定了所有权、描述、满意的质量、目标适用性和样本的条款，与 1979 年《货物销售法案》的第 12-15 条基本相同。

1977 年的《不公平合同条款法案》

《不公平合同条款法案》(the Unfair Contract Terms Act，UCTA) 仅关注排除条款。"排除条款"在该法案中没有定义，但第 13 节则表示其可以试图包括：

（1）限制或排除责任；

（2）承担责任或强制执行责任，但须受限制或负有法律责任的条件；

（3）限制受害方的权利和补救；

（4）限制证据或程序规则。

在 UCTA 不适用的情况下也有例外，包括就业合同、与土地利益有关的合同，或有关知识产权的合同。

UCTA 与专业买家的角色非常相关。在劳埃德（Lloyds）银行案例[8]中，丹宁爵士说："英国法律救助没有独立咨询意见的人，如果是非常不公平的财产转让合同条款，当他的议价能力由于自己的需要或欲望而受到严重损害时，或由于他自己的无知或虚弱，加上对他或他人的利益带来的不适当的影响或压力。"

英国威尔信（FG Wilson）案例[9]为专业买家上了非常有益的一课。问题是 FG Wilson 标准条款中包含的条款是否符合 UCTA 的合理性测试。有关条款规定：买方不得在卖方事先书面同意的情况下对卖方产品的价格进行抵销（"无抵押条款"）。法官认为"无抵押条款"并不是特别不寻常或负有法律责任的。他还说，威尔信和霍尔特（Holt）的公司业务的相对规模并不是一个重要因素。他继续说，霍尔特已经能够通过商业谈判过程来确保价格折扣和扩大的信贷条件，并成功地谈判恢复信贷供应，而不是以数百万英镑计算的重大逾期债务。没有试图谈判或反对无抵押条款。

7.6 对价

采购界中很重要的一点是，采购机构要理解在英国法律中，一项协议通常不具有约束力，除非得到对价的支持（见图 7-2）。

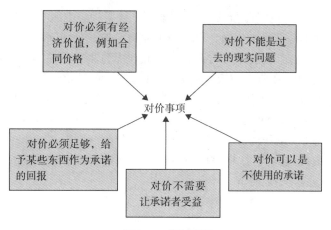

图 7-2 对价要素

对价的经典定义来自勒什（Lush J）[10]："在法律意义上，有价值的对价可能包括对一方的一些权利、利益、利润，或一些宽容、损害、损失，或由另一方负责或承担的责任"。

在购买商品或服务方面，对价通常表示为货物或服务满意地提供时的承诺付款。特雷特尔（Treitel）[11] 表示如下，在英国法律中，作为一般规则和一项一般规定，承诺并不具有约束力，除非是以契约形式做出或由某些"对价"支持。要考虑的目的是对协议的可执行性施加一些法律限制，即使它们旨在具有法律约束力，也不会因为诸如错误、误差、胁迫或非法等因素而被破坏……因此，目前英国法律是通过参考被称为"对价原则"的复杂多样的规则来限制协议的可执行性（而不是契约）。

对价的适当性

这是买家的利益，因为一个承诺没有合同的力量，除非给它一些"价值"。法院不要求是否提供足够的价值，或者协议是否只有一方受益或只有一方受损。特雷特尔[12] 观察到：这种法律状况有时会导致不满，例如，当涉嫌"过度"利润是由于政府合同而产生的，或是"非理性慷慨"的付款是从公共资金中支付的，或者在稀缺的时候，商品、服务或住宿的价格"过高"。

换句话来说，采购行业需要有一个商业责任来谈判和商定适当的价格。

7.7 合同能力

小公司、无行为能力的公司的合同能力是有限的。买家需要关注的是后者。公司的法人与股东是分开的、独立的。如果一个公司在其组织的组织协议中超越其对象的行为，则会超越其他行为，换句话说，它的行为超出了其能力。法院通过《2006 年公司法》第 39(1) 条，对无辜的第三方提供了一些保护，其中规定："任何以公司章程作为缺乏能力的理由，都不能质疑公司所做的行为的有效性。"

在组织内部可能的复杂性是指谁被授权代表组织、公众或私人签订合同。经常试图实行保障措施，例如禁止买方订立价值超过一定限额的合同，除非经指定的资深人员授权。这种方法的困难在于供应商可能不知道这种管理控制。法院肯定会检查组织内采购做法的历史，并将考虑习惯做法。在 CRJ 服务有限公司[13] 的案例中，两家公司已经做了很多年的业务。

蓝星（Lanstar）开展环境废物管理和回收利用业务。该案件集中在沃恩（Vaughan）先生签署的合同中，沃恩先生不是蓝星的雇员，并且已经将自己描述为顾问，后来担任经理。沃恩先生与蓝星的合作已经终止。商业活动导致蓝星终止沃恩先生安排的工厂租用。蓝星认为，沃恩先生"没有任何时间明确地表明沃恩代表 CSG 签署任何长期租赁协议，因为唯一拥有这种权力的人是财务总监和总经理。"该案件已被裁定，CRJ 服务有限公司有权收取租金费用、利息和延期付款总额为 165 505.52 英镑，以及审判费用总额为 8 520 英镑，包括增值税。这个决定得到了埃肯海德（Akenhead）法官的支持。

判决包括："没有证据表明蓝星一般或特别或明确地告诉 CRJ，沃恩先生的权限仅限于几天、一周或一个月的短租期合同。"

根据提交给法院的证据，基于上述理由，我认为没有合理的理由说明沃恩先生没有适当的权力签订有关的雇用合约。

在判决中包括"代理"，因为沃恩先生是蓝星的代理人。有人指出，至于案件的重要内容是三种类型的机构，即明示、暗示或表面。蓝星已经支付了 CRJ 服务公司提交的所有发票，因此可以确定，沃恩先生被赋予了隐含的权力，这种权力是所认为的，或者是表现出来的，或是很明显的，来源于他被任命的工作以及工作描述。

希尔德（Heald）律师[14]简洁地评论"条款之战"，说："这种争议通常源于商品或服务的销售或供应谈判。供应商坚持认为合同应符合标准。买方同样坚持买方的标准条款。最终，双方都屈服于商业压力，交易了货物或服务，但合同事项未被解决。一旦双方交易失败。法院必须决定是否有合同，如果有合同，是以哪方的合同约定的条款。"

类似的情况也发生在 GHSP Inc. 案例[15]的争议中。

GHSP 公司是密歇根州的一家公司，是机动车辆电子机械控制系统的设计方和制造方。AB 电子有限公司是英国的一家公司，制造汽车和工业位置传感器。波顿（Burton）法官说，案件中的问题是：……双方是否缔结了向被告提供货物 7774106 B（三轨传感器）的合同，其中包含索赔人的采购订单的条款（包括索赔人的供应商手册中包含的条款）1.1；或 1.2 被告的销售条款和条件；或 1.3 其他条款，如果是这样的话。

第 10-13 段的判决规定了法律。这是对采购专家的一个很好的总结。对于 RTS 柔性系统有限公司[16]，丹宁爵士表示，……在大多数情况下，当有一个"条款之战"时，只要最后一个表格被发送和接收而没有反对意见，就会有合同。难度在于决定哪种形式，或哪种形式的哪一部分是合同的条款或条件。在某些情况下，战斗是由最后一枪射击的人赢得的……还有其他的情况，战斗取决于双方的射击。有一个结束的合同，但形式各不相同。如果……他们是相互矛盾的……那么冲突的术语可能必须被报废，并被合理的含义所替代。

在这种情况下，法官的结论是，根据 1979 年《货物销售法案》暗示的条款已经签订了合同。争议的实质是各方对责任的立场。不出意料的是，被告要求赔偿责任上限，而索赔方要求无限责任。判决第 37 段的法官把这个事情变成了现实：现实看来我很清楚。在商业讨论中，经常出现这种情况，双方紧紧握住安全带，希望永远不会有问题，或者如果出现问题，那就足够小了，善意就可以逐案解决。

7.8　起草合同条款的细节

采购专家在起草、谈判和确定合同条款细节方面发挥重要作用的问题不可回避。通常需要与内部法律服务主动对接。在下面的例子中，作者的意图是激发对细节的兴趣，并提出注意合同细节对采购组织有积极作用的观念。

7.8.1 情景一

这涉及沃灵顿（Warrington）附近的 Fiddlers Ferry 发电厂的合同[17]，合同条款 9 规定：

双方同意，如果延误完成工程，无论延误原因如何，清算或未清偿的损害赔偿均不适用于该合同，因此，买方不承担延迟完成的责任或由此产生的相应费用。

你认为这是什么意思？需要认真思考几分钟。乍一看，你可能会相信，如果承包商交货迟到，买方不能要求赔偿。事实上，合同交货迟到，买方向其客户赔偿了 375 万英镑的损害赔偿。有人认为，关于承包商，虽然这项规定可能适用于总体完成拖延的索赔，但是根据延迟实现个别的节点（里程碑）日期的要求，并不适用。

裁决发生，审裁官的决定是承包商，热能建筑有限公司应支付 904 567.60 英镑，包括增值税。采购方试图推翻法官的决定。他的荣誉法官史蒂芬·戴维斯（Stephen Davies）发现审裁官的决定不能被强制执行。这一决定是通过相互协商或通过审判来解决的。

7.8.2 情景二

这种情况涉及哈泽（Haase）环境咨询有限公司正确构建废旧能源工程设计工程要素的合同[18]，判决包括一些合同条款，作者为了达到示例合同条款如何互相联系以及为什么措辞至关重要的目的，选择了以下内容。

第 5.9.1 条表明：

顾问负责设计流程技术（包括选择流程技术中的组件），顾问向承包商保证已经行使并将在设计流程技术中行使所有合理的技能，谨慎而勤勉。顾问设计在相似规模、范围性质和工艺技术复杂性的相关工作方面具有丰富的经验，专业技术过硬，能够胜任设计工作。

委任条款第 11 条题为"主要义务"，第 11.3 条要求顾问根据 EPC 产出规范 11.3.1、附表 16 和 11.3.2 EPC 交付计划规定，委托和测试过程技术。

认为第 5.9.1 条款应用，义务是考虑其他因素的适当起点。第 11（11.3）条的要求开始于："根据本约定的条件……"因此这两个条款都适用。

7.9 虚假陈述

埃利奥特和奎因[19]解释说，虚假陈述是一方不真实的事实陈述，导致另一方签订合同。虚假陈述使合同无效，也可能会根据发生的失实陈述的类型给予损害赔偿。为了实施不实陈述，必须履行三项要求：必须有不真实的陈述；它必须是事实的陈述，而不仅仅是意见；一定会引起无辜的一方加入合同。

1967 年《虚假陈述法》第 2（1）条规定如下：

如果某人在其另一方对他做出虚假陈述之后已经进行了联系，其结果是遭受了损失，那么如果虚假陈述是欺诈性的，虚假陈述人对该损失赔偿责任负责。若虚假陈述并非是欺诈性的，他依然需要承担责任，除非证明他有合理的理由相信，并确信当事人所提出的事实是真实的，否则该人将负有法律责任。

法院判决为采购专家提供了丰富的知情意见，例如 Kingspan Environmental & Ors v Borealis A/s & Anov[20]。法官克里斯托弗·克拉克（Christopher Clarke）先生评论说：

第 2（1）条（见上文的效力）是使代理人不能证明虚假陈述的合理理由，犹如该陈述是欺诈一样。实际上，该法令施加了绝对责任条款要求不说不真实的事实以及代理人不能证明他有合理理由相信的事实。代理人无须确定代理人疏忽行事。

虚假陈述是一种虚假的事实陈述,与意见声明不同,这不仅仅是因为事实被证明是错误的,而不被视为事实陈述。在某些情况下,意见声明可被视为事实陈述(单据6-007)。

如果一项声明有多于一个含义,那么问题是法院是否以法院所指的意思来理解这个意思——一个理性人在某种情况下理解的意思,而且他依赖这种理解。

在这种情况下,我们是从采购专员在采购的资格预审和/或招标阶段遇到的角度考虑到错误的陈述(参见表7-1选定的例子)。我们也应该承认,在谈判中可能会出现虚假陈述。这加强了采购需要保持文件和讨论的无瑕的审计追踪。

表7-1 供应商潜在虚假陈述的案例节选

案例	启示
存在专家资源	如果这些资源不存在,买方必须面对供应商招聘引发的延迟
关键人员具有适当的学术水准	为了申明学术资格而伪造从未授予的学历资格。一个启示是,这个人既没有特定主题的知识,也缺乏智力方面的严谨性
没有利益冲突	法律界努力确保它们不会因为双方的合同而采取冲突行动。在其他行业中可能没有严格要求,如管理咨询
公司具有相关经验	不常见的是,在PQQ阶段,寻求三个参考/例子,申请人表明它们有相关经验。可能会提出虚假声明或夸大事实
在特定日期公司可以调动资源	如果在规定的日期没有动员,一个项目将会延误。在施工项目现场的设施(包括住宿和IT)、厂房和设备、仓库设施必须及时到位
公司从未因绩效原因中断过合同	如果它们因为不履行合同而终止合同,并且不声明它们将不会履行最新合同的风险。缺乏这种知识可以说服买方不要为不履行而谈判更强硬的补救办法
产品/服务规格远超竞争者	供应商对其规格表现的要求可能会因供应不足的商品或服务而损害采购组织的声誉

7.10 合同解除权

特雷特尔[21]将其作为一般法律解释,在三种情况下终止违约的权利:放弃(或否认)、不可能性和实质性失败。一方通过言辞或行为表示"清楚"和"绝对"的拒绝行为,犯有放弃罪。不可能是指一方通过"自己的行为或违约"使自己不能履行约定。放弃和不可能都可能在执行期间发生,但在这种情况下,法院将评估一方拒绝或现在不能做是否足够严重以证明终止的理由,即这是否相当于实质性的失败(或其中一个例外,例如违反条件)。在终止实际违约的情况下,一般要求是违约方一定犯有严重违法行为。

终止合同的行为不应频繁采取。在布卢沃特(Bluewater)案中[22]可以吸取教训。合同条款载于合同第30条,规定如下:

30.1 布卢沃特在他认为必要的情况下,在以下任何或全部问题发生时或特定时间,有权提出通知终止全部或部分工作或合同:

a)为了适应布卢沃特的便利;

b)如果"承包商"有任何违约,则仅限于第30.2条;或者

C)……

30.2 如果"承包商"违约,并且在布卢沃特发出"合同"全部或部分任务的终止令之前,布卢沃特应向承包商发出违约通知,并给出违约细节。如果承包商在收到此类通知后不立即开始,此后继续采取令布卢沃特满意的措施补救此类违约,布卢沃特可根据第30.1条的规定

发出终止通知。

拉姆齐法官阁下（The Hon MR JUSTICE RAMSEY）表示，可以看出，布卢沃特寻求终止根据第 30.1（b）条和 30.2 条的合约的所有工作，有若干步骤需要遵守：

（1）布卢沃特必须向 Mercon 发出违约通知，提供"违约细节"（"违约通知"）；

（2）收到通知后，Mercon 必须"立即开始，然后继续采取行动……补救这种违约"；

（3）纠正违约的行为必须令"布卢沃特满意"；

（4）如果 Mercon 不采取这样的行动，布卢沃特可以根据第 30.1（b）条发出关于 Mercon 违约的通知（"终止通知"）。

双方之间有关于根据第 30.2 条适用的标准来确定福特采取的行动是否令人满意。使用的短语是"布卢沃特的操作令人满意"。布卢沃特表示，这是一个取决于布卢沃特采取的主观观点的方法，即该行动是否令人满意，并且没有引入客观的合理性评价。它认为，法庭不追溯地将自己的观点叠加于布卢沃特可能发现或可能没有发现的满意度上。Mercon 认为，布卢沃特令人满意的行为必须客观合理，这不是布卢沃特主观满足的问题。

法官裁定布卢沃特有权根据第 30 条有权终止合同。判决范围广泛，包括索赔和反诉。

合同终止的便利性

一些合同中"方便终止"的规定越来越多。基本上，这意味着承包商没有做错事，所以不违反合同。然而，采购组织认为有利于终止合同。最简单的情况是，另一个合约要约方提供了更好的交易。在公共部门采购方面，中央政府可能会决定公共部门将不再提供具体的服务，因此没有任何选择，而是为了方便而终止合同。

并没有关于"终止方便"的广泛的判例法，然而 TSG 建筑服务公司与南安格利亚房屋有限公司 [2013] EWHC 1151（TCC）阐述了这一主题。TSG 和南安格利亚签订了一份由 TSG 提供的合同，TSG 提供有关南部安格利亚住房的天然气服务和相关工程项目。在第 13.1 条中，同意合同期限为"客户可以选择在初始期限为四年的基础上延长一年"。在第 13.3 条中有：

如果"期限合作协议"中声明本条款第 13.3 条适用，则客户可以终止所有其他合作伙伴团队成员的任命，任何合作伙伴协议中所述的任何其他合作团队成员也可以终止其自己的任命，如果有任何时间该期限或在"期限合作协议"中所述的所有其他合作伙伴团队成员的通知期间。

在这种情况下，埃肯海德法官说，在证据上没有真正地证明，在接下来的 13 个月内，TSG 执行工作不好或无能。南安格利亚终止合同，TSG 索赔 900 682.94 英镑。他们在四个索赔要求下这样做：在回收成本和利润的情况下，恢复合同设置并终止费用。

法官埃肯海德先生在判决第 51 段说，

我不认为在合同中有暗示的诚意条款。双方已经按照它们想要的方式，在第 1.1 条中表达了关于如何以"信任公平和相互合作"的精神共同合作的行动，并且合理地行动……或限制了各方明确同意的条款 13.3，实际上，它们中的任何一方，没有好的或坏的理由，可以在 4 年的任期结束之前的任何时候终止。这就是每次自愿承担合同的风险，即使毫无疑问，但最初每个人都可能有想法，希望并假设合同将全部执行。

发现 TSG 没有任何权利（不论是违反合同的损害赔偿，还是合同规定的赔偿金），以获得在间接费用和利润方面的资金和/或补偿，因为收回这些费用和利润的终止合同并未终止。

7.11 热点话题

7.11.1 热点话题：违反合同

违反合同的定义是"没有合法理由的一方没有拒绝履行合同，或者表现欠佳或无能力履行合同时的行为"。对于买方而言，违约是需要重点关注的，通常别无选择，只能涉及违约的后果。这些行为可能包括考虑整改计划和行动、要求赔偿、援引"介入权"或终止合同。

麦肯德里克（McKendrick）[23] 解释说，在所有情况下，未能兑现承诺的表现必须是"没有合法的理由的"。因此，如果合同失败，由于双方因不履行合同而被给予"合法的理由"，因此违约不承担任何责任。虽然违约行为可以采用言辞形式（例如明确拒绝履行合同条款），但不一定要做到这一点，可以通过一方的行为来证明自己不履行其义务合同或表现欠佳。

麦肯德里克[24] 进一步解释说，特定合同是否被违反的问题取决于合同条款的确切结构。当事人指称存在违约行为，证明有违规行为发生。合同的违约不会自动使合同结束。相反，违反合同可以让不违约的一方（无辜方）有各种的选择。违约合同存在三个主要的后果，一是，无辜一方有权因违约而遭受损失而接受损害赔偿；二是违约方可能无法起诉强制执行无约束力的合同义务；第三个后果是，违约可能使无辜一方有权终止合同的进一步履行。

埃里奥特和奎因[25] 表示："一方当事人行为不当，或不按照协议行为，或根本就不履行合同（实际违约），或者提前表示他们不会执行约定行为（预期违约）"。合同条款可以分为条件、保障和无名条款。违反条件允许无辜方终止合同，虽然可能会产生损害赔偿，但违反保障条款并不判定终止合同。有关条款被法院归类为无名的，这些条款能够以严重或轻微违约，无名条款是否授权无辜一方终止合同取决于违约结果的严重程度。

埃里奥特和奎因[26] 在图 7-3 中显示了违约的影响。

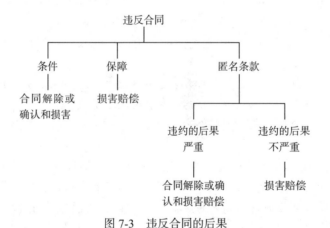

图 7-3　违反合同的后果

7.11.2 热点话题：所有权保留

1976 年，有一个具有转折性的案例，铝工业公司 Vaassen BV 与 Romalpa 铝业有限公司 [1976] 1 WLR 676。实质上，上诉法院的裁决是卖方保留货物的产权，直到买方完成了这些货物的支付。不仅如此，卖方可以追踪买方订立的分销，而分销中的货物包括卖方向买方提供的货物。保留所有权条款可以在判决中找到，注意它开始于不祥之言，"由 A.I.V. 提供的材料的所有权,只有符合 A.I.V. 所有的要求后,才会被转移给买方"。

麦克米尔(McMeel)和拉梅尔(Ramel)[27]全面分析保留所有权问题,包括:

(1)关于纳入条款的问题;

(2)关于条款的构建和表征这些条款相关过程的问题;

(3)公司管理人应该允许哪些索赔的问题,包括对所提供货物的索赔,包括货物被更改、混合或制造成另一种形式的索赔,以及对分销业务收益的索赔;

(4)这些条款对第三方,特别是次级买家影响的问题;

(5)实际问题,包括官员责任和程序事项。

麦克米尔[28]解释说,保留条款的选择是在"简单"条款(所有权保留,直到特定货物支付后才会转移)和"全款"类型(所有商品的所有权都会保留,直到结清卖家的所有债务)之间。几乎所有的现代案件都涉及后一种类型,一般而言,提前索要货款都会比较顺利。有三个主要的"附加"条款:

(1)追索条款,基于索赔转售收益;

(2)"混合"或"聚合"条款,基于索赔将供应的货物再加工或混合到其他产品中;

(3)"伴随"或"扩展"条款,其目的是扩展第三方(次买方)手中货物(或其产品)的索赔,这些"附加"条款在英国法律中取得的成就非常有限。

7.11.3 热点话题:合同定义

在一份合约草案中,将会有一个定义清单。这些与买方有很大的关联,特别是当合同中的词语有意义争议的时候。自然地,一个词必须有非常精确的含义。在许多合同中,提到"天"。这个惯例是一个大写的词,例如"天",应该有一个定义。作者遇到了以下争议:

(1)工作日是什么?例如,是上午 8 点到下午 6 点?

(2)是否包括星期六和星期日?

(3)工作日是否包括或排除旅行时间?

(4)什么是应用提供商的服务要求指定和约定的时间?

(5)加班费是多少?

(6)供应商如何处理工作时间?

定义的一个例子是"所有权变更",用来处理获得合同的公司后来为另一方所有的情况。合同条款将阐明后果,定义将阐明"所有权变更"意味着什么:

(1)任何在服务提供者和/或其控股公司和/或担保人的任何或全部股份中的任何销售、转让或处置任何法律、有益或公平利益(包括控制行使投票权的人股份,控制任命或撤销董事或股息权利的权利);

(2)已经或将会产生与上述(1)相同效果的任何其他安排。

定义的另一个例子是"直接损失",用来处理一种情况:承包商可能需要根据合同进行报销。将会有一个条款规定可以索赔直接损失的情况,定义了直接损失的含义:所有损害、损失、负债、索赔、诉讼、现金、费用(包括法律或专业服务的费用)、代理人/客户的法律费用、客户(付款)、诉讼以及无论是根据法规、合同或普通法,但为避免疑问发生的费用,不包括间接损失。

7.11.4 热点话题：意向书

买家有时受到压力会向供应商发出意向书。在某些买家机构中，法律服务部门制定了防止发出意向书的政策。作者同意这个立场。意向书的法定地位不确定。这取决于是否创建合同的措辞。在 Cunningham 与 Collett 和 Farmer [2006] EWHC 1771（TCC）中，Coulson 法官解释说，一个意向书"正确地称为"，其中"表示甲方有意与乙方签订合同，但对未来的合同不承担任何责任。它被明确设计为无任何约束力的文件。第二种意向书是一封引起有限权利和责任的信件"。

他还说，通常这些文件限制了雇主对根据意向书进行工作的责任。通常，这样做既限制承包商根据意向书支付的金额，又参考合同上允许执行的特定工作要素。

他的荣誉法官费伊（Fay）在 Turriff Construction 与 Regalia Knitting Mills Ltd（1971）222 EG 169 说："意向书不仅仅是表达一方当事人打算未来签订合同的意图。除了特殊情况，它可以没有约束力。背景是，Turriff 提交了在 Corby 为 Regalia 建造新工厂的标书。因为 Regalia 没有收购该土地，他们不能同意完整的合同。Turriff 因为它的出价而投标成功，然后不得不做一些工作，如准备计划的建设。Turriff 使用了一个意向书：根据我们在 1969 年 6 月 2 日的会议上的意见，Regalia 的意图授予 Turriff 合同，以建立一个工厂……第一阶段按照商定的固定价格基准，第二、三、四期计算与第一阶段相同，并于 1972 年完成。

开始日期为 8 月 1 日，按照 Regalia 的测量员提供的数量单据，以月度形式就付款条件进行谈判。所有这些都依赖于是否与 Corby 开发公司取得土地和租赁协议，具有充分的约束力和经过细则的同意，以及 Regalia Knitting Mills Ltd 进行的现场调查。全部需要一个可以接受的合同达成协议。

但是在 1969 年 12 月，这个项目被放弃了。Turriff 起诉 Regalia，以便在项目终止的时候完成工作。

法官决定上述意向书的措辞仅排除 Regalia 未来全面建筑合同下的潜在责任。但他根据事实决定，除意向书外，双方还就准备工作订立了隐含的附带合同。因此，应该按照附带合同的准备工作支付 Turriff。

7.11.5 热点话题：责任限额上限

商业风险必须在合同中全面处理，因此采购专家在这方面变得非常熟悉。供应商由于可以理解的原因，力求将其责任限制在一个合理范围之内，而且非常谨慎。同样，买方确保其组织不会因供应商未履行合同义务而蒙受不可接受的损失也非常谨慎。责任限额上限确定了供应商在其服务不足的情况下可以索赔的最大金额。在 Ampleforth Abbey Trust 与 Turner & Townsend 项目管理有限公司 [2012] EWHC 2137（TCC）案例中，Turner & Townsend 根据其标准约定条款被任命。这包括对责任条款的限制：

我们（TTPM）根据本条款履行职责的任何疏忽的责任限于我们专业赔偿保险政策条款所涵盖的责任，在任何情况下，我们的责任都不会超过支付给我们的费用（在这种情况下为 £111,321）或 100 万英镑，以较小者为准。

有必要指出，该条款要求 TTPM 制定专业赔偿保险政策，赔偿限额为 1 000 万英镑。

TTPM 是三个建设项目的项目经理。工作完成的时间节点明显晚于最初的设想。在这种情况下，Trust 公司针对 TTPM 专业疏忽造成的损失要求索赔 75 万英镑。它的荣誉法官凯泽

(Keyser QC)认为，TTPM 违反了合理技能与注意的义务，因为它们未能充分重视执行合同的事项或对 Kier（承包商）施加足够的压力，以确定合同。Keyser 法官认为，TTPM 无权依赖限制条款，并将损失的数额评估为 226 667 英镑。有人发现：

引导我做出决定的中心因素（限制条款不是不合理的），TTPM 规定的合同义务是将专业赔偿保险索赔到 1 000 万英镑。作为商业现实，这种保险的费用将在应付费用内转交给 Trust 公司。然而，限制条款将导致责任限制等于支付给 TTPM 的费用，这是 11 1321 英镑（以及在反诉中发生任何可能的费用）。在没有任何解释的情况下，为什么在这种情况下，TTPM 应该规定 1 000 万英镑的保险金，尽管责任限制在 20 万英镑以下，但我认为这种合同以这种方式限制责任是不合理的。

7.11.6 热点话题：不可抗力

采购专家必须非常谨慎地确定不可抗力条款的确切措辞。本条款规定当事人在发生事件超出当事人可以控制的情况下，缔约方可以暂停或终止，阻止或延迟履行合同。采购专员必须确保：

（1）有不可抗力事件的定义；
（2）执行条款规定了不可抗力事件发生对当事人权利和义务的影响。

由于风险分配，细节往往是谈判对象。供应商通常会找一份不全面的不可抗力事件列表，包括"上帝的行为、地震、火灾、洪水或其他自然灾害、战争行为、暴动、起义、叛乱、破坏行为或恐怖主义行为、材料和/或劳动力短缺、IT 系统故障、罢工、停工或超出卖方合理控制的其他任何原因"。所有这些"事件"都令买方担心，如果出现这种情况，他们必须探讨卖方的业务连续性计划。例如，如果供应商的场所发生火灾：

（1）他能够多快地继续他的业务？
（2）在合同终止之前买方准备可以容忍不履约的时间长度是多长？
（3）不可抗力情况结束多久后供应商可以恢复 100% 的效率？

在 Tandrin Aviation Holdings Ltd. 与 Aero Toy Store LLC & Anor [2010] EWHC 40（Comm）的案例中，"不可抗力"条款存在问题。合同涉及 Tandrin 向 ATS 出售一架新的 Bombardier 高空喷气飞机。不可抗力条款为：

任何一方在不可抗力导致的失败或延误的期间内，可以不对另一方承担协议义务的任何失败或延迟责任。不可抗力包括：战争、暴动或骚乱、火灾、政府行为罢工或劳资纠纷、供应商无法获得飞机材料、配件、设备或部件或超出卖方合理控制的任何其他原因。任何此类事件发生后，该方履行本协议规定的义务所需的时间应延长为此类事件的期限。

这是一个复杂的情况（通常是这样），因为 ATS 拒绝接受飞机的交付，因为据称"世界金融市场意料之外的、不可预见的和灾难性的螺旋下降"引发了协议中的不可抗力条款。汉布伦（Hamblen）法官解释了不可抗力条款的措辞，其中包括："合同中的不可抗力条款是否被触发取决于该条款适当的措辞结构"，以及"超出卖方合理控制的任何其他原因"应该在整个条款的上下文中阅读。汉布伦法官拒绝允许 ATS 要求不可抗力，因为措辞只涉及"卖方的合理控制"，不包括买方的合理控制。

7.11.7 热点话题：关键人物

关键人员是许多合同的重要特征。在招标阶段，供应商热切地强调，一些关键人物是履行合同的核心。在包括外包在内的许多项目中,将有招标中指定的关键人物。这保证了合同中的一个条款。一个现实生活的例子是布卢沃特案例[29]。与承包商人员有关的合同第2节第9条。第9.3条规定:"关键人员由 Mercon 提供,不经布卢沃特事先批准不得更换。任何替换人员应与被替换的人员有一个合作切换期限。"

合同第9条第3款规定如下:

关键人物 Mercon 应提供附件9B中所列的关键人物,并附在附件9C中的组织结构图中。除非与布卢沃特另有约定,否则关键人员应全职工作。未经布卢沃特事先批准,关键人员不得更换。除非与布卢沃特另有约定,否则 Mercon 应支付附件9B规定的每次更换的违约赔偿金。

有七名承包商的关键人员被列出,其中包括:

姓名	职位	更换人员的违约金(欧元)
布鲁尔(A.C. van den Brule)	项目经理	50 000
利耶(J Liet)	结构经理	49 000
玛瑞尼森(J. Marijunnissen)	运输与物流经理	30 000

在英国法律中,违约赔偿金必须是真正的预估损失。Mercon 认为,对关键人员的运作没有严格按照程序执行,更换一些关键人员并未获得布卢沃特的事先批准。

法官发现布卢沃特有权获得15万欧元的违约赔偿金。为违约赔偿金计算的金额不是罚款。法官说:"我不认为在这个项目的背景下,20 000 ~ 50 000 欧元的金额从奢侈或昂贵方面考虑是不足取的。"

7.11.8 热点话题:违约赔偿金

买方在职业生涯的某个阶段,可能不可避免地会遇到违约金赔偿的情况。这是一种补救措施,旨在补偿受害方在合同中延迟履行合同,原因在于供应商的问题。合同必须规定损害赔偿责任。在 Alfred McAlpine Capital Projects Ltd. 与 Tilebox Ltd.[30] 的案例中,合同规定,McAlpine 应以每周45 000 英镑或其中一部分的价格支付清算和确定损害赔偿。合同金额为11 573 076 英镑。建筑工程比到期日期晚2.5年完成。Tilebox 要求540万英镑作为清算,并确定损害赔偿。毫不奇怪,McAlpine 说,违约赔偿金是一项罚款条款,因此无效。达尼丁(Dunedin)法官在 Dunlop 气动轮胎公司与新车库和汽车公司有限公司 [1915] AC 79 案例中说,虽然使用"罚款"或"违约赔偿金"一词的合同当事人可能表面上应该是指他们所说的,但所使用的表达方式并不是决定性的。法院必须了解所规定的付款是真实罚款还是违约赔偿金。这个教条几乎在每一种案例下都能被发现。

还有人说,"罚款是违规方支付规定的钱,违约赔偿金的实质是对损害赔偿的预先估计"。有关违约赔偿金的法律案例有很多。在 Robophone 设施有限公司与 Blank [1966] 1 WLR 1428 的案例中,上诉法院维持违约赔偿金条款。Diplock LJ 说,我认为公共政策没有理由解释,为什么当事方不应该做出这样明智的安排,每一个被告都知道在其违约的情况下他们所处的位置,并且可以避免清算发生时支付实际损失的沉重代价。

回到 McAlpine 的案例中,杰克逊(Jackson)法官提出的另一个说法是,因为关于罚款的规定是合同法中的一个异常现象,所以在可能的情况下,法院必须维护合同条款,以确定违约赔偿金额。当双方议价能力相当时,在自由签订的商业合同的情况下,这种倾向更加强大。

7.12 合同的标准形式

采购委员会有多种标准合同形式。以下仅是示例，而不是全面的列表。选择合同标准格式时，必须特别注意专家和法律专家的意见。标准合同形式的优点在于，许多供应商都认可其是缔结关系的良好基础。

1. 联合合同法庭 [31]

2011 年设计与建造合同
2011 年中级建筑合同
2011 年中层建筑承包商设计合同
2011 年小型工程建筑合同
2011 年小型工程建筑承包商设计合同
2011 年数量标准建筑合同
2011 年约定数量的标准建筑合同
2011 年无数量的标准建筑合同
主要成本建筑合同
施工管理合同

2. 新工程合同（NEC3）[32]

工程建设合同（ECC）
工程建设合同备选方案 A：具有活动安排的定价合同
工程建设合同备选方案 B：定价合同
工程和施工合同选项 C：有活动计划的目标合同
工程建设合同备选方案 D：有订单量的目标合同
工程和施工合同选项 E：成本可偿还合同
工程和施工合同选项 F：管理合同
工程和施工分包合同（ECS）
工程与施工短期合同（ECSC）
工程与施工短期分包合同（ECSS）
专业服务合同（PSC）
专业服务短期合同（PSSC）
定期服务合同（TSC）
定期服务短期合同（TSSC）
供应合同（SC）
供应短期合同（SSC）
框架合同（FC）
裁决人合同（AC）

可以注意到，标准政府条件合同套件 GC 仍然可用，但不再由正在转向 NEC3 的政府进行更新。

3. 项目合作合同套件 [33]

PPC 2000（2008 年修订）– 项目合作合同 ACA 标准形式
PPC 国际 – 项目合作合同 ACA 标准形式

SPC2000（2008 年修订）– 项目合作合同 ACA 标准形式
SPC2000 简报（2010 年发布）– 项目合作专业合同 AC 标准形式
SPC 国际 – 项目合作合同 ACA 标准形式
TPC 2005（2008 年修订）– 期限合作合同 ACA 标准格式
STPC2005（2010 年发布）– 期限合作专业合同 ACA 标准格式
FIDIC – 国际咨询工程师联合会 [34]
土木工程施工合同条件——红皮书
机电工程合同条件，包括现场施工——黄皮书
设计合同条件和交钥匙——橙皮书
FIDIC 也有 1999 版合同套件

4. RIBA – 皇家英国建筑师学会 [35]

RIBA 简明协议 2010（2012 修订）：建筑师
RIBA 国内项目协议 2010（2012 年修订）：建筑师
RIBA 标准协议 2010（2012 修订）：建筑师
2010 年 RIBA 标准协议（2012 年修订）：顾问
RIBA 分顾问协议 2010（2012 年修订版）

问题讨论

1. 采购专员必须具有良好的"合同法"知识，否则无效。你同意吗？
2. 1979 年《商品销售法》的隐含条款是什么？
3. 1977 年《不公平合同条款法》在哪方面的工作与采购专业有关系？
4. 在英文法中定义"代价"一词，为什么具有重要的实际商务意义？
5. 使用 CRJ 服务有限公司案例作为讨论基础，讨论"合同能力"的概念。
6. 你为什么相信"形式之战"是企业经常性的问题？
7. 潜在供应商的虚假陈述所带来的危险是什么？什么样的采购尽职调查可以减少合同虚假陈述发生的机会？
8. 说明"违约赔偿金"和"罚款"之间的差异。
9. 为什么标准合同形式对采购专员有帮助？
10. 贵组织是否有采购商品和服务的"标准条款和条件"？如果有，你是否接受过培训以了解它们的细节？

参考文献

[1] New Zealand Shipping Co Ltd v AM Satterthwaite & Co Ltd (The Eurymedon)

[2] Blackpool and Fylde Aero Club Ltd v Blackpool Borough Council [1990] W&R 1195. Court of Appeal

[3] Scottish Law Commission: Review of Contract Law Discussion Paper on Formation of Contract, Discussion Paper No 154. March 2012

[4] Carlill v Carbolic Smoke Ball Co [1893] 1 QB 256

[5] Butler Machine Co Ltd v Ex-Cell-O Corporation (England) Ltd [1979]1 W.L.R. 401

6. Transformers & Rectifiers Ltd v Needs Ltd [2015] EWHC 2689 (TCC)
7. Elliott and Quinn, Contract Law, Pearson, p. 143
8. Lloyds Bank Ltd v Bundy [1975] QB 326
9. FG Wilson (Engineering) Ltd v John Holt & Company (Liverpool) Ltd [2012] EWHC 2477 (Comm)
10. Currie v Misa [1875] LR10 Ex153,162
11. Peel, E., *Treitel on The Law of Contract*, Sweet and Maxwell, 2015, p. 74
12. Peel, E., *Treitel on the Law of Contract*, Sweet and Maxwell, 2015, p. 81
13. CRJ Services Ltd v Lanstar Ltd (Ta CSG Lanstar) [2011] EWHC 972 (TCC)
14. Heald Solicitors, Ashton House 471, Silbury Boulevard, Central Milton Keynes
15. GHSP Inc v AB Electronic Ltd [2010] EWHC 1828 (Comm)
16. RTS Flexible Systems Ltd v Molkerei Alois Müller GmbH [2010] 1 WLR 753
17. Thermal Energy Construction Ltd v AE & E Lantjes UK Ltd [2009] EWHC 408 (TCC)
18. MW High Tech Projects UK Ltd v Haase Environmental Consulting GmbH [2015]152 (TCC)
19. Contract Law Elliott & Quinn, Pearson Education Ltd, 2013
20. Kingspan Environmental & Ors v Borealis A/s & Anor [2012] EWHC 1147 (Comm)
21. Peel, E., *Treitel on the Law of Contract*, Sweet and Maxwell, 2015
22. Bluewater Energy Services BV v Mercon Steel Structures BV & Ors [2014] EWHC 2132
23. McKendrick, E. *Contract Law*, Palgrave Macmillan, 2009, p. 310
24. Op. cit
25. Elliott, E. and Quinn, F. *Contract Law*, Pearson Education Ltd, p. 326
26. Op. cit p. 334
27. Professor McMeel, G. and Ramel, S., *Retention of Title – A thorn in the side?* Guildhall Chambers
28. Op. cit
29. Bluewater Energy Services BV v Mercan Steel Structures BV & Ors [2014] EWHC 2132
30. Alfred McAlpine Capital Projects Ltd v Tilebox [2005] EWHC 281 (TCC)
31. The Joint Contracts Tribunal, 28 Ely Place, London, EC1N 6TD
32. NEC, One Great George Street, London, SW1P 3AA
33. Association of Consultant Architects, 60 Gobutin Road, Bromley, BR2 9LR, Kent
34. FIDIC, World Trade Center 11, Geneva Airport, Box 311, 29 route de Pres-Bass CH 1215, Geneva
35. RIBA, 66 Portland Place, London, W1B 1AD

第 8 章

质量管理、服务与产品创新

学习目标

关于采购和供应管理，本章旨在提供对以下方面的理解：

- 质量和可靠性的概念以及采购的作用
- 全面质量管理（TQM）
- 规格及其正确使用与非正确使用
- 规范书写原则
- 标准化
- ISO 10000 质量管理标准组合
- 品种减少
- 质量保证和控制
- 用于质量控制和可靠性的工具
- 质量管理的业务附加值
- 价值管理、工程与分析

核心要点

- 世界级质量标准的定义和尺度
- 承包时考虑质量管理
- 全面质量管理原则（TQM）
- 采购方面的规格
- 减少品种，确保可持续的节约
- 规格选项
- 标准化，特别参考 BS EN ISO 规格
- 从采购角度进行标准化

- 将检测、统计质量控制、质量损失函数、鲁棒性设计、质量功能开发（quality function development，QFD）和故障模式与效果分析（failure mode and effects analysis，FMEA）作为质量控制和可靠性的工具
- 质量一致性和不符合的成本

8.1 什么是质量

8.1.1 定义

质量有很多定义。ISO 8402（2000年12月由ISO 9000替换，并于2005年9月更新）定义了与质量概念相关的基本术语，质量是：

物品、产品或服务的所有特征（包括性能）的综合，其具有满足所述或隐含需求的能力。在合同环境中，具体规定了需求，而在其他环境中，应该确定和界定隐含的需求。在许多情况下，需求随时间而变化，这意味着对质量要求的定期修订。需求通常被转换为具有指定标准的特征。质量有时被称为"使用适用性""客户满意度"或"符合要求"。

这个定义指明有一个能力来识别质量的哪些方面可以被测量、控制或构成可接受的质量水平（AQL）。需求的定义与产品或服务对客户的价值相关，包括经济价值以及安全性、可靠性、可维护性和其他相关特征。

克劳斯比（Crosby）[1]将质量定义为"符合要求而不是好"。他还强调，质量的定义永远不会有任何意义，除非它的根据是客户的需求，即只有当产品符合客户的要求时，它才是一种优质的产品。

朱兰（Juran）[2]将质量定义为"适用性"。该定义意味着设计质量、一致性质量、可用性和足够的现场服务。然而，质量没有普遍的定义。例如，加尔文（Garvin）确定了5种方法定义质量[3]以及质量的8个维度[4]。5种方法如下所示。

（1）**超越的方法**。质量是绝对的和普遍可识别的。该概念与产品属性和特征的比较具有非紧密的相关关系。

（2）**基于产品的方法**。质量是一个精确和可衡量的变量。在这种方法中，质量差异反映了某些产品特征在数量上的差异。

（3）**基于使用的方法**。质量是根据使用的适用性或产品如何实现其预期功能而定义的。

（4）**以制造为基础的方法**。质量符合规范，即由产品设计师确定的目标和公差。

（5）**基于价值的方法**。质量是根据成本和价格来定义的。在这里，优质产品是以可接受的成本、可接受的价格提供特定性能的产品。

质量的这些替代定义往往重叠，也可能会发生冲突。质量的观点也可能随着产品从设计转向营销阶段而发生变化。由于这些原因，在制定整体质量理念时，必须考虑上述各个观点。

加尔文关于质量的8个维度是：

（1）**性能**——产品的运行特性；

（2）**可靠性**——在规定的使用条件下产品在指定时间段内存活的概率；

（3）**可服务性**——速度、可访问性以及修理物品的便利性；

（4）**一致性**——实际产品质量与产品设计质量的符合程度；

（5）**耐用性**——在产品恶化之前，测量产品在其预期操作周期内的预计使用量；

（6）**功能**——"铃声和口哨"或补充产品基本功能的次要特征；

（7）**美学**——关于产品的外观、感觉、声音、口味或气味的个人判断；

（8）**感知质量**——与生产者的声誉密切相关，像美学一样，是个人评价。

虽然与上述任何特征相对的重要性将取决于具体项目，但商业或工业采购决策中最重要的因素可能是性能、可靠性、一致性、可用性和可服务性。

海特（Hitt）[5] 整理了商品和服务的质量维度。

产品质量维度	服务质量维度
1. 性能——操作特性	1. 及时性——在承诺期内执行
2. 特点——重要的特色	2. 礼貌——服务态度良好
3. 灵活性——在一段时间内满足运行规范	3. 一致性——所有客户每次都有相似的体验
4. 耐用性——性能恶化之前的使用量	4. 便利——可供客户使用
5. 一致性——符合预先确定的标准	5. 完整性——根据需要完全维修
6. 可服务性——易于维修或正常使用的速度	6. 精度——每次正确执行
7. 美学——产品的外观和感觉	
8. 感知质量——特征的主观评估（产品形象）	

8.1.2 可靠性

如上所示，可靠性是质量的属性。然而，重要的是"质量和可靠性"通常被一起使用。可靠性定义为：[6]

在特定条件下，在需要的时间内，衡量产品在需要时成功运行的能力。

可靠性通常以数学概率表示，从 0（完全不可靠）到 100%（完全可靠）。

执行故障模式和效果分析（FMEA），以评估设计组件中任何一种可识别故障模式下的一个错误对整体设计的影响，以及影响性能的严重性，参考 8.9.7 节。

8.2 质量体系

质量系统是什么

一个质量体系被定义为：[7]

实施质量管理的组织结构、责任、过程、工艺和资源。

质量体系通常适用于与产品或服务质量相关的所有活动并与之相互作用。如图 8-1 所示，它涉及所有阶段，从初始识别到最终满足要求和客户期望。

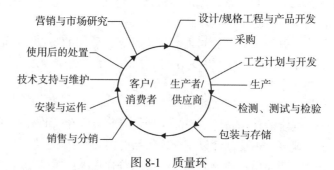

图 8-1 质量环

资料来源：British Standards Institution, reproduced with permission.

所有组织都有质量管理体系。然而，这可能是非正式的、不充分的。正确的质量体系

（例如 BS EN ISO 9001：2015 所要求的）的优点是：

(1) 确保质量的各个方面得到控制；
(2) 确保一致、高效的工作实践；
(3) 表示最佳实践；
(4) 为确定和纠正质量差的原因提供客观证据；
(5) 提高客户信心；
(6) 具有竞争优势；
(7) 把注意力集中在风险管理上。

8.3 全面质量管理的重要性

8.3.1 定义

全面质量管理（TQM）被定义为：[8]

管理组织的一种方式，使每一项工作、每一个过程第一次和每一次都是正确的。

这意味着制造或服务的每个阶段都是"全部"，也就是说，在进行之前 100% 是正确的。另一个定义是：[9] 通过组织各级参与和组织职能的不断提高，对交付的货物和服务质量进行持续改进的综合管理理念。

8.3.2 TQM 原则

TQM 基于三个重要的原则。

1. 从客户的角度重点关注产品改进

这一原则的核心要点是产品改进和客户产品改进。朱兰[10]强调每年提高质量和降低与质量相关的成本的重要性。使组织达到以前未达到的质量水平的任何改进被称为"突破"。突破的重点是改善或消除长期的损失，或者称为戴明（Deming）[11]的术语——"共同的变化原因"。所有突破都遵循发现、组织、诊断、纠正措施和控制的共同顺序。在这种情况下，"客户"一词与"质量链"的概念相关联，强调供应商和客户之间的联系。质量链包括内部和外部。因此，在内部，采购是设计和供应商生产的客户。职能部门与活动中的员工也是供应商和客户。像所有的链条一样，质量链不比其最弱的环节强。在内部和外部没有强大的供应商—客户链接，TQM 注定要失败。质量链是在本书其他地方提到的功能冲突和权力战术的一种方式。实施内部质量链方法的第一步是为每个活动确定与客户和供应商有关的以下问题的答案。[12]

(1) 客户：
1) 我的内部客户是谁？
2) 他们的真正要求是什么？
3) 我怎样才能找到他们的要求呢？
4) 我如何衡量我的能力来满足他们的要求？
5) 我有必需的能力来满足他们的要求吗？（如果没有，那么提高能力需要改变什么？）
6) 我是否不断满足他们的要求？（如果没有，那么当能力存在时，是什么阻止这种情况发生？）

7）如何监控他们的需求变化？

（2）供应商：

1）谁是我的内部供应商？

2）我的真正要求是什么？

3）如何沟通我的要求？

4）我的供应商是否有能力测量和满足我的要求？

5）如何通知他们要求的变化？

第二步，基于上述问题的答案，确定采购等功能将提供的服务水平。佳能（Cannon）[13]确定了影响决定服务类型和级别的四个因素：

（1）客户想要什么？

（2）可以提供什么功能？

（3）密切合作解决分歧。

（4）定期重新定义服务类型和级别。

确定采购的技术专长也是重要的，因为"这是一项专业技术，它使得该功能能够为采购活动增加价值，内部客户可以在没有职能部门帮助的情况下执行任务"。本节前面提到的问题也可以通过将"外部"一词替换为"内部"来重写，从而可以从供应商和客户角度考虑外部质量链。以客户的身份，采购组织期望供应商在质量、交货期和价格方面进行竞争。扎伊里（Zairi）[14]指出，管理供应商的最佳方法是基于 JIT，从创立以来，其目标是获得和维持卓越的绩效。外部客户供应商价值链的另一个重要方面是指客户流程的管理，因为 TQM 的目的是客户启发和保持长期合作伙伴关系。

2. 认识到各级人员对产品质量负责

日本的 kaizen 概念或持续改进影响到各级组织的每个人。因此，它基于团队而不是个人绩效。因此，虽然高层管理层提供领导，但在车间一级也能够理解和实施持续改进。这一原则的一些结果包括：

（1）顶部提供领导；

（2）建立致力于持续改进的"优质文化"；

（3）团队精神，即质量改进团队和质量圈；

（4）资源配置充分；

（5）员工素质培训；

（6）衡量和使用统计概念；

（7）质量反馈；

（8）员工认可；

（9）扎伊里[15]指出：一旦建立了共同信念、原则、目标和关切的文化，人们将自行管理自己的任务，并自愿承担责任来改进自己的流程。

3. 认识到实施向管理人员提供有助于他们规划、控制和评估绩效等关于质量流程的信息的系统的重要性

8.3.3　TQM 发展的贡献因素

（1）在私营和公共部门的销售、利润、就业和资金的**全球竞争**，导致"世界级制造业"

的概念产生，重点是通过改善客户服务来利用制造业获得竞争优势。

（2）JIT 和其他基于零缺陷理念的类似策略。这也就是说，通过设计和建造产品质量比单独通过检验保证质量更为便宜。

（3）**日本的质量程序**，如 kaizen（无止境的改善）和 Poka-Yoke（防呆法），以及欧洲制造单元实施的质量文化，如丰田和日产。

（4）与国际知名专家相关的质量哲学。

8.3.4 TQM 的发展

TQM 起源于日本，是由一批美国管理顾问和统计人员在第二次世界大战后帮助重建日本工业的成果。TQM 将"日本制造"的廉价、不可靠的产品转化为具有国际声誉的高质量、创新和可靠性的商品。这些顾问主要是爱德华·戴明（W.Edwards Deming）、约瑟夫·朱兰（Joseph Juran）和阿曼德·费根鲍姆（A.V. Feigenbaum）。DTI 出版物 *Quality Gurus* 确定了第二次世界大战以来"三大清晰的质量大师"（"大师"是一位有影响力的老师）。对这些大师的简要说明如表 8-1 所示。

表 8-1 质量大师

姓名	主要著作	重要原则
早期的美国人		
爱德华·戴明	*Quality, Productivity and Competitive Position*, MIT Press, 1982	戴明 14 点。第 3，4 和 9 点与采购特别相关： 3：停止通过依赖检验保证质量，首先将产品质量建设放在质量上，消除了对质检的需要 4：停止以价格标签进行授信业务的做法，相反，通过向单一供应商转移任何一个项目以实现忠诚和信任的长期关系，最大限度地降低总成本 9：打破各部门之间的障碍，研究、设计、销售和生产的人员必须作为一个团队来预见产品或服务可能遇到的生产和使用问题
约瑟夫·朱兰	《朱兰质量手册》(*Quality Control*)	质量是"适合使用"，可以分解为设计质量、一致性质量、可用性和现场服务 公司必须降低质量成本 质量应该是为了控制零星问题、可的避免成本和不可避免的成本。后者需要引入旨在改变属性和增加公司知识的新文化
阿德曼·费根鲍姆	*Total Quality Control*, McGraw-Hill, 1983	全面质量观的基本原则……就是它……控制必须从确定客户质量要求开始，只有当产品被放置在满意的客户手中时才能结束。全面质量控制指导人员、机器和信息协调行动以实现目标。第一个原则是承认质量是每个人的工作
日本人		
石川馨（Kaoru Ishikawa）	*What Is Total Quality Control? The Japanese Way*, Prentice Hall, 1985	率先介绍质量控制圈的概念 鱼骨或石川图的创始人，现在全球用于持续改进以代表因果分析 认为 90%～95% 的质量问题可以通过简单的统计技术来解决
田口玄一（Genichi Taguchi）	*Introduction to Quality Engineering*, Asian Productivity Association, 1986	将产品的质量定义为产品发货时产品对社会的损失。损失可能包括客户投诉、附加保修费用、公司声誉损失及市场导致损失等 使用统计过程控制（SPC）以外的统计技术，使工程师/设计师能够识别那些可以影响产品制造和性能的变量
新乡重夫（Shigeo Shingo）	*Zero Quality Control: Source Inspection and the Poka-Yoke System*, Productivity Press, 1986	开发及时，即丰田生产系统 Poka-Yoke（防呆法），也被称为零缺陷概念

(续)

姓名	主要著作	重要原则
新的西方浪潮		
菲利普·克劳斯比（Philip B.Crosby）	*Quality Is Free*, McGraw-Hill, 1983	5项绝对质量管理： （1）"质量符合要求，并非越高越好" （2）"尽管可能存在工程机问题，但没有这样的质量问题" （3）"第一次做这份工作总是更便宜" （4）"唯一的绩效指标是质量成本" （5）"唯一的性能标准是零缺陷" 14步质量改进计划的特点
汤姆·彼得斯（Tom Peters）	《追求卓越的激情》(*A Passion for Excellence*)	基于对成功的美国公司的质量改善工程调查的12个质量变革特征
克洛斯·穆勒（Claus Moller）	*A Complaint Is a Gift*（与贾内尔·巴洛合著），Time Management International,1996	行政而不是生产过程为生产力的提升提供了更多的机会 个人发展将导致生产力、关系和质量三个关键领域能力的提升

8.3.5 TQM的好处

TQM是关于质量的哲学，涉及组织中的每个人。因此，TQM的成功取决于每个组织成员对质量的真正承诺。TQM要求的一些好处包括：

（1）提高客户满意度；
（2）提高商品和服务质量；
（3）减少浪费和库存，从而降低成本；
（4）提高生产率；
（5）减少产品开发时间；
（6）增加满足市场需求的灵活性；
（7）减少工作过程；
（8）改善客户服务和交货时间；
（9）更好地利用人力资源。

8.3.6 对TQM的批评

不是没有对TQM的批评。有些反对意见包括：

（1）过度热心TQM的倡导者可能会将重点放在质量上，即使其他优先事项可能很重要，例如市场变化，经理说：在我们投资TQM之前，我们产出了客户不想要的劣质产品，我们现在生产出的是客户不想要的优质产品。

（2）它造成了与质量有关的工作组织、委员会和文件的烦琐的官僚主义。

（3）它将质量决定权授予质量专家，因为TQM是一个超出平均员工理解能力的复杂实体。

（4）一些工会认为TQM是按压力管理，是工作场所脱离工会的一种方式。

8.4 规格

8.4.1 规格与采购

采购人员了解规格非常重要，因为：

（1）供应商满足规格的能力对采购组织的业务绩效有重大影响，因此采购过程必须设计以选择合格的供应商。

（2）合规性与合同条款和条件之间的联系至关重要，特别是供应商的责任尤其在不符合规范的情况下。

（3）资格预审问卷的设计必须包括关于供应商满足规范要求的方法的探索性问题。

（4）买方必须确保合同对于评估和衡量合规性的方法非常明确。

（5）买方应与供应商进行积极的讨论，以获得连续性改进以减少服务或产品成本，并不断挑战规范。

8.4.2 定义：规格与标准

规格必须与标准和实践规范区分开来。规格的一个定义是：

（1）产品或服务属性声明；

（2）要求声明[17]；

（3）采购外部资源需要满足的声明。

标准是用于经常使用的规格。

标准与规格不同之处在于，虽然每个标准都是规范，但并不是每个规格都是标准。在本章后面考虑的标准化的指导原则，是为了消除不必要的品种。

业务守则比正式标准更具体，并提供有关工程和施工以及安装、维护和提供服务等操作的最佳实践的指导。

8.4.3 规格的目的

规格和标准都旨在：

（1）**指示目的或使用的适用性**。如表 8-1 所示，目的或使用的适用性是由约瑟夫·朱兰提供的质量定义，他也表示质量与产品满意度和不满意度有关，满意与产品或服务的优异性能或特性有关，不满与产品或服务中的缺陷或不足有关。

（2）向供应商传达用户或购买者的要求。

（3）比较实际提供的与规格中规定的目的、质量和性能的要求。

（4）在出现争议的情况下，提供买方所要求的和供应商同意提供的证据。

8.4.4 规格的类型

如图 8-2 所示，规格可以大致分为两种类型。

图 8-2 中列出的几个元素当然可以组合在一个规格中。因此，组件（一件事）的规格也可以说明这个组件是如何完成的（一个过程）以及如何进行测试（程序）的。规格还可以说明组件打算做什么（功能）以及产品或服务在给定条件（性能）下应实现的内容。

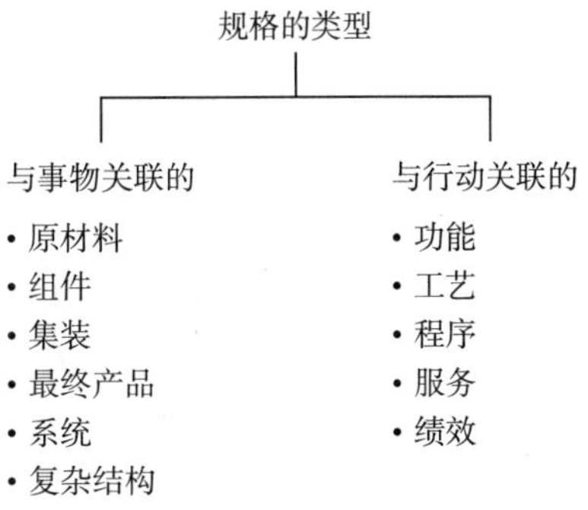

规格的类型

与事物关联的
- 原材料
- 组件
- 集装
- 最终产品
- 系统
- 复杂结构

与行动关联的
- 功能
- 工艺
- 程序
- 服务
- 绩效

图 8-2 规格的类型

8.4.5 ISO 10000 质量管理标准组合

精明的买家将拥有 ISO 10000 质量管理标准组合的工作知识，即

ISO 10001	客户满意度——行为准则指南
ISO 10002	客户满意度——处理投诉的指引
ISO 10003	客户满意度——外部争议解决准则
ISO 10004	"客户满意度监测与测量指南"
ISO 10005	质量计划指南
ISO 10006	项目质量计划指南
ISO 10007	配置管理指南
ISO 10008	客户满意度——企业对消费者电子商务指南
ISO 10012	测量过程指南
ISO/TR 10013	质量管理体系文件指南
ISO 10014	实现财务和经济效益指南
ISO 10015	培训指南
ISO 10017	统计技术指导
ISO 10018	人员参与和能力准则
ISO 10019	质量管理体系顾问选择指南
ISO 19011	管理体系审核指南

8.4.6 报价请求或要求提案或招标邀请

报价请求（RFQ）、要求提案（RFP）和招标邀请（ITT）这些术语是可互换的，是潜在购买者向潜在供应商传达要求的正式流程。这些文件将包括说明书（或规格必须开发的要求）和其他信息，以便于准备报价或提案，或潜在供应商决定不提交报价或提案。

8.4.7 规格的内容

规格的内容将根据用户、设计师、制造商或销售商的观点而定。规格也将根据有关材料或项目而有所不同。对于一个简单的项目，规范可能是一个简短的描述，而在复杂的装配情况下，它将是一个可能有许多页的综合文档。以下与产品、过程或服务相关的规范的呈现顺序是根据 BS 7373-3：2005 进行安排的。

（1）**标识**——标题、名称、编号、权限；
（2）**期号**——出版历史和发行状况、较早的相关规范；
（3）**内容列表**——布局指南；
（4）**前言**——写作规格的原因；
（5）**介绍**——内容的一般描述和技术方面的目标；
（6）**范围**——目标范围/内容；
（7）**定义**——与文本特有的含义一起使用的术语；
（8）**要求/指导/方法/要素**——规格的主体；
（9）**索引**——交叉引用；
（10）提及国家、欧洲或国际标准或其他内部公司规范的**参考书**。

所规定的要求可能与以下内容有关。
（1）项目或材料的安装、使用、制造或储存条件。
（2）特点，如：

1）设计、样品、图纸、模型、初步测试或调查；
2）性能，如强度、尺寸、重量、安全等，适用的公差；
3）互换性——功能、尺寸；
4）材料及其性质，包括允许的变异性和批准或排除的材料；
5）对制造过程（如热处理）的要求——只有是设计考虑的关键问题时才应该规定；
6）外观、质地、完成，包括颜色、保护等；
7）识别标志、控制操作符号、物品重量、安全标示等；
8）标记方法。
（3）性能：
1）在特定条件下的性能；
2）测试方法和设备，用于评估性能，在哪里、如何以及由谁执行，并参考与操作中行为的相关性；
3）通过测试的标准，包括准确性和结果的解释；
4）验收条件。
5）认证和/或报告，即所需的报告、测试计划或证书。
（4）生活。
（5）可靠性——在规定的条件下要求的测试和控制程序。
（6）质量检查控制符合规格：
1）检查合规性的方法；
2）对原材料、部件、子组件和组件的生产测试；
3）确保合规性，如供应商的证书或独立的制造商/供应商；
4）关于拒收材料或物品的说明；
5）有关修改过程的说明；
6）质量控制对分包商等的适用性。
（7）包装和保护：
1）包装规格，包括任何特殊的运输条件；
2）提供物品的条件，如受保护、无润滑等；
3）储存期；
4）包装标记。
（8）供应商向用户提供的信息，如安装、操作和维护方面的说明和建议。

8.4.8 规格编写的一些原则

珀迪（Purdy）[20]已经确定了所有规格作者应遵守的四个原则。这些和其他原则如下：

（1）**如果未指定某项内容，则不可能提供任何事项**。其结果是，在授予合同之前，所有要求均应在说明书中予以说明。供应商通常会收取随后添加要求的"额外费用"。

（2）**每一项要求都会提高价格**。因此所有规范都应经过严格的价值分析（本章稍后考虑）。

（3）**规格越短，准备工作所需的时间就越短**。用于准备规格的工作时间的支出可能很高。规格的长度和其制备中所花费的时间减少，可以显著降低。

（4）**规格对买方和卖方同样具有约束力**。供应商可以在与买方有任何争议的情况下引用规格中的遗漏、不正确或不精确性的信息。一个证据的规则是，这个词被解释为写了证据的一方。如果说明书的含义存在不确定性，法院一般会以供应商的方式解释。

（5）**规格应尽可能以性能方式呈现，而不是详细设计。**这特别适用于购买者几乎不具备专业知识的项目。根据《1994年货物销售法案》修订的《1979年货物销售法令》第14（3）条，卖方在业务过程中销售商品，买方应向卖方明确或暗示地告知正在购买货物的特定目的，有隐含的"条款"，根据合同提供的货物质量令人满意。《1994年货物供应和销售法》（SSGA）的目的是，如果符合合理的人员认为满意的标准，包括货物的价格（如果相关）、货物质量和所有其他相关情况，那么可以认为货物具有满意的质量。

（6）**规格应尽可能"开放"，不能封闭。**封闭规格参见8.5.3节。开放的规格书被写入，以便多个供应商可以满足规定的要求。通过使若干供应商的要求具有足够的灵活性，鼓励竞争并降低价格。

（7）**规格不得与国家或国际标准或健康、安全或环境法律法规相冲突。**国家和国际规范应纳入个别规格，并按其数量和标题确定。

8.5 个别规格的可替代途径

8.5.1 现有规格

只需编写非标准要求的规格。对于大多数标准的工业品和消费品来说，通常足以使用：

（1）制造商的标准，如目录或其他宣传文件；

（2）国家或国际标准。

所有产品或服务将需要现有标准可用的材料、部件或其他要素。设计师或规格作者必不可少的第一步是确定已经存在哪些相关标准。通过咨询参考出版物，特别是英国标准目录（大多数大型图书馆可用）或数据库，搜索这些标准。技术指数有限公司（www.iberkshire.co.uk）提供的服务特别有用，该服务提供全面、可靠的制造商技术目录，国家和国际标准及立法材料的全文数据库，通过互联网在线提供年度订阅。技术指标有限公司信息服务涵盖了世界上90%以上最常用标准，其中包括：

（1）英国标准在线，完整收集超过35 000个英国标准；

（2）互联网上的全球标准；

（3）英国和美国的防御标准；

（4）美国政府规范服务。

8.5.2 调整现有规格

这对于建筑项目或计算机系统来说经常是最经济的方法，建筑师或供应商可以修改现有规格以满足新的应用。

8.5.3 指定的替代方法

这些包括使用品牌或商品名称，并通过样品进行指定。

1. 使用品牌或商业名称

英格兰（England）[21]列出以下情况，其中品牌描述不仅可取而且是必要的，例如：

（1）制造过程是秘密的或被专利所覆盖的；
（2）供应商的制造过程需要高度的"做工"或"技能"，无法在规格中精确定义；
（3）只有少量购买，因此让买方准备规格是不切实际的；
（4）买方的测试是不切实际的；
（5）该项目是一个如此有效地宣传组件，以至于在最终购买者创建一个偏好甚至是将其纳入成品的需求；
（6）对设计人员的品牌项目有很强的偏好。

指定品牌项目的主要缺点如下：
（1）品牌商品的成本可能高于无品牌替代品。
（2）品牌的命名有效地导致 Fitchett 和 Haslam[22] 称为的"封闭式规格"，其可以采用该形式命名某个品牌，而制造商或供应商不允许使用替代品。当需要重复现有产品是重要的或者希望保持低的备件范围时，封闭式规格是最适用的。这种规格可以抑制竞争，但也可能削弱无法满足质量要求的边缘供应商。

2. 规格样品

样品可以由买方或卖方提供，并且是关于诸如印刷或诸如布料的产品的有用的说明方法。当通过参考先前由供应商提交的样品来放置订单和指定产品时，合同所依据的样品应该是：
（1）确定的；
（2）标记的；
（3）采购商和供应商保留的签名标签样品。

根据《1982 年货物和服务供应法》（SGSA）第 5 节和《1994 年货物供应和销售法》[15]（SSGA）中有一个隐含的"条款"（后来被定义为"条件"），货物以样品出售：
（1）批量必须符合质量样本；
（2）买方必须有合理的机会将样品与批量进行比较；
（3）货物不得有任何缺陷，对样品的合理检查不会揭露出质量不合格。

3. 用户规格或性能规格

在这里，购买者通知供应商所购物品的用途。该方法特别适用于购买买家技术知识不多的物品。

根据 SSGA 的第 14（3）条和 SGSA 修订的 SGSA 第 4 节和第 5 节，卖方在业务过程中出售货物，买方明确或暗示地向卖方通知正在购买的目的，这里有一个隐含的"期限"，根据合同提供的货物质量要令人满意。SSGA 的目的是，如果符合合理的人员认为满意的标准，包括货物的任何描述、价格（如果有关）和所有其他相关情况，则认为货物满意。根据 SSGA 第 2B 节，商品的质量包括其状态和状况，以及（其中包括）在适当情况下其他质量方面：
（1）商品通常提供的所有用途的适用性；
（2）外观和完成；
（3）无轻微缺陷；
（4）安全；
（5）耐用性。

根据《商标法》第 2C 条,"期限"不延伸至任何使商品质量不合格的事项:
(1) 在合同签订之前,特别提请买方注意;
(2) 买方在合同做出之前对货物进行检查,因为检验应该揭示这些事项;
(3) 在确定样品销售合同的情况下,合理检查样品的事项要明确。

SSGA 第 4 条规定,当卖方可以证明偏离规格只是轻微的情况的时候,买方拒绝货物是不合理的。买方不得将违约行为视为有权拒绝货物的条件,而只能作为保证因违约而产生的损害赔偿。

第 4 节也区分商业买家和消费者。如果买方是消费者,则以货物质量不合格为由拒绝货物的权力不受影响。

第 3 (2) 条规定,本条适用,除非有相反的意图出现或暗示在合同中。

正如伍德罗夫(Woodroffe)[23] 所指出的那样,买家必须遵守自己的条款和条件,因为一个起草草案的条款将使得买方能够终止任何违反第 13-15 条(SSGA)的合同,无论其是否轻微。

8.5.4 公共部门买家:技术规格

2015 年《公共合同条例》第 42 条规定了订约当局在处理技术规格时的影响。

第 42 条第(4)款解释材料、产品或供应所需的特性,其中可能包括:

(1) 环境和气候水平,所有要求的设计(包括残疾人的可及性)和合格评定、绩效、安全或维度,在生命周期的任何阶段都包括质量保证、术语、符号、测试和测试方法、包装、营销和标签、用户说明书和生产过程及方法;

(2) 就完成作品及其所涉及的材料或部分,订约当局可以根据一般或具体规定与设计和成本核算有关的规则、工程的测试、检验和验收条件以及施工方法或技术以及所有其他技术条件。

第(10)款强调"技术规格要求经济运行人平等接受采购步骤,不得对公开采购竞争造成不合理的障碍"。

8.6 标准化

标准是规定或建议货物和服务的最低水平的性能和质量,以及给定环境中操作的可选条件的文件。标准可以根据其主题、目的和应用范围进行区分。

8.6.1 主题事项

这可能涉及经济活动领域,例如工程,以及在该领域使用的物品,如紧固件。每个项目可以进一步细分为适合标准的科目。因此,"紧固件"可能引导螺纹、螺栓和螺母、垫圈等的标准。

目的

涉及产品质量的一个或多个方面。这些包括:

互换性和品种减少。例如,BS EN ISO 6433:1995 是英国标准,它规定的技术图纸原则和惯例,并将在全球范围内被容易理解。

的性能要求。例如,PD 5500:2009,其中涵盖设计符合法定要求所需的未熔融焊接压力容器规格以及制造商和用户安全性能的要求。

（3）**关于污染、土地上的废物处理、噪声和环境滋扰等环境要求**。例如，环境绩效目的和目标，都符合 BS EN ISO 14001：2004。

除了上述之外，标准还可能涵盖实践规范、测试方法和词汇表。如前所述，业务守则最佳则可接受实践，就有关工程和施工技术以及安装、维护和提供服务等操作提供指导。测量产品特性和行为标准值需要测试方法。词汇表通过提供科学和工业中使用的术语、惯例、单位和符号的标准定义来帮助确保明确的技术交流。

8.6.3 应用范围

这涉及特定标准适用的域。有几种标准，也可以经常使用不同的标准和规格。

（1）个别标准。这些标准由个人用户制定。

（2）公司标准。这些准备并认同的各种功能，指导设计、采购、制造和营销操作。阿斯顿（Ashton）[24]引起了人们的关注，即将备案部分的注册表或数据库和代码列表所规定的代码涉及的公司标准作为减少多样性并避免公差、完成度、性能和质量方面的变化的方式。

（3）协会或贸易标准。这些标准是由一组行业、贸易或专业的相关利益者组成的，如汽车制造商和贸易商协会。

（4）国家标准。英国标准规范特别重要的是 BS 4778-3.1：1991 质量词汇、BS 6143-1：1992 质量经济学指南、BS 7850-1：1992 全面质量管理和 BS EN ISO 9 000：2005 质量管理系统。

（5）国际标准。生产全球标准的两个主要组织是国际电工委员会（IEC）和国际标准化组织（ISO）。前者成立于 1906 年，专注于电气和电子领域的标准；后者成立于 1947 年，涉及非电气标准。这两个组织都位于日内瓦。在西欧，在制定符合欧洲和国际标准的标准方面正有所进展。这项工作是由西欧标准化组织组建的欧洲标准化委员会（CEN）完成的。欧洲标准化的划分反映了国际安排，CEN 负责非电气方面，欧洲电工标准化委员会（CENELEC）和欧洲电信标准协会（ETSI）负责其他方面。

8.6.4 BS EN ISO 9000

虽然 TQM 在 ISO 9000 系列之前是一种组织可以提高质量和盈利能力的方法，但是遵守 ISO 标准和 ISO 认证被广泛认为是为 TQM 提供框架和必要的第一步。

CEN 和 CENELEC 成立于 20 世纪 60 年代后期，前者是"与欧洲的全球机构及其合作伙伴共同推动欧洲的技术协调"。

ISO 成立于 1946 年，因为存在类似技术的不协调标准可能构成国际贸易的技术壁垒。BS EN ISO 9000：2005，作为 1979 年推出的 BSI BS 5750 质量管理体系的全球衍生品，于 1987 年出现，140 多个国家现已采用 ISO 标准，每 5 年修订一次。

2005 年 9 月发布的现行 BS EN ISO 9000：2005 系列提供 BSI 系统对企业评估能力登记实施的原则。如果要注册，组织必须拥有符合 BS EN ISO 9000 的相关部分的文件化质量体系，以及质量评估计划（quality assessment schedule，QAS），其精确定义了与特定产品组有关的范围和特殊要求、流程或服务。QAS 由 BSI 与特定行业咨询采购和相关利益方后进行合作开发。

当申请注册的企业具有令人满意的文件编制程序时，BSI 将安排由至少两名有经验的评估员组成的团队进行评估访问，其中一名通常来自 BSI 检查员。之后，将确认任何有差异的报告和评估结果发送给寻求注册的企业。初步评估之后，由 BSI 自行决定是否要接受定期不通知的审核访问，以确保维护标准。

如图 8-3 所示，与系统有关的主要文件是词汇和单独的标准。

虽然修订的 9001：2015 和 9004：2009 是独立的标准，但它们形成了"一致性的"配对，旨在促进用户将质量管理体系的便利性引入组织。

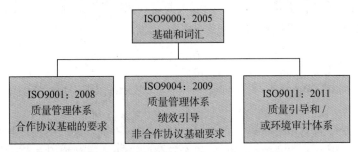

图 8-3　与标准 ISO9000：2005 相关的主要文件

8.6.5　采购与 BS EN ISO 9000:2005

BS EN ISO 9000：2005（质量管理体系——基础和词汇）在四个主要标题下定义了质量体系要求的标准：

（1）管理责任；

（2）资源管理；

（3）产品实现；

（4）测量、分析和改进。

这在 7.4 节"资源管理"中提及采购。在这种情况下，"组织"一词是指正在寻求符合"我们"标准的承诺。"供应商"一词是指"我们"的供应商。"利益相关方"是对组织的绩效或成功感兴趣的人或团体。

7.4 节包含有关采购流程（7.4.1 节）、采购信息（7.4.2 节）和购买产品验证（7.4.3 节）的规定。这些部分应与 BS EN ISO 9004：2009 一并阅读，其中规定了应包含在购买质量体系中的活动。例如，7.4.2 节提供了一个组织如何确保供应商有能力有效、高效和按计划提供所需产品的方式的例子，例如：

（1）相关供应商经验评估；

（2）供应商对竞争对手的业绩；

（3）审查购买产品质量、价格、交付成果以及对问题的回应；

（4）供应商管理系统审核。

还应考虑到 ISO 14000 系列。

8.6.6　ISO 9000:2015

2015 年对 ISO 9001 的修订对采购有影响。当本书正在编写时，国际标准化组织（ISO）提供了国际标准 ISO / DIS 9001：2014（e）草案。最终的官方版本报道在 2015 年年底前发布。

ISO 发表了一篇论文[25]，建议 2015 年修订中的一个重要变化是建立系统的风险方法。现在风险被考虑并纳入整个标准。

在标准草案（简介 D.S.）指出：“对于一些组织来说，交付不合格产品和服务的后果可能给一些客户造成轻微的不便；而对于其他人来说，后果可能是深远的和致命的。

采购业务继续重视拥有 ISO 9001 认证的供应商，这通常是资格预审的要求。未来，2015 年标准将要求整个供应链符合本标准。在 8.4.1 节，它要求

组织应建立并应用标准，用来评估、筛选、监督外部供应商的绩效，并依据外部供应商提供工艺或产品和服务的能力进行再评估。组织应保留对外部供应商评估、绩效监测和再评估的适当记录资料。

2015 年标准的 8.4.3 节，对采购有更多的影响，因为它们的组织与外部供应商沟通适用以下要求：

（1）提供代表组织利益的产品和服务；
（2）批准或发布产品和服务、方法、过程或设备；
（3）人员能力，包括必要资格；
（4）与组织质量管理体系的互动；
（5）对组织应用的外部供应商绩效进行控制和监控；
（6）组织或其客户打算在外部提供商的场所执行的验证活动。

8.6.7　采购与标准化

采购人员应了解适用于其行业和购买物品的主要贸易、国家和国际标准。他们还应该了解标准化对采购组织的优势：

（1）明确规格和消除买方及供应商所需要的所有不确定性。
（2）标准化有助于实现可靠性并降低成本。
（3）节省时间和金钱，无须公司准备规格，减少了解释性信件、电话等的需要。
（4）节省设计时间也可能缩短生产成品的时间。
（5）所有潜在供应商都在投标同一对象，准确比较报价。
（6）降低对专业供应商的依赖和更大的谈判范围。
（7）减少错误和冲突，从而提高供应商的商誉。
（8）通过参考 ISO 标准促进国际采购。
（9）通过协调采购、设计和生产的努力，减少库存和成本（见第 10 章）。一个公司将 30 种不同的涂料减少到 15 种，120 种不同的切削液减少到 10 种，50 种不同的工具钢减少到 6 种，12 种不同的铸铝合金刀减少到 3 种。用于简单洗衣机的标准化和编码的物品也发现了 36 种不同的术语。
（10）减少对资本设备备件的投资。
（11）使用标准化时，降低材料处理成本。
（12）消除需要购买昂贵的品牌名称。
（13）显示非标准设备用品的不规律采购。

8.6.8　独立质量保证与认证

独立的质量保证和认证对用户、采购商和制造商都是非常有利的。BSI 通过其 Kitemark，Safety Mark，注册公司和注册股票计划，实施了 BS EN ISO 9000 的原则，确定了可以独立评估产品安全性和供应商质量管理体系的程序。

约 30 个第三方认证机构是英国认证机构协会（ABCB）的成员。有些是由贸易协会设立的，如曼彻斯特棉花贸易商会考察所、羊毛贸易布拉德福德商会、曼彻斯特雪莉学院、伦敦纺织品交易所。国家认证机构认证委员会（NACCB）评估的认证机构有权使用 NACCB 国家质量认证标志。

8.7 品种缩减

品种缩减可以通过对库存原材料、零部件和耗材的标准化和合理化来实现，可以在很大程度上节约库存。品种减少可以是主动或反应性的。

可以通过尽可能地使用标准化的部件和子组件来制造在外观和性能上不相似的终端产品，使得各种最终产品仅使用少数基本组件来主动实现品种减少。主动方法也可以应用在资本采购时减少品种。通过确保与现有机械的兼容性，可以大大缩小为确保故障而准备相关备件的范围。

反应性缩减方法由所有有关方面组成的特别项目组定期进行，检查一系列库存项目以确定：

（1）每个库存的预期用途；
（2）多少库存物品有同样的用途；
（3）具有相同目的的物品可以进行标准描述的程度；
（4）尺寸的范围是必不可少的；
（5）使用范围内每个项目的使用频率；
（6）哪些项目可以消除；
（7）项目的尺寸、维度、质量和其他特性可以在多大程度上标准化；
（8）哪些库存现在已经过时，今后不太可能需要。

品种减少的优势包括：

（1）减少库存成本；
（2）释放存货中的资金；
（3）订购时更容易说明规格；
（4）库存范围更窄；
（5）减少供应商数量。

8.8 质量保证与控制

8.8.1 质量保证

质量保证被定义为在质量体系中实施的所有计划和系统活动，并根据需要进行展示，以提供充分的信心，使实体能够满足质量要求。[26]

质量保证涉及缺陷预防。因此，它可以涉及一些方法，包括：

（1）质量体系，包括 BS EN ISO 9000；
（2）新设计的控制，旨在首次实现；
（3）设计旨在消除源头缺陷的制造流程；
（4）进料控制——大多数组织现在要求其供应商提供证明，如 BS EN ISO 9000 认证，其流程处于统计控制之下；

（5）供应商评估，以确保只有符合质量要求的供应商得到批准，这对 JIT 采购尤其重要。

8.8.2 质量控制

质量控制（QC）定义为[27]：用于满足质量要求的操作技术和活动。质量控制涉及缺陷检测和纠正，涉及确定何地、如何以及何时进行间隔检查的活动，收集和分析有关缺陷的数据，并确定应采取哪些纠正措施。

由于在制造后发现缺陷，舍恩伯格[28]将 QC 称为"死亡证明"方法。

8.9 质量控制与可靠性检验

在本书中尝试质量保证、控制和责任技术的纲要是不切实际的。因此，在本节中，简要介绍了检查、统计质量控制和六西格玛、质量损失函数、鲁棒性设计、质量功能开发（QFD）和故障模式与效果分析（FMEA）。

8.9.1 检查

虽然检查是一项非增值活动，但是在采购或交付时，某种形式的检查往往是不可避免的。四个主要检查活动如图 8-4 所示。

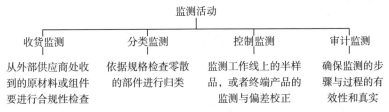

图 8-4　四个主要监测活动

检查的重要方面如下所示。

（1）**检查多少，频率如何**——只需少量进行 100% 的检查，检查次数越多，成本越高。一般来说，具有高人力输入的操作需要比机械操作更多的检查，这往往更可靠。通常的检查依据是一个商定的样本，例如 5%。样品的大小将由使用哪种统计质量控制方法确定。尺寸的检查及核对通常可以通过使用通过/不通过仪表自动完成。

（2）**在哪里检查**——大多数操作有许多可能的检查点。一般来说，检查应该发生：

1）从供应商那里收到原材料，尽管质量的责任在于供应商；

2）在发货之前，当交货后的维修或更换产品比工厂成本高，客户的商誉也会受到损害时；

3）在昂贵的操作之前；

4）零件不可逆地连接到其他部件；

5）在覆盖过程之前，如涂漆或电镀常常会掩盖缺陷。

8.9.2 统计质量控制

统计质量控制的基础是抽样。样本是群体的一部分或整个对象或观察集合的一部分，具有共同点。如果工厂在一天内生产1 000件X组件，则当天的组件X的总体即全部就是1 000。

使用抽样而不是100%的检查有三个主要原因：

（1）抽样节省时间；

（2）抽样节省资金；

（3）抽样为控制提供依据。

从质量的角度来看，抽样可以采用以下两种形式之一：

（1）验收抽样通过从每个批次中抽取样品并进行测试来查看批次产品的质量，以查看整个批次是否应被接受或拒绝。当从供应商收到买入的物品时，可以采用验收抽样，也可以在向客户发货前对产品进行最终检验。

（2）过程控制是一种更主动的方法，旨在确保零件和组件在生产过程中而不是批量生产后达到规格。

算术平均值和标准偏差的概念（在下一节中提及）为贝尔电话公司的沃尔特·休哈特（Walter Shewhart）博士于1931年出版的 *Economic Control of Quality of Manufactured Products* 一书提供了基础。该书是现代统计过程控制（statistical process control，SPC）的基础，抽样是全面质量管理理念的基础。

休哈特还开发了统计过程控制图，以提供质量变化的视觉指示。

例如，如果钢锭的理想长度为6厘米，公差为0.005厘米，则5.995厘米或6.005厘米的组分是可接受的。

拍摄钢锭的样品批次后，计算每个批次的平均值并记录在图表上，如图8-5所示。

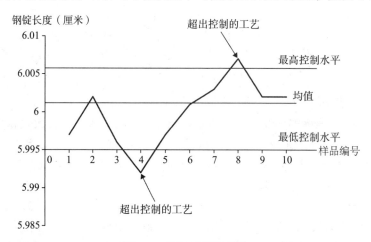

图8-5　统计过程控制图

只要结果在上限和下限之内，就不需要采取行动。但是，如果一个值超出了这些限值 - 与样品4号和8号一样，必须调查和纠正原因。例如，这些批次的机器设置可能需要重新设置或调整。

8.9.3　六西格玛

算术平均值、标准偏差和正态曲线的概念是六西格玛的基础。业务管理策略六西格玛在20世纪80年代初起源于摩托罗拉，是通过减少和消除产品缺陷来提高客户满意度的方法。

它旨在实现几乎无缺陷的工艺和产品。

正常分布曲线如图 8-6 所示。

算术平均值（x）通过将两个或更多个量的和除以项数来获得。例如，5, 10 和 12 的算术平均值是 27/3=9。标准偏差衡量样本分数围绕平均值或平均值分布的程度。例如，假设一系列检查的分数平均分布为 80，标准偏差为 8，然后在平均值的一个标准偏差内的分数在 80-8=72 和 80+8=88 之间。在任何一个方向上的平均值的一个标准偏差占分配中所有项目的比例大约为 68%。平均值的两个标准偏差约占 95%，3 个标准偏差为 99%。术语"西格玛"是希腊字母"σ"，用于描述变异性。在六西格玛中，常见的测量是每百万次操作（DPMO）的缺陷。因此，六西格玛或六个标准偏差表明每百万次机会（或 99.999 66 准确度）为 3.4 个缺陷的目标，这几乎是任何一个都可以达到完美。

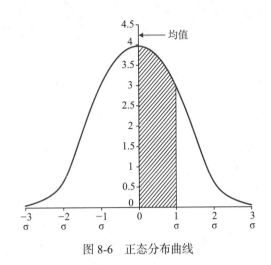

图 8-6　正态分布曲线

实现六西格玛质量输出水平意味着通过定义、测量、分析、改进和控制（DMAIC）的技术来减少过程变化，这种技术使用各种统计工具，包括过程图、帕累托图、控制图、原因效果图和过程能力比，其中大部分超出了本书的范围。可以说，由于 DMAIC 的应用，组织可以识别和消除其过程中的特殊原因变化，直到达到六西格玛质量输出水平。

8.9.4　质量损失函数

质量损失函数（quality loss function，QLF），连同 8.9.5 节提到的鲁棒性设计的概念，是从 20 世纪五六十年代为日本电信公司 NTT 工作的田口博士提高的。

田口的做法是基于质量差的经济影响。他将质量定义为：产品的质量是产品运送时产品对社会的最小损失。[29]

对社会的损失包括产品故障产生的成本：

（1）满足客户的期望；

（2）达到所需的性能特征；

（3）符合安全环保标准。

QLF 是基于"质量应该通过偏离特定目标值而不是符合预设公差极限来衡量"的原则。因此，与给定目标的偏差越大，客户的不满越大，损失概念越大。

QLF 方法如图 8-7 所示。目的是使产品尽可能靠近目标。

该损失函数可以通过以下公式近似计算：

$$L(x)=R(x+T)^2$$

式中，L 表示货币损失；x 表示质量特征的价值；T 表示目标价值；R 表示常数。

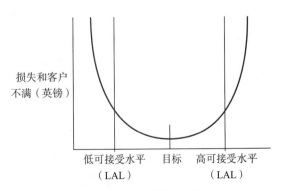

图 8-7　田口的损失函数

例 8-1　损失函数应用示例

假设质量特征的规格为 0.500±0.020。此外，假设根据公司记录，已经发现，如果质量特性超过了任一端的 0.020 的目标，则在保修期内存在产品失败的可能性并且纠正的成本将会是 100 英镑。

$$100 = R(0.020)^2$$

$$R = \frac{100}{(0.020)^2} = \frac{100}{0.000\,4} = 250\,000\ （英镑）$$

因此，损失函数就是

$$L(x) = 250\,000(x-T)^2$$

因此，如果偏差是 0.005，那么估计的损失将是：

$$L(0.005) = 250\,000 \times (0.005)^2 = 6.25\ （英镑）$$

如果一个批量是 50 件产品，那么总损失成本将是

$$50 \times 6.25 = 312.50\ （英镑）$$

损失函数方法受到批评，理由是确定任何精确度的常数 R 实际上非常困难。

田口损失函数可以应用于任何不合规的成本，如投诉处理、检查和测试、有缺陷的零件返工、废料和保修维修。所有这些费用都是因为第一次的工作没有做正确。通过提高质量，可以降低成本。因此，质量成本是一个误导，因为质量实际上可以产生利润。

8.9.5　鲁棒性设计

一些产品仅在狭窄的应用范围内使用。其他将在更广泛的条件下表现良好。后者具有鲁棒性设计。想想一双卧室拖鞋，显然不适合在泥土或雪中行走。相反，一双惠灵顿靴正是这种情况所需要的。惠灵顿靴比拖鞋更鲁棒。

当产品或服务对变异源的影响不敏感时，即使来源本身尚未被消除，产品或服务也可被定义为"鲁棒的"。更多的设计师可以在产品中建立鲁棒性，它耐用性更好，从而提高客户满意度。

同样，环境因素也可能对生产过程产生负面影响。用于生产食品、陶瓷和钢铁产品的炉子可能不均匀加热。一个解决问题的方法可能是开发一个优质的烤箱，另一个方法是设计在运行过程中移动产品以实现均匀加热的系统。

田口的方法包括确定产品或设计过程的限制目标规格，并减少由于制造和环境因素导致的变异性。如图 8-8 所示，田口区分可控和不可控因素或"噪声"。

"噪声"因素是主要导致产品的性能偏离其目标价值的因素。因此，通过分析方法或仔细计划实验，参数设计旨在确定使产品更健壮的控制因素的设置，即对噪声因素的变化较不敏感。田口说，许多设计师只考虑系统和容忍因素。不过，他认为，没有参数设计，几乎不可能生产高品质的产品。

田口的质量损失函数和设计概念受到批评，主要是因为质量损失函数中的常数 R 难以以任何程度的精确度确定，并且在鲁棒性设计中大量的可能参数使得无法调查清楚所有参数的

组合。然而，他的方法被许多世界级组织所使用。

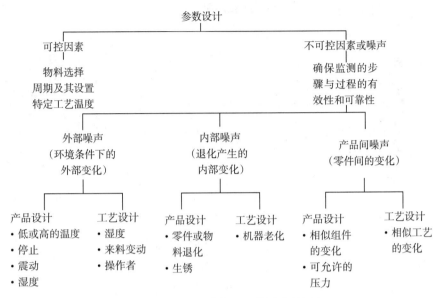

图 8-8　田口可控与不可控因素的概念

8.9.6　质量功能发展

QFD 是日本汉字字符 Hin Shitsu Ki Ten Kai 的翻译，可以广泛地翻译成，"我们如何理解我们客户期望的质量，并以动态的方式发生这种变化？"

QFD 被定义为一种结构化的方法来定义客户的需求或要求，并将其转化为具体计划以满足这些需求。

用于描述客户要求的陈述或未定义的术语是"客户的声音"。有关客户需求的信息以多种方式被获得，包括市场研究、直接讨论、焦点小组、客户规格、观察、保修数据和现场报告。

QFD 通过一种名为"质量之屋"的工具来确保满足客户的要求。"质量之屋"的大纲如图 8-9 所示。使用这个工具，生产者能够协调客户的需求与设计、制造的限制。

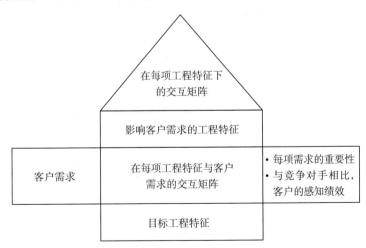

图 8-9　质量之屋

然而，质量或产品规划的房子只是四个阶段过程中的第一个阶段，其他三个阶段是产品设计、产品规划和过程控制。这四个阶段如图 8-10 所示。

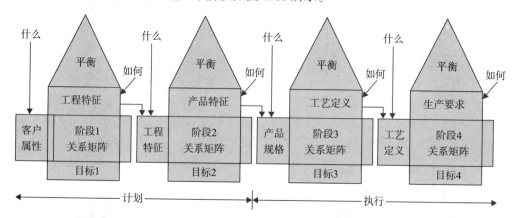

图 8-10　质量功能开发的四个阶段

QFD 流程包括以下步骤：

（1）客户要求或"属性"的详细信息，可以从以前提及的质量等级"客户要求"列出的来源获得。

（2）分配给每个属性的相对重要性，以 1～5 或按百分比表示，并在质量之屋中按"每项要求的重要性"进行输入。

（3）对于旨在打败竞争对手的产品，必须知道与竞争对手相比如何。每个属性的排名将在"与竞争对手相比，顾客的感知绩效"下进行比较。

（4）客户属性转化为关键工程特征。因此，对于汽车来说，"快速启动"的客户属性将被转换为从 0～60 mph 的"指定"加速度，并进入影响客户要求的"工程特征"。

（5）客户要求与技术要求之间的关系强度可以被探索和表达为"非常强""强"或"弱"，并纳入"每项工程特征与客户需求的交互矩阵"。空白的行或列表示没有关系或技术要求，因为没有客户要求。现在也可以将产品的性能与客户的要求及竞争对手的性能进行比较，并设定改进设计或性能的目标。这些在"目标工程特征"下输入。

（6）房屋矩阵的"屋顶"通过考虑工程与客户特征（如性能和成本）之间的潜在权衡来鼓励创造力。这可能导致目标结果的一些变化。虽然一些组织仅关注与客户需求相关的第一个质量体系，但其他组织仍然通过产品规格、流程定义和生产要求，继续进行产品开发，如图 8-10 所示。

1）生产规范涉及子系统和组件的详细特征，以及适合、功能和外观等目标值的确定。

2）流程定义是组件特性与关键流程操作相关的部分。这个阶段代表从规划到执行的过渡。如果产品组件参数是关键的，并且在该过程中被创建或影响，它将成为控制点。这告诉我们要监控和检查什么，并成为实现客户满意度的质量控制计划的基础。

3）生产要求将控制点与质量控制的具体要求相关联，包括控制方法的规范以及达到适当质量水平所需的样品大小。

因此，如图 8-10 所示，一个阶段的"如何"目标技术水平被用来产生后续阶段的"什么"。

QFD 的主要优点是：

(1)产品和服务的设计侧重于客户的需求,并以顾客的需求为导向而不是以技术为导向;
(2)它将基于组织产品的性能与竞争对手的性能进行比较;
(3)缩短设计代码的总长度;
(4)通过确保将重点放在规划阶段或所有阶段,大大减少后期设计变更的数量;
(5)促进团队合作,打破营销、设计和生产功能之间的障碍。

8.9.7 故障模式与效果分析

1. 什么是 FMEA

起源于美国航空航天工业的 FMEA 是一种重要的可靠性工程技术,具有以下主要目标:
(1)确定发生故障的所有方式;
(2)估计故障的影响和严重性;
(3)建议纠正设计措施。

FMEA 被定义为一种系统的方法,采用表格方法来帮助工程师使用思维过程来识别潜在的失效模式及其影响。[30]

作为嵌入到六西格玛方法中的工具,FMEA 可以帮助确定和消除产品或工艺开发早期的顾虑。这是一种系统的预测发生故障的可能方式。

2. FMEA 类型

可以采用三种形式:[31]

(1)**系统 FMEA** 用在早期的概念和设计阶段分析系统和子系统。系统功能是系统的设计或目的,源于客户的需求。它还可以包括安全要求、政府法规和制约因素。

(2)**设计 FMEA** 用于在产品上市之前分析产品。

(3)**过程 FMEA** 用于在产品发布给客户之前分析产品。

3. 准备 FMEA

第一个被英国汽车制造商要求使用 FMEA 进行先进质量规划的供应商是福特汽车公司,并推荐由负责任系统引导的团队方法,产品或制造/组装工程师被期望能够参与到所有受影响的活动中。团队成员可以从设计、制造、组装、质量、可靠性、服务、采购、测试及供应商等专题专家中酌情抽取。团队负责人也负责保持 FMEA 更新。

对于专有设计,FMEA 的准备和更新是供应商的责任。

例如,通过设计 FMEA,团队最初关心的是确定部件如何不能满足其预期功能,并且潜在故障影响的严重性被评为 10 点量表,如表 8-2 所示。从具有最高严重等级的故障模式开始,设计 FMEA 团队根据两个假设确定可能的故障原因:

表 8-2 设计 FMEA 严重性评估表

影响	评级	标准
无影响	1	无影响
非常轻微的影响	2	对车辆表现有非常轻微的影响。客户不会生气,有时会发生不太重要的缺陷
轻微影响	3	对车辆表现有轻微的影响。客户有一点生气。非关键的缺陷多数时间都会发生
小影响	4	对车辆表现有小的影响。错误不会被要求修复。客户会在车辆或系统绩效中意识到小的影响。非关键的缺陷总是会被发现
中度影响	5	对车辆表现有中度影响。客户感觉到不满意。非关键部件上的错误要求被修复
重要影响	6	车辆表现下降,但可以操作,同时也是安全的。客户不舒适。非关键部件不可操作

(续)

影响	评级	标准
大影响	7	严重影响汽车表现，但可以驱动，同时也是安全的。客户不满意。子系统不可用
极大影响	8	汽车不可操作但安全。客户非常不满意。系统不可操作
严重影响	9	潜在的灾难性影响。能够停止车辆并不发生事故、渐进性失误。符合关于危险的政策法规
灾难性影响	10	灾难性的后果。与安全相关的——突然失效。不符合政策法规

注：严重性评分是根据潜在错误模式后果的严重性进行评定的。严重性仅用于失误模式的后果。

（1）该部件是按照工程规格被制造/组装的；
（2）零件设计可能包括缺陷，该缺陷可能引发在制造或组装过程中不可接受的变化。

然后，团队继续确定：

（3）零件寿命内可能发生故障的概率（见表8-3）。可用于检测所识别的故障原因的设计评估技术（见表8-4）；
（4）建议采用什么设计措施来降低严重性、发生率和检测等级。

表8-3 故障评分概率表

故障的概率	故障概率	等级
非常高：故障往往是不可避免的	>1/2	10
	1/3	9
高：重复性故障	1/8	8
	1/20	7
适中：偶发性故障	1/80	6
	1/400	5
	1/2 000	4
低：相对较少的故障	1/15 000	3
	1/150 000	2
遥远：故障几乎不可能发生	<1/1 500 000	1

表8-4 设计评价——检测故障原因

检测	通过设计控制检测的可能性	评级
绝对不确定	设计控制无法检测到潜在原因/机械的和后续的故障模式	
非常远	非常遥远的机会设计控制可以检测到潜在原因/机械的和后续的故障模式	
远	遥远的机会设计控制可以检测到潜在原因/机械的和后续的故障模式	
非常低	非常低的机会设计控制检测到潜在原因/机械的和后续的故障模式	
低	低的机会设计控制检测到潜在原因/机械的和后续的故障模式	
适中	适中的机会设计控制可以检测到潜在原因/机械的和后续的故障模式	
比价高	比较高的机会设计控制可以检测到潜在原因/机械的和后续的故障模式	
高	高的机会设计控制可以检测到潜在原因/机械的和后续的故障模式	
很高	很高的机会设计控制可以检测到潜在原因/机械的和后续的故障模式	
几乎是确定的	设计控制能够检测到潜在原因/机械的和后续的故障模式	

完整的照明开关子系统设计FMEA如表8-2所示。该技术在BS EN ISO 9000中进一步描述。

4. FMEA 方法的优点

（1）提高产品和工艺的质量，可靠性和安全性；
（2）提高客户满意度；
（3）早期识别，整改和消除潜在的故障原因；
（4）产品或流程缺陷排名；
（5）记录和跟踪行动以减少故障风险；
（6）最终减少产品或过程变化及相关成本；
（7）它是团队合作和跨职能交流思想和知识的催化剂。

5. FMEA 方法的一些缺点

（1）所需的细节使得过程耗时；
（2）该过程依赖于招募适当的参与者；
（3）FMEA 假定问题的原因都是单一事件；
（4）要求开放和信任的行为，而不是既得利益的防御性；
（5）需要后续会议，否则该过程将无效；
（6）难以检验人为错误，有时不能仔细检查。

8.10 质量成本

定义

质量成本可以被定义为合规性成本（cost of conformance，COC）加上非合规性成本（cost of non-conformance，CONC）或者做错事的成本。

合规性成本由 BS 6143-1：1992 定义为：

以 100% 有效的方式规定运作流程的费用。这并不意味着它是有效的甚至是必要的过程，而是指定程序操作的过程无法实现较低的成本。

非合规成本定义为：

指定流程效率低下的成本，例如由于投入不满意、错误制造、拒绝输出以及各种各样浪费导致的人员、材料和设备的资源过剩或成本过高。这些被认为是非必要的过程成本。

BS 6143-1：1992 指出，单靠质量成本不能为管理层提供足够的信息，以便将其与其他运营成本进行比较，或者确定需要关注的关键领域。

为了确定质量成本的重要性，有必要使用比例显示总质量成本与预防、评估和失败成本之间的关系。典型比例包括，预防成本、质量总成本和供应商评估成本。预防成本主要质量成本如表 8-5 所示。

表 8-5 质量成本

合规性成本	
预防成本	评估成本
为调查、预防或减少缺陷和失败而采取的任何行动的成本，包括： • 质量工程（或质量管理，部门或规划） • 质量控制/工程，包括设计/规格审查和可靠性工程 • 过程控制/工程	评估质量成本： • 实验室验收测试 • 检验，包括货物内部 • 产品质量审核 • 设置检查和测试

(续)

合规性成本	
预防成本	评估成本
• 设计开发质量测控设备 • 其他功能的质量计划 • 用于评估质量的生产设备的校准和维护 • 维护和校准测试和检验设备 • 供应商保证，包括供应商调查、审核和评级，确定新的供应来源，替代产品的设计评估和测试，放置前的采购订单审查 • 质量培训 • 管理、审计和改进	• 检验和试验材料 • 产品质量审核 • 检查和检查数据 • 现场（现场）性能测试 • 内部测试和发布 • 现场库存和备件的评估 • 数据处理检查和测试报告
非合规成本	
内部错误	外部错误
在将所有权转让给客户之前，制造组织内产生的成本： • 废料 • 返修和修理 • 故障排除或故障/故障分析 • 重新测试 • 废料和返工，供应商故障、停机 • 修改许可和优惠 • 降级，由于较低的售价导致的质量损失	将所有权转让给客户后： • 投诉 • 产品或客户服务，产品责任 • 产品拒收退回，召回拒绝 • 退回物料进行维修 • 与更换相关的保修费用和成本

8.11 价值管理、价值工程与价值分析

术语"价值管理"（value management，VM）、"价值工程"（value engineering，VE）和"价值分析"（value analysis，VA）通常被视为同义词。然而，每个术语可以与其他术语区分开来。

8.11.1 价值管理

VM 由 BS EN 12973：2000 定义为管理风格，特别致力于动员人才、发展技能、促进协同增效和创新，以最大限度地提高组织的整体绩效。

如这个定义所示，价值管理是一种旨在灌输整个组织中最有价值文化的管理风格。"最佳价值"意味着产品或服务将以有竞争力的价格满足客户的需求和期望。价值管理适用于组织的企业层面和运营层面。在企业层面，它强调以价值为导向的文化的重要性，旨在为客户和利益相关者实现价值。在业务层面，它力求通过使用适当的方法和工具来实现价值文化。

美国价值工程师协会（American Value Engineers，SAVE）成立于1959年，成为其他国家类似机构的原型。在英国，价值管理研究所成立于1966年，而在1991年，欧洲标准化委员会赞助了国家协会联合会，于2000年出版了 BS EN 12973：价值管理。

8.11.2 价值工程

价值工程是一个有组织的工作，旨在分析系统、设备、设施、服务和用品的功能，以实现与所需性能、可靠性、质量和安全性相一致的最低生命周期成本的基本功能。

价值工程强调在设计过程中尽早应用这一学科的重要性。价值工程遵循结构化思维过程来评估选项，即

（1）收集相关信息；
（2）如果是现有产品或服务的话，应该考虑现在已经实现了什么；
（3）测量各方面的性能，例如平均故障间隔时间（mean time between failures，MTBF）；
（4）考虑如何衡量替代设计和性能；
（5）功能分析；
（6）考虑什么是必须做的，而不是"很乐意有"；
（7）考虑实际成本；
（8）通过结构化的公开挑战来产生想法；
（9）考虑替代品；
（10）对进一步行动的想法进行评估和排名；
（11）提供最大潜力的想法；
（12）发展和扩大这些想法；
（13）考虑影响和成本；
（14）考虑绩效；
（15）提出想法和行动计划协议。

美国国防部（DoD）已将价值工程应用于许多采购，包括：
（1）设备和后勤支援；
（2）零部件淘汰；
（3）软件架构开发；
（4）出版物、手册、程序和报告；
（5）工具；
（6）培训；
（7）施工。

越来越多的使用价值工程变更提案（value engineering change proposals，VECP），用于激励承包商提出合同修改、降低成本而不减少产品或过程绩效。Brian Farrington Ltd [32] 在外包合同中使用 VECP 提供后台服务、物业和建筑。这些合同包括"获得分享"（Gainshare）条款，承包商保留所实现的节约百分比。

8.11.3　价值分析

价值分析由美国通用电气公司在第二次世界大战结束时制定。这种降低成本方法的先驱之一是劳伦斯·迈尔斯（Lawrence D. Miles），他的著作 *Techniques of Value Analysis and Engineering*（McGraw-Hill，1972）仍然是这个主题的经典之作。

"价值工程"一词由美国海军局在采用成本降低计划的设计阶段采用，其目标是在不影响所需性能、可靠性、质量和可维护性的情况下实现经济效益。迈尔斯已经将价值分析描述为：通过使用一组特定的技术、知识体系和一组学习技能来实现的哲学。这是一种有组织、创造性的方法，其目的是有效地识别不必要的成本，例如既不提供质量也不提供使用、生命、外观以及客户特征的成本。

价值分析导致有序利用替代材料、更新的流程和专业供应商的能力。它将工程、制造和采购的重点放在一个目标上：以较低的成本获得相当的性能。有了这个重点，它提供了有效和有保障地实现其目标的步骤。有组织和创造性的方法，它使用功能和经济的设计过程，旨在增加价值分析的价值。

理解价值分析的关键词是"功能"和"价值"。任何事情的功能都是它设计的功能，通常可以用两个词来表达——动词和名词。因此，笔的功能是"做标记"。"价值"有多种定义。最重要的区别在于使用价值和判断价值，使用价值是指一件产品完成其指定功能的能力，而判断价值是指增加产品理想程度的因素。在这两种情况下，镀金钢笔和圆珠笔的功能分别为都是"做标记"，成本是 70 英镑和 50 便士。两者之间价格的差额为 69.50 英镑，代表着品味的价值。

8.11.4 实施价值分析

VA 的必要实施取决于选择合适的人和正确的项目。

1. 合适的人

VA 可以通过以下方式进行：

（1）成本核算、设计、营销、制造、采购、质量控制研究和工作研究等部门的代表团队

（2）专业的价值分析工程师，公司的营业额保证这样的任命，谁经常有责任协调一个价值分析团队，所以这样的人应该有：

1）与产品相关的设计和制造经验；

2）了解广泛的材料，其潜力和局限性；

3）"价值"的意义和重要性的清晰概念；

4）创意想象力和创新天赋；

5）专业制造商的知识和他们可以提供的帮助；

6）与他人合作的能力，以及如何激励，控制和协调的知识。

准时制强调与供应商磋商的重要性及其与价值分析团队的共同选择。

2. 合适的项目

在选择可能的项目时，价值分析团队或工程师应考虑以下几点。

（1）什么项目显示出最大的节约潜力？总成本越高，节约的潜力就越大，例如考虑两个假设项目 A 和项目 B：

	A	B
当前成本	10 便士	100 便士
可能节约额（10%）	1 便士	10 便士
年使用量	100 000	1 000
项目年节约额	1 000 英镑	100 英镑

注：组件 A 在应用价值分析之后会有更大的节约潜力。

（2）与所执行的功能相关的产品总成本是高的，也就是说是否可以代替较便宜的替代品？

（3）设计、生产人员和供应商对项目有什么建议？

（4）过去五年是否有任何图纸或图样不变？

（5）以前安装的制造设备，例如五年前，可能现在已经过时了。

（6）过去五年没有变更的检验和试验要求。

（7）单元供应商的订单超过两年，可能提供节约的可能性。

以下是 VA 调查的一些典型领域：

（1）产品性能——它做什么？
（2）产品可靠性——减少或消除产品故障或故障。
（3）产品维护——降低日常维护成本，如清洁、润滑等，并进行紧急维修和更换。
（4）产品适应性——增加额外功能或扩大原有用途。
（5）产品包装——提高产品的销售或保护。
（6）产品安全——消除可能的危险，如锋利的边缘、易燃性。
（7）产品造型——指定更轻、更强或更灵活的材料或简化说明。
（8）产品分销——通过减轻重量或找到更好的运输方式，使其更容易分配。
（9）产品安全——通过使用更好的锁、用户名称轻松移动的设备等，使产品不易被盗窃或破坏。

8.11.5 价值分析步骤

VA 项目的工作计划涉及以下六个阶段。
（1）**项目选择**——参见上面的列表。
（2）**信息阶段**。
1）获取与所考虑项目相关的所有基本信息——材料和部件的成本、加工和装配时间、方法和成本、质量要求、检验程序等。
2）定义产品的功能，特别是与提供产品相关的成本。
（3）**投机或创意阶段**——召开头脑风暴会议，为实现所需功能，降低成本或改进产品提出尽可能多的替代方案。在这个阶段可能提出建议的一些问题包括：
1）我们可以为该项目提供什么额外的或替代用途？
2）该项目如何适应——该项目提出了什么其他想法？
3）是否可以修改项目，特别是关于形式、形状、材料、颜色、运动、声音或气味的变化？
4）是否可以增加项目，使其变得更强、更高、更长、更厚或者另外开发以提供额外的价值等？
5）是否可以减少物品——省略更强、更小、更浓缩、更轻或不必要的功能？
6）项目可否被替代——其他材料、部件、成分、工艺、制造方法、包装等是否可以改进？
7）我们是否可以重新排列项目——更改其布局或设计、更改操作顺序、交换组件？
8）项目或项目的某方面是否可以颠倒——反转其作用、功能或位置，将其上下或前后颠倒？
9）可以结合产品的哪些方面——其功能、目的、单位、其他部分等？
（4）**调查阶段**——选择投机阶段产生的最佳观点，评估其可行性。当价值分析建立在团队的基础上，每个专家将以自己的立场来接近项目并回报。
（5）**提案阶段**——将向能够授权建议更改的管理层提供建议。提案将说明：
1）建议进行哪些更改或修改；
2）关于提出建议变更成本的报表、预计的节省量以及节约可能产生的期间。
（6）**实施阶段**——经负责主管部门批准后，商定的建议将通过正常的生产、采购或其他程序完成。

8.11.6 价值分析检查表

以下清单，每种材料、组件或操作都必须通过，由通用电气公司编制：
（1）其使用是否有价值？
（2）其成本与其有用性是否成比例？
（3）是否需要其所有功能？
（4）有什么更好的预期用途吗？
（5）可以通过较低成本的方法制作可用的部件吗？
（6）能找到可以使用的标准产品吗？
（7）是否在适当的工具上生产，考虑其使用的数量？
（8）指定的公差和完成是否真的有必要？
（9）材料、合理的劳动、间接费用和利润是否合计？
（10）另一家可靠的供应商能否花费更少？
（11）功能更少会有人买吗？

如前所述，只要适当，就应邀请供应商参加价值分析活动。米勒（Miller）[34]准备了图 8-11 给出的清单。它可以伴随报价请求或用于与新产品设计有关的供应商讨论。

问题	建议简单描述	建议节约估计
1. 你拥有什么样的可以很好地替代现有的零件的标准项目？ 2. 你建议什么样的能够降低这个项目的成本的设计变更？ 3. 这个项目的哪些部分可以更加经济地通过铸造锻造、挤压、机器或者其他工艺生产（考虑工具等）完成？ 4. 你建议采用什么原材料作为替代品？ 5. 在公差多大范围内的变动可以降低制造成本？ 6. 什么样的成本要求可以被取消或者放宽？ 7. 什么样的测试或者质量检验看起来是没有必要的？ 8. 在重量节约、零部件简化或者降低成本方面，你有什么建议？ 9. 什么规格、测试或者质量要求是太过严格的？		
如果有要求，你是否愿意参加会议讨论你的想法？你是否有正式的价值分析过程？如果没有，你是否能够帮忙建立该过程？ 公司： 地址： 签字： 职位： 日期：		

图 8-11 米勒的清单

8.11.7 价值分析与功能性分析

如 8.11.3 节所述，任何事情的功能都是"它被设计来做的"。价值可以定义为：

$$\frac{绩效能力}{成本} \text{ 或者 } \frac{功能}{成本}$$

功能分析（functional analysis，FA）涉及确定项目的主要和次要功能，并以越来越多的细节将其分解为子功能。特别是在信息和创意阶段的功能分析的应用可以通过消除或修改输出功能来指示降低成本的方法。相反，设计者可以通过向输出添加新的功能来寻求增加价值。后者只有在目标利润超过提供额外功能的成本时才能实现。功能分析的扩展是成本函数分析,其确定提供给定功能的替代方式的成本。

8.11.8 成本函数分析

这涉及以下步骤,其将通过参考圆珠笔来说明,其现有部件如图 8-12 所示。

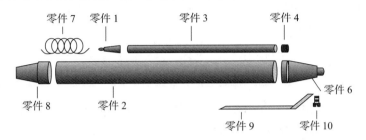

图 8-12　使用圆珠笔组件作为成本函数分析的例子

1. 步骤 1:确定项目的主要和次要功能

主要功能是输出必须达到的功能。因此,圆珠笔的主要功能是"做标记"。

辅助功能是支持功能。这些可能是功能的必要部分,但它们本身不执行主要功能。因此,为了"标记",需要诸如"注入颜色"和"持有笔"等次要功能。

如前所述,功能应该能够用两个单词(动词和名词)表达,并且在可能的地方应该具有可测量的参数,例如"防止生锈""降低噪声"。

2. 步骤 2:在决策树模型中安排功能

首先定义主要功能并将其分解为较低级别的功能。因此,对于圆珠笔,所得到的决策树可能如图 8-13 所示。

3. 步骤 3:进行成本函数分析

成本函数分析包括将每个功能分解为组件或一般区域,并为每个功能分配目标或估计成本。

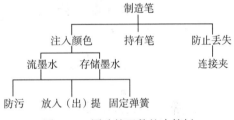

图 8-13　圆珠笔函数的决策树

组件或区域可以贡献多于一个功能。重要的是要知道每个组件或区域对每个功能有多少贡献。因此,圆珠笔的初始设计可以包括矩阵中列出的零件和成本的细节,如表 8-6 所示。从这样的矩阵中,可以通过将它们一起水平地加在一起来计算每个部分的总成本,并且可以通过将它们垂直合计来计算每个功能的成本。每个功能的总成本通常表示为活动总成本的百分比。在这个阶段,价值分析团队将使用这个判断依据,决定每个功能的成本是高、合理还是低,即是否代表好的价值。

表 8-6　圆珠笔零件的成本函数分析

零件编号	零件名称	功能		成本(英镑)
		动词	名词	
1	尖	流	墨水	0.50
2	管	握	笔	0.70
3	舱	存	墨水	0.23
4	顶	存	墨水	0.15

（续）

零件编号	零件名称	功能		成本（英镑）
		动词	名词	
5	墨水	放置	颜色	0.10
6	帽	放入/出	尖	0.01
7	弹簧	放入/出	尖	0.09
8	塞子	固定	弹簧	0.10
9	夹	阻止	损失	0.10
10	拧	附属	夹子	0.02
				2.00

应该指出的是，成本函数分析本身不能提供节省或解决方案。这种分析的目的是：

（1）通过识别每个成本要素的目的，为VA团队对VA项目提供深入了解；

（2）指出哪些功能提供的价值较差，或者由于相对于活动总成本而言，功能成本高昂，因此有降低成本或增加价值的潜力。

假设通过成本函数分析，圆珠笔被重新设计，使用如图8-14所示的组件。另外，假设通过与供应商的谈判和与新供应商交易，零件1的价格已经下降，但零件2的成本略有增加，因为它现在包含了前零件6。新的成本函数矩阵如表8-7所示。

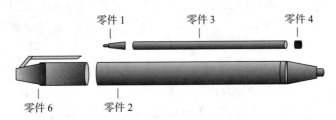

图8-14 更改设计后圆珠笔的构成部件

表8-7 更改设计后圆珠笔部件的修订成本函数分析

零件编号	零件名称	功能		成本（英镑）
		动词	名词	
1	尖	流	墨水	0.40
2	管	握	笔	0.80
3	舱	存	墨水	0.23
4	顶	存	墨水	0.15
5	墨水	放置	颜色	0.10
6	帽	放入/出	尖	0.01
				1.69

（1）当目标是产生与目标成本匹配的项目时，上述方法特别有用。上述示例中的目的可能是以低于1.75英镑的目标成本生产圆珠笔（该示例中给出的组件价格仅仅是例子，与现实无关）。

（2）一般来说，制作物品所需的部件越多，复杂度就越高。复杂性越高，成本就越高。因此，产品设计应尽可能用少的部件。

（3）只要有可能，应使用标准组件。非标准组件增加成本并降低灵活性。标准组件可以从许多供应商获得、交货时间短、成本低、数量少。

8.11.9 价值分析的两个简单示例

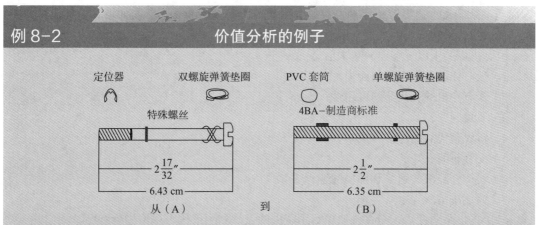

例 8-2　价值分析的例子

（A）中所示的连接螺钉的功能是固定零件并携带电流,当螺钉从第三点释放时,保持器将两个物品作为子组件松动地保持在一起。

在（B）中,制造商的标准螺丝现在正在使用中,保持器被一个小的 PVC 套管所取代。单螺旋弹簧垫圈代替双螺旋弹簧垫圈。总节省量为 76%。

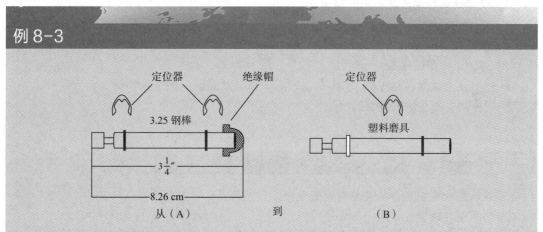

例 8-3

移动触点的推杆在数字压力下对着弹簧进行操作。它是一个具有两个保持器（用于弹簧）和绝缘盖的加工钢棒,因为有时会直接进行数字接触（A）。

决定将塑料棒模制成一个法兰,以更换一个固定器。绝缘帽不再需要,因为杆本身现在是绝缘体。新模具的成本在不到 4 个月内回收,总共节省了 60%。

8.11.10 价值与采购

来自迈尔斯的两个报价[35],他自己是采购代理,表明 VE,VA,VM 与采购之间的密切关系：采购和价值分析之间必须存在密切和广泛的关系。

有效的价值分析大大提高了采购工作的成绩和程度，有效执行了一些采购活动，大大提高了价值分析成果的程度和数量。

VA 和 VE 可以通过创造价值文化来提高采购绩效，这种价值文化渗透到采购活动的方方面面。采购作为边界跨越活动，有机会由于其内部互动和外部参与而增加价值。作为 VA 团队的成员，采购代表除其他外，可以做出以下贡献。

（1）提供关于以下事项的基本信息：

1）现有或潜在供应商的能力；
2）现有产出的替代品的可用性；
3）质量问题；
4）建议替代品的价格和成本；
5）交货时间；
6）法律、经济、道德和环境问题；
7）买卖决策。

（2）提供采购视角，与在价值项目团队中的设计和生产代表视角进行对比。

（3）建立买方与供应商的关系。采购可以与供应商紧密合作、降低成本、提高质量、缩短交货时间。它也可以是价值团队和供应商之间的联系，以便后者也可以成为创新和创造力的来源。哈特利（Hartley）[36] 表示，采购者和供应商之间的合作安排，如合作伙伴关系、共同开发、共同所有权和供应商协会可以提供以下优势：

1）访问供应商的知识；
2）供应商更好地了解客户的需求；
3）更大的信任；
4）供应商了解 VA；
5）增加供应商的动力。

通过积极主动地参与 VA，采购专业人员不仅将增强他们的个人声誉，而且还可以与供应商一同提高采购在整个组织的地位。

问题讨论

1. 你可以确定采购在产品从规格到使用寿命的整个周期内的质量管理中的作用吗？
2. 输出规格与规定规格有什么区别？你认为供应商会喜欢哪一个，为什么？
3. 采用两种类似的产品，如两台洗衣机或两台吸尘器，并将其与加尔文的八大质量进行比较。在你的比较基础上，推荐出物有所值的一个。
4. kaizen 的一个重要方面是创造优质文化。"文化"的一个定义是："组织内的共同价值观、信仰和习惯体系，与正式结构相互作用以产生行为规范"。

（1）你如何去创造优质文化？
（2）质量文化有时会与营销和生产文化发生怎样的冲突？

5. 以下内容与哪个"质量大师"相关联？

（1）质量损失函数；
（2）防呆法；
（3）"第一次做这项工作总是更便宜的"；
（4）"质量的目的是适合"；
（5）坚固的设计。

6. 在购买服务而不是制造商品时，是否存在不同的质量问题？
7. 所有规范作者应遵守的四项原则是什么？
8. BS 7373：3：2005 提出了一个规范的 10 个标题。你能记得多少？
9. 标准大致有五个应用领域。它们是什么？
10. 如果你正在购买现成的软件产品，你如何知道在其生产中应用了什么质量标准？
11. 当买家谈判价格时，质量肯定会降低！你同意吗？
12. 国际航空公司可以从许多不同国家的供应商那里购买膳食。供应商将从许多供应商处购买原料。如何在如此复杂的业务环境下管理质量？
13. 高性能、高品质的汽车制造商最近在新车驾驶时发生了火灾。制造商已经决定召回已经售出的 250 辆汽车。以下各项意味着什么：
    （1）故障是由于自己工厂的制造问题；
    （2）故障是由于战略供应商提供的部件。
14. 你如何定义 FMEA？FMEA 的主要目标是什么？
15. 价值管理的定义是什么？采购对组织的整体表现有什么贡献？
16. 美国国防部将价值工程应用于广泛的采购。你将如何将价值工程应用于以下采购品类：
    （1）学习与发展；
    （2）建筑工作；
    （3）设施管理；
    （4）租用车辆。
17. 如果为你的组织提供一系列后台服务的公司没有注册 ISO 9001：2008，你会用什么论据来说服它们获得注册？
18. 服务质量和产品质量是重要的合同要求。你的合同条款和条件对质量如何描述？
19. 如果你被要求对战略供应商进行质量检验，你将如何处理以下问题：
    （1）应该成为视察队的一员；
    （2）采购的作用；
    （3）你需要证明符合所有规格的证据；
    （4）"现场"检查的好处。
20. "质量成本"是什么意思？你可以给出质量成本的 10 个例子吗？

参考文献

1. Crosby, P. B., *Quality Is Free*, Mentor Books, 1980, p. 15
2. Juran, J. M., *Quality Control Handbook*, 3rd edn, McGraw-Hill, 1974, section 2, p. 27
3. Garvin, D. A., 'What does product quality really mean?', *Sloan Management Review*, Fall, 1984, pp. 25–38
4. Garvin, D. A., 'Competing in eight dimensions of quality', *Harvard Business Review*, November/December, No. 6, 1987, p. 101
5. Hitt, R., Ireland, D. and Hoskisson, R., *Strategic Management: Competitiveness and Globalization*, South-Western College Publishing
6. Logothetis, N., *Managing Total Quality*, Prentice Hall, 1991, pp. 216–217
7. As 3 above
8. DTI, *Total Quality Management and Effective Leadership*, 1991, p. 8
9. Evans, J. R., *Applied Production and Operations Management*, 4th edn, 1993, p. 837
10. See Table 8.1
11. See Table 8.1
12. As 3 above, p. 10
13. Cannon, S., 'Supplying the service to the internal customer', *Purchasing and Supply Management*, April, 1995, pp. 32–35

14 Zairi, M., *Total Quality Management for Engineers*, Woodhead Publishing, 1991, p. 193
15 As 14 above, p. 216
16 BSI, *British Standards Specification* (BS) 7373
17 Purdy, D. C., *A Guide to Writing Successful Engineering Specifications*, McGraw-Hill, 1991
18 The Office of Government Commerce, 'Specification writing', *CUP Guidance Note 30*, CUP, 1991
19 Product Specifications. Guide to Identifying Criteria for Specifying a Service Offering, British Standards Institute, 21 December, 2005, ISBN 0580474372
20 As 17 above
21 England, W. B., *Modern Procurement Management: Principles and Cases*, 5th edn, Richard D. Irwin, 1970, p. 306
22 Fitchett, P. and Haslam, J. M., *Writing Engineering Specifications*, E. and F. N. Spon, 1988, p. 31
23 Woodroffe, G., 'So, farewell then, market overt', *Purchasing and Supply Management*, February, 1995, pp. 16–17
24 Ashton, T. C., 'National and International Standards', in Lock, D. (ed.) *Gower Handbook of Quality Management*, 2nd edn, 1994, pp. 144–145
25 Risk in ISO 9001:2015 ISO/TC 176/SC2. Document N1222, July 2014, International Organisation for Standardisation
26 BS EN ISO 8402 1995, section 3.5, pp. 25–26
27 BS EN ISO 8402 1995, section 3.4, p. 25
28 Schonberger, R. J., *Building a Chain of Customers*, Free Press, 1992
29 Taguchi, G., *Introduction to Quality Engineering*, Asian Productivity Organisation, 1986, p. 1
30 Ford Motor Co. Ltd, *Failure Mode and Effects Analysis Handbook*, 1992, p. 22
31 As 29 above, pp. 24–25
32 See website http://www.brianfarrington.co.uk/
33 BSI 'PD6663:2000 Guidelines to BS EN 12973 Value Management', BSI, 2000, p. 26
34 Miller, J., 'The evolution of value analysis', NAPM, *Insights*, 1 December, 1993, pp. 13–14. Original source of this checklist was George Fridholm Associates
35 Miles, L. D., *Techniques of Value Analysis and Value Engineering*, 3rd edn, McGraw-Hill, 1989, p. 243
36 Hartley, J. L., 'Collaborative value analysis: experiences from the automotive industry', *Journal of Supply Chain Management*, Vol 36, 2000, pp. 27–36

第 9 章

供给与需求关系的协调

学习目标

本章的目标是理解以下内容和概念,适时可参考采购和供应管理的有关内容:
- 库存和库存管理
- 库存对周转资金的影响
- 库存管理的工具
- 相关需求与独立需求
- 推动式、拉动式和推拉相结合的需求系统
- 库存控制
- 供应商参与库存决策
- 供应链的思考

核心要点

- 库存分类
- ABC 分析法
- 条码技术和无线射频识别(RFID)技术
- 获取成本、持有成本和缺货成本
- 安全库存
- 预测技术
- 经济订货批量(EOQ)和定期系统
- 准时制及其应用对象
- 准时制 II (JIT II)
- MRP,MRP II,ERP,DRP 和 VMI 系统

9.1 库存、物流和供应链管理

英国物流和运输学会,把"库存"定义为一个描述如下内容的术语:
(1)一个组织机构所持有的可供销售或自用的所有商品或物资材料;
(2)在仓库中保存的一系列货项。

另一种可选择的定义为:[2]在供应链或在一部分供应链中的物资,它们以其数量、存放的位置和价值(库存)来表示。

如图3-2所示,库存和库存管理与物资管理和物资配送管理都是密切相关的。MM和PDM共同构成了物流管理,或者说,共同构成了管理商品和物资从其产出地到最终消费者的运输和储存的过程。由于物流是供应链管理这样较宽泛的主题的一个方面,随之而来的库存也一定是力图达到供应链优化的一个关键商务因素。如3.5节中指出的,库存控制也是需求管理中一个重要的元素,需求管理是"国际竞争"中心确认的供应链管理的8个过程中的一个。本章对库存管理和需求管理基本上是从物资和生产管理的角度来考虑和讨论的。

9.2 保持库存量的原因

正如本章后面还要详细讨论的准时制,这类基于计算机控制和管理的生产系统和精益生产系统,其发展的目的是减少甚至取消库存,但是所有的组织机构仍据理力争要保持一定的库存量。其理由是:

(1)减少供应商供货不到位或不确定性带来的风险。洪水或其他恶劣天气状况、农作物歉收、战争或其他类似的因素造成的运输中断或罢工停产等诸多的突发性事件,那么,保持一定的用于安全和缓冲的库存将有利于应付突发性事件。

(2)防止订货到供货这一段提前期的不确定性。这是指供应商补充货物和安排提前期常常有不确定性。在这种情况下持有安全库存是十分必要的,这样才能保证客户服务维持在一个可以接受的水准上。

(3)满足非预期的意外需求,或者为满足客户量身定做产品的需求,而这种产品是通过敏捷制造来生产的。

(4)平滑季节性或循环性的需求波动。

(5)取得批量优惠的好处,或者采购的数量超过立即需要消耗的数量以获得价格和数量的优惠。

(6)用做"套头交易"(套期保值)以防止预期的短缺和价格上升,特别是在高通货膨胀时期或者有人为的投机政策时。

(7)确保那些经常性需求的物资,如用于维护的物资和办公室的文具,能迅速及时地得到补充。

9.3 库存的分类

"供应物资"这个术语被定义为:[3]企业中使用的所有物资材料、商品和有关服务,无论是从企业外购买的,或是从公司其他部门调配过来的,还是在企业内部制造的,都包括在这个范围内。

为实行库存管理而进行的供应物资的分类,应根据组织机构或企业的具体业务情况而定。比如,在一个从事产品制造的企业里,库存可能被分成这几类:

（1）原材料。如钢材、木材、布料等处于未加工状态而等待被转换成产品的材料。

（2）零部件与组装配件。比如，滚珠轴承、齿轮箱等，它们有待被进一步加工或装配成最终产品。

（3）消耗品。企业内所有被划分为间接供应的物资，不参与可售性产品的制造。消耗品可进一步再分类为生产用消耗品（如洗涤剂）、维修保养用消耗品（如润滑油）、办公室用消耗品（如文具）、福利用消耗品（如急救品）等。所有这些通常被归类为维护、修理和操作（maintenance，repair and operating，MRO）货项。

（4）成品。为再销售而制造的产品，它已处在等待发货运送阶段。

根据供应链的使用惯例，库存也可分类成：

（1）重要货物的库存。这是原材料、零部件和组装配件、半成品（work-in-progress，WIP）和成品。

（2）支持业务用的库存。这是各类项目的 MRO 消耗品。

第三种分类方法如图 9-1 所示。

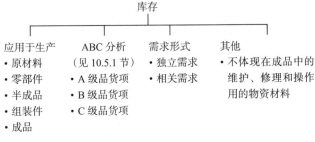

图 9-1　库存的分类

9.4　库存管理的范围和目标

9.4.1　库存管理的范围

库存管理是涵盖范围很宽的多样性业务活动，而且这些业务活动随着企业不同而有所不同。库存管理的范围也因主要是考虑 MM 或 PDM，还是集中管理或是分散管理而有所不同。所管理的库存可以处于单独一个地理位置，还可以分散在可能的几百个配送中心，显然这两种的复杂性有相当大的差别。全球化又加大了库存管理的复杂性。然而，不论这些因素有多么复杂，还是要对库存管理是由哪些业务活动组成的做以下讨论。它们是：

（1）需求管理——确保物资所需的供应、营运和维护以合适的数量在合适的时间到位；

（2）对未来需求的预测；

（3）管理供应有困难的货项，管理有季节性的需求模式，改变其应用，使其最后能用上或者尽量去满足产品用户化的需求；

（4）定期回顾复查安全库存量，同时在总数量和总价值两个方面控制库存的最大量和最小量；

（5）实施精益库存的方针，如利用准时制把库存减少，力求库存投资最小化；

（6）与采购部门联合行动，根据企业的采购方针来确保供应的及时补充；

（7）开发与订货、采购和供应预算有关的成本－效率系统和程序；

（8）管理和控制收货、检验（如果需要的话）、工作记录，以及供给用户的供应物资的存放到位和发放；

（9）确保供应物资安全和合理地存放，避免腐烂变质、偷盗、浪费或过时造成的损失；

（10）与仓库方面协调，确保供应物资迅速存放到位；

（11）参与库存种类减少和标准化的工作；

（12）拟定库存量、库存使用情况和库存过剩的报告，并加以说明；

（13）与审计工作人员配合检查有关库存的所有工作；

（14）对残次品、过剩物资和过时产品做合适的清理。

9.4.2　库存管理的目标

库存管理的4个主要目标是：

（1）为内部和外部客户提供相应的服务，并满足其订货的数量和等级要求；

（2）了解目前及将来对各种类型库存的需求，以防止过量存货和避免生产中的瓶颈现象；

（3）通过减少库存货物的种类，实行经济合理的订购数量以及分析发生在库存获取和使用上的成本，将库存成本保持在一个最低限度上；

（4）提供供应链中上游和下游库存的可视性。

9.5　库存管理的工具

ABC分析法、条码技术、无线射频技术和库存管理软件是库存管理的4种重要工具。

9.5.1　ABC分析法

一个家庭在一年当中会买入很多不同的东西。每周的购物包括许多基本食品，如面包、牛奶、蔬菜等。这些基本食品可能会占年度商店购物支出的很大一部分。由于这些食品在家庭预算中的重要性，很值得花心思去挑选一家货真价实的商店。有关各店的价格情况可从通过广告或实地考察其他零售店获得。在ABC分析法中，这些食品就属于A级品。由于这些食品在家庭财政支出中的重要性，应天天对其进行严格控制。

家庭中其他物品，如自来水龙头的橡皮垫圈，可能只是偶尔才购买一次。一包垫圈的价格为30～50便士。花好几个小时去比较各供应商的不同价格实在没有什么经济意义。可能最多节约几便士，等你需要下一包垫圈时，一年或更多的时间早就过去了。像这些只占支出一小部分的物品，就称为C级品。

B级品是指处在A级品和C级品之间的物品。对它们也应该进行定期的回顾复查，但不用像对A级品那样严格控制。

意大利的统计学家维弗雷多·帕累托（Vilfredo Pareto）（1848—1923）发现了一个普遍的统计结果。在一个国家，大约20%的人口占有该国家80%的财富。在一家公司，大约有20%的雇员是80%问题的制造者。而大约20%的物品占到了一家公司支出的80%。帕累托分析法和ABC分析法通常可以互换使用。

表9-1总结了ABC分析法的关键要点。在该表中，"使用量"的意思就是已消耗的仓储货物用货币单位表示的价值。

表 9-1 ABC 分析法

物品级别	物品所占的百分比	年度使用量的价值百分比	采取行动
A 级品	大约 20%	大约 80%	日常严密控制
B 级品	大约 30%	大约 15%	定期检查
C 级品	大约 50%	大约 5%	偶尔检查

例 9-1 将说明物品如何被分类成 A 级品、B 级品或 C 级品。

例 9-1　ABC 分析法

一个采购部门对去年 10 种最常用的零部件进行调查的结果。

物品号	101	102	103	104	105	106	107	108	109	110
单位成本（便士）	5	11	15	8	7	16	20	4	9	12
量年度需求	48 000	2 000	300	800	4 800	1 200	18 000	300	5 000	500

第一步　把年度使用量换算成英镑，这样每件物品的使用量就是一个总年度成本的百分比。

物品号	单位成本（便士）	年度需求量（个）	使用量（英镑） （需求量 × 成本）/100	使用量占总成本的百分比（%） （使用量/总成本）×100%
101	5	48 000	2 400	32.5
102	11	2 000	220	3.0
103	15	300	45	0.6
104	8	800	64	0.9
105	7	4 800	336	4.5
106	16	1 200	192	2.6
107	20	18 000	3 600	48.8
108	4	300	12	0.2
109	9	5 000	450	6.1
110	12	500	60	0.8
总使用量			7 379	

第二步　按使用量占总成本的百分比对物品进行整理。计算累积百分比，并将物品分类（见表 9-2）。

表 9-2　第二步的计算

物品号	物品累积百分比（%）	单位成本（便士）	年度需求量（个）	使用量（英镑）	占总成本的百分比（%）	占总成本的积累百分比（%）	分类
107	10	20	18 000	3 600	48.8	48.8	A
101	20	5	48 000	2 400	32.5	81.3	A
109	30	9	5 000	450	6.1	87.4	B
105	40	7	4 800	336	4.5	91.9	B
102	50	11	2 000	220	3.0	94.9	B
106	60	16	1 200	192	2.6	97.5	B

(续)

物品号	物品累积百分比（%）	单位成本（便士）	年度需求量（个）	使用量（英镑）	占总成本的百分比（%）	占总成本的积累百分比（%）	分类
104	70	8	800	64	0.9	98.4	C
110	80	12	500	60	0.8	99.2	C
103	90	15	300	45	0.6	99.8	C
108	100	4	300	12	0.2	100.0	C

注：第二列一共有10件物品，所以每件占10/100=10%。

第三步 报告所归纳的结果（见表9-3）。

表9-3 第三步的计算结果

物品级别	物品号	所占百分比（%）	使用量的百分比（%）	采取行动
A	107 101	20	81.3	严密控制
B	109 105 102 106	40	16.2	定期检查
C	104 110 103 108	40	2.5	偶尔检查

第四步 若有必要，在报告后附一张图。这是一个百分比拱形图，叫作帕累托曲线图。它是基于累积使用量百分比同累积物品百分比的关系而绘制的。绘图所需数据已在表9-4中列出。

表9-4 第四步绘制帕累托曲线的数据

物品号	107	101	109	105	102	106	104	110	103	108
累积物品百分比（%）	10.0	20.0	30.0	40.0	50.0	60.0	70.0	80.0	90.0	100.0
累积使用量百分比（%）	48.8	81.3	87.4	91.9	94.9	97.5	98.4	99.2	99.8	100.0
分类	A	A	B	B	B	B	C	C	C	C

在实际中，一家公司每年可能要使用好几百件的物品。用一套计算机程序包就可以算出每件物品所占年度使用量的百分比。该程序包可用于对物品进行A、B、C分类整理。

9.5.2 条码技术

发明于20世纪50年代早期的条形码，加速了产品和信息在整个商业社会中的流通。大家最熟悉的电子销售点（electronic point of sale，EPOS）就是条形码应用的典型例子。在商品零售的超级市场或百货店里，在结账的钱柜上用EPOS来扫描商品的条形码。EPOS系统能对交易核实、检查和收费，提供即时销售报告，监视和更改价格，传送内外互联的商店的信息和存储数据。

条形码在生产中的某些应用有：

（1）原材料的计量和成品的库存；

（2）在传送带上和货盘装运时，将纸板箱和贮藏箱自动分类；

（3）批次跟踪；

（4）生产情况报告；

（5）自动化仓库中的应用，包括收货、放置、取货和运输；
（6）生产过程中发生瓶颈环节的确定；
（7）成包跟踪；
（8）访问控制；
（9）工具分栏和备件分类管理。

使用条形码带来的好处包括以下几方面：

（1）**加快了数据的输入**。这是条形码扫描仪比非常熟练的录入员人工录入的速度快 5~7 倍。

（2）**提高了输入的精确性**。数据经键盘人工录入平均每 300 个键击出一个错误。而条码输入的错误率是 1/3 000 000。

（3）**减少了劳动力成本**。这是由于节约了时间和提高了生产率。

（4）**易于消除耗费成本的过量库存或仓库闲置**。这就提高了准时制库存系统的效率。

（5）**更好的决策**。采用条形码能获取用其他办法很难收集的信息。这将有助于管理人员做出有充分依据的决定。

（6）**加快对信息的访问**。

（7）**有条件对仓库进行自动管理和操作**。

（8）**提高了对客户和供应商的响应程度**。

9.5.3 无线射频识别技术

无线射频识别（radio frequency identification，RFID）标签中装有一片半导体的集成电路芯片，它载有产品识别以及能将识别号发射到阅读设备的天线。这样的标签有助于改进库存管理和仓库补充存货的工作。这样的结果自然就减少了由于仓库供不上货而造成的生产中断或销售断档。

RFID 芯片的成本低到能用于追踪量大价低的仓储和单独的货项上，而不只是用于总计的库存单元（stock keeping unit，SKU），这对于库存控制和信息情报的管理所蕴含的意义是具有革命性的。

英国的有关文件 GS1 罗列了 RFID 的优点和局限性。

RFID 的优点：

（1）"扫描线"。对 RFID 而言不需要像扫描仪那样在可见的情况才能读出识别码。RFID 中的识别码只要在标签通过阅读器发射的电磁场的情况下就能阅读出来，这样减少了人工操作，也因此降低了成本。

（2）适用距离大。标签可以在较大的范围和较长的距离内被阅读，对特殊设计的标签阅读距离甚至可达到百米，在大量应用于物流的场合要求至少 1 米的距离，至多也就 4~5 米。

（3）成批阅读处理。在很短的时间内可以阅读完许多标签，典型的阅读速率是每秒数百个标签。

（4）选择性强。数据资料能注入标签中，比如阅读器询问的价值与标签中所注入的价值相同，数据资料才能被读出来，而且只能被读。这就保证阅读器只读托盘或外包装上面的数据。

（5）耐久、不易损坏。条形码容易被撕裂或污秽，并且在受潮的情况下，正常的性能会受到损失。而这些对 RFID 标签来讲是不受影响的。

（6）读/写功能。在RFID标签中的数据可以被更新，以对应某些简单的状态变化。例如，零售业的货品电子跟踪标签仅仅只有"已付款"和"未付款"两种简单的状态；而像汽车保修和售后服务的历史资料就涉及更复杂的信息内容的更新了。

RFID的局限性：

（1）成本。RFID的成本总是较条形码的成本高。较高的成本抵消了RFID技术所能提供的额外商业利益。期待随着RFID标签的生产量大大增加，成本大大下降。

（2）湿度的影响。无线电波会被产品上的湿气或周围环境中的湿气吸收，吸收的程度取决于所使用的无线电波频率。

（3）金属体的影响。无线电波会受传播途中金属体的影响而失真。这意味着在包装中或在周围环境中有足以影响它的金属体（如仓库自动化主要使用金属物件）时，RFID标签就不能被正确地阅读。

（4）电气干扰。由荧光灯或电气马达等产生的电子噪音会对无线电波的正常传播产生干扰。

（5）精确度。当有几个RFID标签同时出现在阅读器的阅读范围内时，就较难从一批标签中识别和阅读某个特定的标签。例如，当要阅读用于识别一个托盘的标签时，阅读器也可能误读了托盘上所有货箱的标签。

（6）过度加载。在标签的芯片中存储的数据将能提供更多的功能，这将增加标签成本和阅读器信息所花费的时间。

（7）安全性能。在标签中不仅能读出而且能写进数据，是RFID技术的主要优点。但是，需要有安全措施来确保不让无赖分子把错误数据写进标签中。

9.5.4 库存管理软件

大量的计算机软件可以作为库存管理系统来完成仓库的管理工作。这些软件能提供如下功能：管理和维护供应商和客户数据库，创建提货单和收货凭证，提供即时的仓库收发货平衡表，自动更新仓库记录，条码阅读管理，支持库存货项分类，消除供应商和客户之间沟通的障碍，提高获利能力和工作完成率等。所有这一切功能和方法都将在本章后要介绍的JIT、MRO、ERP、DRP和VMI中讨论。

9.6 库存管理经济

对库存的获取和使用过程中产生的获取成本、持有成本和缺货成本等各项成本进行分析后，就决定了库存管理和存货控制的经济模式。

9.6.1 获取成本

在下订单过程中产生的许多成本都与订货量无关。例如，不管是订1吨货还是1 000吨货，一张订单的成本是相同的。订货成本包括：

（1）预备性成本，如准备申购单、选择卖主、采购过程管理等；

（2）布置性成本，如准备订单、文具、邮政资费等；

（3）订货后布置成本，如跟踪进度、货物收取、物资材料装卸操作、检验、资质证明和按发票付款。

在实际操作中，对订货成本的情况只能有个大概的了解，因为订货成本随下列因素的变化而有所不同：
(1) 订单的复杂程度和有关人员的资格情况；
(2) 订单的准备工作是手工操作的还是计算机完成的；
(3) 重复订货是否比初次订货的成本低。

有时，在一定时间内，采购部门或采购职能部门的总成本是由那段时间内下订单的次数平均分配的。这就给出了一个错误的假象数据，因为订单数量的增加看起来使每次订单的平均成本降低了，但事实上，它却说明了效率低下。

9.6.2 持有成本

持有成本有两种类型。
(1) 与存货价值成比例的成本。
1) 金融成本，如存货所占资金的利息。它可能是银行利息，或者更实际一点说，是企业对资金的目标回报率。
2) 保险费成本。
3) 由于货物腐蚀损坏、过时和被窃所造成的价值损失。
(2) 与存货的物理特征成比例的成本。
1) 仓储成本，如仓储用空间、堆存费率、照明、暖气和能源费用。
2) 货物的搬运和检验中所涉及的劳动力成本。
3) 与货物存储记录和文件有关的办公用品成本。

9.6.3 缺货成本

缺货成本是由于库存耗尽而造成的损失性成本，它包括：
(1) 产出量受到影响而发生的损失；
(2) 闲置性成本和产出量降低时，仍须支付的固定金额的日常行政管理费用；
(3) 为应付缺货情况而采取措施的成本，例如以高价从售货商那里买入，改变生产计划，寻找替代物资材料。
(4) 无法供货或延迟交货引起的在客户中的信誉损失。一般来讲，缺货成本隐藏在日常行政管理成本之中。当个别缺货成本被计算出来以后，应该使用年度数据来表示，以确保它同获取成本和持有成本的兼容性。缺货成本很难被估测或加入到库存模型中去。

9.7 库存的衡量指标

许多关键绩效指标已经用来衡量一个企业在合适的时间、合适的地点保持有合适数量的库存这样的目标上达到的程度。现对某些最有用的性能指标叙述如下。
(1) 提前期。从一个供货要求被确认起，到这个要求被满足为止，为获得这个供货，或者说，为供应这个需求所耗费的时间长度。
(2) 服务水平。这是指在给定的时间段内库存满足客户需求的能力，可以由下列公式来确定：

$$\text{产品按需求共获得的次数} / \text{产品被要求供货的次数}$$

服务水平与安全库存有密切的关系，下面即将讨论。
(3) 库存周转率。这是指仓库的货品在给定的时间段内销售并更替的次数，可以由下列公式来确定：

$$\text{销售或发放次数} / \text{平均库存量（以销售价格计）}$$

被视为良好的库存周转率取决于产品和行业。超市早餐食品的营业额是宠物食品的 20～25 倍。对于汽车展厅，6 个月的库存周转率意味着每两个月车辆就会更换一次。

（4）在给定时间段内的缺货率。这个缺货率可以用在给定的时间段内以仓库存货总量为基数的百分比来表示。

（5）库存覆盖率。这个指标的含义正好与库存周转率相反，它表示当库存物资销售情况或使用情况持续在一个合适的稳定水平时，一个存货单元的现有存货滞留的天数。作为一个反映过去一个时间段内的数据，将这个库存覆盖率除以库存周转率就得到以年度工作日计的（或以 365 天计的）平均覆盖率（天数）。一个最简单的 SKU 的库存覆盖率可以按如下公式计算：

$$\text{以天数计的库存覆盖率} = \text{仓库中现有货量} / \text{不久将来的每日使用率或销售率}$$

这个比率可以用来评价加长提前期的效果，或者估计即将引起缺货的危险性。

9.8 安全库存和服务水平

协议的订货提前期已过或实际需求量超出预计需求量，会造成货物的短缺，而安全库存就是应付这种短缺现象的手段。

图 9-2 显示了服务水平和安全库存的关系。从图中所示的曲线可见，通过增加对库存的投资来提高服务水平。

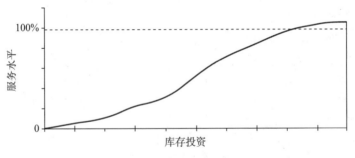

图 9-2　服务水平和库存的平衡曲线

对单件产品而言，每项额外的库存投资，即意味着更多的安全存货量，其结果一定会提高客户服务水平。反之，高标准的服务水平意味着更大的安全库存量及库存投资的增加。

实际上，总存货量不可能达到 100% 的服务水平。所有产品都保证很高的安全库存量，将是不经济的，其成本也会高得惊人。

JIT 这种库存控制的理念意味着低库存或零库存。要做到这一点，只有消除供应的任何不确定性，这样，安全库存作为一种增加成本的因素在 JIT 系统中就应当尽可能的去除。

若供应的不确定性无法消除，就需要安全库存。

实际上，有 ABC 分析法可以确定哪些产品具有较高的缺货成本，进而确定这些产品的缺货造成的风险的可承受程度。

而统计学的理论为我们提供了计算方法，它可以用来确认怎样的订货数量和安全库存数量才能确保缺货的风险不会超出可承受程度。

在如图 9-3 所示的正态分布曲线中，我们可以发现在订货周期内需求超出了某特定库存的概率大小。

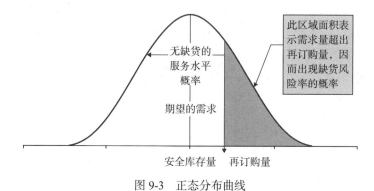

图 9-3 正态分布曲线

表 9-5 就是这种概率分布的数据表，在大多数统计学的书籍里均可以找到。

表 9-5 概率表

再订货的等级（以均值以上的标准差来表示）	服务水平（%）	仓库缺货的概率（%）	再订货的等级（以均值以上的标准差来表示）	服务水平（%）	仓库缺货的概率（%）
1.00	84.13	15.87	2.05	97.98	2.02
1.05	85.31	14.69	2.10	98.21	1.79
1.10	86.43	13.57	2.15	98.42	1.58
1.15	87.49	12.51	2.20	98.61	1.39
1.20	88.49	11.51	2.25	98.78	1.22
1.25	89.44	10.56	2.30	98.93	1.07
1.30	90.32	9.68	2.35	99.06	0.94
1.35	91.15	8.85	2.40	99.18	0.82
1.40	91.92	8.08	2.45	99.29	0.71
1.45	92.65	7.35	2.50	99.38	0.62
1.50	93.32	6.68	2.55	99.46	0.54
1.55	93.94	6.06	2.60	99.53	0.47
1.60	94.52	5.48	2.65	99.60	0.40
1.65	95.05	4.95	2.70	99.65	0.35
1.70	95.54	4.46	2.75	99.70	0.30
1.75	95.99	4.01	2.80	99.74	0.26
1.80	96.41	3.59	2.85	99.78	0.22
1.85	96.78	3.22	2.90	99.81	0.19
1.90	97.13	2.87	2.95	99.84	0.16
1.95	97.44	2.56	3.00	99.87	0.13
2.00	97.72	2.28			

（1）在每一订单中找到具体下单的日期和交货的日期，然后从仓储记录中计算出这两个日期之间的产品需求。

（2）求出在订货提前期内需求的均值或算术平均需求量。

$$平均需求 = 需求的总和 / 订货提前期天数 = \sum x/n$$

（3）由公式计算出需求的标准偏差（s 或 σ），也可以使用计算器上的统计功能或计算机上的表格软件来计算。

$$\sigma = \sqrt{\frac{\sum(x-\bar{x})^2}{n-1}} \quad \text{或者} \quad \sigma = \sqrt{\frac{\sum x^2 - \frac{(\sum x^2)}{n}}{n-1}}$$

最后，所要求的再订购量可以从表 9-5 中查找出来。简而言之，计算标准偏差涉及以下几步。

1）计算一组数的均值：

$$X = (1+2+3+4+5) \div 5 = 3$$

2）计算每个数与均值的差：

（1）=-2,（2）=-1,（3）=0,（4）=+1,（5）=+2

3）将每个差值平方后再加和：

$(-2)^2 + (-1)^2 + (0)^2 + (+1)^2 + (+2)^2 = 10$

4）计算 $\sqrt{10/(n-1)} = \sqrt{(10 \div 4)} = \sqrt{2.5}$

标准偏差（σ）=1.58

例 9-2　利用正态分布曲线和表格计算再订购量

平均需求为 10 单位，要求达到 99% 的服务水平，即缺货的概率是 1% 或更小。假定平均的再订购量为 140 单位，表 9-5 中显示了在服务水平为 99.1% 时，再订购量就应该在平均需求量以上 2.35 个标准偏差范围内。因此，再订购量就是：

140+(2.35×10)=163.5 ≈ 164（单位）

9.9　合适的库存数量

在制造和组装型的生产组织机构里，决定库存数量是否合适的最关键因素如下：

（1）由外购物资材料和零部件制成的最终产品的需求数量。

（2）企业的库存方针。

（3）采用何种作业法，是计件生产、批量生产、组装生产还是加工生产？

（4）对产品的需求是独立的还是相关的（详见 9.10 节）？

（5）服务水平，即要求的供货可能性。产品缺货会使生产停顿而造成巨大经济损失，比如在有些医院用品缺货可能会危及生命的情况下，对产品服务水平的要求就必须是 100%。对于那些并不是那么关键性的供应物资，其服务水平的要求可以固定在一个较低的水平上，例如 95%。在给定时段内的实际服务水平可以由这个公式来计算：

产品按需求供货的次数 / 产品被要求供货的次数

（6）市场情况，如金融、政治情况和其他因素决定了采购是否只需满足目前需要，还是应考虑到未来某段时间以内的需求。

（7）决定最经济订货数量的因素（见 9.13.2 节）。在个别企业里，某段时期内对产品的要求订购数量可能通过多种方式向采购部门传达，如表 9-6 所示。

表 9-6 采购和数量

采购类型	决定采购数量的因素
一个具体订单或应用中所要求的物资材料与零部件，如较大的钢铁部件通常不会有库存	• 物资材料的规范要求，或者该项工作或合同的物资材料清单
无论是计件生产、批量生产还是连续生产，都应保证标准件的库存以备常规生产之用	• 物资材料的预算资金是在规定时期内由基于产出和销售的生产预算资金派生出来的 • "一次性要求"的物资材料规格或物资材料清单将显示制造每个单位成品所需每种货项的数量，并将它与要求制造的产品数量相乘 • 通过库存管理和存货控制发现的物资材料需求 • 定期（例如每日、每周）提供，与零配件的使用、现存货物、已订购而未交付货物和已调的物资有关的电脑报表。利用某些程序可以让它们自动再订货
生产中、厂房里、维修保养过程中或办公室行政管理所用的消耗品，如油料、涂料、文具和包装材料	• 前方货栈或后方存货控制的需要，或由如上所述的电脑库存报表显示的需求。这些订货可能是用户直接参照以前谈判好的合同来进行的，或根据采购联营的安排进行
备品备件——为保证生产机械的正常运行而准备的，它们可能是外购的零件，也是成品的组成部分，这样的存货是为了向该成品客户进行再销售	• 销售部门提供的申请采购的信息 • 如上所述的电脑库存报表

9.10 需求的实质

在预测供应物资的未来需求时，我们必须区分独立需求和相关需求。这两者的主要区别如表 9-7 所示。

表 9-7 独立需求与相关需求的主要区别

独立需求	非独立需求
独立需求的货项有成品或其他终极产品	非独立需求的货项一般是在生产成品或终极产品过程中所使用的组装件或零部件
独立需求货项的需求不可能精确地预测	非独立需求货项的需求是根据要生产的单位数量来决定的。例如，从生产 1 000 辆汽车的需求中衍生出 5 000 个车轮的需求

如图 9-4 所示，对独立需求和相关需求加以区别是库存管理的一项基础工作。

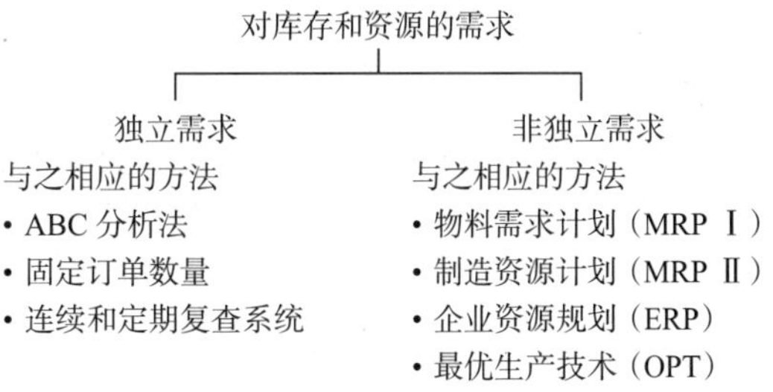

9.11 需求预测

9.11.1 什么是预测

预测可以定义为对未来可能产生的结果的预言。它是提供给所有规划和决策作为参考的重要依据。例如，我们听天气预报，为的是在合适的天气安排户外野餐。同样，扩大工厂规模的决策基于所制造的产品的需求不断增长这样一个预测。

然而，预测几乎很少能做到丝毫不差，原因很简单，预测总是在一些假设的基础上做出的，这些假设可能有其片面性甚至是错误的，或者受到不可预见事件的影响，例如，战争动

对库存和资源的需求

独立需求
与之相应的方法
• ABC 分析法
• 固定订单数量
• 连续和定期复查系统

非独立需求
与之相应的方法
• 物料需求计划（MRP Ⅰ）
• 制造资源计划（MRP Ⅱ）
• 企业资源规划（ERP）
• 最优生产技术（OPT）

图 9-4 两种需求与之相应的方法

乱、经济状况和社会因素，甚至是天气变化、自然灾害。因此，预测受限于诸多不确定性因素，预测的水平时间轴拉得越长，不确定性因素就越多。

9.11.2 预测的相关问题

在一般情况下，预测涉及的6个基本问题如下。

（1）预测的目的和用途是什么？这个问题的答案决定了预测所需要的精确度，以及为获取所需信息而必需的资源开支。

（2）预测的水平时间坐标有多长？所有预测都有时限，一般可以分成长期的、中期的或短期的：

1）长期预测是指时间在2年以上的预测，通常用于战略性规划，带有极大的不确定性；

2）中期预测是指时间在3个月到2年之间的预测，既可应用于战略，也可用于战术规划，通常比长期预测带有较少的不确定性；

3）短期预测是指时间少于3个月的预测，一般用于战术性规划，可能达到较高的精确度。

然而，上面区分长、中、短期的时间长度取决于预测时的商业环境，例如也可以定1年以上为长期，3个月至1年为中期，3个月以下为短期。

（3）什么预测技术是最合适的（见图9-5）？

（4）预测应基于什么样的数据和资料？如何来分析这些数据资料？这个问题取决于预测的目的和用途、预测要求的精确度，以及可用于预测的资源。

（5）完成的预测应以什么样的形式来提交和展示？通常，预测完成后可形成某种形式的报告。报告一般以预测的目的和用途开始，随后是做了什么样的假设条件、采用什么预测技术，最后是预测的结果及从中可引申出怎样的结论。

（6）预测的精确度如何？所有的预测应予以监测以确定它达到精确的程度。当实际发生的情况与预言有很大出入时，预测的结果、假设条件、所用技术和数据的有效性都应予以检查和复核，必要时应对原来的预测加以修订。

9.11.3 预测的技术

如图9-5所示，预测的技术或方法分成两大范畴：定性的方法和定量的方法。

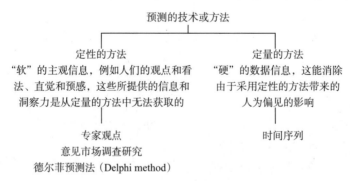

图9-5 预测技术或方法

9.11.4 定性的方法

（1）专家系统。这样的系统是从有专门知识和经验的人士那里收集他们的看法、观点和判断。他们可以是内部的主管、外部的咨询师，或者销售人员和生产人员，他们对客户有什么需求和运作中碰到问题的第一手经验和资料。然而，他们意见的价值取决于持该意见人的知识和经验。有时专家的意见也会出错。

（2）市场试销法。这种方法常用来作为与新产品有关的预测技术，它可以测试客户对新产品可能接受的程度。它也可以用来找出销售滑坡的原因，或者竞争性产品在什么方面能引起买家的兴趣。它还可以用于试探在实际的销售条件下在有成功的广告和促销活动时，产品会有怎样的销售记录。一般的估计是，只有 1/3 左右经过这样试销的产品才能最终决定投入生产。试销法进一步扩展即是市场调查研究，这种方法利用一些公开的数据和调查技术来探求类似用途的所有产品总的市场容量，例如对家用汽车的市场调查研究；还可以探求某个制造商可能达到的市场份额的百分比。

（3）德尔菲预测法。这是根据古代希腊的宗教圣地命名的，据说在那里上帝能与人类交流，告知人有关未来的问题。这种方法包含以下 4 步：

1）在一家公司或一个行业中就要考虑调查的问题去请教一些知识渊博的人士，由此获得初步的估计和预测。要注意，应该让涉及的人士相互之间并不知道参与了调查。

2）对他们的预测计算其统计平均值。如果与预测高度相吻合，那么该调查步骤即可到此为止。

3）但实际中经常发生的情况却是各人的预测有相当大的差异，于是把集体的平均结果呈现给原来预测的各位人士，向他们询问为什么他们的预测与平均结果或集体中多数同意的结果有差异，并要求做新的预测。

4）重复上述步骤 2）和步骤 3），直至达到基本一致。

对缺乏历史资料和数据的预测用一般方法就难以下手。显而易见，有些预测比较容易在积累了很多客观数据和技术发展的预言基础上进行，这时德尔菲方法就特别有用和有效了。

9.11.5 定量的方法

所谓时间序列是在相继时间段的相继时间点上测得的一组数据记录。时间序列预测方法做了假设：过去的一系列数据呈现的模式可以用来预测将来的各点数据。基于时间序列的需求由下面 5 部分组成。

（1）平均。在观察的时间中所有观察值的均值。

（2）趋势。在观察的时间中所有观察值的均值的逐渐增大或减小的情况，在销售中存在长期增长模式（向上趋势）或长期下滑模式（向下趋势），这就是发展趋势模式。

（3）季节性影响。日期、星期、月份或季节等时间的推延，造成了可以预计的短期循环的消费行为。游泳是典型的例子，夏天游泳的人一定多于冬天。

（4）循环的波动。商务或产品和服务的生命周期造成了不可预计的长期循环的消费行为。洗碗机、冰箱以及其他类似的家用电器的销售情况，在一定程度上是这种持续的循环模式。

（5）随机不定。不能用上述 4 部分来表述的需求变化，只能归属到这一部分，例如销售情况以一种飘忽不定的方法波动也就反映出反复无常的不稳定。

最常用的计算时间序列的方法是移动平均数和指数加权平均数方法。

9.11.6 移动平均数

移动平均数是一个虚构的时间序列，其中每个年度（或每月、每日等）的数据都由其自身平均数和由它前后各个时间段相应的数值来代替。

> **例 9-3　　移动平均数**
>
> 在6个连续时间段内，某库存产品的使用量是90、84、100、108、116、127。若求前5个时间段内的移动平均数，则
>
> $$(90+84+100+108+116) \div 5 = 99.6$$
>
> 若求后5个时间段内的移动平均数，则
>
> $$(84+100+108+116+127) \div 5 = 107$$
>
> 在这里的每一步计算中，原先的时间序列都被打破，而新的时间序列又被引入。计算得出的每个时间段的平均数将被绘制在图标上。在计算移动平均数的时候，对时间段数的选择没有精确的规定。最恰到好处的选择应通过不断尝试与改进，找到最少波动而且最平滑的那个时间段数。实用的办法是先在依次相继的峰顶和谷底之间估测时间段数，然后就使用这个段数。

9.11.7　指数加权平均数方法

移动平均数方法由于有下列缺点，在库存管理的工作中很大程度上已被弃置不用：

（1）它涉及大量单独分离的运算；

（2）要等到所需要的时间段都已过去才能得出可信的预测；

（3）所有数据都平均加权，但在实际操作中，需求的数据时隔越久远，它对未来需求预测的相关性就变得越小，对其影响也就越小；

（4）移动平均数的敏感程度同它所包含的数据值的多少成反比。

为了克服这些缺点，可以使用数值减小的加权级数，它收敛于无穷，而相加之和为1。这样的序列被称为指数序列，它的形式是：

$$a + a(1-a) + a(1-a)^2 + a(1-a)^3 + \cdots = 1$$

式中，a 是在 0～1 的数。

在实际中，a 取 0.1 和 0.2 是使用最频繁的。当 0.1 这样小的数被选择使用时，由于它建立在大量的过去时间段内的平均数基础上，其反应结果将会是十分缓慢和渐进的。而使用较高值如 0.5，势必导致这种预计行为对实际变化做出太快反应。而有了指数的平滑反作用，只需要过去预计值和过去时间段内的实际需求值的差值乘以 a（分数值），这就对过去预计值做出了调整，即新的平均预计值是：

$$a \times (实际需求) + (1-a) \times (过去平均预测值)$$

> **例 9-4　　指数加权平均数方法**
>
> 在1月中，对某库存产品的实际需求是300单位，而原预测需求是280单位。假设加权值为0.2，那么2月的平均需求预测需求将是多少？

解答：0.2×300 +（1-0.2）×280= 60+224= 284（单位）

因此，对2月的预测需求就是284单位。通过从估算出的当月需求中减去上月的平均预测需求，我们就得出需求的变化趋势。

9.11.8 牛鞭效应

所有的预测取决于信息和数据的可靠性，因为预测是基于它们而做出的。所谓牛鞭效应就是在供应链中上游和下游的信息流的不确定造成的。尤其是需求的信息在供应链中从用户或零售商可以向上传递到批发商，再到制造商，最后到供应商的过程中，需求预测变得越来越不可靠了。相反，当预测点在供应链中向下移动时，预测需求的不稳定性摆动尽管也会出现，但会逐渐缩小。

造成需求失真和失实的最普遍的驱动因子有以下几个。

（1）没有预测在内的销售宣传活动，它会在供应链全过程中产生微泛细波的涟漪效应。

（2）销售的奖励计划延续，比如3个月之久，其结果往往造成销售情况的失真和失实。

（3）客户对供应商按订单需求按时交货的能力缺乏信心，导致超量订货。

（4）订货的突然取消，这种情况往往是以前超量订货的结果。

（5）货运的奖励，例如大宗订单的运输费用优惠，这样会造成客户把订货累积起来一起下订单。

牛鞭效应的后果是：

（1）超额的库存量；

（2）糟糕的客户服务；

（3）现金流量（或现金流动）出了问题；

（4）频频出现缺货；

（5）抬高了材料成本、超时费用和运输成本。

在案例中出现的最坏的情况将是流动资本减少，成本增加，客户服务不满意，提前期延长，生产计划需要重新安排及不断失去销售机会。

例 9-5　牛鞭效应对供应的破坏性冲击

对客户需求产品的预测为40个单位。

信息流 →

供应商	产品 160 单位	制造商	产品 80 单位	分销商	产品 40 单位	零售商
库存 320 单位		库存 160 单位		库存 80 单位		库存为 0

← 现金流

分销商预料产品会短缺，于是决定保持有缓冲余地的库存，而且定为预测需求的2倍。制造商也为了迎合预期需求的波动，增加了它们的库存，而且也定为需要的2倍。

供应商位于供应链的源头，显然受到牛鞭效应最强烈的冲击。这样的后果就使整个供应链缺乏一贯的协调性。

> 解决牛鞭效应的根本办法是确保信息在供应链全过程中的透明和共享。许多问题是可以避免的，只要不过分依赖预测，而更多的直接依据需求数据。供应链管理系统应提供开放的通信交流和可靠的需求数据，这样就能避免出现微小的需求波动而造成生产阶段极不稳定的摆动。

9.12 推动式库存和拉动式库存

推动式库存和拉动式库存是从组织机构的推动式策略和拉动式策略派生出来的。

推动式策略是一种基于长期预测的不确定性策略，因为在这种情况下产品的制造是根据需求或生产的预期而定的。基于推动式策略的供应链总是与高库存量、高生产制造成本和高运输成本联系在一起的，因为这种供应链必须对需求的变化做出快速的响应。

拉动式策略是产品根据特定的订单，而不是由预测来安排制造的。因此，这时的需求是确定的，库存可以保持很低的数量，甚至库存可以为零。因为这使有关客户需求的信息可以迅速地在供应链各个不同的参与者中传播，所以就可以避免牛鞭效应的出现。

推拉结合策略是指以下情况，供应链的某些环节，一般是第一个环节以推动式策略为基础运作，而剩下的环节则是基于拉动式策略。那么，在基于推动式策略的环节和基于拉动式策略的环节之间的接口称作"推拉结合点"，这个结合点总是发生在沿着供应链时间线上的某一处。在前面4.6.3节中提及的延迟策略，其目标是在尽可能长的时间内让产品保持在中性的或不受支配的状况下来适应用户变化的需求，这是推拉结合策略的一个极好的应用实例。推拉结合策略的概念如图9-6所示。

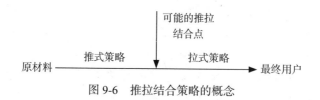

图 9-6 推拉结合策略的概念

与上述3种策略系统相对应的库存控制系统如图9-7所示。

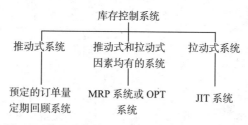

图 9-7 与3种策略系统相对应的库存控制系统

9.13 独立需求

独立需求的实质已在9.10节中讨论了。独立需求总是与推动式系统联系在一起的（见图9-4和图9-7），这两者都涉及固定订货数量方法和定期回顾或复查体系。

9.13.1 固定订货数量方法

当每一次库存减少到一个规定的订货量时,库存就应以一个事先决定的货品数量为再订购量进行补充,这就是所谓的固定订货数量方法,或者也称固定订货点系统。再订购量是为在补充周期和一个外加备用时间内使用的。这个量可以用下面的公式来计算:

$$最大使用量 \times 最长(订货)期$$

因此,如果订货期是 25 ~ 30 天,在该时间段内最大使用量是 200 个单位,那么再订购量将是:

$$200 \times 30 = 6\,000(单位)$$

再订购量也可以用以下方法来表示。

(1)简单的人工方法。例如,所谓的双堆系统。其大体的过程如下:某特定货项的存货以两堆来放置,当第一堆货使用完了,并开始用第二堆货,为了保证供应就应该再订购去补充第一堆货,如此下去,交替使用两堆货。

(2)计算机控制系统。当库存降到规定的再订购点时,计算机受控触发进行补充,这样的系统通常是用条码来记录从仓库中提货的进程的。

然而,固定订货数量方法通常是基于经济订货数量(economic order quantity,EOQ)。

9.13.2 经济订货数量

经济订货数量就是对一件库存产品的最优订货数量,它能最大限度地降低成本。

要计算 EOQ,就必须构筑一个切合实际情况的数学模型。为了简化实际情况,所有的数学模型都要做一些假设条件。模型只有在假设是真实的或近乎真实的时候才有效。当一个假设已被修改或废除,就必须构筑新的模型。

基本的(或简单的)模型是建立在如下假设的基础上的:

(1)需求是均匀的,即确定的、稳定的和时间上连续的。
(2)订货提前期是稳定的和确定的。
(3)订货量的多少不受仓储容量或其他条件限制。
(4)具体下订单的成本是固定的,与订货数量无关;货物运费也与所订购的数量无关。
(5)维持一个单位存货的成本与存货数量无关。
(6)所有价格都是稳定和确定的,大量采购并无折扣。
(7)每次采购的订货数量完全相同。

两个基本的库存成本是:

(1)获取成本(见 9.6.1 节);
(2)持有成本(见 9.6.2 节)。

至于经济订货数量,有好几种方法可以用来计算它。基本的公式如下:

$$EOQ = \sqrt{\frac{2DS}{CI}}$$

式中,EOQ 是经济订货数量;C 是货项的成本;I 是存货带来的费用,即置存成本的年利率;D 是预计的年需求量;S 是每一订单的订购成本。

> **例 9-6　　EOQ 基本公式的实际例子**
>
> 假设：①年需求量为 1 500 单位；②每件货项的单位成本为 10 英镑；③订购的成本为 50 英镑；④置存成本的年利率为 20%。
>
> 那么，$EOQ = \sqrt{2 \times 1\,500 \times 50 \div (10 \times 0.20)} = \sqrt{150\,000 \div 2} = 274$（单位）
>
> 这样，在实际中，EOQ 增加到以一年订购 5 次，每次 300 单位比较合适。

然而这里应强调，EOQ 可能会产生误导作用，其理由是：

（1）年需求量是预测的，所以它不可能是一个精确的数字；

（2）订单的订购成本是假设为不变的，但由于电子采购的引入它可能会变；

（3）利率也是假设为不变的，但实际中它也经常波动；

（4）货项的单位成本在一年的进程中也可能会变，所以我们不得不决定在公式中用平均成本、替代成本、实际成本或预估的将来成本等。

许多对 EOQ 的批评意见是从它的输入数据的不精确推演来的，例如言过其实的置存成本和订货成本。许多 ERP 软件包也准备了自动计算 EOQ 的内置程序。诚然，这些内置程序在处理产品及其使用情况的变化时，也需要不断地修正。

有时 EOQ 被大家认为是与 JIT 方法相矛盾和相冲突的，但是 EOQ 能用来决定什么货项适合 JIT 模型，决定什么级别的 JIT 对特定的组织机构在经济上有益。

尽管 EOQ 不能应用于所有贮存场合，但将它应用于重复采购的场合和 MRO 货项的采购和库存是可以考虑的。

9.13.3　定期复查体系

正如其名，在此体系中，对产品存货情况进行定期回顾或复查而非以某个固定订货点为标准进行调整。对库存量的复查周期或间隔时间，主要取决于库存产品的重要程度和该产品的持有成本，每次复查后都订购不同数量的产品以使库存量回到最高水平，因此，该体系有时被称作"满装"体系。

最大库存量可以这样来确定，把订货提前期与一个库存复查周期相加，把这个相加的和与平均使用量相乘，再加上任何安全库存量。它可以被表达为以下形式：

$$M = W(T+L) + S$$

式中，M 是预先决定的存货量；W 是平均使用量；T 是库存复查周期；L 是订货提前期；S 是安全库存量。

安全库存量的计算同固定订货点体系的计算方式相似。

> **例 9-7　　定期复查体系**
>
> 假设某产品每天的平均使用量 120 件。
>
> 回顾周期　　　　4 星期（计为 20 天）

订货提前期   25～30 天
安全库存量   900 件
$$M=120×(20+30)+900=6\ 900\ (件)$$
若在第一个复查周期中，存货是 4 000 件，那么，下订单的数量将是 2 900 件，即数值为 6 900 件的最高存货量减去复查当天的实际存货量。

9.13.4　固定订货点体系和定期复查体系的优缺点

1. 固定订货点体系

优点：
（1）平均而言，库存量比定期复查体系要低；
（2）可以运用 EOQ 方法；
（3）提高了对需求的波动做出反应的能力；
（4）通过比较实际库存和再订货数量，补充性订货要求就会自动而适时的产生；
（5）适用于存货种类繁多的情况。

缺点：
（1）若库存的许多产品同时要求达到再订货的货量，再订货系统就会负担过重；
（2）由于各产品在不同时间达到要求补充的货量，会造成再订货的过分随意性。

2. 定期复查体系

优点：
（1）由于对存货进行定期复查，有较多机会淘汰过时产品；
（2）能使采购任务平均分布于各次订货中，并可对经济因素加以考虑；
（3）在同一时间内向同一供应商订购大量不同产品时，可以就大批量折扣进行谈判；
（4）由于订货以同样的规律有序地进行，降低了启动成本，并提高了生产规划的效率，从而使生产更经济。

缺点：
（1）平均而言，这里要求的存货量要比在固定订货点体系中的大，因为再订货的数量必须保证各复查周期之间和各订货提前期之间对产品的使用要求；
（2）再订货的数量不是建立在 EOQ 基础上的；
（3）若复查周期后使用量立即改变，在下次复查日前可能会出现货物短缺；
（4）除非需求一直稳定不变，否则很难决定恰当的复查周期。

9.13.5　体系的选择

（1）若一种库存产品的使用一直很有规律，并且不符合定期复查体系的条件和情况，那么固定订货点体系就更适用。
（2）若订货和供应商的交货在时间上有一定规律（例如每天、每月），或同时向同一供应商订购很多不同产品，而且又由同一供应商交货，定期回顾体系更适用。

9.14 非独立需求

非独立需求总是与 9.12 节讨论的有关库存的拉式策略和推拉相结合策略联系在一起的，它涉及准时制、物料需求计划、分销配送需求计划、企业资源规划以及供应商管理库存系统。

9.15 准时制

9.15.1 什么是准时制

美国生产和库存控制协会[5]对准时制给出了下面这一种易于理解的定义：

一种基于有计划地消除所有浪费并持续提高生产率的生产制造理念。它要求从原材料开始一直到生产出最终产品所需的所有生产制造业务活动都应成功地得以实施，这中间包括设计、工程技术和送货等所有的转换环节。JIT 的基本要素包括，在需要时具备而且只具备所需要的库存；提高质量直至零缺陷；通过缩短生产准备时间的队列长度和缩小批量规模来缩短供货提前期；不断修订生产本身的运作过程使其增值；用最低的成本完成这些工作。

总之，JIT 生产可以简单地表达为：制造客户所需要的产品，是在它们被需要的时候，是只生产所需要的数量，并且是用最少的人力、材料和机器设备等资源。

从上述定义看，JIT 比起在合适的时间、在需要的地点、按要求的数量交货所涵盖的意义似乎更多些、更广些、更深些。JIT 既是生产调度技术，又是库存控制技术，也是全面质量管理的一个重要方面。作为一种生产管理控制技术，JIT 考虑的是增加价值和消除浪费，为此，在生产运作中所用的任何资源，无论它是原材料、成品或是它们之间任何阶段的产品，都应该加工生产成能在恰到好处时用上的产品。这里强调浪费的消除，意味着 JIT 是 4.5.2 节中讨论的精益生产的一个基本要素。而零缺陷的目标理念就是 TQM 的一个重要方面，它就是不允许在迁移过程中有缺陷的产品流入并破坏相继的后一过程。

对 JIT 的两种形式加以区分是十分有用的。

（1）**大型 -JIT**。它是指上面第一个定义中描述的，聚焦于所有可能浪费的资源的精益生产。

（2）**小型 -JIT**。它较窄义地聚焦在调度生产产品、库存和需要时提供资源上。

本部分内容基本上涉及小型 -JIT。

9.15.2 JIT 的发展背景

JIT 在业内被普遍认可，于 1960 年由日本丰田汽车公司的副总裁大野耐一（Taiichi Ohno）开发。然而应该注释的是，亨利·福特于 1921 年就采用了 JIT 的方式实施大规模的生产；到了 1924 年，被称作"T 模式"的生产循环，从处理核心材料到最终产品只需 4 天时间。

9.15.3 JIT 的目标

JIT 的目标可以简要归纳为：

（1）**零缺陷**。所有产品只有比满足客户对质量的期望做得还要好。

（2）**零生产准备时间**。不需要生产准备时间的结果是缩短了生产时间，缩短了生产周期并减少了库存。

（3）**零库存**。库存包括半成品、成品和组装配件将减少至零，这一点与传统的生产制造理念恰好相反，后者是要维持缓冲的存货，以防止不可靠的供应或波动的需求。

（4）**零多余操作**。这是指尽最大可能消除一切不增值的业务活动。

（5）**零供货提前期**。在某些市场条件下这是不可能实现的，但这个目标的含义是采用小批量的零部件或组装件来增加供货的灵活性。

（6）**单一批量规模**。这一概念使得需求处在变化中时，有可能快速地自适应。例如，假设批量规模是200，需求正在变化，这样，不是供应商就是客户会最后面对一个永远不会降低的或者缓慢降低的库存数量。

要成功实施JIT，需求具备的条件有：

（1）统一的"主要生产计划"；
（2）拉动式生产系统；
（3）良好的客户——供应商关系；
（4）客户——供应商所处的地理位置的距离较短；
（5）可靠的运输、递送和交货收货；
（6）始终如一的零缺陷的质量；
（7）零部件和生产方法的标准化；
（8）材料物资流系统。

9.15.4　JIT 和 kanban 系统

kanban 系统是 JIT 的一个主要方面。在日语中"kanban"的意思是"票"或"信号"，而在 JIT 系统中它是指一个信息系统。在这个系统里，从上一个生产制造过程中提取产品的类型和数量的指令，通过附在存储和运送用的容器中的卡片进行信息传递。卡片中记载了零件的数量和容器的容积。kanban 卡片主要有两种：

（1）生产用 kanban 卡片，或称 P 卡片，它是生产要用更多零件的信号；
（2）传送用 kanban 卡片，或称 C 卡片，它是要运送更多的零件到下一个单元生产中心的信号。

图 9-8 描绘了在一个生产单元中用 kanban 双卡片来运作生产调度的过程。从图中可见 kanban 双卡片的运作规则是：

（1）每个容器中必须有一张 kanban 卡片；
（2）零件只能被拉动，即处于用户位置的生产中心必须将零件送出去；
（3）没有转送的 kanban 卡片，就不可能获得零件；
（4）所有容器里持有标准数量的零件，也只有标准数量的零件才能被使用；
（5）不允许有任何额外的生产点——只有具备生产用 kanban 卡片的生产才被允许启动。

接下来就可以得出，处于生产全过程中某一半成品生产阶段的库存总量等于发放的 kanban 卡片数量乘以使用的容器总数。而需要的初始 kanban 卡片数可以由如下公式来计算：

$$\text{kanban 卡片数} = [D(T_W+T_P)(1+a)]/C$$

式中，D 是主要生产计划规定的一天平均生产量；T_W 是以每一天的分数表示的 kanban 卡片等待时间；T_P 是以每一天的分数表示的每一个零件加工的时间；C 是标准容器的容积，即可合理容纳的零件数；a 是一个政策性的变量，由使用零件的生产中心的效率所决定。

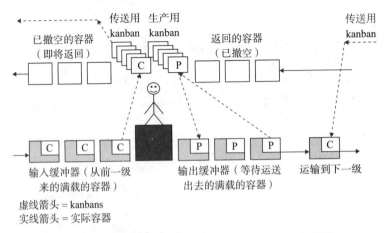

图 9-8　kanban 双卡片系统—在一个生产单元中的流程

由此，假如 $D=100$ 个零件 / 天，$T_W=0.25$，$T_P=0.15$，$C=10$，$a=1$

那么，所用的 kanban 卡片数 = [$100\times(0.25+0.15)\times(1+1)$] ÷10 = 8

上面介绍的双卡系统是在丰田汽车的生产中使用的。而更普遍使用的是单卡系统，它的需求信号是从上一个生产中心那里来的，如图 9-9 所示。

在图 9-9 中，从处于"消费或使用"端的用户位置上的生产中心，返回一个信号到处于"供应"端的供应商位置的生产中心，这样的一个信号带有的信息是：

（1）通过某一缓冲的存货，再送出某种产品（或传送一个批量）；

（2）在供应端的生产中心要再生产某种零件（或加工一个批量）。

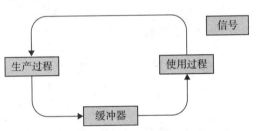

图 9-9　从上一个生产中心发来需求信号的单片卡系统

9.15.5　JIT 的优点

JIT 对于一个组织机构，尤其对其采购职能部门的潜在利益被舍恩伯格和安萨里（Ansari）[6]归纳为以下几点：

（1）**部分成本**。低废料成本、低库存置存成本。

（2）**质量**。能很快发现质量不满意的产品，并及时修正，最终提高采购零件的质量。

（3）**设计**。对工程更改的要求能迅速做出回应。

（4）**行政管理效率**。较少的供应商数目，节约了开支并减少了订单发放的工作量，简化了通信联系和货物接收的业务活动。

（5）**生产力**。减少了返工工作量，减少了检验程序，减少了与零件有关的交货延迟。

（6）**资金需求**。减少了采购零件、原材料、半成品和成品的库存，从而减少了流动资金。

9.15.6　JIT 可能的缺点

有些组织机构由于下列原因受到了 JIT 带来的问题的影响：

（1）对需求的错误预测及供应商方面无法对需求的变化做出快速回应。

（2）JIT 的贯彻需要在采购方和供应商之间建立包括从车载电话到 EDI 等必要的通信交流设施、系统和方法。然而，一旦这些通信交流不当，无论是内部的，即从生产到采购，还是外部的，即从采购到供应商和从供应商到采购，都可能引起问题。

（3）有些组织机构过于理想化而没有准备安全库存，这样它对于供应失误的承受力会比较低。

（4）完全无库存的购买行为是不切实际的，而缺乏低成本的 C 级品库存会导致整个生产线的停顿，这同订购价格昂贵的 A 级品无法到货所引起的后果是一样的。

（5）大量购货的低价优势大大超出了 JIT 合同谈判所商议的价格，因为供应商需要提高价格以弥补交货、文件工作和 JIT 造成的仓储的成本支出。

（6）JIT 对于生命周期较短和设计更新较快的外购部件并不适合。

（7）在流水线生产和批量生产之间，JIT 更适合前者。因此，在生产方式从批量到流水线改变的同时，JIT 必须对整个系统做相应的调整，以适应这种新方式。

（8）即使特大生产制造商有相当比例（百分比）的零部件是以数量批次在专用流水线上生产的，同时也有少量高价值产品也使用专用生产线来生产。

（9）除了供应商外，JIT 要求来自不同背景的所有人员的完全参与，并消除组织机构内部各部门之间的传统障碍。这就涉及对组织机构发展进行培训所要的大量投资的问题。

（10）里斯（Rhys）等[7]把注意力集中到了日本的交通问题上，诸如供应商的地理位置离采购者较远（尽管这对一般欧洲用户来说仍很近）、道路堵塞和轻型车辆运输量小的问题。这就是说，在欧洲每需要 1 辆车，在日本就需要 2～3 辆车。这样的结果是，JIT 在日本"既不省钱，也不讨好"。

海耶斯（Hayes）和皮萨诺（Pisano）[8]又进一步地认为，在实施 JIT 中遇到的问题是从下面的事实中衍生出来的：

许多公司把重点放在 JIT 和 TQM 的技术性机制上，而不是它们的本质、技能和能力上，而正是这些才能使一个工厂脱颖而出，使得它能改造工作程序去达到想要的结果。这种看法产生的后果是让经理们倾向于把工作程序看作解决特定问题的结果，而不是朝着发展趋势方向的台阶。

海耶斯和皮萨诺也做了以下的警告：如果一个组织机构缺乏让 JIT 工作起来的基本技能（如较低的生产准备时间和较低的产品缺陷率），仍坚持采用 JIT，其结果可能是高成本的。然而，正是开发这些技能提供了强烈的激励作用，并且催生了持续改进提高的行为准则。随着时间的推移，一个真正的 JIT 系统就会迸发出来。

9.15.7 JIT 与采购

除了上面提及的 JIT 的一般要求外，要使 JIT 产生效应，必须还有两个前提。

（1）所有零部件必须刚好是要求的数量，刚好在需要的时刻到达需要的地点。

（2）所有到货的零部件必须是立即可用的零部件。

若这些前提无法满足，"及时系统"就容易变成"刚好晚点系统"。

为了达到这些要求，采购部门应承担的职责可以归纳如下。

（1）同设计部门进行联络。这里的重点应放在完成任务的绩效上，而不是设计规范。规范越宽松，就越能使供应商就供应商品的质量与功能进行创新以降低成本。在 JIT 理念的采购工作中，价值分析是该系统的一个核心部分，它应当有供应商的参与。

（2）同供应商保持联系，以确保它们完全理解保持订货提前期的连贯性及高水准的质量的重要性。

（3）作为采购方，在合理范围内对供应商的潜力进行调查，以提高交货的准确性及缩短订货提前期。

（4）同供应商建立牢固长久的合作关系，共同努力以降低成本并分享利益。要达到这个目标，采购方必须在以下方面尽量满足供应商的期望：

1）成为其长期客户；
2）接受公平价格和利润幅度；
3）必要时同意对价格调整进行协商；
4）对需求的准确预测；
5）确凿而合理稳定的规范要求；
6）尽量减少订货更改；
7）订单发放定时合理；
8）了解设计规范；
9）付款及时。

（5）建立一套有效地证明供应商资质的程序，以确保零部件在离开供应商之前已经符合质量规范的要求，这样就可以免除收货时的检验。

（6）对供应商的绩效进行评估，把解决困难问题作为双方合作中的一项内容。

9.15.8 JIT Ⅱ

JIT Ⅱ是Bose股份有限公司的注册商标，并且也是一种由客户和供应商构成的合伙人关系的概念，已有一批公司及其供应商实践了这种理念。在JIT Ⅱ这样的关系下，一个供应商代表，更准确地可以看作"驻厂代表"，它的作用是作为客户方采购部的一名成员，尽管他的工资仍由派出他的供应方支付。这位代表以客户身份对自己所属公司发放采购订单。这位代表也介入客户方的设计、生产计划和价值分析等业务活动。无论是客户方还是供应方都能从这样的安排中受益。

从客户方的角度看，有这个益处是因为：

（1）供应商的代表为他们的客户全日制的工作，代表们能访问和获取用于缩短提前期和减少库存的有关信息，这样由JIT Ⅱ合伙人关系使提前期的缩短将大大优于传统的JIT；

（2）双方的交流和沟通大大改善，因为代表们实时感受到客户需要供应商供货；

（3）运输费用可以降低，这是因为由组织机构内合伙人关系的运输公司来承运输入货项；

（4）供应商介入了协同设计和价值分析，所以从设计一开始的构思起就与客户共同工作了；

（5）因为订单数量加大，随之而来的是折扣优惠和较低的运输费用，这将导致材料成本降低；

（6）因为减少了文书工作和客户方采购人员，他们可以腾出时间从事其他工作，所以行政管理费用也降低了。

从供应商的角度看，益处包括：一旦JIT Ⅱ的合伙人合作关系达成协议，一份"常青合同就签署了，它没有合同终止日期，不需要报价和投标之类的例行程序作为相应的结果。双方的保证使供应商能针对财务资源来管理客户的账户，而不需要搜寻或重新谈判生意。

显然，JIT Ⅱ并不是没有风险的，也不总是合适的。有许多不同的因素要加以考虑：

（1）生意的规模和额度必须足够大，可以指派一个代表常驻某一客户，如果达不到这点，JIT Ⅱ这种方法可能不是有效的，所以对能把特大宗生意放给一个供应商的客户来讲也是唯一的可选项。

（2）供应商可能对与客户分享其成本和生产过程持勉强的态度，反之，客户可能对要向供应商透露有关新产品或新生产过程的信息持保留态度。

（3）客户对于把一个长期合同授予某一供应商持勉强的态度，因为他担心供应商的表现可能变差或下滑。

普拉曼（Pragman），指出，JIT Ⅱ的概念已经从单纯的采购物资扩展到包括物流、工程设计和售后服务等。然而，它确实需要合伙人之间基于信任的战略联盟。

9.16 物料需求计划

物料需求计划是在20世纪60年代开发出来的一项技术，它能辅助生产做详细的规划，它有如下特征：

（1）它特别适用于组装线的操作和运营；

（2）它是一种非独立需求的技术；

（3）它是一种基于计算机管理和控制的信息系统。

MRP的目标就是要保证所采购的物资或公司内生产制造的组装件，及时供应到位，而所谓的及时就是在下一阶段生产之前或发货之前。MRP能在生产制造的全过程中跟踪产品/批次，并辅助采购部门和其他管理部门，将合适的供应物资在合适的时间供应到生产制造点或分销配送点上。

9.16.1 MRP 和 JIT

MRP与JIT有许多类似之处，它们的比较如表9-8所示。

然而，不应该把JIT和MRP看作两个相对立的系统。在许多组织机构中，这两个系统已成功地组合在一起使用。例如，利用功能强大的MRP Ⅱ（见9.17节）做规划的软件环境来推进JIT的实施。这样的做法是很有价值的。因此，对这两个系统，比较理想的做法是让它们互补，而不是互相替代。

表 9-8 MRP 和 JIT 的比较

系统特性	MRP	JIT
系统	推动式系统	拉动式系统
焦点	瓶颈	"质量"
产出率	可变的生产计划	级别调度
工作的主导者	主要生产计划	kanban
库存情况	库存没问题，但不是很好	减少库存，直至为零
行政管理人员	增加	较少
控制的形式	管理报告	工作场所到处可见
生产率的调整	资本需求规划（递延的）	可见的、立即的（需求陡增）
调度指挥原则	MRP说"下一步干什么"	kanban说"现在就干"

9.16.2　MRP 中的术语

MRP 有一套它自身的术语，现简单介绍如下所示。

（1）**物资清单**（a bill of materials，BOM）。它包括生产每件最终产品所需的所有物资材料、零部件、组装件的信息资料。

（2）**最终产品或计划单列产品**。它是指销售给客户的最终成品。从会计核算的角度出发，库存管理中提到的最终产品是指半成品或成品。

（3）**父项产品**。它是由一个或一个以上零部件制造成的产品。

（4）**零部件**。它是指通过一个或更多个操作工序转化成父项产品的产品。

（5）**中间产品**。它是指至少包含一个父项产品和一个零部件的产品。中间产品有时被分类为"半成品"。

（6）**组装配件**。它因其特点是"组装在一起"，所以不同于其他的生产转化方式，属于中间产品的特别例子。

（7）**采购产品**。它是由供应商提供的，所以没有零部件，但有一个或一个以上的父项产品。从会计工作的观点来说，采购产品的库存，就是指原材料。

（8）**零部件通用度**。它是指一个部件（零件）具有一个或一个以上父项产品的程度。此概念与标准化有关。因此，一个标准滚珠轴承会有众多的父项产品。

（9）**使用量**。它是指制作一个单位的父项产品所需零部件的单位数量。

（10）**"时块"**。它是指与 MRP 有关的时间周期，如 1 星期。

9.16.3　物料需求计划系统的基本元素

物料需求计划系统的基本元素如图 9-10 所示。

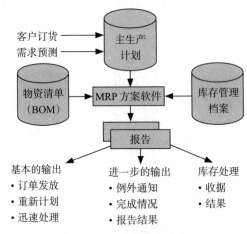

图 9-10　物料需求计划系统的基本元素

9.16.4　MRP 的输入与输出

这个程序是从最顶端的主生产计划（master production schedule，MPS）开始。MPS 里的信息有一系列来源，包括实际收到的订单以及用上述提到的预测技术对需求量做出的预测。MPS 业务活动中最关键的两个要素是，对最终产品和"时块"可预见的未来做出的规划。

（1）**主生产计划**根据从市场部门和销售部门得来的信息，预测在某个计划时期内的各个时间段("时块")中,对最终产品的需求数量(见图 9-11)。这些"时块"的长短不一定要相等。若无 MPS 的支持,MPR 系统不能对任何产品产生需求。

星期	一	二	三	四	五	六	
产品 X	30		14		10	8	"时间横坐标"
产品 Y		38	13	30	13	13	"时块"

图 9-11 主生产计划

(2)**物资清单**,也可以看作组成产品各部分的构架示意,它列出了组成最终产品的组装件和组装件配件,以及制成每个组装件和组装件配件所需的所有零配件和物资材料。每个 BOM 都根据下列逻辑关系确定一个等级码:

1)等级 0 最终产品,它们将不用做任何其他产品的构成部件。
2)等级 1 直接构成等级 0 产品的部件。
3)等级 2 直接构成等级 1 产品的部件。
……
等级 n 直接构成等级(n-1)的部件。

假设产品 x 的需求量为 30 件。每件 x 需要 3 件 A 和 2 件 B 组成;每件 A 需要 1 件 C、1 件 D 和 3 件 E 组成;每件 B 需要 1 件 E 和 1 件 F 组成;每件 F 需要 3 件 G 和 2 件 C。因此,对 A、B、C、D、E、F 和 G 的需求都完全依赖于对 x 的需求。根据以上情况,我们可以构筑一张 BOM,或者一个有关库存管理要求的产品构架示意,图 9-12 就是这样的构架。

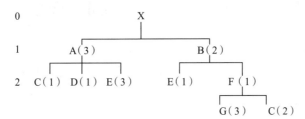

图 9-12 X 的产品构架示意图

(3)**库存管理档案**,包含各个库存产品的存货记录和它们的状况。此档案对库存操作事项,如存货的收取和发放或归还仓库等及时进行在线更新。

(4)**MRP 方案软件包**,运用 MPS,BOM 和库存档案提供的信息执行并完成如下功能:
1)将最终产品散射成它的各种等级的组装件、组装配件或零部件,这样可以看到要生产 30 件产品 x 所需的各种等级的零部件的个数是:

零部件 A	3×产品 x 的数量	=3×30	=90
零部件 B	2×产品 x 的数量	=2×30	=60
零部件 C	1×A 的数量+2×F 的数量	=1×90+2×60	=210
零部件 D	1×A 的数量	=1×90	=90
零部件 E	3×A 的数量+1×B 的数量	=3×90+1×60	=330
零部件 F	1×B 的数量	=1×60	=60
零部件 G	3×F 的数量	=3×60	=180

因此,要生产 30 件 x 产品,就需要 90 件 A、60 件 B、210 件 C、90 件 D、330 件 E、

60 件 F 和 180 件 G。

2）订货提前期的抵消。每件产品的订货提前期必须输入 MRP 系统。把要求供货的最后日期减去订货提前期，这样就把计划订单发放日放到要求供货日之前的一段时间，这就是所谓的"订货提前期的抵消"。

3）使用下列等式，消除现有货物和订购中货物的差额。

$$\text{净需求供货量} = \underbrace{\text{毛需求量}}_{\text{总需求量}} - \underbrace{(\text{现有存货} + \text{订购中的货物})}_{\text{可用库存量}}$$

在一个 MRP 系统中，要求供货的净需求数量总是同一些日期或周期有关，即它们都是有时间性的（见图 9-11）。MRP 系统的基本输出有：

（1）订单发放的说明，它是为布置计划性（未来的）生产或下达采购订单而做的；

（2）重新计划的说明，它指出对未完成订货是否继续跟踪或推迟的计划，以便将存货数量调整到净需求供货的数量；

（3）对过量订货的处理说明；

（4）有关未完成订货的取消或终止的说明。

MRP 系统还有提供很多辅助数据的能力，例如对例外情况的报告，或者对偏离正常计划和正常工作表现的报告。

9.16.5　MRP 的适用范围

MRP 虽然具有适合所有库存情况的普遍性特点，它还是比较适用于以下情况：

（1）对产品的需求是相关的；

（2）这种需求没有连续性，即具有反复无常性和不统一性；

（3）在计件生产、批量和组装线生产或流水线生产中，或在所有这 3 种制造方式都被使用的情况下。

9.17　制造资源规划

9.17.1　定义

制造资源规划可以定义为：它是已经计算机化的 MRP 系统的扩充产物，它将生产计划和控制调度工程设计、采购供应、市场营销、财务管理、成本会计以及人力资源管理等职能都连接到一个集成的决策支持系统中。

在 MRP Ⅱ 中，生产过程仍受主要生产计划驱动，但是另增加的一些输入数据是从生产控制、采购供应和工程设计那里收集来的。计算机化的系统也能收集财务支持系统、成本会计、市场营销和人力资源那里的数据。

9.17.2　MRP Ⅱ 的优点

图 9-13 给出了 MRP Ⅱ 的总体框架图。

（1）MRP Ⅱ 协调生产制造、工程设计、采购供应、市场营销和人力资源等部门，为实现共同的策略或商务计划而努力工作。

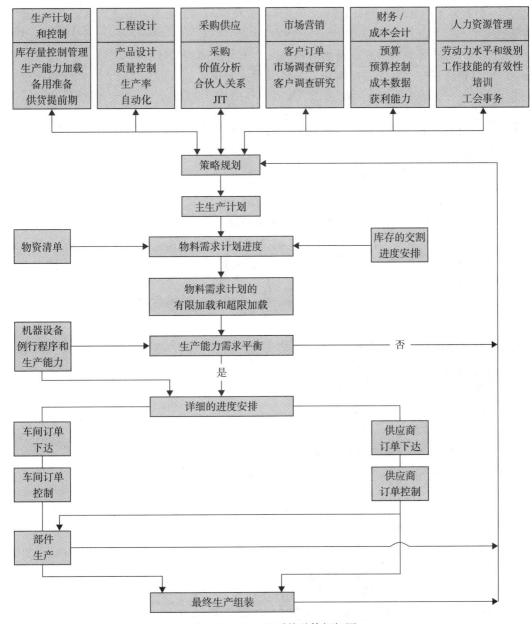

图 9-13　MRP Ⅱ 系统总体框架图

（2）参与 MRP Ⅱ 管理的经理们能对他们的决策隐含的效果做所谓"假如……将要……？"（"What if..."）的分析，即"如果有这样的决策，会有什么样的结果？"例如，如果有效的生产能力不能满足市场营销对销售的预测，将会怎样？外包在财务上将隐含着什么？

（3）除了有效地利用实际的工厂厂房和机器设备外，也利用了市场营销、财务会计和人力资源等方面。

（4）当外部条件发生变化时，比较容易将外界变化的因素植入到系统中，例如突然出现的订货高潮。

（5）已用的或考虑要用的资源的成本能转换成相应的货币价值，因此，便于进行预算和预算控制。

（6）生产制造与采购供应、市场营销和人力资源之间的调度可以用这样的一些方式进行，如设定供应物资交货递送的时限，用销售预测来决定总体的预算和人员招聘或辞退的计划。

9.18 企业资源规划

9.18.1 什么是企业资源规划

企业资源规划是 MRP 和 MRP Ⅱ 最新的、可能也是最有意义的发展。MRP 只能让制造商跟踪供应商，跟踪生产中在制品和跟踪满足销售订单的最终产品的产出情况。而 ERP 则可以应用于整个组织机构，让所有职能部门的管理人员对整个企业正在发生的情况有一个完整的了解。大多数 ERP 系统都设计成由一系列模块组成，每一模块都可以单独应用，也可以与其他模块组合在一起工作。

（1）**财务模块**。这种模块跟踪记录财务信息，如账户的收支情况、工资支付的名单以及整个企业其他财务会计和管理会计的信息。

（2）**物流模块**。这种模块通常可以进一步分成许多子模块，如库存和仓储管理模块以及运输模块。

（3）**生产制造模块**。这种模块跟踪记录订单或产品的流程，包括 MRP 和生产制造的进程和调度。

（4）**供应商管理模块**。这种模块记录从申请订购一直到支付供应商的采购全过程，同时还监测供货的递送和供应商的工作表现。

（5）**人力资源模块**。这种模块涵盖了人力资源管理的各种业务活动，包括规划、培训和职位配置。

ERP 可以定义为：一种业务管理系统，它由多模块的应用软件支持，把一个企业的所有职能部门集成在一起来管理。

最初，这个新的 ERP 是以企业为中心的。然而，互联网和电子商务的发展使得大家可以共享贯穿在整个供应链上的所有实时信息，这是业务成功的基本保证。造就 ERP 这个术语的 Gartner 咨询公司现在又使用 ERP Ⅱ 这个新术语来泛指推进合作商务或电子商务的系统，这种系统的最基本要求是共享企业外部的信息。ERP 和 ERP Ⅱ 之间的不同点如表 9-9 所示。

表 9-9 ERP 和 ERP Ⅱ 的区别和比较

比较的方面	ERP	ERP Ⅱ
作用	着眼于一个企业内的优化	着眼于通过与商务合作伙伴联合而优化整个供应链
范围	重点在生产制造和配送分销上	遍布业务的各行各业，包括服务业、政府部门以及诸如采矿业之类基于资源的行业
功能	一般应用	设计成能够满足特定产业的要求，因此能给用户提供极强的功能
过程	聚焦内部	聚焦外部，特别关心的是贸易伙伴而不考虑其地理位置
结构	整体的、大而不变的和封闭的结构	结构是以网站为基础的、开放式的，可以与其他系统集成和互动。构造各种模块或部件，使用户能够根据需要来选择功能
数据	信息在企业内产生和应用	信息对整个供应链上所有授权参与者均有效

9.18.2 ERP 的优点

ERP 的优点可以归纳为：

（1）**加快库存周转**。生产制造商和配送分销商采用 ERP 后，能成倍地加快库存周转，并且减少 10%～40% 库存成本。

（2）**改进客户服务**。在许多场合，ERP 系统能在合适的地点、合适的时间，提供合适的产品，在这样的要求下把完成任务比率提高到 80%～90%，因此大大提高了客户的满意度。

（3）**较高的库存控制精确度，较少的审计检查**。ERP 系统能使库存的精确度提高到 90%，这样对库存实际情况的审计工作量可以大大减少。

（4）**减少生产准备时间**。采用 ERP 能将类似的生产岗位归类在一起，能综合协调人员、工具和机械，高效地使用主要设备，并通过有效的维护保养把停机停工时间减少到最低程度。ERP 能将生产减少 25%～80% 的准备时间。

（5）**较高质量的工作**。ERP 软件以它的高性能制造部件主动有效地检查和控制质量问题，提供提高生产效率和减少或消除返工现象所需的信息。

（6）**适时地汇总营业收入和加速现金流动**。ERP 使得制造商有办法在问题发生之前去主动地检查账户，而不只是对可能出现的问题给予被动反应。这样才能改进现金周转流动状况。

9.18.3 ERP 的缺点

（1）**一个组织机构全面实行 ERP 是非常困难的**。这是因为，要实行 ERP 对组织机构的业务而言，要涉及从职能型过渡到过程处理型的根本性转变。

（2）**ERP 系统是昂贵的**。为了适应客户的不同业务过程，要对 ERP 的标准模块进行所谓的"客户化"开发，这时费用昂贵的问题就更突出了。粗略地估测，大约有 50% 的实施 ERP 的项目没有达到预期的受益效果。对小型企业而言，高昂的费用更是令它们望而却步。

（3）为了使用和操作 ERP 系统，要对员工进行培训，培训的费用也是相当高的。

（4）**使用 ERP，还有一系列非人为的后果**。例如，雇员的紧张和压力，雇员对 ERP 引起根本性转变的下意识抵制和阻力。另外，本应共享的信息却仍为一些职能部门紧紧地把持着。

（5）ERP 系统倾向于把重点放在运作的决策上，因此，它的分析功能就相对较弱（这个主题将在后面简要概述）。

9.19 供应链管理系统

尽管 ERP 系统提供了大量的规划和决策方面的功能，但是对不同的物资材料、生产能力和需求限制，所有这一切仍是被分别加以考虑的，它们之间仍是相对分离的。因此，ERP 系统的进一步开发应用还有许多任务要完成。然而，最新开发的分析式的供应链管理系统能同时考虑所有相关联的因素，并且在各种相关的制约中完成实时的调整。因此，如果一个超负荷的 ERP 系统做出决策或获得信息需要耗费一小时的话，那么分离式的供应链管理系统做出所需的回答仅仅只要几分钟。像 Technologies 和 Manugistics 等公司典型的供应链管理系统，通常跨越了供应链的所有环节，它有分析功能，能提供规划性的解决方案和战略层面上的环境条件。然而，分析式的系统还是在 ERP 系统或相继的系统上发展起来的，它的分析功能是基于这些系统所提供的信息的基础上的。正是因为这一点，近来 ERP 软件和 SCM 软件之间正在迅速地融合。

9.20 配送需求计划

9.20.1 定义

配送需求计划（distribution requirements planning，DRP）是一种库存控制和调度安排的技术，它将 MRP 的原则运用于面向配送分销的库存。它也被看作在一个多梯级环境中进行库存补充的一种方法。梯级在《韦氏词典》中被定义为：对军队、船只、飞机等分级进行的安排。对配送分销库存来说，"多梯级"意味着与在不同分销点对相同产品利用 EOQ 公式进行独立控制的方法不同，多梯级中的高梯级上（例如，中心仓库）的非独立需求是由低梯级上（例如，区域性仓库）的需求衍生出来的。DRP 既适用于制造业的企业机构，也适用于纯粹的商家机构。前者典型的例子是汽车制造商，它是通过有区域分销商和本地分销商的多级销售点进行汽车销售的；后者典型的例子是超级市场（见图 9-14）。

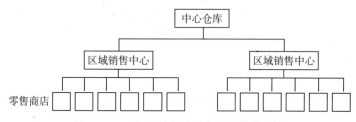

图 9-14　一个超级市场的多梯级销售系统

在 DRP 多梯级结构中，除了直接服务于客户的那一级，即图 9-14 中的零售商店外，其他梯级上的需求都属于非独立的。

9.20.2　DRP 和 MRP

DRP 已被描述成是 MRP 的一个镜像。表 9-10 中列出了这两种方法之间的一些对比。但是，MRP 和 DRP 仍然拥有许多共同之处：

（1）作为规划系统，这两者都不进行固定的或定期的回顾复查；
（2）两者都是计算机化的系统；
（3）正如由 MRP 发展成为 MRP Ⅱ，DRP 也已发展成为 DRP Ⅱ；
（4）DRP 所使用的记录格式和处理逻辑同 MRP 基本一致。

表 9-10　MRP 和 DRP 的比较

MRP	DRP
• 物资清单将时间性逻辑方法运用到物料管理网络产品的零部件和组装配件上	• 配送分销清单（网络的）运用时间性订货点的逻辑法决定该网络的补充需求
• 它是一个由主要生产计划到具体部件补充计划的"外向型扩张"过程	• 它是一个由网络最低层到集中的配送分销中心的"内向型聚集"过程
• 正在制造过程中的产品	• 这里涉及的是成品

这里，最后一点也是最重要的一点，就是 MRP 和 DRP 两者都提供了将整个供应链由采购到销售的所有数据进行综合处理的基础，因此，它们都作用于一个共同的物流系统，如

图 9-15 所示。

因此，正如沃尔曼（Vollman）等[10]指出的：配送需求计划在协调厂内物流系统和运送货物到客户手中的物流系统中起着一个中心的作用。它为从公司到现场集成产品制造规划和控制系统奠定了基础。

9.21 供应商管理库存

供应商管理库存也是一种及时供货系统技术，不过 VMI 把库存的更新和补充的决定集中到上游制造商或配送分销商那里。与 VMI 含义相同的缩写词有：

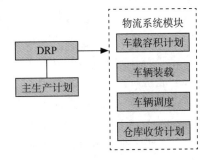

图 9-15 DRP 和物流

资料来源：Adapted from Vollman, T.E., Berry, W.L.and Whybark, C.D., *Manufacturing Control Systems*, 2nd edition, Irwin, 1998, p.788.

- 库存连续补充程序（continuous replenishment programs，CRP）
- 供应商辅助库存管理系统（supplier-assisted inventory management, SAIM）
- 供应商辅助库存补充系统（supplier-assisted inventory replenishment, SAIR）
- 高效率客户响应系统（efficient consumer response，ECR）

VMI 也可以看作配送需求计划的一种扩展。

9.21.1 VMI 的目的

VMI 的目的是使制造商或配送分销商省去要客户下达再订购订单这一步骤，减少甚至消除库存，以及避免库存缺货。采用 VMI 后，客户就不用再从供应商那里去"拉"库存了，而是当供应商核查代管客户库存时，库存自动地"推"给客户，使它达到以前双方协商好的库存水平。VMI 特别适用于零售业的配送。VMI 也使客户减少很多订货所耗费的开支，以及减少低价值 MRO 货项的库存费用。

9.21.2 VMI 的实施

一个简单的 VMI 模型如图 9-16 所示。这个模型是基于客户已与配送分销商达成了合作协议或合作伙伴协议的假设基础上的，配送分销商同意为客户存储规定范围内的货项，并对客户按规定服务水平提供服务。作为交换条件，客户只从该配送分销商处购买规定的货项，而且不再在仓库中保留这些货项。可见，这样的合作是要在客户和配送分销商之间有高度的信任才行。

就图 9-16 中 VMI 的各步骤说明如下：

步骤 1 客户将要销售的货项的信息传送给配送分销商。这些信息可以通过条码和其他扫描技术收集起来，然后通过 EDI 或互联网传输给配送分销商。

步骤 2 配送分销商处理信息后向客户进一步确认有关细节，如所要递送的商品数量、货名、种类、递送时间和目的地等，这样配送分销商即可发货。

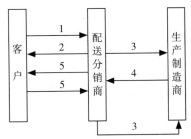

图 9-16 一个简单的 VMI 模型

步骤 3 配送分销商每天应将所有客户已订购的货物详细资料收集汇总在一起，然后通过 EDI 或互联网传送给制造商。

步骤 4　制造商及时给配送分销商补充库存。

步骤 5　配送分销商与客户完成付款和开具发票这一财务手续。特大型客户可能会将它们的需求直接传送给制造商，而且从它们那里直接接收送货。

通常，VMI 的实施需要包括下列 4 个阶段：

（1）**准备阶段**。这一阶段中除了客户和供应商初期谈判，以及建立各有明确角色和责任的项目团队外，还涉及合作计划、预测和补货（collaborative planning, forecasting and replenishment，CPFR），这些工作的目的是把库存减到最小，并把注意力集中到增值的业务活动上。由于无须处理繁杂的库存，项目参与者才能专注于向客户供货的流程，这样能在流程中发现以前未检查出的瓶颈所在之处，并把它解决掉。

（2）**前实施阶段**。这是 CPFR 的延伸，涉及确定预测的供货数量、安全库存量、供货提前期、服务水平等级、关键的绩效指标以及货项所有权等事宜。

（3）**实施阶段**。

（4）**改进提升阶段**。根据已进行的实际工作和由此得到的经验教训来进一步改进 VMI，其中包括解决在实施过程中所碰到的技术上的困难。

9.21.3　VMI 的优点

实施 VMI 对供应商和客户是都有好处的。对供应商的好处有：

（1）**需求的平滑**。VMI 加快了信息交流反馈，这样能改进对客户需求的预测，因此，制造商能有计划地安排生产来满足客户需求。

（2）由于客户更换供应商会有昂贵的成本，实施 VMI 的供应商可以与客户保持**长期合作关系**。

（3）**VMI 提高了运作的灵活性**，使得生产时间和生产数量的调整更适合供应商。

对客户的好处有：

（1）由于不需要对库存水平进行监测，计算机代替了纸张单据以及简化订货手续，因此，管理费用的成本大大降低了。

（2）由于减少了库存水平和过时存货，加速了库存周转，从而加速现金流转，客观上相当于增加了流动资金。

（3）由于 VMI 随着销售的加速，供货提前期也缩短了，同时也减少了挂牌销售而实际仓库缺货的现象。

9.21.4　VMI 的缺点

VMI 也会给供应商和客户带来一些不利之处。对供应商的不利之处有：

（1）客户的部分成本转移到供应商那里。这样的成本包括与管理有关的成本和为了满足客户需求要增加库存的那一部分成本。

（2）增加了库存和上述成本，相当于减少了流动资金。

对客户的不利之处有：

（1）更多地依赖于制造商或配送分销商，导致风险加大。

（2）一些潜在的敏感的商务信息暴露给供应商。供应商掌握了这样的信息后在合同续签的谈判中将处于强势地位。

（3）客户在做库存补充的决定上比起供应商处于更有利的地位。

乔 (Chopra) 和门德尔 (Meindl)[11] 指出：

VMI 的一个弊端已经显露出来了，零售商往往销售有竞争力的制造商的产品，在客户看来这是替代品。例如，客户可以用 Lever Brothers 公司生产的洗涤剂来替代宝洁公司生产的洗涤剂。假如零售商与两家生产洗涤剂公司都实施供应管理库存，它们每一家在决定库存时都将忽视替代品的影响。其结果就是零售商的库存量将高于最优的水平。

9.22 采购与库存

对于组织机构的业务、财务和声誉等方面，库存是极其重要的。而 MRP, MRP II, ERP 和 VMI 这样一些软件系统的成功开发和应用，意味着采购作为供应链中的一项业务活动可能会很少介入了，特别是对非独立需求的货项。在许多组织机构中，一项库存管理的功能将对本章所描述的许多业务活动起作用。然而重要的是：从事采购工作的专业人士应踏踏实实地掌握库存管理，对此至少有以下 4 条理由：

（1）在许多企业中，例如在建筑行业的企业中，库存是一项重要的资产；在某些小公司，库存可能是最重要的资产。

（2）低效率的库存管理将会导致成本增加和获利能力的减弱。太多的流动资金捆死在库存上会引起一系列现金流量的问题，导致昂贵的资金借贷费用或是阻碍其他方面必要的费用支出。同时，库存从它存放的那时起就要承担偷盗、腐蚀变质和过时落伍的风险。相反，在库存物资价格飙升的时候，持有的库存倒是获利发横财的来源。

（3）保持有一批库存能增加灵活性和提升竞争优势，这是因为对灵活生产的机制而言，它能迅速响应客户的需求。因此，执行什么样的库存方针实际上也是一项重要的战略决策。高效率的和有效的库存管理只有与高效率的和有效的供应商合作才能达到。因此，要认真地选择这样水准的供应商，并与之谈判协商合同中涉及库存的所有方面的问题。在这些业务中采购的专业人士应该起到他们期盼的领头作用。有关下一步的组织货源及其重要性将在下一章介绍和讨论。

问题讨论

1. 你能解释采购业务在公司库存管理中承担的角色吗？在此解释的基础上，你能区分这种角色在以下业务中有什么不同吗？
   1）时尚服装的零售商。
   2）一家国际航空公司的工程库存。
   3）政府部门的文具库存。
2. 根据以下数据计算库存周转率：
   以销售价格表示的年营业额
   　　　　　　　　　　　125 000 英镑
   销售价格相对成本价格提高的百分比
   　　　　　　　　　　　25%
   以销售价格表示的年初库存
   　　　　　　　　　　　160 000 英镑
   以销售价格表示的年终库存
   　　　　　　　　　　　70 000 英镑
3. 根据以下数据计算库存周转率：
   以成本价格表示的年营业额
   　　　　　　　　　　　100 000 英镑
   以成本价格表示的年初库存
   　　　　　　　　　　　48 000 英镑
   以成本价格表示的年终库存
   　　　　　　　　　　　56 000 英镑
4. 你是否同意供应商在买方的处所有寄售存货的概念，而买方只在使用存货时付款？为什么？
5. 蓝鸟运输公司生产一系列的旅行房屋。生产总监曾建议，对任何库存价值少于5英镑的物品放在开放车间可以自由存取，今后不需要申请手续即可使用。这个建议将对采购造成怎样的问题？

6. 一个运营经理需要哪些信息才能有效地利用非独立需求库存的模型？

7. Horsk 运输公司已检查了其位于开普敦、南安普顿和纽约三地的战略性仓库的库存情况。它们发现一些流动周转慢的库存货项（如发动机、零部件、钢板铁块和家具），它们的总库存成本与其价值的比竟然为30%。你试着估测一下，以下所列各细目在总库存成本中可能占的百分比为多少？
   1) 资金成本，即库存所占用的资金的利息。
   2) 银行利率。
   3) 仓储的费用。
   4) 装卸操作费用。
   5) 办公文档费用和仓库管理控制费用。
   6) 产品过时报废。
   7) 产品腐烂变质和偷盗。

8. 采购不应对企业持有的存货数量负责。它们不预测，不确定订单数量和交货时间。你同意这种说法吗？为什么？

9. 条码的主要缺点是样式单一和高成本。对此进行讨论。

10. 因为RFID使用电磁场系统，所以它们容易造成某无线电频率段中能量使用的拥挤情况。在下列场合，拥挤暗示着什么后果？
    1) 大量顾客在超级市场付款。
    2) 在医院或军事方面使用RFID。

11. 某公司根据库存货物的使用价值，把它的库存分成3大类。计算下列货项的使用价值，把它们按照帕累托划分法分成A、B、C三类。

货号	年度使用量（单位）	单件价值（英镑）
1	75	80.00
2	150 000	0.90
3	500	3.00
4	18 000	0.20
5	3 000	0.30
6	20 000	0.10
7	10 000	0.04

12. 你用什么来描述信息在供应链上下传输的延误效应？这样的信息延误对库存和获利能力的后果是什么？

13. 与需求的预测技术相关的有6个基本问题，它们是什么？

14. 什么是企业资源规划的优势？

15. 你会举出什么样的理由来说服供应商，将它们的供货存放在你们的仓库中，而只有这些供货被使用后，供应商才向你们收费？

16. 如果有人建议你的组织机构应该将库存职能外包出去，你能说出这样做有什么优点和缺点吗？

参考文献

1. Institute of Logistics and Transport, *Glossary of Inventory and Materials Management Definitions*, 1998
2. Institute of Logistics and Transport, *How to Manage Inventory Effectively*, Added Value Publication Ltd, 2003, p. 94
3. Compton, H. K. and Jessop, D., *Dictionary of Purchasing and Supply Management*, Pitman, 1989, p. 135
4. See GS1 UK's website at: www.e-centre.org.uk
5. The Association for Operations Management (APICS), Chicago, Illinois. Founded in 1957 as the American Production and Inventory Control Society

[6] Schonberger, R. J. and Ansari, A., 'Just-in-time purchasing can improve quality', *Journal of Purchasing and Materials Management*, Spring, 1984

[7] Rhys, D. G., McNash, K. and Nieuwenhuis, P., 'Japan hits the limits of Just-in-Time EIU', *Japanese Motor Business*, December, 1992, pp. 81–89

[8] Hayes, R. H. and Pisano, G. P., 'Beyond world-class: the new manufacturing strategy', *Harvard Business Review*, January–February, 1994, p. 75

[9] Pragman, C. H., 'JIT II: a purchasing concept for reducing lead times in time-based competition', *Business Horizons*, July–August, 1996, pp. 54–58

[10] Vollman, T. E., Berry, W. L. and Whybark, C. D., *Manufacturing Control Systems*, 2nd edn, Irwin, 1988, p. 788

[11] Chopra, S. and Meindl, P., *Supply Chain Management*, Prentice Hall, 2001, p. 247

第10章

组织货源和供应商管理

|学习目标|

本文旨在了解以下内容:
- 战术和战略采购
- 采购流程
- 供应商的位置、评估和评价
- 供应商绩效与评估
- 采购政策问题
- 采购决策制定
- 影响购买地点选定的因素
- 外包
- 合作伙伴
- 可持续性

|核心要点|

- 采购信息
- 市场情况分析
- 供应商评估的主要方面
- 评估供应商绩效的目的、范围和方法
- 供应商基地
- 制造或购买决定
- 外包
- 分包
- 合作

- 互惠互利
- 公司内部交易、本地供应商和小型或大型供应商
- 采购联盟
- 购买地点选定的影响因素
- 购买中心、团队和网络
- 直接重建、修改重建和新采购采购情况

10.1 组织货源的定义

美国总务管理局（GSA）将组织货源定义为"一个通过减少所有权的总成本、改进任务交付来优化政府供应基础的结构性过程"。组织货源解决方案基于对支出模式的可靠分析、对业务需求和需求的清晰定义、政府需求和供应市场能力及商业最佳实践的一致性。

10.1.1 战术采购

战术和运营采购是涉及低风险、非关键项目和服务的低级采购决策。战术采购也涉及如何满足特定需求的短期适应性决策。例如，可能有一个组织货源策略，从一个具有 5 年退休合同的来源获得合同员工。在短期由于淹水或其他不可抗的因素造成的紧急情况下，可能有必要使用其他供应商以获得急需的技能。

10.1.2 战略采购

采购策略是一个过程，而不是孤立的决定。[1] 它包括：
（1）平衡内部和外部的活动、服务和专业知识；
（2）协调业务战略、业务流程和"产品"要求；
（3）平衡必须实现的结果和未来可用的选项。

OGC[2] 解释道，战略采购是一个迭代循环的过程，其中可以识别出许多不同成熟等级的阶段，成熟水平的波动范围从短期战术计划发展到长期采购战略。图 10-1 显示了成熟度概况中的阶段。

战略采购是与高利润、高供应风险战略项目以及低利润、高的供应风险瓶颈项目和服务有关的高层、长期决策。它还关注长期采购政策、供应商基础、合作采购、互惠和公司内部交易、全球化和反向贸易，以及资本设备和道德问题采购的规划。

对采购地位和重要性的认识需要从思想上转变，认识到采购不是一种纯粹的战术活动而是战略活动。在交易采购中，采购被视为与订单放置相关的功能。在战略采购中采购被视为一种以知识为基础提供竞争优势的活动，它所关注的是所有权的总成本，而不关心随意组合的项目的价格。

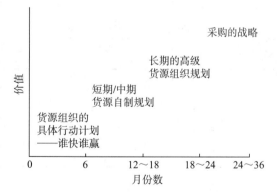

图 10-1 货源组织战略成熟期的不同阶段

10.2 组织货源的过程

组织货源是一个复杂的过程，涉及一些相互关联的任务。这个过程不能仅仅由采购来管理。这取决于组织，可能涉及设计、财务、制造/服务提供、质量管理、环境和健康与安全。

笔者将组织货源的过程分为七步，如表 10-1 所示。

表 10-1　组织货源的过程

阶段	元素
阶段 1： 现状审查和业务规划	• 对现状进行严格评估 • 长期支出情况 • 供应商风险分析 • 利益相关方参与 • 承包战略 • 采购策略的驱动力
阶段 2： 战略采购流程规划	• 计划交付的责任 • 时间表 • 与供应链互动 • 确定供应市场的区别 • 确定通信协议
阶段 3： 调研、数据采集和业务分析	• 供应市场结构 • 岸上和离岸能力 • 供应市场的稳定性 • 竞争力 • 主要采购人员
阶段 4： 对第三阶段进行总结	• 假设采购策略 • 业务风险分析 • 对成本和利润的影响 • 承包模式 • 参与实施战略 • 谈判策略
阶段 5： 供应商选择、动员和关系管理	• 资格预审建模 • 进行尽职调查 • 合同与风险管理 • 关键人员依赖 • 完成战略 • 企业签收
阶段 6： 实施	• 提供专家资源 • 确保品类管理规划 • 研究院质量管理 • 查看关键绩效指标 • 重新评估操作风险 • 通知高级管理人员
阶段 7： 报告和绩效评估并进行持续改进	• 发挥强有力的合同管理 • 监督合同交付的规范性 • 对非绩效的纠正措施 • 关系管理的质量测试 • 监测新技术 • 监控持续改进

10.3 组织货源的信息

组织货源的信息可以划分为众多领域，如图 10-2 所示。

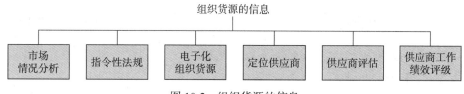

图 10-2 组织货源的信息

10.4 市场环境分析

10.4.1 什么是市场

术语"市场"可以解释为：

（1）买卖商品和服务的地方，例如欧盟是通过参与国协商，创造旨在减少劳动力和资本的内部流动障碍的市场；

（2）各种产品买卖双方的聚集地，如消费品市场、设备市场等；

（3）产品的单一品类的需求和供应，如钢铁市场、棉花市场；

（4）与特定时间的产品和服务供应有关的一般经济条件，对采购特别重要的是买方市场和卖方市场的区别。

10.4.2 为什么市场环境的分析对采购至关重要

战略采购涉及运用商业情报分析供应链的环境并做出适当的决策和建议。只有在情报的基础上，才能评估影响供应的优势、劣势、机遇和威胁。商业情报还提供有关竞争对手组织和采购作为企业内部活动的信息。对市场环境的分析作为商业情报的一个方面是非常有用的，原因如下：

（1）有助于预测产品的长期需求，其中采购材料、部件和组件是其中的一部分，因此也对市场研究感兴趣；

（2）它有助于预测收购项目的价格趋势以及物料成本如何影响生产成本和销售价格，所以，比如对价格更低的需求可能会影响采购决策；

（3）它表明可供选择的商品和供应源——从国外进行产品的采购可能更经济；

（4）对供应来源的安全提出了指导意见，这对来自海外的敏感商品尤为重要；

（5）有关支付情况、商品价格、政治因素等信息可以帮助决定是否采取购买期货囤积聚集或是现买现用，最小化库存的策略。

10.4.3 市场环境有关的信息有哪些来源

有关市场环境的信息可从以下渠道获得。

（1）**原始数据**——可以使用一种或多种方法的现场研究，如观察、分析内部记录、销售趋势和订单预定水平、访问供应商及问卷调查。

（2）**辅助性数据**——由外部信息发布的统计和报告，其中许多存在于数据库中。

（3）**国际性渠道**——一项有关信息来源的调查由密歇根州立大学的国际商业教育与研究

中心所创建的全球教育与发展计划基金会提供，这是一个将全球的商业专业人士与全球商业活动的丰富信息、见解和学习资源联系在一起的知识门户；而另一个有用的网站则是互联网上的商业信息，由总部位于弗吉尼亚州和纽约的国际贸易协会联合会提供。

（4）**英国政府渠道**——所有出版物的详细资料都可从文具办公室中获取，最重要的来源包括：

1）年度和月度统计摘要（*Abstracts of Statistics*）；

2）经济趋势（*Economic Trends*）；

3）生产统计数字（Census of Production）；

4）劳动就业部公告（Department of Employment Gazette）；

5）商务、企业与法规改革报告/出版物（Department for Business, Enterprise & Regulations Reform reports/publications）；

6）英格兰银行报告（Bank of England Reports）。

（5）美国政府渠道。

1）STAT-USA。商业网站部门刊登的经济和商业数据：零售销售、批发贸易、商业环境、消费物价指数、国内生产总值等，包括全面的和最新的国家贸易数据库银行（NTDB）。该办公室于2010年9月30日停止营业，但它们已经创建了一个与数据源连接的美国/互联网过渡网页。

2）NTDB，提供访问国家商业指南、市场研究报告和最佳的市场报告的信息。NTDB还提供美国进出口统计数据，以及其他75个以上的报告和项目。这个服务是由STAT-USA提供的，请参阅上述评论。

3）国际贸易统计数据——人口普查局。

4）FirstGov的商业门户网站——很容易获得美国企业的政府服务，包括电子服务、与政府进行的买卖活动、统计、法律法规、国际贸易服务、出版物。

5）Export.gov——在线贸易资源与许多联邦制造的科研产品链接。

6）小型企业管理——连接到多个联邦、州和当地政府网站，对小企业家有用（启动帮助、融资、商机等）。

7）美国商业顾问——超过10万家企业的贸易和劳工网页来自政府网站。

8）EDGAR。所有美国上市公司的文件均可从美国证券发行和交易委员会获得，包括年度（10K）、季度（10Q）报告、给股东的年度报告和其他资料对公司财务状况的全面概述。

（6）非政府渠道，其中包括：

1）经济学人智库；

2）商会；

3）专业协会，对采购人员尤为重要的是供应管理，特许采购、供应学会的期刊以及CIPS和美国供应管理研究所有在线数据库。

（7）英国的新闻界，如《经济学人》《金融时报》《质量》日报和《星期日》报纸。

（8）经济预测，如英国工业联合会（CBI）"经济形势报告"和牛津经济预测的出版物，包括《英国经济展望》《世界经济展望》《英国工业前景》与《欧洲经济展望》等。

10.5 指令性法规

"指令"是一种普遍的指令。与采购有关的典型指令包括由欧盟、中央和地方政府办公室和公司发布的指令。

10.5.1 欧盟指令

1. 背景

大多数接受公共资金的组织可能受到欧洲采购法规的影响。这些组织包括中央政府部门、地方当局国民保健服务信托和大学。立法涵盖大部分供应合同，即产品、工作和服务。欧洲指令优先于国家法律，不论国内法是否颁布。政治目的是为公共采购创造一个单一市场，这样欧洲公司原则上就可以在不受任何歧视的情况下获得合同。

违反欧盟公共采购规则可能会承担重大的法律后果。例如，在修补措施的指导下，英格兰和威尔士、北爱尔兰和苏格兰法庭的最高法院有权审查合同的授予并提出一些修补措施，包括：

（1）宣布合同无效；

（2）修改合同；

（3）向受害方给予赔偿。

目前欧盟指令的细节可从欧盟地区信息办公室的官网上获取。2014/24／EU 指令已通过 2015 年"公共合同条例"实施到英国法律，该规定于 2015 年 2 月 26 日生效。新条例引入了若干变更，包括：

（1）"创新伙伴关系"的新程序；

（2）加快谈判与公开程序、竞争程序的形式；

（3）使用竞争对话或竞争程序与谈判的理由得到了一致；

（4）提高卫生部门的财务门槛和特殊的"轻触点"机制；

（5）欧洲单一采购文件的介绍；

（6）最低价格不能再成为授予标准的标题；

（7）A，B 服务之间的区别消失。

10.5.2 中央和地方政府采购指导和指南

对中央和地方政府的采购做法存在广泛的批评，包括：

（1）采购流程对投标人来说过于官僚化和消耗时间；

（2）合同奖励倾向于大型组织；

（3）中小企业（small medium enterprises，SME）不太可能赢得合同；

（4）公共部门组织中的资格预审过程是严酷和重复的；

（5）采购流程在招标评估阶段被操控；

（6）提供的现有服务可能会受到青睐；

（7）合同奖励在流程不透明的情况下进行；

（8）没有适当的合同条款会导致合同延期；

（9）应对投标的时间尺度不够充分；

（10）所需的合同保障是不合理的。

杨爵士（Lord Young）的报告[3]证明对于一些批评会有同感，试图使中小企业更容易获得公共部门合同；然而，2015 年的规定并没有授权打破批量采购。欧洲单一采购文件在 2018

年 10 月之前在英国并没有授权。但是，对中小企业来说一个最主要的好处就是，只有在合同规定的情况下，合同商才有权要求供应商的营业额是它们所申请合同的两倍。

10.5.3 公司指令

公司指令可由组织的高层管理人员发出，指令由于战略或协议的原因，必须从具体来源获得特定供应。例如，与公司内部或互惠交易有关的指令。

10.6 电子采购

第 5 章讨论了电子采购以及电子市场、电子目录和电子拍卖。电子采购由 CIPS[4] 定义为：运用互联网对如何以及在哪里获取服务或产品做出决定并制定策略。

虽然电子采购和电子化组织资源都是采购周期的组成部分，但这两个术语通常是不同的。电子采购通常涉及非核心商品和服务。然而，这些可以远远超过常规 MRO 项目或办公用品，正如沃勒（Waller）[5] 所说：对于电信公司而言，网络交换机是间接商品；对于炼油厂而言，耗资数百万美元的大型冷凝器是间接商品；对于经营加油站的公司而言，招牌和筋膜是间接货物。

电子采购允许研究、设计和采购人员为原型和后续生产模型寻找零件、组件和半成品，正如 ePedas[6] 所解释的：电子采购和电子采购之间的差异在于，在电子采购方面，决策是基于功能和特点制定的，而不是单纯的基于产品和价格。

10.7 定位供应商

可以通过检查广泛的来源定位供应商，万维网使这一过程变得更加快速和容易。有很多资源可以应用到供应商的定位中，其中包括：

（1）一个超过 170 万家英国企业的可以理解的搜索列表，在 Yell.com 网站的黄页上被分为超过 2 500 种不同的分类，网址为 www.yell.com；

（2）一些旨在促进出口的可搜索数据库，例如英国贸易和供应商的投资数据库，网址为 www.uktradeinvest.gov.uk；

（3）主要的海外参考资源，例如托马斯的全球注册欧洲：www.thomasglobal.com，它可以访问超过 21 万个工业制造商的目录，以及一个涵盖 65 万家美国和加拿大供应商的相关网站，网址为 www.thomasnet.com；

专业网站包括：

（1）Applegate 目录，涵盖电子、工程和塑料行业的供应商，网址为 www.applegate.co.uk；

（2）二手设备网络，提供从飞机到 X 光机的二手设备和机械，涵盖超过 10 000 家经销商的 75 000 多件产品，网址为 www.usedequipment.com。

除了上述之外，它有助于快速地取得联系：

（1）外国大使馆和高级委员会；

（2）贸易协会；

（3）通过网络和其他采购专家建立联系。

数据库可以提供最新信息，可能是适用于大型硬拷贝参照系统的节省空间的替代品。对这些数据库的访问是免费的、无限制的或仅限用户的。

寻找供应商的其他高效方法包括：

（1）**销售人员**。销售人员的实用性取决于他们对正在寻求促销产品的了解，他们通常能够提供关于供应商有用的服务信息，例如除了自己负责生产的产品外其他项目的细节。

（2）**展览和贸易展示**。这些为相互竞争的产品提供了比较的机会，与供应商代表会面以及参观展商展示会、展览目录和其他文献通常可以提供特定领域主要供应商的详细信息，因此应保留以供参考。

（3）**贸易期刊**。这些不仅为买家提供新产品、替代材料等相关信息，还通过提供贸易随笔为买家提供有关供应商及其人员政策变化的通知。

10.8 供应商评估

10.8.1 评估供应商的时间

当潜在供应商申请放置在买方批准的列表上，以及对即将到期的投标程序进行资格预审，或者买方决定进行软性市场测试和卖方尽职调查时，供应商的评估将会出现。所有这些的目的是向采购机构保证，潜在供应商能够可靠地满足质量、运营、技术、金融和商业的需求。

供应商评估可能是一项耗时、耗财的活动，主要有以下原因：

（1）设计有效的问卷；
（2）设计评分和权重模型；
（3）创建和通报代表利益交叉部分的评估小组；
（4）对提交的文件进行分析和报告；
（5）参考站点访问；
（6）如果供应商具有诉讼性质，就进行尽职调查。

评估的必要条件包括：

（1）买方没有供应的固定战略来源的一次性采购；
（2）潜在供应商没有持有 BS EN ISO 9000：2015；
（3）像 IT 和资产管理等外包服务的购买；
（4）建筑、资本设备和 ICT 系统的购买；
（5）考虑中小企业和第三方机构的使用；
（6）制定采购联盟协议时；
（7）重新招标框架协议时；
（8）从事全球采购；
（9）当需要的"本地内容"购买作为例如离岸或基础设施合同的一部分时；
（10）主承包商将使用主要分包商；
（11）需要长期产品支持时；
（12）当前战略供应商遭遇不利的交易条件时。

10.8.2 评估内容

供应商评估是情境，评估内容与特定购买者的要求有关。然而，所有评估应至少从以下10个角度评估潜在的供应商：

（1）财务；
（2）保险；
（3）生产能力和设施/服务支持能力；
（4）质量；
（5）健康和安全；
（6）环境管理；
（7）现有合同及其履行；
（8）组织结构和关键人员——资源；
（9）分包——提议的行动；
（10）采购能力和供应链管理。

这些信息通常是通过发布一份符合特定要求的资格预审问卷来收集的。

10.8.3　财务

一个强有力的财务评估应该会减少但不能消除将合同授予财务可行性不确定的供应商所带来的风险。然而，它确实提供了有助于决策制定的信息。例如，它可能导致要求"按需"履约保证的决定。有一些检查是必须考虑的：

（1）过去3年以上正被评估或审计的营业额，需要考虑英国和离岸业务的拆分；
（2）过去3年以上的盈利能力以及毛利润和净利润之间的关系；
（3）评估任一阶段的所有损失及其原因，例如购销不满意的合同绩效；
（4）资本资产的价值及其回报率；
（5）借款规模及债务与资产的比率；
（6）收购或兼并影响供应能力的可能性；
（7）养老基金赤字规模。

此类查询对于单个合同价值或年合同价值超过15 000英镑的中小型企业是明智的，因为它们的财务状况可能并不完全稳健。在理想情况下，采购专家将有能力与财务部门的同事一起进行强有力的财务评估并解决出现的任何问题。

在美国，"FORM 10K"是美国公司根据1934年"证券交易法"第13或15（d）条规定提交给证券交易委员会年度报告，还有一份"FORM 10Q"的季度报告。这些文件中的信息超出了英国公司年度报告中通常所述的信息。重要的公司和市场情报对采购决策的制定具有重要意义。信息示例包括公司主要市场、产品、业务风险、杰出法律文书及其性质、部门财务结果、投资和竞争的细节。这些报告可以从公司自行免费获得，而且许多也可以通过互联网直接获得。

信用报告也可以从银行家或由Dun and Bradstreet等机构提供的信贷参考和信贷报告获得。Dun and Bradstreet供应商评估报告提供的重要信息包括：

（1）**销售**——在销售/收入数量方面给出公司财务规模的一张图片；
（2）**财务概况**——通过企业相关产业的对比评估财务状况，了解供应商的盈利能力和偿付能力，计算五个关键的财务比率为同行供应商提供行业基准；
（3）**供应商的风险评分**——风险评估涉及基于根据财务、公共记录和操作信息并参照1~9的评级标准对供应商的风险进行评估，1为最低风险，9为最高风险（预测分数有助于采购了解供应商的一般财务状况，并对他人进行基准测试）。

此外，建议对英国公司的名称及其在公司登记处的注册号进行基本检查，以查看公司当前处于休眠状态还是交易状态，以及是否由另一家公司拥有或由风险投资机构支持。

还应使用资产负债表和损益比分析（见表10-2）。

表10-2 评估潜在供应商时的重要资产负债表和损益比

比率来源	比率名称	比率计算	比率目的
资产负债表比率衡量流动性、偿付能力（支付账单的能力）以及杠杆比率（在多大程度上业务依赖债权人的资金）	流动比率	流动资产总额 ÷ 流动负债总额	企业能否以一定的保证金偿付当期债务，以弥补资产可能出现的损失？一般可接受的比率为2∶1；可接受的最小比率为1∶1
	速动比率（"酸"性测试）	速动资产 ÷（流动负债－银行透支）	
	营运资本	流动资产总额－流动负债总额	回答"如果所有销售收入都应该消失，企业就可以用随时可转换的快速基金来履行目前的义务"，可接受的最小比率是1∶1
	资产与负债比率	固定利率资本 ÷（资本固定利息－权益资本）	更多的是对现金流的测量而不是比率，结果必须是正数
			过高的杠杆率可能会不稳定，因为它表示长期过度依赖融资的外部来源
收入证明利润表 这些比率衡量盈利能力	毛利率	总利润 ÷ 净销售额	毛利润 = 净销售额 － 销售成本，衡量扣除制造成本后剩余的销售价值的百分比，以支付企业间接成本。可以与其他企业的比率进行比较除去减去销售成本及税费后剩余的销售收入的百分比
	净利率	税前净利润 ÷ 净销售额	

Investopedia[7]简洁地提供了一个公司陷入困境的警示标志，如下所示：

（1）现金减少或损失增加；
（2）利息支付出现问题；
（3）切换审核员或持续关注的基础；
（4）股息削减；
（5）高层跳槽；
（6）大内幕或机构销售；
（7）销售旗舰产品、设备或财产；
（8）大幅降价。

在有实质性合同的情况下，采购组织应该质疑供应商是否会过度依赖它们。

10.8.4 保险

通常，买方将建立：
（1）候选供应商所持有的保险类型；
（2）每个保险的覆盖值（如果保险金额是索赔或合计确定覆盖值）。

购买组织可能需要的保险类型包括：
（1）公共责任保险涵盖由于财产受到损害而对公众造成的任何损害赔偿。
（2）雇主责任保险，使企业能够通过雇主的过错来承担员工受伤或在工作中生病的损害赔偿和法律费用。

（3）产品责任保险，涵盖产品必须符合目的的事实。供应商对其所供应的产品可能造成的任何损害或伤害负法律责任。

（4）专业赔偿保险，可以保护企业免受公司/顾问犯错或被发现在提供的部分或全部服务中疏忽大意给客户或第三方造成损失或损害而引起的索赔。

（5）董事和高级人员责任保险，用于支付针对涉嫌不法行为的董事和高级管理人员提出的赔偿，包括违约责任、疏忽和不正当的交易。

10.8.5 生产能力和设施/服务支持能力

"产能"被定义为：[8] 生产单位在规定的时间内生产物品的限制能力，通常以单位时间的产出单位来表示。

产能是一个难以捉摸的概念，因为它一定与设施的使用程度相关，也就是说，可能是每周使用5天的生产能力，每天一个班次，每月最多生产2 000台。通常可以通过加班或增加新的设施来增加工厂的产能。服务合同在很大程度上需要提供服务的人员的能力，这种能力必须足以应对服务的最大需求，其中一些可能在正常工作时间以外被需要。

在对供应商的能力进行评估时，应注意以下考虑：

（1）指定工作期间的最大生产能力。

（2）目前的能力过度不足或过剩，例如一份完整的订单可能会让人怀疑供应商是否有能力进一步开展工作。

（3）如何扩大现有产能以满足未来增长的需求？

（4）现有主要客户可利用的可用容量百分比。

（5）如果潜在的供应商被授予购买者的业务，将会使多少百分比的产能被利用？

（6）什么系统用于容量规划？

对生产设施的评估取决于其目的。例如，对机械的评估取决于它要生产什么。一般来说，应当将注意力放在回答下列问题上：

（1）供应商是否拥有生产所需产品的全系列机器？

（2）如何克服设备的短缺？

（3）机器是否具备现代化以及维护是否良好？（机器故障将影响交付。）

（4）工厂布局是否令人满意？

（5）有良好的厂房管理水平的证据吗？

（6）供应商是否采用计算机辅助设计（CAD）、计算机辅助制造（CAM）或灵活制造系统（FMS）？

10.8.6 质量

对于未列入BSI质量评估公司登记册的供应商，评估可能需要对以下问题做出满意的回答：

（1）供应商是否能满足其他BSI计划的标准，如"商标""安全标志"和注册持有库存的批发商的计划？

（2）供应商是否满足其他组织的质量认证标准，如福特质量奖、国防部标准、英国天然气公司标准等。

（3）供应商在多大程度上了解并实施全面质量管理的理念？

（4）对购进材料的检验和测试有哪些程序？
（5）供应商使用哪些相关测试和检验程序？
（6）在质量方面应用哪些统计控制方法？
（7）质量控制是否涵盖质量评估？
（8）供应商是否可以保证买方可以安全地消除即将到来的检查的所有需求？（这对于 JIT 交付尤为重要。）

10.8.7　健康与安全

有必要与供应商确认以下内容：
（1）供应商的健康和安全政策；
（2）供应商的健康和安全审计安排；
（3）主管或地方当局调查/起诉健康和安全的细节；
（4）急救和福利条款；
（5）健康与安全负责人的姓名和职务；
（6）公司如何向员工传达健康与安全的政策和程序。

10.8.8　环境管理

ISO 1400 为环境政策提供了指导方针，并且在适当的情况下，应要求供应商制定执行此类政策的环境政策和程序，还颁布了大量关于空气、水、化学品、包装和废物的欧盟指令。

除了涉及 ISO 14001 和欧盟指令的问题外，可以询问的问题包括以下内容：
（1）环境管理的责任是否分配给特定人员？
（2）这些材料（例如木材，在英国，有标签计划，如由森林管理委员会管理的标签）是从可再生资源中获得的吗？
（3）供应商产品的生命周期成本是多少？
（4）供应商为减少废物、加快处置和回收提供哪些设施？
（5）供应商的产品能够带来哪些能源节约（如果有的话）？
（6）对危险物质和公害的控制采取了哪些安排？

10.8.9　现有合同及其执行情况

买方尽职调查的一个关键特征是了解供应商的现有合同义务和履行合同义务的表现。供应商透露敏感信息的可能性不大，但并不阻止买方探求以下事项：
（1）确定供应商的主要客户；
（2）建立属于公共领域合同纠纷的信息；
（3）供应商投标管道的范围；
（4）建立未履行合同义务的赔偿范围；
（5）识别保存历史新闻的数据源；
（6）与买方合约紧密相关的关键绩效指标。

10.8.10　组织结构和关键人员

应该确认以下内容：

（1）提供产品或服务的公司的组织结构；
（2）更广泛的公司架构和报告责任；
（3）采购/供应链与结构相适应；
（4）负责交付合同的关键人员；
（5）如果供应商是跨国公司，谁负责执行 CEO 的报告。

10.8.11　合同分包的行动

供应商分包的性质和程度对合同履约有很大的影响，因此建议确定：
（1）合同会进行分包吗？
（2）合同分包的范围和性质是什么？价值和特定商品是什么？
（3）如何任命分包商？
（4）需要使用什么样的合同术语和条件？
（5）购买组织合同的关键条款（例如审计的权利）是否会授予分包商？

10.8.12　采购和供应链管理能力

令人惊讶的是，这些方面很少成为候选问卷的主题，它们应该得到重视，至少应该回答以下问题：
（1）是否有完善的采购职能？
（2）谁是职能的负责人，他们向谁汇报？
（3）职能（例如品类管理）是如何组织的？
（4）如何将成本管理贯穿于整个供应期？
（5）谁负责供应链绩效？
（6）什么是感知的采购风险？
（7）如何缓解这些风险？

10.8.13　获取供应商鉴定信息

这可以通过适当的问卷进行，通过在适当的时候进行软市场测试以及访问潜在供应商进行补充。

10.8.14　评估问卷

10.8.3～10.8.13 节中的主题可以很容易改编到调查问卷中。应该记住有关调查问卷的一些一般性原则：
（1）保证评估问卷尽可能简洁；
（2）仅询问必要的内容并获取有用的信息；
（3）将调查表的各个部分划分为"领域"，每个部分与特定调查领域有关，如 10.8.3 节～10.8.13 节所述；
（4）考虑被调查者是否有可能知道问题的答案以及他们提供信息可能遇到的困难；
（5）考虑被调查者是否会理解问题的措辞，例如，你是否使用技术或特定文化的单词或缩写；
（6）一次只问一个问题；

（7）从事实开始，然后进行基于观点的问题；
（8）确保调查问卷已填写，注明日期，并显示被调查者的姓名。

10.8.15 供应商访问

供应商访问应该始终由一个跨越职能的团队承担，团队成员包括采购的高级员工以及质量和生产工程方面的专家（或者相关的学科）。团队的每个成员都可以从专家角度对供应商进行评估，从而确保对做出批准或拒绝供应商的决定负有共同的责任。供应商访问的目的包括：

（1）确认供应商在填写问卷时所提供信息的准确性；
（2）对潜在供应商提供的产品和服务以及供应商为采购组织的要求做出贡献的方式进行讨论；
（3）查看制造/服务的供应设施以及相关质量管理和IT系统。

在访问之前，应准备一份待审查事项的清单，并确保没有重要的问题被遗漏，提供一个永久的访问记录和做出决定的原因。在供应商访问中，重要信息是通过观察和非正式对话获取的。应特别注意以下几个方面。

（1）**个人态度**。一个善于观察的访客能感觉到供应商的员工对工作的态度，这表明了他们输出的质量和服务的可靠性。士气的状态将从以下方面得到证实：

1）生产工人之间的和谐或不满的气氛；
2）监督人员对客户服务的兴趣程度；
3）能量展示的程度和完成工作的兴趣；
4）使用人力。是否是经济的，每个人通常都很忙，或者是奢侈和昂贵的，过多的人做得很少或者什么都不做。

（2）**生产设备的充足性和保养**。通过对制造场所的设备仔细观察可以发现：

1）现代或过时；
2）准确地维持或明显处于失修状态；
3）由操作人员进行很好的还是肮脏的或者被忽视的保养；
4）适当的尺寸或类型以产生买方需求的产品；
5）有足够的生产能力来生产所需数量的产品。

这种自主开发的用于执行异常操作的机械设备存在与否，将是该工厂制造和工程专业水平高低的象征。

（3）**监督人员的技术专长**。与领班、车间主管和其他人员等进行交流，将显示他们的技术知识和能力，从而控制和改进其监督过程的运作。

（4）**质量控制手段**。通过对检查方法的观察可以表明它们对确保产品指定质量的适应性。应把注意力放在以下几个方面：

1）材料是否进行化学分析和物理检查；
2）生产周期中的检验频率；
3）运用统计质量控制等技术；
4）统计质量控制的可用性。

（5）**车间管理**。一个整体上整洁、有序的工厂，表明管理层仔细规划和控制。这样的工厂可以激发信心，将会用心进行产品制造并且因品质而感到自豪。故障、火灾或其他灾害的危险也将被弱化，从而加强供应连续性的保证。

（6）**技术人员的能力**。与设计、研究或实验室工作人员的交流表明他们对与其产品相关的最新材料、工具和过程以及行业中预期发展的了解。

（7）**管理能力**。以上所有领域本质上都是管理层面的反应，突出了企业的品质。特别是在有新供应商的情况下，对执行人员的准确评估是至关重要的。

10.9　供应商的核准

供应商的核准是通过评估过程识别能够满足具体采购的标准和要求的特定供应商。批准可能是一次性交易也可以使供应商成为批准的供应商。

批准的供应商名单有三个重要方面：

（1）目前的重点是拥有一个小的供应商基础，因此对增加每一个批准名单必须仔细控制；

（2）对于供应商请求加入批准名单的申请应平等对待，尽可能地减少官僚作风；

（3）例如，欧盟委员会的指令对于批准列表的供应商是否符合规范持保留意见，表明了透明度、待遇平等、相称性和相互承认的欧盟原则。在这种情况下，框架协议代表一个被批准的清单。

批准应由跨越职能的团队决定，如 A 表示无先决条件的；B 表示有先决条件的，要求潜在供应商满足所描述的先决条件；C 表示不适合批准。

批准的供应商可以按以下品类进行划分：[9]

（1）**合作伙伴关系**——与供应商建立一对一的关系，合作的单一来源协议将生效。

（2）**首选供应商**——对于某一产品或服务的供应商数量已按公司协议商定好。

（3）**批准供应商**——供应商已被评估为一个或多个产品或服务的满意供应商。

（4）**确认的供应商**——用户对设计或生产方面的特别需求被采购所接受。接受过程为：

1）无论是非优先的还是合作伙伴关系或者是被批准的供应商都在采购数据库中识别需求；

2）对供应商的需求不会持续。

（5）**一次性供应商**——此品类的供应商在以下条件下被接受：

1）无论是非优先的还是合作伙伴关系或者是被批准的供应商都在采购数据库中识别产品或服务；

2）采购卡付款不适当或不可行；

3）交易完成后供应商将关闭。

一般来说，首次批准的供应商至少应延续一年以上有效。在三年内持续达到或超过规定标准的供应商可以从"已批准"升级为"优先的"。相反，不符合性能标准的供应商应从被批准的供应商的数据库中删除。

10.10　评估供应商绩效

10.10.1　为什么要评估供应商绩效

对采购绩效进行评估出于各种重要的原因：

（1）评估可以显著提高供应商绩效。Emptoris[10] 指出正确完成供应商绩效管理可以为下述问题提供答案：
　　1）谁是最优质的供应商？
　　2）如何增强与最佳供应商的关系？
　　3）如何将供应商绩效纳入总成本分析？
　　4）买家如何确保供应商能够履行承诺？
　　5）如何根据供应商的经验对反馈进行分享？
　　6）如何跟踪和修正执行过程中供应商的问题？
　　7）评估有助于决定何时保留供应商或将其从批准的列表中删除。
　　（2）评估有助于决定应向哪个供应商提供具体的采购订单/合同。
　　（3）评估为供应商提供持续改进的动力并防止性能"滑落"。
　　（4）评估可以帮助决定如何在供应商的项目间分配支出从而更好地管理风险。

10.10.2　评估的对象

　　传统上，对供应商绩效评估的关键绩效指标（KPI）一直是价格、质量和交付时间。虽然这些仍然是供应商评估的基础，但新发展起来的诸如 JIT、精益生产制造、一体化供应链和电子采购成为对供应商关系评价的重要考虑因素。科扎克（Kozak）和科恩（Cohen）[11]指出，这种关系包括诸如公司间的沟通和高度的信任等定性因素，除了主观评价之外是不易于进行的。除主观评价外，定性评估往往会受到"光环效应"的影响，比如销售代表的友好方式等不相关的影响因素，倾向于偏向某一特定供应商。然而，在所有评估系统中都存在主观性的要素。

　　可以使用的 KPI 数量几乎是无限的。美国辛普森（Simpson）等人[12]的调查中报告了 142 个评估项目，按照 19 项标准进行排列，其中前 10 项如表 10-3 所示。

表 10-3　被提及和重视的相对频率所考虑的供应商评估因素（辛普森等人[13]）：10 个首要因素

评价标准	按品类划分的项目数量（个）	提及百分比（%）	相对重要性等级
质量和过程控制	566	24.9	1
持续改进	210	9.2	2
设施环境	188	8.2	2
客户关系	187	8.2	2
交货	185	8.1	2
库存和仓储	158	7.0	2
订单	132	5.8	2
财务状况	126	5.5	2
认证	81	3.6	3
价格	81	3.6	3

　　研究人员得出结论，基于这些标准供应商应该首先关注质量问题，特别是满足客户订单需求的能力；其次是不断地改进和创新。重要的是，虽然不能完全忽视定价问题，但是在试图确保和留住客户时，供应商可能更希望较少地强调价格。

10.10.3　供应商评估的定量方法

　　定量评价的目的是为评价提供一个比主观评价更具可靠性的基础。有许多考虑因素，包括：

（1）确定什么可以量化——有明显候选对象，包括按时交货、质量缺陷（可能根据严重程度和对买方业务的影响）、解决问题的响应时间、故障修复时间（IT 软件支持）纠纷解决并及时交付 IT 消耗品；

（2）收集有关评级所需相关数据的成本和能力，意识到运用现有软件和程序来促进相关工作——根据买方的性质可以在指定的时间提供评级；

（3）评级不比其依据的假设更准确；

（4）确认供应商的业绩可能受到买方或第三方行为的不利影响。

10.10.4 服务水平协议

服务水平协议是一种正式的、经过协商的文档，它通过定量的（或定性的）术语定义（或试图定义）为客户提供服务的数量。[14] 无论定量定义是否构成可接受的阈值服务，对于可接受的服务、供应商应该追求的目标或者供应商应该努力超越的期望的定义必须避免混淆。通常，服务级别协议将涵盖服务时间、服务可用性、客户支持级别、吞吐量、响应能力、限制、功能和应急情况下提供的服务级别。

10.10.5 有效供应商评估的 7Cs

供应商评估的许多方面被卡特（Carter）[15] 巧妙地归纳为"供应商评估 7Cs"：

（1）**竞争能力（competency）**。供应商承担所需任务的能力。

（2）**生产能力（capacity）**。供应商满足买方总需求的能力。

（3）**承诺（commitment）**。在质量、成本驱动和服务方面，供应商对客户的承诺。

（4）**控制系统（control systems）**。与库存、成本、预算、人员和信息相关的控制系统。

（5）**现金资源和财务稳定程度（cash resources and financial stability）**。现金资源和财务稳定性确保选定的供应商财务状况良好，并在可预见的未来能够继续经营。

（6）**成本（cost）**。成本与质量和服务相称。

（7）**一致性（consistency）**。供应商的持续交付的能力，并在可能的情况下提高质量和服务水平。

10.10.6 供应商绩效评估：案例研究

弗雷德里松（Fredriksson）和加德（Gadde）[16] 发表了一篇"竞争性论文"，其中对供应商评估的文献进行了梳理，提出了一项案例研究用来说明汽车制造商供应商绩效的评估，并讨论了案例研究的结果和影响。

表 10-4 显示了在评估组件供应商及其性能时沃尔沃的视角。它使用多个不同的评估维度、标准、范围、时间范围和方法。因此，在几个部门中具有不同专长的人员参与了供应商绩效评估。

表 10-4 沃尔沃评估模型

维度、标准和范围	频率（时间范围）	方法（数量 = 达到一定数量的质量 = 质量）	参与人员（部门）
模块质量绩效 • 生产线上和生产线下的功能、几何形状、外观和噪声模块特性	1 次 / 分钟	正式的、定量的和定性的	装配操作员（装配） 质量保证工程师（装配） SQA 工程师（物流）

(续)

维度、标准和范围	频率（时间范围）	方法（数量=达到一定数量的质量=质量）	参与人员（部门）
• 质量流程和结构 - 内部模块供应商 - 在供应方面 - 与沃尔沃互动	质量缺陷发生1~2次/2年（未来导向）	半正式、定量、定性和正式	SQA工程师（物流） 装配经理（装配） SQA工程师（物流） 采购工程师（采购）
交付精确度绩效 • 装载码头组件按时搬运 • 组件在承运人航线的正确箱里 • 沃尔沃计划的限制数量 • 物流流程与结构 - 内部组件供应商 - 供应方面 - 与沃尔沃互动	1~2次/小时 1次/分钟 发生时 交付偏差发生1~2次/2年（面向未来）	正式的、量化的 正式的、量化的 正式的、量化的 半正式、量化的、定性 正式的、量化的、定性的	交付控制器（物流） 装配操作员（装配） 交付控制器（物流） 交付控制器（物流） 交付控制器（物流） 物流工程师（采购）
成本绩效 • 组件价格 • 流程和结构 - 内部组件供应商及其供应商 - 与沃尔沃互动 - 对供应商园区的贡献 • 物流成本 - 与物流系统总体相关的流程和结构	>1次/年（面向未来） 不一样，但大约1~2次/年（未来导向）	正式的、量化的 正式的、量化的、定性的	采购者（采购） 供应商园区经理（采购） 物流工程师（物流）
整体绩效 • 品质 • 交货 • 成本	• 管理 • 供应管理 • 环境	>1次/2~4年（面向未来）	半正式的、定量的

10.11 组织货源的政策问题

采购政策和策略有很多方面，但本章中主要考虑有10个方面，如图10-3所示。

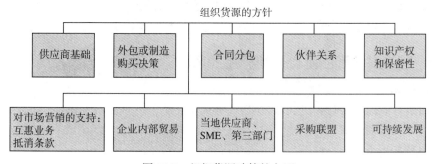

图10-3 组织货源政策的方面

10.12 供应商基础

10.12.1 什么是供应商基础

供应商的基础涉及供应给买方的供应商的数量、范围、位置和特点。
供应商的基础可能被描述为广泛、精简、狭窄、单一来源、本地、国家、国际、多元化或专业化的。它们涉及"家庭"或相关产品和供应商，或与购买者进行业务的供应商。

影响企业供应基础的因素包括：

（1）商品和服务的采购范围；

（2）采购组织的核心竞争力；

（3）对产品/服务长期能力的投资要求；

（4）供应链风险；

（5）库存投资；

（6）应对紧急情况和多变市场环境的能力；

（7）短期采购行动或长期合作；

（8）各种因素，如对当地行业的社会责任或对中小企业和第三部门的支持。

10.12.2 供应商的基础优化

供应商的基础优化或合理化在于确定一种可以识别为满足所有采购品类需求的最佳供应商数量的策略。

在许多组织中，有太多的供应商以特别的方式获得业务。对合理化的需求包括：

（1）将采购重点集中在数量有限且成本效益高、有能力的供应商身上；

（2）控制成本和采购流程的要求；

（3）为供应商带来长期投资的信心；

（4）鼓励创新，持续改进；

（5）增强有意义的管理信息的可用性；

（6）优化供应链中的风险。

存在许多优化供应商基础的方法，包括：

（1）选择单一或双重供应来源；

（2）经批准或首选的供应商清单；

（3）外包一系列服务，从而将单个供应商排除在服务之外；

（4）重新设计产品以降低对以往知识产权所有人的依赖；

（5）与其他买家集中采购，使规模更大的供应商获得较大的订单量。

10.12.3 减少供应商的基础可能产生的风险

这些包括：

（1）自满导致的重复行为进而减少创新；

（2）边缘供应商会减少可用能力的出口；

（3）典型的不可抗力事件造成的供应威胁；

（4）缺乏对供应市场发展和市场情报的了解；

（5）合同义务缺乏灵活性性。

10.13 业务外包

10.13.1 什么是外包

温卡德森（Venkatesan）[17]观察到："今天制造业的重点意味着学习如何不做事情——如

何不制造那种让公司从自身主要技能中分心的零件,供应商可以更有效地提供零部件"。

外包可以定义为:一种将主要的非核心职能转移给专业、高效的外部供应商的管理策略。

10.13.2 哪些业务可以外包

无论是制造业还是服务业都存在蓬勃发展的外包市场。最容易外包的活动是:
(1)资源密集型,特别是劳动力或资本成本高的业务;
(2)可从利基市场供应商处获得技术和技能;
(3)相对离散,与复杂供应链很少接触或几乎没有依赖;
(4)受制于长期、波动的工作模式;
(5)需要相对较少的客户端管理;
(6)可以建立非常明确的合同责任。

10.14 制造业务的外包

10.14.1 自制的类型

这与自制–外购决策有关,普罗伯特(Probert)[18]确定了三个级别的买卖决定。

1. 战略性的自制–外购决策

战略性的自制–外购决策(见图10-4)通过影响以下几方面来确定组织生产运作的形状和能力:
(1)自制–外购决策的制定针对什么产品;
(2)进行产品制造的设备和劳动力方面的投资;
(3)开发新产品和流程的能力作为通过内部制造获得的知识和技能,对未来的应用可能是至关重要的;
(4)对供应商进行选择,因为它们可能需要参与设计和生产过程。

相反,对供应商的不当分配可能会通过发展新的竞争对手以及破坏产品质量、性能、利润潜力、风险和灵活性来损害企业。

战略决策还为短期战术和组件决策提供了框架。

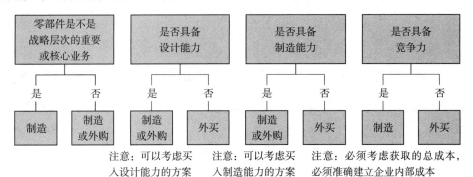

图10-4 自制或外购的决定程序

2. 战术自制–外购决策

这些解决生产能力中出现暂时失衡问题:
(1)需求变化可能导致内部运行成为不可能,即使这是首选方案;

（2）相反，需求下降可能导致企业将原来外购的业务转为内部运作，如果这样做既不损害供应商的关系又不违约。

在这种情况下，管理人员需要用于在不同选项之间选择的标准。这些标准可以是定量的、定性的或者定性与定量相结合的。

3. 组件自制－外购决策

理想的组件自制－外购决策应该在设计阶段进行，并且涉及产品特定部件是由内部制造或还是外购。

10.14.2 自制－外购决策中的成本因素

准确的自制－外购决策通常需要应用边际成本核算和盈亏平衡分析。

1. 边际成本核算

边际成本核算定义为：[19] 一种（成本）原则，其中可变成本计入成本单位，归属于有关期间的固定成本按对该期间的贡献大小进行分摊。

上述定义中的"贡献"一词是指销售（或购买价格）与每单位可变成本之间的差额。

边际成本法通过例 10-1 和例 10-2 展示。

例 10-1　　边际成本核算

	英镑
直接物料	60
直接工资	30
直接费用	10
主要成本	100
工程费用（100% 的直接工资额）	30
工程成本	130
办公费用（工程成本的 20%）	26
	156
销售费用每件 14 英镑	14
销售成本	170
净利润	30
常规售价	200

假设：

（1）工程费用是由 60% 的固定成本和 40% 可变成本构成的；

（2）办公费用固定不变；

（3）销售费用是由 50% 的固定成本和 50% 的可变成本构成的。

那么边际成本将是：

	英镑
直接材料	60

直接支付	30
直接费用	10
	100
工程费用	12（30英镑的40%）
销售费用每件£14	13（26英镑的50%）
	125

任何高于125英镑的价格都会对固定费用做出贡献。如果固定开销共计75 000英镑，200英镑的售价代表每件为固定费用做出75英镑的贡献，要想达到收支平衡必须出售1 000件物品。然而，如果售价降至150英镑，在达到盈亏平衡点之前必须卖出3 000台，因为每件商品对固定费用的贡献只有25英镑。

在自制－外购决策中，将供应商的价格与生产的边际成本和失业造成的损失之和进行比较是有必要的。

例10-2　边际成本核算

一家公司生产装配JMA 423，每年的正常使用量为10 000单位。目前的成本是：

	英镑
物料	90
劳动力	40
可变成本	10
固定成本	20
	160

该组件可以以156英镑的价格外购，但是用于生产的能力将会闲置，如果采用外购策略只能收回固定成本的30%。

假设不考虑其他因素，JMA 423组件应该外购还是自制？

对策：

表面简单的对比表明该组件应该外购而自制，但正确的比较方法是对比自制的边际成本和外购的采购价格。

	自制（英镑）	外购（英镑）	差额（英镑）
可变成本（90+40+10）=140（英镑）	140	156	16
可变成本×数量	1 400 000	1 560 000	160 000
固定成本（20×10 000单位的30%）	60 000	60 000	0
	1 460 000	1 620 000	160 000

以上数据显示，自制比外购更有利可图。这是因为60 000英镑的固定费用很可能会持续下去，而且生产能力会持续闲置，固定费用不会被吸收到生产中。因此，通过外购而不是自制，利润将减少16 000英镑。

2. 机会成本

如例 10-3 所示，这是由于选择其他方案而放弃的潜在收益，也就是说，制造中的生产设备已经应用于某种替代目的。

例 10-3　　　　　　　　　　　机会成本

生产 100 000 个 X 产品的总成本为 120 000 英镑，边际成本为 100 000 英镑。对于产品 X 可以选择以 1.50 英镑的价格外购。对于采取内部自制还是外部采购的策略取决于放弃生产其他东西的机会成本。如果生产能力可以用来制作每个能贡献为 0.75 英镑的产品，那么情况将会是：

自制	外购但是生产能力闲置	外购机会成本较低
100 000 英镑	150 000 英镑	150 000 英镑
		−75 000 英镑
		75 000 英镑

在这种情况下，外购产品会更有利可图。

---

3. 盈亏平衡

盈亏平衡点是：总收入和总成本的单位或价值的活动水平相等的点。预计生产配额和实际使用情况可能会有所不同，参见例 10-4。

例 10-4　　　　　　　　　　　盈亏平衡分析

使用例 10-4 中的数据，当所需产品量是多少时，公司无论采取自制还是外购策略都是无差别的？

解答：

这是由公式找到的

$$\frac{F}{(P-V)}$$

式中，F 是固定成本；P 是采购价格；V 是每单位的可变成本。

在这种情况下：

$$\frac{60\,000}{(156-140)} = \frac{60\,000}{16} = 3\,750\,(单位)$$

如果只需要 3 750 个单位，无论采取自制还是外购策略都不会对利润产生任何影响。如果需要少于 3 750 个单位，外购是更有利可图的方案；如果需要超过 3 750 个单位，自制是更好的选择。

10.14.3 在自制 – 外购决策中的其他考虑

除上述之外，在决定进行外购还是自制时，还必须考虑其他定性或定量因素。

支持自制的定量因素包括：

（1）利用产能和资源的机会；
（2）缩短潜在提前期；
（3）废料利用的可能性；
（4）特定材料的大型订单带来的更大采购力；
（5）大型间接费用回收基础；
（6）汇率风险；
（7）工作成本预先可知。

支持外购的定量因素包括：

（1）所需数量相对于经济生产来说太小；
（2）避免专业机械或劳动力成本；
（3）库存减少。

支持自制的定性因素包括：

（1）管理资源的能力；
（2）商业和合同优势；
（3）消除人们对于供应商的稳定性、持续生存能力以及供应商所有权变更可能产生的影响等事项的担忧；
（4）保守商业机密和维护竞争优势。

支持外购的定性因素包括：

（1）买卖双方之间财务风险扩散；
（2）外购时质量控制的能力；
（3）供应商的专业知识、机械和/或专利的可用性；
（4）事实上外购提高了买方的制造能力。

10.14.4 做出自制 – 外购决定

从上述内容可以明显地看出，无论是否与战略、战术以及组成部分有关，在达成自制 – 外购决定时，都必须将众多定性和定量因素纳入考虑范围。图 10-4 显示的方法是一个简单的过程，用来回答"我们要自制还是外购"的问题。

10.15 服务业务的外包

10.15.1 服务品类

可以外包的服务范围几乎是无限的，下面仅列出了部分可能的外包服务：

（1）停车场管理；
（2）清洁；
（3）建筑维修和保养；
（4）餐饮；

（5）安保；
（6）运输管理；
（7）废物处理；
（8）接待；
（9）图书馆；
（10）医疗/福利；
（11）旅行管理；
（12）病虫害防治；
（13）培训中心管理；
（14）电脑和IT；
（15）调研和开发；
（16）房地产管理；
（17）员工招聘；
（18）内部审计；
（19）法律服务；
（20）工资发放；
（21）质量保证和控制；
（22）文档记录管理；
（23）固定资产维修；
（24）电话营销；
（25）翻译服务；
（26）顾客代理经纪；
（27）车辆维修；
（28）采购。

由于服务业的资本密集程度往往低于制造业公司，因此通常供应商的基础较大，尤其是餐饮和建筑维修等所需专业性较差的服务。然而，服务合同和服务级别协议的起草可能持续数年，往往是复杂的而且涉及相当多的谈判。

10.15.2 采购业务的外包

在以下情况下，组织可考虑将采购业务外包。

（1）采购是外围而不是核心活动。由阿特金森（Atkinson）和梅格（Meager）[20]认定的非核心业务的特点是：

1）技能要求较低且常见；
2）内部聚焦的责任；
3）定义明确或有限的任务；
4）容易从其他工作中剥离；
5）没有供应限制。

这也是低级运营采购的特点。比彻姆（Beauchamp）[21]还确定了适合考虑外包的其他项目：

1）一次性和重复需求的采购订单；

2）当地和国家采购需求（国际采购和采购采用外包可能相当专业）；
3）低价值或低价值/大规模订单收购；
4）品牌要求；
5）反对内部批准的协议；
6）建立基于商品或服务的合同；
7）获得批量或批量生产的产品；
8）为私营部门或公共部门提供的储存或供应服务；
9）计算机采购或基于软件的制造采购；
10）与采购相关的所有管理和文书工作；
11）不同能力水平店员的供应；
12）多维度和多部门的采购。

（2）在供应基础很小并且基于已证实的合作，而且没有供应限制时以下可能外包：
1）明确定义或有限的任务；
2）容易与其他工作分离的工作；
3）没有供应限制的工作。

上述特点也适用于低层次的运营采购。

（3）存在一个提供非战略、非关键、低成本/低风险项目的小型供应商基础。在这种情况下，采购可能外包给：
1）专家采购和供应组织；
2）收购财团。

这些组织提供的优势是：批量采购，给予它们对产品的广泛谈判立场。

10.16　外包的驱动因子

Beulen 等人[22]认为外包有5个主要驱动力。

（1）**质量**——实际产能暂时不足以满足需求。该质量动机可分为3个方面：提高质量需求、合格人员不足、外包为过渡期。

（2）**成本**——外包是用来解决成本增加的一种方案，并且与成本领先战略兼容。公司可以通过控制和降低成本来提高其竞争地位。

（3）**财务**——一家公司的投资预算有限。资金必须用于对核心业务活动的投资，这是长期的决定。

（4）**核心业务**——保证组织创造收入的主要活动。专注于核心业务活动是一项战略决策，所有后续支持性活动应当外包。

（5）**合作**——公司之间的合作可能会引发冲突。为了避免这种冲突，两个组织共同产生的互动应当外包。

另一个因素是人力资源管理。对于工作流程和重组的必要变化，内部文化与员工的态度可能导致贸易联盟和内部不满。这种变化也可能需要获得新的员工技能。外包可以避免冲突，并在几天内提供专业知识和经验，弥补招聘和培训需要一些时间的不足。

蒙克萨[23]注意到，从历史上来看，外包决策一直受限于某一特定外包决策，而不是更全面的询问方法"看整个供应链，谁会做什么？"

10.17 外包类型

在 IT 方面,拉塞蒂(Lacity)和希尔施海姆(Hirschheim)[24] 提供了各种外包的选择,分为实体店外包、项目管理外包和总体外包。

(1)**实体店外包**是管理层使用外包作为满足短期需求的手段,例如为了应对短期需求,内部技能出现短缺;

(2)**项目管理外包**应用于特定项目的全部或部分,如开发新的 IT 项目、新技能培训、管理咨询;

(3)**总体外包**是外包供应商对所选择区域承担全部责任,如餐饮、安全等方面。

10.18 外包的好处

外包有一系列好处。这些好处取决于外包的性质,可能包括:
(1)获得长期回收的即期投资;
(2)获得"最先进的"ICT 基础设施;
(3)降低成本超过历史服务成本的 10%;
(4)通过高效系统的使用,降低人员配置水平;
(5)释放高级管理人员时间使之专注于核心业务;
(6)提高服务水平,提高客户满意度;
(7)商定的供应商承诺实现更高的性能水平;
(8)获得经验证明的技术和商业的世界级实践。

10.19 外包带来的问题

然而,外包也存在问题。一个组织要想从任何储蓄中获益可能至少需要两年的时间,在某些情况下,整个过程是成本中性的。一些与外包相关的问题如图 10-5 所示。

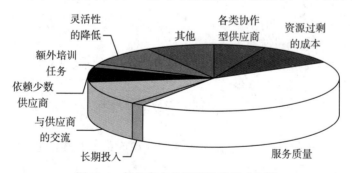

图 10-5 外包存在的问题及其相对比例

资料来源:Taken from Carrington, 1994.

帕金斯(Perkins)[25] 在他的报告中指出,对客户进行的非正式调查表明:第一年年末,在外包主要 IT 职能的公司中有超过 50% 的企业对外包不满意;到第二年年底,70% 的公司不高兴。

其他有关外包方面的调查显示,有 30%~50% 的高管的对外包业绩感到失望。汇报的问题包括:
(1)过度依赖供应商;
(2)成本升级;

（3）供应商缺少灵活性；
（4）缺乏控制供应商的管理技能；
（5）由于谈判阶段过度乐观，外包供应商抱有不切实际的期望。

赖利（Reilly）和塔姆金（Tamkin）[26]提到，反对外包的主要意见是可能丧失竞争优势，特别是工作人员的技能和专业知识的丧失，内部投资不足以及向供应商传递知识和技能可能会使供应商抓住主动权。

拉塞蒂和希尔施海姆[27]还指出，在以下领域外包好像并不奏效：
（1）需要具体或独特的业务知识；
（2）所有服务都是定制化的；
（3）员工文化对于组织过于分散或敌对，以至于无法团结起来。

与外包供应商有关的问题包括：
（1）员工流动率高；
（2）项目管理能力差；
（3）对客户或行业缺乏承诺；
（4）专业知识浅显；
（5）文件不足；
（6）对大型供应商缺少控制；
（7）员工培训匮乏；
（8）随着时间的推移变得自我满足；
（9）客户和供应商的不同利益；
（10）客户与供应商组织之间的文化不匹配。

10.20 外包项目的实施

这种做法在公共部门和私营部门之间会有所不同。在公共部门中，通常在10年内项目的价值有超过欧盟采购指令下的广告门槛的可能。在公共部门中，外包和建立公私合作伙伴关系（public-private partnership，PPP）的过程从头至尾长达18个月，不能低估这种做法所付出的代价，在外包后台服务中超过500 000英镑的成本很常见。建立PPP可能会使用竞争对话过程或在特殊情况下的谈判过程。

需要考虑以下步骤，有些是可以同时进行的。
（1）设置项目指导小组：
1）决定外包服务的范围；
2）考虑软件市场测试；
3）确定外包的战略原因；
4）记录期望达到的成果，包括降低成本；
5）评估潜在风险；
6）开展有效的员工咨询和沟通协议；
7）确定需要哪些外部支持，例如采购和法律。
（2）通过感兴趣的各方提出资格预审问卷调查表（pre-qualification questionnaire，PQQ）来获得结论。
（3）开始准备：

1）服务规范；
2）成本模型和可负担性包络；
3）招标文件邀请函（在公共部门被称为"参加竞争对话的邀请"）；
4）合同的条款和使用条件以及合同附表的大纲。
（4）评估对 PQQ 的回应：
1）使用预先确定的评估标准和权重；
2）让受访者在关键方面做报告；
3）创建一个潜在供应商的简短列表。
（5）继续采取必要行动，包括：
1）识别合同进行更新；
2）准备占用建筑或租赁协议的许可证；
3）风险登记和减缓战略；
4）维护项目计划。
（6）向投标者发送邀请函。
（7）评估对投标的回应：
1）使用预先确定的评估标准和权重；
2）努力澄清所有不确定的事项。
（8）谈判破裂时请简要列出优先供应商并指定备用投标人。
（9）参与招标后的谈判（或使用竞争性对话进行澄清和微调），并确定合同条款和时间表，这可能包括：
1）完成包括退休金在内的员工转移安排；
2）对不履行合同导致的损害进行赔偿；
3）确认投资；
4）完成动员和转型阶段；
5）更新合同；
6）合作和业务委员会的参考范围；
7）提供履约保证金或母公司担保；
8）资产转让；
9）终止权利。
（10）如果交易出错，请提出建议以授予合同或终止。
（11）授予合同。
（12）开始合同管理活动。
（13）从项目中吸取教训。

10.21 合同分包

10.21.1 什么是合同分包

分包可能有别于外包，外包涉及企业围绕核心竞争力和外部关系的全面重组。无论外包程度如何，企业必须保持一定的核心能力。外包是战略性的长期决策。分包是一种战术上的、短期的方法。

10.21.2 合同分包的原因

买方主要在两个领域遇到合同分包的需求：
（1）对于承包商而言买方组织是雇主或客户委托工作的主体，反过来分包合同的部分工作在施工合同的环境下。
（2）买方组织是主承包商，基于下述原因会选择将合同进行分包：
1）机械或劳动力超载；
2）确保按时完成工作；
3）缺乏专业机械或专业知识；
4）避免在未来需求不确定时获得长期的产能；
5）分包比在内部制造便宜。

10.21.3 分包组织

（1）分包业务是企业活动的常规和重要部分时，可能需要在采购部门内部或外部设立专门的分包部门；
（2）设计、生产控制、施工、现场工作人员、检查、财务等各部门之间必须进行适当的联系安排；
（3）在采购与设计或技术部门之间，对于谁来负责和选出的供应商进行谈判可能会产生冲突，这可以通过适当的权责划分来避免，采购具有商业否决权，设计和技术部门具有技术否决权。

10.21.4 选择分包商

如政府合同或客户指定的具体分包商中标，有必要检查所选分包商是否获得外部批准。一些施工合同可能规定分包商不能在荷兰的拍卖会中被选中。

10.21.5 与分包商联络

需要考虑的事项包括以下内容：
（1）规划，确保分包商可以按规定的日期完成，诸如协助本次计划评审技术（programme, evaluation and review techniques，PERT）等技术；
（2）确保分包商获得最新版本的所有必要文件，包括图纸、标准和规划说明等；
（3）主承包商与分包商一起对材料、工具和专用设备等的供应进行安排并对这些基础进行管理；
（4）控制分包商所拥有的设备和材料；
（5）对分包商所拥有的免费发放的材料进行盘点问责制的安排；
（6）由主承包商雇用的进度检查人员对分包商进行访问的安排；
（7）运输安排，特别是分包商生产的物品需要特殊保护时，如具有高成品表面的部件；
（8）由分包商进行任何辅助工作的付款，例如油漆涂刷后零件的编号上。

10.21.6 法律注意事项

这取决于具体合同的情况。所有分包过程的主要合同应由主承包商法律部门审核批准。

如果买方组织将工作委托给一个主承包商，记住以下一般原则是有用的。

除非合同是以明示或暗示为基础制定的，否则工程将完全由主承包商负责，客户无权阻止对部分工作进行分包（这不适用于个人服务合同）。因此，如果客户希望指定特定的分包商或限制主承包商分包合同的权利，这些问题必须在达成合同时协商。通过建设和国防合同，投标者通常需要说明哪些部分工作将被分包。特别是在合同条款中说明主承包商有责任在选择分包商方面尽最大的努力，以及分包商的责任履行完全取决于主承包商是非常有用的。

10.22　合作

10.22.1　合作和外包

亨伯特（Humbert）和帕萨雷利（Passarelli）[28]指出，在最高水平上，外包可以采用类似于合作关系的联盟形式（但不是严格的合法伙伴关系）或合资企业。然而，并非所有的外包协议都是合作伙伴关系。亨伯特和帕萨雷利说"合作协议"或"战略联盟"不应被用来描述外包协议，除非该合同是为了反映战略联盟的真实关系。这种联盟的特点包括双方在降低成本和达成有利商业成果方面都有既得利益时，所建立的以信任、沟通和相互依赖为基础的紧密工作关系。在这些条件获得的情况下，提供者的"奖励"取决于结果或实现的目标而不是得到补偿。

在对合作和外包进行对比时以下方面进行区分是非常重要的：

（1）**外包的不同层次**。较低层次上的外包都是纯粹的交易；只有在较高的战略层面上，外包可能会合并成为合作伙伴。

（2）**客户-供应商关系和合伙人关系**。在前者中客户与供应商关系以及合作强调的重点是成本最小化，而后者则重视增值和实现合资目标。

（3）**外包与合伙关系合同形式上的差异**。合同涉及以规定时间内的成本为基础来明确指定的输入，供应商据此收到约定的报酬，而正如CIPS[29]指出的那样，合伙关系是以信任为基础的，理论上不需要任何形式的合同文件，但双方应该协商一套管理合伙关系的一般准则，例如合作采购有限公司确定的12个关键领域：[30]

1）一般原则声明；
2）范围——伙伴关系所包含的内容；
3）费用；
4）客户服务水平；
5）业务预测；
6）技术发展战略；
7）持续改进政策；
8）年度绩效目标；
9）共同协助解决任何可能出现的问题；
10）开放的图书成本结构；
11）尽量减少材料成本；
12）资本投资项目的联合决策。

上述清单中遗漏的两个重要方面是关于知识产权和专利所有权的。

10.22.2　什么是合作伙伴关系

Partner Sourcing Ltd. 认可了对合作概念广泛应用的需求，该公司将合作伙伴定义为：客户和供应商间的承诺，无论规模大小，都是基于明确的、共同商定的目标来实现长期关系从而争取世界级的能力。

然而，可能会有合作程度。例如兰伯特等人[31]在以下方面进行了区分：

（1）**第一类伙伴关系**，相互意识到彼此为合作伙伴，并在有限的基础上协调活动和规划。这种伙伴关系通常具有短期的焦点，并且只涉及每个组织中的少数几个领域。

（2）**第二类伙伴关系**涉及从活动协调到整合的组织，这种伙伴关系对合作具有长期的看法，涉及两家公司的多个领域。

（3）**第三类合作伙伴关系**涉及在运营和战略整合的显著层次上进行共享的组织。特别指出，所有合作伙伴在未获得批准的前提下就可以改变对方系统，这种合作关系是长期持续的，每一方都将另一方视为自己公司的延伸。

就像科迈尔（Knemeyer）等人[32]所述：这三种类型的伙伴关系反映了双方增长的实力、长期定位和双方的参与程度……没有一种特殊的伙伴关系比其他任何类型的伙伴关系更好或更差。关键是要设法获得最适合于业务情况的伙伴关系类型。

合作，标志着传统上大客户对被视为下属的中小型供应商施加压力的转变。合作旨在改变短期对抗性的客户—供应商关系，侧重长期合作过程，基于在质量、创新和补充价格竞争力的共同价值方面的相互信任，通过采购能力确保获得较低的价格并改善交付。

表 10-5 展示了传统关系和合作伙伴关系间的不同。

表 10-5　传统关系和合作伙伴关系间的比较

传　统	合作伙伴
强调买卖双方间的竞争力和自身利益	强调合作以及买卖双方间是利益共同体
通常买家考虑的重点问题是实现单位价格最低	强调包括间接和隐性成本在内的总收购成本（TAC），如材料和组件的交付延期所带来的生产滞留和客户商誉的损失，最低价格从来都不是买家考虑的唯一因素
强调短期业务关系	在尽可能早的阶段，强调与供应商的长期业务关系，以讨论如何满足买方的需求
强调对进货的质量检查	强调基于质量管理和零缺陷的质量保障
强调多源采购	强调单一采购虽然不是必需的，但只有单一采购可以降低供应商基础
强调供应商绩效和诚信	强调买卖双方之间的相互信任的不确定性

10.22.3　合伙采购的驱动因素

索西[33]总结的一些主要推动伙伴关系的动机是：

（1）最低采购成本的驱动，不仅是价格，而且包括所有在使用过程中涉及的成本元素，如源于实际产品质量、交付成果和管理负担的收益和风险。

（2）减少供应商基础，需要将供应商的基础减少到可以有效管理的数量。

（3）缩短产品生命周期：

1）需要更快的响应时间；

2）需要供应商第一次就正确；

3）需要供应商从第一天开始就参与。

（4）集中核心业务：
1）哪些地方可以增值；
2）存在独特的能力；
3）避免不必要的资本支出。
（5）对"精益"供应的竞争压力：
1）创造更少、技术更先进的供应商与客户间的合作更密切；
2）预定开发每个单独组件的供应商尽可能早地参与；
3）库存压力，迫使客户—供应商的输出水平与系统密切匹配；
4）需要优化供应链网络（内部和外部）的所有联系。
（6）采用"最佳实践"，创造依赖：
1）从 TQM、JIT 和 EDI 的视角减少系统松动，为供应商创造更多的依赖性；
2）更多的依赖性需要建立更强大的供应商关系；
3）更多的依赖性需要系统内外部更多的人员、计划和系统的密切整合。

索西表示，客户之所以进入合作伙伴采购的安排是因为业务驱动需要最大化竞争优势。他们合作可以提供以下好处：
（1）双赢的局面；
（2）供应链安全；
（3）密切的工作关系（匹配）；
（4）联合技术发展路径；
（5）将总体持续改进（TCI）文化扩大到关键供应商的能力；
（6）提高利润贡献（或降低利润曝光）。

10.22.4 什么类型的关系适合合作伙伴组织货源

Partnership Sourcing Ltd [34] 确定了可能适合合作的七种关系类型：
（1）**高支出**——"至关重要的少数"；
（2）**高风险**——无论其货币价值如何都至关重要的项目和服务；
（3）**高难度**——需要复杂的技术进行安排，需要花费大量时间、精力和资源进行管理的重要用品；
（4）**新服务**——可能涉及合作伙伴的新产品或服务；
（5）**技术上复杂**——涉及技术层面先进或创新的供应，但转换成本令人望而却步；
（6）**快速变化**——对未来技术、趋势或立法领域的了解是至关重要的；
（7）**受限制的市场**——市场缺乏可靠有能力的供应商，与现有供应商或新供应商更紧密联系可能会提高供应安全性。

10.22.5 合作关系组织货源的优势

这在表 10-6 中进行了列举并通过例 10-5 进行了说明。

表 10-6 合作伙伴关系组织货源的优势

对采购商而言	对供应商而言
采购优势源于质量保证、供应商的基础减少、长期协议下的供应保证、计划长期改进的能力，而不是为了短期优势、按时交货（JIT）、提高质量的谈判	市场优势源于长期协议的稳定性、订单的更大份额、提前计划和投资的能力、与关键客户在产品和/或服务上合作的能力、在不增加采购费用的情况下扩大销售范围

(续)

对采购商而言	对供应商而言
更低的成本源于合作成本削减计划，如 EDI、供应商参与新设计、更好的生产可用性降低了库存、物流改善、处理量减少、未完成订单数量减少	更低的成本源于合作成本削减计划、参与客户设计、更好的客户规划降低了库存、物流改善、简化或消除流程、按时付款
战略优势源于供应商技术的可获得性，供应商进行投资、共享解决问题和管理	战略优势源于客户知识的可得性，客户认识到投资需求、共享解决问题和管理的客户

例 10-5　合作的优势

1995 年，由 Partnership Sourcing Ltd. 进行的一项调查报告表明合作具有以下好处（百分比是指回应调查的人）：

成本降低	75.5%
库存减少	72.9%
提高质量	70.3%
增强供应安全	69.4%
降低产品开发时间	58.4%

Partnership Sourcing Ltd[35] 提及以下重要问题：

（1）通过销售和利润的支出和关键性或客户确定你最重要的供应品营业额和利润。

（2）潜在合作伙伴的规模比企业要大得多还是小得多，启动合作关系比较重要——小企业响应更灵敏、更灵活；大型企业可能有更好的系统。

（3）潜在的合作伙伴可能已经有建立伙伴关系的经验，这样一家公司值得关注。

（4）潜在合作伙伴认识到：

1）企业的业务寻求合作关系对它们来说很重要；

2）产品或服务有改进的余地，简而言之，合作提供潜在的奖励。

10.22.6　贯彻落实合作伙伴关系组织货源

（1）**确定可能适合合作采购的外购商品**，如：

1）高支出项目和供应商，帕累托的分析可能显示少数占总支出的比例很高的供应商；

2）供应商故障成本高的关键项目；

3）当成本切换源禁止时，涉及技术和创新用品的复杂项目；

4）供应商从一开始参与设计和生产方法的"新购"项目是可取的。

（2）**将合作伙伴采购的理念**出售给：

1）高层管理——展示合作采购如何提高整个组织的质量、服务和总成本；

2）可能涉及的其他功能，如会计（需要及时付款）、设计（从一开始供应商就需要参与）、生产（根据变更安排供应的需求）；

3）强调在 10.22.5 节中提到的优点。

（3）**定义潜在供应商需要满足的标准**，包括：

1）致力于全面质量管理；

2）ISO 9000 认证或同等水平；

3）目前已实施或愿意实施的适当技术，如 JIT，EDI 等；

4）内部设计能力；

5）根据需要为当地或全球供应的能力；

6）关于质量和交付一致的性能标准；

7）创新意愿；

8）改变意愿，灵活管理和员工态度。

Partnership Sourcing Ltd.[36] 指出：记住，人是关键。建立信任和使关系发挥作用的是人，人选是否正确？相互间的关系是否正确？伙伴关系是双向的：如果你的一个客户按照你正在供应商当中使用的相同标准对你的业务进行评估，你是否具备资格？如果没有，也许你应该考虑一下最低准入标准。

（4）**选择一个或几个供应商**，因为潜在的供应商不会一次尝试推出太多的合作伙伴关系，因为合作的副产品是客户对少量的供应商给予更多的关注，将可用时间集中在最有益的一些问题上。

（5）**向所选供应商出售合作伙伴的想法**，强调上述 10.22.5 节中的优点。

（6）**如果合伙采购的承诺实现**，在联合协商的基础上确定双方都想从合作关系中得到什么，以及

1）决定共同的目标，例如：

A. 降低总成本；

B. 全面质量管理的应用；

C. 零缺陷；

D. 准时付款；

E. JIT 或按时交货；

F. 联合研发；

G. EDI 的实施；

H. 减少或消除库存。

2）确定衡量目标进展情况的绩效标准，如：

A. 生产过程或终端用户遭遇失败；

B. 服务响应时间；

C. 准时交货；

D. 股票价值；

E. 提前期和稳定性；

F. 服务水平。

3）制定行政管理程序：

A. 设立指导小组，审查进展情况并确保发展；

B. 设立解决问题的团队来解决待定问题；

C. 定期安排各级会议与高级管理人员共同指导。

4）合作关系正式化基于：

A. 一份简单的协议；

B. 一份简化的法律合同。
（7）通过以下方式审查和审核试点项目：
1）按目标进行回顾；
2）量化整体业务收益；
3）向高级管理层汇报已经取得的成果。
（8）通过以下方式扩大现有伙伴关系：
1）扩大现有协议；
2）承诺延长协议；
3）参与联合战略规划。
（9）为未来发展新的合作伙伴。

10.22.7　有效合作

官方刊物《有效合作》（*Effective Partnering*）[37]，在对客户和供应商的概述中，为 SRO 考虑合作安排是否是满足业务需求的好办法提供了一个有用的清单。

（1）业务需要什么样的关系？合作合适吗？如果合适，原因是什么？我们的组织是否准备好与供应商进行合作？

（2）我们有领导力、技能和能力使其发挥作用吗？建立伙伴关系（如果有的话）的追踪记录是什么？

（3）我们或其他组织的现有关系是否可以作为我们计划的模式或范例？

（4）我们能否在建立这种关系时定义成功，然后制定目标、里程碑和措施，使我们能够评估我们在创建过程中取得的成功？

（5）假设可以成功创建这一关系，用户和利益相关方是否会签署协议并为其发展增添动力？

（6）什么样的供应商可以管理我们所设想分配的风险？说实话，供应商能否接受它们，我们能否授予它们足够的权力使其对风险进行管理？

（7）我们认为提供者社区会如何看待满足这一需求的合作方式？
建议继续将合作的独特特征整合到商业案例中。

（8）我们还认为合作是这一项目的正确途径吗？如果是的话，该项目的业务案例包括合作协议的明确要求，通过业务需求证明做法是否合理？

（9）合作方面是真正的商业案例的整合，或者它们似乎是被"禁锢"了吗？成功的合作伙伴关系或良好的工作关系是否被确定为关键的成功因素？如果没有，为什么不呢？

（10）与传统采购相比，商业案例是否考虑到合作协议所需要的额外投资（在关系管理等方面）？

（11）商业案例是否考虑到你的组织为了合作需要在方法或行为中做出的任何改变？

（12）合作伙伴的意见以及他们认为成功的关键特征是什么？

（13）是否制定了伙伴之间进行风险分配的大纲计划？

（14）风险计划是否考虑到潜在合作伙伴对承担风险可能存在的态度？这是基于与市场的实际讨论、其他项目的教训还是假设呢？

（15）与合作伙伴在一起的时候，管理架构准备好开放正式和非正式的沟通流程了吗？

（16）这个项目是否有明确的顶级承诺，有助于建立基于成功伙伴关系的方法？

The Centre of Construction Innovation[38] 显示了合作的基本特征，如图 10-6 所示。

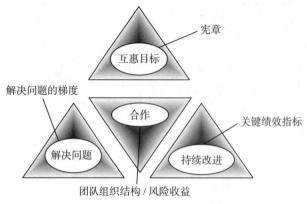

图 10-6　合作伙伴关系的基本特征

10.22.8　合作伙伴关系组织货源存在的问题

（1）**关系终止**——目标应该是根据商定的分离计划，在一段时间友好分手。

（2）**业务共享**——客户存在过度依赖供应商的可能性。这些问题需要在联合磋商中进行探讨。

（3）**保密性**——潜在合作伙伴也是竞争对手的供应商。

（4）**自满**——在一个多功能采购团队的定期会议中，避免需要定期审查竞争力。

（5）**态度**——传统上敌对的买家和销售人员需要再培训以适应新的理念和环境。

（6）**合同**——由于销售下滑、经济衰退等原因，必须修改预测。

（7）**立法**——CIPS[39] 指出，由于政府和欧盟采购指令规则，在公共部门建立合伙关系并不容易。一般来说，公共部门的合伙关系应保持在 3～5 年，之后需要进行重新招标，尽管一些合作交易的期限为可以延长到 10～15 年。

其他问题是，信息共享可能会产生竞争对手或潜在的竞争，以及分享未来利润的困难和其他联盟机会可能被没收。

拉姆齐（Ramsay）[40] 敏锐地观察到：作为采购策略，合作伙伴关系通常仅适用于少数大型的公司。对于其余的公司来说，尽管少量的采购和供应商的选择可能很有用，但这是一个高风险的策略，人们认为应该非常谨慎。根据卡拉克（见 2.13.11 节），将采购项目从竞争压力转移到单一采购关系的行为增加了供应风险和利润影响。因此，合作关系倾向于将所有受影响的采购推向战略象限。如果管理成功，战略采购将带来丰厚的回报；但如果采购安排失败，需要分配大量的管理层注意力并威胁对其实施严厉惩罚。

10.22.9　合作失败的原因

埃尔拉姆（Ellram）[41] 的研究对 80 对"美国采购公司及其所挑选的供应商"做了调查，归纳了 19 个作为促进合作伙伴关系失败的因素。这些因素按照购买者的重要程度进行排序如下所示：

（1）沟通不畅；

（2）缺乏高层管理支持；

（3）缺乏信任；
（4）供应商缺少全面质量承诺；
（5）前期计划不佳；
（6）缺乏独特的供应商增值效益；
（7）关系缺乏战略方向；
（8）缺乏共同的目标；
（9）成本修订机制无效；
（10）缺乏利益/风险分担；
（11）协议不支持合作理念；
（12）缺乏合作公司的高层管理支持；
（13）市场变化；
（14）多供应商均有效应对客户；
（15）企业文化差异；
（16）高层管理差异；
（17）缺乏采购的中央协调；
（18）客户采购功能地位低；
（19）距离障碍。

如表 10-7 所示，前七大因素中有五个因素是采购组织和供应组织共有的。

还有很大的差异。供应商对买家采购功能的中央协调进行了排名，买家采购功能排名为 12，而买家的排名为 17。同样，对于客户采购功能地位低、缺乏战略方向、缺乏共同目标的排名，供应商排名也高于买家。

以上研究结果与早期的研究结果广泛一致，尽管埃尔拉姆的样本认为企业文化和高层管理差异相对来说不重要。

表 10-7 促成尚未解决或已经解决的伙伴关系的主要因素

因　素	买家排名	供应商排名
沟通不畅	1	1
缺乏高层管理支持	2	10
缺乏信任	3	4
供应商缺少全面质量管理承诺	4	18
缺乏前沿计划	5	5
缺乏关系的战略方向	7	3
缺乏共同目标	8	2

10.22.10　内包

首先，外包是一个感性的话题。有时在公共部门有时会存在敌对的贸易联盟或政治上的反对意见。考虑到多年来外包的程序，为内包的服务提供战略决策并不奇怪。对外包/内包的决策进行健康、合理的分析是有益的。The Reason Foundation[42] 对得克萨斯州奥斯汀市出品的报告[43] 做出了评论，内容包括以下几点：

反对市政服务私有化的人常常通过声称私营部门寻求利润上涨会导致成本上升来试图让政策制定者远离使用竞争性合同的做法。

报告发现，37 项分析合同涵盖服务的内部转让将需要 5 年内额外的 1.69 亿美元和 687.5 个全职同等职位。

当你考虑到公共雇员福利（如定额养老金和退休人员医疗保健）的不可持续成本时，通过公共/私人竞争向系统注入一些压力可能会获得一些主要的好处。

奥斯汀市的详细报告，题目为《20120405-054 号决议建议书》(Recommendations on Resolution No. 20120405-054)，可以在互联网上访问。合同细节按主要服务品类进行分组可供查阅。这些发现和分析对采购专家来说是非常有帮助的。一个分析参考 FR-2 / FR-3 是关于车辆清洗和内部清洁服务的。估计在五年的时间里，内包费用额外增加 13 332 850 美元。这些服务对象包括警车，服务必须在警车到达后 90 分钟内完成，这座城市启动成本估计为 700 万美元。

10.23 知识产权和保密性

10.23.1 知识产权

所有采购政策都必须适当考虑知识产权范围（intellectual property rights，IPR）及其对采购决策的影响。知识产权是一个非常专门的知识领域，采购组织侵犯第三方知识产权可能会产生潜在的后果。表 10-8 记录了各种知识产权的类型及其显著点。

表 10-8　知识产权类型及其显著点

专利	・必须申请，如果被授予可以持续 20 年（每 4 年更新一次） ・授予专利权人防止其他任何人制造、使用、销售或进口任何货物或工艺的权利，包括专利发明 ・专利权人可以授予许可证
版权	・与作品保护有关，创建相关作品时自动存在 ・作者（除了他们是雇员）有权阻止其他任何人抄袭作品（复印包括复印和其他形式的复制） ・一般在作者死亡 70 年后到期
注册的设计	・旨在保护设计作品的外观，以及那些设计中新颖的美学元素 ・必须申请注册，并提供长达 25 年的保护（每 5 年更新一次） ・持有人有权阻止其他任何人制作、使用或出售任何包含注册设计的商品 ・可以授予许可证；通常支付特许权使用费
设计权	・类似于版权，会自动出现 ・它们保护文章的设计，只要它不是一个使文章能够与其他文章的一个组成部分相配合或形成一个组成部分的功能 ・设计必须记录在设计文件中，而且必须是原件 ・保护期从设计首次记录的年底起持续 15 年（还有其他额外的规定）
商标	・这些是用于区分与其他业务相关的商品或服务的视觉符号，例如品牌名称或徽标 ・保留注册商标，只要商标正在使用中，并在 7 年后再支付续期费用，并且在新注册商标的情况下，每 10 年更新一次注册商标

10.23.2 保密

对于许多产品和服务都有国家安全方面的考虑。当这种情况发生时，必须从采购开始对"秘密"事务进行应用。如果保密要求被违反可能会存在潜在的刑事指控。

10.23.3 采购责任

采购必须在管理知识产权范围和保密的所有方面发挥领导作用。这可能涉及：
（1）签署保密协议；
（2）通过法律支持确定知识产权/保密适用于哪一方面；
（3）起草合同条款来处理这些问题；
（4）谈判许可证费用；
（5）安排托管；
（6）确保不会发生"逆向工程"或"复制行动"。

10.24 内部营销的采购支持

10.24.1 互惠业务

1. 什么是互惠业务

互惠业务，通常被称为"借助订单记录出售"，是一种倾向供应商的政策，这些供应商也是采购组织的客户。

互惠业务受两个主要因素的影响：

（1）**经济气候**。经济衰退时期互惠压力会增加，销售可能会给供应商施加压力，迫使它们购买自己的产品。

（2）**产品类型**。当供应商和买方同为标准的、高度竞争的产品的生产商时，互惠性会更大——买方没有其他选择，只能从给定的供应商那里购买。

2. 互惠业务的政策

采购专业人员的责任是在价格、质量、交付和服务等方面制定采购决策，互惠业务可能被具体的采购政策声明明确排除在外，如在任何情况下，XYZ有限公司都不会使用不适当的购买决定作为增加销售机会的手段。禁止互惠贸易行为。

更自由的做法是互惠业务可以为双方提供以下优势：

（1）买卖双方可以从订单交换中受益；

（2）买卖双方可能对共同的问题有更好的理解，因此增加好感；

（3）买卖双方之间更直接的沟通可以消除或减少对中介机构的需求以及营销或采购业务的成本。

10.24.2 补偿

在许多合同中都有提供补偿的要求，例如，在远东寻求运输合同的英国公司将需要从当地供应商那里购买合同价值中一个固定份额的服务或商品。在其国防部130多个国家要求以一种形式或另一种形式提供赔偿。在印度，国防采购的补偿意味着维修、检修、升级、延长寿命、工程、设计、测试、防御相关软件或质量保证服务。

在上述所有这些方面，采购都可以对一个组织机构的营销活动做出重大贡献。

10.25 公司内部交易

公司内部交易适用于可能从集团成员手中购买某些材料的大型企业和集团。这一政策可能是合理的，因为它确保了供应企业的利用和盈利能力以及集团整体的盈利能力，也可能在经济衰退期采用这种方法来帮助子公司支付固定费用。

政策声明应根据公司内部交易的基础对采购职能给予一般和具体的指导意见，一般性指导可以在以下政策声明中表达：公司的政策是在最大程度上支持内部供应商，并将产品和服务质量提高到与外部市场相同的高标准。

具体指导可以指引买家：

（1）无论价格如何，都从集团成员手中购买指定的物品；

（2）获得来自外部供应商集团成员的报价，这些报价与来自外部供应商的报价是最具竞争力的，无论是外部还是内部的。

在公司内部交易涉及进出口注意事项的情况下，可能会出现困难。

10.26 本地供应商

什么是"本地"？必须考虑到交通和通信等便利因素，使用本地而不是远距离供应商的优势包括以下几点：

（1）基于个人关系可以有效地促进买卖双方之间更紧密的合作；

（2）可以通过"支持地方产业"以及为地区的繁荣产生做贡献来体现社会责任；

（3）降低运输成本；

（4）在紧急情况下改善可用性，例如可以通过道路运输的便利性收集急需的物品，以及在增强提前期的维护和采用 JIT 系统过程中局部信任的潜在重要性；

（5）鼓励发展贴近主业和迎合需要的附属工业。

10.27 采购联盟

10.27.1 定义和范围

采购联盟可以被定义为：两个或多个组织将其对特定范围的商品和服务的需求结合起来的一种协作安排，通过获得更大的采购量来获得价格、设计、供应可用性和保证的收益。

例如，在公共采购中，几个独立的部门可以建立一个中央采购组织，向其组成成员提供三种基本的供应服务，即商店的交付、为组成部门的用户直接购买非库存商品以及取消谈判或续约的合同。这样一个组织通常通过从商店提取商品加价的优点以及从与该联盟签订协议的供应商收到的大量回扣进行自筹资金。

采购联盟存在于各种各样的行业，涵盖营利组织和非营利组织，包括大学和图书馆。

威尔士采购联盟

该联盟自1974年以来一直存在，而在2008年，其成员数目增加到包括南、中、西威尔士的16个单一当局，从2014年1月起，联盟还包括东北威尔士的3个单一当局，还有一个"联合"会员制度，包括公共分析服务、专业车辆现场租用、招聘食堂设备和路灯产品在内的广泛合同。

10.27.2 采购联盟的优势

（1）与单独采购相比，通过采购联盟可以使其从大规模的采购中获得经济效益；

（2）会员可以利用联盟中能够开发广泛产品专长的员工的相关专业采购技巧；

（3）节省搜索和订购标准产品的时间；

（4）批量采购使联盟能够为广泛的供货范围提供强劲的采购杠杆；

（5）成本明确。

10.27.3 采购联盟的缺点

（1）一个财团不能坚持单个成员的遵守，这可能会把这个财团看作众多供应商中的一个。虽然可以保证节省名义价格，但不太可能影响评估财团与其他来源的行政成本。这也削弱了联盟的实力。

（2）使用财团时，要想达成标准规范比处理一家公司可能更为困难。

（3）重要的支出领域并没有被联盟所提供的东西所覆盖。

（4）根据欧盟的规定某些形式的联盟可能会被禁止。因此，《欧共体条约》第85（1）条规定：所有的协议、决定或共同的行为（以下简称"协议"），在共同市场内有自己的目的、影响预防、限制或扭曲竞争的行为都将被共同市场所禁止……但是只有这些协议影响成员国之间的贸易时这才会适用。

（5）然而，总的来说，欧盟委员会欢迎中小企业开展能够使它们在更大的市场上更有效地工作、提高生产率和竞争力的合作。[44]

10.28 可持续性发展

1987年世界环境与发展委员会基于环境和发展提出了这一定义。它表示："可持续发展符合当前发展的需要，不损害子孙后代利益又能满足自身需求的能力。"BS8903:2010"采购可持续性的原则和框架要求从采购中获得倡议，以确保其供应链包含所有可持续性要求"。

"可持续采购"一词涵盖了采购在履行经济、社会和环境政策目标方面发挥作用时所暴露的问题，采购应在采购周期的所有阶段考虑可持续性，但规范至关重要。范围的思想由以下品类说明：

（1）个人电脑（节能）；
（2）激光打印机（节能）；
（3）复印纸（可回收材料）；
（4）木制品（回收再循环使用或合法采伐的树木）；
（5）汽车（碳排放）；
（6）照明系统（节能）；
（7）油漆和清漆（挥发性有机化合物）；
（8）土壤产品（有机成分）；
（9）纺织品（对棉纤维、羊毛纤维的特殊要求合成聚酰胺和聚酯）；
（10）洗涤剂（生物降解性）；
（11）上光（传热速度）。

10.29 组织货源的决定

采购决定需要考虑：
（1）影响组织购买决策的因素；
（2）购买中心或团队；
（3）购买情况；
（4）决定购买地点的因素。

10.29.1 决定购买地点的因素

韦伯斯特（Webster）和温德（Wind）[45]将影响工业购买决策的因素分为四大类，如表10-9所示。

表 10-9 工业购买决策的影响因素

环境	组织	人际关系	个人
这些通常在买方控制之外，包括： • 需求水平 • 经济前景 • 利率 • 技术变革 • 政治因素 • 政府法规 • 竞争发展	购买决策受组织奖励系统、权利、地位和沟通制度的影响： • 目标 • 政策 • 程序 • 结构	涉及购买中心不同地位、权威、性情和说服力的几个人的相互作用	购买决策与购买过程中的个体参与者有关，他们对产品和供应商的偏好涉及人的年龄、专业识别、个性和对其购买行为所涉及的风险的态度

10.29.2 购买中心、团队和网络

购买中心本质上是一个跨越职能的团队，其特点在 5.5 节中进行了讨论。本质上，购买中心是组织进行购买决策的单位，韦伯斯特和温德[46]将其定义为：所有参与采购决策过程的个人和团体，他们有着共同的目标并且共同承担决策所产生的风险。

通常，购买中心是一个临时的、非正式的，可以根据购买决定的性质进行组合的可变小组。

购买中心也可能是更长期的团体，负责指定项目范围内的采购、选择、监控以及供应商的评估，如食品、饮料、资金设备、外包产品和服务。这些团体通常被称为采购团队，也可能负责制定采购政策和流程。所有的团体应该有一个指定的主席，对于参考和权威有明确的定义。

购买中心或团队的组成可以分析如下：

（1）由个人参与者或工作人员组成，如总经理、首席采购官、工程师或会计师。

（2）通过组织单位，如部门甚至个人组织，当一家医院团队决定标准化设备时。

（3）采购中心或团队由组织的所有成员组成（3～12 名不等），他们在采购决策过程中扮演以下 5 个角色：

1）用户将使用该产品或服务并经常发起购买或者制定购买内容；

2）影响因素诸如技术人员可能直接或间接地通过定义规格以及为可选方案的评估提供信息来影响采购决策；

3）买方具有选择供应商并安排购买条款的正式授权，它们也可能协助确定规格，但它们的主要作用是选择供应商并在采购限制中进行协商；

4）具有正式或非正式授权的决策者选择最终供应商（在标准项目的常规采购过程中，决策者通常是买家，但在更复杂的采购中，决策者通常是其他组织的办公人员）；

5）控制信息流向他人的控制者，如买家可能会阻止销售人员看到用户或决策者的信息。

10.29.3 购买网络

购买中心概念在 1972 年发展起来，已经被证明是非常持久的，为后来的组织购买行为模式提供了基础。[47]然而，韦伯斯特和温德的模型并没有提及采购与企业战略以及旨在提高购买竞争优势的采购决策之间的联系，如海外采购决策。

商业实践自 1972 年以来也发生了变化，以流程驱动管理的理念和方法，如合作伙伴关系和 IT 的影响，改变了买卖双方的互动方式。

这样的考虑使得布里斯托（Bristor）和瑞恩（Ryan）[48] 提出采购中心作为一个小组的概念不再是购买行为的本质，应该是由购买网络取代，他们将其定义为：在一个特定的时间框架内参与购买过程的个体，以及一个或多个连接（或不能链接）的关系的集合（二元组是一对被视为一个单位）。网络已经在 4.3 节中讨论过，但对此处布里斯托和瑞恩强调的两个网络维度——结构和关系是非常有用的。结构与组织方面有关，因此，购买中心的边界就是组织的边界。在购买网络的情况下，问题在于是否能恰如其分地从组织外部购买网络成员（如客户或顾问）。购买中心的节点也可以代表角色而不是指定的个人。

购买网络的关系方面包括沟通和影响，它不仅使信息广泛地为网络成员服务，而且发展例如电话会议，意味着他们不再需要面对面的接触。

10.30 决定购买地点的因素

假设已经决定产品采用外购而不是自制，那么许多因素决定了应该将订单交给谁并且该决定由谁做出，这些因素如下所示。

10.30.1 总则

（1）项目如何分类，根据 资本投资、制造材料或零件、操作、供应或 MRO 项目？
（2）该项目适用于什么采购组合——杠杆、战略、非关键或瓶颈（见 2.13.11 节）？
（3）该项目目前和预计的业务水平是什么？
（4）项目是一次性还是持续需求？
（5）这个项目对我们来说是独一无二的还是通用的？
（6）项目是直接购买、修改后的购买还是新任务？
（7）如果是直接或修改后的购买，从什么来源获得？
（8）从价格、质量和交货的角度来看，对现在 / 以前的供应商是否满意？
（9）就订单的价值而言，寻找替代供应来源的成本是否合理？
（10）哪些内部客户可能希望就项目的采购进行咨询？
（11）项目需要什么样的时间表？

10.30.2 战略考虑

（1）从以下角度来看，什么样的供应源将提供最大的竞争优势？
1）价钱；
2）产品差异化；
3）供应安全性和交付的可靠性；
4）质量；
5）在专业化、生产设备、包装、运输和售后服务等方面可以增加附加值吗？
（2）以下来源是我们期望的对象吗？
1）单一来源；
2）分享我们对所需项目的部分要求；
3）建立长期的伙伴关系；
4）讨论供应商开发的可能性；

5）外包；
6）分包合同。
（3）供应源是否提供任何可能性？
1）联合产品开发；
2）互惠或补偿贸易。
（4）我们与供应商的利益关系（市场交易、专属买家、专属的供应商或战略合作伙伴关系（见图 6-3））是怎样的？
（5）供应商与我们竞争对手之间有什么关系？
（6）我们是否至少有部分需求因为政治、社会责任或物流原因而在当地采购？
（7）采购的风险因素是什么？产品高利润 / 高供应风险、低利润 / 高供应风险、低利润 / 低供应风险？

10.30.3 产品因素

（1）产品或部件和组件是否可以外包？
（2）影响供应商选择的关键因素有哪些？奇斯诺尔（Chisnall）[49] 报告了一项研究结果，发现七个关键因素影响了英国阀门和泵行业的买家选择其原材料供应商：交货可靠性、技术咨询、测试设施、更换保证、及时报价、易接触和供货意愿。这些属性有助于减少采购决策的风险因素。
（3）需要什么特殊工具？这种工具是现有供应商或者卖方的财产吗？
（4）学习曲线在多大程度上适用于该产品？这些是现在和未来所允许的价格吗？
（5）产品是"特殊化"的还是"标准化"的？
（6）产品制造的尺寸是多大？
（7）产品生命周期的预测成本是多少？

10.30.4 供应商因素

这些因素通常是由供应商评估和供应商评级涵盖的因素。

10.30.5 个人因素

个人因素与参与组织购买决策的人的心理和行为有关。所有的采购专业人员应该时刻记住希腊哲学家第欧根尼（Diogenes）的劝诫："认识你自己。"对自我优势、劣势、偏见、动机和价值观的了解往往会阻碍我们采取不合理理由的采购或其他决策，或作为团队一员受群体思维的影响。影响购买地点以及向谁购买的决策所涉及的个人因素有：
（1）文化因素——我们被教导做生意的方式；
（2）我们提供的信息；
（3）专业精神，包括伦理价值观和培训；
（4）供应商及其产品的经验；
（5）能够在采购问题上引用横向思维的能力。
采购专业人员还应具备了解用户对特定产品的偏好以及供应商动机的能力。

问题讨论

1. 如果你参与制定用于飞机引擎所需高品质部件的预审供应商战略,那么你想要对供应商采购部门提出的六个最重要的问题是什么?
2. 你为一系列汽车、面包车和货车购买轮胎。多年来,这些都是由轮胎制造商独家提供的。你被要求挑战采购策略,你会用什么资源来寻找其可以邀请来进行投标的可能供应源?
3. 情境分析是指对一个组织内最近的组织或活动、现在的位置以及它最终可能采用现行的政策、计划和程序的情况进行评估。作为负责采购管理服务的行政部门,包括临时劳工、设施管理、咨询和安全管理,你将被要求在不影响最终服务质量的情况下实现经济目标。如何对市场环境进行分析有助于你提出建设性建议?
4. 你的主要竞争对手之一刚刚任命了一名管理员。他有严重的现金流量问题而且他经手的许多合同都在亏损。你的销售总监告诉你,你的公司已经提供了你两个竞争对手的两份合同,让你的组织接受当前合同价格以及失败的条款。在与两位潜在客户交谈之前,他曾就可能采用的行动方式询问了你的意见。这项工作的价值是 1 000 万英镑,占目前营业额的 24%,你的意见和建议是什么?
5. 你为大型理事会采购所有废物管理服务负责。慕尼黑不久将举行一个展会,你已要求参加,总经理拒绝了你的要求,他表示正在削减"娱乐"。你应该如何说服他参加此次会议有很大的好处?
6. 监测和评估供应商绩效的成本可能很高。
   (1) 你将用什么论据来证明在绩效评估上的支出?
   (2) 你可以采取哪些措施来尽量减少这种支出?
   (3) 你对供应商的绩效进行评估时会为其带来哪些好处?
7. 工会反对外包公共服务,但有明显的服务改善和可以量化的储蓄。在你看来,外包是一种健全的商业策略吗?
8. 如果你从供应商处购买商品或服务,供应商必须具备哪些不同的保险?如果供应商没有保险会产生什么商业后果?
9. 说明供应商绩效的典型量化和定性评估。
10. 在通常情况下,如果你批量采购并缩小供应基础,你应该可以大幅节省开支。如果这是正确的,那么大企业必然会获得大量的工作份额,小企业会出局。什么是处理批量采购的有效采购策略?
11. 你已经指定了提供专业营销服务的新供应商。他们建议由于人员配备困难,会将你的工作分包给他们的"合作伙伴"。你如何处理这种情况?
12. 你迫切需要一个分包商来为你生产免费问题材料。这是高价值的特殊钢材。你的生产总监问了你四个问题:
    (1) 合同中关于废料管理的内容是什么?
    (2) 免费问题的发生和运输将如何进行?
    (3) 你需要的能力如何得到保证?
    (4) 如果你不能保证 24 小时之外的实际需求会发生什么?
13. 合作往往对"开放"有一个要求。你正在与一个接受开放原则的供应商进行谈判,但他希望知道你将如何使用这些信息。他给了你一个例子,他计划的利润是 12.5%。如果开放显示出他的效率是 16.9%,那么会发生什么?你会告诉他哪些具体和更广泛的原则?
14. 采购联盟提供哪些优势?
15. 你有外部顾问来审核贵组织的能源成本。他们表示你可以通过转换供应商节省 45% 的开支。这意味着在未来三年内将节省 245 万英镑。顾问紧接着表示如果你同意向其提供节省开支的 50%,他们将揭示最低能源成本的来源。你的回答及其原因分别是什么？

16. 在公共部门内有"竞争对话"程序。通过进行一些研究并解释你是否认为存在可以在私营部门有效应用的原则。

17. 你的公司需要外部提供与你公司的军事合同相关的7 000小时的专业设计服务。你已经招标了，有一个潜在的供应商提供了一个与你的设计师一共工作的设计团队。供应商的设计人员将使用你的IT系统、遵循你的质量标准、工作时间和做法。采购团队知道，你的设计师的薪酬比共同设计团队所支付的薪酬低16%。对共同设计的争论是什么？

18. 采购部门拥有品类管理专家的优点是什么？

参考文献

1. Technology Partners International, Inc. at: www.technologypartners.ca
2. Office of Government Commerce, 'Category Management Toolkit': contact website@cabinet-office.gsi.gov.uk for information
3. Growing your Business. Lord Young. May 2013 VRN BIS/13/729
4. CIPS Knowledge Works, *e-sourcing*: www.cips.org
5. Waller, A., quoted by Lascelles, D., *Managing the E-supply Chain*, Business Intelligence, 2001, p. 19
6. ePedas Sdn Bhd
7. www.investopedia.com
8. Buffa, E. S. and Kakesh, K. S., *Modern Production Operations Management*, 5th edn, John Wiley, 1987, p. 548
9. These categories are used in the supplier management policy document of the University of Nottingham
10. Emptoris Supplier Performance Module at: www.emptoris.com/supplier_performance_management_module.asp
11. Kozak, R. A. and Cohen, D. H., 'Distributor–supplier partnering relationships: a case in trust', *Journal of Business Research*, Vol. 30, 1997, pp. 33–38
12. Simpson, P. M., Siguaw, J. A. and White, S. C., 'Measuring the performance of suppliers: an analysis of evaluation processes', *Journal of Supply Chain Management*, February, 2002
13. As 12 above
14. ITIL www.knowledgetransfer.net/dictionary/ITIL/en/Service_Level_Agreement
15. Carter, R., 'The seven Cs of effective supplier evaluation', *Purchasing and Supply Chain Management*, April, 1995, pp. 44–45
16. Fredriksson, P. and Gadde, L-E., 'Evaluation of Supplier Performance – the case of Volvo Car Corporation and its module suppliers', Chalmers University of Technology Sweden, 2005
17. Venkatesan, R., 'Strategic sourcing: to make or not to make', *Harvard Business Review*, November–December, 1992, pp. 98–107
18. Probert, D. R., 'Make or buy: your route to improved manufacturing performance', DTI, 1995
19. ICMA, 'Management accounting', Official Terminology, ICMA, 1996
20. Atkinson, J. and Meager, N., 'New forms of work organisation', IMS Report 121, 1986
21. Beauchamp, M., 'Outsourcing everything else? Why not purchasing?', *Purchasing and Supply Management*, July, 1994, pp. 16–19

22 Beulen, E. J. J., Ribbers, P. M. A. and Roos, J., *Outsourcing van IT-clienstverlening:een-make or buy beslissing*, Kluwer, 1994. Quoted by Fill, C. and Visser, E., The Outsourcing Dilemma: a composite approach to the make or buy decision, *Management Decision 2000*, Vol. 38.1, MCB University Press, pp. 43–50

23 Quoted in Duffy, R. J., 'The outsourcing decision', *Inside Supply Management*, April, 2000, p. 38

24 Lacity, M. C. and Hirschheim, R., *Beyond the Information Systems Outsourcing Bandwagon: The Insourcing Response*, John Linley, 1995

25 Perkins, B., *Computer World*, 22 November, 2003

26 Reilly, P. and Tamkin, P., *Outsourcing: A Flexibility Option for the Future?*, Institute of Employment Studies, 1996, pp. 32–33

27 As 24 above

28 Humbert, X. P. and Passarelli, C. P. M., 'Outsourcing: avoiding the hazards and pitfalls', Paper presented at the NAPM International Conference, 4–7 May, 1997

29 CIPS, 'Partnership Sourcing': www.cips.org

30 Partnership Sourcing Ltd, *Making Partnerships Happen*: http://www.instituteforcollaborativeworking.com

31 Lambert, D. M., Emmelhainz, M. A. and Gardner, J. T., 'Developing and implementing supply chain partnerships', *International Journal of Logistics Management*, Vol. 7, No. 2, 1996, pp. 1–17

32 Knemeyer, A. M., Corsi, T. M. and Murphy, P. R., 'Logistics outsourcing relationships: customer perspectives', *Journal of Business Logistics*, Vol. 24, No. 1, 2003, pp. 77–101

33 Southey, P., 'Pitfalls to partnering in the UK', PSERG Second International Conference, April, 2003, in Burnett, K. (ed.), 'Readings in partnership sourcing', CIPS (undated)

34 PSL, *Creating Service Partnerships*, Partnership Sourcing Ltd, 1993, p. 7

35 As 34 above

36 As 34 above

37 *Effective partnering*, Crown Copyright, 2003, an overview for customers and suppliers to check

38 The Centre for Construction Innovation: an Enterprise Centre within the School of the Built Environment at the University of Salford

39 As 30 above, pp. 5–6

40 Ramsay, J., 'The case against purchasing partnerships', *International Journal of Purchasing and Materials Management*, Vol 32, Issue 3, Fall, 1996, pp. 13–24

41 Ellram, L. M., 'Partnering pitfalls and success factors', *International Journal of Purchasing and Materials Management*, Vol 31, Issue 1, Spring, 1995, pp. 36–44

42 The Reason Foundation, 5737 Mesmer Ave., Los Angeles, California

43 City of Austin 'Report on Insourcing Select Service Contracts', October 1, 2012

44 *E.C. Journal*, 84–28.8, 1968

45 Webster, F. E. and Wind, Y. J., *Organisational Buying Behaviour*, Prentice Hall, 1972, pp. 33–37

46 As 45 above

47 A useful summary of research in the 25 years prior to 1996 is provided by Johnston, W. J. and Lewin, J. E., 'Organisational buying behaviour: towards an integrative framework', *Journal of Business Research*, Vol. 35, No. 1, 1996

48 Bristor, J. H. and Ryan, M. J., 'The buying center is dead, long live the buying center', *Advances in Consumer Research*, Vol. 4, 1987, pp. 255–258

49 Chisnall, P. M., *Strategic Industrial Marketing*, 2nd edn, Prentice Hall, 1989, pp. 82–83

第 11 章
采购价格管理和长期使用成本

学习目标

在适用的情况下，参考采购和供应链管理，本章旨在了解以下几个方面：
- 采购价格管理
- 供应商定价决策
- 供应商对定价策略的选择
- 价格和成本分析
- 价格变动公式
- 竞争立法
- 串通招标

核心要点

- 为控制采购价格产生的采购能力的商业后果
- 供应商定价决定的性质
- 固定价格协议
- 成本价格协议
- 成本明细
- 用于比较和谈判的价格分析
- 价格变动公式管理
- 检查价格调整构成要素的程序
- 获得最高性价比的技术

11.1 什么是价格

价格可以被定义为：在两方之间发生的交换或交易的一个组成部分，指的是买方为了获得卖方所提供的东西而必须放弃的东西。

实际上，双方对价格关注的焦点是不同的。买方认为价格是为了获得产品或服务的利益而放弃的。卖方将价格视为收入的产出，如果正确应用，则决定利润。虽然定价是审查公司盈利能力的关键所在，但定价决策对非营利组织（如慈善机构、教育机构、第三部门机构和地方当局贸易公司）也至关重要。

11.2 战略定价：导论

不可避免的是，采购将在一定程度上取决于他们运用各种方法来管理采购价格的能力，包括投标和谈判。然而，逻辑起点必须是供应商的决定。内格尔（Nagle）、霍根（Hogan）和扎列（Zale）[1]观察到，无论何时只要技术、法规、市场信息、消费者偏好或相对成本发生变化，决定利润的经济力量也会随之改变。他们进一步指出"很少有经理甚至是市场营销人员，接受过制定战略定价决策的实践培训"。不幸的是，他们接着说，"大多数公司仍然会做出价格决定来应对变化，而不是预期的变化"。

假设一个组织有一个定价策略，考虑如何实施这一战略是值得的。当然，根据组织的产品/服务有不同的考虑因素。如果组织在重复的情况下销售同样的产品，那么与设计和制造资本设备的产品完全不同。内格尔、霍根和扎列观察到：执行定价策略是困难的，因为它需要在许多不同的功能领域进行投入和协调：营销、销售、能力管理和财务。成功定价策略的实施是建立在有效的组织、及时准确的信息以及适当的动机管理之上的。

上述逻辑存在一个缺陷。无论出于什么原因，采购都不允许包括在提供输入的功能领域。为什么？在作者的经验中，将采购视为定价决策论坛成员的组织。一个例子是制药行业，采购必须计划原料、制造、包装生产线、包装、储存和分配的定价。成功管理成本驱动因素是盈利能力的核心。这一积极的例子与造船组织形成鲜明对比，在这一组织中关键投入成本由估算部门决定。作者被要求挑战雷达、导航引擎、推进和安全硬件等设备的投入成本。谈判没有进行，因为估算者认为当供应商拥有知识产权时是不可能进行谈判的。如果这一立场得到支持，结果可能是失去一份有声望的合同。但是，如果采购是决策制定的支柱，那么这个功能必须基于具备专家定价知识的人和熟练的谈判者的基础上。

11.3 买方在管理采购价格中的作用

管理采购价格的整个任务不仅是情感问题也是专业挑战。传统采购理论对于获得正确的质量、正确的数量、正确的交货、正确的地方和权利的需求是同等的。当然，认为价格是采购决策的主导因素是不正确的。然而，价格可以被看作其他权利特征的功能。换句话说，只有当其他因素是已知的时卖方才会确定一个价格。归根结底，采购部门对组织的支出负责，不可能有负更多责任的任务。

20世纪70年代定价决策得到了广泛研究，而且在博士层次上[2]是独一无二的，有些观察和见解仍然具有挑战性。莱顿（Leighton）[3]宣称"价格可能被以另一种方式看待，就是作为权力或议价关系的结果"。英格兰（England）和伦德斯（Leenders）[4]提出了这样的观点"支付价格的决定是采购代理人做出的主要决定之一。实际上，获得良好价格的能力有时被认为是对一个好买家的主要考验"。温克勒（Winkler）[5]表达了一种极端的观点："惯性是英国购买的一个很大的弱点，一些供应商享有巨大的利润，因为他们的客户不愿冒险打乱既定的常规或者调查替代的供应来源。"安默（Ammer）[6]强调了一个关于采购角色的全面观点：在大多数情况下，供应商在价格上没有最后的决定权。如果他们真正了解价格是如何确定的以及毫不犹豫地使用他们的技能，买家就可以发挥巨大的影响。这样一来他们不仅为自己的公司服务，而且还为供应商和整个经济提供服务。

如图11-1、图11-2和图11-3所示，买方介入新购买、直接重建和修改重建阶段的定价决策。

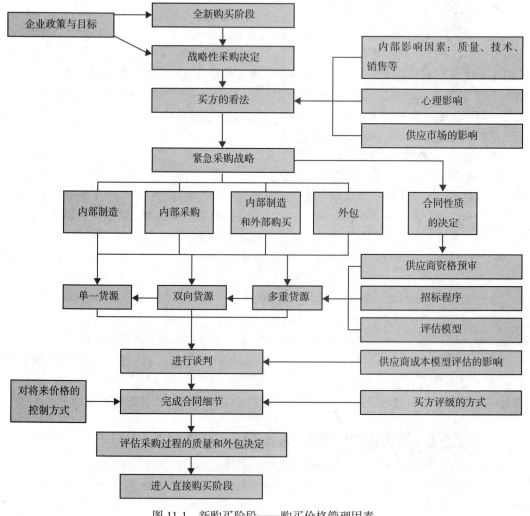

图 11-1　新购买阶段——购买价格管理因素

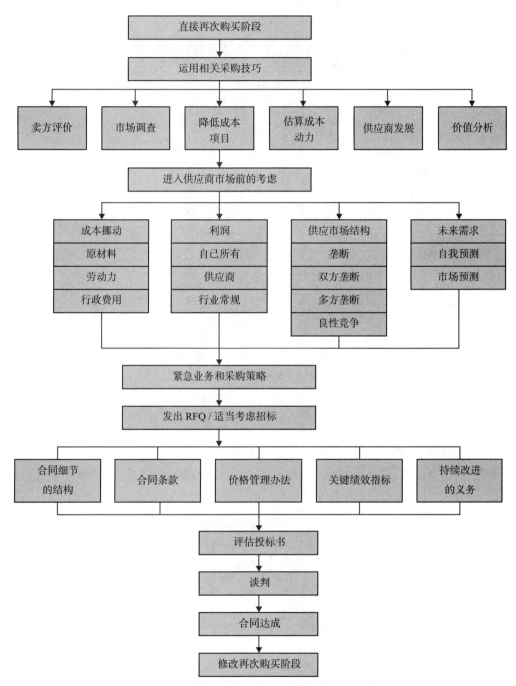

图 11-2 直接重建阶段——购买价格管理因素

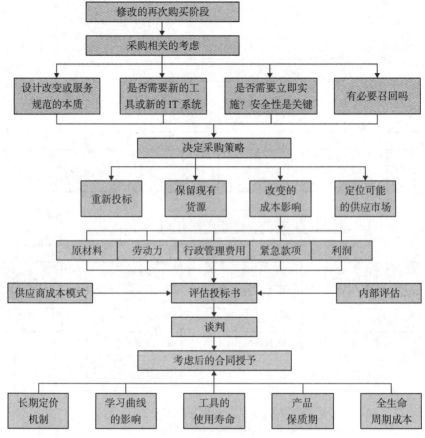

图 11-3 修改重建阶段——购买价格管理因素

11.3.1 买方的预招标行为

与所有的一样,采购行动取决于所购买的产品以及是否已经购买。下面的分析在一定范围内是通用的,并且在将逻辑应用于特定场景时(参见表 11-1)一些选择是必需的。

表 11-1 招标前的注意事项

软市场测试	这包括与市场上的现有供应商建立联系,并就相关技术和商业事宜(包括价格)征求意见,可能获得"粗略的数量级"价格来协助估算的规划
估计——常规	在一些工程、汽车和航天组织内部,有一种计算"应成本"的能力,以协助估算过程并给予买方目标成本和谈判筹码。估算并不是一门精确的科学,因此在价格谈判中使用估值时需灵活变通
估计——参数	这是一种评估技术,它使用历史数据和其他变量之间的统计关系的估计技术(例如工地上的面积、软件开发中的代码行)来计算活动参数的估计,如范围、成本、估算和持续时间
利用标杆俱乐部	许多地方当局组建一个用于交换价格和服务表现的信息标杆俱乐部并不罕见
为水准基点法服务做出贡献	有许多基于订阅的价格和性能服务,例如建筑成本、电信、纸浆和纸张、外包服务和信息技术都可以随时获得。如果使用这些服务,确保"同类产品"被比较是至关重要的
采购行业内的人际关系	采购行业的成员往往不愿交换价格信息。伦理和保密是受影响的,但是当组织无竞争时问题则较少或者没有什么问题了

成本估算

成本估算被广泛应用于确定潜在的销售价格，认识到一些买家将会有讨价还价的倾向而且可能获得内部估算来指导他们。Tunç[7]指出，成本估算在所有类型的制造过程中都是非常关键和重要的。成本估算对所有行业而言都是至关重要的业务功能。

在冶金锻造业的整个过程中使用了四种成本估算方法：

（1）主观估计；
（2）类比估计（比较估计）；
（3）参数估计（统计估计）；
（4）自下而上估计（综合估计）。

构成冶金锻造成本的物料项目可分为：

（1）材料成本；
（2）锻造设备成本；
（3）工具成本；
（4）劳动力成本；
（5）间接成本；
（6）钢坯加热成本；
（7）次要运营成本（清洁、热处理、检验等）；
（8）质量控制成本；
（9）包装运输成本。

在图11-4中详细阐述了这些内容。

在投标阶段，有许多定价方面的考虑，如表11-2所示。

表 11-2　招标阶段的考虑

一次性付款价格	这是一种不成熟的定价方法，信息的限制是每个投标者一次性付款的总价格。如果我们假设收到五个投标价格： 　　　　　　　　111 865 英镑 　　　　　　　　151 490 英镑 　　　　　　　　154 076 英镑 　　　　　　　　199 831 英镑 　　　　　　　　245 641 英镑 出现了很多问题，包括： （1）为什么最低和最高价格之间有119%的差异？ （2）价格最低的出价人是否犯了错误或打算削减质量？ （3）出价最低的投标人是否对工作绝望？ （4）最高出价者是否太忙，不想要这份工作？
基本成本明细表	买方要求每个投标者将投标价格分解为关键要素，即劳动力、材料、间接费用和利润。这个方法确实提供了与一次性付清价格不相关的可比数据
详细成本模型	在这种情况下，投标价格的每一个方面都被"分解"，给买家一个经典的"开卷"方案。关于获取详细成本的方法参见图11-5
反向拍卖	在招标阶段，买家有可比的信息然后将其提交给一个或多个投标价格将减少的反向拍卖，但不反对成本披露

在设计成本模型的过程中有很多的技巧，所提出的成本对于供应的产品和服务来说是非常具体的。购买诸如DeccaPro[8]的估算软件是可能的。图11-5改编自Deccan Systems原理图，使用设计和任务变量来模拟成本。

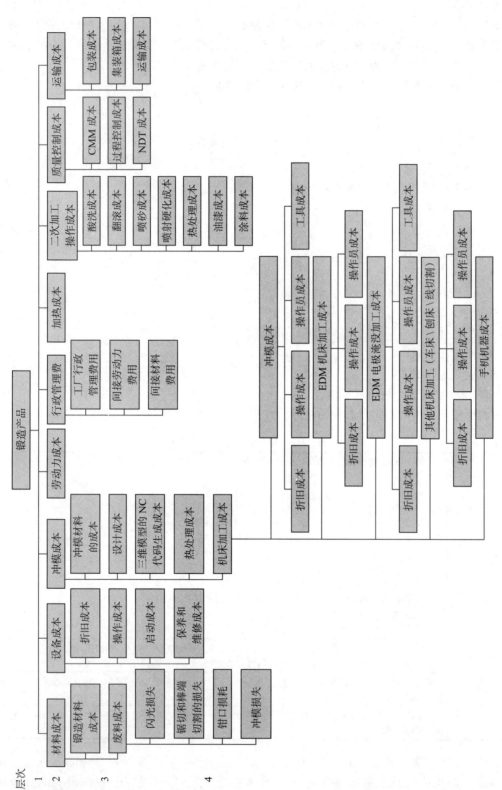

图 11-4 锻造工序明细表（WBS）

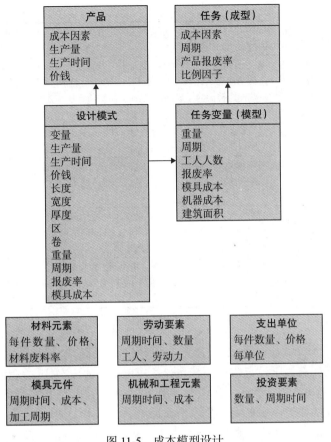

图 11-5　成本模型设计

当收到价格的招标时，买方在确定价格的可信度方面发挥关键作用。关键考虑事项如表 11-3 所示。

表 11-3　发布招标阶段的考虑事项

对成本的审核	当已经获得详细的成本明细时，买方应该领导审核所有费用、间接费用回收和公布的利润的活动。这项活动将需要技术和财务人员的支持。不同投标者成本间的比较会显示很多问题
澄清	当投标价格之间以及与内部估价之间都存在差异时，寻求澄清是买方的任务。这可能表明供应商不能竞争性地采购材料；劳动力成本过高以及长期使用成本过高，等等
谈判	价格谈判是一项有效的活动，提供了最高的道德标准。这意味着即使不进行荷兰式拍卖也不能向另一投标者披露另一个投标者的价格。在公共部门内，买家必须确保不违反欧盟条例或会议常规

合同被授予后，价格考虑仍然是相关的。影响大多数买家的关键因素如表 11-4 所示。

表 11-4　合同授予阶段的考虑事项

指数化	在许多长期合同和项目中，投标价格受到指数化影响，这意味着价格可能会下降或上涨。合同执行过程中可以参考价格变动（VOP）、合约价格调整（CPA）或价格变动公式（PVF）。它们都是一样的，在每种情况下，合同中都将包含一个来自贸易机构或者由采购组织设计的公式
额外费用的索赔	在合同的生命周期中有时会出现购买组织改变诸如规格、交货时间和产品支持要求等参数的情况，这可能会引发额外付款的索赔。详细的索赔基础必须公开，并在适当情况下协商到一个购买组织可以接受的水平

（续）

合同变更通知	在变更的合同中有一个规定，当合同的正式变更被提出时，会发表通知，会定义一个考虑价格和变动影响的过程，如延长交货日期
合同提前终止费用	合同存在定义之前就被终止的可能。终止是一个常见的争议来源，很多都是在法庭上结束。合同应包括在违约的情况下买方终止的权利，在某些情况下，还应包括"方便"。供应商几乎不可避免地产生一些需要补偿的"成本"，供应商有法律责任减轻他们的损失
持续改进义务	持续改进的要求不是不合理的需求，特别是供应产品或服务的长期合同。它承认在买方的支持下，供应商应该能够降低成本。该价值分析和流程改进的经典方法可以帮助降低价格。在某些服务合同中，要求每年降低3%的成本。如果获得更高的数据，则可以进行利润分成
应用水准基点条款	一些合同具有年度基准要求，例如对一篮子可比产品的价格进行检查。如果篮子显示降低成本，供应商可以选择与之，或者买方可以在其他地方购买物品，这种方法可以应用于IT耗材的供应
积极降低成本计划	在管理良好的采购部门，将有一个积极的成本削减计划，每个买家将被给予一个具体的目标。实现成本降低将需要各种举措，在制造环境中，降低成本是维持市场地位和盈利能力的关键。如果不必要的成本被淘汰，与供应链的接触是必不可少的
抵制涨价请求	价格上涨将削弱制造业环境中的竞争力和利润。在公共部门，它们将威胁到提供同等水平和服务质量的能力。抵制涨价要求的采购技巧是对能力的一种检验。评估价格上涨背后原因的技巧是一项专业性要求

11.3.2 参数估计

采购应注意任何有助于设定内部预算和评估招标价格的成本估算技术。参数估计是项目和IT采购的理想考虑。国际参数分析学会[9]于2008年4月出版了第4版《参数估计手册》。以下内容由手册通知并为摘要形式。

参数估计可以定义为"一种基于项目的技术、程序和成本特征以及开发、生产、维护和/或修改其间所消耗的资源之间关系的检查和确认的开发成本估算技术"。

据称成本估算具有非常古老的历史，甚至是Biblical，Luke14:28.29也讨论了"（他应该）先坐下来，然后计算成本的重要性成本，看看他们是否有足够的时间完成"。

参数工具和技术比其他估算方法更具通用性。这其中有很多原因，这里有几个：

（1）通常在几分钟内提供更好的估计；
（2）技术和成本提案之间存在着高质量的联系；
（3）通过校准和验证活动可以很好地了解数据；
（4）估计概念设计要容易得多；
（5）早期成本不能通过其他方式有效地进行；
（6）不需要物料清单；
（7）处理范围、技术和性能变化要容易得多。

造成物料成本差异的项目活动

表11-5是NASA成本估算手册[10]的摘录，它展示了参数成本估算方法的优缺点和应用。通过经验表明一些项目活动造成物料成本的实质性差异，它们也经常发生，包括以下内容。

（1）**定时**。历史价值与未来成本的时间至少对一个原因来说是至关重要的：货币价值的变动，也被称为通货膨胀或通货紧缩。

（2）**劳动力与物资**。常见的说法是劳动力和物料之间的差别是显而易见的。但在会计领域并不总是清晰的，这是用于构建成本估算关系（cost estimating relationships，CER）的数据来源。

（3）**经常性与非经常性**。与产品的初始开发阶段相关的成本通常被称为非经常性成本，因为它们只会发生一次。与产品生产相关的成本被称为经常性成本，因为每次生产产品时生产成本总会重复出现。

（4）**生产量和速度**。虽然生产数量是总生产成本的主要推动力，但众所周知学习效果也可以产生相当大的影响。

（5）**团队技能**。现代的趋势是让有竞争力的项目组织进行某种形式的持续改进，从而使它们的工作变得更具成本效益。团队自我完善是共同的目标。

（6）**团队工具**。"工具"可以包括从建筑物到生产机器到计算机再到一切软件。随着工具的改进，成本效益不断提高。

（7）**波动**。最有效的项目环境是项目要求、劳动力和基础设施的稳定。

（8）**会计变更**。政府授权内部决策改变成本累积程序并且调整业务经营、兼并和收购的方式。

（9）**特殊限制**。各种特殊约束会严重影响成本。其中有：项目进度安排不合理、工作人员短缺、高成本的减排措施及项目保密程度高。

表 11-5 参数成本估算方法的优点、缺点和应用

优点	缺点	应用
一旦开发出来，CER 作为一个很好的工具能快速回答很多问题	对于其他人来说，通常很难理解与 CER 有关的统计数据	• 成本设计研究 • 交叉检查
健全的统计预测器可以提供关于估计者对自我预测能力信心的信息	必须充分描述和记录原始数据的选择、调整数据、方程的开发、统计发现和验证结论的验证和接受	• 建筑研究 • 长期规划
通过使用实际观察消除对意见的依赖	收集适当的数据并生成统计学上正确的 CER 通常是困难的、耗时和高成本的	• 灵敏度分析 • 数据驱动风险分析 • 软件开发
防御性取决于逻辑关系、彻底和有纪律的研究、防御性数据和科学方法	在相关数据范围之外失去预测能力/信誉	

11.3.3 采购成本削减

持续需要通过采购管理成本削减的项目。对应该向采购部门和每个购买者提供一个达成共识的、明确定义的方案。表 11-6 列出了可能降低采购成本的措施。

表 11-6 可能降低采购成本的措施

挑战现有的合同价格竞争力	• 选择长期合同 • 市场基准 • 建立成本动因	挑战供应链成本	• 国际贸易术语 • 包装 • 运输模式
设计/规范挑战	• 使用并行工程 • 实现精益设计 • 运用价值分析方法	考虑外包	• 选取非核心服务 • 市场测评 • 设定高远的目标
谈判费用减少	• 采用电子采购系统 • 降低库存水平 • 建立订单	营运资本的更好利用	• 付款术语 • 无预付款 • 降低库存
采用标准化	• 减少多样性 • 使用一个供应商的范围 • 设计出重复的范围	消除无竞争力的供应商	• 发出询价通知 • 与新供应商谈判 • 终止无效合同

11.4 供应商的定价决策

供应商的产品和服务定价决策将在多种情况下制定,包括:
(1)通过发布的价格清单或临时定价决策销售一系列标准产品;
(2)没有直接可比优先权的一次性项目要求;
(3)推出新的产品或服务;
(4)销售产品或服务以应对"紧急"情况,例如对安全关键设备故障的技术解决方案;
(5)在设计生涯结束时停止销售一系列产品的战略决策。

将会有许多综合考虑,包括:
(1)实现适当利润的能力;
(2)供需性质和当前市场力;
(3)现有提供产品/服务的能力;
(4)可用库存;
(5)买方的位置和状态,例如它们是一个成熟的客户还是"一次性"买家?
(6)所需投资水平(如有);
(7)对关键人员的要求;
(8)合同条款和条件提出的风险;
(9)任何特殊的环境、健康和安全要求;
(10)分包和供应链的范围;
(11)对履行债券/母公司担保的要求;
(12)产品支持要求;
(13)特殊保险要求;
(14)知识产权所有权;
(15)需求的紧迫性。

11.5 供应商对定价策略的选择

在决定如何给商品或服务定价时,供应商有很多选择。当买方收到卖方的报价时,很难知道采用了哪种方式,因此需要调查投标价格。下面概述供应商可能使用的一些定价策略。

11.5.1 撇脂定价法

这一策略包括一段时间内收取相对较高的价格,特别是在市场上推出一种新的、创新的或改进的产品时,该产品可能受到专利保护,就像通常使用的药物产品情况一样。保护将会结束而且竞争对手也会被吸引,因此价格大幅度下降。对于名牌商品和服务,价格撇除可以成功,因为买家更关心的是品牌而不是价格。一流的航空旅行和设计师品牌服装是撇脂定价法的例子。

11.5.2 渗透定价法

在下述两种情况下,产品和服务收取的价格被人为地降低:
(1)获得接触一个具有长期战略重要性客户的机会;
(2)扩大市场份额。

很明显，这种低价在长期来看是无法维持的。当买方面对的是招标价格，即比下一个价格低 40% 时，低价格与低质量联想到一起。那么供应商是如何给出如此低的价格呢？一种方法是寻求恢复材料和劳动的净成本，不采用不产生任何利润的间接费用回收或应用营业税。

11.5.3 完全成本定价法

在这种情况下，供应商的定价包括认为被采购所吸引的每一笔费用。所有材料成本都将被回收，再加上一份废料的津贴。所有劳动力成本将按每项劳动收费率回收，包括管理时间。被认为适用的所有间接费用将以财务确定的方式应用于劳动和材料，并可能包括对具体业务操作施加的企业间接费用。应急准备金包括"代理费""谈判补贴"、融资 / 现金 / 低风险准备金等。相信在所有供应商的定价决策中大约有 80% 的供应商定价决策都是基于总成本的。

11.5.4 买方相关定价法

一个经过深思熟虑的策略是在某种程度上供应商提供的直接与"买方"能力有关的定价。供应商将采用的购买方式形成对能力的看法。预算的披露并不是能力的标志。以下评论都不会是这样的：

"请尽你所能。"

"我们没有要求其他人报价。"

"毫无疑问，与上次采购相比你的价值上涨了。"

"你能立刻给我们供货之后再确定价格吗？"

11.5.5 促销定价法

这在买一送一（buy one get one free，BOGOF）的零售领域是常见的，当购买两个产品时，第二个可获得 50% 的折扣和季节性优惠。在工业中，当供应商寻求处理缓慢移动的库存、在生命结束时处理产品以及制造商在有限的时间内推广某一特定产品时，这种情况并不常见。

11.5.6 形象定价法

这和撇脂定价相似，被想要占用市场并获得形象服务的供应商所使用。例如，国际航空公司头等舱的票价为经济舱的 6 倍，萨维尔街的西装、顶级机动车和顶级葡萄酒也如此。

买家的技能是了解价格的基础。这需要在成本探索和理解方面的努力，以及在一些情况下应用高水平的谈判技巧。

11.5.7 转移定价法

有人认为这是欺骗性服务公司使用的一种做法，这表明这是非法的。事实是，这是合法的商业惯例，一个或多个服务（强调在促销中）给出一个低价格会让人产生所有价格都低的错觉。例如，冰淇淋生产商提供价格非常低的冷冻柜，但前提是可以储存它们的产品。

11.5.8 目标定价法

买方向供应商提供目标价格，在供应商回应之前应了解其所做的工作。当购买组织对产品或服务有非常好的了解时，目标价格可能是真实成本估算的结果。在这种情况下，目标价格有一定的可信度。然而，不道德的买方可能会"弥补"目标价格，并迫使供应商帮其实现目标，即使不能赚钱。

11.6 价格和成本分析

价格分析旨在表明，与相同或类似商品或服务的当前或近期价格相比，提出的价格是合理的，在必要时进行调整以反映市场条件、经济状况、数量或/和条款的变化，以及通过报价请求或招标程序实现足够价格竞争合同条件的变化。

成本分析是假设合理的经济和效率，对单独的成本要素、间接费用投标价格的回收和利润（包括成本、价格数据、成本或定价数据之外的信息）以及专业判断的应用进行审查和评估，从而确定购买价格。

11.6.1 向供应商发送询价通知时的注意事项

向供应商索要价格时有很多考虑，其中包括：
（1）合同的价值。
（2）如果提供详细的成本信息，谁有能力评估它？
（3）我们有能力准备成本模型模板吗？
（4）我们有什么基准信息？
（5）我们想要什么层次的劳动力成本，例如劳动等级和时间？
（6）我们需要如何显示管理费用（固定、可变和公司）？
（7）我们如何评估投资的利润回报？
（8）我们如何提出评估与风险相关的成本？
（9）意识到所提价格可能与成本无关。
（10）处理折扣和/或折扣。
（11）数据的使用（例如谈判）。
（12）需要尊重供应商的机密性。

11.6.2 价格分析

投标价格的比较基于各种基础，包括：一旦确定"所有事物"，对提议价格进行简单比较是公平的，包括符合规范、合同条款和条件。
（1）关键指标可用时使用参数估计法；
（2）与竞争公布的价格清单进行比较；
（3）通过第三方的咨询机构使用可比的市场价格，例如能源价格；
（4）与内部生成的"必须成本"估算值进行比较；
（5）与价值工程/价值分析研究的输出进行比较；
（6）在更广泛的采购领域与买家保持联系，例如政府在不同部门的采购运作。

11.6.3 成本分析

这是一项比价格分析要求更为苛刻的活动，因为它要求采购组织拥有资源和专门知识来分析所有成本，并有效地挑战认为成本不合适的领域。以下有关价格的几个方面需要进行分析、质疑和解决。

（1）最好是根据物料清单来确定哪些构成材料成本，基础金属、原材料、废弃补贴和购入的组件怎样计入材料成本。这些成本的差异可能是良好/不良的采购以及有效/无效的废物管理所导致的。

（2）是否由操作人员、监督、管理和董事在内的不同级别的企业人员在单位时间内劳动成本所导致的劳动成本构成？例如，在英国、美国、印度、摩洛哥、越南和以色列之间劳动力比例存在显著差异。

（3）如何恢复管理费用？需要根据供应商的组织结构以及企业管理费用的可能性对固定成本和可变成本进行考虑，例如恢复公司IT法律和金融服务条款。

（4）供应商很可能会运用一个偶然因素，通常为物料、劳动力和管理费用所占比例。偶然规定包括潜在的意外因素，比如劳资纠纷、原材料价格意外飙升、成本估算不佳和满足符合规范困难等。

（5）成本的构成符合合同的要求，如：
1）违约金相关条款；
2）履约保证金或母公司担保的条款；
3）过多的检查要求和检测程序；
4）参加合同审查会议。

（6）可以根据不同的方法明确利润，包括：
1）研究和开发等投资回收；
2）使用撇脂定价时超额利润回收；
3）"企业"为合同招标制定的要求；
4）产生财政储备的需要。

表11-7和表11-8显示了费用明细的例子，其中包括可以深入研究细节的深度。

表 11-7　服务成本模型摘录

雇用成本	ICT 成本
工资	硬件费
加班费	软件费
养老金	折旧费
国民保险费	技术支持费
补充福利费	内部修整费
汽车补贴费	其他费用
公共交通费	
培训	
招聘	
临时雇员	
其他费用	

表 11-8　成本明细表基本案例——65000 TPD 轧机

范围	百万美元
流程设备	
挖掘与回填	2.7
初次破碎	9.3
粗矿石回收	10.6
集中电气	12.4
磨碎	81.9
浮选	24.9
浓缩泵送和浓缩管道	55.7
精矿脱水	17.7
试剂处理	1.3
集中负载	3.7
厂址公用事业、通信	2.4
PLC & 软件	0.5
总流程设备成本	**223.1**
基础设施	
商店和仓库	2.2
卡车店	9.0
行政大楼	3.8

(续)

范围	百万美元
工厂通道、隧道和桥梁	97.2
供电	42.3
供水	6.8
水岩/尾矿储存/引水	72.5
水管理	46.1
营地	12.6
简易机场	3.0
其他建筑物	1.9
移动设备	3.2
基础设施总成本	**300.6**
矿	
牵引路（包括厂址道路）	4.7
预剥离	78.8
矿山设备	133.7
矿井脱水	7.5
矿井电气	2.9
弹药库	0.2
燃料储存、处置和弹药库	1.3
总成本	**229.1**
项目的直接总成本	**752.8**
间接成本	
EPCM	65.3
间接建设	81.4
调试、启动和供应商代表	1.7
备件	12.3
首先填写	4.0
货运	17.6
业主费用	22.5
项目间接总成本	**204.8**
偶然性	144.1
项目总成本	**1 101.7**

11.6.4　买方对购买价格的控制

应该就买方对采购价格控制的有效性进行持续的评估。这应该包括独立审计，至少考虑到：

（1）颁发不受投标限制的合同；
（2）价格涨幅允许不经审查；
（3）成本驱动因素无须审查；
（4）没有谈判；
（5）缺乏基准数据；
（6）扩展的合同条款没有招标；
（7）合同"附加条款"没有挑战；
（8）合同变更程序差；
（9）不考虑反向拍卖；

（10）允许单一招标；

（11）无法控制价格变动公式；

（12）无法控制与货币流通相关的购买价格。

11.6.5　管理关键成本驱动因素

在一些销售价格中存在一个关键的成本驱动因素，例如用于电子产品制造的贵金属（黄金）。国际航空公司必须持续应对不断波动的航空燃油价格。墨菲（JT Murphy）[11]撰写了一份有关清淤项目的燃料条款的翔实文件，他解释说，燃料很容易占清淤成本的30%。他阐明了前期所有者的成本，如调查、设计、规格、广告、协调、评估、奖励和管理。一种典型的大型清淤船可以轻松容纳75万升的船用柴油，每天使用20 000升。典型的合同文件要求潜在的清淤承包商填写以下内容（工作实例）：

$$p = b + cq$$

此处：

p = 每立方米的清淤费用（立方码）[⊖]

b = 承包商每立方米的清淤价格（立方码）

c = 所有者提供每升燃料的单价（加仑）[⊖]

q = 承包商每立方米（立方码）清淤的燃油需求量（加仑）

b = 7.85（美元）

c = 0.85（美元）

q = 2.50

p = 7.85 美元 + 0.85 美元/升 × 2.50 升/立方米

p = 9.98 立方米

对燃料价格的管理需要对采购战略进行精明的考虑，包括确定承诺、长期供应商协议、对冲或承担与供应市场波动相关的风险。

11.7　竞争的立法

11.7.1　简介

2010年3月18日，国家审计署公布了关于"英国竞争格局现状回顾"的报告[12]。报告的第二段指出英国的竞争制度很大程度上是其《1998年竞争法》和《2002年企业法》所导致的结果。还有其他立法会对英国政权产生影响，例如其《2003年通信法》和欧盟框架。

11.7.2　英国反竞争法机构

在英国和欧洲，对于寻求控制反竞争的做法有广泛的措施。2012年3月15日英国政府的商业、创新和技能部宣布合并公平交易办公室与竞争委员，以加强英国竞争，从而在英国创建一个新的单一竞争和市场权威机构（Competition and Markets Authority，CMA）。2013年《企业与监管改革法》第三部分颁布了CMA的形成，2013年4月25日获得王室批准。

⊖　1立方码 = 0.756立方米。

⊖　1加仑（美）= 3.785 411 8升；1加仑（英）= 4.546 091 9升。

在可能存在竞争不公平或消费者选择受到影响的情况下，CMA 负责：
（1）投资并购；
（2）开展市场调研；
（3）基于《1998 年竞争法案》，调查可能违反反竞争协议的行为；
（4）对犯有卡特尔罪行的个人提起刑事诉讼；
（5）执行消费者保护立法，特别是消费者合同指令和法规中的不正当条款；
（6）鼓励监管机构利用竞争力；
（7）考虑监管参考和上诉。

主体部分概述如下：

（1）竞争上诉仲裁处（The Campetition Appeal Triclunal，CAT）是一个在法律、经济、商业和会计学方面具有跨学科专长的专业司法机构，其职能是审理和仲裁涉及竞争或经济监管问题的案件。竞争上诉仲裁处是由《2002 年企业法》第 12 节和附表 2 所创建的，于 2003 年 4 月 1 日生效。判决可在 CAT 网站 www.catribunal.org.uk 上找到。

（2）有多个行业机构，分别是：
1）提供机场和空中交通服务的民航局；
2）英国卫生服务监管机构；
3）北爱尔兰天然气、电力、水和污水公共处理设备的监管机构；
4）电视、广播、电话、邮政和互联网的服务；
5）在英格兰、威尔士和苏格兰的天然气和电力；
6）在英格兰和威尔士的水和污水处理设备；
7）英格兰、威尔士和苏格兰铁路管理办公室。

（3）对于欧盟委员会，有竞争总局。欧盟委员会连同国家竞争管理机构直接执行"欧盟条约"第 101~109 条，通过确保所有公司都以平等和公正的方式竞争以实现欧盟市场更好地运作，这有利于消费者、企业和整个欧洲经济。

11.7.3 《1998 年竞争法案》和《2002 年企业法案》

《1998 年竞争法》禁止反竞争协议和滥用支配地位。

"协议"是公司或联营公司之间的承诺或合同，无论是书面还是其他形式。此类协议的示例包括：
（1）同意修订采购、出售价格或其他交易条件；
（2）同意限制或控制生产、市场或技术发展的投资；
（3）同意分享市场或供应资源；
（4）同意将不同的交易条件应用于等价的交易，从而在某些方面具有竞争优势。

然而，当各方的合计市场份额不超过 25% 时该协议被认为产生的影响是不可观的。这表示，即使双方的市场份额低于 25%，协议定价、强制最低转售价格或股票市场的协议也可能被认为具有明显的影响。

一个公司是否处于"主导地位"，将由 OFT 根据公司的市场份额来决定。一般来说，如果一家公司的市场份额低于 40%，是不可能被视为占主导地位的，但是如果市场结构使其能够独立于其竞争对手，则市场份额低也可能被认为占主导地位。

主导公司滥用职位的方式包括：

（1）实施不公平的采购或销售价格；
（2）将生产、市场或技术开发限制在客户的偏见之内；
（3）对不同的交易条件应用于等价的交易，并因此放置有竞争优势的某些方面；
（4）对合同附加不相关的条件。

11.8 串通投标

串通投标是一种有害的犯罪行为。一个定义是"公司为了控制结果而秘密地与人分享信息或进行安排时"。通过当局获得广泛的参考资料，如公平交易决策局 CA98／03/2013 的串通投标，"向退休物业提供和安装控制和报警系统"（CE／9248-10 号案）2013 年 12 月 6 日。选定的结果如下：

1.6 ……侵权行为包括 Cirrus，O'Rourke，Owens，Jackson 之间的三个独立的相互串通投标协议，共有 65 个投标书，总价值约 140 万英镑，作为勾结的主体。

3.38 认为协调的做法具有反竞争的作用，它有足够的潜力对竞争产生负面影响。

4.6 所有投标程序（无论是否具有选择的开放性）都具有一个重要的特征，潜在供应商应相互竞争并独立进行投标。

采购应该在确定串通招标是否有可能发生的过程中发挥积极的作用。在上述情况下，采购部门 Peverel Management Services Ltd.（PMSL）至少寻求两个投标。一个来自 PMSL 公司的子公司 Cirrus Communication Services Ltd.（CCSL），另一个来自 CCSL 指定的承包商（我们的重点）。

在 5 月 31 日，CCSL 内部文件揭露了共谋关系"你好，我有更新过程，但如果我们将其放在'内部'会更好，因为红色的部分是我们在幕后做的，而不是这个过程的正式部分"。

11.9 价格调整公式

传统上，每当讨论价格调整公式时，都有参考英国电工和联合制造商协会（the British Electrotechnical and Allied Manufacturers Association，BEAMA）制定的公式。材料和劳动力成本的变动参照下列公式进行计算：

$$P_1 = P_0 (0.05 + 0.475 (M_1/M_0) + 0.475 (L_1/L_0))$$

式中，P_1 是最终合同价格；P_0 是投标时的合约价格；M_1 是国家统计局提供的为基本电气设备购买的材料和燃料的生产者价格指数数据的平均值，从合同期内 1/5 点之前提供的指数开始，并以在合同期限 4/5 之前最后提供的指数结束；M_0 是投标日期前由国家统计局提供的用于基本电气设备的材料和燃料的最新生产者价格指数；L_1 是在合同最后 2/3 的时间里，关于电子工程的 BEAMA 劳动力成本指数的平均值；L_0 是投标月份发表的 BEAMA 电力工程人工成本指标。

专业买家对价格变化公式的构建和运用有很好的了解是非常重要的。复杂性取决于实际购买的性质。

印度电气和电子制造商协会（IEEMA）为铜绕线变压器设计了 PVF，内容转载如下。

报价/确认根据原材料/部件的投入成本以及市场的劳动力成本，同样的情况也被认为与原材料价格和印度工业工人的平均消费价格指数有关，价格变动条款规定如下所述。如果上述价格和指数有任何变动，应付价格应按照下列公式上下调整：

$$P = [13 + 23(C/C_0) + 27(ES/ES_0) + 9(IS/IS_0) + (IM/IM_0) \cdot (11TB/TB_0) + 12]$$

式中

P = 按照上述公式调整后的应付价格；

P_0 = 报价 / 确认；

C_0 = 铜线棒的平均 LME 结算价，该价格适用于投标截止日期的前两个月；

ES_0 = 冷轧晶粒取向（CRGO）电工钢板的 C & F 价格，这个价格适用于投标之日前一个月的第一个工作日；

IS_0 = 钢铁批发价格指数（基准：1993 ~ 1994 = 100），该指数适用于投标之日截止前三个月第一周的周六；

IM_0 = 绝缘材料价格，这个价格适用于投标之日前一个月的第一个工作日；

TB_0 = 变压器原油库存价格，这个价格适用于投标之日前两个月的第一个工作日；

W_0 = 印度劳工局、劳动部、印度政府联合发布的印度工业劳动力平均消费者物价指数（基准：1982 = 100）；

C = 铜线棒的平均 LME 结算价，该价格适用于交货日期前两个月；

ES = CRGO 电工钢板的 C & F 价格，该价格适用于交货日期前一个月的第一个工作日。

IS = 钢铁批发价格指数（基准：1993 ~ 1994=100），该指数适用于交货日期前三个月的第一个星期六；

IM = 绝缘材料价格，这个价格适用于交货日期前一个月的第一个工作日；

TB = 变压器原油库存价格，该价格适用于交货日期前两个月的第一个工作日；

W = 印度劳工局、劳动部、印度政府联合发布的印度工业劳动力平均消费者物价指数（基准：1982 = 100），这个指数适用于交货前三个月的第一个工作日。

另一个价格调整公式，这一次在南非工程部门申请的转载如下：

按照第 49（2）的规定，每一份证书的价值根据第 52 (1) 合同第 2 条规定的"Ac"所获得的数量增加或减少，按合同价格调整因素计算，四舍五入到小数点后四位，根据公式确定：

$$CPAF = (1-X)[\,aLt/L_0 + bPt/P_0 + cM_t/M_0 + dFt/P_0 - 1\,]$$

上述字母具有以下含义：

"X"是"Ac"的比例，除非附录中另有说明，否则不作调整，该比例为 0.15。

"a""b""c"和"d"是由工程师确定并在附录中规定的系数，并且被认为与工作的实际组成成分无关，仅代表劳动力、植物、材料（"附件"第 49（3）条规定的"特殊材料"）和燃料的比例值，"a""b""c"和"d"的算术总和应该是统一的。

"L"是劳动力指数，是中央统计局土木工程行业所有工人的实际工资指数。

"P"是"植物指标"，是中央统计服务的统计信息（PO 142.2）发布的"土木工程植物指标"。

"M"是"材料指数"，是中央统计局统计信息（PO 142.20）发布的"土木工程材料价格指数"。

"F"是"燃料指数"，是中央统计处为"海岸"或"威特沃特斯兰德"的"统计新闻稿"（PO 142.20）中公布的扣除退货和扣除退款之后燃料指数的加权平均数。权重比例和"海岸"及"威特沃特斯兰"指数的使用应由工程师在附录中规定，除非附录中的工程师另有规定，加权比为 1∶1。

后缀"o"表示适用于基准月份的基本指标，即该投标截止日期前一个月。

后缀"t"表示当前指数，适用于相关支付证明书所关乎前一天。

如果在准备证书的时候不知道与任何特定证书相关的任何指标，那么工程师就应该估计该指标的价值。当正确的指标已知时，任何更正都有可能是需要的，这由工程师在随后的付款证书中进行。

问题讨论

1. 你如何定义价格？
   （1）从买方的角度如何定义？
   （2）从供应商的角度如何定义？
2. 在采购的招标的前期阶段，以下活动如何有助于控制采购价格：
   （1）进行软市场测试？
   （2）使用参数估计？
   （3）采购行业内部联网？
   （4）有助于基准服务？
3. 如果供应商提供详细的成本明细，以下各项在评估中发挥什么作用？
   （1）买家；
   （2）会计师；
   （3）产品或服务中的技术专家；
   （4）评价者。
4. 你被要求购买热气球，你的销售总监已经从知名的制造商那里获得了单一的报价。报价为 35 500 英镑并提供以下信息：

	价格（英镑）
套子	15 000
套子固定器	1 000
垫皮 ×4	500
充气扇	2 500
系绳	400
暗影双燃烧器	5 500
篮子	4 500
燃油缸 ×4	4 500
仪器	1 000
靠垫地板	100
其他设备	500
艺术品	按成本价

   你会考虑采取什么具体行动？
   （1）邀请其他报价；
   （2）挑战成本明细；
   （3）询问开销回收和利润隐藏点；
   （4）采取谈判立场来降低价格。
5. 如果收到来自竞争对手产品战略供应商的价格上涨要求，"异常交易条件、原材料增加、能源价格和间接费用"导致请求增加 4.5%，你会书面通知供应商吗？
6. 供应商在制定价格时会将哪六个最重要的因素纳入考虑范围？
7. 当供应商要求报价时，买方应考虑哪些因素？
8. 你被要求起草一份纳入采购手册的指导程序，主题是"对招标价格进行成本分析"。你会包括哪些标题以及具体来说包含哪些利润点？
9. 英国竞争制度的突出特点是什么？
10. 描述价格变动公式通常如何构建，并解释为什么使用这样的公式。
11. 针对下列不同情况，你会建议采购专员分别采用何种定价协议？
    （1）提供为期 6 个月的专业咨询服务，以支持购买新的信息技术系统。
    （2）制造商将在 6 个月后推出的新产品的新组件。
    （3）建造新的学校并在合同中要求承包商提供所有的家具和设备。
    （4）保留专业学院提供 3 年培训服务，内容和数量目前尚不清楚。
    （5）提供外部餐饮服务的 1 年合同，包括提供食物。
12. 相信"任何买家都能控制价格的神话，供应商始终掌握主动权"。对此观点加以讨论。

参考文献

[1] Nagle, T. T., Hogan, J. E. and Zale, J., *The Strategy and Tactics of Pricing: A Guide to Growing More Profitably*, Pearson Education Limited, 5th Edition, 2014, P1

[2] Farrington, B., 'Industrial Purchasing Price Management', PhD, University of Brunel (Henley College), 1978

[3] Leighton, D. S. R., *International Marketing*, McGraw Hill Co. Ltd

[4] England, W. B. and Leenders, M. R., *Purchasing and Materials Management*, RD Irwin

[5] Winkler, J., *Winkler on Marketing Planning*, Wiley & Sons, 1973

[6] Ammer, D. S., *Materials Management*, RD Irwin, 1968

[7] Tunç, M., 'Computerised cost estimation for forging industry', a thesis submitted to the Graduate School of Natural and Applied Sciences of the Middle East Technical University, September 2003

[8] Deccan Systems Inc., Ohio, USA: www.deccansystems.8k.com

[9] International Cost Estimating and Analysis Association, 8221 Old Courthouse Road, Suite 106, Vienna, VA 22182

[10] NASA Cost Estimating Handbook Version 4.0. February 2015. NASA CEHv4.0

[11] Fuel Provisions for Dredging Projects. Proceedings WEDA XXXII Technical Conference & TAMU 43 Dredging Seminar J.T. Murphy Project Manager. US Army Corps of Engineers

[12] National Audit Office, 'Review of the UK's Competition Landscape', published 18 March, 2010

PART 3

第三部分

项目管理和风险管理、全球采购、谈判技巧、合同管理、品类采购、世界级采购以提高业务绩效

第 12 章

项目采购和风险管理

学习目标

本章旨在了解以下几个方面：
- 采购为项目成功提供的贡献
- 一个项目的关键阶段
- 一个项目的特点
- 项目的生命周期
- 项目的启动过程
- 项目的风险管理
- 项目的合同以及多种可用性

核心要点

- 采购项目的特殊需求
- 采购所需的技能和知识
- 风险识别和管理
- 项目启动文件
- 合同选项
- PRINCE2®
- 项目风险登记册
- 针对特殊项目的定制合同
- 阶段性考虑
- 价格和风险带来的影响

12.1 介绍

本章的主要目的是了解项目的构成以及采购如何满足对项目的专业投入并承担风险管理过程，重点是采购和供应链风险。

梅瑞迪斯（Meredith）和曼特尔（Mantel）[1]将一个项目定义为"由一系列具有明确目标、特定价值并相互关联的活动所构成的独特的整体，必须在特定的时间、预算、资源限定内完成"。

一次性项目可能在一些组织中是罕见的，而在其他地方却是常见的。每个项目都会获得一个有助于项目成功的采购（见表12-1），这一贡献可能包括知识与高水平技能的结合。[2]

一次性项目的范围没有明确、固定的限定，如表12-2所示。这些项目的重点是展示采购行业在增加影响力和影响项目成功方面的潜力。

表12-1 采购对项目成功的业务贡献

采购对项目成功的贡献
• 对项目业务案例的贡献
• 供应链研究
• 输入项目成本驱动因素
• 输入项目风险登记册
• 管理采购流程的时间表
• 管理资格预审和招标流程
• 对资格预审和招标程序的贡献
• 合同条款和条件的制定
• 投标人项目成本模型分析
• 对供应链进行严格评估
• 项目成本、合同条款、人寿费用等方面的谈判
• 同意供应链动员行动和成本支出
• 与内部利益相关者联络
• 对承包商和分包商进行有效监督
• 确保必要的承包商保险和履约保证金

表12-2 项目的范围和性质

项目的范围和性质	项目的范围和性质
• 翻新747架飞机——国际航空公司	• 采购、安装和调试监控系统——公共管理局
• 在深层安装新空调车间——金矿	• 采购车队新车——国家建筑设备租赁公司
• 设计新型战车——国防部	• 为职业足球运动员买保险——英超联赛
• 建设新机场航站楼——国际机场	• 建设新的食品制造厂——国际食品制造商
• 采购并安装新的IT系统——国际金融机构	• 处理过时的制造工厂——国际汽车制造商
• 采购新型通信系统——首都地下铁路	• 设计和采购新的印刷厂——国际发行商

12.2 项目的生命周期

所有项目都将遵循生命周期（见图12-1）。生命周期的细节因项目不同而有所差异。

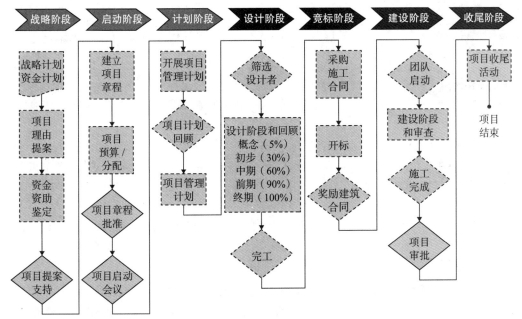

图12-1 项目的生命周期

采购过程对于生命周期的每个阶段都会产生增值服务，图 12-2 说明生命周期已经适用于 Metrolink[3] Project Management Manuel – Volume 1: PM Desk book.。

战略阶段
- 制订战略和筹资计划。采购在支持资金估算方面具有关键作用，认识到外部采购可能占项目总成本的 60% 以上
- 项目论证方案。这有时被称为商业案例。采购贡献将包括供应链问题的风险建模
- 确定资金来源和影响
- 项目建议批准。这提供了调动内部和外部来源推动项目进展的权力

启动阶段
- 建立项目章程
- 分配预算。这里可以指出，许多项目包括应急准备。采购在管理供应链成本方面起着至关重要的作用，注意到外汇流动的潜在影响、承包商投标金额的不准确以及生命成本的影响
- 批准项目章程
- 项目启动会议。在这个阶段通过暴露风险来排除采购是一个错误。采购应是项目组的一个组成部分

计划阶段
- 制订项目管理计划
- 审查项目管理计划
- 完成项目管理计划
- 基本规划过程中有四个关键步骤，即①将项目工作范围分解为一组组件任务；②将任务排列成最有意义的网络序列，并创建一个网络图；③估计每个任务的持续时间；④识别关键路径以及计算项目的计划持续时间和其他有用的管理信息
- 项目建议批准。这提供了调动内部和外部来源推动项目进展的权力

设计阶段
- 并非所有项目都将按建筑、工程、造船和 IT 系统提供的方式进行设计阶段
- 选择设计师。这是一个项目的关键决策点，必须涉及采购。例如，为风电场设计专门设备的"设计实践"需要进行招标竞赛，以确定技能能力、成本、时间表、合同责任和责任、保证知识产权的所有权等。招标竞争的管理应该是采购领域
- 确定设计阶段和付款时间表。设计阶段可能是初步、临时、预决赛和决赛。采购必须在合同中了解这一细节

承包商资格预审和招商阶段
- 任命承包商是一项严肃的业务决策。通常，将需要资格预审和招标程序。在出价奖励中，完整的合同细节将理想地定稿。签发"意向书"的复杂项目并不罕见，授权承包商开始工作。具备第 7 章所述的法律含义。合同的授予产生承包商和采购组织的义务和潜在责任

建设/建筑阶段
- 显然，这个项目阶段是针对建设/施工活动的。在这个阶段有很多活动，其中许多活动需要专家采购支持和积极参与。需要采购支持的活动至少包括项目审查会议、处理规范变更、解决争议、监督采购预算、索赔承包商不履约损害赔偿、确保适当的保险并就额外要求进行谈判

收尾阶段
- 如果收尾阶段处理不当，承包商很可能有提交索赔的动机。需要完成的任务，其中有采购角色，包括项目合同的最终解决、合同交付的接受、合同文件和记录的收集（如图纸，操作和维护手册以及保修等）、最终付款将被授权、适当考虑付款保留、必须处理任何需要释放的债券等

图 12-2 说明生命周期的示例

12.2.1 什么是项目

Vaidyanathan[4] 通过下面的方式对项目的定义进行解释。

每一个项目都是一个独特的活动，具有明确的开始和结束，会消耗资源。项目在范围、

预算、进度、资源、绩效因素以及为利益相关者创造价值等方面具有约束和要求。一个项目有一个目标和目的，它的存在必须增加某种价值或者产生好处。

项目管理协会[5]将项目定义为"项目是一种独一无二、为实现预期成果而进行的短暂努力"。

PRINCE2®将项目定义为"根据商定的商业案例为一个或多个业务产品的交付创建的临时组织"。

项目是包括采购扮演一定角色的低价值、低风险的一次性项目，这些一次性项目对于启动项目的组织来说是至关重要的，作者认为，在高价值高风险项目中可以发现传知学习，主要是它们可以从大量的资源中获取更多的宣传，比如英国国家审计署、澳大利亚国家审计署和美国政府问责办公室等公共审计机构。一些私营部门的项目争议可以得到宣传，但这些争议通常不具有可靠的数据，可以通过访问英国和爱尔兰法律信息研究所（BAILII）进行法律法庭判决。这包括美国、加拿大、德国、意大利、新西兰、亚洲和南非在内的许多司法管辖区的判决。

项目分为不同品类，如下所示。这不是一个全面的列表，其中包括项目的范围。

（1）信息系统——计算机相关的硬件和软件项目；
（2）医疗保健——新医院和地方保健中心；
（3）新产品开发——新汽车模范项目；
（4）施工——高速公路、桥梁、铁路网改善项目；
（5）国防——战车、战斗机项目；
（6）空间探索——运载火箭、航天器项目；
（7）造船——新邮轮项目。

不可避免，会出现项目失败的现象，作者的研究已经确定存在以下一个或多个因素作为导致项目失败的主要因素。

（1）承包商无能；
（2）采购对入围投标者调查的失误；
（3）项目团队缺乏相关经验；
（4）工作范围缺乏定义；
（5）决策不明确；
（6）缺少通信协议；
（7）合同草案欠妥；
（8）由承包商主导的谈判；
（9）合同变更管理不善；
（10）采购成为被动角色；
（11）项目总成本缺乏可见性；
（12）关键里程碑既没有被识别也没有被管理；
（13）内部政策转移了对项目可交付成果的注意力；
（14）项目管理缺陷；
（15）不及时处理项目纠纷；
（16）缺乏承认项目失败的勇气；
（17）项目风险未识别；

（18）缺乏项目风险缓解策略；
（19）欺诈活动；
（20）处理项目挑战时缺乏灵活性。

12.2.2 项目启动的文件

项目启动文件（the project initiation document，PID）至少设置以下几项：
（1）该项目旨在实现的目标；
（2）为什么实现该目标是重要的；
（3）谁将参与管理过程以及各自承担的责任；
（4）项目如何开展以及项目何时运行。

PID 的内容将大致遵循以下内容：

Ⅰ 介绍
    介绍性说明
    PID 文件的目的
Ⅱ 项目方法
    方法
Ⅲ 项目定义
    目标
    项目范围
    项目交付
Ⅳ 项目组织
    总体项目组织
    角色和责任
    项目委员会
    项目经理
    项目支持
    项目津贴
    项目组
Ⅴ 项目控制
Ⅵ 标准
Ⅶ 质量控制
    质量管理
Ⅷ 问题与假设
Ⅸ 项目计划
    项目计划
    项目公差

    项目委员会
    项目经理
    项目保证
    团队经理/团队负责人
    团队责任

附录 3 项目计划（甘特图）

12.3 PID 和项目采购策略

12.3.1 采购策略

项目采购策略应该是 PID 的一个重要特征，东南曼彻斯特模型战略[6]（A6 到曼彻斯特机场缓解采购战略 1007/0217/007），2012 年 8 月包含对生产高质量采购战略内容的洞察力，内容范围太广在此无法进行完全的复制，但是，采购选择的战略审查信息量十分丰富，应激励读者更广泛地积极研究这一主题并将学习应用于自己的项目。

12.3.2 采购策略

本节首先从战略层面上考虑采购方案，其次在包括审查合同形式到任何特定的解决方案的细节层面上考虑采购方案，采购策略应考虑贯穿项目整个生命周期中的交付，在这种情况下包括以下内容：

（1）主合同授予之前的计划制订；
（2）提供先进的工程和缓解措施；
（3）主要工作的交付；
（4）业务交付和生命周期的维护。

12.3.3 采购方案的战略审核

由于资金是通过公共资金募集获得的，所以有很多采购方案可供选择，以下是针对已考虑项目详细设计和施工阶段的三个潜在采购策略：

（1）传统设计、采购、施工、单独维护；
（2）设计和建造采购、施工、单独维护；
（3）早期承包商参与（early contractor involvement，ECI）、采购、施工、单独维护。

除上述之外，还将私人金融倡议（private finance initiative，PFI）纳入考虑范围。2007/2008 年度，制定了 PFI 项目范围和定性价值评估报告，并提交给运输部，随后，DfT 要求进行定量评估并于 2010 年 6 月提交给它。

从那时起，基于对替代采购路线的进一步详细评估以及 PFI 不太可能提供相对于优先选择更高性价比的事实。PFI 就被计划推广者视为潜在的选择，因此，在本书中，PFI 将不会被进一步考虑。[7]

12.3.4 传统设计、采购、施工

一般来说，这一策略包括客户完成一个完整的详细设计，然后通过招标过程来指定一个运用设计进行施工的承包商。因此，设计所产生的所有风险由客户承担。

在项目方面，详细的设计将在公众调查结束后完成，在此之后，投标方可以进行准备并指定一个承包商。

通过同时开展投标准备与计划过程可以尽可能地缩短施工项目建设周期。这就意味着在获得计划授权和有条件批准商业案例后，可以在几个月内进行招标。

采购可以在获得必要的授权和批准之前实施，但这将会是一项高风险战略，而且通常不受交通部门的支持甚至可能与地方当局的命令相悖。

传统方案交付方式的主要优点之一是启动者对规范和完成质量保持高度的控制，但是传统的方法通常会导致风险转移的降低，从而增加成本的不确定性。

客户需要承担数量变化的风险，因为招标是基于近似的数量的，而后期需要经过重新测量，这可能导致投资项目成本上升。数量的巨大变化也可以证明单位费率的变化。客户也面临不可预见的地质条件和极端天气条件的风险。

项目的发起者通过控制成本预算、规划和建设实现合同目的，在项目开发早期阶段没有经验丰富的承包商介入会导致不可转让的风险转移到建设阶段。如果这些风险发生在建设阶段，发起人需要承担成本增加的后果，因此增加了与采购路线相关的成本的不确定性。

由于这种类型的合同通常是基于最低投标书提交的基础上获得的，因此，由客户承担了大部分的风险，所以外转的成本可能要比投标价格高20%～30%。

1. 传统采购的优点
（1）客户能够决定和把控质量；
（2）客户设计师在项目背景下进行设计；
（3）招标过程具有竞争力；
（4）客户端具有更改控制范围的灵活性；
（5）投标费用低于设计和建造成本；
（6）当范围明确、客户承担大部分风险时，投标总额将低于设计和建造的总和；
（7）可与建造和设计相媲美。

2. 传统采购的缺点
（1）成本确定性的记录匮乏；
（2）随着计划复杂性的增加，索赔的可能性变得越来越大；
（3）大客户团队需要监督施工；
（4）客户承担的风险大；
（5）合同是敌对的。

12.4 设计和构建

该项目的方法为最高风险从客户转移到承包商提供了机会。

这一策略涉及一套基于客户需求的投标过程，通常还伴有初步设计。当这些需求影响项目质量时必须被仔细考虑。类似于传统规范详细的、规定性的要求可以用来控制质量，但这也可能限制承包商在建筑中运用创新的能力。另一种方法是使用高水平的要求，例如"设计应该符合道路和桥梁的设计手册（DMRB）"。这一做法鼓励了创新，但承包商对DMRB条款的解释可能与客户不同，而投标则基于承包商的观点。承包商通过价值工程降低成本的机会与客户需求的灵活性有关。

承包商的设计师会进行一些设计来通知投标方并且通常在投标时提交它的初步设计。预计这项任命将在该计划获得法定授权后才会进行。详细的设计将在投标过程结束后立即开始并授予合同，通常在详细设计完成之前就开始施工，几乎所有源于设计的风险都由承包商承担，但这也取决于客户需求的清晰性。

设计解决方案由承包商设计师团队根据承包商的方法开发，而不是由设计师开发可以更好地解决价值工程和构建性问题。

这类合同在施工前就会有竞争类型的投标，承包商拥有设计权的同时要承担相关风险。

1. 设计和建造采购的优势
（1）降低客户风险。
（2）允许竞标。

（3）可以比得上传统方法的项目条款。
（4）自我认证和消除重组缩小了客户施工监理团队的规模。
（5）与传统方法相比，投标准备工作减少，仅作为初步说明性设计，而不是全面详细的设计。

2. 设计和开展采购的劣势

（1）承包商在客户要求范围内控制质量，因此，需要开发完善的工程信息，以确保客户对规格和质量的控制；
（2）范围的变更是困难和高成本的；
（3）承包商最大限度地利用利润的机会是降低可能影响质量的成本；
（4）动员包括一个设计周期，因此合同时间可能会更长；
（5）客户并不一定要分享因早期承包商参与带来的价值工程和创新的好处。

12.5　采购的作用

在 12.3.1 节中描述的采购策略是战略 5.9 节的一部分，经理—采购的角色。

经理—采购

采购经理作为重要角色，为了保证采购活动有效进行，需要在类似工程项目的采购中积累大量、丰富的经验。

了解当前英国采购法规的知识和经验是一项基本技能。

然而，对不同的采购方案有一个广泛而详细的理解显得同样重要，这些选择可能与特定的项目、收益有关，特别是作为项目经理以及一个成功采购的产出需求。

为了在选定的采购过程中输入所需的关键信息，采购经理必须要有足够的经验，以便能够提前做好计划并通知项目经理。作为一个如此规模和性质的项目采购过程的一部分，发起人获得市场的认可是必不可少的，在演示这个过程中，最重要的一个方面是精心计划和管理的采购过程，一旦投标方参与了采购，它们就会认为这是一个有效的过程，根据一个明确的出版计划提供清晰的指导。如果不这样做，可能会破坏发起人和项目的可信度。

因此，采购经理必须熟练地进行前瞻性规划，提前与项目经理沟通以明确要求从而满足采购流程。

采购经理的一个关键职能是确保遵循严格审查并落实所有必要环节的流程，以确保采购在各个方面都是客观的。

项目委员会和项目主管必须对采购经理有足够的信心，使其能够实施有效且高效的程序。

12.6　PRINCE2®

12.6.1　介绍

PRINCE 是在受控环境中的项目缩写，英国政府的赞助方法旨在提高英国项目管理的质量。PRINCE2® 于 1996 年推出，旨在为各类项目提供指导，一项更新于 2009 年 6 月发布。[8]

12.6.2 细节

1. PRINCE2 参考书有 10 个部分

（1）介绍；
（2）原则；
（3）主题介绍；
（4）主题（7）；
（5）流程简介；
（6）流程（7）；
（7）定制 PRINCE2；
（8）附录（5）；
（9）更多信息；
（10）词汇和索引。

2. 7 个主题

（1）商业案例；
（2）组织；
（3）质量；
（4）计划；
（5）风险；
（6）变化；
（7）进度。

3. 7 个过程

（1）投资项目；
（2）指导项目；
（3）启动项目；
（4）控制项目；
（5）管理产品交付；
（6）管理阶段边界；
（7）关闭项目。

12.6.3 PRINCE2 的感知缺陷

ESI International Inc.[9] 观察到，有几个关键的项目管理领域没有被 PRINCE2 方法所覆盖。PRINCE2 坚持认为尽管这些主题很重要，但它们是知识的专业领域，并且可以在其他地方使用，甚至可以使用该方法作为一个整体框架来管理。上面提到的领域是：

（1）PRINCE2 规划过程有一个结构化的方法，可以引导你完成合理的计划步骤，但是，在识别依赖关系时，会提出一系列依赖关系的活动列表，PRINCE2 中显示了一个网络图，但是，进行的计算不属于当前或提出的 PRINCE2 检查的一部分；

（2）评估技术涵盖其中，但是对于每个给定的技术都有一段解释；

（3）在整个时间表不可接受的情况下，PRINCE2 中的计划没有指导如何改进计划；

（4）成本核算和成本控制在 PRINCE2 内可以被轻易处理；

（5）质量是一个主要的问题，但 PRINCE2 不包括诸如利益/成本分析、基准测试相关技术以及石川图或因果关系图、实验设计和质量成本等流程图技术；

（6）PRINCE2 没有对团队协作和沟通、进展或不断升级的关注给出任何指导；

（7）PRINCE2 中没有提及员工收购、绩效考核和健康与安全规定；

（8）虽然 PRINCE2 涵盖通信，但它比"通信管理战略"产品概述中的清单标题更深入，并为利益相关方参与提供了六步法；

（9）EDI International Inc. 进一步指出，"也许 PRINCE2 方法未涵盖的项目管理中最大的一部分是项目采购管理"——作者的重点。

12.7 项目管理问题

新斯科舍省审计长发表了一份为项目失败提供宝贵的见解的报告，该项目是 Bluenose II 的复原。原来的 Bluenose 作为大浅滩的捕鱼和比赛帆船于 1921 年在新斯科舍省的卢嫩堡（Lunenburg）被推出。它由史密斯和海兰造船厂建造。Bluenose 于 1946 年 1 月 28 日在海地的一个小岛上触礁。Bluenose II 于 1963 年推出。审计报告中有许多值得学习的地方，一些摘录如下：

（1）当地政府作为一个整体没有充分规划 Bluenose II 重建项目，这源于部门缺乏管理建设项目的经验。

（2）该部门没有为项目制定明确的目标或要求。

（3）完整的风险清单尚未完成，而且缓解计划的准备以及评估已识别风险潜在影响的相关工作尚未完成。

（4）该部门不能确定已编制好的项目预算是真实而完整的，因为这是将初步成本估算用作最终预算，这个估计是在没有使用强有力的过程的情况下编制的，因此不是第一次估计或最终的项目预算。

（5）当主要的项目承包商、项目经理、设计师、建造者被选中时，该部门没有足够的细节来了解需要什么。

（6）此时不清楚建造的具体是什么，导致合同的条款不完善。

（7）对于项目经理和设计者没有在合同中设立惩罚条款，所以项目的整个生命周期都被延长了。

（8）我们还注意到，项目经理并不会参加每一项必要的会议，而且部门的月度分析报告也不是必需的，此外，全面的项目计划还没有准备好。

（9）该部门缺乏规划和整体管理不力导致施工过程中出现了很多问题。

（10）我们发现部门内项目计划和管理的低水平导致项目预算超支而且交付时间延迟。

（11）存在风险分析的会议但是并没有制定风险管理的策略。

（12）风险管理过程应该是持续不断的努力，定期举行会议并监测规划中确定的风险，考虑是否出现任何新的风险。

（13）2010 年 7 月签署建造商合同时的项目成本预算已经超过 60 万英镑。

（14）负责评估招标的人造船经验有限。

（15）合同中存在着两个关键的缺陷：一是合同中术语表达不明确。二是我们期望看到的具体条款和要求的缺失。

（16）建造合同中不包括因未按时交付工程而接受惩罚的条款、为解决罚款和逾期费用问题，该部门试图在合同中加入一项条款，但建造商不愿签署新合同，因此条款被取消。

这些摘要显示可以通过审计报告的研究进行学习，正在或将要参与项目采购的所有采购人员都应承诺自己会不断学习。

12.8 项目风险管理

MAB/MIAC 的报告[11]明确地指出："对风险进行系统性管理的需求适用于所有组织和组织内部的所有职能和活动，并被澳大利亚公共服务（Australian Public Service，APS）的所有管理者和工作人员视为基本纲领。"

涉及澳大利亚外交通信网络项目管理的 ADCNET 审计报告[12]指出，在处理 ADCNET 项目的风险管理时，审计准则应涉及更好的实践，其中包括：

（1）项目风险评估的作用是对风险进行确定、评估、确定优先级并就管理高风险（关键业务）问题所需的行动达成共识。

1) 项目风险评估的作用是对风险进行确定、评估、确定优先级并就管理高风险（关键业务）问题所需行动达成共识。

2) 风险报告流程，确保在适当的层面和论坛上提出风险问题。

3) 高风险在项目的全生命周期中被监控，并对项目风险评估进行更新，以应对不断变化的项目环境和风险状况。

4) 明确定义适当的项目验收标准并对其进行评估。

（2）实现风险管理成果的适当项目流程包括：

1) 项目开始时的正式风险评估，并在重要节点进行更新；

2) 确定并同意项目指导委员会的风险管理策略；

3) 适当的风险管理活动，旨在解决关键的风险，并适当执行；

4) 定期审查项目风险，以解决项目变更问题，并尽早确定问题；

5) 由项目指导委员会密切监督风险管理活动。

调查结果包括在 1992 年 2 月之前或 1993 年 4 月之后没有证据表明风险管理小组会议的存在。此外，还包括 DFAT 在项目开始后 15 个月内没有制定详细的项目风险评估报告的评论——作者强调。

12.9 项目采购风险管理

在大多数的项目中，采购风险诊断方法是无足轻重、非结构化的并且适用于其他项目风险诊断，如技术和财务风险。采购行动渗透所有风险，并要求采用结构化的方式来确定项目的采购风险。作者[13]开发了包括 50 多个指标的 PROCURISK® 项目采购风险诊断工具。

1. 指标示例：项目采购风险 5（PPR 5）

（1）描述——采购角色的清晰性。（该描述基于组织评估定位阐述一系列的声明）"在项目开始之前，需要彻底明确采购的作用和影响。"它们作为项目的重要合作伙伴将积极参与项目决策的制定过程。

（2）PPR5 可能的结果。每个指标有三个可能的结果，简要说明上述结果确保评估能够被确定。

1) 应用以下定位将实现 0 分。"没有完全明确采购的作用。他们的参与是临时的和无计划的。通常情况下，它们的角色会被别人取代"。

2）为达到 1～5 范围内的分数，根据声明为实际的采购实践提供评估的范围："有时候，采购有一个明确的作用，但它由项目经理倡导而不是通过政策的思考。一般来说，采购不被视为关键的战略合作伙伴，因为采购没有采用积极主动的方式使项目经理确信它可以做出重大的贡献。"

3）为达到 6～10 范围内的分数，根据声明为实际的采购实践提供评估的范围："在我们所有的项目中，采购角色存在明确性。该角色是在商业案例的开发过程中运用商定的采购角色建模清单制定的，采购作用显著由采购经理和项目经理签署。"

在项目早期阶段，PROCURISK® 项目风险方面的应用将强调必须通过采购开发风险和缓解策略。世界级项目采购风险管理的企业效益如图 12-3 所示。

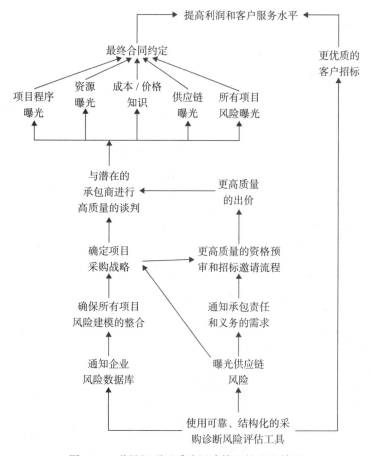

图 12-3　世界级项目采购风险管理的企业效益

12.9.1　项目风险登记册

风险登记册可以被定义为"一份记录已识别风险以及它的所有者、风险得分、风险优先级（risk priority number，RPN）、风险响应、触发器、剩余和次级风险以及成本和安排的应急计划的日志"。

风险登记册在项目开端就应该开始记录，着重记录采购过程中的风险。圣赫利尔医院计划（第一阶段）[14] 证明风险登记册涵盖所有品类的项目风险，此风险登记册包括以下各类风险：

（1）更好的医疗保健更贴近家庭（Better Healthcare Closer to Home，BHCH）方案层次的风险；

（2）战略、政治和调试风险；

（3）财务、资金、负担能力和采购风险；

（4）改变管理、资源、人力规划和能力风险；

（5）咨询和利益相关者参与风险；

（6）土地和现场风险；

（7）计划风险；

（8）设计风险；

（9）实施和运作风险；

（10）采购风险。

然后，风险记录表明风险发生最可能导致的结果或后果，风险发生所导致的结果程度根据信托的风险级别分为五个水平。

1	微不足道	无受伤、无明显伤害、操作服务风险小、人员、设施、媒体/公关或环境；财务影响最小和风险诉讼偏远；对第一期工程影响不大
2	次要	次要伤害或疾病最小；运营服务、人员、设施或环境；财务影响最小和诉讼风险最小；对第一期项目范围、时间、质量、风险或成本的影响是次要的
3	中等	暂时丧失能力、短期监测、某些业务中断，潜在的不利宣传对业务服务人员的适度影响，设施或环境；金融影响适度和诉讼风险适度；给第一阶段项目范围、时间、质量、风险和成本造成适度影响
4	重大	重大伤害，主要临床干预，中期监测，影响声誉，主要业务服务中断，不利宣传，对服务人员的重大影响，设施或环境；财务影响主要和诉讼风险预期；给第一阶段项目范围、时间、质量、风险和成本造成主要影响
5	灾难	死亡，国家媒体报道，对信任严重丧失信心，重伤，主要临床干预，中期监测，对声誉的影响，严重运作服务中断，大规模的不利宣传，对业务服务人员的重大影响，设施或环境的重大影响；财务影响高和诉讼风险较大；给第一期项目范围、时间、质量、风险和成本造成灾难性影响

风险登记处处理可能性和风险评级，如下所示：

1	罕见	频率非常低，不相信风险会发生，一次性或异常的发生可能性
2	不可能	频率低，不可预期但在一定时间内存在发生的可能
3	可能	存在一定的发生频率，某种风险可能/应该在一定时期发生
4	容易	预测到频率，即风险发生的可能性
5	几乎确定	频率偏高，风险在许多场合很可能发生并存在持续问题

12.9.2 风险评级

严重程度（影响或后果）和可能性（频率或概率）在风险评级表中列出以表明风险评分；所有15分或15分以上的风险都被视为红色风险，应在企业层面定期报告和管理，并在项目委员会进行总结。

可能性 （频率或概率）	重要程度 （影响或后果）	1 微小	2 小	3 中	4 大	5 重大的
5	确定	5-G	10-Aa	15-R	20-R	25-R
4	可能	4-G	8-A	12-A	16-R	20-R
3	可能的	3-G	6-A	9-A	12-A	15-R
2	不可能的	2-G	4-A	6-A	8-A	10-R
1	稀有的	1-G	2-G	3-G	4-A	5-R

红色——高风险,迫切需要采取的行动。通知执行团队和风险管理委员会的风险管理负责人,主要负责行动计划。

琥珀色——提供中等风险,需要高级经理的关注。迫切需要的行动计划。通知风险管理负责人。

绿色——低风险,当地经理负责,通过常规程序进行管理。对于 1~9 品类,下面列出两种风险,使读者了解这类项目的风险范围。

1. R1 BHCH 程序级风险

		参考风险	减轻	严重 (结果或影响) 1~5	可能性 (频率或概率) 1~5	风险评分	风险所有者
R1	1	延期项目需要进行进一步的磋商,咨询的结果受到了质疑,或者需要开展进一步的磋商。并向国务卿推荐推迟到 BHC 项目的计划	监测 JOSC 审查结果及其在 BHCH 上的影响	4	3	12	XX
	2	LCC 的开放时间改变,从而对圣赫利尔医院提供的服务产生影响	通过计划委员会和指导委员会定期监测建筑发展和服务	4	4	16	XX/YY

2. R2 战略、政治和调试风险

R2	17	妇女儿童的评估可能会对 ESH 产生负面的财务影响	等待妇女和儿童的报告的结果,然后模拟首选方案的影响	3	3	9	Xx/yy
	18	皇家马斯登诊断和治疗中心。风险取决于提供服务的最终配置	继续与皇家马斯登谈话,将萨顿的服务最终配置不会对 ESH 产生不利的 I & E 影响和沃灵顿 LCC 的最大影响为 140 000 英镑作为工作假设	3	3	9	Xx/yy

3. R3 财务、资金、负担能力和采购风险

R3	30	收入和支出/财务状况和财务平衡状况。管理和控制收入和支出的财务状况以及从 OBC 到 FBC 的平衡和执行/交付阶段的失败风险	通过 ESH 董事会定期监督并定期向董事会进行更新	5	3	15	yy
	31	假设项目期间 OBC 的土地处置变化	将定期监测对财务假设的变化。对在项目期间假设发生重大改变的地方进行通知并通过重新运行财务模型评估的影响	4	3	12	yy

4. R4 改变管理、资源、人力规划和能力风险

R4	39	项目交付的容量、能力、资金以及整个组织内的充足资源	在首席执行官们的支持下,计划仍然是 ESH 和 SMPCT 的首要任务。经常监测资源水平,规划未来的容量和能力资源、对项目/方案的要求	4	3	12	yy

(续)

	40	提供现有服务的医疗和临床能力,并为新服务做好准备	定期监测资源水平,规划未来的服务要求。ESH通过治理安排更新BHCH资源的能力	4	3	12	yy

5. R5 咨询和利益相关者参与风险

R5	50	进一步磋商的需要导致项目延误。磋商的结果被质疑或要求进一步协商和转交给国务卿,导致ESH计划的延误	监测JOSC审查的结果和对ESH项目的影响	3	3	9	yy
	51	本地活动增加了项目提案实施的延迟	与利益相关者的沟通和定期更新和接触	3	3	9	yy

6. R6 土地和现场风险

R6	52	澄清网站所有权问题的风险延迟规划和随后的施工阶段	法律审查	4	3	12	yy
	53	在任何一个地点存在意外、不明或限制性契约的风险	律师整理和审查标题契约及合同以评估影响	3	2	6	yy

7. R7 规划风险

R7	66	规划当局对现有的圣赫利尔地区发展规划的限制,导致了圣赫利医院1号重建项目的范围/规模/尺寸的改变	规划简报和与地方规划人员的定期会议/讨论以及对任何规划条件的审查	3	3	9	xx
	67	计划授权处理和规划应用程序的延迟,由于能力/资源的以及对项目的影响	与当地规划人员进行定期会议/讨论。在萨顿和默顿缺乏规划师	4	4	16	Yy/xx

8. R9 施工和操作风险

R9	80	规划条件对施工造成的影响——增加时间和成本	监测和审查规划条件并评估对BCHC计划预算的影响	3	2	6	xx
	81	竞争资源。伦敦地区奥运会的经济影响对资源的可用性和BHCH计划的影响,导致时间、成本和资源的可用性增加。其他因素比如市场情况和波动、经济压力和信贷紧缩也可能影响资源可用性	监测市场并评估对BHCH计划和预算的影响	3	3	9	Yy/xx

9. R10 采购风险

R10	91	与最合适采购路线(PPP/PFI/LIFT/传统)的选择和包装及分割成单个产品相关的风险。采购方案受到资金的可用性和资金选择及VFM的限制	准备采购策略,并在接下来的几个月审查采购和融资选择	3	3	9	xx
	92	PPP/PFI采购路线复杂,竞争性对话导致延误、成本增加和范围变小	监督和控制采购/竞争对话,并将谈判控制在项目中	3	4	12	Yy/xx

(续)

93	在采购中使用传统或采购方案获得资金的可获得性导致采购开始延迟	持续讨论资本的可用性和这条路线将提供的好处	3	3	9
94	延迟采购导致 FBC 和实施阶段的延迟	计划采购,并按时间表对进度进行检测和控制	3	2	6
95	投标文件细节不充分,导致采购过程中的变化引发成本增加、复杂性和延迟	准备和审视招标文件,尽量减少开工后的采购范围变更	3	3	9
96	识别从 OBC 阶段到 FBC 阶段发生的任何变更,并确保在发展的同时 BHCH 项目仍然是可见和可持续的	在采购阶段的敏感性分析和建模。监督和控制从 OBC 阶段到 FBC 阶段的变化,并确保在发展过程中,BHCH 项目仍然具有可行性和可持续性	3	2	6

以下首字母缩略词适用:

PPP 是公私合作;

PFI 是私人金融倡议;

LIFT 是 NHS 本地改善财务信托;

采购 21+ 通过 OJEU 招标程序选择六个供应链的国家框架;

OBC 是概述业务案例;

FBC 是全业务案例。

可以说,采购风险部门的管理比较浅显。例如,应考虑以下的额外风险:

(1)承包商的财务失败;

(2)承包商供应链管理失败;

(3)采购过程不符合欧盟规定;

(4)供应商关系管理不是建立在合作行为上;

(5)承包商纠纷未按照合同处理;

(6)项目委员会采购不足。

12.9.3 项目审计

可以在项目的任何阶段进行审计,但通常的做法是在项目关闭时进行审计。如果审计被认为是健全的那它一定包括采购。

12.10 项目采购管理

要解决的问题应包括以下几个方面:[15]

(1)是否有采购策略和详细计划?定期审查吗?

(2)采购决策是否受制于审核?

(3)是否有批准的项目采购流程来确保财务和项目交付是审慎的?

(4)当总承包商和分包商被任命时,是否进行了充分的尽职调查?

(5)采购是否积极参与确定工作的规格和范围?

(6)采购如何适应项目组织结构?

（7）采购过程是否包括资格预审和投标阶段？
（8）资格预审和招标评估过程是否完整记录在案并且符合预先商定的评估标准和权重？
（9）如何管理提供给分包商的项目相关信息？
（10）我们如何同意合同要求，并确保这些要求被包括在最终的谈判合同中？
（11）采购风险日志贯穿于整个项目吗？
（12）项目是否包含一个确保所有合同要求、到期日期和记录都被满足的流程？
（13）我们如何确保所有必要的项目保险和债券到位？
（14）所有合同变更是否都记录在成本计算和里程碑影响的报道了？
（15）我们是否要求任何承包商不遵守合同的损害赔偿义务？

12.10.1　项目合同

第 7 章提供了面向采购行业法律和合同问题的细节。在选择合同类型之前，需要对项目进行非常仔细的考虑。采购应对这一决定产生重大影响，认真考虑：

（1）项目的技术内容；
（2）项目风险以及谁是项目管理的最佳人选；
（3）供应市场竞争的程度；
（4）设计复杂；
（5）项目整体的时间表和里程碑；
（6）项目预算和应急条款；
（7）承包商将在多大程度上分包；
（8）采购组织的项目经验；
（9）合作在多大程度上适用于项目。

本质上，项目存在六种类型：

（1）固定价格合同；
（2）固定价格激励费用合同；
（3）成本加成的固定费用合同；
（4）成本加成比例费用合同；
（5）成本激励费用合同；
（6）保证最大共享储蓄合同。

这些联系类型并没有给出一个简单的选择，而不管选择何种项目，世界都充斥着合同纠纷（请参见第 7 章的显著案例）。现在，这六种类型中的每一种都可以以这样的一种方式进行说明，并通知在采购中如何对它们所产生的影响进行应用。

12.10.2　固定价格合同

从采购的角度来看，这种类型的合同具有吸引力，因为除非项目范围有变化否则价格是已知的，这是一种过于简单的观点。对要求固定价格的项目投标的承包商做出了艰难的决定，应对下列问题进行思考：

（1）项目范围的准确性和可靠性；
（2）项目内在的固有风险以及对承包商保险的影响；
（3）对较长提前期项目的定价以及未来价格上涨的风险；

（4）里程碑和项目完成时间对资源成本和可能分包的影响；
（5）如何在竞争环境中处理应急条款；
（6）购买组织将在多大程度上对价格进行协商；
（7）合同变更后的合同条款以及如何对合同价格变动进行管理；
（8）可以从项目中实现利润；
（9）内部对人力、材料、制造、质量估计、测试、安装、验收和保修条款预测的可靠性。

1. 固定价格激励费用合同

这些主要用于政府合同。作者对罗伯特·安东尼奥（Robert Antonio）[16]鼓励和提出的以下大部分细节表示感谢。这些合同有一个条款，用于项目完成后调整由客户和承包商预先商定的项目的总利润。一个结构可以是：

结构	描述
目标成本	76 000 000 美元
目标利润	9 700 000 美元
目标价格	85 700 000 美元
价格上限	目标成本的 133% 为 101 000 000 美元
共享率	95/5 在 64 600 000～87 400 000 美元之间
	90/10 在 64 600 000 美元和 87 400 000 美元到总假设点之间
总体假设点	92 366 660 美元

这种合同的机制包括以下结构。

（1）目标成本：最初协商的估计合同成本以及利润支点。
（2）目标利润：以目标成本进行初步协商。
（3）目标价：目标成本加上目标利润。
（4）价格上限：以目标成本的百分比表示。这是政府预期支付的最高价格。一旦达到这个数额，承包商将支付原始工作的所有剩余费用。
（5）共享比例：政府/承包商共享成本节省或成本超支的比例，将会增加或减少实际生产成本。政府所占百分比首先被列出，所使用的术语是"政府份额"和"承包商份额"。例如，以 80/20 的共享比例，其表示政府份额为 80%，承包商份额为 20%。
（6）总假设点。当成本增加超过目标成本的点时，政府不再根据共享比例分担成本。在这一点上，承包商的额外费用每增加一美元目标利润就减少一美元。PTA 通过下述公式进行计算。
（7）PTA =（价格上限 − 目标价）/ 政府份额 + 目标成本。

鉴于上述说明，采购专员将不得不考虑：
（1）在什么基础上达成目标成本？是否需要全面成本披露、参数价格建模和知情谈判？
（2）在什么基础上达成利润？这应该考虑到风险分析和风险归属。
（3）如何达成共享比例？政府要求越多承包商越有可能设计方法抵消需求。

12.10.3　成本加成的固定费用合同

从采购的角度来看，这是一个潜在的高风险策略。这个概念很简单。成本商定后承包商在"成本"之上收取固定费用。在可以估算成本的前提下，可能会有人认为承包商有动机采取估算成本可能最高的定价策略。成本加成固定费用合同的定义是一种成本补偿合同，规定向承包商支付在合同开始时确定的谈判费用,固定费用不随实际成本而变化。

当需要的努力水平是未知数时,这种类型的合同可以用于研究、初步探索或学习。

采购专员必须积极考虑成本加成合同的三个主要组成部分:

(1)直接成本——由承包商承包的劳动力、材料、用品、设备和专业顾问费用组成;

(2)间接成本——通常以劳动力的百分比回收,包括办公室租金、保险、通信和IT费用以及设计设备费用;

(3)费用(利润)——承包人可能受到他们可以带走的利润的激励。

12.10.4　成本加成比例费用合同

在这种类型的合同中,承包商支付所有费用,加上预先确定的百分比费用(利润)。所有的定价,风险是与客户(购买组织)相关的。联邦运输管理局[17],在Q和A的答复中明确了什么是成本加成比例费用合同。

(Q)是合同中列出的成本加上成本合同的百分比吗(即使是修改显示目标成本、基本费用和最高可用奖励费用)?

(1)成本加奖励费用的合同。8%的基数,7%奖励费。

(2)合约上限为5.08亿美元。范围变化导致6个月的时间内合约增长至10亿美元。

(3)代理机构继续以原始百分比支付增加费用的奖金和基本费用。

(4)原始合同修改的前20条条款不限制或提供基准及奖励费用的目标金额。之后的合同修改包含一个确定工作范围和目标成本、基础费用和最高可用奖励费用。这些费用当然是使用预定费率计算的。

(A)在变更或增加的范围内协商利润或费用是很常见的。这虽然不是推荐的方法,但也未被禁止。附加费用应基于附加工作中的风险程度、投资额、分包工程的百分比等。奖励费用不能是成本的百分比。然而,重要的是区分使用("谈判")预计/估计成本与实际成本达成利润或费用的区别。如果该机构正在使用承包商的预计/估计(建议)成本作为谈判的基础,那么这不是CPPC的情况。然而,如果该机构使用实际费用(在发生费用之后)作为建立费用的基础,那么我们将会有一个"事实上"的非法CPPC情况(这个原则是由联邦合同的GAO确定的)。我们还会注意到,在合同中规定承诺向承包商支付实际成本加上预先确定的利润成本是不合法的,这也是CPPC合同。所支付的费用必须始终以合同中的价格表示和确定,而不以百分比方式表示和确定,以便如果承包商在完成工作说明书时超出估计费用,那么这些超支的费用就不可以支付额外的费用。完成工作范围后支付的费用必须是固定和支付的,无论承包商完成工作的实际费用是多少。

如果该机构正在将所有成本增长视为费用支出,则应记录该文件解释承包商实际上已经完成了最初建立的工作范围,合同修改中定义的"新"或"更改"与工作相关联的额外估计成本或协商费用是非常清晰的。

(2010年10月评论)

12.10.5　成本加成奖励费用合同

在这种类型的合同中,客户(购买组织)支付所有可能的成本加上预先确定的费用加激励奖金。这种方法不适用于心理能力差者。第一个问题是"允许成本"是什么意思?买方如何确定?

（1）这些是什么？

（2）如何监察？

预先确定费用是风险处理和谈判的事项。激励奖金旨在使承包商降低项目的预期成本。如果一个项目的预期成本是 200 万英镑，费用是 15 万英镑，而共享比例是 80/20，那么最终价格是 180 万英镑；承包商将获得最终价格、15 万英镑的费用以及节省的 20 万中 25% 的奖励，即 4 万英镑。

12.10.6 保证最大共享节约的合同

在这种类型的合同中有一个上限价格。承包商支付实际为保障达到最高限额所产生的费用。低于此金额的资金额度根据预先确定的百分比分割，在客户和承包商之间共享。承包商承担任何超出最大限度费用的责任。

国际律师协会[18]小组委员会 T1 承担编制全球范围内各司法管辖区建设合同标准条件库，我们要感谢它们允许使用它们的产出。对于想要采用特定类型合同的任何人来说，都会存在安全隐患。寻求法律建议！

合同

(i) 需要谈判

(ii) 实时变化

1. 国际商会联合会（FIDIC）[19]

1999 年最新合同。

（1）建设合同条件——红皮书；

（2）工厂和设计合同条件——黄皮书；

（3）EPC / 交钥匙项目的合同条件——银书；

（4）合同的简短格式——绿皮书；

（5）疏浚和填海工程的合同形式——蓝皮书；

（6）顾问协商形式——白皮书；

（7）分包商的一种协议形式；

（8）合资协议书。

2. 土木工程师学会（ICE）[20]

（1）第 7 版测量 ICE 条件的合同；

（2）第 2 版"合同设计与合同"的 ICE 环境；

（3）合同次要条款 ICE 条件第 3 版；

（4）合同条件的 ICE 条件版本 2004 年 7 月；

（5）合同调查的 ICE 条件第 2 版；

（6）收到国内或小作品咨询工作协议 1999 年 12 月修订。

3. 新工程合同（NEC）[21]

主要的 NEC 合同是工程和建造合同，综合版本及其相关的分包合同，基于雇主从以下六个选项中选择的合同形式。

（1）选项 A 具有活动时间表的定价合同；

（2）选项 B 具有数量清单的定价合同；

（3）选项 C 具有活动时间表的目标合同；
（4）选项 D 具有数量清单的目标合同；
（5）选项 E 成本补偿合同；
（6）选项 F 管理合同。

然后根据所选的主要选项从上到下要选项中定义所选择的合同方法。这些是：
（1）选项 H 母公司担保；
（2）选项 J 向承包商支付预付款；
（3）选项 K 多种货币；
（4）选项 L 分段完成；
（5）选项 M 对承包商合理技能和护理设计能力的限制；
（6）选项 N 通货膨胀的价格调整；
（7）选项 P 保留；
（8）选项 Q 奖金提前完成；
（9）选项 R 延迟损失；
（10）选项 S 法律变更；
（11）选项 U "1994 年建设（设计和管理）条例"；
（12）选项 V 五信托基金；
（13）选项 Z 附加合同条件。

4. 电气工程师协会（IEE）[22]

工程技术研究所与机械工程师协会联合发布一系列合同条件一般的模式形式。
（1）MF／1 修订 6——工程项目；
（2）MF／2 修订 1——家庭或海外电气、电子或机械设备的供应合同；
（3）MF／3 修订 1——无安装的机电产品供应的合同；
（4）MF／4 - 由工程部门提供咨询服务——国内或海外合同。

5. 化学工程师协会（IChemE）[23]

（1）IChemE（绿色）合同形式——可补偿合同；
（2）IChemE（棕色）合同形式——土木工程分包合同；
（3）IChemE（灰色）合同形式——裁定程序；
（4）IChemE（橙色）次要工作 2003 年第 2 版；
（5）IChemE（粉色）合同形式——仲裁程序；
（6）IChemE（红色）合同形式——一次性合同；
（7）IChemE（白色）专家决定规则 2001 年第 3 版；
（8）IChemE（黄色）子合同 2003 年第 3 版；
（9）IChemE（绿色）可补偿。

6. 联合合同法庭（JCT）[24]

（1）主要项目形式；
（2）PCC 2005 主要成本合同的标准形式；
（3）WCD 2005 承包商设计的建筑合同的标准形式；
（4）2005 年"建筑合同标准形式"；

（5）MC 2005 管理合同标准形式；
（6）IC 2005 "建筑合同中期形式"；
（7）2005 年 MWM "小型建筑工程协议"；
（8）MTC 2005 测量期限合同的标准形式。

此外，JCT 还出具分包合同、贸易合同和用于特定问题合同的担保形式。另外还提供了框架协议和设施管理协议。

7. 顾问建筑师协会 [25]

顾问建筑师协会（Association of Consultant Architects，ACA）在整个英国是代表私人执业建筑师的国家职业团体。ACA 已经制定了自己建筑合同形式的辅助文件。2000 年发布了第一个建筑业项目合作伙伴合同 PPC2000。

可用文件：
（1）PPC 2000 - ACA 项目合作合同的标准形式（2003 年修订）；
（2）SPC2000 - ACA 项目合作关系的专业合同的标准形式（2004 年修订）；
（3）ACA 建筑协议书 1982，1998 年第三版（2003 年修订）；
（4）ACA98 任命小作品顾问建筑师、作品的简单内容和专业服务（2000 版）。

8. BE 合作合同 [26]

BE 协同合同是支持协作行为的建设项目合同的新形式。合同由 BE（Collaborating for the Built Environment）创建。BE 是英国供应链公司中最大的独立协会，致力于研究设计并提供可持续发展的建筑。合作合同是一个用于交付成功建设项目的新合同框架。本合同旨在为真正希望获得协助方法的合同框架、希望识别和管理风险而不是简单地在合同条件下提供给传递的合作伙伴使用。BE 协同合同旨在巩固合作行为，提供使用的灵活性并且清晰简洁。

9. GC 工程合同

在起草本书这一节的时候，标准政府的合同条件，GC 工程仍然可用但不再存在，政府更新到新工程合同。

10. 国际商会 [27]

（1）国际商会（Internation Chamber of Commerce，ICC）模型工业厂房合同的交钥匙供应；
（2）ICC 模型重大项目交钥匙合同。

11. 欧洲机械、电子和金属加工业联合组织 [28]

欧洲机械、电子和金属加工业联合组织（ORGALIME）发布了新的标准合同——为工业工程服务的 ORGALIME 交钥匙合同，这是迄今为止最全面的合同出版物。ORGALIME 的前提是，在工程领域的采购者和承包商，它们已经使用了现有的模型，但并没有发现它们适用于土木工程合同的工业工程。

问题讨论

1. 定义一个"项目"，并解释采购如何有助于项目的成功。
2. 项目采购在哪些方面不同于正常需求的货物和服务的采购？
3. 解释项目生命周期，最好是使用你组织内的示例或你在互联网上进行研究的示例。
4. 当供应商预先获得招标邀请函时，你期望作为采购专家去调查哪六个领域的能力？

5. 项目启动文件应包括什么，为什么重要？
6. 讨论采用 PRINCE2® 作为项目管理基础的优缺点。
7. 讨论可能适用于项目的六种商业风险，并解释如何减轻这些风险。
8. 你相信大部分项目在整个项目的生命周期中范围会发生变化吗？如果你回答"是"，那采购对管理项目变更的作用是什么？
9. 你认为在计划完成之前激励供应商完成项目是一项精明的商业实践吗？你为什么会有这样的信念？

参考文献

[1] Meredith, J. R. and Mantel, S. J., *Project Management: A Managerial Approach*, 6th Edition, NJ: John Wiley & Sons

[2] Project procurement business contribution to project success. Research Report Brian Farrington Ltd. www.brianfarrington.com

[3] Metrolink – Governed by the Southern California Regional Rail Authority (SCRRA)

[4] Vaidyanathan, G., *Project Management: Process, Technology and Practice*, Pearson International Edition, 2013

[5] Association for Project Management, Summerleys Road, Princes Risborough, Bucks, HP27 9LE

[6] 1007_2.17_002 SEMMS Management Plan Rev 4.0, Oct 2012

[7] Ibid

[8] Managing Successful Projects with PRINCE2. Registered trademark of the Cabinet Office

[9] www.esi-intl.co.uk

[10] Bluenose II Restoration Project, Jan 2015

[11] Guidelines for Managing Risk in the Australian Public Service MAB/MIAC No.22 1996

[12] The Australian Diplomatic Communications Network – Project Management. anao.gov.au

[13] www.brianfarrington.com

[14] Epsom and St Helier University Hospital NHS Trust Project Risk Register, September 2009

[15] Adapted from *Project Management: Process, Technology and Practice*, Ganesh Vaidyanathan, Pearson International Edition, 2013

[16] Antonio, R., 'The fixed-price incentive firm target contract: not as firm as the name suggests, November 2003, www.wifcon.com

[17] US Department of Transportation, 'Cost plus percentage of cost contracts' http://www.fta.dot.gov/13057_6115.html

[18] http://www.ibanet.org

[19] http://fidic.org/

[20] http://www.ice.org.uk

[21] http:// www.neccontract.com

[22] http://www.iee.org

[23] http://www.icheme.org

[24] www.jctltd.co.uk

[25] http://www.acarchitects.co.uk

[26] http://www.beonline.co.uk

[27] http://www.iccwbo.org

[28] http://www.orgalime.org

第 13 章 全球采购

学习目标

学习完本章后可以理解以下内容：
- 全球采购的术语
- 全球采购的动机
- 全球采购的挑战
- 文化因素
- 环境与社会因素
- 2010 版国际贸易术语解释通则®（Incoterms®）
- 外汇风险
- 船运条款
- 运输系统、成本与影响因素
- 国际贸易支付方法
- 货运代理
- 反向贸易
- 全球采购的成功因素

核心要点

- 全球采购的激励与收益
- 获得采购专家的信息源
- 文化、政治、伦理、质量、汇率风险和法律影响
- 2010 版国际贸易术语解释通则的形式与定义
- 关税的复杂性与统税要求
- 货运成本决定因素

- 货运代理和运输代理规则
- 往来账户、托收票据和信用证
- 反向贸易
- 全球采购真实成本的确定
- 全球采购决策成功的因素

13.1　术语

碧柔（Birou）和福西特（Fawcett）[1]辨析了国际采购（international sourcing）、跨国采购（multinational sourcing）、国外采购（foreign sourcing）和战略性全球采购（strategic global sourcing）的区别。他们将前三个术语定义为：不需要协调单个企业在世界范围内业务单元的需求，只是在企业所在地之外的国家进行采购。他们将战略性全球采购定义为：在世界业务单元之间进行采购需求的协调与整合，寻找通用产品、工艺、技术与供应商。特伦特（Trent）和蒙茨卡（Monczka）[2]也区分了国际与全球采购。国际采购是：在不同国家买卖双方间进行的交易。全球采购包括：通过全世界范围内的采购、工程与运营单元，积极整合与协调通用项目、材料、工艺、设计、技术和供应商。

在其他重要研究发现中，特伦特和蒙茨卡总结出：相对于采用国际采购的企业而言，采用全球采购的企业更有可能成为竞争者，同时规模也会更庞大。我们很容易发现，国际采购是一个职能性的活动，而全球采购则代表了企业的战略方向和组织流程。

这些观点同时也被雷克萨（Rexha）、宫本（Miyamoto）和格兰杰（Grainger）[3]认可。他们认为，在一般情况下，由于小企业受到自身能力的限制，缺乏管理知识和资本资源去寻找和获得海外供应商，因此只要在一个小群体中有合格的海外供应商，其就能够成为它们潜在的供应商，只要这些供应商能够满足他们的采购要求就可以。此外，由于它们的需求量较少，因此也很难获得海外优秀供应商的青睐。相反，深厚的资源实力允许大企业通过投资，积极争取卓越的国际供应商。

从战略视角考虑：全球采购比国际采购更加复杂，当然它们也有一些交汇，例如国际采购既是战略层面的也是战术层面的。小企业也在发展海外供应商，也有海外供应商的参与。因为这些交集，为了不失一般性，特伦特和蒙茨卡使用了"世界范围采购"（worldwide sourcing）来描述国际采购和全球采购。本章使用"海外采购"（buying offshore），也不失一般性，也可能是最接近国际采购的表达。

13.2　海外采购的动机

海外采购的动机有很多，并不是所有的动机都是被买方的组织意图和自身利益所驱动的。表13-1显示了海外采购的驱动因素，这些驱动因素是布莱恩·法林顿公司（Brian Farrington Limited）[4]识别并体验过的，这家公司是专业的采购与供应链咨询公司。

表13-1　海外采购的驱动因素

商业驱动因素	理由
抵消项要求	海外客户要求采购当地项目的商务要求，抵消项可能包括技术转移、培训和授权生产
OJEU广告	公共部门投放OJEU广告，有时这能够吸引海外投标。如果这种投标是"最好的交易"，企业就会与海外供应商签订合同
降低成本的压力	在IT行业和零售业有典型的例子，它们能够利用低成本获得竞争优势。例如，把呼叫中心外包给印度，把服装生产外包给斯里兰卡

(续)

商业驱动因素	理由
生产柔性	英国本土的制造组织能力有限,与海外供应商签订合同能够弥补能力不足,铁路列车生产企业从波兰寻找合同供应商就是这方面的例子
专业技能的获得	英国在某些领域技能缺失,例如,工程设计,有时需要获得相对较新的技能(例如,海外风电场和卫星技术)
市场渗透	进入新市场的愿望会极大地促进在目标市场采购产品和服务。一个例子是从当地签订零部件供应商以促进就业,并克服限制性条款
原材料本国不可得	在英国有些原材料不可得,例如,铜、锌和黄金。这种情况必须要进行海外采购

注:这些都是海外采购的战略性原因,其他原因也会存在。

13.3 海外供应商信息来源

一个组织缜密的结构化研究项目要求识别潜在的海外供应商。显然,如果与无法保证高质量供应的供应商签订合同,那么就会存在风险管理的必要。信息来源包括:

(1)英国贸易与国际贸易投资团队数据库(UK Trade & Investment International Trade Team Datebase);

(2)外国大使和高级委员会;

(3)进口经纪人;

(4)贸易杂志;

(5)目录,例如 Kompass,Thompson,Jaegar 和 Waldman;

(6)贸易展会;

(7)世界银行;

(8)欧共体⊖官方杂志(The Official Journal of the European Communities);

(9)货运代理商;

(10)专业咨询机构,例如 Dun & Bradstreet;

(11)采购咨询,例如 Brian Farrington 有限公司;

(12)贸易公司网站;

(13)专业组织和贸易组织;

(14)互联网。

13.4 海外组织货源的困难

由于海外采购的困难程度比国内采购更高,因此海外采购会遇到很多挑战,表13-2给出了一些关键注意事项。

表 13-2 海外采购的关键注意事项

考虑的方面	注意事项
采购方的经验	要求有能力研究供应商源,执行供应商评估、谈判,签订能够有效处理风险的契约
币值波动	要求来自财务/银行方面的专家关于最优化合同期通货膨胀风险的建议

⊖ 欧共体现已变为欧盟。

(续)

考虑的方面	注意事项
供应商评估	需要开发和应用定制的 RFI 文件调查物流、产品支持、合同条款、供应链、财务和质量管理
文化与语言	文化差异的专业知识以及如何处理语言障碍,可能在阻止误会和沟通故障方面是必需的
政治稳定性	不时会发生的严重的政治不稳定性和不确定性会影响贸易,例如中国台湾地区、津巴布韦、利比亚和古巴
物流支持	能够在世界范围内及时的运输货物是非常关键的,同样,运输的准确性,使用特定容器以及紧急存活的可得性也很重要
关税与海关规定	变化时常发生,要求自有专家或货物承运人的专业支持,清关方面的延迟可能导致契约失败
缔约风险	法定管辖权基础、争端解决、货币、质量标准、权力监测是采购需要关注的典型领域
合同管理	采购组织或者第三方将会进行合同管理,否则会存在不履约的风险
国际质量标准	买方需要识别应用到特定采购中的国际质量标准,识别超过英国标准规范的标准

13.4.1 持续性文化因素

在国际贸易中要求对采购与企业交流的文化有深刻的认识。

企业依靠熟悉的本土文化,在新市场中竞争,很可能会危及它们在国际市场中的成功。事实上,几乎所有的国际业务,包括合同谈判、生产运营、营销决策和人力资源管理政策,都可能受到文化差异的影响。[5]

文化是价值观、信仰、行为、习惯和态度的集合,它能够区分不同的社会。文化的元素[6]包括:

- 语言
- 沟通
- 宗教
- 价值与态度
- 社会结构

1. 语言

当买方接触新文化时,能够想着有超过 3 000 种不同的语言非常明智。在印度有 16 种官方语言和大约 3 000 种方言。英语的主导地位使许多讲英语的人在外国进行草皮谈判时处于劣势。在某些情况下使用翻译者,但需要谨慎使用。翻译者必须对词语的内涵敏感,并注重表意,而非词语本身。在许多国家,"是"和"否"都不是直截表达的肯定与否定。日本人经常用"是"来表示"是的,我明白你在说什么"。日本人认为直接说"不"不礼貌,中国人、印度人与中东人也这么认为。

2. 沟通

买方正确传达其组织要求的能力具有挑战性。产品规范、定价模型、信息要求、投标评估模型、投标者的指示和合同要求的复杂性可能令沟通产生误会。语言沟通需要清晰表达,且非语言交际也有细微差别。费拉罗(Ferraro)[7]识别出了非语言沟通的形式。

(1)衣着:时尚、浮华或保守;

(2)手语;

(3)面部表情:微笑、皱眉、点头、眼神交流(或者回避眼神交流);

（4）发型；

（5）问候：鞠躬、拥抱、接吻、握手；

（6）香水和古龙水；

（7）身体接触：握手、拍后背；

（8）姿势：正式或者轻松；

（9）时间：及时到达、早到或者晚到；

（10）等待：排队与否；

（11）走路：快走／慢走，与多人一起走／自己独行，领导在群体中的位置。

在学习与培养采购技能时，未将沟通技能视为焦点是非常不合理的。让一个没有技能的人从事国际业务，不大可能产生重要的收益，也不大可能培养出合作伙伴关系。

3. 宗教

依据《经济学人》(*The Economist*)[8]的研究，77%的世界人口信仰四种宗教中的一种：基督教（31.5%），包括罗马天主教徒，新教教徒和东正教徒；伊斯兰教（23.2%）；印度教（15.0%）和佛教（7.1%）。宗教可能渗透到商业关系中，因此在合同谈判中要特别注意宗教问题。建议在进入特定市场之前要考虑宗教信仰，同时也不要轻易介入到宗教讨论中，除非对可能的反应有绝对的信心。

4. 价值与态度

价值观是社会成员所接受的原则和标准；态度包括从这些价值观产生的行动、感觉和想法。有经验的采购专家将进行自我分析，考虑以下事项：

（1）以牺牲同事为代价来实现提升的愿望；

（2）由角色模型（role model）驱动的行为；

（3）采取"不惜一切代价"的战略；

（4）参与可疑和／或非法行为的准备；

（5）对他人感情的敏感性；

（6）关于缔约者动机的负面思考；

（7）建立长期业务关系的能力；

（8）不计后果的成果驱动。

5. 社会结构

社会结构直接涉及一个人的地位。忽视这个因素会使采购专家处于危险之中。在日本，一个人的地位取决于他所属群体的地位。在印度，地位受到种姓的影响。在美国，勤奋的企业家受到尊重。英国的社会结构往往受到教育质量和个人网络的影响。那么，在嫉妒或怨恨的驱动下成为成功的企业家就是不合逻辑的。

13.4.2 环境和社会因素

1. 全球责任认证生产组织

全球责任认证生产组织（worldwide responsible accredited production，WRAP）是一个独立的、有目标的、非营利性的全球社会承诺专家组织，致力于通过认证与教育在世界范围内提升制造的安全性、合法性、人性化和伦理性[9]。支付1 195美元的注册费，就可以进行认证，有白金、金和银三个等级的认证水平。在2011年11月，1 757家WRAP认证工厂雇用

1 570 758 名工人。初衷令人敬佩，但参与到其中的工厂数量却不怎么鼓舞人心。

2. 布朗集团：企业社会责任方法

布朗集团是一家英国的零售商，[10]设立了企业社会责任（Corporate Social Responsibility，CSR）委员会，该组织的精神最重要的部分：

（1）目前与1 564个供应商做生意，大约是3 400个工厂；
（2）供应商都要经常进行审计和风险评估；
（3）伦理贸易团队3FTE；
（4）签署了《孟加拉国消防和建筑安全协定》；
（5）该协议是一个为期五年的承诺，保障所有在孟加拉国的服装厂工作场所的安全性；
（6）最近加入供应商道德数据交换（Supplier Ethical Data Exchange，SEDEX）；
（7）道德贸易经理借调到委员会全职工作六个月；
（8）与其他零售商和乐施（Oxfam）在越南木质家具供应链中共同工作；
（9）签署了《联合国全球契约计划》；
（10）签署了政府资助的计划，可持续服装行动计划（Sustainable Clothing Action Plan，SCAP）。

3. 供应商伦理数据交换

SEDEX[11]提供了一种简单有效的方式来管理供应链中的道德和责任性实践。核心产品是一个安全的在线数据库，允许成员存储、共享和报告四个关键领域的信息：

（1）劳动标准；
（2）健康安全；
（3）环境；
（4）商业伦理。

SEDEX有三种类型的会员，分别是：

A级会员——只查看和运行其供应链报告的组织；
AB级会员——查看和运行其供应链报告并与客户共享信息的组织；
B级会员——只与客户分享信息的组织。

SEDEX网站对采购界非常有帮助。它有许多简要介绍，包括"SEDEX供应商工作手册"和"未来供应链"。

2012年电气和电子设备（RoHS）规定限制使用某些有害物质。

商业创新和技能部门制作了"RoHS 2的政府指南"，[12]并随时进行更新。2012RoHS法规规定了整个供应链经济运营者的义务。关键的限制是经济运营者不得以超过既定最大浓度值的量在市场上放置或提供含有铅、汞、镉、六价铬、多溴联苯（PBB）和多溴二苯醚（PBDE）的EEE。与采购具体相关的是，要求经济运营者必须能够向市场监管机构提交欧盟符合性声明和技术文件或其他信息用以证明其合规性，并且这些文件要求从EEE进入市场开始至少保留10年。

4. 商业社会承诺倡议

商业社会承诺倡议（Business Social Compliance Initiative，BSCI）[13]是外贸协会（Foreign Trade Association，FTA）[14]的倡议。其最终目标是为企业提供改善全球供应链工作条件的最佳系统。要加入BSCI，企业和协会必须首先成为自由贸易协定的成员。BSCI行为准则旨在阐明 BSCI 参与者努力在其供应链中实施的价值观和原则。该守则规定的 11 个核心劳动权利应在供应链中以循序渐进的方式开展监测。这些权利是：

（1）结社自由和集体谈判的权利；
（2）公平报酬；
（3）职业健康安全；
（4）对年轻工人的特别保护；
（5）无抵债性劳工；
（6）伦理性商业行为；
（7）无歧视；
（8）适宜的工作时间；
（9）没有童工；
（10）无危险岗位；
（11）保护环境。

5. 伦理贸易倡议

伦理贸易倡议（Ethical Trading Initiative，ETI)[15] 是促进全球尊重工人权利的公司、工会和非政府组织的领先联盟。ETI 观察到，"做"道德贸易比听起来困难得多。现代供应链庞大、复杂、遍布全球。劳工问题本身是具有挑战性的，例如，"生活工资"究竟是什么？ETI 主张激励成员一起工作，在柬埔寨、土耳其、孟加拉国和其他地方为工人解决重大危机。

13.4.3 外汇风险

外汇风险是离岸产品的购买者由于其货币和供应商的货币之间的汇率波动而支付的比预期更多（或更少）的风险。

假设一家英国公司购买一件价值 10 万美元的资本设备，此时的汇率为 2 美元兑 1 英镑，在六个月内支付，意味着需要 5 万英镑。如果在支付时，英镑兑美元汇率上升，汇率为 2.5 美元兑 1 英镑，所需英镑将会更低，为 4 万英镑。相反，如果英镑兑美元汇率下跌，汇率为 1.75 美元兑 1 英镑，购买 10 万美元所需的英镑会更高，为 5.714 2 万英镑。不利的汇率造成的价格上升的风险被称为交易风险。

离岸采购的公司可以通过几种方式最大限度地降低外汇风险，包括以下内容。

（1）安排以买方的货币购买——有效地将汇率波动的风险转移给供应商。然而，这可能不是最好的政策。斯科特（Scott）建议，在谈判国际交易时，购买者应该：

1）研究一年或两年前的汇率，用于衡量各种货币波动的范围；
2）如果预计购买者的货币汇率将进一步上升，则以供应商货币的定价；
3）如果预计购买者的货币汇率将下跌，则以购买者的货币定价；
4）在确定价格调整条款时，确保货币波动与成本增加分开。

（2）通过不超过六个月的期货合同对冲不确定性。如果购买者知道供应商必须在例如六个月内以固定的外币金额支付，则购买者可以安排与银行之间的六个月期货合同，在该合同下银行将在该时间结束时提供固定数额的外汇货币。

（3）购买这些合同的货币期权给予购买者在指定时间段内以指定价格买入或卖出外币的权利（但不是义务）。根据合同，期权允许买方受益于汇率的有利波动。

（4）在离岸购买当天以现货价格购买离岸货币——这将消耗资本，但利息可以从持有的货币中赚取，汇率从一开始就知道。

（5）商议货币调整条款，这些条款可能包括以下内容：

1）付款可以采用与买方或供应商不同的货币，例如英镑、美元、瑞士法郎；

2）本合同受汇率 X，加或减 $Y\%$ 的限制。如果汇率超过这些参数，那么合同价格应重新谈判；

3）合同的汇率波动应等于签订合同时和交货之日汇率的平均值。

诸如单一欧洲货币的发展可能有助于在国际背景下简化货币价格和汇率问题。

13.4.4　法律因素

与海外供应商签订合同需要认真注意有关合同条款和条件的细节。详细信息将包括：

（1）采用哪种法律管辖权？例如，在美国有国家法和统一商业法（Uniform Commercial Code，UCC）。

（2）争议解决、仲裁或调解如何安排？

（3）覆盖交易风险所需的不同类型的保险，包括国际贸易术语解释通则（见 13.5 节）。

（4）不可抗力规定的范围，承认整个供应链上的不可抗力，包括装运的可能性。

（5）通过内部质量管理或第三方进行检查的权利。

（6）价格的确定性，考虑到货币变动，价格变动机制。

（7）商品价格变化的影响。例如，铜、锌和金。

（8）规格，包括测量单位、国家标准和术语。

（9）文件，如提单、原产地证书和海关进口表。

（10）纠正投诉，也就是说，在运输过程中拒绝或损坏的货物返还给供应商，并且由于法院或仲裁裁决给买方的损害赔偿金，确定哪些资产（如果有的话）的供应商在买方国家，因此这些可以由法院限制支付损害赔偿。

（11）将海外合同转换为自己的语言时避免翻译错误。

（12）取消和终止的权利。

（13）预防使用童工。

（14）供应商分包或转让的权利。

（15）提供履约保证／母公司担保。

《联合国国际货物销售合同公约》(以下简称《销售公约》) 及其由联合国国际贸易法委员会（贸易法委员会）设立的过程为战后时代的商业法设立了统一基准。《销售公约》是一份重要文件，因为它确立了一套全面的法律规则，规定了国际货物销售合同的形成，买卖双方的义务，违反合同的赔偿责任以及合同的其他方面。读者可能希望有一个《联合国关于在国际合同中使用电子通信的公约》。

《销售公约》已被 72 个国家采纳，但英国尚未批准。2005 年在欧洲开展业务的公司必须处理 25 个不同的司法管辖区。英国不认可的原因有很多，包括一些公约规定的模糊性，例如第 7 条关于法定解释和诚意。

欧洲合同法原则（Principles of European Contract Law，PECL）是通向欧洲共同司法道路上的一个开创性项目。这些原则是 1980 年年初由欧洲合同法委员会（Lendo Commission）编制的，包括三部分。第一部分和第二部分致力于合同形式、有效性、绩效和违约补救措施。第三部分重点讨论一般合同法问题、法规、抵消、多个债务人、非法性、不正当、条件和资本化利息。

国际仲裁法院的国际商会（ICC）是解决国际贸易和商业争端的世界领先机构。2012年，提交了759起案件，其中北美各方占8.4%。建议采用以下标准条款，但须根据本国法律和交易的特殊性进行调整，"根据本合同引起的或与本合同有关的所有争议，应根据国际商会仲裁规则最终解决，根据上述规则指定的一个或多个仲裁员"。

13.5 国际贸易术语解释通则®

13.5.1 什么是国际贸易术语解释通则®

国际贸易术语解释通则®是指外贸合同中使用的主要术语解释的国际规则，由国际贸易商会（现为国际商会）第一次出版于1936年并于1953年、1967年、1976年、1980年、1990年、2000年和2010年重新修订。

定期修订国际贸易术语解释通则®的原因是确保它们能够代表目前的实践。例如，在1990年的版本中，第一次提出涉及卖方提供交货证明的义务的条款允许用电子邮件替换纸质文件。

虽然使用国际贸易术语解释通则®是非强制的，但它们可以大大减少进口商和出口商遇到的困难。

13.5.2 国际贸易术语解释通则®知识

在决定将哪些国际贸易术语解释通则®纳入合同之前，必须确保了解所有内容的意义。Corporate Compliance Insights[16]审慎地评论：

国际贸易术语解释通则®规则通过定义买方和卖方在将商品从卖方转移到买方时的包装、运输和货物保险责任，增加国际商业合同的可预测性。国际贸易术语解释通则®规则对于与出口、进口和运输相关的转移成本和责任，以及防止在道路上出现争议是非常有价值的——但仅限于公司了解如何正确使用它们。虽然许多企业在其商业合同中使用国际贸易术语解释通则®规则，**但这些合同通常不是由真正理解国际贸易术语解释通则®规则意味着什么以及不知道如何有效使用它们的个人协商的**（作者的强调）。

Corporate Compliance Insights给出了EXW（Ex Works）（一种常用的国际贸易术语）的例子。他们解释说，如果生产商在2013年1月1日向买方出售1 000件小装置的EXW（广州工厂），生产商的义务是1月1日在广州的制造商工厂处置这1 000个小工具。该货物的报价仅适用于工厂，所有运费和保险费用，包括在生产商工厂装载货物，都是买方的责任。在广州工厂向买方（或其代理）提供货物后，货物的所有权以及因此而产生的损失和损害的风险转移给买方。

作者给出了一个案例：一个零售组织从葡萄牙的生产商以工厂交货的方式购买服装。这些20英尺⊖的海运集装箱一个下午装载完毕，因此"买方可以买到"。夜晚在生产厂的一场灾难性的火灾毁坏了集装箱里的服装。由于在这种情况下货物风险由买方承担，货物没有保险，因此完全的财务损失和无法满足市场需求，导致零售组织的声誉受损。

⊖ 1英尺 = 0.304 8米。

13.5.3 国际贸易术语解释通则®形式

国际贸易术语解释通则®17规则解释了一组三字母贸易术语,反映了商品销售合同中的商业惯例。国际贸易术语解释通则®规则主要描述了从卖方到买方交货的任务、成本和风险。任何运输方式的规则如表13-3所示,海运和内河运输的其他规则如表13-4所示。

表13-3 国际贸易术语解释通则®:任意运输方式的规则

EXW	工厂交付,意思是当卖方交货时把货物放在卖方的场地或其他指定地点(如工厂、仓库等)。卖方不需要在任何车辆上装载货物,清关时也无须卖方负责
FCA	货交承运人,意思是卖方将货物交付给承运人或由卖方在其他指定地点交付给由买方提名的另一人。当事方应当尽可能明确地指定交货地点,因为风险在此时移交给买方
CPT	运费付至,意思是卖方将货物交付给承运人或卖方在约定地点提名的另一人(如果有由双方同意的此类地方),卖方必须签约并支付必要的运输费用使货物运达指定的目的地
CIP	运费保付至,意思是卖方将货物交付给承运人或卖方在约定地点提名的另一人(如果有由双方同意的此类地方),卖方必须签约并支付必要的运输费用使货物运达指定的目的地。卖方还须签订保险合同,以防止买方的风险损失或在运输过程中损坏货物。买方应注意,根据CIP,卖方只负责最低限度的保险。如果买家希望有更多的保险保护,则需卖方明确同意,或者自行制定额外的保险安排
DAT	指定终端交货,意思是卖方在货物从抵达的运输工具卸载后,在指定的港口或目的地的指定的终端将其交付给买方。终端包括码头、仓库、集装箱堆场及公路、铁路或空运货站。卖方承担所有风险,将货物运到目的地的指定港口或目的地的终端
DAP	目的地交货,意思是当货物到达指定的目的地,在到达的运输工具上随时可以准备卸货而转由买方处理的时候,卖方就完成了交货。卖方承担将货物运到指定地点的所有风险
DDP	完税后交货,是指卖方在将货物放置在买方可以随时使用的地方时完成交货,在到达指定的目的地的卸货运输工具上清关进口。卖方承担将货物运送到目的地所涉及的一切费用和风险,并有义务承担货物的出口清关和进口清关责任,还要支付进出口的关税,并完成所有海关手续

表13-4 国际贸易术语解释通则:海运与内河运输的规则

FAS	船边交货,意思是当货物被放置在指定港口停泊的买方指定的船只旁(例如在码头或驳船上)时,卖方完成交付。当货物在船舶旁边后,货物损失或损坏的风险由买方承担
FOB	船上交货,意思是卖方将货物交付在指定装运港买方指定的船上,或者采购获取已完成这样运输的货物。当货物在船上时,货物损失或损坏的风险转移,买方承担从该时刻起的所有费用
CFR	成本和运费,意思是卖方在船上交付货物或者获取已完成这样运输的货物。当货物在船上时,货物损失或损坏的风险交由买方。卖方必须签约并支付将货物运送到指定的目的港所需的费用和运费
CIF	成本、保险和运费,意思是卖方在船上交付货物或者采购获取已完成这样运输的货物。当货物在船上时,货物损失或损坏的风险交由买方。卖方必须签约并支付将货物运送到指定的目的港所需的费用和运费。卖方还承担防止买方在运输过程中货物损失或损坏的风险。买方应注意,根据CIF,卖方只负责最低限度的保险。如果买家希望有更多的保险保护,则需要与卖方沟通或者自行购买额外的保险

13.5.4 如何使用国际贸易术语解释通则®2010规则

(1)如果你希望将国际贸易术语解释通则®2010规则应用于你的合同,你应该在合同中明确说明,诸如:所选的国际贸易条款规则,包括指定的地方,遵循国际贸易术语解释通则®2010。

(2)所选择的国际贸易术语解释通则®规则需要适用于货物、运输方式,尤其是适用于双方是否有意承担额外的义务,例如,卖方还是买方承担运输或保险义务。

(3)所选择的国际贸易术语规则只有在当事人指定一个地点或港口,并且当事方尽可能精确地指定地点或港口时才能最有效。例如,"法国,巴黎,Albertler街38号 FCA",国际贸易术语解释通则®2010。

13.5.5 国际贸易术语解释通则®2010 规则的主要特征

国际贸易术语解释通则®规则的数量从 13 个减少到 11 个。这是通过订立两个新规则替换了 2000 版本的 DAF，DES，DEQ 和 DDU 而形成的，无论协商的运输方式是 DAT（指定终端交付），还是 DAP（指定地点交付）都可以使用这两个新规则。

13.5.6 国际贸易术语解释通则®的分类

11 个国际贸易术语解释通则®2010 规则分为两个不同的品类：

国际贸易术语解释通则®2010 的完整的描述，可以通过购买 ICC 规则更好地掌握国内和国际贸易术语。[18]

13.6 船运术语

对于采购人员来说，掌握一些船运术语是非常有用的，部分术语如表 13-5 所示。

表 13-5 部分船运术语

术语	解释
航空运单	提单（见票据），涵盖将货物运送到指定地点的国内和国际航班。这是一种不可转让的航空运输工具，用作托运人的收据，表明承运人已接受所列货物，并有义务按照规定的条件将货物运到目的地机场
一切险	最广泛的覆盖形式，提供防止任何外部原因造成的物理损失或损坏的风险的方法。不包括因延迟、固有缺陷、预售条件、包装不当或市场损失而造成的损失或损害
提单	代表承运人签发的文件，描述正在运输货物的种类和数量、船公司、收货人、装卸港和装运船。它是所有权文件、运输合同和货物收据
散装货运	没有包装，直接装载到船舶舱内的货物。可以散装运输商品的例子有矿石、煤、废铁、铁、谷物、大米、植物油、牛油、燃料油、肥料和类似商品
海关通行证	海关文件允许持有人暂时携带或发送商品到某些外国（用于展示、示范或类似目的），而无须支付关税或者担保
集装箱	基于大型货物运输集装箱的运输系统，长度可达 48 英尺，可在卡车，火车和船舶之间轻松互换，无须重新处理内容物
滞留费	用户未能及时卸载货物，并归还设备，由运送人评估并收取的费用
信用文件	商业信用证，银行在收到信用证中规定的文件后向受益人（通常是商品的卖方）支付
关税	（1）从价税是指以进口商品货币价值的某一百分率计算的关税 （2）从量税是对物品的重量或数量进行评估的关税，与货币价值或市场价格无关。 （3）退税是在出口时以相同或不同的形式退回进口商品的全部或部分税款
自由贸易区	由一国政府设计的一个港口，用于免税进入任何非禁用物品。商品可以在区域内存储、展示，也可以用于制造等，并在不支付关税的情况下再出口。只有当货物从该区域进入受海关管辖的国家的区域时，才对商品（或由该商品制造的物品）施加关税，也称为外国贸易区
保税仓库交货	这个术语适用于描述没有缴纳关税，但临时准许入境的商品的状态——无论是存放在保税仓库还是转运到另一地点，最终都会征收关税
拼箱货	（小于一车货，或者小于集装箱载运）运输的货物所占空间小于一节火车车厢或载货集装箱容量
海上风险	偶然的事故或伤亡，特别发生在适航水域的运输，例如搁浅、沉船、船只碰撞、与淹没的物体撞击，遇到恶劣天气或其他不寻常的自然力量
冷藏车	装有冷藏货物处理服务装置的卡车、拖车、集装箱或有轨车
班轮工会	海运承运人组织，为公会的每个成员设定相同的费率，每个公会成员仅在指定的始发端口和目的端口之间运行
估价条款	海事政策中包含由受保人和包销商商定的固定估价基础，并确定商品的保险价值的条款。该条款决定在任何可收回损失或一般平均分摊额下应支付的额度

(续)

术语	解释
战阵风险	这些风险涉及两个（或多个）交战国的敌对行动，无论是否正式宣战。FC & S（无捕获和扣押）保障不包括此类风险，但可能会被单独的战争风险政策保护，获得额外溢价
价格	由码头或码头业主评估的费用，用于处理进出货物

13.7 海关与关税

所有从欧盟以外进口的商品，根据其价值和进口税分类，均须缴纳海关关税（进口关税或进口税）和增值税（value added tax，VAT）。所有从欧盟以外进口到英国的货物必须向英国海关和消费税局申报，在大多数情况下，这包括通过互联网购买的商品。进口商对进口关税和增值税负法律责任。

英国综合关税作为订阅服务可在线获得。该关税用于确认商品代码，并查找每种"好"商品的税率和合规要求。关税分为三卷：第一卷为进口商和出口商提供有关特定领域政策的背景和面向业务的信息；第二卷包含 16 600 种商品的说明及其商品代码和特殊措施；第三卷对进口商和出口商至关重要，它包含手工和电子 C88 进出口报关单和一系列完整的海关代码（Customs Procedure Codes，CPC），是进口商与出口商的业务指南。

进口税率根据进口货物类型和原产地国家而定。通常，进口关税是根据货物价值的百分比加上目的地国的运输和保险费用，还可以包括工具、模具、设计、特许权使用费和授权费等费用，然后再加上不同欧盟成员国的增值税。该过程的例证如下：

	英镑	英镑
货物价值	100.00	
到达英国的运输和保险成本	15.00	
进口关税的计税价格	115.00	
应付进口关税税率 5%	5.75	5.75
	120.75	
VAT 税率 17.5%（基于 120.75 英镑）	24.15	24.15
	144.90	29.90

从上面的例子可以看出，在大多数情况下，增值税是进口最大的税收。因此，在最初的价格上，这些货物全部的应缴税款为 29.90 英镑。

此外，海关清关费用还要付给快递、承运人、货运代理人或进口代理（包括皇家邮政或全球包裹速递公司），以便清关。如果货物在海关滞留或付款延误，可能还会收取额外的仓储费用。

有关海关费用的详细说明，可以通过英国关税和消费局以及英国商务、创新和技能部门的网站获取。欧盟成员国可以在名为 TARIC 或 Tariff Intégré Communautaire 的数据库中查找商品代码。英国的税率表则每年出版一次，使用 TARIC 10 次月度更新的数据，一并补充英国的增值税、许可、限制和消费税数据。

13.8 运输系统及其成本等注意事项

13.8.1 公路运输

从公元前 625 年巴比伦的第一条柏油路开始，道路系统已经有了很大的发展。2007 年中国的高速公路系统有 5.3 万公里。现在道路系统及其分布在车辆尾气排放、噪声、安全、拥挤、经济和穿越国界车辆的重量等方面引起了重视。

由于政府管制，实现规模经济的潜力非常有限。与其他运输模式相比较，道路运输的优势包括：

（1）市场进入成本相对较低；
（2）车辆和配送点的投资相对较低；
（3）可以有效管理点对点的交付时间；
（4）路线选择的灵活性在恶劣天气或事故发生时提供便利；
（5）中短途运输市场占有率较高；
（6）道路使用者不承担全部运营成本，例如，除了道路税和通行费外，他们不支付公路建设和维护费用。

13.8.2 铁路运输

铁路运输的特点是必须考虑经济和领土的限制。许多铁路网络是垄断或寡头垄断。在北美，有七个大型铁路货运公司。

铁路运输的主要考虑因素包括：

（1）有效利用铁路线路的空间，但分配站点（终端）需要大量的空间；
（2）货运列车有严格的梯度限制，例如每公里约 10 米；
（3）货车的设计十分灵活，如化肥料斗车和三重料斗车；
（4）1.435 米的标准规格广泛应用；
（5）初始投资非常高，一些铁路公司在投资和维护方面花费接近 50% 的营业收入；
（6）有潜力进行多种运输方式的交接，例如集装箱放在平板车厢上的转运（containers on flat cars，COFC）；
（7）高铁网络的出现和发展；
（8）跟踪货物的复杂性。

13.8.3 管道运输

在大多数情况下，买家很少有机会考虑以管道作为运输方式。然而，管道在战略考虑中起着关键作用。需要考虑以下要素：

（1）管线总是针对特定商品而设计的，例如油和气；
（2）可能受恐怖行为的干扰和中断；
（3）可能受到政治因素的干预，例如俄罗斯对输出天然气的控制；
（4）可以克服地形困难，例如跨越阿拉斯加的管道；
（5）运营成本低。

13.8.4 海运

在国际供应链中，海洋运输对购买者来说非常有意义。货运量有非常显著地增长，主要诱因有：

（1）它是一种低成本运输模式，通过集装箱化更加突出其优点；
（2）全球化的增长，例如英国零售商从远东采购；

（3）能源和矿物运输；
（4）终端技术改进。

海运货物主要分为两类——散货（商品货物）和散杂货（普通货物）。前者是无须包装的干燥或液体货物，如铁矿石（干）、汽油（液体）。通常这类货物只归属于一个客户，单一起点和单一目的地。后者需要包装在袋子、箱子或桶中。

海运的主要考虑因素包括：
（1）散装货物约占所有出货吨位的65%；
（2）海运速度慢，平均15海里[⊖]/小时；
（3）有些港口会出现严重的延误；
（4）投资巨大；
（5）规模经济明显，特别是满载集装箱；
（6）买方很难控制运输时间；
（7）班轮工会运作模式（从事特定贸易路线的公司之间具有正式协议）。

13.8.5 空运

空运是国际贸易运输的重要环节。它具有显著的速度优势，例如可以在一夜之间把食品运送到世界各地。一些关键考虑要素是：
（1）运输会受到恶劣天气的影响，例如冰岛火山灰问题；
（2）利用多国空域，存在政治干预问题；
（3）成本较高，但速度快，路线灵活；
（4）投资高、固定成本高；
（5）存在受恐怖主义威胁的可能，安全影响较大；
（6）燃料价格波动大约占运营成本的30%。

13.8.6 多式联运

整合供应链管理系统的需要在多式联运发展方面发挥了重要作用，一些关键考虑要素包括：
（1）集装箱化有助于加快周转速度；
（2）成本相对较低；
（3）客户可以使用一个提单来获取全程费率；
（4）一个标准集装箱（20英尺）可容纳10吨货物，一个40英尺的集装箱可以容纳大约22吨货物。

13.9 货运代理

货运代理一直在商业和国际货物运输方面发挥重要作用。货运代理人是货主的代理人，在某些情况下同时作为承运人。现代货运代理人不但协助双方货物运输，而且还以自己的运输方式或者与其他运输商协商组织运输，发挥了新的作用。[19]

⊖ 1海里 = 1.852公里。

13.9.1 什么是货运代理或运输代理

货运代理或运输代理可以是一个人,也可以是一个公司,收取费用承担货物运送到目的地的责任。当货物的运输涉及不同承运人交替转运或以不同的运输方式交替进行时,通常就会使用这种货运代理服务。

传统意义上,货运代理为其委托人制定运输合同。根据代理法律的原则,货运代理有义务根据约定条款缔结合同。虽然在民法中,货运代理与承运人不同,但后者有时也作为货运代理。

13.9.2 货运代理服务

福利(Foley)[20]提出了货物代理服务包括:
(1)国际货运报价;
(2)出口包装;
(3)提供承运时刻表;
(4)预订内陆和国际货运;
(5)集装箱化和货物加固;
(6)转运;
(7)监督货运(如货物装载到运输工具上);
(8)电脑跟踪国际货物运输;
(9)出口和进口文件;
(10)申请出口许可证;
(11)对其他国家的特殊要求提出建议;
(12)出货前检查;
(13)海运和空运保险;
(14)仓储;
(15)海外物流战略,如自由贸易区和仓储;
(16)协助保险索赔。

货运代理提供的其他服务可能包括:
(1)拼装或集运,即将不同发货人的货物集合成一批货物;
(2)公路运输,例如运往海上或机场的集货运输或是从海上或机场运往目的地的配货运输;
(3)集装箱——有些货运代理可以经营集装箱服务或租赁集装箱;
(4)提供仓储、包装、保险、金融和市场研究服务;
(5)协调多个货物的交付。

13.9.3 货运代理费用

货运代理或运输代理由托运人或进口商根据所需的服务或文件支付协议费用。费用与国际贸易术语解释通则有关,因为它们取决于不同方承担的责任。例如,采用FOB的责任较低,因为责任在出发港口就可结束,而采用DDP的责任会增加,因为责任要延续到货物到达目的地的终端。

13.9.4 货运代理未来

威尔莫特(Willmott)[21]指出,物流与供应链管理的发展要求:"物流从业人员"的服务不仅仅是货运代理服务提供商，而是将自身融入整个业务过程中，称为链接多种业务功能的节点。

威尔莫特列出了这些功能：
（1）客户化或为个别市场或客户量身定制服务；
（2）原材料采购和交货；
（3）材料分配与包装；
（4）制造和能力规划；
（5）库存确定和仓库的选址定点；
（6）海运、公路、铁路和空运的国际运输；
（7）本地的中转集散、基本配送和多点投递配送；
（8）订单履行，包括提货、包装和发货/交货；
（9）电子商务支持的供应链可视性；
（10）逆向物流，可能涉及呼叫中心管理和回收维修或服务等。

货运代理可能的发展方向包括：
（1）通过合并物流和转运服务建立"一站式"实体，为材料和零部件供应商提供更多的能力和服务，使制造商能够外包非核心物流和运输活动；
（2）将货运代理人员指派给主要客户，提供现场货运专业指导服务；
（3）整个供应链是在供应链之间的相互竞争，而非在链中成员的相互竞争基础上形成的，因此货运代理可能成为链接多个链条的一个节点。

13.10 付款方式

海外供应商（出口商）在收到付款之前可能不愿意发货。相反，买家可能不愿意在货物交付之前付款。SITPRO[22]（简化国际贸易）已经产生了如图 13-1 所示的付款风险阶梯，分别列出了一些支付方式和每个出口商和进口商的风险。

下面简要说明如图 13-1 所示的四种付款方式。SITPRO 还建议，进口商和出口商应仔细考虑其选择权，并对海外供应商或客户实施适当的保险和信用检查来对冲风险。

出口方	最少保障→	较少保障→	较多保障→	最有保障→
	往来账户	托收票据	信用证	预付款
进口方	←最有保障	←较多保障	←较少保障	←最少保障

图 13-1 进口方和出口方付款风险阶梯图

13.10.1 往来账户

与大多数国内交易相似，货物运送后，将依据事先的协议将带有发票的付款单证寄给买方，如"30 天付款，发票净额"。

13.10.2 托收票据（跟单票据）

在这种制度下，包括提单（由船长签署的收据，证明船上运输的货物和构成该货物的可转让单据）的运输单据将被发送给买方的银行，而不是直接给买家。这些单据只有在付款

（付款交单）或承诺付款（承兑交单）的情况下才会交给进口商，进口商收到文件之前货物的所有权仍然属于出口商。承兑交单通常附有买方签发的汇票。汇票是在国外购买货物的最古老的付款方式。汇票（B/E）定义为：[23] 由一人开给另一人的无条件书面命令，由提供给他的人签署，要求接受命令的人立即付款，或在固定的时间，或在确定的将来的时间，把一定的金额支付给特定的人，或他们指定的人或持票人。

支票是银行提供的汇票（B/E）的特殊形式，按需支付指定的金额。

买方（受票人）同意在某一日期（例如"承兑后 30 天以内"）支付费用，汇票就被认为已经承兑了，据此货物将被交付给买方。

托收票据的处理过程受《托收统一规则》（国际商会出版的第 522 号文件）规定。全球 90% 以上的银行都遵守"522 号文件"。

13.10.3 信用证

在托收票据中，银行只作为中间人，不进行付款承诺。因此，它是一种比信用证（letter of credit，LOC）更便宜的安排，信用证是构成现金担保的法律文书，要求银行在规定的时间内向指定的受益人（如出口商）依据提单、质量证明、保险单和起始单、装箱单和商业发票等文件付款。因此，买方不付款的风险因此被转入开证行。信用证受 ICC 的规则"跟单信用证统一习惯和做法（UCP 500 号文件）"约束。

信用证由进口商（申请人）开立，以确保所要求的文件能够证明卖方已经按照 LOC 的要求条件满足了相关销售合同的要求。

从出口商的角度来看，除了预付现金外，信用证是国际贸易中最安全的付款方式。信用证的条件性质意味着除非所有的信用条款都已经被精确地满足，否则不会向出口商进行付款。

信用证可以是带有条件的、备用的或事务性的：

（1）有条件的信用证可能需要业主的一些举证责任，即在银行付款之前，证明缔约者履约无误；

（2）备用信用证通常用于往来账户（见 13.10.1 节），仅在指定期限内支付单据中规定的金额；

（3）交易信用证适用于一个特定交易。

大多数信用证不可撤销，这意味着双方必须同意任何更改。

虽然信用证是一种非常安全的付款方式，但安全性是有代价的。因此，安全性必须与较高银行费用的成本加以权衡。

13.10.4 预付款

如图 13-1 所示，预付款以买方立场而言是最不安全的支付方式，却是对卖方最安全的付款方式。通常这种方法采用事先支付 50% 的售价，其余的则以商定的信贷条件支付的方式。

13.10.5 应该使用何种支付方式

SITPRO [24] 列出了在确定使用哪种方法时要记住的因素：

（1）公司政策；

（2）现金流量；

（3）与海外供应商的关系；
（4）海外供应商经营的市场条件；
（5）买家的直觉。

各种电子手段大力提升了交换文件和付款所涉及的所有过程的效率和速度。

13.11 反向贸易

13.11.1 什么是反向贸易

亚瓦斯（Yavas）和弗里德（Freed）[25]将反向交易（CT）定义为：平行商业交易的通用术语，通常与典型的以金钱为货币媒介的交易无关，以承诺互惠的方式将卖方与买方联系起来。

基本上，反向贸易是一种国际互惠交易的形式，买方给其他国家（或反过来接受订单）的供应商下订单，条件是在相反方向上以相等或特定价值的出售或买卖货物。

反向贸易经常但不一定发生在不太发达、更集中的计划经济体中。石油价格上涨、利率上涨和外债意味着许多国家无法通过出口来获得足够的核心收益来偿还债务，但仍迫切需要进口。由于经济、金融和政治力量，反向贸易已经成为现代市场的一个特征。虽然各种估值不同，但约有25%的全球贸易为反向贸易。

13.11.2 反向贸易的形式

卡特（Carter）和加涅（Gagne）[26]确定了五种不同类型的反向贸易。

（1）**易货贸易或物物互换**。这是在没有现金交易的情况下，贸易伙伴之间的一次性、直接的、同时的货物或服务交换，如伊朗原油交换新西兰羊肉。当交换货物以节省运输成本时，使用"物物交换"（swap）一词。

克罗伊茨（Kreuze）[27]举了个例子：将本应该运往古巴的俄罗斯石油运往希腊，并将运送到希腊的墨西哥石油运送到古巴，从而为两国节省了巨大的运输成本。

（2）**反向采购**。反向购买是指X国内的某个公司向外国Y销售其产品时，应当进行反向购买，条件是销售收益的一定比例将用于进口Y国生产的商品。两个贸易伙伴均同意在固定时间内履行其义务并以现金支付其各自采购的主要部分。

1977年，大众汽车向东德出售了10 000辆汽车，并同意在随后的两年内从东德国家编制的列表中购买商品，直到达到汽车的价值。

（3）**回购（也称产品返销）或补偿贸易**。出口商同意以原始出口产品生产的产品作为全部或部分支付款项。

西方石油公司与苏联谈判达成协议，根据该协议，它们同意在苏联建造几座工厂，并在20年内接受这些工厂生产的氨作为部分付款。

回购和反向采购的主要区别在于，在回购中：

1）所收回的货物和服务与出口的原始货物有关，而反向采购的情况并非如此；

2）回购通常会比反向采购延伸更长的一段时间。

施乐公司向中国出售了生产低价值复印机的工厂和技术，合同约定回购中国工厂生产的大部分机器。

（4）**转手交易**是指在一个国家转移未使用或不可用的信贷余额，以克服另一国家贸易伙伴的资金不平衡。X 国向 Y 国出售某种价值的商品。Y 国按照商品的价值给 X 国进行信用记分，X 国可以将此分数用于从 Y 国购买商品。然而，X 国不希望从 Y 国购买商品。因此，X 国以折扣方式向第三方交易所出售信贷。然后，交易所找到一个希望从 Y 购买商品的国家或公司，将信用证出售给希望从 Y 购买的国家或公司。作为回报，交易所可以获得一小部分利润。

（5）**抵销贸易**——与反向采购相似，但供应商可以通过与原始货物所在国家的任何公司进行交易，履行承诺进口具有一定百分比价值的货物或服务。

图 13-2 很好地诠释了这类贸易的状态。

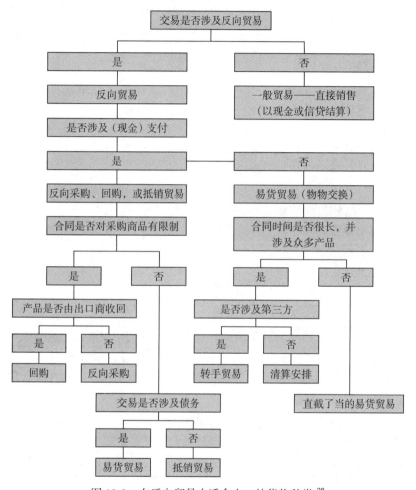

图 13-2　在反向贸易中适合出口的货物种类[28]

13.11.3　反向贸易的优点与缺点

反向贸易的优点与缺点由福克（Forker）[29]进行了总结，如表 13-6 所示。

表 13-6　反向贸易的优点与缺点

优点	缺点
接受对方以货物或服务作为付款可以： • 避免外汇管制 • 促进与无法兑换货币国家的贸易 • 降低货币价值不稳定的风险	与传统贸易相比，反向贸易谈判耗时较长，且更加复杂，有时需要强力有的政府采办机关的协同

(续)

优点	缺点
克服以上金融障碍使得从事反向贸易的企业可以： • 进入新市场或以前封闭的市场 • 扩大业务范围、提升销量 • 降低地方保护主义的影响	额外费用，例如代理费和其他交易成本，降低了反向贸易的获利空间 在反向贸易中接受的货物，在质量、可得性和废物处理方面会有困难
反向贸易能够使参与方： • 充分利用工厂产能 • 拥有更长的生产运转期 • 由于更多的销售额因而降低单位成本 • 为低迷产品找到有价值的出路	在反向贸易中接受的货物价值是指定的，因此会产生定价问题 抵销贸易的客户未来可能成为竞争对手 产品的价格在漫长的反向贸易谈判和交付过程中可能会发生很大的变化

13.11.4 反向贸易的问题

反向贸易的实施需要专门知识。反向贸易遇到的问题可以被归纳为市场营销、谈判能力、态度、管理、定价以及采购等方面。例如：

（1）无法控制产品交易质量，可能不存在规格明细；
（2）定价决策和成本驱动知识的缺乏；
（3）缺乏反向贸易知识和相关专业知识；
（4）多方谈判，既困难又复杂，尤其是在没有共同的议程的情况下；
（5）合同关系对管辖权问题缺乏明确性；
（6）反向贸易中获得的产品可能难以转售；
（7）第三方成本的增加；
（8）不可知和不可量化的风险。

13.12 海外采购的真实成本

如本章前面部分所述，虽然海外采购的好处很多，但也存在重大的财务成本和风险。因此，在决定离岸之前，对此类成本和风险进行评估非常重要。诸如表 13-7 之类的表格便于比较在海外采购和从本国供应商采购的真实成本。这张表也提供了一些海外采购可能的谈判议题清单。

表 13-7 所示的许多成本也会招致征收增值税。成本将根据不同商品的重量、尺寸和数量而变化。借助于该表格也可以很容易地计算出这种差异的影响程度。

表 13-7 离岸成本与英国本土供应商成本的比较

费用分类	成本：支出范围	海外供应商	本土供应商
基本价格	供应商所报的产品单价 包装 海运/空运 海运保险 供应商最终报价 CIF/目的地		
手续费用/运输费用	手续费用（货物进入港口） 仓储 港口成本 内陆运输到买方的费用 货运代理费用 保险		

(续)

费用分类	成本：支出范围	海外供应商	本土供应商
关税及相关费用	关税 报关费用（清关费用）		
国际金融费用	单证成本 货币兑换率 汇率波动 银行费用		
库存成本	高库存的持有成本 年度百分比等级		
采购成本	拜访海外供应商的成本 预估的沟通成本 海外代理的检验成本 特殊费用，如翻译、法律等		
总实际或估计成本			

13.13 从海外采购资本设备

13.13.1 从海外购买的原因

在海外购买设备的原因主要包括：

（1）与现有设备的兼容性；

（2）技术受专利保护；

（3）满足严格的"抵消"承诺；

（4）达到高品质规格；

（5）获得 24 小时/365 天的专家服务支持；

（6）获得尖端技术；

（7）获得全生命周期的长期支持；

（8）高素质操作员的培训和支持；

（9）具有竞争力的设备价格和支持；

（10）能够协商严格的合同履约规范和违约处罚。

13.13.2 从海外购买设备的技术需求

13.4 节已经列举了购买资本设备的主要考虑因素，尽管要特别注意全生命周期的成本和备件的可得性，特别是通过航空运输或其他方法提供的速度。其他重要因素是国际标准化，特别是对于一些复杂的设备，提供安装和购买后的维修咨询和服务。

13.13.3 文化、合同和货币因素

本章提到的文化的、政治的、伦理的和外汇的因素同样适用于购买资本设备。

法律因素还需要特别考虑，特别是适用什么法律制度，以及通过国际商会等机构解决国际争端的规定。特殊条款可能需要包括在合同中，例如设备供应商承诺维持规定的最少数量的备件库存。

需要考虑的货币因素与 13.4.3 节所述相同。在某些情况下，反向贸易可能适用，尤其是产品返销协议，出口资本设备的国家承诺购买进口国家制造的一些产品。

13.13.4　进口因素

进口因素包括最合适的运输方式以及货运和进口代理商可以提供帮助的方式。海外资本设备的所有买家应对国际贸易术语解释通则®，特别是 FOB，CIF 和 CFR 有全面了解。

最后，如 13.12 节所述，当这些替代方案可用时，对离岸和本土购买资本设备的成本比较评估至关重要。

13.14　海外采购的成功因素

本章前面提到的碧柔和福西特（Fawcett）研究确定了表 13-8 中列出海外采购成功因素。

表 13-8　影响国际采购成功的因素（碧柔和福西特，1993）

次序	因素	评分
1	顶层管理者的支持	5.68
2	发展沟通技能	5.67
3	建立长期关系	5.65
4	发展全球采购技能	5.62
5	了解全球机会	5.13
6	国外商业实践知识	5.09
7	国外供应商的鉴定与资质	5.02
8	全球采购计划	5.02
9	获得专家支持	4.79
10	汇率知识	4.53
11	使用第三方物流服务	4.12

注：所有的评分基于 7 点里克特量表，7 分最高。

其他重要考虑因素包括：确定所有重大采购中所有权的总成本，使用实施全面质量管理的离岸供应商，为离岸供应商提供准确的需求预测，适合供应链参与者的跨界理念，而非狭隘的业务流程观点，要强化对海外供应商兴趣和文化的敏感度。大多数采购专业人员可以从海外采购培训中受益，但实践经验通常是所有人的最佳老师。

问题讨论

1. 海外采购的潜在风险是什么，特别是在金融和供应链方面？
2. 你愿意通过本地代理商与海外供应商联系，还是直接与海外供应商进行联系？
3. 定义反向贸易，并识别五种不同类型的反向贸易。
4. 如果你选择一个货运代理来代表你的利益，那么你会注重的前六个品质是什么？
5. 信用证和托收票据之间的主要区别是什么？
6. 如果你从日本的供应商那里购买了资本设备，那么你如何保证他能持续供应备品备件？
7. 比较国际航空运输和国际海洋运输。
8. 为什么采购专员应该关注外汇风险？如何减轻风险？

9. 列举六个国际贸易术语解释通则规则，并从买方的角度解释其优缺点。
10. 签约受外国管辖的合同的风险是什么？
11. 当买方从海外供应商处采购时，减少了本国在该地区的就业，海外采购如何以经济方式证明它的合理性？
12. 事实上，一些国家广泛使用童工劳动，有时也不顾及对健康和安全造成的不利影响。在谈判合约时，你如何解决这些问题？
13. 除了价格以外，也有少数由于其他原因需要进行海外采购。你同意吗？
14. 海外采购对环境的影响很难确定。你同意吗？

参考文献

1. Birou, L. M. and Fawcett, S. E., 'International purchasing: benefits, requirements and challenges', *International Journal of Purchasing and Supply*, Jan., 1993, pp. 22–25
2. Trent, R.J. and Monczka, R.M., 'International purchasing and global sourcing: what are the differences?', *Journal of Supply Chain Management*, Vol 39, Iss. 3, 2003, pp. 26–36
3. Rexha, N. Miyamoto, T., and Grainger, R., 'International sourcing: an Australian perspective', ISM *Resource* Article, Winter, 2000
4. Brian Farrington Limited www.brianfarrington.com
5. Griffin, R., W. and Pustay, M. W., *International Business: A Management Perspective*, Pearson Education Ltd, Global Edition
6. Op. cit
7. Ferraro, G., *The Cultural Dimension of International Business*, Prentice Hall, 2010
8. 'The World's Religious Make-Up', *The Economist*, December 22, 2012, p. 102
9. info@wrapcompliance.org
10. http:www.nbrown.co.uk/suppliers
11. E-mail: helpdesk@sedexglobal.com
12. Available from Department for Business Innovation & Skills: https://www.gov.uk/government/organisations/department-for-business-innovation-skills
13. www.bsci-intl.org
14. www.fta-intl.org
15. www.ethicaltrade.org
16. www.corporatecomplianceinsights.com 'Incoterms rules - how they can improve your company's compliance, reduce your risk and maximise your profit', January 21, 2013
17. 'Incoterms' is a registered trademark of the International Chamber of Commerce
18. Obtainable from ICC United Kingdom. The British affiliate of ICC, 12 Grosvenor Place, London, SW1X 7HH
19. www.forwarderlaw.com 'Stuck in the middle - Part 1 Functions of a freight forwarder'
20. Foley, J. F., *The Global Entrepreneur: Taking Your Business International*, Jamme Press International, 2nd Edition, 2004
21. Willmott, K., *Understanding the freight business*, in as 3 above, pp. 203–204
22. SITPRO (Simplifying International Trade) at:www.sitpro.org.uk/trade/paymentmethods.htm
23. Bills of Exchange Act 1882, section 3(1)
24. As 23 above – SITPRO is the UK's Trade Facilitation Agency, supported by the DTI
25. Yavas, B. F. and Freed, R., 'An economic rationale for countertrade', *The International Trade Journal*, Vol. 15, No.2, 2001, pp. 127–155

26 Carter, J. R. and Gagne, J., 'The dos and don'ts of countertrade', *Sloan Management Review*, *Spring*, 1988, pp. 31–37
27 Kreuze, J. G., 'International countertrade', *Internal Auditor*, Vol. 54, No. 2, April, 1997, pp. 42–47
28 Czinkota et al. czinkota@georgetown.edu. 2005, p. 587
29 Forker, L. B., 'Purchasing's views on countertrade', *International Journal of Purchasing and Materials Management*, Vol. 28, No. 2, 1992, pp. 10–19

第 14 章
谈判技巧、实践与商业利益

学习目标

本章的学习目的是,理解:
- 谈判的业务影响
- 谈判方式
- 专业谈判所需的技能
- 谈判问题的范围
- 谈判结构
- 谈判过程
- 谈判和关系管理
- 谈判伦理

核心要点

- 对抗谈判或分配谈判以及协作谈判或综合性谈判之间的区别
- 影响其他人获得积极成果的方法
- 物质与关系谈判角色
- 时间和地点作为谈判的一个因素
- 规划为关键的谈判要素
- 谈判过程的关键阶段
- 谈判前、谈判中和谈判后的活动和考虑
- 谈判交流与分析
- 谈判回顾和学习转移
- 定位和原则性谈判
- 谈判的伦理方面

引言

谈判被描述为：[1] 也许是买家来提高他公司的利润并获得认可的最好的机会。

在谈判之前必须有具体的条件来尝试解决买卖双方的差异。这些将包括以下情况：

- 相信与其他投标人相比，在招标或报价中包含的成本要素不具有竞争力，或者内部财务和专业技术知识显示出价成本过高。
- 招标或报价的主要特征不清楚。例如，交货日期不受详细的生产计划的支持，显示关键的制造点，或服务实施无法识别里程碑。需要协商来探讨这些要点，并确定合同如何包括所需的交付义务。
- 有理由相信，卖方很可能不履行合同的关键条款，因此需要合同保障。这方面的一个例子是未能在项目上调动资源。
- IT 产品支持是必需的并且需要不同的级别，例如金、银和青铜可用，拟议的使用成本不清楚或不可接受。需要谈判才能获得最终的价格、服务水平，并了解不履约的后果，并将其纳入合同。
- 有充分理由相信投标者的定价不具有竞争力。这可能是通过串通做法、估计缺陷或者以要过高的利润来定价的。
- 供应市场垄断，从而降低正常的竞争力。
- 投标者不愿意解释他们如何实现价格，特别是高价值合约。如果这种情况也伴随合同变更可能是不可避免的情况，则需要进行谈判才能确定合同中的价格审查机制。
- 采购有一个独特的元素，例如在买家专业知识不足的专业领域一次性购买。这可能发生在信息技术采购中，卖家通常会有专家知识。
- 合同纠纷需要对导致争议的所有情况进行详细的了解。
- 采购公司正在考虑长期合同，例如外包后台服务 10 年，因此，决定将涉及长期的定价考虑。在这种情况下，谈判是必要的，以确保适当的价格控制机制，如指数化、持续改进、价格基准和可能的激励机制。
- 技术更新将作为合同履行的要素纳入其中，投资回收需要具体确定。
- 卖方要求价格上涨，将对运营成本，预算和竞争市场产生不利影响。
- 供应市场研究确定了能够获得以前购买公司否认的竞争优势的机会。外包和离岸外包已经提供了例子。
- 可以证明，现有的合同不再具有竞争力，和/或技术解决方案已经过时。

这不是一个全面的列表，虽然它确定了经常需要谈判的原因。它不能成为一个可预测的惯例，例如要求价格下降 5%。不得将竞标者的数据披露给竞争对手以降低价格或其他合同优势。它不能涉及经典的"荷兰式拍卖"，投标人在短时间内不断对抗。

最好的谈判是在买卖双方相互尊重的情况下进行的，双方认为有合理的专业理由进行谈判。微妙的谈判可以在需要加强关系以提供未来商业机会的情况下进行。这强调了并非所有谈判都是由意见分歧或实际争端引起的。

1. 定义

谈判有很多定义。以下给出并评论了三个典型的例子。

两个或两个以上各方决定每个人将交换哪些内容的过程。[2]

谈判的这个定义的亮点：

（1）其人际关系；

（2）各方的相互依存关系；

（3）资源配置。

正式谈判是：两个或两个以上政党的代表明确企图在一个或多个分裂问题上达成共同接受的立场的场合。[3]

这个定义强调了谈判：

（1）只限于两个或多个当事人达成协议的场合；

（2）涉及双方的代表，例如买方、销售主管和法定代表人；

（3）是明确的，也就是说，这个过程真诚地和蓄意地试图达成协议；

（4）涉及双方当事人同意的分歧问题。

第三，谈判是：任何形式的口头交流，参与者寻求利用其相对的竞争优势和需求，以实现明确或隐含的目标，以达成解决问题的总体目的。

这个定义强调了谈判的三个要素：

（1）涉及沟通，即信息交流；

（2）它是在参与者利用其比较竞争优势的背景下进行的，以及另一方感知到的需求会影响谈判过程的结果；

（3）每个参与者都具有确定谈判策略的隐含目标和明确目标，例如，卖方将明确希望获得最佳价格，但是，隐含地将寻求对固定间接费用的贡献，并努力保持采用的工厂和劳动力。

2. 谈判方面的识别

必须对报价和投标进行专业评估，以确定卖方的立场导致的不可接受的方面，和/或出现不符合要求的报价。采购专员将能够确定可以接受的方面，而无须进一步的讨论，以及伴随的风险是不可接受的，哪些谈判是理想的业务方法。

对于所有可能谈判的事情全部规定出来是不可能的，但可以预测通常需要谈判努力的方面：

（1）符合规格；

（2）交付里程碑，完成日期以及未能满足他们的后果；

（3）财务保障，例如银行担保，履约保证金和母公司担保；

（4）产品和服务定价，数据披露；

（5）长期产品支持，例如软件版本和支持期限；

（6）产品保证条件，例如修理/更换，然后延长保证？

（7）遵守法定规定，例如健康和安全在工作；

（8）非经常性费用的定价，例如工具和软件源代码开发；

（9）卖方要求增加付款条件，包括预付款；

（10）卖方的排除条款提案；

（11）保险要求，例如价值观和"每项索赔"还是"总体"；

（12）终止条款和对双方的后果；

（13）长期合约的价格审查机制，例如指数化；

（14）重新确定增加数量的价格；

（15）折扣和/或折扣结构；

（16）使用计算机软件和付款的许可证，例如站点许可证或用户号码；

（17）小时费用组合和周末收费；

（18）不可抗力包括什么；

（19）知识产权在设计、版权等方面的权利；

（20）使用分包商，合同条件下降；

（21）调试费用，例如 IT 软件；
（22）仲裁调解和合同纠纷解决权；
（23）管辖权；
（24）重大项目动员费；
（25）清算或未清偿的损害赔偿。
注意：这些仅是广泛的标题，需要大量的规划来确保在随后的谈判中处理细节。

14.1 谈判的方法和策略

谈判方式可分为对抗或协作：

（1）**对抗谈判**，也称为**分配谈判**或**输赢谈判**，是一种重点在参与者放置的"位置"的方式，假设每次一方胜利，另一方就会失败，因此，另一方被视为对手；

（2）**合作谈判**，也称为**一体化谈判**或**双赢谈判**，是一种假设，即通过创造性地解决问题，一方或双方可以获得收益，而另一方则被视为合作者而不是对手，参与者可能更愿意分享与其他情况相关的问题、想法和期望。

对抗谈判和合作谈判的特点总结在表 14-1 中。

表 14-1 对抗谈判和合作谈判比较

对抗谈判	合作谈判
• 重点是争取在对手的费用上实现目标	• 重点是确定与对方共同的目标
• 战略是建立在保密、信息保留和低信任度的基础上的	• 战略是基于开放性、信息共享和高度信任的感知伙伴的
• 谈判的期望结果往往被错误地表述，以便对手不知道对手真正要求的谈判结果。对对方不太关心或同情	• 了解所需的谈判结果，以便没有隐藏的议程和明确的问题。每一方都关心和同情对方
• 战略是不可预测的，基于各种谈判手段，旨在超越或"抛出"另一方	• 战略是可预测的。这些策略虽然灵活，但却旨在达成对方可以接受的协议
• 缔约方使用威胁、虚张声势和最后通牒，目的是使对手保持防守	• 各方不要受到威胁等，这被认为是理性解决所感知问题的反效果
• 坚定不移地坚持一个固定的立场，可以由理性和非理性的论据来捍卫。主要是这种方法是破坏性的	• 假设所采取的立场需要灵活性。重点是使用有想象力、创造性、逻辑思想和方法来建设性地解决差异
• 这种做法基本上是敌对的和侵略性的——"我们反对他们"。在团队谈判中可能会加强这种对抗，团队成员可能会寻求超越同事展现男子气概的态度	• 这种做法本质上是友善和非侵略性的，"我们在一起"。这包括淡化敌意，并给予任何一方对谈判所做的建设性贡献
• 采用极端不健康的对抗方式，假设通过阻止对方达到目标的措施来促进自身目标的走向	• 当假定对谈判对方有利的事情对双方都有好处时，健康极端地达成伙伴关系的方式
• 关键态度是："我们赢了，你输了"	• 关键的态度是，"如何实现各方的目标，双赢"
• 如果出现僵局，谈判可能会被中断	• 如果发生僵局，这可能是另一个需要解决的问题，可能是由高级管理层或内部或外部调解人或仲裁员的干预

14.1.1 对抗与合作战略评估

在下列情况下，**对抗战略**有时适合：

（1）如果没有持续的关系，或者存在潜在的，或者希望这笔交易是一次性的；

（2）需要一个快速、简单的解决方案来解决争议。

合作战略虽然更耗时且难以实现，但具有以下优点：

（1）更稳定，导致长期的关系和创造性的解决方案；

（2）谈判双方有大抱负和抵制对这些问题做出让步时，也可能是获得协议的唯一途径。

14.1.2 对抗态度的转变

费舍尔（Fisher）和尤里（Ury）[5]提出五种战术，旨在将对抗转变为合作方式。这些方法在 14.10 节讨论。

14.2 谈判的内容

在任何谈判中，应该考虑两种目标。这些可能被称为**物质目标**和**关系目标**。

14.2.1 物质目标

物质目标涉及谈判的内容问题。可能的内容问题众多，并且取决于与情况有关的要求。大多数谈判将涉及高价值/使用项目，即构成库存投资主要部分的项目的 15%～20%。谈判也适用于非标准项目，尽管大型用户将尽可能寻求谈判标准用品的优惠条件。大多数谈判话题直接或间接影响价格（和成本）。内容问题可以分为多种方式，包括海外购买建筑项目。分组也可能涉及 IT 或商品等产品。三个典型的分组分别如图 14-1、图 14-2 和图 14-3 所示，涉及谈判中的价格、合同和交付问题。列出的问题绝非穷尽，列表往往存在重叠。

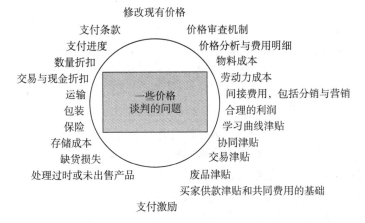

图 14-1　价格谈判内容———一些问题

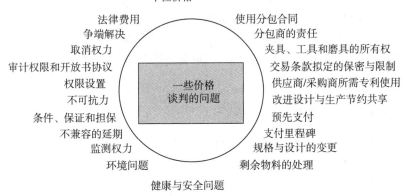

图 14-2　合同谈判内容———一些问题

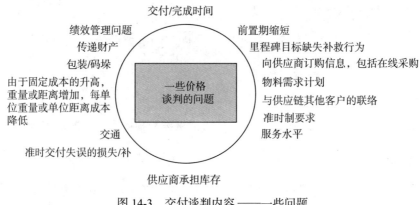

图 14-3 交付谈判内容 ——一些问题

14.2.2 关系目标

关系目标与结果有关，一旦进程完成，参与谈判的人员能够共同合作，以及他们各自的组织或"选区"可能在一起工作。关系目标的一些领域包括：

（1）合作采购；
（2）优先供应商状态；
（3）供应商参与设计、开发和价值分析；
（4）技术共享。

14.2.3 谈判的法律影响

一些谈判侧重于一个单一的问题，另一些则是复杂的，涉及多个问题的讨论。法律专家通常要进行复杂的谈判，买家需要了解在谈判期间和之后采取行动的法律影响。

如果我们假设供应商已经通过报价或投标方式提出要约，那么谈判的任何尝试都将在法律上规定为还价。这使得卖方处于可以全面接受还价的位置，或者可以拒绝，或者卖方可以提出还价。这只是按照通过提供和接受规则形成合同的法律规则。

买方还必须意识到卖方提出的要约遭到质疑的任何条款被驳回，卖方有权撤销投标书。除非在极端情况下，否则这是不可能发生的，但它可以！

1967 年的《虚假陈述法》与谈判有关。这表明，如果某人在对他做出虚假陈述之后签订合同，并且①虚假陈述已成为合同的条款；或②合同已经执行；或者两者都存在，则符合本法案的规定。尽管如此，他将有权在不指称欺诈的情况下撤销合同，但本法案第 2 节第①和②款中提到的事项仍然适用本法规定。

这一参考的结论是强调需要同时提供谈判以备将来参考。谈判中使用的关键词和短语应作为审计追踪的一部分注明和保留。

14.3 谈判的影响因素

谈判中的三个重要因素是谈判者、谈判情况和时间。

14.3.1 谈判者

在谈判中，买家和销售人员通常作为其各自组织的代表。他们在谈判中的行为将受到他们个性的影响，部分是由于他们的代表角色受组织文化的影响。

1. 人格

这可以定义为[6]：一个个体的行为，思维和感觉的相对持久和稳定的模式。

然而，应该认识到，由于行为科学家从不同的角度定义了这个术语，所以对个性的意义没有普遍的一致意见。在目前的情况下，可以宽松地认为这是指"人们如何影响他人，了解和认识自己"。人们对别人的影响主要取决于：

（1）他们的外观——高度、面部特征、颜色和物理方面；
（2）他们的行为——粗俗、咄咄逼人、友善、礼貌，等等。

研究表明，威权主义、焦虑、教条主义、风险规避、自尊和怀疑等个性变量影响了谈判情况下的合作或竞争力程度。谈判策略的实施可能受到人格因素的影响，同样，参与者的个性特征的混合也可能决定谈判的结果。

20世纪50年代由埃里克·伯尔尼（Eric Berne）开发的交易分析与谈判行为的理解有很大的相关性。"交易"是社会互动的单位："如果两个或更多的人相遇……迟早会有人发言，还是表示承认他人的存在，这被称为交易刺激。另一个人然后会说出或做出某些与刺激有关的言语或行为，这就是所谓的交易反应。

交易往往以连锁方式进行，因此每个回应反过来都是刺激。交易分析是基于人们以三种自我状态（父母、成人和儿童）或思维方式相互响应的概念，这导致某些类型的行为。在本书中完全描述交易分析是不切实际的。读者应该参考埃里克·伯尔尼的书 *Games People Play*[7] 或 T. 哈里斯 (T. Harris) 的 *I'm OK-You're OK*[8]。

2. 谈判者作为代表

在谈判中，与会者重要的是要知道他们有被授予代表他们的组织的权力，因为这种权力规定了他们对谈判结果的选择和责任。

权力的程度可以从使者到自由代理，委托到出席，没有变化的话，由他的上级决定其职位。买方必须在谈判开始时确定代表卖方的人有权在技术、法律、财务和商业问题上代表其组织。这个权力并不一定与职称有关。他可以一个拥有主要客户经理的头衔，但无权谈判交易的所有方面。如果确定该人没有权力，谈判不应该继续下去，否则买方将透露他的立场，如果谈判继续下去，将没有任何可用的战术条款。询问谈判者是否有适当的权力，一定不要尴尬。

有证据表明，对谈判者的限制较少，他的个人特征（如知识、经验和个性）对谈判过程影响较大。五种情况阻止谈判者在下列情况下自发地反对对手：

（1）他们在确定自己的位置或态度方面几乎没有自由；
（2）他们对他们的表现负责；
（3）谈判者对谈判结果负全部责任；
（4）谈判者对参与谈判的顾客负责；
（5）他们被任命而不是当选的。

在上述情况下，谈判者的行为将受到其义务的约束。谈判越复杂，开放性越高，谈判者的地位就越高。

14.3.2 谈判情景

这涉及谈判参与者的优势和劣势。波特确定的影响供应商和买方群体相对优势的因素在

第 2 章中概述（见图 2-6）。有一些因素会影响买方谈判的能力，包括：

（1）了解供应市场和现有竞争；
（2）正在购买的产品或服务的技术和其他数据；
（3）供应商财务、组织、生产能力等方面的情报；
（4）购买和接口专业的专业知识；
（5）了解购买力状况；
（6）使用适当的谈判技巧，包括全面规划；
（7）勇于信念和坚持要求；
（8）处理长期问题的能力，看"大局"；
（9）处理他人施加时间限制的能力；
（10）了解过去与卖方的谈判，他们的行为模式和让步模式；
（11）对自己有能力进行谈判和建立有效团队的信心。

在任何谈判的情况下，重要的是考虑如何管理过程并影响结果。做到这一点，必须集中力量在有限的方法上去影响他人。有一个有限的选择（参见 Ashcroft, S. G.,' Commercial negotiation skills'）[9]虽然在一个具体的谈判中可能会出现不止一个。能力是识别出选择，并知道该选择为什么要被采用。

1. 对抗：权力和胁迫

这可能是最危险的谈判形式，可能是破坏性的。权力永远不会是单方面的，因此使用权力的人会引起类似的回应。毫无疑问，一方可能会有短期利益，但从长远来看，它不会促成买卖双方的积极关系。当他们可以使用权力，但是当市场力量改变时，每一方都可能占据上风。当需求超过供应时，使用权力的买方可能会发现用品不可能获得。使用权力将价格降低到不经济水平的大买家可能会发现卖方退出市场。不合理使用权力往往可以归结为那些缺乏自我效能的买家，他们的外交风格不同。

2. 态度变化涉及情感

基于情绪的谈判只需要很少的调查努力。这种做法的成功在很大程度上取决于卖家的易受骗性、缺乏经验和软弱。经验丰富的谈判代表可以根据艰难的事实轻易抵制这种做法。没有准备的买家将无法反驳详细的反击。基于情绪的请求很容易被发现，因为它们通常会被诸如"当然你可以……"和"我们都会遇到麻烦，如果你不能……"以及"如果你不同意，我的老板会让我变成多余……"。有时情绪在谈判中可能适用，但不是理想的方法。

很多谈判代表采用双方（two-person）的方式，硬和软的谈判者都要发挥情绪。这可能是一个愚蠢的策略，可以由有经验的谈判代表从远处发现。当面对这种策略时，如果质量不突出，另一方的信心将会被提升。具有良好质量的谈判者不应该诉诸这种低级别手段。

3. 寻找中间妥协

在所有谈判中都有必要制定成果目标。这些目标可能来源于知识、纯粹的情感或边缘政策。一旦目标在谈判中得到了解，就必须坚持下去，直到判断不能达成。在这一点上，下一个需求必须在接近原来的水平进行测试，否则第一个缺乏可信度。买家坚持要求价格下降10%，定为5%是业余的谈判代表。如果谈判者一方面提出"分歧差异"，那应该被视为弱点和/或缺乏规划。

听到诸如"让我们折中一下"或者"做些让步"的谈判者,应该注意发生的事情,并应该拒绝原来的这种活动。可能必须做出让步,但它的规模和时间需要在谈判的热点上仔细思考。

4. 贸易互惠互利

贸易优惠的能力是专业谈判代表的标志。销售代表接受培训,以"交易让步,永不放弃"为目标。买家必须认真准备交易的内容,并对这些因素给予重视。该值必须是对方的价值,而不是买方的成本。另一方的价值可能有增值的价值。买家必须习惯于在需求放到谈判中时提出行动建议。卖方可以提供一个让步,即轻微降低价格,让买方同意增加付款条件,并且需要更多的数量。在任何时候,当做出或接受让步时,必须对它们赋予价值。

5. 逻辑劝说

这种策略需要复杂的采购研究,因为它完全取决于详细的事实知识。通过使用逻辑劝说寻求让步,招标的买主通常可以使用:

(1) 综合市场知识;
(2) 广泛的报价/投标;
(3) 经济分析;
(4) 产品知识;
(5) 原材料来源和价格;
(6) 产品或服务成本分析;
(7) 供应商财务数据;
(8) 供应商活动/能力数据。

具有这种知识程度的熟练谈判者是一个强大的对手。无论对方说什么,反对这一观点的事实都可以非感性地组合和提出,并寻求答复。无可挑剔的要求,由准确的知识支持将具有积极的条件效应。也将产生信心,使对方认识到,可以本着信息交换的精神来进行具体的谈判。这是合理谈判的基础,导致签订契约协议的机会很高。

6. 真正的商业目标

这种谈判方式要求双方的正直,准确交换机密信息。它以其为基础,形成长期贸易关系的真正愿望。买方和卖方之间的谈判并不是通常的类型,每一方都"有一手绝招"。这通常在谈判的后期被证明,当一方说"把问题挑开来说吧"时。显而易见的是,到目前为止,一些东西被保留,几乎没有启发信任。

如果要追求这种谈判风格,那么它需要买方的开幕词,这种说法很快就得到了表示善意的行动的支持。当卖方做出回应时,谈判应该继续有积极的心理。然而,重要的是不要把所有的"问题挑开来说",直到卖方展现出相互的诚意。创造信任是一个挑战。

14.3.3 时间对谈判的影响

时间是规划谈判时的重要考量。采购专家必须确保有适当的背景:

(1) 说明所有从事采购流程的人员,必须有足够的时间来协助(如有需要)复杂而长时间的谈判;
(2) 防止对方使用拖延手段,使买方在期限内停止谈判,从而防止谈判遇难;
(3) 确保在海外谈判时,只有在目标达成后,买家才有足够的时间做出回程安排;

（4）确保计划的议程按主题计时，允许充分的时间进行积极的辩论、审查职位，例如重新设计成本模型或重新拟订合同条款；

（5）允许在行政级别进行各自的决策。谈判的结果必须在高级别上获得批准是不寻常的。在公共部门，这可能至少增加了一个月的采购过程；

（6）准备谈判过程中专家顾问的干预，特别是那些没有及时、迅速地回应的律师。

14.3.4 影响因素

麦考尔（McCall）和沃林顿（Worrington）[10]都模仿了谈判者的行为倾向与影响谈判结果的其他因素之间的关系。

该模型如图 14-4 所示。

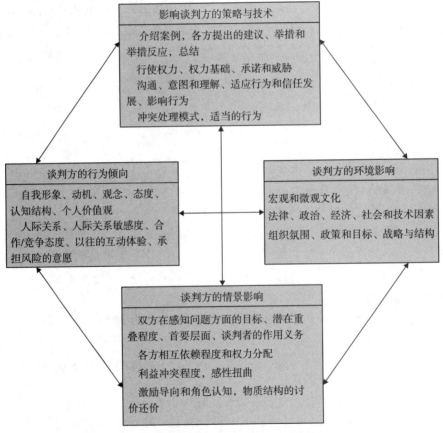

图 14-4 影响谈判与结果的因素

14.4 谈判的过程

一些谈判涉及一个单一的问题，而且相对直截了当。一个简单的例子是，当买方的目标是以 8.30 英镑的价格购买时，每个产品的价格为 9.70 英镑。交易的所有其他方面可能会同意，买方的任务是谈判较低的价格。

如图 14-1、图 14-2 和图 14-3 所示，其他谈判可能会更复杂，这会导致与价格、成本、合同和交付有关的多个问题。然而，简单或复杂的谈判过程将涉及三个阶段：预协商、实际谈判和后期谈判。

14.5 谈判前

"案件在内庭中获胜"是谈判前的指导原则，也就是法律胜利往往是律师事前研究策划的结果。买家可以通过研究法律、外交、劳资关系的战略和策略，将其应用于采购领域，熟练的谈判代表将同样重视影响结果的所有谈判阶段。谈判的早期阶段当然是非常重要的。在谈判前的阶段要考虑的事项包括：

（1）谁来谈判；
（2）场地；
（3）情报收集；
（4）谈判目标；
（5）战略和战术；
（6）排练。

14.5.1 谈判议程

在没有议程的情况下进行认真的谈判是不可思议的。议程有很多用途，它

（1）将训练纳入规划过程；
（2）确定具体谈判会议的内容；
（3）确定每个要点的提出顺序；
（4）协助控制会议；
（5）演示专业的方法；
（6）规范对方的态度和反应；
（7）要注意时间管理；
（8）协助团队协商时角色的清晰度。

议程可以提前公开和分发。它们也可以是隐蔽的，并被用作助手。在后一种情况下，它具有不显示谈判的潜在范围的优点。每一方将有不同的看法、意图的结构和谈判目标。这个过程必须设法适应两者；否则会造成非生产性的风险。

在规划议程时，下列清单是相关的：

（1）确定待处理对象的范围；
（2）考虑提出主题的顺序；
（3）预测对方的可能主题；
（4）确定开始和结束时间（后者可能不会被公开）；
（5）预测每个主题可能需要的时间；
（6）计划分组会议；
（7）决定谁主持谈判（领导谈判代表角色）；
（8）决定团队成员的具体角色；
（9）如果需要灵活性，这将如何适应；
（10）不要忘记需要做笔记并总结协议；
（11）最后允许其他主题提出时间；
（12）同意接下来的行动，谁对它们负责。

14.5.2 谁去谈判

谈判可以在代表买卖组织的个人代表或团队之间进行。

1. 个人的方法

当谈判要在两个人之间进行时,两者通常都应具有足够的地位,以无条件地解决,而不必在特殊情况下再回到上级机构。另一方的权限必须确定。如果没有谈判权力,会议应该被终止,除非可以获得以后有助于买方的关键信息。

大多数重建和修改的重建谈判是在人际基础上进行的。个人进行谈判的挑战是提出问题、记录或记录答复的能力,并准备提出下一个问题。这是一项艰巨的任务。

2. 团队方法

对于复杂的谈判,例如涉及技术、法律、财务和其他问题或新购买及资本购买,首选团队方法。在这种情况下,个人买家很少有能力担任单一谈判者。

在团队协商中,重要的是,

(1)**分配角色**。典型的"玩家"包括:

1)实际提出案件的发言人,并作为队长,决定如何回应在谈判过程中出现的情况;

2)记录员,记录谈判内容;

3)专家,诸如管理会计师、工程师或其他技术设计或生产人员,为发言人提供备份的法律顾问,谈判期间,每个团队成员都不必要发言,以便做出有用的对谈判的贡献。

(2)**避免意见分歧**。在谈判进行中,团队成员之间不应有任何外部的分歧,因此任何差异都应在内部会议中解决,但是应该考虑制定信号规范,使团队成员在谈判过程中不可察觉的沟通是可取的,以避免等待做出决定。

团队协商有缺点。这些包括:

(1)**群组思想倾向**,也就是说,对于团队成员来说,对群体的不可侵犯感到幻想,对被察觉的对手的定型观念和对群体道德的不信任的信念;

(2)**重视双赢**(考克斯[11])除了发言人修改外,更多的是团队协商,因为团队成员可能希望表现出他们的"韧性"、不灵活性和拆卸能力,而不是考虑另一方提出的建议的优点,所以发言人在确定谈判"语调"方面的重要性不能过分强调。

14.5.3 地点

买方传统上希望卖方出席买家的处所。双方对这种安排都很满意,这可能是有利的。谈判的另外两个潜在位置是卖方网站或中立的第三方位置,如会议中心。买方可以通过访问卖方的网站了解它和它的操作。这是一个值得考虑的策略,注意时间限制。中立的地点可能适合更长时间、复杂的谈判,特别是在探索合作精神的时——双方都不会在"自家地盘"上。

14.5.4 收集情报

这通常涉及:

(1)确定各自谈判职位的优缺点;

(2)组织有关成本、生产、销售等相关数据;

(3)准备以图形、图表、表格等形式出现在谈判中的数据,以便能够快速吸收。

三个重要的谈判工具有：
（1）价格和成本分析（见 11.6 节）；
（2）情境分析（见 14.9 节）；
（3）价值分析（见 8.11.3 节）。

14.5.5 确定目标

买方的目标必须是为谈判而确定的。他们也应该同意谈判的其他方面的可能目标。Peña-Mora 和塔马基（Tamaki）[12] 在大型基础设施项目的协商谈判研究中，提请注意业主/用户、设计师/工程师和承包商/供应商的不同利益。这些不同的利益如图 14-5 所示。

图 14-5　在设计与结构项目中谈判方的不同利益

资料来源：Adapted from Peña-Mora and Tamaki.

谈判过程中的玩家将具有合作和竞争特征。所有参与者对其他参与者目标的敏感性将为谈判设定基调，并为双方共同的计划结果做出贡献。适用于与采购问题有关的谈判模式如图 14-6 所示。因此，假设谈判与定价问题有关：

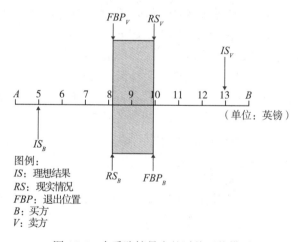

图 14-6　在采购情景中的讨价还价模型

（1）轴 $A\text{-}B$ 表示谈判者可以采用的职位范围。
（2）IS_B 是买方理想的结算——在谈判中可以实际实现的最有利的价格，即 5 英镑。
（3）IS_V 是供应商的理想结算，即 13 英镑。（注：在大多数情况下，IS 将代表每个谈判人员的起始地位，当然，如果要进行谈判，最初的要求不能太低，以免排除议价。）
（4）RS_B 是买方现实的解决方案，在这里约为 8 英镑或者这个解决方案完全合理的谈判权力，将以合理的谈判技巧达成，没有不利的、不可预见的情况。

（5）RS_V 是供应商的现实解决，大约为 10 英镑。

（6）FBP_B 是买方的退出位置，大约为 10 英镑或者超出他们不会走的价格；在这一点之后，他们中断谈判或寻求其他方式来满足他们的要求。

（7）FBP_V 是供应商的退出位置，约为 8 英镑。

（8）阴影部分代表结算区域，这种模式基于惯例，每一边通常都准备从原来的位置移过来。因此谈判价格通常为 8～10 英镑，这取决于谈判人员的技能，并假设议价位置大致相等。

在开始谈判之前，买方应该有明确的上级任务，在任何不超过商定的落后地位的情况下进行定位。重要的是要提前确定一个好的协议是什么。

谈判者经常认为他们的目标是达成协议，甚至达成任何协议。因此，他们应该决定自己是什么，什么可能是对方的 BATNA。BATNA 是"谈判协议"的最佳替代方案，这是费舍尔和尤里[13]提出的一个概念。

虽然 BATNA 和退出或保护位置在许多方面相似，但它们是不一样的。例如，如果你正在尝试外包餐饮功能，BATNA 可能会继续在内部提供此设施。

14.5.6 战略与战术

战略是从每个参与者的角度看，尽可能接近谈判目标的总体计划。战术是在谈判过程中的适当时刻执行或采纳的定位、招数或态度。要决定的战术如下：

（1）处理谈判问题的顺序。

（2）是否先发言或让对方开放谈判。格林斯基（Galinsky）[14]指出，"大量的心理研究表明，在通常情况下，首次发言的谈判者将会提前胜出"，并表明"提出首个要约与谈判桌上的自信和控制感相关"。不过，该作者认为，如果另一方有更多关于要谈判的项目或相关市场或行业的信息，那么提出首次报价可能不会有好处。在谈判之前，可以通过收集信息来纠正这种情况，从而实现更加公平的竞争环境。

（3）是否建立讨论休息时间。休息可能导致谈判失去势头。相反，休息也提供了对谈判的反思机会，用于设计新的或替代的建议，有时是"冷静下来"，再面对面解决。

（4）需要做出哪些让步？一些作家认为，谈判者只能做出让步，作为权衡的回报，也就是说，他们应该寻求一些补偿作为对他们让步的回报。

（5）让步的时机。

（6）可以链接哪些问题，如价格和质量。

（7）对方可能会对你正在考虑使用的各种策略产生什么反应。

（8）对手可能采取什么样的策略，以及如何反击。

14.5.7 排演

在进行重要的谈判之前，最好把所有的论据、战术和整体战略做重要的审议。谈判代表将准备并确实可能会在谈判开幕时进行"开幕式"的演讲。这是一个关键的条件声明，应包括明确提供合同的利益，卖方必须按要求处理每个点以及合同摘要及其预期的操作。谈判者必须准备和创造一个将进行谈判的环境。有可能创造一个敌意或轻松的气氛，任何一方都可以通过行动和言语来影响这一点。

14.6 实际谈判

14.6.1 阶段

即使有合作谈判的理念，参与者的活动也将在谈判过程的每个阶段发生变化。这些活动在竞争与合作之间交替。谈判者认识到这种交互模式和在特定谈判中达成的阶段是有用的。此时以下几点是相关的：

（1）不时复习已经达成一致的条款，并进行适当的记录。

（2）如果谈判之间出现时间偏差，谈判者必须在上次会议上提交未履行的行动要点简介。如果信息没有被同意的一方提出，则必须在会议之前找寻到。

（3）谈判确保上次会议以来对方情况没有发生重大变化，这将需要一些尽职调查和研究。

（4）如果另一方表示新信息，或收回以前约定的要点，则必须调用休会来评估新位置，仅当细节被理解时。

（5）如果任何成本或价格变动，买方必须检查新的计算结果。卖方的解释在不经验证的情况下不得接受。

（6）如果卖方主动性已经被意识到，并提出反请求，就通过处于对方的考虑提出建议而获取主动性。

（7）买方做出让步时，必须计算让步对对方的价值。应该指出的是，对方的价值不一定是买方的成本。

（8）尝试链接以前未链接的点。如果卖方寻求合同约定，买方应该寻找相应的价格变动。

（9）了解你的出走点，你准备在什么地方停止谈判，这不可能是虚张声势！

（10）如果与卖方的谈判人员谈判失败，提出更换人员以保证谈判进度是必要的。这可以通过将谈判升级到卖家业务的较高水平来实现。

（11）随时控制你的情绪。如果谈判变得个人化，就会有一个缺乏重点的危险。

（12）尝试识别卖家何时虚张声势，进入边缘。

（13）确认获得了积极的让步，并允许失去面子。这个行为可能会激励更多的让步。

（14）注意不经意地制定合同协议。

协商过程中发生的阶段如图 14-7 所示。

介绍、协议议程和议事规则

确定"谈判范围"
　　这意味着谈判将尝试解决的问题。
　　通过对抗谈判，这可能是一个漫长的阶段，因为参与者经常夸大其开始的立场。
　　通过协商谈判，"开放节省时间"。
如果谈判要取得成功，必须达成共同目标的协议
　　这通常需要在原来的谈判范围内双方开展一些活动，但在合作谈判中活动将会较少或不必要。
查明并尽可能消除阻碍达成商定共同目标的障碍
　　在这个阶段将会：
- 解决问题

图 14-7　谈判过程的阶段

- 考虑各方提出的解决方案
- 确定可以做出哪些让步
    它也可能对以下内容有帮助：
- 审查已达成一致的事宜
- 允许每一方在休会时重新考虑其立场，并提出可能进一步取得进展的建议或让步
    如果没有进展，可以决定：
- 将问题回到更高的管理层
- 改变谈判者
- 放弃谈判，尽可能降低关系损害程度

协议和结束
    起草一份声明，尽可能清楚地确定协议，并将其分发给各方征求意见和签字。

图 14-7（续）

14.6.2 技巧

专家谈判书通常列出谈判人员可利用的一些技巧。尽管在 14.10 节中给出了对费舍尔和尤里方法更详细的描述，但不可能在本书中详细说明。一些一般性研究结果包括：

（1）在制定议程时，要确保稍后出现的困难问题出现得较晚，因此可以在谈判时尽早达成协商，争取较少的争议事项，从而达成协商一致。

（2）问题是引导信息和保持对手压力的手段，也可用于控制谈判的形式和进展。

（3）让步是在谈判陷入僵局时确保行动的一种手段。研究结果表明，"输家"倾向于首先让步，每个让步都倾向于提高对手的理想水平，所以买家应该避免出现被迫一次又一次让步的"让步的模式"。传统意义上，让步应该得到回报。虽然灵活性至关重要，但没有强制做出反向让步，其目标应该是比已经获得的更少。当让步减小而不是增大的时候，结果往往更有利。经验丰富的谈判代表经常会"扔一条鲱鱼来捕捉鲭鱼"。

（4）谈判是人与人之间的关系，因此，必须权衡对手的个性和激励他们的驱动力，如成就、恐惧和类似因素。

14.6.3 僵局谈判

谈判有时会陷入僵局，双方都没有看到进一步行动或让步的前景。解决这种僵局的技术包括费舍尔和尤里的原则性谈判概念（见 14.10 节）。

应对这种情况的其他方法包括：

（1）各方重新聚焦休息；

（2）通过使用幽默来活跃气氛；

（3）将问题分解为次级问题；

（4）同意"原则上同意"，如果双方原则上同意，他们也达成目标；

（5）考虑到有关各方不同意的后果；

（6）获得第三方协助，因为他们可以客观地听取论据、澄清问题，并在必要时进行裁决。

第三方参与程度可能有所不同。萨伊坎德（Susskind）和克鲁克尚克（Cruikshank）[15] 提供了一个有用的模式，表达他们的参与沿着一个连续体分布，并且取决于谈判双方做出的最终决定或审判者。该模型如图 14-8 所示。

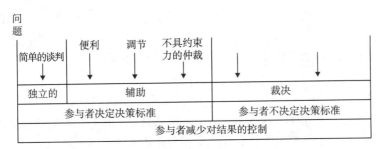

图 14-8　争端解决连续体

资料来源：Adapted from Susskin and Crulkshank.

不是每种情况都可以谈判。例如，承包商拒绝在可能违反"健康和安全条例"或暴露其雇员身体危险的情况下工作的决定，如暴力抗议活动或恐怖分子，必须接受。

14.6.4　谈判行为

所有谈判都涉及人际关系技巧。适用的谈判风格因具体情况而异。因此，谈判中的培训应该包括行为分析培训，这些培训应该能够理解可能导致特定行为的反应。例如，大声叫喊通常会导致对方大声喊叫，而幽默可能化解紧张的局面。

李（Lee）和劳伦斯（Lawrence）[16] 确定了七类行为，所有这些行为都可能在谈判中遇到（见表 14-2）。

表 14-2　行为类型及其可能的反应

行为类型	可能的反应
提出行为 如建议行动："我们可以考虑分包吗？"	通常引用支持形式的发展行为，或者解决困难形式的推理负面行为
发展行为 例如，对方做出的构建或支持建议："决定分包后，我们应该找谁？"	常常导致进一步的发展行为，或者可能是问题的反馈，要求进一步的解释
推理负面行为 例如，以合理的方式表示不同意对方的观点，陈述他们观点的困难："价格比较困难，因为材料成本不能匹配我们的数量折扣活动。"	具有引发相似负面行为反馈的趋势，导致沟通和情感的螺旋式下降。这种螺旋可以通过尽可能合理的陈述困难和识别差异避免，可能会被进一步问问题
情感性负面行为 例如，攻击其他人，变得苛刻，并以同样的方式防御攻击："垃圾！"	一般来说，攻击会发生攻击或防御，可以恢复建设性谈判困难
澄清行为 例如，检查人们是否理解，总结以前的讨论："正如我所见，这是我们同意的。"	趋向于引导支持性发展行为，虽然可能存在分歧
寻求信息行为 如寻求事实、意见、想法："如果我们把数量翻倍，折扣多少？""如果……"	这几乎总是导致给出的信息。反应的确定性使其成为强大的塑造行为
给予信息行为 如提供事实、意见和想法："我们今天要做出决定。"	这通常是对其他行为的回应，特别是寻求信息。它的影响是不确定的，因为它在很大程度上取决于声明的内容

14.6.5　行为对其他方的影响

谈判者可以从表 14-2 中给出的概括中学习的主要事实是，我们的外向行为必须被安排为对我们正在谈判的人有所期望的效果。期望的效果取决于谈判者的目标。因此，发展行为比情感上的分歧更可能劝说对方接受我们的观点。供应和提供信息对于影响群体是不可或缺的。有时最好通过提出问题开始谈判，而不是提供关于主题的信息。

14.6.6 策略

策略是谈判中的一个动作，旨在实现一个特定的结果。这是谈判的一个复杂方面，需要具体的应用来满足特定谈判的需要。本节涉及一些常见问题。

1. 需求优先级

决定需求的范围之后，将做出哪个需求置于首位的决定。可以说，要求一个不具有巨大经济负担的相当简单的让步的话，卖方会做出让步。而如果首先要求大的让步，那么这将会激励抵制和可能的顽固态度。如果有绝对的"必须"，这些都应该首先被提出来，因为如果这些不能被约定的话，一切都是浪费时间。

2. 管理时间表

不可避免地会出现时间紧张的情况。买方必须就谈判顺序做出决定。在某些情况下，最好坚持一旦谈判开始，直到达成协议才会继续。如果不是这样，那么会有一些"休息"，可以通过将"报价有效性"作为结束压力，这会损害买方的利益。在许多谈判中，最好一次完成谈判，即使这意味着用一天以上的时间内进行谈判。

3. 使用术语

每个行业都有其行话，卖家会用它来测试买方的知识。它也可以用来破坏信心。所以这是一个很有意思的策略。如果使用术语，而且这个术语是不知道的，那么必须要澄清，尽管买家所做的次数越多，信誉损失就越大。

4. 使用数字

卖方的策略可能包括非常有意地使用数字来混淆买方。每当数字变化时，买方必须重新计算并对合同价值做出全面的影响分析。

5. 处理异议

卖方将准备对买方需求做出标准回应。这些将以反对的形式出现。来自买方的理想的筹码是一系列的战术，它们以逻辑劝说为依据，每个需求都可以以类似业务的方式进行解释。

6. 使用沉默

这将给没有经验的谈判代表带来问题。熟练的卖方在收到他不希望接受的要求时，不会做出回应。沉默可以压倒一切，并很尴尬。危险在于买家会打破沉默，并更换主题。这样可以减轻卖方回应的责任，削弱买方的个案。因此，买方必须保持沉默纪律。

谈判者技能的一部分是能够快速评估人员和情况，学会辨别别人话语中的隐含含义。根据你所知道的评估报告，要耐心等待谈判的"节奏"。通常有一点固执和有意识的能力可以产生高回报。

14.6.7 谈判结束阶段的规划要点

根据谈判进行时间的长短，谈判代表在这个时候可能会很累，有集中力失误的危险。这是一个风险，因为正是现在，集中和评估设施必须是要求最高的。以下几点是相关的：

（1）确保进度与你设定的目标相关。确保买方的决心没有因为卖方的调节而失去了阻止和拒绝重点的策略。
（2）确定达成的所有行动和协议对财务的影响。
（3）总结协议并对另一方进行测试。如果对基本点存在分歧，就必须加以辩论和解决。
（4）保持对方的压力，维持你所需要的让步。
（5）听取卖方"关闭销售"的尝试。这需要勇气，通常意味着他们有信心不需要更多的让步。
（6）如果有机会出现自己的机会，即使没有计划，也要做好准备。
（7）在适当的情况下（这是一个判断问题）就买方的最终立场做出陈述。
（8）从此开始，解释合同授予过程。
（9）向对方解释所有协议，报价/投标文件的变更必须以书面形式证明。
（10）同意合同报告和监督的基础。
（11）提供谈判笔记的文件副本和电子版。
（12）随后安排不成功投标者的汇报。
（13）对谈判中失去的机会、成功与失误进行个人评估。
（14）列出获得的利益，并评估是否可以向其他买方或卖方申请。

14.7　谈判后

这涉及：
（1）起草一份声明，尽可能明确地达成协议，并将其分发给各方征求意见和签字；
（2）将协议出售给双方的三方成员，即已经达成一致，为什么这是最好的协议，什么利益将会累积；
（3）执行协议，如规划合同，设立联合实施小组负责绩效审查和持续改进事项；
（4）制定监测协议执行情况和处理可能出现任何问题的程序。

14.8　什么是有效的谈判

14.8.1　特征

有效的谈判可以说是在以下情况下发生的：
（1）根本性问题得到圆满解决，即达成了各方满意的协议；
（2）工作关系得到保留或甚至加强。
费舍尔和尤里[17]已经确定了以下三个有效谈判的标准：
（1）谈判取得了明智的协议，双方都满意；
（2）谈判是有效的，不再需要耗费时间或成本；
（3）谈判是和谐的，促进而不是抑制良好的人际关系。

14.8.2　谈判后检验

许多组织举行谈判后会议，以讨论：
（1）**谈判战略和战术**——它们在多大程度上令人满意，以及如何改进；
（2）**谈判成本**——谈判会议的次数和期限以及如何减少谈判成本；
（3）**谈判方法**——电子邮件和视频会议等工具能够实现更快速、更频繁的通信交流，这两者都是谈判过程中的关键组成部分；

（4）**在谈判之前的整个采购流程**——投资时间和资源优化流程方面，如本章介绍中所确定的，将会减少谈判的必要性。

14.9 谈判与人际关系

14.9.1 情景与制度方法

厄特尔（Ertel）[18]指出，公司很少会将谈判作为一个整体去考虑，相反，它们采取情景观点，将每个谈判视为一个单独的事件，具有自己的目标、自己的战术和自己的成功措施。这种方法在特定情况下可以产生好的结果，但从更高、更具战略性的角度来看可能会起反作用。在采购合同中得到有利条件可能会冲击到与供应商重要的长期关系。

14.9.2 从情景转变为制度化方式

因此，厄特尔主张将谈判视为制度能力，而不是一系列离散事件。他确定了公司的四个变化，这些变化已经从谈判的态势角度转移到与长期关系有关的公司方针上。

（1）建立全公司的谈判基础设施。这意味着谈判的结果并不仅仅依赖于个人谈判者的技能。这些谈判者可以通过向谈判者提供更好的信息数据库提供支持，从过去的谈判中吸取教训，在战略选择中提供指导，创造性的谈判方式的案例和成果的评估。这样的基础设施不仅能够改善谈判结果，而且还会打破每一个谈判"独一无二，不受协调和控制"的假设。

（2）扩大用于评估谈判者在成本和价格方面绩效的措施：要判断成功，谈判者必须表明，他们明确地讨论了几种创新性的替代方案，使用客观标准来选择替代方案，最终协议不仅满足公司的利益，而且也满足了其他方面的需求。

这种做法迫使谈判者更广泛地和创造性地思考谈判，无论是在最初战略建立阶段，还是在谈判发展的时候。

（3）确认交易与关系之间的区别。谈判者往往会将交易与更广泛的关系混淆。为了改善紧张的关系，他们可以提供价格优惠。为了获得价格优惠，他们可能威胁终止关系。然而，这种做法是有反作用的，因为它们创造了一种对抗气氛，双方保留信息来保护其谈判地位，从而引起更大的怀疑，这可能对目前的交易和长期关系产生不利影响。如果存在先前建立的信任氛围，可以在不影响长期关系的情况下讨论交易条款，这有助于信息的自由交流，增强创意和协作解决问题，从而导致更有价值的交易，贸易关系更强。

（4）了解何时离开交易，成功和不成功的谈判通常分别在完成交易或未完成的交易中进行评估。但是，完成交易通常涉及一方或双方的让步，这可能不符合双方的利益。然而，当对买方、卖方或两者都没有吸引力的交易被触发时，可能会花费更少的时间和精力投入到一起工作中，而且关系将会紧张。因此，公司应该鼓励它们的谈判者保证他们的角色不是达成可能令双方都不满意的协议，而是要做出好的选择。会前，各方的谈判代表应制定相应的 BATNA 或谈判协议必须明确的客观障碍。也不应该接受一个不如他们的 BATNA 的协议。这样做可能对关系产生不利影响。在结束交易之前，买方应考虑潜在供应商是否可能满足质量、交货和其他要求，如价格。如果没有，他们应该拒绝交易，寻求其他供应来源。谈判者应该意识到这样一个事实，而不是基于让步达成一项协议，这种协议将在 BATNA 之下达成一致，所以最好离开交易。厄特尔指出，不仅高管必须在内部发送正确的信息，还需要了解外部沟通如何影响谈判,并引用以下示例:在一家广泛阅读的杂志上,一家大型计算机公司的首席执行官在接受采访时表示,当他是销售代表时,他从未失去过客户……想象一下公司的销售人员如何解释该声明。首席执行官实际上告诉销售代表,他们永远不会说不,并告知客户他们拥有所有的杠杆。在一个公开声明下,谈判代表的 BATNA 立即变得无关紧要。

14.10　谈判的职业道德

谈判职业道德是第 17 章以及上文所述的关系考虑了的更广泛的采购伦理学的一个方面。这个主题在这里被考虑,因为道德观点在很大程度上决定了一个特定的谈判是否是对抗性或综合性的。

费舍尔和尤里[19]区分了立场式和原则性的谈判。

14.10.1　立场式谈判

立场式谈判将谈判视为敌对或冲突的情况,对方是敌人。它基于四个假设:
(1) 我们对一个特定的问题有正确和唯一的答案;
(2) 有固定价格;
(3) 对立的立场等于对立的利益;
(4) 解决对方的问题不是我们的责任。

立场和利益密切相关。由于心理压力或需求,谈判者通常不会偏离固定立场。谈判小组的领导人可能会拒绝考虑替代品,因为担心失去面子或被团队成员视为让步。

立场式谈判至少有两个缺点:
(1) 胜利失败——只有两种方式可以走向胜利或退出。
(2) 从道德的角度来说,立场式谈判导致了如下可疑的策略:
1) 对立场的虚假陈述;
2) 虚张声势(见 17.10.3 节);
3) 说谎或欺骗;
4) 只提供选定的信息或者是真实的经济;
5) 威胁;
6) 操纵。

14.10.2　原则性谈判

原则性谈判与立场式谈判有根本的区别。"原则"这个术语有道德的内涵。费舍尔和尤里以四个理由批评了立场式谈判:
(1) **认为立场产生不明智的协议**——妥协,例如涉及双方放弃某事,所以对结果完全不满意;
(2) **认为立场是不明智的**——时间浪费在试图调和极端阵地;
(3) **持续的关系受到威胁**——当一方认为自己被迫去满足另一方的僵硬意愿时,会产生愤怒和愤慨;
(4) **当有很多合作伙伴时,立场式谈判更糟糕**——改变群体或选区的位置比个人更难。

费舍尔和尤里也认为有原则的议价是"硬"或"软"谈判的替代品。软交易者可以做出让步来培养或维持关系。硬交易者将让步作为关系的一个条件。

14.10.3 费舍尔与尤里的原则

除了"不要讨价还价"之外，费舍尔与尤里还制定了4个要素，各方必须遵守以获得理想的解决办法：

1. 将人与问题分开

这涉及将问题视为要解决的中心问题，而不是将另一个人视为对手，否则可能导致双方之间的对抗。费舍尔和尤里在感知、情感、沟通和预防的4个方面提出了18项建议，其中以下是典型的。

（1）感知：
1）把自己放在对方的鞋子里；
2）不要责怪对方对你提出的问题；
3）讨论彼此的看法；
4）寻找与他们的看法不一致的机会。

（2）情感：
1）认识和理解他们和你的情绪；
2）允许对方释放压力；
3）不要对情绪的爆发做出反应。

（3）沟通：
1）积极听，并承认正在说的话；
2）谈论你的感受，而不是你对他们的感受。

（4）预防：在可能的情况下，建立谈判前的关系，使各方能够吸收实际谈判中产生的干扰。

2. 关注利益而不是立场

立场是参与者潜在利益的象征性表示。每一方都有多种需求。要了解兴趣，请问"为什么"和"为什么不"的问题。

3. 互利互惠的方案

费舍尔和尤里再次将其方法分为五个方面——诊断、处方、扩大选择、寻求互惠互利及促进对方的决策。

（1）诊断。这包括避免：
1）过早的判断；
2）搜索单个答案；
3）假设"固定价格"。

（2）处方。将发明与决定分开，参与集思广益，包括与对方的头脑风暴。

（3）扩大选项：
1）透过不同专家的眼睛去发现；
2）制定不同优势的协议，如实质性与程序性、永久性和临时性等。

（4）寻求互利共赢：
1）识别共同的兴趣；
2）联合不同的兴趣。

（5）促进对方的决定：

1）帮助对方在其选项中设立决策项；
2）寻找先例；
3）提供一系列选项。

4. 坚持使用客观标准

这要求：

（1）公平的标准，如客观标准，包括市场价值、专业或道德标准、法律标准、习俗和实践；

（2）解决利益冲突的公平程序；

（3）推理和推理的合理性；

（4）永远不屈服于压力，只有原则。

14.10.4 对原则性谈判的批判

人们对原则性谈判提出了一些批评，其中一些是费舍尔和尤里提出的。因此，在对方有一些谈判优势的时，他们建议答案是改善你的BATNA。我们谈判的唯一原因是比没有谈判可以获得的结果更好。BATNA提供保护，不接受不太有利的条款，拒绝接受可能会有益于接受的条款。

如果对方不玩或不使用肮脏的技巧，答案是坚持以竞争对手最能接受的方式进行原则性谈判。因此，原则性谈判者可能会询问对方的担忧，表明他们了解这些问题，并要求竞争对手承认所有的担忧。

另一方拒绝回应的方法是"谈判柔术"的两种手段，不是直接抵制对方的力量，而是引导探索利益，创新选项和寻求独立标准，使用外部干预或调停。

麦卡锡（McCarthy）[20]提出了对费舍尔和尤里方法的两个主要批评。第一是它不能对权力的作用提供足够的分析。例如，谈判柔术的概念实际上并没有反过来对另一方，但鼓励两者忽视肮脏的技巧和次要的权力。麦卡锡认为，双方权力的平衡是决定双方可以接受的解决办法局限性的关键因素，并在集体谈判领域得出结论，至少我知道没有什么可以使我们任何人摆脱由给定权力情况设定的限制。

麦卡锡的第二要点是，费舍尔和尤里假设，而不是认为，有效谈判的影响因素在国内争论与国际争端广泛的情况下是一样的。可能存在一些情况，其中立场式谈判优于原则性谈判。

14.10.5 谈判可以是道德的吗

谈判不能完全符合道德的论证包括：

（1）通常认为，通过成功使用欺骗性手段（例如虚张声势和彻底的失实陈述）来加强谈判的成功；

（2）谈判者有责任为他们所代表的人取得最好的结果；

（3）道德受到文化因素的影响是什么，例如在一些全球谈判中可能接受的贿赂和欺骗，即"在罗马时，像罗马人一样做"；

（4）自利是所有行动机中最强大的，很少有谈判可以是完全无私的；

（5）道德谈判是一个理想主义的概念，在实践中不起作用；

（6）共享信息可能使谈判者处于劣势。

克拉姆顿（Cramton）和迪斯（Dees）[21]列出了可能通过欺骗性战术获得的一些原因：

（1）信息不对称是强大的，双方的信息差距越大，利润欺骗的机会就越大；

（2）验证这些细节，因为长期的维护成本和绩效是困难的；

（3）欺骗的意图难以确定，难以将其与错误或监督区分开来；

（4）各方资源不足以充分防范欺骗；

（5）双方之间的相互作用不常见，欺骗在一次性关系中更有可能发生；

（6）事后补救费用太高，但是，被欺骗方可能会倾向于努力，即使成本超过预期补偿；

（7）信誉不佳、信息不可靠、成本高昂；

（8）情况不寻常，限制对未来行为和欺骗的推论不太可能损害未来的谈判，因为它们发生在截然不同的情况下；

（9）一方从欺骗中几乎没有失去（或获得许多），谈判者可能不会担心被抓住的前景，只要在协议结束前不会发生就可以。

克拉姆顿和迪斯表示，他们不能推荐一项可以有效地促进所有谈判诚实的战略，但他们提出以下建议：

（1）**评估情况**。这涉及考虑欺骗的诱因。有什么激励措施来抑制或歪曲信息？什么是对方的原则？对方的能力和素质是什么？

（2）**建立互信**。在大多数情况下，谈判中欺骗的动机是防御性的。这是在对方不公平地利用任何弱点时的恐惧造成的。这也涉及建立相互的仁慈，创造展示信任和展示值得信任的机会。

（3）**将谈判放在长期的背景下**。买者自负是谈判者的合理建议。明智地选择谈判合作伙伴，验证你何时可以请求债券和担保，以书面形式提出重要索赔，在可以应用的情况下，如IT和外包谈判中，可聘请熟练的中介人。

道德谈判只能在信任的气氛中进行。为了确定这种气氛是否存在，谈判者需要回答两个问题——"对方可以信任我们吗""我们可以相信他们吗"。每一方都可以肯定地回答第一个问题，虽然他们应该意识到这是自我蒙蔽；直到双方建立了工作关系才能给予第二个问题确定的答案。在此过程中，双方都应该努力寻求信息，保证对方将进行道德谈判。

问题讨论

1. 在谈判中，各方知道对方有一定的力量来影响结果。在以下情形中分别是什么力量？

   （1）购买品牌信息系统的理事会；

   （2）国际航空公司购买航空燃料；

   （3）垄断卖家和客户在价格谈判。

2. 如果你被要求谈判购买IT软件的合同，在供应商的合同义务方面，你的前五名"必须拥有"的要求将是什么？

3. 供应商拒绝为一件设备提供"固定价格"。他们坚持在制造设备时确定"ROM"（粗略估算）价格。你如何计划在谈判中处理这个问题？

4. 许多笔者混淆咨询与谈判。两个概念有什么区别？

5. 有谁是你知道的最好的谈判代表？他们具备哪些个人素质？

6. 时间如何影响你在谈判中关于价格、质量、谈判风格和未来卖家关系的立场？

7. 你已被要求在招标过程中与最低价供应商进行谈判。他们的销售总监出席会议并立即说："甚至不要提价，因为我们不会改变。"你的回应方案是什么？

8. 使用"权力和胁迫"是一种谈判策略。在什么情况下你会看到它被使用？
9. 提出解决谈判中明显僵局的五种方式。
10. 讨论以下陈述：
   （1）"一旦你同意某些让步，你就永远不会取消它，把它放回原来的位置。"
   （2）"我们不能和那些说，'我的是我的，你可谈判是什么'的人进行谈判。"（约翰·肯尼迪（John F. Kennedy））
   （3）"奉承是谈判的步兵。"（钱多斯勋爵（Lord Chandos））
   （4）"永远定义你的条件。"（埃里克·帕特里奇（Eric Partridge））
11. 有很多"公共"谈判，工会和雇主把他们的立场或态度放在了媒体上。他们为什么这样做？
12. 指出当重大合同出现纠纷时，谈判失败的六个原因。为什么许多争端最终都要上法庭？

参考文献

[1] Aljian, G. W., *Purchasing Handbook*, 4th edn, McGraw-Hill, 1982, section 11, p. 11.5
[2] Rubin, J. Z. and Brown, B. R., *The Social Psychology of Bargaining and Negotiation*, Academic Press, 1975
[3] Gottschal, R. A. W., 'The background to the negotiating process' in Torrington, D., *Code of Personnel Management*, Gower, 1979
[4] Lysons, C. K., Modified version of definition in *Purchasing*, 3rd edn, Pitman, 1993
[5] Fisher, R. and Ury, W., *Getting to Yes*, Penguin, 1983
[6] Cooper, C. L. and Makin, P., *Psychology for Managers*, British Psychological Society in association with Macmillan, 1988, p. 58
[7] Berne, E., *Games People Play*, Penguin, 1968
[8] Harris, T. A., *I'm OK – You're OK*, Pan Macmillan, 1986
[9] Ashcroft, S. G., 'Commercial negotiation skills', *Industrial and Commercial Training Journal*, Vol. 36, No. 6, 2004, pp. 229–233
[10] McCall, J. B. and Worrington, M. B., *Marketing by Agreement: A Cross-cultural Approach to Business Negotiations*, Wiley, 1986
[11] Cox, A., *Win-Win?: The Paradox of Value and Interests in Business Relationships*, Earlsgate Press, 2004
[12] Peña-Mora, F. and Tamaki, T., 'Effect of delivery systems on collaborative negotiations for large-scale infrastructure projects', *Journal of Management in Engineering*, Vol. 17, No. 2, 2001, pp. 105–121
[13] As 5 above
[14] Galinsky, A. D., 'Should you make the first offer?', *Negotiation*, Harvard Business School, 2004
[15] Susskind, L. and Cruikshank, J., *Breaking the Impasse*, Basic Books, 1987
[16] Lee, R. and Lawrence, P., *Organisational Behaviour: Politics at Work*, Hutchinson, 1988, p. 182
[17] As 5 above
[18] Ertel, D., 'Turning negotiation into a corporate capability', *Harvard Business Review*, May–June, 1999, pp. 55–70
[19] As 5 above
[20] McCarthy, W., 'The role of power and principle in getting to yes', in Breslin, J. W. and Rubin, J. Z., *Negotiation Theory and Practice*, Cambridge University Press, 1991, pp. 115–122
[21] Cramton, P. C. and Dees, J. G., 'Promoting honesty in negotiation: an exercise in practical ethics', *Journal of Business Ethics*, March, 2002, pp. 1–28

第15章 合同管理

学习目标

本章旨在了解以下几个方面：
- 合同管理范围
- 合同管理的组成要素
- 合同经理的角色、技能和知识要求
- 合同管理计划
- 管理规范
- 管理合同执行
- 合同监督审核
- 开始合同考虑
- 合同条款
- 解释合同条款

核心要点

- 合同管理对企业成功的重要性
- 合同管理范围的广度
- 需要什么技能和知识
- 合同管理计划的有效性
- 为什么规范至关重要
- 确保合同履行是无可非议的
- 合同开始时的行动
- 持续的合同管理行动
- 了解条款的规定

- 合同经理的依赖关系

引言

本章的重点是后期合同授予的行动和确保供应商能满足合同义务的决策。合同管理层的准备活动往往是不够充分的，本章将对众多因素进行探讨。这可能有很多原因，包括：

- 缺乏对合同管理的投资
- 未能确保合同经理具备适当的技能和知识
- 在合同签订前的阶段未能考虑合同管理
- 供应商/合同提供的管理信息不足
- 合同评估不足
- 缺乏对关键绩效指标的了解
- 缺乏对合同的详细了解
- 无法管理合同变更
- 缺乏对供应商关系的管理
- 缺乏对风险管理的关注
- 未能主张持续改进的需求
- 与利益相关者缺乏接触
- 未能采取果断措施应对合同违约

合同管理范围如图 15-1 所示。

合同管理的范围需要进行仔细的审查，表明合同经理的作用远远超过了管理和常规。它需要智慧、高度的个人价值观、对细节的承诺、商业头脑以及对合同细节的敏锐理解。

合同管理的四个组成部分如图 15-2 和图 15-3 所示。

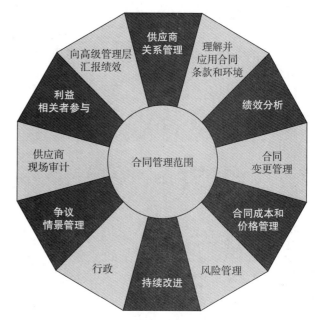

图 15-1 合同管理的范围

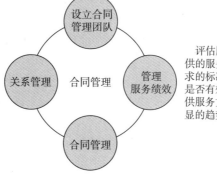

图 15-2 合同管理的四个部分

图 15-3 合同管理的四个部分——关键任务

15.1 合同签订前的授权活动对合同管理的影响

一定不要认为合同管理是随着合同授予才开始的,作者从事了许多对合同管理活动进行仔细考虑的采购,将以下几个方面纳入考虑范围:

(1) **合同的复杂性**。这是合同经理所需技能和知识的关键决定因素,可能包括复杂的规范、复杂的成本模式、承包商之间的接口以及对复杂关系的管理和一系列利益相关者。

(2) **合同的履行方式**。合同履行方式的需求可能在需要很多关键绩效指标的同时要求承包商有义务提供持续改进。后一种要求可能与工资激励有关。

(3) **合同管理的资源和成本**。必须为合同管理活动分配充足的资源。在复杂合同中,合同管理的成本需要达到合同价格的 10% 左右。应该认识到,承包商获得足够的合同管理资源,因为他们会对从合同中获得的利润负责。

(4) **管理合同未来风险**。投标阶段必须确定未来风险,制定风险缓解策略并将由合同经理不断审查,这必须包括购买组织所要承担的风险。

15.2 合同经理的角色、技能和知识

合同经理所扮演的角色以及所需的技能和知识在 4PS 中得到充分的阐述。[2]

合同经理在发展与服务提供者的关系以及监督服务提供者绩效水平方面扮演着重要的角

色，因此是至关重要的任命。这个任命更像是全职的，会考虑到项目的风险和复杂性。合同经理必须：

- 明确他所扮演的角色、授权级别和报告方式；
- 为保证合同每天正常运转授权合同经理做出决策；
- 具备必要的资历和经验，以反映项目的授权和复杂程度；
- 具有合同管理的相应技能和经验；
- 有能力领导一个团队，这可能是多学科的；
- 能够与合同管理团队、合作委员会、利益相关方、用户以及更广泛团体的所有成员进行有效沟通；
- 制定适当的合同管理方法和风险登记；
- 建立适当的绩效评估和审计制度；
- 监督和确保服务提供者有效地执行和规划；
- 及时更新输出规范和方法语句；
- 与服务提供商建立良好、长期和可持续的关系；
- 确保服务标准的提供和维护，并与服务提供商进行日常链接；
- 监控服务提供商的持续性能和服务交付性；
- 同意每月支付/扣除给服务提供商；
- 确保获得最大价值；
- 确定服务交付和服务提供商绩效的关键趋势；
- 确保改善服务交付的补救措施在需要时能对服务提供商的不符合规范的方法进行监控和纠正；
- 管理合同内立法的变更；
- 管理变化、基准测试、市场测试和变更；
- 监控和管理风险；
- 负责合同管理团队持续的培训要求；
- 处理纠纷和违约；
- 确保合同及时更新，同意变更和变化；
- 提供质量保证；
- 与服务提供商进行业务规划，寻找缩短交付期和提高资金使用价值的机会；
- 定期审查服务规范；
- 与其他地方当局联网，了解和分享最佳做法；
- 审查退出策略和回交程序。

合同经理和合同管理团队的主要技能和知识是，

（1）技能、态度和经验：

- 表现出强大的领导技能；
- 拥有良好的人际技能（人际关系和管理）；
- 具有合作伙伴关系管理的"双赢"气质；
- 具有积极的展望和态度，具备前瞻性；
- 表现出有效的谈判技巧；
- 能够成功管理关系并解决冲突；

- 能够管理用户及其需求；
- 能够有效地与团队成员进行协作；
- 能够有效地规划资源需求；
- 根据经验和良好的分析，做出良好的判断；
- 具有管理复杂服务的经验；
- 具有执行合同监控的经验；
- 可以建立监控性能的流程；
- 有能力预测和应对未来的业务需求；
- 拥有完善的分析能力；
- 具有良好的组织和质量保证技能；
- 具有切实可行的变革与创新手段；
- 能够制定战略来满足不断变化的合同需求；
- 能够应用合同管理程序；
- 能够评估和控制支出。

（2）知识：
- 关系管理；
- 伙伴关系工作；
- 管理团队；
- 开发团队；
- 服务监控流程和所需的数据；
- 输出规范和绩效评估系统；
- 最终用户要求（如学校要求）；
- 采购流程；
- 政府会计准则；
- 基准／市场测试；
- 私营部门及其业务驱动力；
- 相关服务市场的变化与发展。

15.3 合同管理计划

15.3.1 样本采购：价值相对较低，风险较低

以下清单改编自澳大利亚国家审计署（ANAO）"示范合同管理计划"[3]。

该示例显示了简单采购中合同管理的关键要素，合同经理可以使用它作为制定合同管理计划的基础。

承包商	名称： 地址： 承包商代表： 位置： 电话： 电子邮件： SME：是／否 慈善机构：是／否 BME：是／否

(续)

合同交付：	可交付成果摘要
合同经理：	
合同主办单位：	
主要利益相关方：	
合同开始日期：	
合同终止日期：	
合同扩展选项：	管理和评估合同可能的延期选项的详细流程
付款时间表：	
总合同价值：	
付款安排：	详细说明付款的频率（例如完成时间、可交付成果、按阶段还是按月付款）
发票确认：	谁将确认发票是否正确？（应为合同经理） 谁将授权发票付款？（应为承包商）
激励或罚款：	在合同中列出任何激励或惩罚条款
阶段：	列出所有阶段或关键日期
绩效考核：	列出绩效考核方法以及数据收集分析的方法
报告要求：	格式／次数
通信协议：	实体和承包商如何定期沟通和沟通格式
风险评估与审核：	合同开始时的风险评估是什么？定期审查合同确定风险状况是否发生任何改变
合同审查：	如何识别和记录经验教训

15.3.2 大型或更复杂的采购：价值相对较高，风险较高

以下清单改编自 ANAO 的"大型或更复杂的采购实例合同管理计划"[4]。

此案例展示了大型或更加复杂的采购活动中合同管理计划的关键要素，合同经理可以使用它作为制定合同管理计划的基础。对于任何部分所需的详细数量进行调整以反映合同的复杂程度、与之相关的风险水平以及实体的内部流程。

合同管理计划：	标题和目的	插入计划标题并总结其目的，还包括代表批准计划的名称和日期的详细信息，包括审查和更新计划的安排
合同结构：	合同摘要	总结重要合同细节，例如合同号、生效日期、合同期限、采购流程（例如面板、公开招标）、代表细节、认可用户合同、估计合同价值、报告合同完成状况（是／否）
	背景	提供产生合同的采购流程的简要摘要。这可能包括目的、目标、合同范围和关键交付成果。注意：信息应该足够详细，让一个没有事先参与合同的人可以明确理解合同背景
	文档	列出与合同管理团队持有的合同有关的所有文件。这可能包括过渡计划、投标评估报告、风险管理计划等，以及其位置的确定最后更新时间
	合同条款和扩展选项	如果适用，列出合同开始和结束日期以及合同延期选项
	定价	总合同价值、定价安排和费用变动。如果适用，还可能包含费用表
角色和职责：	联系方式	至少收购实体和承包商的合同经理应列出其联系方式
	角色识别及描述	列出主要利益相关者，他们来自哪里以及他们在合同方面的主要职责。在一些合同中，将有一些具有各种合同、财务和报告参与的各方。关系图可能对于说明这些关系是有用的

(续)

角色和职责：	利益相关方的管理和沟通策略	确定关键方法应用于联络、报告、发信号和建立关系以及以上确定的利益相关者
合同条件：	大体情况	识别是否任何标准表格的合同均适用
	特殊情况	列出在本计划的其他地方未涉及的任何特殊条件，例如保修、知识产权等
	合同变动（价格、产品/服务或其他）	列出实施变体需要满足的合同变更和要求，这应符合合同规定
	保险	记录货币的详细情况、保险证书的充足性以及从未来货币的承包商处获取证据的程序
财务考虑：	付款条件	在合同的付款条件中插入任何条款，还应描述付款时间表，例如时间表可以提供每月付款或完成可交付成果的付款
	激励或回扣	描述合同中包含的任何激励安排以及如何计算
	处罚或惩罚	描述可能包括在合同中的任何处罚以及如何计算和应用
	发票	详细说明合同的发票要求
性能测量：	关键绩效评估	列出衡量合同履约情况要使用的关键绩效指标/指标。这些应该是符合招标文件和合同中确定的绩效考核标准
	表现激励/抑制	列出适用于合同的任何非财务绩效奖励或抑制因素以及触发它们的关键绩效指标
	绩效监测	描述用于监控和评估性能的数据收集和分析方法（例如用户调查、第三方认证、基准测试），还将详细介绍谁将进行性能监控包括：收集和分析责任数据、监测的频率将如何、该报告安排和任何审查流程安排
合同管理：	提供者的义务	详细说明承包商在合同下的所有义务，这可能包括要提供的商品或服务，合同涵盖的任何符合时间表的其他可交付成果，指定的人员、报告要求、提供设备和后备安排
	预期产品或服务标准	详细说明合同中与产品或服务标准有关的任何要求以及如何对它们进行管理
	规范管理	实体和承包商必须遵守与采购相关的详细政策和义务并对其进行管理。注：合同经理负责管理这些义务。将这些作为附件包含在计划中可能是有用的
	过渡	包括管理任何过渡和附加过渡的战略或计划的安排
	报告要求	列出报告要求，例如要报告的内容和报告的格式/频率
	审计要求	详细说明内部和独立审计的任何要求以及待审计合同的要素，还应确定审计的时间表以及所需资源（内部或外部）
	承包商会议	详细说明合同具体的会议日程，以及邀请和提醒有关各方的过程
风险评估与管理策略：	采购风险计划	包括对早期采购阶段进行提前风险规划的细节，并强调在合同管理阶段发生的任何风险
	合同风险计划	插入合同风险规划、风险和减缓策略的细节，将完成的合同风险计划附加到此计划中。本指南中包含合同风险和应对方案的示例
	发行注册	记录可能出现的任何问题（已存在的风险）及其由谁来管理、如何管理
	合同审查	概述定期审查（例如每季度一次），详细说明如何进行，包括需要收集哪些数据以及由谁负责。概述由于表现不佳必须进行合同审查的触发点
	讨论解决过程	详细说明投标文件中规定的任何条款和解决争议的合同和详细程序

(续)

风险评估与管理策略	终止	详细说明可能导致合同终止的任何条款，并详细说明要遵循的终止程序
合同审查:	续订或延期	概述在评估是否续订或延长合同时应遵循的程序以及合同到期时需要遵循的步骤
	合同结束	列出成功完成和关闭合同所需的任务切换程序；安全和关闭；合同评估，包括所需的流程和资源（内部或外部）；记录经验教训并向利益攸关方通报
附件:		根据合同的类型和范围，可能需要各种附件。示例包括规范管理、风险管理计划、过渡计划、发票和付款时间表、服务级别协议和用户/客户调查问卷

15.4 规范/标准的合同管理

在其他同事的支持下，合同经理负责确保合同中规定的规格/标准完全被接受。这一责任的潜在范围在公路标准中得到证实[5]，例如"1500系列高速公路通信"，以下是摘录。

1502 一般要求

2 对所有操作进行安排以保证所有通信安装顺利完成并进行测试，对于测试结果至少应该在工程完工之日前8周获得监督机构的认可；为了监督组织有足够的时间进行系统的开发，承包商应该在其方案中为任何维修和重新测试预留足够的时间，保证其在上述8周的调试期满前完成。

4 承包商应向监督机构提供他在提出电缆测试和终止时所雇用人员的全部细节，这些细节应在电缆终端运行前14天以书面形式提供，监督机构的书面批准应在开始工作前获得。

1504 现场记录

1（05/01）承包商应以清晰可读的形式在图纸上对进行的日常所有工作进行一式两份记录，在合同期间应备有一份副本用于监督机构并在工程完成后交给监督机构备案。

3 承包商应妥善保存包括地下电缆的类型和磁鼓数量的日常记录，保证现场记录的完整性。承包商在下一个工作日向监督机构提供日常记录的副本供其保留和使用。

1505 橱柜、电缆和辅助物品的规定

4（02/03）对所采购的大量设备和电缆，从监督机构收到货后承包商应该负责卸货和安全存储，承包商应为附录15/1所述的设备提供干燥和加热的仓库，监督机构收到货物后，任何损坏或遗失的设备或电缆，应由承包商更换，监督机构没有任何成本支出。

5（02/03）承包商将为设备取得2个主密钥，并在工程完成后归还监督机构。

6（02/03）承包商应保存从监督机构的商店收到的所有大量购买的设备和电缆的最新记录，这些记录应包括设备的数量和类型以及序列号（电缆的鼓号）的详细信息。

参考Fiona Stanley Hospital[6]文件可以说明需要合同管理的"性能参数"的其他例子。

车队管理服务

参考	性能参数
1	每个车队的车辆（不包括修理、维护和清洁的车辆）可以每周7天，每天24小时使用或备用
2	车队根据基于"华盛顿州卫生机动车队政策"提出的年度服务计划中的建议进行车辆采购和更换
3	当车辆不分配给个人时，车队提供安全存储并未其安全负责
4	医院员工使用电子/在线预约系统和车队管理信息

（续）

参考	性能参数
5	在上午6:30至下午5:30之间提出的预订车队车辆要求，在相关要求指定的1小时内做出回应并确认（适用车辆可用性）或备选方案（无适用车辆）
6	在下午5:30至第二天上午6:30之间确认每个提前预订车队车辆的请求（在有适当车辆的情况下），或者在第二天早上7:30之前提出替代方案（适用车辆不可用）
7	预订车队车辆的每个用户在预订时间可获得适当的车辆
8	所有车辆均按照相关制造商的建议、租赁协议和保险要求进行维护
9	设施经理开发和实施的流程如第2.2（1）节中具体服务规范所述
10	所有车队和这些车辆的使用者均随时备有所有法律规定的牌照、许可证和相关认证
11	所有车队车辆都有两个或两个以上不同发卡机构的燃油卡，仅用于指定的车队车辆
12	从水中取出、遭受重大损失的舰队车辆，为其预订适当的维修人员，在交货后4小时内联系相关保险人
13	车队车辆的所有轻微损坏在设备经理意识到损坏的4周内经队长批准进行维修
14	车队可以在几个小时后方便地返回
15	所收到的每一个侵权通知都是按照车队管理服务计划进行管理的
16	除了其他关键绩效指标所涵盖的范围外，委托人在船队管理CUA下的义务以及订立的租赁协议任何时候都一律执行
17	每个持续改进指标在每年的基础上实现绿色范围

服务台和通信服务

参考	性能参数
1	服务台正在为"服务时间"服务
2	每天的服务台数据和记录都保留给主管人员，其中包括部分或完全失败的服务台
3	灾后重建和业务连续性计划每年向院长提供并经批准，以确保在出现故障时不会对医院的运作产生影响，也不会发生健康功能障碍
4	服务台系统、软件和硬件时刻附有"设备参考指南"
5	与服务台和通信设备相关的所有许可证是最新的，并在到期日之前进行更新
6	操作政策、程序和记录保存方法符合合同并与业绩制度的执行相匹配
7	服务台随时可以实时访问服务的相应记录
8	领导可根据特定服务规范第2.3（c）（3）段的规定，并按照"服务台和通信服务计划"中的说明，对软件、系统和记录进行电子访问
9	所有的服务台工作人员都按照服务台和通信服务计划进行客户服务培训
10	提供服务台和通信服务的所有员工对于英语都能够发音、理解及阅读，英语的理解水平足以履行相关职位的义务，并可以在考虑到其职位要求后，有效地与医院用户沟通
11	在任何一个月通过服务台登录的98%的请求将被记录在正确的详细信息中
12	在任何时候，至少有一名操作服务台的工作人员已经完成了服务台和通信服务计划中所述的基本医疗术语课程
13	在服务台和通信服务计划中所述的任何一个月98%的时间内，可通过服务台提供翻译服务
14	在任何一个月的95%的非服务台通话中，在15秒内提供个人的非自动回复
15	在任何一个月的99%的非服务台通话中，在30秒内提供个人的非自动回复
16	在任何一个月内的70%的服务台通话中，在30秒内提供个人的非自动回复
17	在任何一个月的99%的服务台通话中，在60秒内提供人为的非自动回复
18	服务台在收到电子邮件后10分钟内提供电子邮件查询的非自动回复
19	服务台在收到传真后30分钟内提供传真查询非自动回复

(续)

参考	性能参数
20	在收到邮件后的 2 个工作日内，服务台对收到的邮件进行回复
21	在复合条件的医院用户的要求下，服务台和通信服务人员在要求的 2 小时内提供口头或书面进度报告，并提出整改时间
22	每个请求或错误报告的活动报告都是根据特定服务规范的需求生成的，并且向相关服务提供商通报
23	服务台和通信服务人员根据要求提供响应紧急情况下的应急管理计划
24	在年度基础上，所有的持续改进指标都达到了琥珀色或绿色的范围

15.5 合同管理绩效

在合同正在草拟过程中，伴随着绩效管理制度的可交付成果声明是至关重要的，作者承认 ANAO[7] 允许包括以下专家观点。

1. 绩效评估

绩效评估包括具有相关目标和绩效标准的指标。建立绩效评估的目的是提供有关绩效的证据，这些证据被收集和系统地用于维护和评估合同期限的绩效。

绩效评估需要足够全面和具体，以使合同经理能够证明这些工作符合合同要求。它们还为授权付款提供了基础。

合同还应包括提醒经理所面临潜在问题的绩效评估，以便在需要时采取补救措施。在制定绩效制度时，需要考虑本节讨论的问题，以便提供一套平衡的措施来解决预期业绩的各个方面。

建立绩效评估要求：

（1）评估的内容和频率；

（2）使用的指标、目标和标准。

2. 选择绩效指标

绩效指标需要基于对实现合同交付成果至关重要的一些评估因素进行挑选，不一定是易于评估的活动或过程，应定期审查绩效制度，以确保其持续的相关性。

3. 设定目标

为了使绩效指标变得有用，需要提供目标或其他比较依据，以便能够判断绩效是否令人满意。

目标表达可量化的绩效水平或要达到的水平的变化，它们可以专注于整体绩效或有助于成功的因素。

目标的表达方式有很多，可以提供比较的基础来评估表现是否令人满意。在某些情况下，目标将以数字或百分比表示。在其他情况下，将设定目标是衡量质量而不是提供的服务数量；也可以设定目标，鼓励提高绩效，也就是说，它们是具有挑战性或延伸性的目标。

可以参考过去的绩效或者提供类似服务的其他实体以及基于类似研究的实体所实现的绩效来确定目标情况。

目标的设定对于绩效制度的建立不是必需的，在这种情况下，在合同生效期间确定目标的过程应在数据和/或经验可用时将其纳入合同本身，以便以现实的方式进行设定。

目标可能需要在合同期限内进行审查和调整以使它们更贴切和有用。这不应该掩盖不好的绩效。目标可以表达为：

（1）特定数量的客户协助；

（2）客户对提供的服务满意度的百分比；

（3）与客户达成一致的访谈时间和内容在数量上的需求，以及促使客户转移到下一流程同意的百分比；

（4）客户查询的解决方案每天都高于所有来电者约定的百分比；

（5）IT服务在约定的时间间隔内的响应时间。

在制定目标时，需要注意确保将重点放在实现个别目标上时不会损害整体绩效。例如，在不能正确地确定客户的问题的全部程度和解决问题的前提下，客户查询可以在两分钟的回复目标内答复。使用一套平衡的目标可以帮助衡量绩效的各个方面。除了衡量响应时间，收购实体可以通过收到的建议来衡量投诉的增加或客户满意程度。

4. 建立标准

绩效标准与预先确定的卓越水平或绩效指标有关。它们可以涉及商品的技术方面或提供的服务质量。标准可由外部机构设定，如具体的标准制定机构、认可机构或专业机构。作为第一步，收购实体应确定相关标准是否由外部标准制定机构制定。使用现有标准可以节省时间和金钱，并可以减少与承包商的争议风险。

明确要实现哪些标准，收购实体应在合同中注明适用的特定标准，应避免关于遵守行业标准的一般性声明。收购实体还应说明要应用的标准是否是设定在特定日期的标准、是否是在评估日适用的标准。

在某些情况下，评估是否符合标准，可以由独立的第三方或认证机构进行考核，这应在合同中规定，这样做的优点是，进行评估的人员可能具有必要的技术知识，并保证评估的客观性和独立性。在这种情况下，合同也应该指明涉及的费用由谁承担。

5. 成本、数据收集与分析

由于绩效评估耗时长、成本高，所以评估时应仔细考虑所涉及的成本和效益，不是绩效的所有方面都以相同的频率进行评估或考核，可能会有一些评估需要日常测量，而其他评估只需周期性进行即可，例如每季度或每年进行一次。在制定绩效指标时，要考虑的其他因素包括如何收集数据、收集客户的潜在债务、收集和分析成本以及收购实体在准确性方面的保证。

在建立绩效制度时，必须考虑成本和收益，一套过于复杂的措施可能导致合同的增加价格超过了潜在的好处。

除了收集绩效数据的成本外，还需要考虑分析数据所需的资源水平和类型，以确定绩效是否令人满意。

如果合同可交付成果具有技术性质，则可能需要相关的技术知识来评估可交付成果是否符合要求的标准。如果采购实体中不存在所需的专业知识，则可能需要聘请外部专家咨询，以获得满足性能标准的必要水平的保证。

承包商提供的绩效报告的定期独立测试或认证也可以作为获得额外保证以测试承包商提交的绩效报告的准确性的有效手段。

15.6　社会服务合同监督审计

市审计局[8]发表了一份报告表明合同管理所面临的问题，本章包括审计报告，以突出在其他地方毫无疑问地应用的问题。卫生与人类服务部（Health & Human Services Department，HHSD）对承包政策、程序和流程表示关注。

从 2009 财年到 2011 财年，共有 82 个社会服务合同（由城市收入资助），总共约 5 400 万美元。审计目标是确定合同监督程序是否符合合同条款和条件。

审计报告包括：合同监督活动不足，妨碍卫生署署长向根据合同条款交付服务、保证城市资金不被滥用提供合理保障的能力。

一般来说，HHSD 没有按照内部政策和程序、适用的合同要求或行业最佳做法的要求进行合同监督。当 2009 年发生的监管问题涉及 HHSD 承包商的欺诈行为时，管理层并没有确保员工根据需要履行合同监督职责。另外大多数员工以前没有合约监督经验，而且 HHSD 没有制订培训计划，以确保员工接受履行合同监督职责的培训。工作人员所记录的监督绩效以及 HHSD 正式记录保存目的记录不能一直保证一致性。此外，对 HHSD 使用的合同管理系统的 IT 控制不能为安全性或数据可靠性提供足够的保证。

发现 1：HHSD 制定了进行合同监督的政策和程序，然而，合同监测没有一贯进行，HHSD 不能保证由城市购买的合同服务。

合同监控须遵守 HHSD 政策。HHSD 程序手册指出，合同的现场审查应在三年内进行，第一年进行行政和财务审查（administrative and financial reviews，AFR），第二年进行发票核查审查（invoice verification reviews，IVR）和方案审查（programmatic reviews，PR）。HHSD 没有对承包商提交的绩效评估报告审查有关的政策和程序；但是，根据管理层的要求，工作人员必须在实践中对这些报告进行审查。

对员工的管理监督和沟通不足，员工不负责履行合同监督职责。例如，工作人员报告说，管理层将资源重新定位到新的承包过程的发展，而不是强制执行与合同监督有关的期望。工作人员还表示，由于对违反城市反游说条例的关注，在新的承包过程中，他们没有进行现场考察，但管理层表示合同监督可以在不违反条例的情况下进行。此外，工作人员报告说，由于程序正在发生变化，管理层尚未确定政策，所以政策是草案。

此外，工作人员报告说，他们的工作职责还包括资助申请审查、技术援助以及与承包商的定期沟通。有些工作人员认为这会造成利益冲突，妨碍他们进行客观合同审查的能力。

没有一致的监测，HHSD 不能确保按照合同条款和条件提供服务。例如，在 9 个机构的实地考察期间，审计人员发现一个承包商 LEAP 无法提供所提供服务的文件。此外，HHSD 不能保证机构按预期使用城市基金。

例如：

（1）LEAP 无法提供文件来调节收支和 LEAP 混合城市基金。2010 年，HHSD 工作人员通知 LEAP 有必要修改其会计实务；

（2）奥斯汀地区城市联盟在我们的范围内没有支付工资税数月并且不支持因此而对 HHSD 付款申请进行调整；

（3）风险评估委员会没有将会计报表与 HHSD 的支出报告相结合的文件。

总体来说，HHSD 的合同监督做法允许支付发票，无须服务证明或发票有效性验证，并没有进行适当的跟进来确保确定的缺陷得到纠正。

发现 2：HHSD 的合同监控计划不遵守最佳做法，降低了 HHSD 检测欺诈和浪费以及滥用能力的同时，也降低了识别合同违规或防止滥用城市基金的能力。

根据"得克萨斯州合同管理指南"和"奥斯汀市合同监测指南"提供的最佳实践指导，

合同监测计划应包括以下协议：
（1）规范各部门的合同监督做法；
（2）制订基于风险的监测计划；
（3）付款前检查发票；
（4）确保付款与业绩相关联；
（5）对于员工的培训和专业知识建立最低期望。

据工作人员介绍，并非所有合同条款都在审查过程中得到体现。值得注意的是监督可以确保承包商对与儿童合作的个人进行背景调查并进行监测以确保承包商资金不混合。我们审查了那些应该进行背景调查但并没有注意到任何例外情况的承包商的流程。虽然 HHSD 确定了承包商的资金来源，但员工没有跟进以确保其得到纠正。此外，HHSD 不保持所有赠款和合同的集中上市或跟踪设保人的审计，因此没有任何机制来确保对 HHSD 职权范围内的所有合同进行适当的监控。

在进行基于风险的监测方面，据工作人员介绍，一些承包商由于过去不遵守规定而受到额外的审查，但这些决定没有记录在案，并且不存在额外审查程度的明确标准。

此外，最佳做法要求在付款前检查所有发票。然而，HHSD 政策要求每三年检查发票一次，HHSD 没有一个更新的定期审查或确认报告支出的流程。例如，我们发现，在五份（20%）抽样合同中的两份中，发票未经付款审查。

此外，最佳做法要求付款付给绩效，但采样的社会服务合同不包括绩效要求。绩效目标包括在工作说明书中，但不作为合同监督过程的一部分或与付款相关的部分执行。

HHSD 工作人员报告了合同监督计划的其他弱点包括：
（1）没有提供培训；
（2）大多数分配执行合同监督职责的员工没有或具备有限的合同监督经验；
（3）工作人员使用合同管理制度不一致；
（4）支持文件并不总是由承包商提交或要求；
（5）合同文件的维护和保留不一致。

HHSD 管理层说，上述许多弱点是由于全市范围内的文化转移，涉及支持机构（提供资金有限监督）和采购服务（将服务提供直接用于资金）的合同方式。此外，监控活动分散在人力服务司，如前所述，由在规划和能力建设方面与承包商密切合作的工作人员执行。

总体来说，上述缺点降低了 HHSD 检查欺诈和浪费以及滥用的能力，识别承包商违规或防止滥用城市基金。承包商问责制标准不足增加了城市对未交付服务或支付不符合合同期望的承包商支付的风险。未能确认背景调查可能会危及客户的安全。没有综合的风险评估过程，不符合规定的承包商可能无法获得必要的监督。这些风险由于缺乏对授权和合同的集中跟踪而更加复杂。

发现 3：合同管理系统的安全和数据可靠性控制不足，增加未经授权访问数据和维护合同信息不准确的风险。

合同管理系统的 HHSD 密码安全程序不符合最佳做法。由于该系统是基于 Web 的，因此可以从任何计算机访问，从而增加风险。

管理系统具有符合行业最佳实践的一些组成部分的可选功能，但尚未实施。据工作人员介绍，系统的密码要求已经建立，使系统对用户 HHSD 工作人员和承包商都很友好，与系统供应商的合同不需要供应商固守最佳做法。

在我们检讨数据时，我们也注意到 53 个承包商中有 11 个（21%）需要两个授权级别进行付款审批，但同样的 HHS 工作人员经常授权两级付款。

此外，我们注意到输入管理系统的数据并不总是准确的。例如，报告日期作为在监视执行日期之前输入，以及通过下拉菜单和手动输入风险分数[9]，10 个采样机构中有 2 个（20%）显示风险分数不匹配。

管理系统为不合逻辑的日期生成异常报告，但这些报告不是由工作人员一贯使用的。没有任何过程来验证输入系统数据的准确性和完整性、防止不合逻辑日期的输入或强制实行分期付款审批。

因此，虽然我们在审计过程中没有发现未经授权的访问，但 HHSD 的控制系统不足以保证此类访问未发生。此外，我们没有在我们的审核中发现任何不适当的付款，但没有发现对隔离职责的保障，HHSD 不能防止未经授权的付款。

承包商可能是由于工作人员与承包商之间的勾结而产生的。数据库的不完整和不完整的信息限制了员工使用信息进行决策的能力，并使得城市风险不高于公开记录。

建议：

以下建议是我们审计工作的结果，并受到我们工作范围的限制。我们认为，这些建议提供了合理的方法来帮助解决所确定的问题。我们还认为，运营管理是一个独特的角色，可以最好地了解其业务，并且可以找出更有效率和更有效的方法，并鼓励他们在对我们的建议做出回应时这样做。因此，我们强烈建议 HHSD 主任应创建一个完整的包括以下组件的合同监控系统：

（1）正式通过符合最佳做法的合同监督政策和程序，并传达给员工；

（2）根据 HHSD 政策，对程序和最佳实践进行合同监控和记录；

（3）审查合同监督职能中的组织结构、工作职责和人员，以确定是否需要改变以确保履行合同监督职责的客观性和独立性；

（4）向员工提供专门针对培训需求的正式文件培训计划。

15.7 合同管理清单

以下清单表明评估合同管理有效性的方法，它确保必要的治理安排到位。

1. 合同考虑的开端

是否正式向合同经理转交合同授予？	☐
合同经理是否全面通报，理解合同的条款和条件以及合同的时间表？	☐
合同经理是否进行必要的培训，以确保适当的技能和知识存在？	☐
是否有合同变化时期需要进行管理？	☐
是否有合同管理计划？	☐
是否有全面的风险登记与缓解策略？	☐
是否明确谁负责合同更改和付款？	☐
是否有管理的时间表？	☐
保险和债券（如果需要）是否到位？	☐
主要利益相关者是否确定并积极参与？	☐
是否定义了 KPI 并达成一致？	☐

2. 持续管理合同

承包商是否能及时地提供管理信息？ ☐
合同审查是否按照合同进行？ ☐
是否有任何合同更改发生？ ☐
合同是否按照合同规定运行？ ☐
风险登记是否经过必要的定期审查和更改？ ☐
是否有合同不履行的例子？ ☐
关键绩效指标绩效成果是否受到监控？ ☐
我们监督合同的转包吗？ ☐
我们是否使用我们审计合约的权利？ ☐
我们是否进行检查和质量管理保证？ ☐
承包商的关键人事变更吗？ ☐

15.8 合同条款

合同条款的范围取决于采购的性质，合同将为合同各方创造法律义务和责任。在合同授予之前，基于合同的复杂性，采购、法律顾问、利益相关者和合同谈判者都可以在确定最终合同条款方面发挥作用。不能忽视的是，供应商及其法律顾问将在最终合同结果上留下指纹。这是明确的业务目的，限制其责任，确保其义务清晰可得。

合同经理必须了解合同的细节，包括合同的时间表。必须清楚地了解适用条款和违反合同的后果。本章内容为读者提供健康警示。除非已经收到适当的建议，否则不得解释合同条款，合同管理的目的是避免争议。

大多数合同经理很可能会需要了解以下条款（和其他）：

• 访问的前提	• 关键人员
• 审计权利	• 债务和赔偿
• 任务	• 变化
• 协助供应商	• 付款和价格
• 保密信息	• 处罚和奖励
• 合同更改	• 拒绝
• 合同变更	• 安全安排
• 争议解决	• 证券和担保
• 不可抗力	• 进入的权利
• 担保	• 转包
• 价格指数	• 终止
• 检验权	• 过渡安排
• 保险	• 担保
• 知识产权	

15.9 合同条款及其含义

在每个合同经理生活中的一些阶段，诸如"这个条款是什么意思"这样的问题经常会出现，下面的例子根据的是第 7 条"绩效指标"的合同。理解一个条款的最佳起点就是要点的关键规定，在这个例子中，它们是：

（1）达到或超过每个绩效指标的目标绩效水平；
（2）监测和报告绩效；
（3）扣除服务积分；
（4）整改计划；
（5）材料绩效指标故障；
（6）服务信用额度作为独家经济补救的例外；
（7）购买组织对不能接受的 KPI 失败的权利；
（8）供应商接受不能接受的 KPI 失败的后果。

项目符号是外行人员对于规定的缩写，对合同经理的要求是详细说明并理解它们。规定是：

规定	评论
第 7.1 条（a）供应商应以每个相关 CPP 阶段的重要日期为方式提供业务服务，以达到或超过每个绩效指标的目标绩效水平	资本化的所有单词或短语应该是一个定义的术语，可以在合同的定义部分找到。供应商没有义务超过 TPL "满足或超过"的要求，合同经理必须了解 TPL，PI 和 CPP 的阶段
第 7.1（b）条遵守附表 2.2（业绩水平）有关监察及报告其绩效指标的表现的规定	合同履历表对于合同经理来说至关重要。在附表 2.2 中，将列出"监测和报告"的要求。例如，报告的频率和内容对于举行有效的合同审查会议至关重要
第 7.2 节介绍性能故障，并说："如果在任何服务期间（a）发生 KPI 失败，应根据附表 7.1（收费和发票）第 c 部分第 3 段从服务费中扣除服务信用额	这里应该注意的是，每一个定义的术语都具有特定的含义。关键绩效指标失败对于合同经理很重要，因为需要扣除服务积分。这只是损失的一种形式，如果扣除没有离开购买公司的口袋
第 7.2（b）条规定，如果发生材料 KPI 失败，供应商应遵守整改计划流程（除了根据第 7.2（a）条所产生的服务积分）	合同经理将需要了解"物料 KPI 失败"实际上意味着什么。"物料"一词通常意味着在合同中心起推动作用的实质事物，整改计划过程与合同经理的工作非常相关。何时有计划提交？给谁？有什么格式？谁批准？如果不符合批准后的计划会怎么样
第 7.2（c）条提供"发生 PI 故障，供应商应通知管理机构将采取行动（如果有的话），纠正 PI 失败和/或防止 PI 失败重复"	这个条款的措辞是松散的，请注明"通知"。它不说怎么样！在理想情况下，应该以书面形式表示，以避免未来发生供应商声称已经口头告诉某人的情况。合同经理需要充分了解任何拟议的整改行动。注意到合同经理对纠正措施达成的协议并不适用于减轻供应商履行合同的义务，这一点是很重要的

问题讨论

1. 合同管理的范围是什么？合同管理是如何为业务成功做出贡献的？
2. 为什么与供应商建立积极的合作关系非常重要？
3. 如果你正在管理为组织总部提供餐饮服务的合同，你需要从供应商那里获得哪些月度信息，以确保合同义务得到满足？
4. 你是否同意以下声明：供应商和合同经理之间的冲突是不可避免的，因为前者是以利润最大化为目的进行工作的？
5. 为什么对合同经理来说理解合同全部的内容是非常重要的？
6. 如果合同经理确定供应商未经授权已经删除了一些关键人员，合同经理可以采用哪些补救办法来纠正这种情况？
7. 合同经理有责任确保合同风险登记不断审查，在必要时更改吗？为什么？
8. 合同经理是否有责任确保不超过联络价格？
9. 你可以说出合同经理应具备的六项技能吗？

参考文献

1. A guide to contract management for PFI and PPP projects, 4ps
2. A guide to contract management for PFI and PPP projects, 4ps, pp. 16–17
3. ANAO Better Practice Guide
4. Op. cit.
5. Standardsforhighways.co.uk
6. Fsh.health.wa.gov.au. Fiona Stanley Hospital Facilities Management Contract Performance Indicators
7. Australian National Audit Office
8. City of Austin (Texas USA) Audit Report, 'Social services contract monitoring audit', October 2011
9. As noted in Finding 2, HHSD's risk-based decisions are not fully documented. There is also a risk-assessment process as part of contract close-out, which is recorded in the contract management system. However, it does not drive monitoring devices

第16章 品类与商品采购

学习目标

本章的学习目的是，理解：
- 品类管理的概念和实践
- 品类管理组
- 品类管理的战略意义
- 品类管理提出的问题和挑战
- 采购风险分析
- 能源采购
- 商品采购
- 资本设备采购
- 施工相关采购

核心要点

- 根据品类区分采购做法
- 资本设备采购的复杂性
- 融资的考虑
- 采购风险的考虑
- 能源市场和成本发生器的复杂性
- 施工用具特点
- 商品交易
- 原材料采购
- 市场数据的专家来源
- 采购专业知识适用于品类管理的机会

引言

CIPS 对品类管理的定义为：品类管理是组织采购资源聚焦于具体花费领域的战略方法。这使得品类经理能够将时间和行为集中在深入的市场分析中，以代表整个组织充分利用其采购决策。结果可以大大超过传统的基于交易的采购方法。

16.1 定义品类

CIPS 澳大利亚公布了 2011 年"最新的品类管理"，并确定了以下品类：
- 信息通信技术；
- 维护、维修和检修；
- 专业服务；
- 原料及成分；
- 旅行；
- 特定指导（谨慎品类或相关的直接支出品类）；
- 其他间接（多个不相关或未指定的间接品类）；
- 设施管理；
- 物流运输；
- 资本支出；
- 舰队服务；
- 其他直接（多个或不相关的直接品类）；
- 设备；
- 医疗；
- 打印；
- 能源；
- 招聘与劳务；
- 包装；
- 营销服务；
- 文具及办公用品；
- 燃油与润滑油；
- 化学品；
- 其他（多个或不相关的直接和间接品类）。

品类的性质和范围因组织而异。所以会强调特定的品类。APQC[1]确定了 14 个令人信服的品类管理结果，按以下主题分组：

1. 战略意义
（1）采用不以成本为驱动的业务。
（2）通过短期敏捷性平衡长期愿景和规划。
（3）战略压力与战术流程分开。
（4）认识分类管理的基础是供应商细分作为。
（5）将采购纳入全面的价值链，特别关注客户需求和价值观。

2. 资源承诺与人才管理
（1）赋予聚焦于品类管理的团队可见的和多样化的成员。

（2）通过采购组织中明确界定和区分的要求，为职业发展和技能获取提供机会。

（3）寻求在新产品开发过程的早期纳入采购。

3. 品类特定的流程和工具

（1）创建一个标准化的品类方法，以促进不同品类的工作和资源配置，获得通过分类决定投资多少的能力。

（2）实施品类风险管理，以监测市场或品类层面的外部市场风险。

（3）作为战略采购流程的一部分，持续进行供应商风险评估。

（4）维护一个内部网门户，为所有相关员工提供一个信息来源。

4. 延伸供应商关系

（1）投资建设强大的供应商。

（2）为供应商提供取得成功并创造共生关系的工具。

16.2 品类管理问题示例

APQC 的报告是信息丰富的、思想敏锐的、值得详细考虑的那些转变他们的品类管理方法。深刻的评论包括品类管理问题的真实示例，包括：

（1）从业务成功或失败的视角来看，不仅仅是购买成本，有助于采购组织与大型企业保持一致；

（2）按照优先顺序，FMC 的采购和采购战略目标主要集中在核心战略领域：安全、质量、交付和成本；

（3）影响品类管理的变更可能来自组织内部（例如战略或产品组合的转变）和外部（例如市场波动或供应中断）；

（4）战略上，采购侧重于利用全球消费实现高品质的产品、进口产品的完整性，实现卓越的周期，降低总体拥有成本。

APQC 报告解释说，KPMG（毕马威）的采购核心价值主张和责任观点反映了以下组织结构（见图 16-1）。

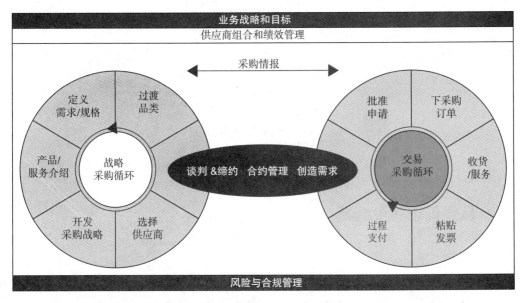

图 16-1　风险与合规管理

APQC 报告列出了每个品类管理的 ATMI 流程在不同的地方拉动不同的功能（见图 16-2）。

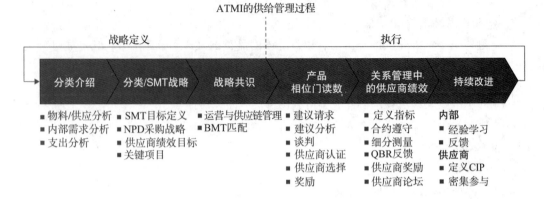

图 16-2　ATMI 供应商管理过程

16.3　人才挑战

APQC 报告提请注意采购组织日益增长的人才挑战，并突出强调需要大量人力资本的战略业务伙伴的关键特性，如图 16-3 所示。

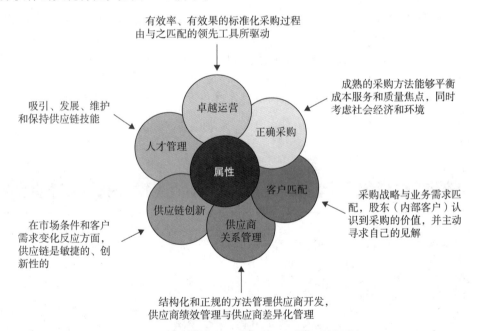

图 16-3　APQC 报告——战略业务伙伴关键属性

16.4　品类管理风险分析

笔者参与了多个国家和国际组织实施的品类管理。这些组织包括航空航天、汽车、金融服务、石油和航空公司。

采购风险分析在议程上的级别非常高，需要大量投入研究、供应市场调查、情景测试和建模以及供应链映射。PROCURISK® 采购风险建模工具旨在揭示以下领域的风险，制定风险缓解策略：
(1) 知识产权风险；
(2) 安全关键保修风险；
(3) 采购业绩可见性风险；
(4) 采购依赖风险；
(5) 与市场领域的主要参与者的ICT兼容性；
(6) 项目采购风险；
(7) 财务风险；
(8) 质量管理风险；
(9) 产品淘汰风险；
(10) 通过生活产品支持风险；
(11) 供应商关系管理风险；
(12) 合约定价风险；
(13) 劳动力市场的稳定（工会、工人支付、罢工记录）；
(14) 合同管理风险；
(15) 环境风险。

16.5　品类管理：企业旅游计划

"KPI 参考指南"中的 GBTA[2] 旨在将关键绩效指标定位于公司旅游计划的主要利益相关者，其中包括旅行品类经理和采购、财务和企业社会责任经理以及旅行计划的供应商。

描述公司简介的典型计划指标包括以下几项。

- 旅游支出：我们按业务单位/地区等花费在旅行和相关费用上多少钱？
- 目的地：我们去哪里旅行？
- 旅行费用生产力：与我们的核心业务产出（例如收入、销售额）相比，我们的旅游支出是多少？
- 消费集中度：我们的旅行集中在特定的路线/城市吗？
- 价格：每个品类的支出和定价趋势（如平均票价、平均每日利率）及行业趋势如何？
- 商务旅行强度：我们的员工出差多少（旅行次数、持续时间、距离、频次）？
- 频繁旅行人数：我们有多少人？
- 旅游风险：我们的目的地（安全、健康、极端天气）的风险如何？

KPI 的概述如图 16-4 所示。

支出与节约	行为与政策	供应商	处理过程	运输安全	企业社会责任	数据质量
■ 基于合约的支出 ■ 预定可见性 ■ 支付可见性 ■ 实现的谈判节约 ■ 合约竞争性 ■ 管理旅行成本	■ 客舱不合规 ■ 最低价旅行机票（LLA）不合规 ■ 提前预订不合规 ■ 在线采用率 ■ 酒店知名度 ■ 酒店品质	■ 旅行者的满意度 ■ 合约支持	■ 再订购率 ■ 报销日	■ 位置观察 ■ 档案完善	■ 碳的可见性 ■ 铁路 vs 航空	■ 数据质量

图 16-4　对于关键品类作者确定的关键绩效指标概述

GBTA 建议管理公司旅行的 KPI 如图 16-5 所示。

```
            建议的关键绩效指标
■ 根据合同支付              ■ 重新预订房价
■ 预订知名度                ■ 酒店品质
■ 付款明细                  ■ 旅客满意
■ 实现协商节约              ■ 合同支持
■ 合同竞争力                ■ 报销日
■ 管理旅游成本              ■ 位置洞察力
■ 客舱不合规                ■ 档案完成
■ 最低旅行机票不合规        ■ 碳可见度
■ 提前预订不合规            ■ 铁路vs航空
■ 在线采用                  ■ 数据质量
■ 酒店知名度
```

图 16-5　GBTA 建议管理公司旅行的关键绩效指标

三个关键绩效指标的细节如下所示：

（1）**预约可见度（KPI ID 2）。**

预订可见性。

消费和节约；行为 / 政策

优先级 1，综合

KPI ID 2

关键问题：我们旅行的哪些份额是通过认可的旅行管理公司和自助预订工具（自动预订工具）预订的？

为什么是这个 KPI：预约可见性衡量旅客使用批准预订渠道的程度。它还衡量了数据的可见程度，因为通过批准的渠道进行的预订可以用于报告。通过非批准渠道进行预订的数据无法被获得，从而削弱了旅行管理计划。

定义：（门票和预订支出）除以总旅行支出。

由批准的旅行管理公司、酒店预订机构和自动预订工具报告，买方必须收取机票费用和铁路费用，以及已预订的酒店和租车费用（预订房价 × 房间或租金天数）。

买家可以选择由总账或其费用报告系统获得总旅行支出。

示例：我们旅行支出的 60% 是通过认可的旅行管理公司或我们公司自助预订工具预订的。这意味着旅行支出的 40% 是通过无法看到这些数据的方式预订的。

期望方向：更高更好。100% 是理想的。

注意事项：获得分子不应该是困难的。由于总分类账和费用报告数据源中经常包含扰动和不一致的数据，所以分母可能会变得混乱。

此关键绩效指标的另一种形式是衡量通过批准渠道预订的差旅费用，并忽略计算百分比的需求。

可能的数据来源：总账、费用报告系统、旅行管理公司及自助预订工具。

（2）**合同竞争力（供应商 KPI ID 5）。**

合同竞争力。

供应商。

优先级 1，综合

KPI ID 5

关键问题：我们谈判的合约（航空、酒店、汽车、旅游管理公司）有多好？

为什么是这个 KPI：主要利益相关者想知道公司谈判价格的成本效益。

定义：供应商的合同价格需要与有关未列名的票价或利率进行比较。将差异（价格节省）乘以购买的单位数量，再与供应商进行的所有采购合计这笔金额，这是合同节约的部分。

将与供应商进行的所有采购转换为供应商的未折现（预先打折或总额）支出。这将量化预先贴现的支出金额。

将合同的节约部分除以供应商未支配的开支。这是合同的节约率。

通过将买方的节约率置于分子中，并以基准同行业集团的分母的平均节约率来构建比率。结果是合同竞争力比率。

示例：我们的航空公司合同总节约率为 12%，而我们的同行业集团的基准平均水平为 20%。本航空公司的合同竞争力为 12/20，即 60%。

我们的航空公司合同提供了与我们基准对等的组织实现的节约率的 60%。

期望方向：更高更好。

注意事项：很难获得——对应的价格基准数据。旅游管理公司或第三方提供的任何此类数据应被视为非常粗略的指标。必须注意正确计算未折现的（又叫作预先折扣或毛额）支出。

可能的资料来源：供应商合约、旅游管理公司、自动预订工具及供应商（例如租车）。

（3）碳可见性 – 可持续发展 KPI ID 19。

碳可见性。

可持续发展。

优先级 2，简单

KPI ID 19

关键问题：我们如何衡量我们的旅游计划对碳的影响？

为什么是这个 KPI：旅行经理经常被问到他们的旅行计划对碳的影响。这个措施表明了这样做的能力。

定义：对于每个品类，对当前与旅行公司相关的二氧化碳排放量的质量进行评估。在每个品类中使用标准比例，例如：

- 优秀——我们使用专为相关旅游品类设计的前沿碳计算器，并收集足够的数据，得分为 5 分；
- 充足——我们使用温室气体议定书批准的方法来估计品类的排放量（见 http://www.ghgprotocol.org/)，我们收集了足够的数据，得分为 3 分；
- 不足——我们没有捕获足够的数据，或者没有一个方法来估计这一品类的碳排放量，得分为 1 分。

示例：我们航空旅行的碳可见度非常好（5 分）；对于酒店住宿、汽车和铁路碳可见度不够（每个品类 1 分）。我们选择以 70% 的空气重量、10% 的酒店、10% 的汽车和 10% 的铁路进行评分，所以我们的总体评分在可能的 5.0 中是 3.8，即 76%。

期望方向：更高的评分更好。

注意事项：旅游经理应从企业社会责任同仁那里寻求指导，了解如何最好地估计旅游计划对碳的影响。伊卡洛斯项目（Icarus Project）是有关这一主题的优秀信息来源，见 http://www.icarus.itm.org.uk/。

可能的资料来源：旅游管理公司、自助工具及租车供应商。

16.6 品类管理：信息和通信技术（ICT）

在许多组织中，ICT 是一个重要的采购品类。对 ICT 支出有很多影响，其中包括：
（1）ICT 技术专家缺乏商业和合同敏锐度；
（2）缺乏长期的 ICT 战略；
（3）由少数大型跨国公司主导的一些 ICT 市场细分；
（4）拥有知识产权；
（5）技术变革成本高；
（6）外包行动；
（7）跨组织机构使用不同的系统；
（8）缺乏 ICT 技术知识和专业知识的采购专家；
（9）与优势市场领导者谈判合同困难；
（10）新系统故障时的声誉受损。

在英国，"地方政府国家 ICT 商业品类战略"强调了这些问题的范围。报告包括支出分析，列出了这些问题的范围和前四大供应商的情况，如图 16-6 所示。

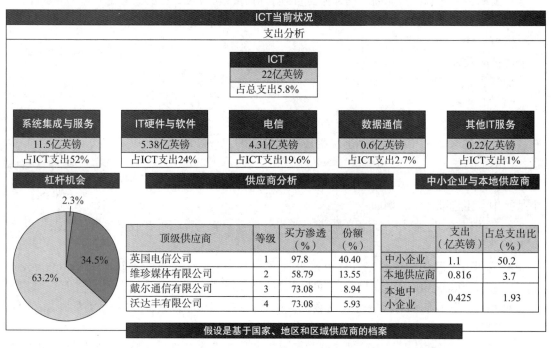

图 16-6　ICT 当前状况

南澳大利亚政府在 2013 年发布了一份关于 ICT 产品与服务战略采购的报告，该报告为实施 ICT 改革计划提供了有用的见解。在第 1 部分（见表 16-1）中列出了以下合同。

第 2 部分和第 3 部分细节也包括在报告中。

表 16-1　ICT 实施过程的第 1 部分

分布式计算机支持服务	两个供应商负责服务管理的定制，并基于分布式服务基础设施支持服务
电子信息服务	单一电子信息服务供应商（基于 2007 微软交换应用——Microsoft Exchange 2007）
托管服务	一组托管服务，包括非托管托管、共享托管和专用托管

(续)

互联网服务提供商	ISP 服务的单一供应商
主机计算服务	主机计算服务的单一供应商，主机和操作系统由供应商拥有、管理和维护，用户机构拥有、管理和监控在主机上运行的应用程序
管理网络服务	单一供应商负责管理、维护和支持国家中央和地方数据网络
微软大型经销商	Microsoft LAR 的单一供应商向国家机构提供服务
威胁管理与保护服务	国家机构必须遵守国家防病毒产品技术标准（这些产品包括 Computer Associates / Total Defense，McAfee 和 Microsoft）

16.7 资本投资采购

16.7.1 定义

资本设备已被 Aljian[3] 定义为：固定资产品类之一，包括工业和办公机械和工具、运输设备、家具和固定装置等。因此，这些项目适用于资本账户，而不是费用。

替代术语包括"资本品""资本资产"和"资本支出"，其定义如下：

（1）**资本品**。以固定资产形式用于生产货物的资本，如厂房、设备、机车车辆。[4]

（2）**资本资产**。资产用于通过提供一年以上的生产、分销或服务能力来节省成本。[5]

（3）**资本支出**。购买有形生产性资产的支出，超过其购买会计期间的持续服务。[6]

在上述定义中，资本支出最为有用，因为它强调资本设备的三个最重要的特征，即

（1）**有形**——资本设备可以被物理触动或处理；

（2）**生产力**——资本设备用于生产商品或服务；

（3）**耐用性**——资本设备寿命长于一年。

16.7.2 资本支出的特征

资本设备支出在许多方面与材料和部件的支出不同，包括：

（1）每个项目的成本通常更大，而且往往是一次性成本；

（2）所购买的物品用于促进生产而不是作为最终产品的一部分，或者在服务环境中用于提高效率；

（3）资本支出由长期资本或利润，而不是流动资金或利润收入拨付资金；

（4）税收考虑，如资本配置和投资补助，对于是否购买资本设备和这种采购的时间有重要的影响；

（5）可能可以获得政府对资本设备成本的财政援助，例如制造组织定位于正在开发的区域；

（6）资本设备的采购至少在短期内可以推迟；

（7）购买资本设备的决定通常导致与销售、产出和劳动相关的决策，在后一种情况下，可能需要与适当的工会进行磋商。

资本设备采购需要采用合同条款和条件，以处理担保、支持服务、知识产权、产出可用性及生命周期成本和安装/测试等事宜。

所有这些考虑意味着资本设备的采购通常比材料和部件的采购更复杂，其中材料部件很大一部分可以使用重复程序来处理。

16.7.3 资本设备采购考虑的要素

除购买方式、财务和投资回报外，购买资金设备时应考虑以下要素。

（1）**目的**——设备的主要目的是什么？

（2）**灵活性**——设备有多少功能？它可以用于主要被收购的目的以外的目的吗？

（3）**备件**——成本、交货时间、初次购买必需品、托运图纸和零件可以提供的时间长度。

（4）**标准化**——是否已经与安装在我们组织中的设备实现标准化，从而降低了备件的成本？

（5）**与现有设备的兼容性**——是否提供财务和/或运营优势的兼容性？

（6）**寿命**——通常是指设备由于贬值或过时而必须注销的时间。然而，如果目的是在资产过期或不可用之前处置资产，那么它不一定与项目的总体寿命相关联。

（7）**可靠性**——故障意味着更高的成本，由于交货延迟而导致的商誉损失，以及在零件方面的高投资。

（8）**耐用性**——设备是否足够强大，适用于其预期用途？

（9）**产品质量**——有缺陷的产品按比例增加了单位产出的成本。

（10）**运营成本**——燃料成本、电力和维护成本。是否会招致特别劳工或额外的劳工成本？咨询工会是否合适？

（11）**安装成本**——价格是否包括运营商的安装、调试和培训费用？

（12）**维护成本**——设备可以由我们自己的员工维护，还是与供应商有特殊的服务支持协议？在购买之前可以提供哪些维护费用的估算？估算的可靠性如何？

（13）**其他**——外观、空间要求、安静的操作（分贝等级）、安全和影响操作员的绩效的人体工程学方面。

（14）**知识产权**——谁拥有设计？将提供"建成"图纸吗？

16.7.4 融资收购资本设备

新设备或资本设备的购置可以由以下方式资助：

（1）直接购买；

（2）分期购买；

（3）租赁。

16.7.5 直接采购

购买设备最明显的采购策略是购买组织向卖方支付全部价款。该策略的相对优点和缺点如表 16-2 所示。

表 16-2　直接购买设备的优点与缺点

优点	缺点
• 总体成本，特别是租金相对较低	• 固定资本投资将减少流动资金
• 设备可能有残余或二手的价值	• 过时或市场变化可能会大大减少剩余或二手市场预期
• 用户可以对设备进行全面控制（但是可能需要维护和软件限制）	• 可能需要长期的维护和软件承诺来保护资本设备投资
• 资本准备金（通常每年减少 25% 的减免）可以扣除税款	• 设备可能迅速过时，通过销售、交易或租赁进行升级的成本可能很高

直接购买的效果是增加固定（设备）资产和减少现金（现金）资产。采购的资本成本和维护收入成本可能对企业的营运资金产生不利影响，长期来看，投资回报率肯定是正的。

16.7.6 分期付款

当所有付款都已经完成时，通过分期付款（hire purchase，HP）协议，业务客户成为设备的所有者。该所有权自动转移或支付采购费用。

为了税收目的，从协议开始，业务客户被视为设备的所有者，因此可以申请资本补贴。这可能是投资新工厂和机械的重大税收优惠政策。

分期付款协议与普通信贷协议不同。分期付款协议有一些适用的规则，包括：

（1）你可以在货款偿还之前不出售货物；

（2）如果你不定期付款，债权人可能会要求你退还货物。

分期付款购买设备的相对优点和缺点如表 16-3 所示。

表 16-3 分期付款购买设备的相对优点与缺点

优点	缺点
• 提供直购和租赁之间的折中。分期付款采购协议很容易谈判和使用 • 根据利率和用户回报率等因素，分期付款购买可能比直接购买或租赁更具财务效益 • 最新的技术可能被采用并用于提高公司的生产率和效率 • 完成所有付款后，用户将自动成为设备的所有者，或者自行支付购买费用的选项 • 为了税收目的，用户从一开始就被视为设备的所有者，可以在设备上申报资本补贴和增值税	• 融资安排比直接购买设备时有更多的限制 • 利率和用户的回报率可能使分期付款购买的方式比直接购买或租赁的经济效益更低 • 一般来说，没有机会升级 • 直接购买的缺点如表 16-2 所示

16.7.7 租赁

租赁是租赁公司（出租人）与承租人之间的合同。

- 租赁公司购买并拥有承租人所需的资产。
- 客户从租赁公司雇用资产，并在预先确定的期限内支付租赁资产以使用资产。

如图 16-7 所示，有两种类型的租赁：融资租赁和经营租赁。租赁有优缺点，如表 16-4 所示。

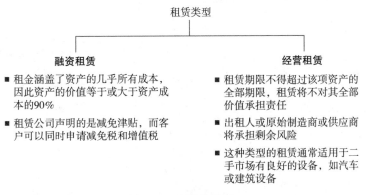

图 16-7 租赁的类型

表 16-4　租赁设备的优点与缺点

优点	缺点
• 费用是事先知道的，租赁签署后无法修改 • 减少固定资产融资需求。无须支出资本即可获得使用资产 • 租赁仅涉及租金，不涉及赠款、津贴、折旧或其他计算 • 租赁提供了避免过时风险的对冲	• 固定的租金义务在萧条的情况下可能会造成尴尬 • 不提供所有权的声望或灵活性 • 大型组织可能能够与出租人获得资本或同等条件，并且由于应税利润的稳定流动，获得自己的资本配置 • 在租赁结束前，处置过时设备的灵活性可能会降低

租赁的其他优点包括更容易的更换决定。资产的所有权对使用者在用更有效率的设备替代现有设备时具有心理锁定效应。租赁也会对冲通货膨胀。资产的使用立即获得。这些付款是在未来收益中实现的，并以实际货币计算，实际成本随着年数而下降。

16.7.8　租赁或者采购

实际上，根据经营、法律和财务，考虑租赁或购买的决定是复杂的。

（1）**经营因素**与购买前试用期的优点、成本节约型设备的即时可用性、资产所需的期限以及对过时和通货膨胀的套期保值有关。

（2）**法律因素**很重要，因为租赁协议是片面的，大多数风险转移给承租人。因此，承租人应仔细检查合同的条款和条件，特别是在使用设备的限制和保险、维护责任等方面。在可能的情况下，应该谈判改进的条款。

（3）**财务因素**在决定是租赁还是购买时通常至关重要。这些包括：

1）资本的机会成本，也就是说，如果用于其他目的或投资于其他地方，设备将会获得的购买价格；

2）在租赁期间实现定期租金支付的折扣成本。注意，"平价"利率按照初始金额计算，而不是平均欠款，这可能会产生误导。

例 16-1　如何决定租赁或购买哪一个最好

（来自于 IBM 的租赁—购买决策）

资产的现金价格是 1 000 英镑

租赁成本——每一季节支付 75 英镑，共支付 20 次，5 年的总成本为 1 500 英镑

租赁成本超过购买成本 500 英镑或 50%

年统一利息 50%/5=10%

然而，从下表中可以看出，真实的利率每年超过了 20.4%。

（单位：英镑）

季度	上期结转	提前偿还	复合利率 20.406 4%	余额结转下期
1	1 000	−75.00	43.95	968.95
2	968.95	−75.00	42.48	936.43
3	936.43	−75.00	40.94	902.37
4	902.37	−75.00	39.32	866.69
5	866.69	−75.00	37.62	829.31
6	829.31	−75.00	35.85	790.16

(续)

季度	上期结转	提前偿还	复合利率 20.406 4%	余额结转下期
7	790.16	−75.00	33.98	749.14
8	749.14	−75.00	32.04	706.18
9	706.18	−75.00	29.99	661.17
10	661.17	−75.00	27.85	614.02
11	614.02	−75.00	25.62	564.64
12	564.64	−75.00	23.27	512.91
13	512.91	−75.00	20.81	458.72
14	458.72	−75.00	18.23	401.95
15	401.95	−75.00	15.54	342.49
16	342.49	−75.00	12.71	280.20
17	280.20	−75.00	9.75	214.95
18	214.95	−75.00	6.65	146.60
19	146.60	−75.00	3.40	75.00
20	75.00	−75.00	0.00	0.00
		−1 500.00	500.00	

忽略税，就成本而言，当机会成本在 20.4% 左右的时候，租赁还是购买对承租人来说没有差异。当资本成本超过 20.4% 的时候，租赁的现金价值更低。如果资本成本更低的话，租赁就成为一个昂贵的选项。

除了如货币的时间价值之类的因素外，资本减免、资本保全和其他所有者成本，简单租赁与购买的平衡点可以用一下公式计算：

$$N = \frac{P}{L}$$

式中，P 是设备采购成本；L 是每月的租赁费用；N 是达到租赁与购买平衡点需要的月份。

因此，如果设备的采购成本是 5 000 英镑，租赁每月支付的费用是 200 英镑，简单平衡点就是 25 月。这表明除了其他考虑的要素，如果设备使用寿命超过 25 个月，那么购买就比租赁更合适。

16.7.9 资本设备的供应商选择

可以接受几个可能的供应商中哪一个的决定通常由采购、技术和财务专家组成的评估小组做出，因为购置资本设备是一个高风险、高成本的问题。

一般来说，一个项目的技术性质和复杂性越大，技术人员对用户和决策者的影响就越大。这既适用于新设备也适用于二手设备的购置、购买、租赁决策，尽管直接采购和租赁标准之间存在差异，但两种情况下最重要的考虑因素是技术和成本因素。

16.7.10 资本设备相关的技术因素

在技术因素的基础上，从三家潜在供应商那里获得的报价或投标的比较和评估矩阵如表 16-5 所示。分值可以授予每个因素，或者替代一组因素，可以根据该因素的重要性加权，如表 16-6 所示。

表 16-5 资本设备：技术因素评估表

因素	供应商			分值	合计	推荐
	A	B	C			
目的的一般适用性						
安装的简易性						
运作的便利性						
电量需求（kVA） • 正常运转 • 高峰运转						
能源消耗 • 电能（kWh） • 燃料						
其他公用设施消耗 • 蒸汽 • 水 • 压力空气						
设备保障						
估计寿命						
不受设备保修条款的使用寿命：正常运行磨损的估计						
环境因素 • 噪声 • 污染 • 流出物处理						
评估 • 电气设备 • 仪器和控制设备						
与已有设备的标准化						
承载的零件						
零件的可互换性						
最初提供的零件或工具						
供应商提供的服务（如果有的话） • 安装 • 调试 • 运作培训						
供应商售后服务和零件的可得性						
其他相关因素 • 交付时间 • 保险 • 一般声誉或之前的供应商经历						
总结						

注：kVA 表示千伏安；kWh 表示千瓦时。

表 16-6 给出的例子说明了使用点评系统的困难。使用该系统，由 B 提供的设备得分高于 A。如果评估组认为 A 具有更大的适用性，则清楚地分配分值是有缺陷的，或者分值的授予不是基于正确的判断的。

表 16-6 根据其对资本设备重要性的加权因素

影响因素	分配的分数	获得的分数	
		A	B
总体目标适用性	500	400	300
一般技术设计质量	400	300	400
估计寿命	400	300	400
经济绩效与可靠性	300	200	300
维修经济性与售后服务	300	250	200
环境影响因素	300	200	300
供应商一般声誉	200	200	300
寿命到期后的估计交易处置价值	200	200	300
合计	2 600	2 050	2 500

16.7.11 成本因素

关于购置资本设备的重要财务因素，参见 16.7.4 节和 16.7.12 节。适用于资本项目收购的一些额外成本方面如表 16-7 所示。

表 16-7 资本设备报价要考虑的因素

影响因素	获得的分数			备注
	A（英镑）	B（英镑）	C（英镑）	
出厂设备成本				
交货和处理费用				
保险费用				
基本备件的额外费用				
重要备件的安装费用				
向供应商支付安装费用				
购买者指定的额外工作成本				
海关或进口设备的其他关税/关税				
通过使用公认公式计算的价格上涨费用				
付款条件				
保修/担保付款				
服务（供应商如果有）				
少折扣				
以旧换新				
其他扣除				
减少资本配置				
最终成本				

16.7.12 评估资本投资

虽然这是财务部门的职责，但采购人员应该掌握资本项目支出评估方法。以下简要介绍了这些方法的三个高度简化的例子——投资回收期、平均回报率和贴现现金流量的两种应用。

16.7.13 投资回收期

这是现金回报等于初始现金支出所需的时间。

例 16-2 显示了投资回收方法的原则和谬误。机器 A 具有更好的回收期,因为初始成本在比机器 B 更少的时间内回收。机器 B 具有较低的回报,但回报延长了两年。

例 16-2　投资回报方法

一家企业购买两台机器,每台机器花费 20 000 英镑。净现金流量——经营成本和费用,但不允许折旧,预计如下所示。

年	机器 A 的现金流(英镑)	机器 B 的现金流(英镑)
1	5 000	4 500
2	5 000	4 500
3	5 000	4 500
4	5 000	4 500
5	5 000	4 500
6	—	4 500
7	—	4 500
	25 000	31 500

$$投资回收期 = \frac{20\ 000}{5\ 000} = 4（年）\text{ 或者 } \frac{20\ 000}{4\ 500} = 4.4（年）$$

由于其简单性,投资回报方法可能是最受欢迎的投资评估方法。这种方法,重点在于风险而不是盈利能力,也就是说,机器 B 的风险有所增加,因为它具有较长的投资回收期。

16.7.14 平均回报率（税前）

该方法旨在评估折旧后的年均净利润和其他现金支出占原始成本的百分比。需要进行三项简单的计算:

1. 年折旧率——以"直线"法计算

$$\frac{成本 - 残值}{估计寿命}$$

假设机器 A 和机器 B 各自的估计剩余价值为 1 000 英镑,则其年折旧率为:

机器 B = (20 000-1 000) /7 = 2 714（英镑）

2. 从平均年利润中扣除折旧

机器 A = 5 000-3 800 = 1 200（英镑）

机器 B = 4 500-2 714 = 1 786（英镑）

3. 折旧后折旧净利润占初始成本的百分比

$$机器\ A = \frac{1\ 200 \times 100}{20\ 000} = 6\%$$

$$机器\ B = \frac{1\ 786 \times 100}{20\ 000} = 8.93\%$$

一个替代公式是所用资本回报率（return on capital employed，ROCE）：

$$\frac{折旧后年平均利润}{原始资本投资} \times 100\%$$

这种方法表明，机器 B 的投资是最有利可图的，并且允许与替代投资预期的回报进行比较。

16.7.15 贴现

贴现是复合的相反过程。**复合**表明，现在的投资金额在一定时期内会以一定的复利率增长。因此，在每年 10% 的复利利率下，现在投资 100 英镑的复利利益在一年内的价值是 110 英镑，两年期结束时将为 121 英镑。

贴现显示当前在未来某个时间应付或应收款项的金额。该现值可以通过将现有持有量的量除以给定的复利利率来确定。所以：

$$\frac{100}{110} = 0.909\ 1\quad 或者 \quad \frac{100}{121} = 0.082\ 64 \quad 或者 \quad \frac{1}{(1+r)^n}$$

式中，r 是利率；n 是我们折扣的年数。

这些现值是折扣因素，并指出以 10% 的利率，100 英镑在一年结束时的折扣为 0.909 1 或在两年结束时的折扣为 0.826 4。实际上，折现因素将从现值表中获得，其中 1 英镑以 10% 和 12% 的利率的折扣分别为：

年	10%	12%
1	0.909 1	0.892 9
2	0.826 4	0.797 2
3	0.751 3	0.711 8
4	0.683 0	0.635 5
5	0.620 9	0.567 4
6	0.564 5	0.506 6
7	0.513 2	0.452 3

净现值和收益率方法说明了基于贴现现金流量的多种方法中的两种。

16.7.16 净值

在这种方法中，确定资本投资的最低要求回报率。预计未来现金流量为以此折现率的现值。如果这些贴现现金流量的总和超过初始支出，那么投资的回报将比预期的更高。使用上述数字和 10% 的最低要求率，机器 A 和机器 B 的贴现现金流为：

1. 机器 A

年	现金回收（英镑）	10% 利率	净现值（英镑）
1	5 000	0.909	4 545
2	5 000	0.826	4 130
3	5 000	0.751	3 755
4	5 000	0.683	3 415
5	5 000	0.621	3 105
6	—	—	—

(续)

年	现金回收（英镑）	10% 利率	净现值（英镑）
7	—	—	—
	25 000		18 950

2. 机器 B

年	现金回收（英镑）	10% 利率	净现值（英镑）
1	4 500	0.909	4 090
2	4 500	0.826	3 717
3	4 500	0.751	3 379
4	4 500	0.683	3 073
5	4,500	0.621	2 794
6	4 500	0.565	2 542
7	4 500	0.513	2 308
	31 500		21 903

机器 A 的总回报低于初始支出 20 000 英镑，低于要求的 10%。相反，机器 B 将超过给定的数字。这种方法在评估两种替代投资建议中采用哪一种是非常有用的。

16.7.17 买方和资本投资采购

采购资本设备需要采购员、技术专家和财务人员之间的广泛联络，以确保在购买时公司/组织完全满意。就采购而言，以下考虑是至关重要的：

（1）可能是一次性的采购活动，没有技术、合同或商业先例。

（2）规格必须反映所需的性能，并且需要足够的总容量。

（3）合同中包含的细节必须确定。合同的一些方面包括拒绝不符合规范的权利，交纳逾期的损害赔偿金，提供图纸，提供备件及其成本。

（4）必须考虑价格和付款条件（包括外币考虑）。

（5）必须计算设备的生命周期成本。

（6）应进行供应市场研究，以确定潜在的供应商。

（7）处置替换的资产应遵循一个明确的过程。

16.8 生产物资

里斯利（Risley）[7]在以下三个标题下分类用于制造的材料和零件：

（1）**原料**——主要来自农业和各种采掘业，包括矿产、矿石、木材、石油和废料，以及出售给处理器的乳制品、水果和蔬菜。

（2）**半成品和加工材料**——已经做了一些工作或实现了价值增值。这些物品只能部分完成，或者可能已经形成形状和规格，使买方容易使用。这些产品在并入其他产品时失去了产品的身份。示例包括：金属部分、棒、片、管、电线、铸件、化学品、布、皮革、糖和纸。

（3）**组件部件和集成件**——一个制造商的完整成品，可以被其他制造商用作更复杂产品的一部分。当并入其他产品时，这些不会丢失其原始身份。示例包括：轴承、控制器、量规、齿轮、轮子、晶体管、无线电和电视管以及汽车发动机和挡风玻璃。

16.9 原材料

16.9.1 原材料特征

原材料有：
（1）经常"敏感"的商品；
（2）频繁地在经认可的商品市场交易；
（3）通过向后整合策略在许多组织中得到保障。

16.9.2 敏感性商品

敏感性商品是原材料，比如铜、棉、铅、锌、皮和橡胶，其价格每天波动。在这里，买家将以最有竞争力的价格，购买时间来满足要求。

影响市场状况的主要经济和政治因素有：
（1）利率，如最低贷款利率；
（2）货币波动，如英镑强度的波动；
（3）通货膨胀，如材料和劳动力成本增加的影响；
（4）政府政策，如进口管制或储存；
（5）"过剩"或供不应求的因素，如农作物歉收；
（6）出口国和进口国之间的关系，如将石油作为政治武器。

16.9.3 有关市场情况的信息

关于铜等商品的当前和未来市场状况的主要信息来源如下：
（1）**政府来源**。在英国，是商业、创新和技能部。
（2）**记录来源**。这些可能是"一般的"，例如《金融时报》，或世界金属统计局出版的《世界金属统计》，或《金属通报》和《矿业杂志》等专业资料。
（3）**联合会**。英国有色金属联合会或国际锻铜委员会，Eurometaux——欧洲金属协会。
（4）**交易所**。这些包括经纪人和经销商对金属资源的独立研究，以及交易所处理的商品和商品日常价格的短期和长期前景。
（5）**分析师**。这包括企业雇用的经济学家和统计学家对企业规划和采购政策以及外部单位提供的咨询，例如商品研究部和商品研究局等。

采购员的任务是从相关方面对包括上述资料来源的信息和建议进行评估，并提出适当的政策，这大致分为两类：随用随买和提前采购。

16.9.4 随用随买

这是根据需要而不是按最经济的数量购买。在可能采取这一政策的情况下，价格下跌或设计变化即将来临，并且希望避免大量库存。

16.9.5 提前采购

这适用于所有购买的目的，是为了增加库存，超出满足正常生产需求所需的最低数量，其中正常生产所需的最低数量是平均交货时间内的需求量。

可能进行提前采购：

（1）获得经济订货批量（economic order quantities，EOQ）的好处；

（2）在预期价格上涨时购买的节约将大于增加库存或存储成本的损失；

（3）防止因罢工等原因造成生产暂停，通过存货避免货物短缺；

（4）有机会出现时，例如一些钢板块只能以不频繁的间隔滚动，为了保证材料的未来需求。

提前采购可以适用于任何材料或设备。适用于商品的远期购买的一个特定方面是交易"期货"。

16.10 期货交易

期货交易是衍生品交易的一个例子。衍生工具是没有内在价值的金融合约，而从其他方面获得价值。它们对冲拥有可能出现意外价格波动的风险，如外币和敏感商品。衍生品有两种主要类型：期货和未来交割合同，以一定的价格给予一方以预先定价的价格向另一方购买或出售的机会。

铜等商品可以直接从生产者或商品市场购买。后者提供期货交易的优势。伦敦金属交易市场（LME）分为金属和软商品两个主要领域。在伦敦金属交易所处理的六大主要有色金属有：

（1）初级高档铝；

（2）A级铜；

（3）高档锌；

（4）初级镍；

（5）标准铅；

（6）锡。

伦敦金属交易还提供二次铝和银的合同。交易可可、糖、植物油、羊毛和橡胶软商品市场是期货和期权交易所关注的。国际石油交易所涉及原油、天然气、汽油、石脑油和重油。

16.10.1 交易功能

交易的四个功能是：

（1）使客户、商家和经销商能够以有竞争力的市场价格获取物资。例如，在LME方面，交易的合约是在前三个月内的任何一个交易日交付，除了银，可以交易的时间长度可以达到七个月；

（2）由于需求和供给的变化，平稳的价格波动；

（3）通过称为"对冲"的程序提供价格波动的保险（见例16-3）；

（4）提供适当位置的存储设施，使参与者能够制造或实际交付批准的品牌商品。

16.10.2 提前采购与期货交易的差异

（1）期货始终在认可的交易所交易。

（2）期货合约具有标准化条件（见16.10.4节）。

（3）期货交易所使用结算所确保期货合约履行。例如，伦敦结算所是由英国六家清算银行组成的专业的国际结算所。完成交易执行的责任从LME的经纪人转移到LCH，这被称为

"约务更替"。因此，结算所是买方和卖方的最后一步。

（4）期货交易需要利润和日常结算。保证金是由交易者向经纪人支付的押金，实际上是以借款来实现期货合约的购买。交易商希望以超过其购买价格的价格出售他们的期货合约，使他们能够偿还经纪人的贷款、利润回报并获利。任何经纪人不得以超过最低限额的价格执行合约。每个交易日，对每个期货合约进行流动性评估。如果保证金低于一定水平，交易者必须存入额外的"维护保证金"。期货头寸很容易关闭，因为交易者可以选择进行实物交割。

16.10.3 期货交易的目的与条件

期货交易的目的是减少供需变化导致的价格波动所引起的不确定性。这对生产者和消费者都有利，因为生产者可以以确定的价格提前销售，消费者可以按照预定的价格提前购买并确定材料成本。例如，铜线制造商可能能够根据铜的当前价格获得订单。如果他们认为铜的价格在获得原材料之前可能会上涨，那么他们可以通过 LME 以当前价格来购买三个月之后交付的铜，从而避免价格上涨的风险。

对于要进行的期货交易，必须有五个条件：
（1）商品在合理期限内必须能够保存而不变质；
（2）商品必须能够进行分级，以便为合同中的描述提供依据；
（3）商品必须能够以原始或半原始状态进行交易；
（4）生产者和消费者必须认同商品期货交易的概念。
（5）商品必须有自由市场，有许多买卖双方，几个交易商无法控制市场，从而阻止完美的竞争。

16.10.4 合约中应用的条款

（1）**套利**——（一般）在一个市场同期购买期货，以期在不同的市场上出售期货，从价格差异中获利。

（2）**反向市场**——当远期价格低于现在的"现货"时，存在反向市场的情况。

（3）**期货溢价**——当远期价格大于现在的"现货"时，存在期货溢价的情况。

（4）**不可抗力**——超出其控制范围的事件导致卖方或买方从合同中解除的条款，如生产国供应商工厂遭到罢工导致的出口延误不可避免。请注意，伦敦金属交易所合约中现在没有不可抗力条款。受制造商或精炼厂宣布不可抗力影响的客户，总是可以将 LME 作为供应来源。同样，如果客户声明不可抗力，供应商也可以将其金属交给 LME。

（5）**期货**——为了在有组织的交易所期间的某个时候出售商品以达成交割的目的，并遵守该交易所规则中包含的所有条款和条件。

（6）**套期保值**——使用期货合约确保因价格波动对持有或将被收购的商品的库存价值产生的影响。从本质上讲，这是通过在物理商品中与期货市场相对立的位置来确定的。可以通过示例 16-3 给出的简化示例来描述套期保值的操作。

（7）**期权**——预期商品价格上涨的买方可以向经销商支付期权，以便在未来某个日期认购期权，或在未来某个日期卖出期权的权利。

（8）**现货价格**——立即支付现金的价格。

（9）**现货月份**——期货市场报价的首个可交付月份。

（10）**期权合约**——涉及在指定的未来日期以指定价格发行的商品的销售或采购，但只有在潜在买方或卖方希望以预定的方向或行使价执行购买或出售期权时。如上所述，期权可以是"看涨"或"看跌"。看涨期权的买家暴露在有限的风险之下，因为他们最可能失去的是购买期权时支付的溢价金额或总金额。然而，他们具有无限的利润潜力。相反，卖出期权的立权人有无限的风险，但利润潜力有限。然而，在数学上，这有可能有利于立权人。

例 16-3　　套期保值

（1）6月1日，X（制造商）以1 000英镑的价格购买铜，X希望将其用在线缆上，并以2 000英镑在8月1日卖出，其中750英镑代表制造成本和250英镑的利润。

（2）8月1日铜价下跌至750英镑，因此X以1 750英镑的价格卖出，即X没有利润。

（3）为确保（2）的情况，6月1日，X以1 000英镑的价格出售铜期货合约。

（4）在8月，如果价格保持稳定，X将以此价格买入，从而在期货合约中获利250英镑，这将抵消制造业的任何损失。如果价格上涨到1 250英镑，X将在期货合约中损失，但这将被制造业价格上涨所抵消。虽然交易是指实际铜交易，但期货交易真正处于价格差异，合同将通过支付或收到应付账款来解除。

16.10.5　合适价格的商品

采购商品是掌握当前和相关信息的专家的专业领域。这些专家使用两种方法来确定合适的价格，即**基础分析**和**技术分析**。

（1）基础分析主要依赖于供应和需求的统计和其他方面的评估，特别是统计资料，说明价格走势是涨还是跌。除了趋势，还要考虑生产、消费和库存。因此，生产和消费的不平衡将影响价格。根据生产的商品与消费相比是否越来越少，判断价格会上涨或下降。根据市场情绪，股票数据可能也会计算在内。在牛市或上涨的市场中，股票往往由生产者或商家持有，从而迫使消费者对可用的商品库存提高报价。在熊市或下跌的市场中，消费者放弃股票，购买的商品少于其使用量，而生产者将价格降至可以将未售出的股票变成现金的水平。另外，基础分析重点关注影响敏感商品的新闻，如战争、天气、自然灾害、政治发展、环境立法、劳动力动荡和主要经济体的宏观经济统计。

（2）当市场有效率，当前的市场价格可以使市场出清或使其达到平衡时，技术分析比基础分析更快、更全面。如果是这样，就没有必要再多看价格记录来读懂未来价格。因此，技术分析可以很好地利用图表形式，例如可以以两个不同的时间尺度绘制价格图形，比如每日价格走势和一年滚动平均线，即每天都在价格清单中添加最新一天的价格到，一年前最大的价格下降，并计算过去一年的新的平均值。图表主义者已经开发了一种自己的语言来解释他们的图表，例如"基础形成""突破""超额利润""超卖"等。图表的结果提供给商品市场制造商，往往是相当昂贵的。基本概念就是用过去来预测未来。然而，与那些依靠基础分析的人相比，图表主义者不能预测新闻的影响。在实践中，经常使用这两种方法的组合。正确地观察到，对"正确的价格"的全部想法是在现实市场价格错误时被发现的。公司被迫假设今天的价格是正确的，就通过长期预测被迫清算。若实际上是错误的，则情况会相反。

16.10.6　商品贸易融资

供应链各阶段都有融资需求，包括生产者/出口商、贸易公司、加工商、进口商、最终用户/分销商。

贸易融资实例[8]如图 16-8 所示。

安哥拉原油出口到美国炼油厂，出口前融资的例子

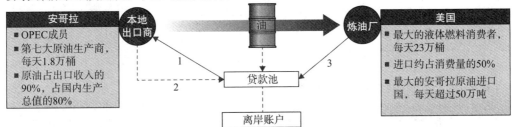

1 根据安哥拉原油对美国炼油厂出口的实际记录，一批贷款人将为当地出口商（借款人）向美国炼油厂出口未来的安哥拉原油

2 融资是确保的，因为借款人将承诺的出口合同的所得款项转给向贷款人承诺的离岸收款账户

出口收益的实际和未来价值（按现行市场价格计算）在任何时候均为融资前未偿还金额的 100% 以上

额外的安全包可以包括在岸当前固定资产的担保权益

3 收到货物后，炼油厂支付给向贷款人承诺的离岸账户，然后重新融资

 在整个交易中，价格风险得到缓解

图 16-8　贸易融资示例——从安哥拉到美国的原油

了解商品和风险分析如图 16-9 所示。

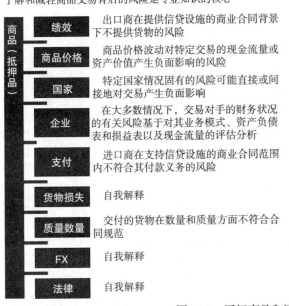

商品（抵押品）	了解和减轻商品交易背后的风险是专业知识的核心	缓释工具
绩效	出口商在提供信贷设施的商业合同背景下不提供货物的风险	跟踪记录，合同条款，容量和成本分析
商品价格	商品价格波动对特定交易的现金流量或资产价值产生负面影响的风险	超额抵押，市值调整或套期保值
国家	特定国家情况固有的风险可能直接或间接地对交易产生负面影响	分析商品的战略重要性，离岸偿还，政治风险保险
企业	在大多数情况下，交易对手的财务状况的有关风险基于对其业务模式、资产负债表和损益表以及现金流量的评估分析	公司财务分析，所有权和战略。深入流动性分析
支付	进口商在支持信贷设施的商业合同范围内不符合其付款义务的风险	追踪记录，信用证或付款担保
货物损失	自我解释	追踪记录，保险
质量数量	交付的货物在数量和质量方面不符合合同规范	追踪记录，客户—供应商关系，超额抵押，一流检验公司
FX	自我解释	贸易是以美元为单位，离岸还款
法律	自我解释	法律意见（本地和国际）

图 16-9　了解商品和风险分析

16.11 商品交易方法

处理商品或衍生品是一项非常复杂的活动，涉及重大收益或损失的可能性。1995年，巴林银行"破产"，其中一名员工尼克·利森（Nick Leeson）赌博，日经225指数的日本公司股票225日元指数不会从正常交易范围大幅走高。这个假设被1995年1月17日的神户地震所破坏。试图隐瞒赌博的利森让银行损失了140亿美元。沃伦·巴菲特（Warren Buffett）[9]说："我们认为它们（衍生品）是对交易方和经济体系的时间炸弹……在我们看来，衍生品是大规模毁灭性金融武器，携带危险，现在是潜在的，但却是致命的。"

因此，购买大量商品的组织将聘请专门的买家，他已经对该商品及其市场进行了专门研究。通常，商品购买将是与其他采购业务不同的单独部门。如果数量或承诺较小，经纪人可能会被保留以获取商品要求——实际上是分包这个采购领域。

其他方法旨在使非专家以最小的风险进行商品购买。这些包括以下内容。

16.11.1 时间预算或平均

这是一种随用随买采购的应用，其根据需要购买商品，没有库存。由于供应总是以主流价格收购，损失是被分开的，所以也没有意外收获的可能。如果有必要保持库存，则不能应用该政策。

16.11.2 预算或平均成本

这种方法是基于每个时期花费固定的金额，比如每个月。因此，当价格下跌时，购买的数量会增加，价格上涨时则减少。

例 16-4　预算或平均成本法

假设商品 X 的每月需求为 100 吨，其经验估计的平均价格为 100 英镑。因此，我们预算每月花费 100×100 = 10 000（英镑）。价格波动如下所示。

日期	每吨成本（英镑）	花费金额（英镑）	采购数量（吨）
1月	98	10 000	102.04
2月	97	10 000	103.09
3月	95	10 000	105.26
4月	96	10 000	104.16
5月	95	10 000	105.26
6月	93	10 000	107.52
7月	92	10 000	108.69
8月	95	10 000	105.26
9月	97	10 000	103.09
10月	100	10 000	100.00
11月	102	10 000	98.03
12月	104	10 000	96.15
		120 000	1 238.55

$$\text{平均每吨的成本} = \frac{120\,000}{1\,238.55} = 96.89\,(\text{英镑})$$

整个周期的采购量超过了 38.55 吨的要求。因此,每吨平均节省 3.11 英镑。

16.11.3 批量采购时间

这种方法是基于价格下跌时的远期购买和价格上涨时的随用随买。其成功取决于对市场趋势的准确预测。

例 16-5　批量采购方法

假定商品的价格随着月份的变化,100 吨需求量的价格区间在 100～120 英镑之间。采购员授权采购 3 个月的供给。

在 1 月,市场调查当前的价格是 100 英镑,但在未来 3 个月会上涨到 120 英镑。因此在 100 英镑的时候会订购 300 吨的货物。

在 3 月初,市场调查显示,在随后的 3 个月,从 4 月到 6 月,价格会从 120 英镑涨到 135 英镑,因此在 120 英镑的价格上会订购另一个 300 吨的需求。在 6 月初,预测到价格会有所回落。7 月、8 月、9 月和 10 月,每个月都仅订购 1 个月的需求量,订购价格分别为 130 英镑、125 英镑、120 英镑和 110 英镑。在 9 月,预测会涨到 125 英镑,因此,会以 110 英镑的价格预先采购 3 个月的供给量。

通过自下而上的预先采购和自上而下的随用随买,节约量如下所示。

日期	采购数量(吨)	每吨支付价格(英镑)	每吨市场价格(英镑)	实际成本(英镑)	市场成本(英镑)
1月	100	100	100	10 000	10 000
2月	100	100	110	10 000	11 000
3月	100	100	120	10 000	12 000
4月	100	120	125	12 000	12 500
5月	100	120	130	12 000	13 000
6月	100	120	135	12 000	13 500
7月	100	130	130	13 000	13 000
8月	100	125	125	12 500	12 500
9月	100	120	120	12 000	12 000
10月	100	110	110	11 000	11 000
11月	100	110	120	11 000	12 000
12月	100	110	125	11 000	12 500
合计	1 200			136 500	145 000

$$\text{全年每吨平均支付价格} = \frac{136\,500}{1\,200} = 113.75\,(\text{英镑})$$

$$\text{全年每吨平均市场价格} = \frac{145\,000}{1\,200} = 120.83\,(\text{英镑})$$

$$\text{全年总节约率} = \frac{\text{平均市场价格} - \text{平均支付价格}}{\text{平均市场价格}} = \frac{120.83 - 113.75}{120.83} \times 100\% = \frac{7.08}{120.83} \times 100\% = 5.86\%$$

16.12 非本地的天然气和电力采购

能源供应的放松管制始于 1986 年实施的《燃气法》。然后，1989 年《电力法》为那些负责采购非国内能源供应的人员带来机会、机遇、风险和复杂性。为了利用这些机会并尽可能减少风险，天然气和电力采购商需要了解能源监管、相关供应链和能源市场、定价、供应商转换过程、在线零售能源市场的使用以及能源顾问和管理方面的知识。

16.13 能源规定

天然气和电力市场办公室（Ofgem）是英国天然气和电力的监管者。Ofgem 成立于 1999 年，由天然气供应商（Ofgas）和电力监管局（Offer）合并组建。根据 1986 年《天然气法》和 1989 年《电力法》分别成立。根据 2000 年《公用事业法》，Ofgem 不再是独立的监管机构，现在向气体和电力市场管理局（GEMA）和燃气和电力消费者委员会报告。《公用事业法》也将 Ofgem 置于贸易与工业国务卿（现在的 DECC）的直接控制之下。

Ofgem 还具有 1998 年《竞争法》下的执法权力，并根据 2002 年《企业法》强制执行《消费者保护法》的权力，也可以命名和惩罚违反天然气和电力消费者利益行为的公司。2008 年 2 月，Ofgem 做出了国家电网违反了 1998 年《竞争法》第二章禁止和《欧共体条约》第 82 条的决定。Ofgem 罚款国家电网 4 160 万英镑。国家电网根据该决定向法庭提出上诉。CAT 坚持 Ofgem 的决定，但将罚款减少到 3 000 万英镑。

任何寻求向客户提供天然气和电力的机构，都必须由 Ofgem 授权，这是《天然气法》和《电力法》下的权力之一。不授权的一个领域是由能源和气候变化部（DECC）管理的海上天然气行业。

16.14 英国的能源供应链

2013～2014 年，英国可再生能源发电量增长了 21%，达到 64.7 亿千瓦时。同期的产能增长了 24%（达 24.6 吉瓦）。[10] 太阳能光伏发电在 2014 年翻了一番，达到 4.1 亿千瓦时。离岸风力发电量比 2013 年高出 17%，产能上升了 22%。

2012 年第三季度，发电量占比为煤炭为 35.4%；石油 0.9%；核 22.3%；天然气 28.2%；可再生能源 11.7%。[11]

在英国，天然气由天然气生产商运送到 9 个接收点或码头。天然气生产商向不列颠群岛海域以外的海上设施输送天然气，并通过连接挪威、荷兰和比利时的英国管道输送天然气。谷岛和米尔福德港（Isle of Grain & Milford Haven）的码头允许船只从世界各地的生产商运送 LNG。国家传输系统（National Transmission System，NTS）是国家电网传输系统的高压部分，由能承受高达 85 巴㊀的压力、高达 7 600 公里的高品质焊接钢管道组成。气体通过系统推动使用 23 个战略位置的压缩机站。在英国，有 4 个分销网络运营商管理的 12 个本地分销区（local distribution zones，LDZ）。国家电网有 LDZ 用于计算托运人在国家传输系统内运输天然气的费用。

16.15 能源的市场

天然气和电力市场都有批发和零售。

㊀ 1 巴 = 100 000 帕。

16.15.1 批发市场

批发市场是电力和天然气在各方之间交易的市场,然后被卖给供应商,反过来又向消费者出售。在目前情况下,批发市场的各方是天然气生产商、发电商、输送商、分销商和供应商。

分销商或输送商是基于 RPI-X 公式价格控制的垄断经营者。使用这个公式,分销商或输送商可以收取的价格仅限于零售价格指数的增加减去输送或分配效率的比例。因此,如果 RPI 为 3%,X 为 2%,则价格不能每年增加 1% 以上。

1999 年,Ofgem 公布了 2001 年实施的新的瓦斯(NGTA)和电力(NETA)的(批发)交易安排。这些安排旨在产生响应竞争压力并平衡公用事业供应的价格。目标是通过电力交易所的网上交易实现国家电网运营的平衡机制,结算流程和相关的衍生品市场。像其他交易所一样,能源供应商可以让供应商与生产者和发电商签订合同,要么提前几年,要么天然气一天、电力半小时。他们还可以通过期货、套期保值和期权的经典方法来降低价格波动。

2014 年,Ofgem 将能源市场转交给竞争与市场管理局(Competition and Markets Authority,CMA)进行全面调查。在转交时,预计 CMA 将在 2015 年年底之前公布其最终决定。

平衡的过程最适用于电力供应。在实际交货之前约 24 小时,供应商开始调整其头寸,以弥补其与实际头寸之间的差距,以及他们在远期和期货市场上的合约所涵盖的差距。任何的短缺都将会被短期现货交易所涵盖。供应商必须在发货前 35 小时宣布其定位。这被称为门关闭。从门关闭到物理交付的时候,运营商(国家电网公司)致力于确保"灯光保持开启"。这是可能的,因为英国的传输系统是完全互连的,运营商可以使用电力交换机上的出价来平衡需求和供应。

16.15.2 零售市场

零售市场是供应商向消费者出售天然气或电力的市场。

16.16 能源的定价

16.16.1 燃气定价

天然气传统上是在火炉中开具发票,但现在像电一样,以千瓦时(kWh)计费。热量约有 29.3 千瓦时。

UKERC [12] 指出,英国的天然气生产在 2000 年达到顶峰,2004 年成为净进口国。10 年后,英国现在进口大约一半的天然气消耗。鉴于英国气体平衡的性质,两个行业具有特殊的意义:西北欧瓦斯市场的发展(以及更广泛的欧盟天然气市场一体化战略)以及全球液化天然气市场的发展。

然后,报告假设,供应链方法解决了目前能源安全文献的缺点,我们认为这是四重的:第一,它往往太抽象,不符合天然气的具体特点;第二,假设石油和天然气在评估能源安全方面是一样的;第三,它也是以国家为中心,倾向于忽视参与燃气市场的公司和其他利益相关方的关键作用;第四,过度关注上游的物质供应安全。

天然气的价格包括:
(1)运营成本;
(2)其他费用(网络和环境/社会);

（3）网络成本；
（4）批发费用；
（5）利润；
（6）增值税。

天然气的价格可能因以下因素而不同：
（1）季节——天气的价格在冬季比夏季高。
（2）每年使用的天然气。
（3）客户的位置。
（4）合同期限。
（5）天然气供应合同是否坚定或可中断。除非有紧急情况，否则确保供应是有保证的，而由于天气或市场情况，中断客户可能需要切换到替代燃料来源或减少其使用，但作为回报，他们的利润比固定的商业客户低。

16.16.2 电力定价

有关电力分销价格控制成本和收入报告的详细概述，请参阅 2014 年 3 月发布的"管理指导和指导：版本 3.1"。

典型的电费发票将分为以下几个要素。

（1）**使用的总千瓦**，这被称为能量费。能源与利润一起是唯一可协商的因素。能量电荷最重要的方面是使用能量的时间。

（2）**传输费用**，这是支付给英国国家电网（National Grid，NG）的金额，根据容量和位置不同。例如，这种收费在北部和英格兰南部的高点往往偏低。供应商支付三种传输费用：

1）根据三个年度峰值需求期（三合一）的需求，需求收费因区域而异；
2）根据全年 1 600～1 900 小时的能源消耗费用；
3）为非能源配套服务收取费用，包括储备产生和备用服务，以促进平衡。

（3）**分销费用**，这些也根据客户的区域位置和为客户所持有的容量而有所不同。

（4）**仪表充电**，这些将在后面讨论。

（5）**化石燃料税（fossil fuel levy，FFL）**——减少使用化石燃料（如煤炭和石油）产生的电力消耗，并增加由可再生能源（如风力发电和地热能）生产的电力。

（6）**气候变化征税（climate change levy，CCL）** 是对工业、商业和公共部门使用能源税。它于 2001 年推出。更多信息可在能源和气候变化部网站上找到。目前的 CCL 费率可以在 HM 收入和海关网站找到。有关 CCL 的一般指南，请访问 www.hmrc.gov.uk（点击"消费税和其他"的"环境税"部分）。

16.17 能源的采购合同

能源合同的采购是一项高度专业化的任务，需要相当多的专业知识，传统的年度招标程序带来了显著的价格风险。如果招标过程与市场价格高涨，买方可以比另一个买家投标的价格高出 50%，这个买家的投标价格与低价格一致。瓦斯和电力市场波动很大，比较复杂。

16.17.1 价格结构

电力和天然气价格（见图 16-10）由原始能源成本、输配电成本，数据和仪表服务成本以及供应商成本组成。价格要素既可以是固定的，例如受管制的直通成本；也可以是灵活的，例如时间市场决策（在一年中的什么时候采购）或供应商谈判。

由化石燃料产生的电力称为棕色电力，受"气候变化征税"的约束。CCL 最初设定在 0.43 英镑/千瓦时，这一比例在 2015 年 4 月上升到了 0.554 英镑/千瓦时。可再生能源产生的电力称为绿色电力，免于征收 CCL，但这一豁免在英国 2015 年的预算中被删除。

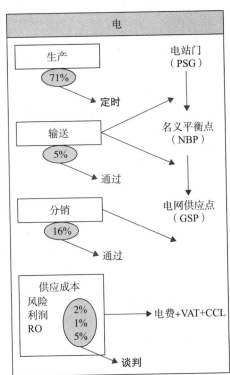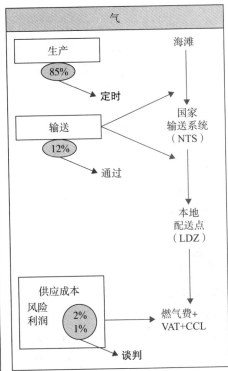

图 16-10　电力和天然气价格

16.17.2　市场分析

2014 年，英国（（直接来自天然气的燃料）的总体一次能源）消费总额相当于 1.934 亿吨油耗，比 2013 年下降了 6.6%，比 2012 年低 7.0%[13]。

16.17.3　组织采购能源

在招标之前，必须收集和整理大量信息，其中包括：
（1）网站的详细信息，包括活动、地址和特殊特征；
（2）电表管理局（Meter Point Administration，MPA）号码（1998 年引入的 21 位数字参考）；
（3）所有用于天然气和电力的 MPAN；
（4）仪表序列号；
（5）仪表操作员；
（6）过去 12 个月的半小时数据文件；
（7）工作日；
（8）班班模式/工作时数；

（9）任何计划的使用更改的详细信息；
（10）商定供货能力。

16.17.4 价格风险

那么涉及什么价格风险呢？[14]能源合同中价格风险有四个主要方面，这些风险应在强有力的风险管理策略中得到应用：

（1）**总量风险**是指计划或计划外消费将影响预算的变化。你的风险策略中也应考虑其他量的影响，如合同中的任何最低或最大消费条款。这些可能会造成高额的罚款，没有适当的控制可能会对整体成本产生重大影响。

（2）**采购风险**是指做出合同决定的人员的授权和专业知识水平。在稳定的市场中，不需要大量的能源采购专家来选择购买能源的时间。然而，在波动的市场中，由于缺乏必要的授权，价格可能会被忽略，长期持有的任何价格都会引起高价格溢价。因此，能源市场分析和专业知识对于确保了解短期、中期和长期市场的价格动因至关重要。

（3）详细的**操作风险**应对计划，用于处理可能阻止采购能源的问题，如ICT问题或供应商和采购方无法使用的关键人员。

（4）**价值风险**基本上详细描述了价格风险以及为减少100%的市场风险而采取的措施。这可以通过，例如在时间段上停止和定位或者随着时间的推移建立总量来实现。

16.18 能源咨询与管理

由于能源管理的复杂性，公司可能会将其能源购买和能源管理外包。天然气和电力经纪公司如 Energy Quote 承诺代表客户谈判最佳交易，并提供超出采购阶段的服务，如能源审计、监控和票据检查。能源研究所（专业能源顾问登记册）保存了核准的能源顾问登记册。可以指出，在2015年的英国，所有雇用超过250人的大型组织将被要求在新的节能机会计划（ESOS）下进行能源审计。使用顾问时，应以固定费用支付报酬，而不是共享节约协议。

天然气和电力的买家可以交一些费用，从分享信息和专业知识的买家协会获得很多帮助。这些协会包括能源信息中心、政府的能源效率最佳实践计划，以及大公司能源用户大会。还有欧洲能源效率经济委员会（ECEEE）。这些机构的详细资料可在互联网上查阅。

16.19 零部件和组装件

组件是具有零件和连接的结构，零件也是组件，连接是与其他组件连接起来。基本上，组件是专有的，供应商或买方组织拥有知识产权。

当购买组件的时候，有许多要素需要考虑：
（1）制造与购买——有时候，买方应该警惕制造或购买的选择。
（2）定价——在特定情况下，专有组件的价格可以进行协商和折扣。
（3）工具——一些组件需要支付工具。这可能是一次性收费或按约定数量摊销。
（4）免费项目——买方可以考虑提供原材料转换成零部件，但需要考虑产生废钢。
（5）规格——该规范对组件至关重要，特别是当组件具有安全关键应用程序时。
（6）质量——必须就如何检查组件是否符合质量要求达成协议。例如，测试导致的破坏。
（7）数量——价格和数量之间会有一个关系，所以要购买多少，是一个重要的决定。

（8）供应持续性——对于专有组件，买方必须确保有持续供应，否则将有资源配置成本。

（9）图纸可用性——如果是专有商品，买方可以考虑要求图纸的副本，以便供应商进入管理或不能达成约定的交货时间。

（10）库存——买方可以要求供应商根据货物库存供货，或者保证自己的库存供应。

16.20 消耗品

除了谈判消耗品和 MRO 项目的实际采购外，采购功能还可以：

（1）与维护人员保持联系，确保提供有关成本、可用性和交付时间的信息，特别是对于"关键"项目来说；

（2）倡导实行标准化政策，避免持有各种"关键"备件；

（3）建议餐饮和清洁的外包方式，可以避免需要储存食物和清洁用品；

（4）通过应用小型订单程序，最大限度地减少管理和存储成本，并按照"注销"合同进行直接申购，但须经过批准的保障措施；

（5）分析供应商提出的维修合约，并通知是否接受。

16.21 建筑用品与数量清单

16.21.1 建筑用品

建筑用品在许多方面因制造和服务机构购买的用品而有所不同。

（1）购买建筑用品，用于可能远离办公室的地点，甚至在其他国家/地区。

（2）许多建筑用品相对于其价值来说具有较高的散装度，例如砖和钢。由于运输成本高，所以建筑用品尽可能接近使用场所。

（3）许多施工方案可能要求采购部门就电力、天然气和水供应协商，偶尔进行污水处理。

（4）建筑材料的规格通常基于：

1）客户向建筑师或土木工程师提供的说明；

2）建筑师的规范。

（5）这些规格通常在数量清单中说明。

（6）为了安全起见，购买的物资必须尽可能靠近现场使用。

（7）由于承包商办公室的位置偏远，承包商的采购部门和现场工程师之间必须同意接收和发放用品的记录程序。

（8）一些建筑用品可能是"无问题"用品或"客户提供的设备"（customer furnished equipment，CFE），即由客户提供的用于代表客户进行的建筑项目使用的用品。

（9）分包是建设项目采购的重要内容。例如地基、排水、空调、电梯安装、通风、钢结构等的合同。

（10）一些建筑用品涉及公司内采购。因此，一家建筑公司也可能拥有为集团内其他公司供应的石材，沙子和砾石。

（11）用品可能会从一个地点或施工合同转移到另一个地点。因此，重要的是知道每个站点可用的供应品。

（12）必须允许现场工程师酌情决定是否提供材料和服务，例如为项目的特定部分租用工厂。所有此类订单应通知承包商的采购部门，以确保订单已经到位，并且应付给供应商的款项已经妥善支付。

16.21.2 数量清单

数量是数量测量师根据建筑师或工程师编制的图纸和规格编制的文件，列出了工作的详细要求和相关数量的价格。

除了特定建筑工程所需的劳动力和材料的规格外，还包括合同条件的附表。典型的数量清单将有以下 6 个部分。

（1）第 1 节：初步项目和一般条件——规定了承包商、建筑师和其他参与合同当事人的合同和责任的条款和条件，共同解决合同纠纷的规定。

（2）第 2 节：贸易序言——列出了与施工合同相关的一般要求：

1）挖掘和土方；

2）具体工作；

3）砌砖和砖块；

4）屋顶；

5）木制品；

6）钢结构；

7）金属制品；

8）水暖安装；

9）地面以上排污；

10）洞 / 沟槽 / 覆盖 / 支持服务；

11）电气和暖气设备；

12）地板、墙壁和天花板饰面；

13）玻璃；

14）绘画和装饰。

（3）第 3 节：拆迁和现货——基础工作
（4）第 4 节：一般改造和翻新工作 　　这些节列出的工
（5）第 5 节：临时金额和应急费用　　作数量需要被完成
（6）第 6 节：总结

管道安装的第 2 节和第 4 节的典型摘要如图 16-11 和图 16-12 所示。

数量清单的主要目的是：

（1）允许投标者以无价格的数量单位显示每个单位的价格，包括劳动力、材料、间接费用和利润，当总计"合计"中，项目将提供合同的投标价格；

（2）使数量测量师在收到成功投标书后，确保承包商没有发生可能会在以后导致并发症的严重错误；

（3）避免投标者大量纳入意外事故；

（4）协助验证客户在合同签订后所要求或同意的设计变更所引起的变更价值。

\multicolumn{3}{c}{第 2 部分}
条款	水暖安装	交易前言
R1	一般 在规范定价之前，要求承包商招标访问现场，仔细阅读图纸，并充分了解招标作品的性质。 **热和冷水** 一般信息／要求	
R2	安装 - 绘图参考：参见建筑师的布局 - 冷水：供电的市场 - 热水，直接系统：无通风直接储水缸 　　热源：浸入式加热器 　　控制：浸入式加热器温控器 - 其他要求：删除现有管道 　　　　　　允许一般建筑师的工作	
R3	与安装相关的电气工程不包括在内，由电气承包商进行。提供完成此类工作所需的全部信息	
R4	服务连接在其他地方由临时总额支付	
R5	燃料试验：为提供燃料用于测试和调试安装所产生的费用将列入 B40 第 1 节。 **一般技术要求**	
R6	管道尺寸：计算尺寸以适应建筑物的同步需求，并确保 - 热水的水速不超过 1.3 米／秒，冷水为 2.0 米／秒 - 抽出点的适当排放率 - 冷藏水箱的灌装时间不得超过 1 小时	
R7	一般安装： - 安装、测试和调试冷热水系统，使其符合 BS 6700、供水条例，以及本节的要求，提供无泄漏的系统和无膨胀、振动和水锤的声音效果 - 所有安装工作由合格的操作人员进行 - 将所有设备、组件和附件存放在干燥条件下的原包装中 - 保护塑料管道免受长时间的阳光照射。只要切实可行，保留保护包装，直到实际完成 - 在指定／批准的位置，将设备、组件和附件安全地固定在与建筑物结构平行或垂直的地方，除非另有规定，使用设备制造商推荐的固定支架／安装座等 - 在存在或可能发生水分的地方，使用耐腐蚀的配件／固定装置，并使用合适的垫圈接触不同的金属 - 所有设备、管道、部件、阀门等，要安装到完全可以进行维护、修理或更换，除非另有规定或显示	

图 16-11　摘自数量清单

	第4节	
		管道安装
项目	管道安装	
	一般	
A	在完成本部分所有工厂所需的工作后,将其带到现场并从现场移除	项目
B	维护本部分工作所需的所有工厂 安装如下列部分所示,将按照建筑师的图纸和规格进行	… 项目
C	土壤和废水管道	… 项目
D	冷热水供应包括所有配件和上升电源	… 项目
E	干提升管安装	… 项目
F	卫生配件	… 项目
G	允许执行所有建筑工程与水管设施有关的工作,包括切割和成型、割和成型孔、通过墙壁和地板形成管道、木材支撑板条、所有有威胁的要停靠到墙壁和地板上,完成所需的一切工作能够合理地令建筑师满意	项目
H	允许对水暖设施进行测试和调试,包括获得交给建筑师的任何证书	项目
I	在实际完成制造商的操作和维护说明的工程副本以及两套"已安装"图纸的情况下,向建筑师交付 管道安装在总到概要编号4/63处	项目
		英镑

图 16-12　摘自数量清单

16.22　采购服务

16.22.1　采购与服务

在任何大型组织中,服务支出是公司总支出的主要因素。弗尔伦(Fearon)和贝尔斯(Bales)[15]在一项对美国116家大型组织的研究中报告说:

(1)超过一半的购买(54%)用于服务。

(2)其采样组织的服务支出中只有27%由采购人员处理。

(3)总支出中,最大的品类是公用事业(9%)、保险(82%)、销售/促销(7.2%)、健康福利计划(6.1%)和旅行(58%),而且这些领域都不到采购部门处理总支出的一半以上。

(4)采购部门对服务采购参与度低的两个解释是:

1)服务使用者认为在采购部门的工作人员在特定的服务领域具有较强的专业知识;

2)与采购产品相比,购买服务涉及与供应商有更密切的个人关系,但是弗尔伦和贝尔斯建议,如果采购专业人员通常采用逻辑采购流程,那么就可以节省大量的资金,无论实际的购买是谁完成的。他们还得出结论,通过更有效的采购增加利润的机会可能在购买服务方面比购买产品更大。

16.22.2 产品采购与服务采购的区别

服务可以定义为：在项目框架内（如软件翻译）或定期维护设施、法律服务、审计工作等方面出现的采购。

服务特点是：
- **无形性**——服务交易的结果不是与实体商品一样转让所有权，服务是一个过程或行为；
- **同时性**——实现服务意味着供应商和客户的存在，两者都在积极参与服务的实现。

无形性和同时性意味着另外两个服务特征：
- 无形性意味着**易腐性**——与有形商品不同，服务未来可能会被存储和使用或转售；
- 同时性意味着**异质性**——服务的大风险根据服务提供者、特定客户、物理环境甚至一天中的时间因素而不同。

服务和产品之间的差异如表 16-8 所示。

表 16-8 服务与产品的比较

服务	产品
• 活动或过程	• 物理对象
• 无形	• 有形
• 生产和消费同时进行	• 分离生产和消费
• 客户参与生产	• 客户可能参与或不参与生产
• 异质	• 均匀
• 易腐坏——不能存储以备将来使用	• 可存储以备将来使用或销售

从采购的角度来看，还有其他的区别。

（1）博肖夫（Boshoff）[16]表示，由于其无形性，服务比物理产品购买风险更高。这种增加的风险是由于：

1）服务买家只知道购买决定后他们购买了什么；

2）高水平的人参与和互动，使得服务的标准化不仅困难，而且随着时间的推移几乎是不可能的；

3）客户根据以往经验和建议等因素，在购买服务和满足信息之前寻求的信息数量不同。

（2）博肖夫建议，服务保障可减少潜在服务买家的焦虑和不确定性。

1）商品规格一般比服务工作说明更具体。

2）成本分析和谈判在服务上比商品更加困难。

3）服务可能会占总支出的很大一部分，因为许多非核心服务能力被外包。

16.22.3 服务的分类

服务可以以多种方式进行细分或分类。

（1）卡拉杰克矩阵同样适用于货物的服务。

（2）哈德菲尔德（Hadfield）[17]提供了一个矩阵，根据其对特定组织的成本和战略影响对服务进行分类。这应用于银行，该矩阵的示例如图 16-13 所示。

（3）在图 16-13 中，上下象限分别反映了较低和较高成本的服务。左象限显示商品类型的服务，对银行业务的重要性不大。正值象限持有的服务对特定银行至关重要或具有战略意义。因此，安全性至关重要，而干洗不是。

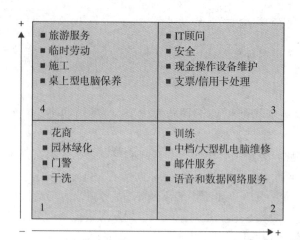

图 16-13 哈德菲尔德的服务矩阵根据它们对银行成本和战略的影响

（4）Lallatin[18] 建议从个人、专业、支持、人员和建筑五个主要服务类型进行简单分组，每个服务都具有从采购角度出发的特点。每种类型的典型示例如图 16-14 所示。

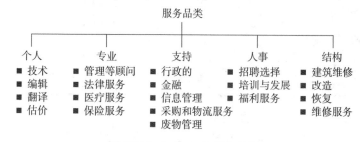

图 16-14 Lallatin 的服务分类

（5）图 16-14 中的某些服务可以归入多个标题。例如，财务可以是"支持"也可以是"专业"。如上所述的细分服务对于分析消费和重要性至关重要。

从支出的角度来看，这样的分析表明：

（1）数量聚合，即收集和分类采购支出的过程，以确定在整个组织中购买哪些服务，以及从哪些供应商处购买；

（2）与各类服务相关的支出百分比；

（3）需要控制的过度服务支出领域。

从重要性的角度来看，这样的分析表明：

（1）特定服务属于卡拉杰克矩阵或成本/策略矩阵；

（2）是否应在内部提供服务或外包。

16.22.4 服务采购的过程

这通常涉及 6 个步骤。

步骤 1：确定采购服务的适当过程。这涉及：

（1）服务的性质和战略重要性，参考卡拉杰克矩阵、达菲（Duffy）和弗林（Flynn）[19] 建议：一般来说，自动化或惯例的过程适合非关键和杠杆类项目的采购；确定每个战略服务的冠军，并形成一个消除瓶颈的团队。

（2）在非采购人员采购保险、广告、运输或能源等服务的情况下，提供专家采购技术培训。

步骤2：准备工作说明。工作说明书定义为：[20] 概述承包商预期履行的具体服务的声明，一般指示服务的类型、级别和质量以及所需的时间表。

（1）与9.4.6和9.4.7节中规定的内容和原则相关的大部分信息同样适用于工作说明。工作说明应明确说明：

1）所需服务；
2）提供服务的地点、时间；
3）在什么条件下；
4）所需的标准或性能水平；
5）初次提供和更新间隔；
6）由服务的购买者承担的角色（如果有的话），例如协调、设备、工作人员或研究的协助。

（2）与规范一样，应特别注意语言的使用，如"应该""将要"和"必须"，并避免含有多义词的含糊不清的单词，如"足够""必要"及"按要求"。

步骤3：列出工作说明书作为RFP或RFQ的基础。

（1）要求潜在的供应商根据给定的要求提出自己的解决方案。
（2）提供供应商创新和建议的范围。
（3）这些文件可用于定位解决方案或供应源。

步骤4：从潜在的供应商那里获取报价或投标。邀请可能会广泛宣传，从而为所有潜在供应商提出建议或报价提供平等机会。RFP或RFQ可以限于三个或四个选定的供应商。反向拍卖越来越多地被用作获得最低价格的手段，并允许投标人看到竞争对手提交的投标。反向拍卖需要明确规定服务的要求。

步骤5：评估报价或投标。评估应由跨职能团队进行。个人评估员应对收到的报价进行排名，然后团队应讨论个人排名。

最终决定应协商一致而不是以多数票为基础，应予以记录。

步骤6：通知和签发合同。通知成功和不成功的供应商并签发合同。Pohlig[21]指出，使合同可执行至关重要，要将工作说明书纳入合同或作为附录列入。

问题讨论

1. 讨论品类管理为组织提供战略和运营效益的原因。
2. 解释战略采购周期的关键方面。
3. 采购的人才挑战是什么，如何满足挑战？
4. 讨论6种采购风险以及如何在现实世界中得到缓解。
5. 讨论3个关键绩效指标，用于衡量公司旅游采购解决方案的有效性。
6. 为什么采购在一些组织中难以影响ICT支出？
7. 当采购涉及购买新的资本设备时，可以采用哪些具体的商业知识和技能来确保物有所值？
8. 你应该使用什么标准来决定是否应该购买新设备？
9. XYZ正在考虑是否租赁或购买机器。该机器将花费2 000英镑，使用寿命为3年，最终将无剩余价值。可以获得购买机器的贷款，年利率为 7%，在 3 年结束时支付。该机器还可以从设备租赁公司租赁，每年支付 762.50 英镑，在每年年底支付。

忽略税收因素，哪个选择将是最低成本的解决方案？做出决定时可能会考虑什么因素？

10. 根据以下数字计算 ROCE。

机器成本（英镑）	160 000
预期寿命（年）	5
估计残值价值（英镑）	20 000
折旧前价值估值（英镑）	
第 1 年	40 000
第 2 年	80 000
第 3 年	60 000
第 4 年	30 000
第 5 年	10 000

解决方案

注：折旧前的年平均利润
= 220 000/5 = 44 000（英镑）

全部折旧 = 160 000−20 000 = 140 000（英镑）
平均折旧 = 140 000/5 = 28 000（英镑）
折旧后的年平均利润 = 140 000/5 = 28 000（英镑）
所以
$ROCE$ = 16 000/160 000 × 100% = 10%

11. 你如何解释对方的对冲？
12. 为什么天然气价格如此波动？国际市场发挥什么作用？
13. 关于期货市场，确定以下条款的含义：
    （1）长时间；
    （2）短暂；
    （3）现货市场价格指数。
14. 建筑行业的采购与采购生产装配用的零件不同的原因是什么？
15. 如果被要求购买专有的 IT 系统，那么主要考虑什么？
16. 如果你被要求与日本供应商签订采购样品源合同协议购买化学品，你可以确定哪些风险？

参考文献

[1] APQC, (123 North Post Oak Lane, Houston, Texas) 'Supplier category management – driving value through the procurement organisation', 2012

[2] Global Business Travel Association, 'Key performance indicators for Corporaten Travel – a reference guide development for the Global Business Travel Association', 2012

[3] Aljian, G. W., *Purchasing Handbook*, National Association of Purchasing Management, 1958, section 16.1

[4] Brownstone, D. M., (ed), *Dictionary of Business and Finance*, Van Nostrand, 1980

[5] Barfield, J. T., Raiborn, C. A. and Kinney, M. R., *Cost Accounting*, West Publishing, 1994, p. 709

[6] Definition provided by the Inland Revenue

[7] Risley, G., *Modern Industrial Marketing*, McGraw-Hill, 1972, pp. 24–25

[8] Galena Asset Management Zurich

[9] 'Apocalypse is nigh, Buffett tells Berkshire faithful', *The Telegraph*, 4 April, 2005

[10] DUKES 2015 https://www.gov.uk/government/statistics/renewable-sources-of-energy-chapter-6-digest-of-united-kingdom-energy-statistics-dukes

[11] Department of Energy and Climate Change UK Energy Statistics, Ref 2012/165

[12] UK Energy Research Centre, 'The UK's global gas challenge', research report, November 2014

[13] Department of Energy & Climate Change, Energy Consumption in the UK (2015)

[14] As 10 above

[15] Fearon, H. E. and Bales, W. A., *Purchasing of Nontraditional Goods and Services*, Center for Advanced Purchasing Studies, USA, focus study executive summary, 1995
[16] Boshoff, C., 'Intention to buy a service: the influence of service guarantees: general information and price information advertising', *South African Journal of Business Management*, Vol. 34(1), 2003, pp. 39–43
[17] Hatfield, J. E., 'Purchasing services on the Internet', *Inside Supply Management*, May, 2002, p. 20
[18] Lallatin, C. S., 'How can I categorise my service purchases', *Purchasing Today*, November, 1997
[19] Duffy, R. J. and Flynn, A. E., 'Services purchases: not your typical grind', *Inside Supply Management*, Vol. 14, No. 9, p. 28
[20] ISM, 'Glossary of Key Supply Management Terms': www.ism.ws
[21] Pohlig, H. M., 'Legal issues of contracting for services', *Inside Supply Management*, September, 2002, pp. 22–25

第 17 章

世界级采购以提高业务绩效

学习目标

在适用的情况下,参考采购和供应管理,本章旨在提供对以下方面的理解:
- 产品和流程创新
- 采购研究
- 新产品开发
- 供应商开发
- 绿色采购
- 采购管理审核
- 并行工程
- 采购绩效评估
- 采购的创新性

核心要点

- 创新和供应商持续改进
- 新产品开发阶段
- 采购环境方面
- 采购对新产品开发的贡献
- 结果和以流程为导向的供应商开发
- 采购伦理
- 采购欺诈

17.1 创新与供应商持续改进

采购在影响战略供应商创新和提供持续改进方面发挥重要作用。可以说,采购在实现这些目标方面尚未成功。作者认为,缺乏成功有四个主要原因:

(1) 采购专家缺乏技术知识来推动变革;
(2) 采购缺乏商业想象力,以奖励供应商的创新发展;
(3) 采购缺乏在技术同仁中的信誉,因此无法影响变革;
(4) 采购组织不愿投资产品/服务研发。

17.1.1 创新

创新通常是指改变或创造更有效的流程、产品或想法,并且可以增加企业成功的可能性。[1]

(1) **产品创新**是将技术思想或市场需求和机会转化为推向市场的新产品(或服务)的过程。

(2) **流程创新**是引入或开发新的方法或技术,通过这些方法或技术可以更有效果或更有效率地制造或交付产品或服务。流程创新的一个例子是引进机器人和其他形式的自动化设备。

(3) **突破性创新**是全新的或革命性的产品,如药品新的科学发现。广播、电视和飞机等常见产品曾经是突破性的创新。

(4) **渐进性创新**是产品或服务的逐步改进。

17.1.2 Kaizen

Kaizen 是日本术语,意味着持续改进。Kaizen 的概念是全面质量管理的基础,与日本精益生产密切相关。

尽管类似于渐进性创新,但是如表 17-1 所示,Kaizen 与创新大体不同。

表 17-1 Kaizen 和创新的不同

特征	创新	Kaizen
重点	大量、短期、激进的产品变化	长时间的小的、频繁的、逐步的改善
专业	领先的突破	常规技术诀窍
来源	科学、技术发现或发明	设计、生产和营销
资本需求	大量投资设备和技术	相对适度的投资
过程	戏剧性突破	小增量步伐
结果	自发的	持续的
风险	高	低
参与	企业活动	个人或小团队
认知	结果	努力

然而,创新和 Kaizen 都有共同的目标——使组织能够实现可持续的优势。

计算机辅助估计(CAE)完全消除了新产品开发过程中的一些传统步骤,并允许与其他步骤同时执行。

米尔汉姆(Mileham)等人[2]指出,如果使用得当,适当的软件可以将周期时间、成本和风险降低 90%。

17.2 创新

并行工程

1. 定义

并行工程是产品及其相关流程的集成并发设计的系统方法,包括制造和支持。[3]

通常,并行工程涉及跨职能团队的组建,这允许不同学科的工程师和管理人员同时合作开发产品和流程设计。这种方法旨在使开发人员从一开始就从概念到处理(包括质量、成本、进度和用户要求)考虑产品生命周期的所有要素。

澳大利亚国家制造业管理研究所[4]发表了《组织引进并行工程指南》。他们提出了一个问题,要求公司确定并行工程是否适合他们:"我的公司在产品开发中是否面临以下任何问题?"

(1)增加开发新产品的竞争压力;
(2)产品推出延迟;
(3)加工和开发产品的成本高于可接受的成本;
(4)主要是内部聚焦的产品开发过程;
(5)很少或根本没有直接了解客户的要求;
(6)在产品开发初期,没有或仅有较少的营销参与;
(7)项目进展中将产品开发责任从一个职能转移到另一个职能时,转移点经常以冲突为特征;
(8)从一个产品开发项目到下一个产品开发项目的学习转移不足。

主动采购功能可以通过以下方式对并行工程过程产生积极影响:

(1)促进供应商早日参与设计过程的逻辑,以确保材料和部件的真正成本和可维护性;
(2)通过对规范的有效挑战,成为并行工程团队的重要成员;
(3)有效管理采购样品的试生产原型;
(4)确保新出现的合同细节,包括供应商更换有缺陷的材料和部件的义务;
(5)为并行工程团队提供培训,以便通过人员成本影响成本驱动因素的各方面;
(6)协助与成功实施并行工程的其他机构联网;
(7)确保对供应商参与的所有方面进行严格的风险评估流程;
(8)通过应用谈判技巧,协助克服跨职能团队的障碍。

17.3 环境敏感性设计

17.3.1 环境敏感性设计的影响因素

环境团体和有关立法施加的压力,如1993年《英国清洁空气法案》、1993年《放射性物质法案》和1990年《环境保护法》,要求设计者设计出具有社会责任感的产品。在设计这类产品时,必须特别考虑:

(1)提高材料、能源等资源的使用效率和经济效益;
(2)减少所选材料的污染;
(3)减少使用本产品对环境的长期危害;

（4）确保产品的计划生命在环境方面是最合适的，并且该产品在整个寿命里能够有效运行；

（5）确保充分考虑产品的最终处置；

（6）指定容易回收的包装；

（7）尽量减少滋扰，例如噪音或气味；

（8）分析和最小化安全隐患。

在设计阶段注意上述因素可以简化生产，提高制造商的声誉，防止对环境立法规定的可能过时的产品和流程的投资。

17.3.2 环境敏感性设计的方法

四个重要的方法是生命周期分析（lifecycle analysis，LCA）、拆卸设计（design for disassembly，DFD）、使用环保材料和国际标准化组织的指导。

17.3.3 生命周期分析

这基于所有产品都具有生命周期的概念。产品生命周期或戈珀兹曲线如图17-1所示。

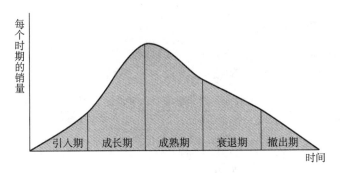

图17-1　产品生命周期

17.3.4 拆卸设计

这有两个方面：

（1）**可循环利用**——节省能源和资源。例如，回收铝比铝矾土矿生产铝要少消耗95%能源。使用再生原料制造纸张比使用木浆要少消耗64%的能源。在丢弃之前，大约70%的金属只能使用一次。

（2）**可维修性**——目的是通过确保以低成本轻松修复产品，延长产品的使用寿命。

17.3.5 使用环境偏好性材料

工业生态学旨在通过以下方式可持续地管理人类活动：

（1）减少能源和材料的使用；

（2）确保人类可接受的生活质量；

（3）节约能源和自然资源，如矿产和森林。

工业生态学倡导在选择产品设计材料时应用以下原则：

（1）尽可能选择丰富、无毒的材料。

(2)选择天然熟悉的材料,例如纤维素;而不是合成材料,如氯化芳烃。
(3)最小化生产过程中使用的材料数量。
(4)尽可能使用可回收材料。
(5)酌情使用回收材料。

17.3.6 绿色采购

所有组织面临绿色采购方式创新的巨大挑战。这为采购提供了影响战略和政策方向的机会。2007年3月5日,英国政府启动了"可持续采购行动计划"。它提出了一系列行动,以实现必要的阶段性变革,以确保供应链和公共服务的碳排放量越来越低、废水回收效率提高,尊重生物多样性并实现更广泛的可持续发展目标。财政司司长表示:"在未来10年,在为纳税人实现物有所值,提供人们需要和期望的公共服务方面,采购会更为重要。"

17.3.7 国际标准化组织的指导

主要的 ISO 环境标准是 BS EN 14001,14004,14010,14011,14012,14040 和 14050。ISO 指南 64 涉及将环境方面纳入生产标准。

17.4 采购参与产品开发

温斯特拉(Wynstra)等人[5]已经确定了采购参与产品开发的四个领域,每个领域都有不同的时间范围,每个领域涉及不同的活动,如表 17-2 所示。

表 17-2 采购参与产品开发的领域

参与领域	相关活动
发展管理 可用性和稳定性水平越高,依赖程度越低,"购买"技术的可能性越大,并将发展留给供应商	确定哪些技术在内部保持/开发以及哪些外包 供应商参与的政策制定 内部部门采购相关活动的政策制定 内部和外部政策沟通
供应商界面管理 积极、持续地研究,以确定可能与新产品开发相关的供应商或技术	监控供应商市场技术的发展 预选供应商进行产品开发协作 激励供应商建立/维护特定知识或开发某些产品 利用供应商的技术能力 评估供应商的发展绩效
项目管理 涉及两个子领域——产品规划和项目执行	产品规划活动主要在初始开发期间或之前进行,包括: (1)确定具体的开发或购买解决方案 (2)选择供应商参与开发项目 (3)确定供应商参与程度 项目执行涉及项目活动,包括: (1)协调供应商和制造商之间的开发活动 (2)协调不同一线供应商之间的发展活动 (3)协调一线供应商和二线供应商的发展活动 (4)订购并跟进产品原型
产品管理 直接促成新产品的规格	活动可分为两类: (1)扩大活动——旨在增加替代品数量的活动,其中包括: 1)提供有关已有或正在开发的新产品和技术的信息

(续)

参与领域	相关活动
产品管理 直接促成新产品的规格	2）建议可以产生更高质量结果的替代供应商、产品和技术 （2）限制性活动——旨在限制替代规格数量的活动： 1）在部件可用性、可制造性、交货时间、质量和成本方面评估产品设计 2）促进标准化和简化

17.5 供应商开发

17.5.1 定义

供应商开发已定义为：买方承诺提高供应商的绩效和/或满足买方短期或长期供应需求的能力的任何活动。[6]

供应商开发计划可以以结果为导向，也可以以流程为导向。

（1）**以结果为导向**的计划着重解决供应商的具体问题，通常涉及与供应商成本、质量和交付相关的逐步变更。哈特利（Hartley）和琼斯（Jones）[7]确定了以结果为导向的供应商开发的三个特点：

1）这个过程是标准化和买方驱动的；
2）所做的更改主要是技术性的；
3）过程持续时间短，需要有限的后续行动。

通过这种方式，买方的供应商开发团队在供应商现场进行改进，并且在买方供应商开发团队离开后，供应商可以保持已实现的绩效水平。以结果为导向的计划基本上是试图将组织的内部能力跨越边界转移。

（2）**以流程为导向**的计划着重于提高供应商的生产改进能力，无须买方提供实际的协助。这要求供应商了解持续改进所需的解决问题的技术。这种学习是复杂的，可能需要"忘却"老习惯，并对组织惯例进行新的知识编码。

17.5.2 供应商开发的步骤

实际过程可能因组织而异，如上所述，取决于开发是主要是以结果为导向还是以流程为导向的。典型的供应商开发计划有九个步骤。这些简要说明如下：

（1）**确定关键产品**。这是使用投资组合方法（如卡拉杰克的方法）进行的。这些将主要是战略和瓶颈产品。

（2）**确定关键供应商**。这涉及考虑以下问题。

1）供应商的能力是什么？三科（Sako）[8]确定了三个层次的能力：

A. **维持能力**——能够一致地保持特定的绩效水平；
B. **改进能力**——影响性能改进步伐；
C. **进化能力**——与动态能力不同的能力建设能力，其重点不在于适应，整合和重新配置内部资源以应对不断变化的环境，更多地关注其他两种能力的持续积累。

2）现有供应商能否满足未来的需求？
3）目前的供应商是否值得开发，还是是时候开发新的供应商？

（3）**评估供应商绩效**。

（4）**确定现在和期望的供应商绩效之间的差距**。差距分析涉及确定当前和所需业务情况之间的差异。重要的是要认识到可以从供应方以及需求方考虑差距。

也可能存在联合差距，例如合作水平或买方与供应商之间的关系层面不满足双方的差距。

典型需求方面的差距		供应商服务需求
供应商产量需求		供应商价格需求
供应商成本/价格结构		质量要求
供应商质量实现	←——差距——→	
现有供应商灵活性		所需供应商的灵活性
价值太低		成本太高

典型的供应方差距		供应商服务需求
采购信息提供		合同要求的盈利水平
从合同中获得的盈利水平	←——差距——→	

（5）**交叉功能供应商开发团队**。该团队将负责评估现有供应商和潜在供应商，识别差距并与供应商进行谈判，设法相互接受解决问题。

（6）**与供应商的高层管理团队会面**。与供应商的高层管理团队的会晤能够深入了解与采购者的合作关系所需的程度。这也为双方作为个人彼此认识的机会，讨论以前没有确定的合作领域，坦率交换意见，建立信任。谈判的改进也可以被敲定，从而提供商定的决策记录。

（7）**同意如何弥合感知到的差距**。方法可能包括：

1）向供应商借调采购人员；
2）从供应商处借调供应商的工作人员；
3）采购人员现场审核供应商场所；
4）ISO 9000 注册要求的第三方评估；
5）机械和 IT 硬件贷款；
6）授予访问 IT 系统（如 CAD）；
7）谈判改善运输合同；
8）联合价值分析练习；
9）改进成本计算方法；
10）采用买方的杠杆作用，以较便宜的成本获取供应商的材料和其他物品；
11）提供奖励。

（8）**制定改进的最后期限**。这些都应该是合理的，双方同意并严格执行。供应商应了解，在约定的日期之前不能进行改进可能导致业务损失。然而，重点应该是建设性的帮助而不是惩罚措施。

（9）**监测改进**。即使在达到所需标准之后，也应仔细监测供应商的业绩。汉德菲尔德（Handfield）等人[9]指出，供应商开发的陷阱分为三类：供应商特定的、买方特定的和买方—供应商的接口。供应商特定的陷阱主要源于供应商缺乏承诺、技术或人力资源。买家特定的因素来源于不愿意在供应商发展中看不到明显的潜在收益，例如供应商被认为不足以重视投资的理由。主要的买方—供应商接口陷阱是由于缺乏相互信任、组织文化的一致性不足以及对供应商的诱惑力不足。正如汉德菲尔德和他的合作者所言：启动供应商业绩改进并不容易……我们的研究结果表明，这样的成就需要时间，只有耐心的关系经理才能够坚定地对供应商进行跟进访问，并持续执行强大的供应商评估和绩效反馈计划。

17.6 采购研究

17.6.1 定义

弗尔伦[10]已经将采购研究定义为：系统收集、记录和分析与购买商品和服务有关的问题的数据。

采购研究的重要性得到如下提高：

（1）技术和经济形势的快速变化正在增加采购的复杂性；
（2）在不确定性的条件下进行大量采购，以便在涉及采购公司直接控制的个人、组织和事件之外进行战略决策；
（3）电子数据处理提供了存储和处理大量数据的功能，这在处理时可以改进决策；
（4）增加非核心业务功能的外包；
（5）新的重点关注合作和评估的好处；
（6）电子采购促进线上员工的实时订购和付款；
（7）作为功能的采购越来越需要量化其对盈利能力的贡献及其在供应链中战略功能。

17.6.2 研究领域

在选择研究课题时，应该记住一个领域的支出越多，节省大量成本就越有可能。最重要的研究领域如下所示。

（1）材料和商品：
1）公司对具体材料需求的趋势；
2）价格和成本分析；
3）替代材料或物品；
4）规格和标准化；
5）价值分析、价值工程；
6）使用分析；
7）使用学习曲线。

（2）采购政策和程序：
1）是否需要修改政策；
2）如果是制造而不是购买是否更经济，反之亦然；
3）是否有采购要求合并的机会；
4）采购对竞争优势的贡献；
5）形成设计、分销和消除；
6）将采用基于活动的成本核算应用于采购职能；
7）如何更有效地利用 EDP 提供的信息；
8）是否可以通过重新组合采购、商店和其他相关子系统（例如通过材料或物流管理）的方法来改进材料采购组织；

9）运作研究方法在多大程度上可以应用于采购；

10）内部和外部客户对采购功能的满意度。

（3）供应商：

1）供应商评估；

2）供应商绩效；

3）供应商发展的可能性；

4）与两家供应商同时订立设计和建造合同；

5）供应商评论——供应商变化的频率以及新供应商的发现情况；

6）分析至少一级供应链；

7）采购联盟；

8）承包后价格监测；

9）外包采购流程；

10）全球采购。

（4）员工：

1）员工责任；

2）员工流失、缺勤、士气；

3）加班，如果有的话；

4）职工继任；

5）员工培训与发展；

6）员工报酬、设施和奖励。

（5）杂项：

1）IT 的采购应用；

2）专家系统和人工智能；

3）收取物品的运输；

4）在不确定的条件下确保供应；

5）处理废旧和过时的商店设备；

6）合同条款和条件；

7）衡量采购绩效；

8）采购伦理；

9）供应链风险的识别和管理。

17.6.3　研究组织

所有采购部门都会进行一些研究，尽管这可能只是初步的，例如通过咨询商业目录或互联网，找到以前没有购买商品的供应商。开展研究的意愿对于采购状况的发展至关重要。除非采购采取这样的举措，否则研发的作用将由设计、营销和生产等其他职能承担。采购研究可能是正式或非正式的。

（1）**小企业单位**。它们可能无法分配人力和资金等资源，建立正式的采购研究部门。应鼓励员工随时了解供应商代表，参加贸易展览，参加适当的短期课程，获取学习期刊和其他相关文献的机会，以及与专业机构（如 CIPS）会议的其他采购人员联系。

（2）**研究部门**。系统的研究需要时间和自由度，以避免其他事情的干扰。当组织足够大时，可以最大限度地提供这些条件，通过建立专门的采购研究部门作为集中的员工活动，为采购职能的成员提供协助。经验表明，有正式采购研究安排的公司：

1）参与更多的研究项目；

2）这样做得更深入；

3）为盈利能力和运营效益做出重大贡献。

（3）**其他方法**。当专业研究部门不可行时，正式的采购研究可能由以下组织进行：

1）涉及具体问题或一系列问题的项目团队，可能包括设计、生产、财务和营销等外部采购职能的人员，如价值研究或工程项目。

2）供应商协会。

3）研究联盟。

4）使用专门的外部研究机构，如国际货币基金组织的商品研究单位。

5）与大学合作。这可能是"合同"或"协作"研究。在合同研究中，项目的议程由在与其他供应商相同的基础上以商业价格提供研究服务的大学设定，而合作研究的目标由公司或公司和大学共同确定。"俱乐部"或"网络"通常由个别大学或大学联合会设立，专注于特定的研究课题。希望成为会员的公司通常支付约定的年度订阅费用。因此，巴斯大学战略采购和供应研究中心声称在任何一个时间可与超过100家公司合作，经常组织成"项目俱乐部"。

6）支持在采购和供应链管理方面从事更高学位的个人。

7）使用顾问调查具体事宜。一些大型咨询机构也承担相关行业的独立研究成本。

8）专业机构——物流与运输研究所拥有一个物流研究网络，这是一个有兴趣的实践者的学术兴趣小组。该网络生产《国际物流研究与应用杂志》。CIPS 支持英国几所大学的采购主管。在美国，高等研究中心（CAPS Research）成立于1986年，是 NAPM（现在是 ISM）和亚利桑那州立大学之间的全国联盟协议。

17.6.4 研究方法

与所有其他研究一样，采购或供应链调查的第一步是采用从开始到完成的研究计划或模式。撒丹塔斯克（Sarantakos）[11] 表示，研究人员在工作中使用研究模式的一般假设取决于：

（1）研究可以被认为是一系列紧密相关步骤的演进，每个步骤的成功取决于上一步骤是否成功完成；

（2）步骤必须以给定的顺序执行；

（3）如果采用研究模式，研究的规划和执行更成功，一个典型的模型如图 17-2 所示。

17.7 采购绩效评价

17.7.1 定义

采购绩效评价可以定义为在一定时间内实现与采购经济、效率和效力相关的公司或业务目标和目标的定量或定性评价。

这个定义中的重要词汇如下：

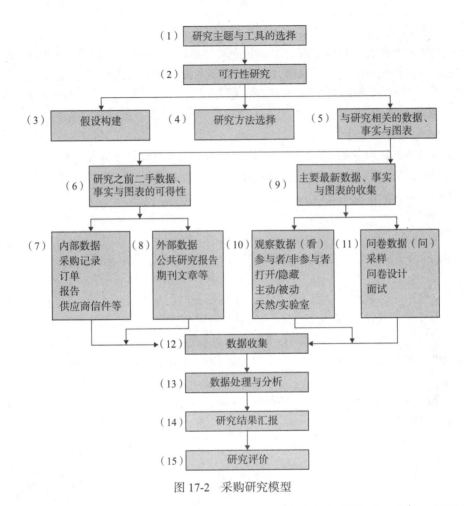

图 17-2 采购研究模型

（1）**量化或定性**。定量评估是客观和可衡量的，采取诸如订单数量、交货时间缩短、价格节约和降低管理成本等措施，并将倾向于在采购被视为主要文书或交易活动时使用。定性评估使用对采购对供应商的善意、合作伙伴采购、价值分析和内部客户满意度的贡献的判断性印象，并且在采购被视为战略功能时适用。

（2）**绩效评估**。评估比测量更准确。根据定义，"测量"意味着数字化的量化或质量或属性的表达。虽然采购经理的绩效通常通过客观、量化的措施来评估，如成本/价格下降以及对附加值或盈利能力的贡献，绩效评估往往采用主观和定性评估方法。

（3）**在给定的时间内**。评估可能涉及长期（一年以上）或短期绩效。长期目标经常延续几年。定期审查看待进展和需要采取的突出行动。进展只能参照过去一段时期所取得的成果和未来时期的目标。为此，评估应始终与具体的时间间隔相关。

（4）**企业或运营目标和目的**。目标或目的是绩效评估的基础："如果我们不知道我们要去哪里，我们就不知道什么时候到达。"公司目标通常会由董事会层面确定。这些目标是相对永久性的、广泛的表达，来自组织的使命宣言。今天，大多数企业目标与提供"客户满意度"有关。

组织目标必须是"一致的"，也就是说，与企业目标一致，不仅是时间长短，而且是垂直和水平的。垂直意味着目标应在组织的各个层面保持一致；水平则意味着，与在供应链一样,为最终客户提供价值的不同活动所设定的目标必须是一致和综合的。

公司目标(通常以广泛的定性表达)必须变为操作目的的具体细节。因此,"提供具有成本效益的采购服务"的总体战略可能在下一个财政年度要求采购:

1)实现节省10%的开支;
2)电子招标和供应商信息数据库的合同不迟于指定日期,但须视资金情况而定;
3)确保不少于70%的采购人员正在努力获得批准的采购资格。

诸如上述所示的操作目标可以表示为量化(SMART)目标,即它们应该是具体的(specific)、可衡量的(measurable)、可实现的(attainable)、以结果为导向的(results-orientated)和基于时间的(time-based)。

(5)**经济、效率和效益**。**经济**意味着最小化所获得的资源成本,而不损失质量,这是通过减少花费而实现的。实现经济的重要手段是价值工程和价值分析。

效率包括货物或服务的产出与用于生产的资源之间的关系,这意味着要花费得很好。效率和生产率是相关的,因为生产率按以下比例衡量:

$$效率 = \frac{生产的产出}{投入的消耗}$$

效益涵盖项目和计划的预期和实际结果之间的关系,即明智地支出。经济、效率和效益通常被称为3Es,它们构成物有所值(value for money,VFM)。确保和改进衡 VFM 是一个重要的企业目标,其主要责任在于运营经理。在本书中,效率和效益将再次出现,但从绩效评估的角度来看,其他一些方面包括:

1)有关组织、职能、流程和有关人员可能是有效率的,但不是有效益的——成本最低的生产者生产出没有人想要的产品或服务是有效率的,而不是有效益的,如 Kaydos[12] 所说:没有什么比更有效率地做更多没必要的事情更浪费的了。
2)相反,我们可以在没有效率的情况下有效益——使用蒸汽锤破解坚果是有效益的,但效率不高。
3)经理可以委托效率,但必须亲自处理效益。
4)效率和效益不是相互排斥的——可接受的表现可能反映了效率和效益的组合。

17.7.2 评价采购绩效的困难

范·韦勒(Van Weele)[13] 确定了四个"问题",他指出,"严格限制对采购职能的客观准确评估":

(1)**缺乏定义**。诸如采购绩效,效率和效果等概念通常没有明确定义或可互换使用。
(2)**缺乏正式的目标和绩效**标准——但作者认为,这个问题不是缺乏标准,在教科书和学术文章中受到相当的关注,但许多采购从业人员不知道这些标准或不愿意应用它们。
(3)**精确测量的问题**。范·韦勒正确地指出:采购不是孤立的功能;采购业绩是由于其无形性而难以评估许多活动的结果。一般来说,直接投入—产出关系难以识别,这严重限制了以准确、全面的方式衡量和评估采购活动的可能性。
(4)**组织采购范围的差异**。采购并不是一个同质的活动,而且具有诸如地位、责任、组织、政策和程序等因素,它与一个企业之间的差异很大,这些差异阻碍了统一测量体系的发展,所以它们也减损了对采购绩效评估的关注。

如上所述,评估采购绩效时的主要问题是采购活动的异质性。弗尔伦和贝尔斯[14] 在美国研究没有一致的衡量采购绩效的系统时表示：任何想要在每个组织进行采购活动的单一绩效指标的人都会感到失望。对个别组织重要的指标对另一个组织来说可能并不重要。因此，几乎每个组织都必须定制采购绩效的指标。

对于所有组织来说，衡量采购绩效对于所有组织都是重要的：
（1）如果无法衡量、无法有效管理活动，也就不能持续改进；
（2）评价对于保持公司在日益拥挤的全球市场中的竞争优势至关重要。

17.7.3　绩效评价的方法

这些可归入五个[⊖]主要标题：
（1）会计方法，即
1）利润中心；
2）基于活动的成本计算；
3）标准成本核算和预算控制。
（2）采购管理审计方法。
（3）比较方法：
1）基准和比例；
2）综合基准，如 EFQM 和平衡计分卡（见 17.11.1 节和 17.11.2 节）。
（4）杂项方法，如六西格玛（见 8.9.3 节）。

17.8　财会方法

利润中心法

在这种方法中，采购职能或活动被视为控制公司资产的一部分，不仅负责支出，还负责收入。

这种方法的目的是证明采购功能是一个利润而不是成本中心。

利润中心的做法包括建立一个控制资产的集中采购组织。这种集中采购功能的盈利能力是通过采购到其他职能的物品和服务的内部会计转移实现的，价格高于其实际直接成本。实际上，采购被以所谓的转让价格出售给其他职能。因此，负责采购的执行官有望根据利润标准做出任何决定，并根据该功能产生的利润来衡量业绩。例 17-1 给出了利润中心方法的一个例子。

例 17-1　将采购部门视为利润中心

		英镑
物资经理控制的资产价值		
库存		1 500 000
采购功能的占地面积和设备		250 000
商店的占地面积和设备		750 000
		2 500 000
公司对所雇用资产所需的年度回报率	15%	375 000

⊖　实为四个，原书疑有误。

		（续）
估计年度运营支出		
采购	150 000	
商店	475 000	625 000
总支出与收益（a）		1 000 000
年总采购（b）		20 000 000
（a）+（b）		21 000 000

因此，用户功能的转移成本（内部客户）将为5%，即

$$\frac{1\,000\,000 \times 100}{20\,000\,000}$$

假设名义用品利润（1%）	
因此营业额达到 20 000 000 英镑	200 000

供应控制的资产回报 = 200 000×100/2 500 000 = 8%

为了达到预期的15%的回报率，除了增加名义利润之外，供应功能还是要减少库存或运营费用的投资。

这种做法是理论上的而不是实际的，尽管它主张的理由是：
（1）提供耗材功能的效率测量；
（2）允许供应商管理人员控制其预算和花费以节省资金；
（3）通过提供可衡量的目标来提高用品功能的状态。

17.9 采购管理的审计方法

17.9.1 定义

审计可以特别定义为检查或查看。采购管理审计一词由Scheuing[15]定义为：对公司的采购环境、目标和策略进行全面、系统、独立和定期的审查，以确定问题和机会，并促进制订适当的行动计划。

Scheuing指出，这个定义中的可操作词是：
（1）**全面**——审计应涵盖采购的各个方面；
（2）**系统**——应分别制定和使用一套标准的问题；
（3）**独立**——采购人员不应自行评估；
（4）**定期**——审核如果每年定期执行，产生最大的价值，从而促进比较、平衡和进度评估。

17.9.2 执行采购管理审计的目的

埃文斯（Evans）和戴尔（Dale）[16]对一些标准采购文本的综述表明，采购审计有四个主要目的。它们是：
（1）执行人员在多大程度上遵守高级管理层制定的采购政策；

（2）帮助确保组织正在使用符合最佳工作实践的技术、程序和方法；
（3）监测和衡量有效利用资源的程度；
（4）协助预防和发现欺诈和舞弊行为。

17.9.3 应该由谁来执行采购管理审计

这种审核可以通过以下方式进行：
（1）外部审计员；
（2）内部审计师；
（3）企业采购职能；
（4）采购研究职能（独立于经营决策）；
（5）外部管理顾问。

建议以两个原则来管理谁应该进行审计：
（1）审核员应在作为审核对象的职能或部门外部；
（2）审计人员应对采购职能有深入的了解，不仅可以监督政策和程序的遵守情况，还要了解采购的观点和问题，并就如何改进政策、程序和实践提出建议，具有专业知识和经验的外部人员可能拥有更大的权威性，并在采购审计方面提供更大的客观性。

17.9.4 采购审计的内容

建议主题和管理的典型项目，作为与财务审计的区别采购职能的审计情况如下所示。

1. 采购视角，问题和机会

（1）样本中的采购人员的感知如何：
1）组织中的状态；
2）参与战略决策；
3）对盈利能力和竞争优势的贡献？
（2）访问采购人员确定的工作满意度和工作不满意度如何？
（3）采购人员在工作中遇到的主要问题是什么？这些问题在多大程度上与以下内容有关：
1）管理；
2）同事；
3）内部客户；
4）供应商；
5）信息；
6）资源；
7）其他内部或外部因素？
（4）采购职能的士气水平是多高？

2. 采购组织

（1）采购职能负责人向谁报告？
（2）采购的哪些方面是集中/分散的？
（3）采购的任何集中方面是否从权力下放中受益？反之亦然？
（4）采购与什么其他功能活动相互关联？

（5）与其他职能协调采购活动的正式机制是什么？
（6）内部客户对采购功能绩效的评估是什么？
（7）什么职能/部门委员会是代表或可以代表采购职能的？
（8）如何改善采购职能的内部组织？
（9）如何改进采购与其他相关职能的整合？
这些信息可以从组织图和正式/非正式访谈中获得。

3. 采购人员
（1）在采购职能中雇用了多少员工？
（2）他们的成绩、资格和相应的服务年限是多少？
（3）每个成员的采购职能是否有适当的工作描述？
（4）实际工作如何与工作说明相关？
（5）哪些工作人员过度使用或未充分开发利用？
（6）是否试图"授权"采购人员？
（7）为采购人员提供了哪些培训和发展机会？
（8）与类似企业/行业相比，薪酬与薪酬方案如何？
（9）员工流失率按公式计算：

$$\frac{\text{在特定的时期职能人员离职的数量（通常以1年计算）}}{\text{在该期间职能人员平均雇员数量}} \times 100\%$$

职能中的就业稳定性由以下公式衡量：

$$\frac{\text{服务一年或更长时间的员工数量}}{\text{一年前雇用的员工数量}} \times 100\%$$

（10）在未来五年内，哪些员工将达到退休年龄？
这些信息可以从工作描述或规范、培训文件、人力资源计划以及正式或非正式访谈中获得。

4. 采购政策
（1）什么书面/不成文的政策适用于采购职能？
（2）是否有采购手册？采购手册的更新有多频繁？
（3）向采购人员提供了以下指导：
1）特定级别的个人可以承诺企业支出的价值；
2）供应商关系，如争议、及时付款；
3）利益冲突，如礼品和娱乐；
4）从国外购买；
5）环境政策；
6）互惠、本地和公司内采购？
（4）调查和执行报告违反政策合规的机制有哪些？
主要从相关文件、手册、备忘录、说明书等获取此信息。

5. 采购步骤
（1）从哪些来源获得采购请求？
（2）这些请求的处理速度有多快？

（3）为请求和评估报价，发货采购订单，货物收货和用品付款的业务活动制定了哪些程序？
（4）所有适当的程序是否电脑化？
（5）采购职能在多大程度上利用电子数据交换和电子采购？
（6）如何处理小订单？
（7）哪些程序/活动增加价值，哪些不增加价值？
（8）采购文件如何改进、简化或消除？
（9）采购人员花费多少时间查看供应商代表，并从事关系管理？
（10）资金设备采购的程序是什么？
（11）采取何种电子采购安全手段防止欺诈？

这里的大部分信息可以通过为采购订单设计范例获得，从接收采购订单到接收货物和供应商的付款以及从正式和非正式的访谈中获取范例。

6. 采购报告
（1）采购职能编制了哪些报告？
（2）谁准备每份报告？
（3）每份报告准备的时间间隔是多长时间？
（4）准备每份报告的费用是多少？
（5）每份报告发给谁？
（6）收件人使用每份报告的什么部分？
（7）报告真的有必要吗？

大部分信息可以通过跟踪报告来获得，从初始到存储或处置。

7. 采购、供应商和价格
（1）在本报告所述期间，采购支出预算——数量和价值是什么？
（2）主要采购是什么？
（3）主要供应商是谁？
（4）实现单一和合作伙伴采购有哪些尝试？
（5）供应商如何评估以及评估哪些标准？
（6）评估结果是否传达给供应商？
（7）与市场上可获得的价格相比，价格如何支付采购样本？
（8）采购职能在哪些方面寻求物有所值？
（9）规格如何以及由谁做准备？是否有采购参与？
（10）哪些环境采购政策存在，以及这些实施有多成功？
（11）在本报告所述期间省了多少，以及如何实现？

大部分信息可以从对订单样本和其他采购文件的审查以及正式和非正式访谈中获得。

8. 库存
（1）公司是否利用 ABC 分析？
（2）运送多少库存，即战略物品、瓶颈物品、杠杆物品和非关键物品？
（3）每个品类的项目样本的营业额是多少？
（4）哪些库存存储多于一年？

（5）确定过时、缓慢移动或损坏的库存以及防止偷窃的程序是什么？
（6）处理过剩库存、过时或废品或丢弃的资本项目的程序是什么？
（7）脱销在这段时间里经历了什么，为什么？
（8）为减少库存投资，采购/供应功能采取哪些尝试？

大部分信息可以从商店记录的调查、库存和存货程序的实际检查以及正式和非正式的访谈中获得。从上述可以看出，采购绩效审计中使用的主要"工具"包括：
（1）正式或非正式访谈；
（2）抽样；
（3）从开始到结束或存储或处置跟踪程序或文件；
（4）观察。

这些"工具"可以由诸如基准测试和比率分析等程序来支持。

17.9.5　采购管理审计报告

在将调查结果汇总到报告中，总结建议和配套理由后，应将审核提交给高级管理层。在准备这样的报告时，审计员应该：
（1）强调可以提高效率和效益的政策、程序和人员；
（2）赞扬良好的做法和表现；
（3）考虑到简单的性能量化措施，并考虑到提出这些建议时可能会发生的全部后果、副作用和反应；
（4）支持采购人员提出的建设性建议，如果外部来源的建议可能会引起更多的关注。

17.10　基准与比率法

17.10.1　基准

基准可以定义为：一个衡量"最好学生"的成就，比较的参考或测量标准被认为是特定业务流程的卓越标准。

如图 17-3 所示，基准可能需要四种主要形式。

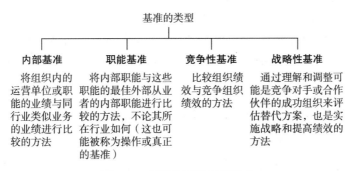

图 17-3　基准的四种主要形式

17.10.2　基准的好处与批评

基准测试提供以下好处：
（1）提供"差距分析"工具，即我们在哪里和"同类最佳"组织之间的差距；

（2）创造性地将来自任何行业的最佳实践纳入组织运营的机会；
（3）确定目标的决策支持和成本效益分析的基础；
（4）它确定了其他人实现的目标；
（5）改进性能的想法来自外部来源时，可以减少对变更的抵制；
（6）其他行业的创新和技术突破可以早日确定，并对其适用性进行评估；
（7）加强员工的经验和知识基础。

基准评估作为比较基础的重要性由业务链接给出的示例表示：[17]

（1）在前 25% 的企业中，只有 0.5% 的供应商不合标准，而较差的 1/4 供应商则是不合格供应商的 6 倍；
（2）前 25% 的组织似乎按时平均获得了 97% 的供应，而在较差的 15% 中，平均只有 66.5% 的供应按时交付；
（3）前 1/4 企业使用后 1/4 企业使用的供应商数量的 1/9（或更少）；
（4）最后面的 25% 的企业每年平均报告了 8 次股票回报，而样本中前 25% 的企业则达到了 32 次。

然而，对基准测试有 4 个主要批评。这些是：
（1）基准测试意味着只有一种最佳的表现方法，但可能存在的方法不同于被选为基准的方法，可以是更好的解决问题或提高性能的方法；
（2）基准测试可能表明昨天的方案解决明天的问题；
（3）价格比较可能很困难，因为客户化的定制规格可能是针对唯一的购买机构的；
（4）价格驱动因素，如数量、采购惯例和条款和条件，可能使比较进一步复杂化。

17.11 综合基准法

已经设计了一些"框架"，以提供整体评估组织绩效的手段，并通过有效和综合的基准来促进持续改进。两个最著名的框架是欧洲质量管理基金会（EFQM）模型和平衡计分卡。

17.11.1 EFQM 模型

EFQM 模型（见图 17-4）由 9 个要素组成，分为推动器和结果。作为自我评估的工具，该模型在 9 个要素之间以加权为基础分配了 1 000 个点，其中 500 个点被分配给推动器，而 500 个分配给结果。推动因素是组织如何接近每个要素的标准。结果要素是组织取得的成果，并且可能实现。结果的卓越程度、成果的实现程度以及它们处理所有相关标准的程度都构成了评估结果的基础。

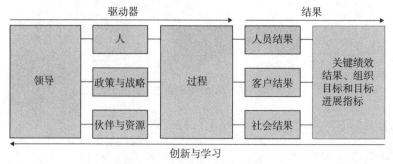

图 17-4 EFQM 商业卓越模型

17.11.2 平衡计分卡

如图17-5所示的平衡计分卡是在20世纪90年代初由哈佛商学院的罗伯特·卡普兰（Robert Kaplan）和大卫·诺顿（David Norton）开发的。他们描述平衡计分卡的创新如下：平衡计分卡保留财务指标，但财务指标讲述了过去事件的故事。对于长期能力和客户关系的投资对成功并不重要的工业时代公司而言，这是一个充分的故事。然而，这些财务指标不足以指导和评估必须通过投资于客户、供应商、员工、流程、技术和创新来创造未来价值的信息时代的公司。

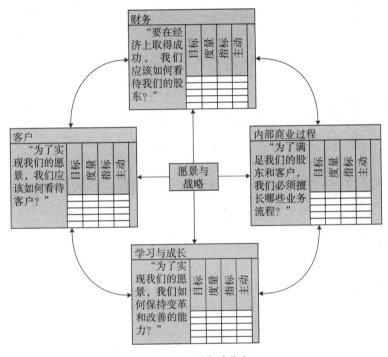

图17-5 平衡计分卡

如图17-5所示，平衡计分卡不仅是一个测量系统，而且是一个框架，使组织能够明确其愿景和策略，并将其转化为行动。平衡计分卡方法表明，我们从四个角度来观察组织——客户、财务、内部商业过程以及学习与成长。对于这些观点，平衡计分卡记分卡表明我们应该开发指标并收集和分析数据。

计分卡的优点在于，它在单一报告中提出了组织议程的许多看似不同的元素。它还鼓励管理者同时考虑所有相关的业务措施。

绩效棱镜模型是克兰菲尔德管理学院的安迪·尼利（Andy Neeley）和安德森咨询公司的克里斯·亚当斯（Chris Adams）基于平衡计分卡开发的。

由于篇幅的原因，不可能在这里提供EFQM及平衡计分卡和绩效棱镜模型的详细描述。关于EFQM模型的更多信息可以从英国质量基金会获得。[18]该基金会还发布了 *Assessing for Excellence: A Practical Guide to Self Assessment* 和 *The EFQM Excellence Model*。

有很多著作是关于平衡计分卡的。一个好的开始来自卡普兰、诺顿和洛斯（A. Lowes）的一本书——*The Balanced Scorecard: Measures that Drive Performance, Putting the Balanced Scorecard to Work and Using the Balanced Scorecard as a Strategic Management System*[19]。

另外两本有用的书是保罗·尼文（Paul R. Niven）的 *Balanced Scorecard Step-by-Step* [20] 以及 M. C. S. 伯恩（M. C. S. Bourne）和 P. A. 伯恩（P. A. Bourne）的 *Understanding the Balanced Scorecard in a Week* [21]。

克兰菲尔德大学业务绩效中心发布的"平衡记分卡软件报告"评估了28个与选择平衡记分卡软件有关的现有软件包。

绩效棱镜模型的开创性书籍是尼利（A.Neely）、亚当斯（C.Adams）和肯纳利（M. Kennerley）的 *The Performance Prism: The Scorecard for Measuring and Managing Business Success* [22]。

17.12 采购伦理

17.12.1 定义

采购伦理是商业道德的细分，反过来又是在商业或工业环境中应用一般伦理原则。采购伦理也与职业道德有关。

作为一般学科的伦理学可以定义为：执行个人或团体行为的原则；关心什么是对还是错、是好还是坏。

商业道德只是将上述定义应用于工作场所和业务关系。

职业道德是指导或最佳实践，体现理想和责任，向业内人士介绍在某些情况下应采取的原则和行为。

17.12.2 原则

职业道德的主要原则是：

（1）公正或客观；
（2）开放和充分披露；
（3）保密；
（4）尽职调查、能力和义务；
（5）忠诚于职业责任；
（6）避免潜在或明显的利益冲突。

这些原则将根据如图17-6所示的更广泛的个人原则和全球伦理领域进行解释。

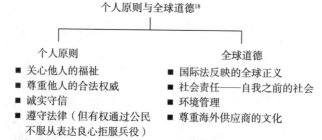

图17-6 个人原则与全球伦理 [23]

与上述标题可能考虑的商业道德有关的公司和个人问题范围是无限的。空间的原因不仅仅是简单地提及与采购特别相关的以下组织问题。

17.13 与供应商相关的道德问题

这些是为供应商代表提供实际的帮助和建议、及时付款、诚实和开放、电子伦理和礼貌。

17.13.1 提供实际的帮助与建议

这可以采用以下形式：
（1）帮助供应商更有效和更经济地采购自己的用品；
（2）帮助寻找替代客户，以防止太过于依赖单一供应源；
（3）对不成功的招标提供反馈意见；
（4）设计与生产合作；
（5）供应商开发；
（6）与当地供应商订立一定比例的订单，从而有助于采购组织所在社区的繁荣。

17.13.2 提示付款

组织应通过以下方式帮助供应商维持现金流：
（1）按时支付发票；
（2）确保财务和采购部门意识到组织的及时付款政策并坚持（考虑到未按时付款让买方组织违反自己的合同）；
（3）尽快处理投诉，以免付款不必要地推迟。

根据英国 1998 年《商业欠债（利息）法》，欧盟指令，账单必须在 30 天内支付。该法案规定，30 天后，小企业（员工人数不少于 50 人）可以追究利益。

17.13.3 诚实与开放

诚实和公开是与罗伯逊（Robertson）和罗恩（Rymon）[24] 所定义的相反的欺骗："一方打算创造或延续对另一方的虚假信念。"

相同的作者确定了一些采购代理人可能采用的四种"唬骗"，前提是在谈判中，他们的责任是获得最佳的价格、质量和交付，因此，欺骗和操纵供应商为的是以可接受的手段达到理想目的。

罗伯逊和罗恩所做的四个欺骗案例给供应商一个错误的印象：
（1）其他供应商积极争取特定合同；
（2）完成谈判的时限适用；
（3）竞争对手提供更好的交易；
（4）销售公司有丧失合同的危险。

从他们的研究中，罗伯逊和罗恩报道：
（1）29% 的受访者承认欺骗卖家；
（2）有其他供应商的建议，供应商可能会失去合同，分别是最常见和最不常见的欺骗形式；

（3）欺骗性行为可能是对组织施加压力的结果，或者对于什么是允许的缺乏明确的指导，所以存在"道德模糊"的领域；

（4）欺骗可能是公认的谈判手段："买方可能会出售假期限，但卖方知道截止日期是假的。"

作者还表示，通过长期合作采购安排取代短期，可能有利于买家和供应商之间的合作、相互依存和信任的发展。

17.13.4　电子伦理

CIPS [25] 表明，互联网正在创造一个新的环境，其中不道德行为对公司的影响比以前更大。特别是电子交易中的权力平衡，例如电子拍卖，正在向购买者转移。电子拍卖的典型道德准则是陶氏化学公司的道德准则：[26]

启动拍卖旨在奖励业务。不要使用在线拍卖作为探矿工具。一旦邀请已经发送给拍卖参与者或完成拍卖，不要征求、协商或接受离线优惠。

确保投标人清楚了解拍卖前、拍卖期间和拍卖后的期望：制定和分发明确的拍卖规则和规格。

为投标人提供准备事件的时间，包括战略发展和培训。

记录和分发用于授予业务的业务标准。

在拍卖前，培训投标人：

（1）确保投标人对在线电子拍卖工具感到满意；

（2）及时通知所有参与者拍卖结果。

只有在符合拍卖要求的情况下才能邀请投标人参与。

不允许虚无竞拍。

CIPS 进一步表明，B2B 电子商务、信任、访问、身份、安全、隐私、财产和保密等问题都面临新的挑战。

17.13.5　向供应商致敬

有证据表明，销售代表对买家的看法往往很差。如果销售代表在会议前有不必要的等待，这种看法可能还会有所加强。采购人员应该理解，销售代表的工作时间相对较短，允许旅行时间和讨论，以适应电话。未经请求的销售电话在上午 9:30 之前，在下午 12:15 至下午 1:30 之间，以及下午 4:30 之后是不受欢迎的。如果不断等待，销售人员在特定地区的整个访问计划可能会中断。接待销售代表时要牢记的其他因素应包括：

（1）使用合适的房间进行交流；

（2）提供有关代表能看到时间的信息；

（3）向他们提供诚实的信息。

采购人员应该开放新产品和供应商的信息，对于通知代表，如果不可能有业务的话，应该坦率而有礼貌地避免将来打电话。最重要的是，买家永远不要经常拜访、粗鲁或不客气。这种行为对代表和买方都是不利的，显然不利于建立供应商的商誉。虽然必须明确交流愉快，但应该记住，购买者和供应商都有"时间就是金钱"的观念。

肯尼迪（Kennedy）[27] 描述了 22 种被不道德的买家在与销售代表交易时使用的不同战术。不仅这种战术不专业，而且还违背了一个黄金法则——以你希望别人对待你的方式对待别人。²⁸ 这个规则明确、容易理解。支持它的动机可能是利他主义的，但实际上反映了预防性、防御性的自身利益。

17.13.6　商务礼品与款待

关于采购人员收到供应商礼品，特别是圣诞节礼物以及其他时间款待的政策各不相同。三个最常见的采购政策是采购人员：

（1）不得接受任何形式的礼物，必须退回；
（2）可以保留明显具有广告性质的礼物，如日历、日记本、铅笔等；
（3）被允许自己决定提供的礼物是感谢和睦的商业关系还是具有商业贿赂的企图。

我们认为的看法是，上述政策的第三个要点是最好的，因为它把工作人员视为负责任的人员，能够区分礼物或款待与贿赂。还有一个事实，前两个政策鼓励诡计，如送礼物送到买家的住址。然而，有一个危险是，年龄较小、经验不足、工资较低的员工很可能会在收到礼物时受宠若惊，其影响并不总是得到重视。因此，所有采购人员的都可以从专业和组织的道德准则和道德培训中接受有关道德操守的指导。

17.14　道德守则

在第 1 章中，有人指出，专业的要素之一是"遵守行为准则"。医学、法律、会计和建筑等多个专业已经颁布了行为准则。英国特许采购和供应研究所（CIPS）和美国供应管理研究所（ISM）颁发了采购行为准则。

国家和国际规范也有。国家规范的一个很好的例子是英国政府的"客户和供应商良好实践采购守则"。国际守则的一个例子是联合国秘书长 1999 年提出的全球契约。这对世界商界领袖形成挑战，帮助建立维持新的全球经济所需的社会和环境支柱，并在四个标题下涵盖公司要求被采取行动的 10 项原则。

（1）人权。
1）原则 1：企业应该支持和尊重国际上宣称的人权的保护。
2）原则 2：确保他们不违反侵犯人权行为。
（2）劳动。
1）原则 3：企业应坚持结社自由，有效承认集体谈判权。
2）原则 4：消除一切形式的强迫和强制劳动。
3）原则 5：有效废除童工现象。
4）原则 6：消除在就业和职业方面的歧视。
（3）环境。
1）原则 7：企业应该支持对环境挑战采取预防措施。
2）原则 8：采取主动行动，增加环境责任。
3）原则 9：鼓励开发和推广环保技术。
（4）反腐败。
原则 10：企业应该打击各种形式的腐败行为，包括敲诈勒索和贿赂。

其他国际规范是伦理贸易倡议（Ethical Tradiny Initiative，ETI）和国际劳工组织（Internation Labour Organization，ILO）。

ETI 是公司、非政府组织和工会组织的联盟。ETI 的最终目标是确保为英国市场生产的工人的工作条件达到或超过国际劳工标准。

1998年通过的国际劳工组织关于工作中的基本原则和权利宣言涉及四个方面：
（1）结社自由和有效承认集体谈判权；
（2）消除一切形式的强迫或强制劳动；
（3）切实废除童工劳动；
（4）消除在就业和职业方面的歧视。

17.14.1 道德守则的好处

卡普（Karp）和艾布拉姆斯（Abramms）[29]表示，专业和组织规范在以下方面是有用的：
（1）**为共同合作提供依据**——大多数法规要求人们尊重对方；
（2）**根据组织的人权和职业价值决定什么构成伦理行为的界限**，例如利益声明、信息保密性、竞争、商业礼品和款待；
（3）**为遵守守则的所有用户提供安全的环境**——没有道德守则提供的指导，员工总是对更高位置的任何人的价值体系承担责任；
（4）**提供一套常用的指导方针**，使一定情况下的对错是一致的，因此有助于消除"道德歧义"。

17.14.2 对守则的评价

大多数采购人员可能认为道德规范远离现实世界。这可能是因为工作压力大经常没有时间反思。在所有业务关系中保持不可逾越的诚信标准的要求是正确的，直到有人质疑诚信的意义，以及对谁具有诚信义务。最引人注目的道德管理障碍是，当员工自身或职业道德规范与组织或其直属上级的职业道德出现冲突时，员工可能必须选择保持沉默或直言面对被视为不忠诚的结果，甚至不得不面临被解雇的结果，在裁员和调整的条件下，会被认真考虑是否解雇。来自 Brigley 的 30 位受访者的一些评论包括：
（1）高失业率会影响你的伦理，虽然这有些荒谬，但却是真实的；
（2）人们说的与人们做的是非常不同的；
（3）人们压制自己的伦理价值观，以便被普遍接受并开展业务；
（4）你资历越高，维护道德立场就越容易。

例如，ISM 的行为准则规定，用户必须谴责商业贿赂的一切形式或表现形式。但是，如果你知道举报人会发生什么，而且发现自己的老板或同事正在收受贿赂，那么你怎么处理呢？总之，为了有效，组织和专业守则需要更加适用于他们，并得到旨在协助创造伦理文化的行政程序的支持。这反过来又意味着有效的采购道德需要适当的培训和教育。

17.14.3 对伦理的培训

采购人员的道德培训课程可以提供一些好处。它们加强了组织的道德准则和政策，提醒员工，高层管理人员，期望参与者在做出采购决策时考虑道德问题，并澄清什么是可以接受和什么是不可接受的。这种培训可以包括以下内容。
（1）伦理学领域。
（2）商业伦理的可行性。
（3）人们如何理性化不道德行为：

1)"我只是在做我被告知的";
2)"这不是真的非法";
3)"大家有兴趣";
4)"每个人都这样做";
5)"没有人会知道";
6)"公司欠我这些,是因为公司支付给我的薪酬不够多"。
(4)收到礼物或提供招待费时要考虑的因素,包括:
1)捐赠者的动机——礼物是否是赏识或贿赂的象征;
2)礼物或酒店的价值超过允许的范围;
3)礼物的类型或款待的性质;
4)提出的方式——公开或暗中;
5)附加了什么条件(如果有的话);
6)礼物或款待会对上级、同事和下属造成什么印象,同时考虑人们倾向于认为最糟糕的倾向;
7)如果这个问题引起了他的注意,雇主的反应是什么;
8)买方是否可以诚实地认为礼物在与供应商打交道时不会影响他的客观性。
如果买家对上述任何一个都有疑问,应该拒绝礼物或款待。
(1)双重标准——些公司向客户的买家提供礼物,但拒绝自己的工作人员接收礼物。
(2)采购人员发现上级、同事或下属违反公司道德规范时,应该做些什么?
(3)举报。
(4)不道德行为可能受到的惩罚。
(5)培育道德标准:
1)与道德良好的供应商打交道;
2)对道德行为的管理支持。

巴达拉科(Badaracco)和韦伯(Webb)[31]在年轻管理者认为的组织伦理学研究中得出结论,"从战壕角度看"的伦理与"总部"所观察到的伦理学截然不同:年轻的管理者认为,实际上,迫使他们以狡猾的方式行事的人们正在响应四个强大的组织命令:第一,绩效是真正重要的,所以要关注数字;第二,忠实于我们,展示出你是我们的一员;第三,不要违法;第四,不要过分投资于道德行为。

研究人员还指出:简而言之,在这些年轻的管理者心目中,明确规定了隐含的规范和价值观。这种模式就是我们所说的第四条命令。只有在少数情况下,伦理似乎付出了代价。压制下属的中层管理人员的愚蠢或非法行为并没有受到惩罚。举报往往具有职业危险性,庸俗的行为并没有受到伤害,甚至似乎在加速职业发展,特别是在短期内,有时甚至长期也是如此。

这项研究的两个重要结论是:
(1)道德准则可能是有帮助的,虽然不是决定性的,特别是当它们具体涉及可接受和不可接受的行为时;
(2)如果执行准则更有可能是可信的,并且违反准则的行为受到惩罚。

Brigley[32]认为,准则在较大的组织中更容易实行和实施。较小的公司普遍倾向于采用非正式的道德问题方法。Brigley还报告说,在组织内部,高级管理层的态度和策略以及与高级管理人员的价值观冲突主要是因为竞争激烈的气氛和需要良好的业绩表现而产生的压力。

17.15 采购与欺诈

17.15.1 什么是欺诈

欺诈被 CIMA[33] 定义为：不诚实地获得优势，避免义务或造成另一方的损失。

"欺诈"一词通常包括盗窃、腐败、阴谋、贪污、欺骗、贿赂和勒索等活动。

世界银行已经确定了以下违反机构诚信部门的行为：

（1）合同违规以及违反银行采购指南；
（2）操纵投标；
（3）投标人勾结；
（4）欺诈投标；
（5）合同履约诈骗；
（6）审计调查中的欺诈；
（7）产品替代；
（8）定价和零件有缺陷；
（9）成本/人工损失；
（10）贿赂和接受小费；
（11）招标和/或收回扣；
（12）滥用银行资金或仓位；
（13）旅游欺诈；
（14）盗窃和贪污；
（15）银行资金总浪费。

所有组织都非常关心采购欺诈的可能性。欺诈的三个基本要素是意图、能力和机会。这种情况需要保持有效沟通所接受的行为和行为准则，从而澄清什么是不可接受的行为。应始终将采购指南明确传达给所有员工、承包商和供应商。

17.15.2 欺诈与错误的区别

欺诈和错误之间的根本区别在于意图。任何错误都是无意的，也就是说，提交错误的人不会这样做。错误是偶然的，可能由于疏忽、真正的误会或无能力而产生。然而，欺诈是有意的。犯罪嫌疑人以故意的、谋取或造成他人损失或伤害的方式获得利益或利益的动机，单独行事或互相勾结。

17.15.3 采购欺诈指标

潜在的采购欺诈行为有很多指标。它们包括：

（1）供应商对选定的工作人员的热情好转；
（2）新供应商不断面临进入"障碍"；
（3）预算持有人迫使买家与指定的供应商进行合作；
（4）买家的生活方式发生巨大变化；
（5）定价计划表用铅笔完成；
（6）供应商和承包商对高级职员非常熟悉；
（7）有利于特定供应商的规格；

（8）供应商付款不具有挑战性；

（9）没有供应商批准数据；

（10）无供应商访问或审核。

表17-3 显示在采购过程的每一个阶段发生欺诈的机会。

表17-3 采购不同阶段的欺诈

采购阶段	可能的欺诈活动
1. 建立对货物或服务的需求	• 维持过高的库存水平以证明采购是合理的 • 将可维修物品宣告为超额或在继续购买时将其出售为盈余 • 针对积极的销售活动进行购买 • RFQ要求后准备估算 • 未能发展替代来源
2. 规范开发	• 定义规格以适应单一承包商的能力 • 定义规格以适应特定产品 • 向优惠承包商发布高级信息 • 向优惠承包商选择性地发布信息 • 打破出价要求，允许转让 • 模糊的规格让比较估计变得复杂
3. 预征集	• 没有保障的唯一供应源决定 • 错误声明为唯一供应源证明 • 管理者无权授权的唯一来自供应源的决定 • 技术人员向精心挑选的供应商提供预先信息 • RFQ文件限制竞争，限制无效
4. 征集	• 限制采购以防止/阻碍合格的供应商 • 限制提交投标的时间，以便只有具有预先信息的人才可以回复 • 与供应商代表有不正当的社会联系 • 举办投标会议，方便招标或定价 • 与供应商或分包商就业人员进行讨论 • 向供应商提供特别协助，准备投标
5. 接收投标	• 不合格地接受延迟出价 • 伪造文件或收据以获得延迟出价 • 其他投标人的价格已知后，更改出价 • 伪造供应商资质、财务能力、成功完成以往工作等 • 一个投标人以不同的一方的名义提交投标书 • 虚假证书，如保险 • 拒绝出价没有任何正当理由 • 故意损失出价 • 在评估过程中对特定供应商行使偏袒 • 在评估板上使用有偏见的个体 • 当供应商不正当地退出时，没有发放投标债券
6. 提交合同	• 不进行检查的货物认证 • 不符合合同条款和条件的行动 • 相同项目/服务的双重付款 • 合同文件不完整 • 用劣质产品替代指定商品 • 签字同意的时间记录表并不是真正要花费的时间 • 不发生费用 • 基本备件未交付但已开具发票 • 提前结算的发票要求 • 未交付货物/服务的付款 • 无法证明的成本增长 • 技能水平低于合同约定的水平

17.15.4　电子采购与欺诈

电子采购显然为输入和输出欺诈提供了许多机会。输入欺诈可以采用以下形式：开立不依赖电子支付的供应商的账户；进入欺诈者指定的账户付款；超额或低估库存数量；删除库存记录；复印信用卡号，等等。

产出欺诈往往比较少见。发送有虚假信息的未经授权的电子邮件是一个例子。

17.15.5　欺诈的预防

欺诈的威胁可以通过四种方式减少。

（1）**建立诚信文化**。Casabona[34]指出85%～90%的计算机欺诈是内部工作的结果。因此，一些计算机专家认为最有效的安全系统是公司员工的诚信。通过谨慎的员工选择可以消除许多欺诈。传达和支持诚信承诺的组织将创造出对欺诈行为敌对的环境。员工离职时，组织应立即删除前员工的所有访问信息，并通知所有相关人员已终止该员工的工作。

（2）**警惕赠品标志**。赠品欺诈迹象包括：
1）尚未发布的、未通过邮寄的发票；
2）一个供应商的订单太多，除了单一采购来源外；
3）丢失支持文件；
4）无法解释的突然富裕；
5）没有意愿的员工休假或接受转移或晋升到其他工作。

埃文斯（Evans）和马圭尔（Maguire）[35]指出，欺诈发现的最常见来源是外部信息。这包括报告同事和不满情绪的欺诈行为。

（3）**采取适当的电子安全措施**。电子商务中的技术问题通常分为客户服务器安全和数据、交易安全两大类。客户端服务器安全性使用各种授权方法，如密码和防火墙，以确保只有有效的用户才能访问数据库。数据和交易安全性包括通过使用加密来确保电子消息的隐私。

（4）**认识到审计的重要性**。审计可能是内部或外部的。有关采购的内部审计见17.9节。由英国工业贸易署批准的认可专业会计机构的成员进行的外部审计是英国公司行为的法定要求。与普遍的看法相反，审计师不承担防止欺诈的主要责任，而是对企业的账簿、账目和凭证进行独立审查，以根据获得的最佳信息和解释，报告资产负债表和利润表，对业务的事务和利润（或损失）进行"真实和公正的观察"。审计可能包括资产的物理验证，例如库存；审计人员也可能提出可以使业务较少受到客户、供应商和雇员欺诈的建议。在发现欺诈的情况下，审计师有义务全面证明欺诈行为，不论涉及金额如何。

17.15.6　受贿

2010年《贿赂法》进行了现代化改革，并于2011年4月在英国生效。该法案废除并取代了英国老旧的、受到批评的贿赂法，并制定了新的全面的《反贿赂法》。有一些法案被废除或撤销，其中包括：

（1）公共机构《反腐败法》1889年——整个法案；
（2）《防止腐败法》1906年——整个法案；
（3）1916年《防止腐败法》——整个法案；
（4）1998年《苏格兰法案》——第43节；
（5）2006年《威尔斯政府法案》——第44节；

完整的清单可以在 2010 年《贿赂法》的附件 2 "反向和撤销"中找到。指导组织有六项原则，即相称性、顶级承诺、风险评估、尽职调查、沟通和监督与审查。

新法案有深远的影响，其中一些与采购活动直接相关。有两项一般罪行如下所示。

（1）支付贿赂：提供或给予财务或其他利益的意图是诱使该人"不正当地"执行"相关功能或活动"或奖励该人这样做是违法的。

（2）接受贿赂：收到财务或其他利益，意图"不正当地"执行"相关职能或活动"是违法的。

"相关功能或活动"包括公共性质的任何功能和与业务相关的任何活动。执行该活动的人员必须以诚信或公正的态度进行，或者信任的定位。

只有商业机构（公司和伙伴关系）才能实施有争议的新的罪行。它会执行在：

（1）与相关商业组织相关的人员（不仅包括员工，而且包括代理人和外部第三方）贿赂另一人打算获得或保留业务优势的人；

（2）组织不能表明它有足够的程序来防止贿赂被支付。

组织应该考虑采取实际步骤来证明它们有"适当的程序"。这些步骤可能包括：

（1）向所有供应商和分包商提供采购问题指导；发布行为准则，然后监督和修改。

（2）建立内部反腐委员会。

（3）工作人员的腐败培训和测试。

（4）禁止协助付款。

（5）明确企业招待政策。

（6）强大的第三方支付筛选流程。

（7）对供应商和分包商的选择和任用进行尽职调查。

（8）不道德行为引起的纪律措施和补救行动。

2010 年度《贿赂法》将个人贿赂的最高监禁期从 7 年提高到 10 年。一家被判无法防止贿赂的公司可以收到无限罚款。

图 17-7 显示了英国《贿赂法》对企业的影响；图 17-8 显示了对 2010 年《贿赂法》的概述。[36]

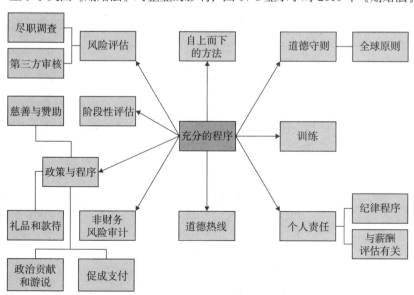

图 17-7　英国《贿赂法》对企业的影响

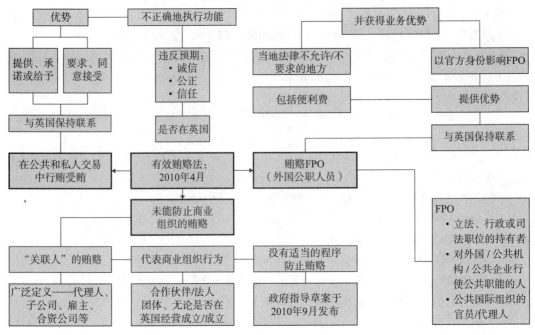

图 17-8　英国 2010 年《贿赂法》：概述

17.16　采购工作的环境保护问题

17.16.1　对环境负责

对环境负责是企业社会责任的一个方面，在制定战略时应该考虑一下。

根据英国 1990 年《环境保护法》：环境包括以下所有媒介，即空气、水和土地。空气介质包括建筑物在内的空气和地面以上或以下自然或人造建筑物内的空气。

环境关注的重要领域包括：

（1）**在制造业中更有效地利用原材料**。这尤其适用于木材和矿物。消费者对热带雨林的关注直接影响到对木材生产者、批发商和用户热带硬木的需求。在工业中使用的约 80 种矿物中，约 18 种（包括铅、硫、钨和锌）供应相对较少。这些材料将受到价格上涨和回收需求的影响。

（2）**污染和废物**。污染由 1990 年《环境保护法》定义为：任何能够对人类或任何其他由环境所支持的生物体造成危害的物质过程释放（进入环境介质）造成的环境污染。

- **节能**。电力行业的能源来自诸如木材、化石燃料、水、阳光、风和铀等资源的环境。

17.16.2　立法

环境采购可以定义为：[37] 采购参与供应链活动，以促进回收、再利用和减少资源。
它受到"广泛的国际和国家环境立法"的制约和指示。

1. 国际立法

大多数国际法是通过国家程序来执行的，尽管欧盟的法律可以通过欧洲人权法院执行。已经颁布了大量关于质量、水、废物、化学品和包装、包装废物的欧盟环境指令。欧洲立法代表最低环境要求，对所有欧盟成员国具有法律约束力。目前所有相关立法的清单由欧洲信息服务机构[38]和欧洲信息中心提供。

2. 英国立法

这包括 2008 年《气候变化法》、1993 年《清洁空气法》、2014 年《水法》、2010 年《水和水管理法》、1993 年《放射性物质法案》、2013 年《包装规例》(基本要求)(修订)、2009 年《电气电子设备废物（修订）规例》和 1990 年《环境保护法》。最后一个载有以下重要规定：

（1）综合污染控制。

（2）最佳可用技术不会导致成本过高（BATNEEC），要求使用主要污染过程的公司在清洁技术方面花费尽可能多的费用。

（3）空气污染控制。

（4）废物处理和回收。废物在该法案中定义为：

1）任何构成废料的物质或任何过程应用中的有效或其他不需要的剩余物质。

2）任何物质或物品，如果被破坏、磨损、污染或以其他方式被破坏，则须被处置；任何废弃或以其他方式处理的东西，如同废物一样，除非相反证明成立，否则应推定为废物。

（5）控制危险物质和滋扰。

还有许多关于空气、化学品、能源、土地、噪声和法定滋扰、植物保护、污染、放射性物质和废物等环境领域的指示。这些细节可从环境、食品和农村事务部（DEFRA）获取，网址为 www.netregs.org.uk——英国在互联网上的环境法规。

环境署是由 HM 污染监察机构、国家河流管理局和地方当局废物管理机构联合，根据 1995 年《环境法》设立的，负责英格兰和威尔士的污染防治工作。

17.16.3 采购环境政策和管理

DEFRA[39]指出：用品和设备的采购是环境政策的有力工具。在选择产品时，认真采购对环境考虑给予了充分的重视，可以通过减少污染和浪费来改善环境标准；也可以通过市场的自然运作来影响购买者和供应商的定价政策和产品范围。

实现这些目标所需的步骤如图 17-9 所示。这 9 个步骤将在下面讨论。

图 17-9　执行环境采购政策的 9 个步骤

1. 步骤1：制定环境政策

准备时，环境采购政策应为：

（1）经高级管理人员认可；

（2）反映业务的性质，即如果业务是化工业务，则应解决与化学生产相关的问题，而不是与再生纸或租赁汽车有关的问题；

（3）构成整体企业战略的一部分。

2. 步骤2：沟通政策

从员工的角度来看，政策交流应该是跨职能的，以确保其在整个组织中的整合。

3. 步骤3：准备指南

员工指南（特别是采购人员）的一个很好的例子是牛津大学中央采购小组的准则。[40] 在做出采购决定时，要求员工注意以下环境因素：

（1）首先询问这个采购是否真的有必要（减少消费）；

（2）在评估设备采购时，考虑"全生命周期"的成本和影响；

（3）在实际可行的情况下，采购以环保的方式制造、使用和处理的商品和服务；

（4）如果物品成本相似，请尝试优先使用高回收成分制造的产品；

（5）无论何处，请指定可回收或重复使用的物品；

（6）在实际应用中，使用致力于环境改善的供应商；

（7）在实际的情况下，与广大社区合作，推进环保举措，交流最佳实践；

（8）可以通过购买二手设备以另一种方式满足需求；

（9）考虑所要求的数量/质量是否至关重要。

特别是买家应考虑：

（1）能源使用，包括自来水和排水；

（2）废物最小化和过程效率；

（3）再利用和回收的机会；

（4）包装材料及其如何最佳处理；

（5）废物处理影响；

（6）避免消耗臭氧层物质；

（7）挥发性有机化合物的还原；

（8）减少含有重金属的材料；

（9）控制对空气、陆地和水的排放；

（10）工厂和机械产生的噪音水平；

（11）释放到陆地、空气和水中的物质的生态毒性；

（12）运输选择和污染。

将环境与竞争产品进行比较时，采购人员应确保环保产品为：

（1）适合目的，物有所值；

（2）节能、资源节约；

（3）最少使用原始材料；

（4）最大限度地利用消费后材料；

（5）非（或减少）污染；

（6）耐用、易于升级和可修复；

（7）可重复利用和可回收利用。

丰田制造北美公司向丰田直接或间接提供零件、材料和部件的供应商必须完成以下一项或多项举措：

（1）获得 ISO 14001 认证；

（2）符合丰田的化学禁令清单——自 2000 年 8 月 1 日起，丰田已经确定了 450 种化学品和物质，原料供应商必须从新的和/或重新配制的材料清单中逐步淘汰（该清单定期更新）；

（3）符合丰田危险材料管理运输系统。

4. 步骤 4：评估供应商

17.16.4 节讨论了实际和潜在供应商评估的方法和标准。

5. 步骤 5：将环境要求纳入规范

将环境要求纳入规范可以是一般的，如丰田在上述步骤 3 中提及的特定产品或消耗品（如办公家具）的化学和运输要求。这种环境要求的范围几乎是无限的，但通常涵盖空气、化学品、能源、土地、噪音和法定滋扰、植物保护、污染和放射性物质等方面，以及与安装、整理、健康和安全有关的要求、测试和处置。在 17.3 节中提及了环境敏感设计中的一些因素。

6. 步骤 6：采用全生命周期方法

本书其他地方已经讨论了生命周期和生命周期成本计算。还使用术语生命周期清单（LCI）和生命周期分析（LCA）。其他术语，如引入期到衰退期的分析和生态平衡，涵盖了同样的理由。在制造产品的情况下，LCA 涉及详细分析产品的成本和环境影响，从生产和分销中使用的原材料的开采到其使用、可能的再利用或回收及其最终处置。图 17-10 显示了国际地方环境倡议委员会产生的产品对环境影响的有用矩阵。

7. 步骤 7：准备提案指南

"溢出剩余"是涵盖超出要求的材料或设备的综合术语，不再以原始形式被使用或被替代。剩余物品可能仍然有价值。许多公司都有减少废物计划，旨在减少废品或废旧造成的损失。

"残值剩余"适用于生产作业造成的无价值浪费，必须以环境指令、污染和健康危害因素考虑的最有效的方式进行处理。

采购可以通过以下方式在废物处理中起主要作用：

（1）识别"溢出剩余"材料或设备。

（2）安排废弃物分类，如黑色金属或有色金属。可以通过适当的颜色编码为分类提供便利，钢为红色，铸铁为白色，碳钢为蓝色等。废料应收集在单独的容器中进行处理。

（3）建立对废物利用或回收可能性的认识。"废物利用"可能定义为"在其使用寿命结束时的资产的现实价值，因为它不再适用于其原始用途"。废料或损坏的作业可能会被重新处理或回收利用。再处理是使用废料来制作不同的物品。只有确定回收费用低于后面的处理费用，才能做到这一点。回收材料对于消费它们的行业特别有用，因为它们比初级品种更具成本效益，因为没有涉及提取、加工、运输或冶炼的初始成本。据估计，在英国回收的每吨金属可节省 1.5 吨铁矿石、0.5 吨焦炭；而当锡盘回收时，昂贵的原始锡购买可减少 0.3～5 千克。还有一个环境因素是，当被废弃的产品被允许离开回收系统时，它们可能会污染空气、土地和水，破坏乡村环境。因此，处理废料（无论是金属、木材、纸张或其他材料）是通过附属于适当机构最认可的经纪人（如英国金属联合会）进行。以下情况可以协商更好的价格：

产品特点	生态选择	原材料	能源	排放	污水	行动案例
材料成分	回收材料	X	X		X	使用回收厕所和毛巾纸 采购由回收塑料制成的垃圾袋
	可再生材料	X				选择回收混凝土或粉碎的岩石，而不是砾石作为建筑材料
	无毒物质			X	X	使用无氯纸、无PCB电子产品或无PVC地板
运输	短距离		X	X		从当地的生产者那里购买水果和蔬菜
	运输方式		X	X		利用铁路和船只与公路和飞机运输
制造	考虑环境	X	X	X	X	选择具有环境管理体系的生产者
包装	减少	X			X	优选可回收的、易于退货的，或者如果可能的话；根本不需要包装
产品使用	耐久性	X		X		购买长期有保证的地毯
	可修复性/可升级	X		X		选择可升级的计算机，并且在其过时时不需要完全更换
	与设备/用户习惯的兼容性	X	X	X		在更换为再生纸时，请将其与复印机和打印机的兼容性分发到整个组织中
	能源需求		X			选择低能量灯泡来节省能源（并将你的年费降低高达70%）
	用户安全	X	X	X		使用替代农药或其他有害生物控制方法
	重复利用潜力	X		X		购买可再充装墨粉盒的激光和喷墨打印机
	可回收性	X	X	X		购买白色家电时，请确保可以轻松拆卸，并回收材料
	处置			X	X	使用可生物降解的合成植物油液压油进行车队维护

图 17-10 国际地方环保倡议理事会：环境影响矩阵

1）卖家跟踪当前废钢价格——每天在伦敦金属交易所报价报废；
2）废料根据买方的要求进行隔离；
3）废料被适当保存。

设备或组件可以通过以下方式进行处理：

（1）通过贸易新闻出售；
（2）向库存商或经销商出售；
（3）拍卖或通过交易拍卖；
（4）将其退回给供应商，通常这将会有折扣，但库存将变成现金；
（5）向员工出售，特别是汽车、电脑和办公设备；
（6）捐赠给学校或慈善组织。

8. 步骤8：提供适当的培训

适当培训的目的是使员工和供应商能够在采购领域以环保意识的方式学习如何思考和采取行动。

9. 步骤9：确保对合规性的定期审核

监测环境采购政策及其实施应成为17.9节提及的定期采购管理审计的一部分。

17.16.4 筛选环境友好型的供应商

供应商筛选可以通过问卷调查完成，要求遵守国际标准和使用专家评估工具。

如 10.8 节所述，预筛选供应商是一个好主意，经常使用资格预审问卷来收集关于供应商财务和技术能力的信息，也可以适应于环境问题。一个很好的例子是英国 NHS 供应商评估绩效评估问题集。这份问卷的内容已经与 NHS 代表、行业和政府商业购买解决方案办公室达成一致，已成为 NHS 和更广泛政府使用的标准。同时，问卷可以有效地适应私营部门的使用。

1. 合规标准

这些标准包括欧盟生态标签和国际标准化组织（ISO）授予的标准。

生态标签是国际上接受的从环境角度区分产品的方式。虽然主要针对国内消费者，但该计划对于专业购买者也是有用的。

欧盟生态标签方案采用的产品生命周期方法涉及以下阶段：

（1）预生产；
（2）生产；
（3）包装和分发；
（4）利用；
（5）处置。

对于每个阶段，根据 8 个标准考虑环境影响：

（1）废物相关性；
（2）噪声；
（3）空气污染；
（4）水污染；
（5）对生态系统的影响；
（6）消耗能量；
（7）消耗自然资源；
（8）土壤污染和退化。

2. 生态管理和审计计划（EMAS）

这是一项自愿倡议，现在由 EC 1221/2009 号指令取代了欧盟委员会第 761/2001 号条例。EMAS 的目标是认可和奖励超出最低法律要求并提高其环境绩效的组织。

与 ISO 14000 和 9000 一样，EMAS 需要经过认证的 EMAS 验证者对组织的环境管理体系进行计划、全面、定期（最低频率为每三年一次）审核。所有参与者必须发布的环境政策为组织的管理体系提供了初步的基础和方向，并且审查的严格程度要高于类似的 ISO 14000 和 ISO 9000。

3. 使用专门的评估工具

问卷调查的风险在于，供应商的答复可能很少或根本没有得到发证采购机构的审查。依靠环境标准也可能不尽如人意。奈特（Knight）[41] 提供了一个满足 ISO 14000 要求的木材供应商的例子，因为木材处理方法：他们确信自己对环境负责，即使他们从未考虑过树木的来源。

爱立信（Ericsson）[42] 指定"供应商环境要求"如下：

要求 1：
环境管理体系（EMS）
爱立信要求供应商必须满足以下最低 EMS 要求：
- 供应商必须制定环境政策。该政策必须以供应商当前环境状况的分析为基础，并作为改进的依据。
- 供应商必须识别并记录其重要的环境因素。
- 供应商必须在其操作系统中考虑环境方面。
- 供应商必须制定环境改善计划、目标和行动计划。
- 供应商必须了解并遵守环境立法和惯例。
- 供应商必须确保员工拥有足够的和文化教育环境。

根据 ISO 14001 或同等级别的环境认证会受到好评。
供应商必须准备为供应商流程和产品提供供应生命周期数据。

要求 2：
环境与制造设计
供应商必须能够展示设计活动，通过考虑能源和材料的使用以及终身处理效率，在整个生命周期中尽量减少产品的环境影响。
供应商必须遵守爱立信禁用和限制物质清单中的要求。
供应商必须……
- 不得使用在爱立信的禁用和限制物质清单上的任何物质（包括加工化学品）。
- 在技术上、经济上和环境上可行的替代品都可以使用观察清单上的物质。

要求 3：
产品信息
- 供应商必须准备根据爱立信的标准声明交付给爱立信产品的材料内容。
- 供应商必须准备提供关于处理和处理交付材料的过程信息，直到其使用寿命终了。

要求 4：
运输
- 供应商有望尽可能通过使用地面运输（卡车、海运和铁路）来尽量减少运输对环境的影响。
- 供应商预计在为爱立信运送货物时使用燃油效率高的车辆。
- 供应商必须准备向爱立信提供有关货物运输的环境方面的信息，例如运输类型、包装材料和生产地点。

问题讨论

1. 给出两个例子：
   （1）产品创新；
   （2）流程创新；
   （3）渐进性创新。
2. 当一家公司参与突破性创新，如新药，采购的作用是什么？
3. 什么是"并行工程"？采购发挥什么具体作用，确保新产品开发的成功？
4. 如果你被要求确保你的供应商使用环保材料，你将如何发现供应商是否这样做了？

如果你去审核他们的流程，你可能会采用的六种做法是什么？
5. 正在创建一个多功能团队来开发新的废物回收过程。新工艺的基础是采用先进的工程和电子技术。你的主管已经询问你是否可以为供应链风险管理做出贡献，并与供应商制定新的合同。采购在这个早期阶段参与进来的主要好处是什么？
6. "供应商开发是一种结构化的方法来创造额外的、有能力的供应来源。因此，任何采购方都不应该是供应商的一个俘虏，不具有谈判的地位。"你同意吗？
7. 设计、生产和采购之间的长期障碍可能难以克服。你将如何建议将这些障碍分解出来，以及协作取代冲突可能带来什么好处？
8. 采购人员和/或其他经理如何权衡潜在供应商在以下领域的相对弱势与优势，例如技术知识、生产能力、供应商关系长度、信任程度和技术匹配情况？
9. 你被要求代表采购人员向主要供应商的董事会做演讲。他们具有守旧的风格，对设计查询和客户关怀缺乏反应，已经到了你的工程总监希望你找到另一个供应商的地步。你对供应商的董事会有何意见？
10. 讨论在供应商参与或发展中的观点。
    （1）"客户收到大部分收益和供应商收到的收益很少"。
    （2）"合作关系往往是名义合作，供应商实际做的要多于合作中的公平份额"。
    你如何建设性地处理这些异议？
11. 对以下陈述发表评论：
    （1）对采购进行大量的学术研究对于采购人员的实际收益微乎其微。
    （2）采购专业人士从未读过许多在杂志上发表的学术研究成果。
12. 如果你被聘为私营部门的采购负责人，私营电力机构无法发电，首席运营官希望节省总支出的15%。
    （1）你将如何处理这项工作？
    （2）你会和其他发电厂的买家谈谈吗？
    （3）你对战略供应商会说什么？
13. 在某些采购情况下，供应商拥有其所提供的知识产权，包括软件源代码和专利。买方采取什么步骤鼓励其他供应商投标业务？
14. 在公共部门或私营部门很少进行采购绩效的标杆化，为什么？
15. 你的内部审计主管要求你帮助他制订一个审计计划，以检查哪个采购价格被商定的方式以及过程如何与应付账款挂钩。你建议将采购和付款流程的哪些要素纳入审核？
16. CIPS关于环境采购的政策声明表明，应选择"使用或排放更少损害环境或健康的物质"的产品或服务。如果你不是化学家，并且你对购买的产品或材料的化学成分或处理难度没有专业知识，你该怎么做？
17. 考虑如何从伦理的角度来看待你在以下各种情况下的反应。
    （1）销售代表打电话与你说，他已经离开了你正在从中购买大量零部件的供应商。他知道你支付的价格，并表示他的新公司可以把现在的价格削减20%。你已经与你现在的供应商多年来一直在进行令人满意的合作。
    （2）你正在与一家小型机车间进行一对一的谈判，开展10万件作业，以减轻你自己的生产部门的能力。你无意中提到你对价格感到非常满意，并且在与你自己的生产经理讨论之后，分包商很可能会收到订单。然后他问："为什么不让我把价格提高1～50英镑，而你将获得额外的50英镑？"
    （3）你可以从海外的供应商那里购买便宜的东西，但是你知道他对支付的要求很高，而损失当地的订单就会导致失业。

（4）你已与供应商协商并签订合同。当你到家时，发现一件昂贵的珠宝被匿名发送给你的妻子。

（5）你对钢铁库存商的销售代表提到要拓宽一下你的家。他说："为什么不让我们以成本价格为你提供钢铁？"

（6）供应商有两次提供了可以使用的不合标准的部件。你打电话给供应商的生产经理来投诉。他说："不要记录，因为它可能会影响我所期望的促销。让我们保持自己，我会纠正它的。"

（7）你通知潜在供应商，平均来说你的公司每年需购买10万个单位的某一部件，因此获得大量折扣。实际上你知道平均使用量只有5万个单位。

（8）供应商自信地要求你提供竞争性报价的详细信息，称他将以任何价格提供服务，并会对你有益。

（9）供应商为你提供贿赂，说："我们对你的老板做的一样，而且他不担心。"

（10）你的一个下属告诉你，昨天晚上，他带家人去看一场足球比赛，并且使用了一个好包厢（包括晚餐），这是一个你所知道的公司提供的，他们正在寻求一份你公司的业务。

18. 采购部门对于企业存货的价值负责。这样，采购和库存管理才能真正融入。你同意吗，还是有替代方法？

参考文献

[1] www.business.gov.au

[2] Mileham, A. R., Morgan, E. J. and Chatting, I., 'An attribute approach to concurrent engineering', *Proceedings of the Institute of Mechanical Engineers*, Vol. 218, Part B, 2004, pp. 995–1005

[3] Winner, R. L., Pennel, J. P., Bertrand, H. E. and Slusarczuk, M. M. G., 'The role of concurrent engineering in weapons system acquisition', Institute for Defense Analyses, Alexandria, VA, USA, IDA Report R-338

[4] Website – www.smartlink.net.au

[5] Wynstra, F., Van Weele, A. and Axelsson, B., 'Purchasing involvement in product development', *European Journal of Purchasing*, Vol. 5, 1999, pp. 129–141

[6] Handfield, R. B., Krause, D. R., Scannell, T. V. and Monczka, R. M., 'Avoid the pitfalls in supplier development', *Sloan Management Review*, January, 2000, pp. 37–48

[7] Hartley, J., and Jones, G., 'Process oriented supplier development', *International Journal of Purchasing and Materials Management*, Vol. 33 (2), 1997, pp. 24–29

[8] Sako, M., 'Supplier development at Honda, Nissan and Toyota: comparative case studies of organisational capability enhancement', November, 2003

[9] As 6 above

[10] Fearon, H., *Purchasing Research: Concepts and Current Practice*, American Management Association, 1976, p. 5

[11] Sarantakos, S., *Social Research*, Macmillan, 1993, p. 91

[12] Kaydos, W., *Measuring, Managing and Maximising Performance*, Productivity Press, 1991, p. 17

[13] Van Weele, A. J., *Purchasing Management*, Chapman and Hall, 1995, pp. 201–202

[14] Fearon, H. E. and Bales, W. A., *Measures of Purchasing Effectiveness*, Arizona State University, 1997

[15] Scheuing, E. E., *Purchasing Management*, Prentice Hall, 1989, p. 137

[16] Evans, E. F. and Dale, B. G., 'The use of audits in purchasing', *International Journal of Physical Distribution and Materials Management*, Vol. 18, No. 7, 1988, pp. 17–23

17 Business Link, 'Closing the marketing gap', obtainable from Benchmark Index at Field House, Mount Road, Stone, Staffordshire, ST15 8LI, (0870 111143)
18 The British Quality Foundation, 32–34 Great Peter Street, London, SW1P 2QX, (020 7654 5000), or visit www.quality-foundation.co.uk
19 Published by Harvard Business School Press (*Harvard Business Review*: Sept–Oct 1992; Sept–Oct 1993; Jan–Feb 1996)
20 Niven, P. R., *The Balanced Scorecard Step-by-Step*, John Wiley, 2002
21 Bourne, M. C. S. and Bourne, P. A., *Understanding the Balanced Scorecard*, Hodder, 2000
22 Neely, A., Adams, C. and Kennerley, M., *The Performance Prism: The Scorecard for Measuring and Managing Business Success*, Financial Times Prentice Hall 2002
23 Adapted from Colera, L., *A Framework for Universal Principles of Ethics* at: www.ethics.ubc.ca/papers/invited/colera.html
24 Robertson, D. C. and Rymon, T., 'Purchasing agents' deceptive behaviour: a randomised response technique study', *Business Ethics Quarterly*, Vol. 11, No. 3, 2001, pp. 455–479
25 CIPS, 'E-ethics: position on practice guide', prepared by the CIPS Consulting Group: www.cips.org
26 IPMM Forum at: www.dow.com
27 Kennedy, G., *Everything is Negotiable*, Business Books, 1989, pp. 220–225
28 Matthew 7, verse 12
29 Karp, H. B. and Abramms, B., 'Doing the right thing', *Training and Development*, August, 1992, pp. 37–41
30 Brigley, S., *Walking the Tightrope: A Survey of Ethics in Management*, Institute of Management/Bath University, 1994, p. 36
31 Badaracco Jr, J. L. and Webb, A. P., 'Business ethics: the a view from the trenches', *California Management Review*, Vol. 37, No. 2, Winter, 1995, pp. 64–79
32 As 30 above
33 CIMA, 'Fraud risk management: a guide to good practice', 2008
34 Casabona, P. and Songmei, Y., 'Computer fraud: financial and ethical implications', *Review of Business*, Vol. 20, Issue 1, Fall, 1988
35 Evans, E. and Maguire, R., 'Purchasing fraud: a growing phenomenon', *Purchasing and Supply Management*, May, 1993, pp. 24–26
36 Included by kind permission of Linklaters
37 Carter, R., Ellram, L. M. and Ready, K. J., 'Environmental purchasing: benchmarking our German competitors', *International Journal of Purchasing and Materials Management*, Fall, 1998, pp. 28–38
38 European Information Service, Local Government International Bureau, Local Government House, Smith Square, London, SW1P 3HZ, (020 7664 3100)
39 Department of the Environment, 'Environmental action guide for building and purchasing managers', HMSO, 1991, p. 6
40 We are grateful to the University of Oxford's Central Purchasing Group for permission to quote from the Group's environmental purchasing policy
41 Knight, A., in a discussion published under the title 'Here today, green tomorrow', *Supply Management*, 11 December, 1997
42 www.ericsson.com 'Supplier Environmental Requirements' update, p. 4

英国皇家采购与供应学会(CIPS)职业道德法规

作为特许采购和供应研究所的成员,我将:
(1)在所有业务关系中保持最高的诚信标准。
(2)拒绝可能合理地被视为不当的任何商业行为。
(3)不要为了我自己的个人利益而使用我的权力或以自己立场行事。
(4)以最适当的方式获取和运用知识,提高专业水平和技能。
(5)在我负责的人中培养最高的专业能力水准。
(6)优化资源的利用,对我的组织的利益我有影响力。
(7)遵守以下文件和意图:我所在国家的法律;约定的合同义务;CIPS专业实践指导。
(8)声明任何个人的利益可能会影响或被其他人视为影响我的公正或决策制定。
(9)确保我在工作过程中提供的信息是准确的。
(10)尊重我收到的信息的机密性,不要用于个人利益。
(11)争取真正、公平、透明的竞争。
(12)除了商业日记本或日历等小价值的物品外,不得接受诱惑或礼物。
(13)始终申报提供的或接受的招待费,不得让款待影响企业决策。
(14)在所有业务交易中保持公正,不受既得利益者的影响。

使用准则

CIPS的成员必须遵守这些准则,并对所有从事专业实践的人寻求承诺。

期望成员鼓励其组织根据本守则的原则采取道德采购政策,并在适当的层面上提出有关商业道德的任何问题。

该研究所的"皇家宪章"规定了一项纪律程序,使CIPS理事会能够调查对我们任何成员的投诉,如果发现他们违反了"道德准则"就会采取适当行动。

附录 B

供应道德管理行为（ISM）的原则和标准

以下原则由美国供应管理研究所（ISM）提倡：

（1）决策和行动中的正值；
（2）你雇主的价值；
（3）忠于你的职业。

从这些原则中可以得出 ISM 的供应管理标准：

（1）感觉不当。防止在关系、行动和沟通中的不道德或妥协的行为的意图和出现。

（2）利益冲突。确保任何个人、企业或其他活动不违反雇主的合法利益。

（3）问题的影响。避免可能对供应管理决策产生或似乎产生负面影响的行为或行动。

（4）对你雇主的责任。坚持信托和其他责任，使用合理的谨慎和授权为你的雇主提供价值。

（5）供应商与客户关系。促进积极的供应商和客户关系。

（6）可持续发展和社会责任。拥护供应管理中的社会责任和可持续发展做法。

（7）机密和专有信息。保护机密和专有信息。

（8）互惠。避免不正当的互惠协议。

（9）适用的法律、法规和贸易协定。了解并遵守适用于供应管理的法律、法规和贸易协定的文件和精神。

（10）专业能力。提高技能，扩大知识，开展能展示能力、促进供应管理专业的业务。

ISM 可持续发展和社会责任网页（www.ism.ws.s）上提供了"道德供应管理行为原则与标准"和"可持续发展与社会责任 ISM 原则"的电子版。

译者后记

一本物流专业的教科书持续更新到第9版是打动我投入半年精力进行翻译的主要原因。翻译之初,我怀着敬畏之心研读了本书的内容设计和新增章节。

在内容安排上,本书几乎覆盖了采购的所有环节,尽管书名为"采购与供应链管理",但主要内容设计与"采购与供应管理"相似,因此该教材适用于"采购管理""采购与供应管理""供应链管理"等课程。

本书的特色在于:

- 从供应链视角考虑供应链对采购模式选择的影响以及供应链供给与需求关系的协调。
- 从战略角度定位采购,使采购管理、策略的选择有的放矢。
- 新增项目采购、全球采购、特殊品采购与世界级采购,拓展了传统采购教材的内容。
- 涉及的与采购相关的概念、方法与工具既有理论支持,又有实践案例,适用层次跨度较大,从物流管理相关专业本科生到研究生均可使用;有助于聚焦采购或供应链上游管理的相关研究人员建立采购知识体系。

在翻译时,译者本着尊重原著的原则,以直译为主,对于理解有难度的描述,选择意译。尽管译者在物流管理专业任教10年,具有8年研读物流专业英文文献的科研经历,以及1年美国匹兹堡大学KAZT商学院的访学经历,但对于原著的翻译还是无法做到游刃有余,因此不足之处恳请各位老师和同学斧正!

在此,感谢古雅静与陈志伟对于本书翻译的支持!